AF577538

Sripada Srivallabha Charitamrutam

Biografie eines Dattatreya-Avatars

Zweite Auflage 2023

Bibliografische Information Der Deutschen Bibliothek
Die Deutsche Bibliothek verzeichnet diese Publikation in der Deutschen Nationalbibliografie; detaillierte bibliografische Daten sind im Internet über http://dnb.ddb.de abrufbar.

SRIPADA SRIVALLABHA CHARITAMRUTAM –
BIOGRAFIE EINES DATTATREYA-AVATARS / Shankar Bhatt –
2. Auflage – Münster : Edition Kulapati im World Teacher Trust e.V., 2023
Einheitssachtitel: Sripada Srivallabha Charitamrutam <dt.>
ISBN 978-3-930637-88-1

Die deutsche Übersetzung basiert auf drei englischen Übersetzungen der Telugu-Version des Buches von Shankar Bhatt, welche von Malladi Govinda Deekshitulu 2001 ans Licht gebracht wurden: im Wesentlichen auf der Übersetzung von Srī Perepa Srīrama Murthy, ergänzt durch die Übersetzungen von Dr. J. Satyaprasad und von Keerthi Vallabha. Sie wurde durch Anmerkungen und Erklärungen erweitert.

Deutsche Übersetzung, Lektorat und Produktion des Buches wurden durch das gemeinsame Bemühen von Personen realisiert, die sich dem Werk des World Teacher Trust verbunden fühlen.

Weitere Informationen:
www.kulapati.de / www.worldteachertrust.org / www.sripada-srivallabha.org

Druck und Bindung: FontFront, Roßdorf

Sripada Srivallabha Charitamrutam

Biografie von Srīpāda Srīvallabha

Avatar von Lord Dattātreya
(1320 - 1350)

Original-Manuskript von Shankar Bhatt
(Zeitgenosse von Srī Srīpāda)

Edition Kulapati

Inhalt

Vorwort

Diese Publikation des World Teacher Trust dient dem Zweck, über die Inkarnation des kosmischen Lehrerprinzips zu informieren, wie es auf dem Sirius existiert und wie es sich von Zeit zu Zeit auf der Erde inkarniert, um den Weisheitslehren auf der Erde einen Impuls zu geben.

Die Erde hat eine Hierarchie von Lehrern, die allgemein als die Weiße Bruderschaft bekannt ist. Ihre Aufenthaltsorte befinden sich in allen wichtigen Bergketten der Erde, ihre Hauptzentren im Himalaya. Diese Hierarchie wird von Sirius aus geleitet, wo es die Große Erhabene Weiße Bruderschaft gibt, die vom kosmischen Lehrerprinzip angeführt wird. In den alten indischen Schriften ist dieses kosmische Prinzip des Lehrens als Lord Dattātreya bekannt. Er ist immer von Hunden umgeben, die den Hundsstern repräsentieren, der auch als Cerberus und Sarama bekannt ist. Die Hunde sind Symbole ihrer Wachsamkeit. Die Evolution der Wesen auf diesem Planeten wird durch das kosmische Lehrerprinzip überwacht, das seinem Wesen nach Liebe-Weisheit ist. Liebe ist das grundlegende Prinzip, auf dessen Basis jeder wahre Lehrer Weisheit lehrt.

Das Oberhaupt der Lehrer-Hierarchie auf Erden wird „der Weltlehrer" genannt, und der Lehrer, der den Weltlehrer leitet, befindet sich auf Sirius. Er gilt als der Lehrer des Weltlehrers oder der kosmische Lehrer. Lord Maitreya ist der Weltlehrer und Lord Dattātreya ist der kosmische Lehrer.[1]

Im 14. Jahrhundert manifestierte sich Lord Dattātreya als Srīpāda Srīvallabha in Pīthikapuram im Ost-Godāvarī-Distrikt, Andhra Pradesh, Südindien. 30 Jahre lang lebte Er in diesem Körper, vollbrachte außerordentliche Taten und lehrte auf einfachste Weise die Synthese der Weisheit. Er erklärte, Er würde zwei weitere Male wiedergeboren werden, einmal als Narasimha Saraswati und ein weiteres Mal als Swamī Samartha. Durch diese drei Inkarnationen führte Er eine Lebensweise ein, bei der die Synthese der Weisheit im täglichen Leben befolgt wird. Er vereinfachte viele orthodoxe Praktiken und ebnete einen Pfad zur Wahrheit, der auf Forma-

1 Siehe das Buch DATTATREYA - SYMBOL UND BEDEUTUNG von K. Parvathi Kumar, Verlag Edition Kulapati im World Teacher Trust, ISBN 978-3-930637-21-4

litäten und Besonderheiten verzichtet und es daher einfachen Männern und Frauen ermöglicht, dem Pfad des Lichts zu folgen.

Seine Inspiration breitet sich weit nach Süden und Norden aus. Zahlreiche Lehrer und Meister, die von Ihm berührt wurden, gaben diese Berührung an Seine Anhänger weiter. Infolgedessen haben viele indische Devotees zu glauben begonnen, dass all diese nachfolgenden Lehrer ebenfalls Inkarnationen von Dattātreya seien. Das ist eine Übertreibung mit nur wenig Wahrheit.

Dieses Buch enthält einige Darstellungen von Reinkarnationen Dattātreyas wie Shirdi Sai Baba, Manikya Prabhu, Jesus Christus usw., die behutsam als Übertreibung enthusiastischer Devotion zu beurteilen sind. Desgleichen werden auch ein Besuch Srīpāda Srīvallabhas in Shambala, auf dem Polarstern und ähnliche Exkursionen erwähnt, die dem Ermessen des Lesers überlassen werden.

Das Buch wird vom World Teacher Trust als eine getreue Übersetzung herausgebracht, primär um die Existenz des erhabenen kosmischen Lehrerprinzips und sein Erscheinen auf Erden im Kali Yuga[1] zu kommunizieren. Die Leser mögen sich dem ganzen Thema nähern und das akzeptieren, was ihrem Gewissen entsprechend annehmbar ist.

Möge diese Bestrebung ihrem eigenen Zweck dienen. Dieses Bemühen wird den Wahrheitssuchern in aller Bescheidenheit unterbreitet, ohne irgendwelche Ansprüche oder Behauptungen.

Die Herangehensweise möge so sein, wie es die große Eingeweihte Helena P. Blavatsky formulierte:

„Behutsam zu lesen und freundlich zu beurteilen."

K. Parvathi Kumar
Globaler Vorsitzender des World Teacher Trust
Visakhapatnam; Donnerstag, 4. August 2016

1 Das dunkle Zeitalter

Der Autor und das Buch

Die Biografie von Srīpāda Srīvallabha (1320-1350) wurde von einem Zeitgenossen verfasst, Shankar Bhatt. Bei seiner Einleitung in das Thema des Buches – die Ereignisse um die erste Inkarnation von Lord Dattātreya im Kali Yuga, dem gegenwärtigen dunklen Zeitalter – stellt er sich selbst vor, dass er aus Karnātaka kommt, einem Staat im Südwesten Indiens. Er nennt sich eine unwissende und ungebildete Person und legt das ganze Buch als einen Ausdruck von Srīpādas göttlichem Willen und Segen vor. Dennoch ist er der Autor eines erstaunlichen, vielschichtigen Werks von tiefer Spiritualität, gut durchdacht und geschrieben. Das ganze Werk hindurch bewahrt er die Haltung eines Berichterstatters, der bestrebt ist, objektiv das wiederzugeben, was er erlebt und hört. Er ist darum bemüht, nicht zu urteilen, sondern Ereignisse und Begegnungen zu dokumentieren. Er zeichnet seine eigenen Erfahrungen sowie die Beschreibungen und Lehren auf, die er von anderen hört. Er schreibt nicht aus der Perspektive eines unbeteiligten Beobachters, sondern gestattet uns vielmehr, an seinen inneren Prozessen teilzuhaben – an seinen Fragen und Zweifeln, seinen Krisen und Sorgen, seiner Ehrfurcht und seinem Staunen.

Schon vor Beginn des Buches war er auf einer Pilgerreise. Aus seinen Bemerkungen können wir schließen, dass er bereits mindestens 1000 Kilometer gelaufen ist. Er folgte dabei einem Hinweis Srī Krishnas, die Göttin Srī Kanyāka Parameswarī in einem Tempel am südlichsten Punkt Indiens zu besuchen. Von ihr empfängt er den Ruf, zu ihrem Bruder Srīpāda Srīvallabha in Kuruvapuram zu gehen. Der Ort liegt auf einer Insel im Krishna-Fluss, in einer Entfernung von ungefähr 1200 Kilometern. Shankar Bhatt hat nie zuvor von Srīpāda gehört, doch ohne einen Zweifel bricht er sofort zu seiner epischen Reise auf, die insgesamt mehrere tausend Kilometer umfasst. Es ist das Jahr 1336 – Srīpāda ist gerade in Seinem Geburtsort Pīthikapuram verschwunden – und befindet sich zu der Zeit auf einer yogischen Reise nach Kashi (Benares) und zum Himalaya.

Shankar Bhatt reist zu Fuß, manchmal mit Ochsenkarren oder Pferdewagen – ohne Gepäck und Geld, ohne zu wissen, wie er das Ziel erreichen soll. Er lebt von Almosen und Gastfreundschaft. Er schläft an den Orten, wo er entlangkommt, erlebt Hunger und lebensbedrohliche Situationen. Er wandert allein oder wird von Mitreisenden begleitet; er trifft Heilige, Betrüger und Räuber, Bauern und Händler, Könige, Hausfrauen und Huren. Er trifft auf orthodoxe Arroganz, Sektierertum, Lügen, Streitereien und selbst Komplotte gegen Srīpāda, die dieser auf überraschende Weise löst.

Shankar Bhatt ist ein Brahmane, doch seine Erfahrungen lehren ihn, die Grenzen von Kaste und Glauben zu überwinden und die Einheit all jener zu empfinden, die nach dem Göttlichen streben. Er macht tiefe Umwandlungen durch und wird auf seiner Einweihungsreise von einem feurigen Streben vorangetrieben, das durch seine Begegnungen mit erhabenen Siddhas und Yogis gestärkt wird. Er befragt sie zu tiefen spirituellen Themen und vor allem zu ihren Erfahrungen mit dem Göttlichen, mit Srīpāda Srīvallabha. Oft wussten sie bereits zuvor durch Botschaften von Srīpāda oder hellsichtigen Wahrnehmungen, dass Shankar Bhatt kommen werde, und sie teilen mit ihm fantastische Geschichten über Srīpādas strahlende Gegenwart und seine wundersamen verspielten Zeitvertreibe. Dadurch erhält er Einblicke in frühere Inkarnationen von Menschen, die weit in die Zeit zurückreichen. Und er erfährt von Srīpādas Ankündigungen Seiner eigenen zukünftigen Inkarnationen als Narasimha Saraswati (1378-1459) und Swamī Samartha (-1878). Viele Hinweise gibt es auf zukünftige Ereignisse, die inzwischen bereits der Vergangenheit angehören.

Das Buch ist voller unvorstellbarer Ereignisse, Offenbarungen und Wunder, z. B. von Seelen, die sich gleichzeitig in verschiedenen Körpern inkarnieren oder von verstorbenen Personen, die wieder zum Leben zurückgebracht werden.

Doch der unbestreitbare Höhepunkt ist Shankar Bhatts persönliche Begegnung mit Srīpāda, das Ziel seiner Suche. Die Geschichte endet dort nicht. Shankar Bhatt setzt seine Reise zu anderen Orten fort, zu denen Srīpāda ihn schickt. Er trifft Seine Familie und Freunde und sammelt weitere erstaunliche Geschichten.

Schließlich kommt er wieder nach Kuruvapuram, um bei Srīpāda zu leben. Dort schaut er nach den zahlreichen Devotees, die zu Seinen Weisheitslehren kommen; er kümmert sich um das Kochen und Reinigen. Wenn das Essen nicht für all die vielen Besucher reicht, pflegt Srīpāda etwas Wasser darüber zu sprenkeln, und es wird unerschöpflich. Er ist Augenzeuge davon, wie Srīpāda voller Liebe und Zuneigung berät, tröstet und heilt. Mit einem gewaltigen Gedächtnis von Namen und Details von Ereignissen arbeitet er an der Biografie. Er schreibt das Charitāmrutam[1] auf Bhūrja Patra, Rindenblätter des indischen Birkenbaums – und er schreibt es auf Sanskrit.

Das Buch hat eine merkwürdige Geschichte: Nach Srīpādas Verschwinden lebt Shankar Bhatt drei Jahre lang weiter in Kuruvapuram – und Srīpāda erscheint ihm jede Nacht um Mitternacht. Nachdem er das Charitāmrutam fertiggestellt hat, liest er es mit fünf Personen. Er weiß von Srīpāda, dass es nicht gleich publiziert wird: Nachdem eine Telugu-Version erstellt ist, wird seine Sanskrit-Version verschwinden und zu einem Ort unterhalb der Geburtsstätte von Srīpāda gebracht werden. Und die Telugu-Version wird in der 33. Generation der Familie von Srīpādas mütterlichem Großvater ans Licht kommen, nachdem ein gewisses Zeichen dafür gegeben wurde. Dann wird das Buch publiziert und in viele Sprachen übersetzt werden, auch ins Deutsche. Der Name von Srīpāda wird sich allmählich über die ganze Welt verbreiten und Millionen von Menschen werden Seinen Samsthan, den Tempel an Srīpādas Geburtsort, besuchen.

Das Zeichen für das Wiedererscheinen des Buches wurde 1999 Malladi Govinda Deekshitulu gegeben, einem Mitglied der 33. Generation. Er schrieb den Telugu-Text von dem alten Manuskript ab. Wie prophezeit, versenkte er dann das alte Exemplar in den Krishna-Fluss in Vijayawada und brachte ein Exemplar zum Samsthan für die Veröffentlichung des Buches. Die Einzelheiten finden sich in Herrn Deekshitulus Beschreibung am Ende des vorliegenden Buches (S. 583), und auch die Worte von Srī Sajjanagada Ramaswamy, dem spirituellen Leiter des Maha Samsthanam (S. 586), geben weitere Informationen.

Das Buch ist teilweise nicht leicht zu lesen. Man trifft auf zahlreiche Namen von Personen und Gottheiten, unvertrauten Konzepten und Ausdrücken. Um dem Leser zu helfen, wurde die vorliegende Ausgabe mit vielen Fußnoten-Erklärungen und einem kommentierten Personenregister ergänzt. Das Beste ist jedoch, das Buch mit einem offenen Denken und Herzen zu lesen und nicht zu versuchen, alles zu verstehen.

Die Herausgeber

1 Sinngemäße Bedeutung: Ekstatisches Elixier

Srīrastu[1] *Subhamasthu*[2] *Avignamasthu*[3]

Srīpāda Rājam Saranam Prapadye[4]

1 Möge die Göttin Lakshmī uns beschützen.
2 Mögen glückbringende Dinge geschehen.
3 Möge es keine Hindernisse geben.
4 Möge Lord Srīpāda uns beschützen.

Kapitel 1

Das Treffen von Shankara Bhatt und Vyāghreswara Sarma

Nachdem ich meine Grüße Srī Mahā Ganadhipati, Srī Mahā Saraswati und der Reihe meiner Lehrer sowie Lord Krishna und allen Göttern und Göttinnen erboten habe, schlage ich vor, die Herrlichkeit von Srī Srīpāda Srīvallabha zu beschreiben, der jüngsten Manifestation von Lord Datta; Er ist der Herr von unzähligen Universen.

Srī Dattātreya ist der Allerälteste und Ewige. *Srī Dattātreya hat sich in diesem Kali-Yuga*[1] *als Srīpāda Srīvallabha in Pithapuram in der Godāvarī*[2]*-Gegend von Andhra Pradesh inkarniert.* Selbst für sehr große Gelehrte ist es nicht möglich, die Größe Seines göttlichen Spiels zu beschreiben. Ich bin ein völlig unwissender und ungebildeter Mensch. Daher unterbreite ich dies allen Menschen in aller Bescheidenheit, dass mein Versuch, Seine Lebensgeschichte darzustellen, nur durch Seinen Willen, Seinen göttlichen Auftrag und Seinen göttlichen Segen geschieht.

Mein Name ist Shankara Bhatt. Ich gehöre zum Karnātaka Desha[3], komme von der Smārtha-Sekte[4] und stamme vom Bharadwāja Gotra[5] ab. Ich ging zur heiligen Stadt Udipi[6], um Bhagavān Srī Krishna zu besuchen. Dort gab mir das Kind Krishna, dessen Kopf eine Pfauenfeder von wunderschönen Farben schmückte, Seinen Darshan[7]. Er wies mich an, die Göttin Srī Kanyāka Parameswarī in Kanyā Kumari[8] zu besuchen.

Ich besuchte die Göttin Srī Kanyāka Parameswarī in Kanyā Kumari und nahm ein heiliges Bad am Zusammenfluss der drei Ozeane. An einem Diens-

1 Dunkles Zeitalter
2 Zweitlängster indischer Fluss
3 Karnātaka: indischer Staat; Desha: alte Bezeichnung für Provinz
4 Anhänger der Advaita-Philosophie von Adi Shankaracharya
5 Geschlecht; Abstammung von Rishi Bharadwāja
6 Eine Pilgerstadt in Karnātaka. Alle Ortsangaben des Buches, soweit nicht ausdrücklich erwähnt, beziehen sich auf Indien (Bhārat).
7 Schau, Erscheinung
8 Südlichster Punkt Indiens

tag betrat ich den Tempel, um die Göttin zu sehen. Der Priester führte hingebungsvoll die Verehrung der Gottheit durch. Er nahm die rotfarbenen Blumen aus meiner Hand und begann, die Göttin zu verehren. Zu der Zeit schaute mich die Mutter mit Ihren wohlwollenden Blicken an und sagte: „Shankara! Ich freue mich über die heilige Hingabe in deinem Herzen. Gehe nach Kuruvapuram[1] und empfange den Darshan von Srīpāda Srīvallabha, so dass du die Erfüllung deiner Geburt erlangst. Allein durch den Darshan von Srīpāda Srīvallabha wird sich in deinem Denken, deinem Ātma[2] und in all deinen Organen eine unbeschreibliche Erfahrung entfalten."

Ich empfing die Gnade der Mutter-Gottheit und begann meine Pilgerreise von diesem heiligen Ort aus. Auf meinem Wege erreichte ich ein Dorf namens Marutva Malai, das sich in unmittelbarer Nähe befand. Ich erfuhr, dass, als Hanumān den Sanjīvini-Berg vom Himalaya her trug, ein kleines Stück davon herabgefallen war, und dies wird Marutva Malai genannt.

Der Berg im Dorf Marutva Malai sieht wunderschön aus. Im Berg befinden sich einige Höhlen. Ich erfuhr, dass die Gegend, ein hügeliges Gebiet, von Siddha Purushās[3] bewohnt ist, die in einer unsichtbaren Weise Buße durchführen.

Ich schaute in diese Höhlen in der Hoffnung, mit ein wenig Glück eine große weise Person zu erblicken. Doch am Eingang einer Höhle stand ein Tiger. Bei diesem Anblick begannen all meine Glieder zu zittern und zu beben. Von großer Angst erfasst, rief ich sofort „Srīpāda! Srīvallabhā! Datta Prabhū!" Der Tiger stand reglos wie ein gezähmtes Tier. Ein alter Weiser trat aus der Höhle heraus, und unversehens hallte die ganze Gegend von Marutva Malai mit dem Namen Srīpāda Srīvallabha wider.

Da sagte der alte Weise: „Mein Sohn, du bist erfüllt. Nur große Siddhas, große Yogis, weise Menschen, Paramahamsas, die im Nirvikalpa Samādhi[4] verweilen, erkennen, dass sich Lord Datta in diesem Kali-Yuga als Srīpāda Srīvallabha inkarniert hat. Nur weil du vom Glück begünstigt bist, konntest du hierher gelangen. Dies ist ein Land spirituellen Strebens. Es ist Siddha

1 Auch Kurungadda genannt; Insel im Krishna-Fluss bei dem Dorf Atkur in der Nähe von Raichur, Karnātaka
2 Das Selbst, die Seele
3 Wesen, die Vollkommenheit und übermenschliche Kräfte erlangt haben
4 Höchste Absorption im Selbst

Bhūmi[1]. Dein Wunsch geht in Erfüllung, und du wirst bestimmt mit einem Treffen mit Srīpāda belohnt werden. Der Tiger am Eingang der Höhle ist ein Jnāni[2]. Grüße ihn."

Da grüßte ich den Weisen, der in Gestalt eines Tigers vor mir stand. Plötzlich brüllte der Tiger den Klang ‚Oum' und ganz Marutva Malai hallte wider von dem dröhnenden Klang. Voll Anmut stimmte er auch das Gebet *„Srīpāda Rājam Saranam Prapadye!"*[3] an. Ich betrachtete diese wunderbare Szene. Alle Atome in der Gestalt des Tigers lösten sich auf, und es erschien ein Mann mit einem strahlenden himmlischen Körper. Diese himmlische Person brachte dem alten Weisen ihre Ehrerbietung dar und flog mit leuchtendem Körper den Pfad zum Himmel empor.

Der alte Weise vor mir lächelte. Er lud mich in die Höhle ein. Schweigend betrat ich die Höhle. Ströme des Mitgefühls ergossen sich aus den Augen des alten Weisen. Durch die Kraft seines Willens entfachte er ein Feuer. Er erschuf heilige Materialien, einige Süßigkeiten und Früchte, um sie als Gabe dem heiligen Feuer darzubringen. Vedische Hymnen singend, gab er diese Dinge ins heilige Feuer.

Der alte Weise bemerkte: *„Alle rechtschaffenen Rituale wie Yagna und Yajana*[4] *sterben in der Welt aus. Der Mensch, der aus den fünf Elementen Nutzen zieht, vergisst die Gottheit, die in den fünf Elementen verkörpert ist. Yagnas sollten zur Freude der Gottheiten durchgeführt werden. Durch die Opfer werden sie erfreut, und durch ihre Gnade verhält sich die Natur dem Menschen gegenüber wohlgesonnen. Der Mensch kann nicht überleben, wenn eine Kraft in der Natur bösartig wird. Wenn die Kräfte der Natur nicht besänftigt werden, kommt es zu Katastrophen. Weicht der Mensch vom rechten Pfad ab, setzen die Kräfte der Natur unheilvolle Entwicklungen in Gang.*

Ich habe dieses Opfer zum Wohl der Welt durchgeführt. Yagna oder Yajana bedeutet Verschmelzen. Zu deinem Glück warst du Zeuge dieses Opfers. Aufgrund dieses Opfers wirst du den Darshan von Srīpāda Srīvallabha erhalten, der eine Inkarnation von Srī Datta ist. Dieses Glück wird nur sehr selten jemandem zuteil. Die in vielen Geburten erlangten Verdienste tragen plötzlich Früchte und ermöglichen solch unfassbares Glück."

1 Land der Siddhas und Land der Erfüllung
2 Weiser Mensch
3 Möge Lord Srīpāda uns beschützen.
4 Heilige Opfer

Ich grüßte diese erhabene Person und sagte: „Großer unter den Siddhas! Ich bin weder Gelehrter noch Yogi. Ich bin kein Verehrer. Ich bin ein unwissender Mensch. Bitte haben Sie Erbarmen mit mir und klären Sie einige meiner Zweifel." Der alte Einsiedler stimmte dem zu.

Dann bat ich: „Oh großer Siddha! Als ich die Mutter-Göttin Srī Kanyāka Parameswarī besuchte, wies sie mich an, für den Darshan von Srīpāda Srīvallabha nach Kuruvapuram zu gehen. Hier sah ich Sie und den Großen in Gestalt eines Tigers. Wer ist wirklich Srīpāda Srīvallabha? Bitte erhellen Sie meine Zweifel und erweisen Sie mir Ihre Gunst."

Der alte Weise begann seine Erzählung: „Mein Sohn, in der Godāvarī-Gegend von Andhra Pradesh gibt es ein Dorf namens Atreyapuram; es war berühmt als das Land, in dem der Weise Atri in Askese lebte. In jenem Dorf wurde in einer orthodoxen Familie ein Brahmane im Gotra[1] von Kasyapa geboren. Seine Eltern nannten ihn Vyāghreswara Sarma. Obwohl sein Vater ein großer Gelehrter war, schien der Sohn ein unverbesserlicher Dummkopf zu sein. Trotz langjähriger Schulbildung konnte er noch nicht einmal das Gebet des Gāyatrī-Mantras zu den vorgeschriebenen Tageszeiten ausführen. In Sanskrit äußerte er nur Worte, die besagten, dass er, der Grüßende, Vyāghreswara Sarma sei. Die spöttischen Worte der anderen begannen ihn zunehmend zu verwirren. Auch seine Eltern behandelten ihn immer schlechter. Er hörte, dass große Asketen im Himalaya leben und man durch ihre Gnade das Wissen vom Selbst verwirklichen kann. Zu keinen glückbringenden Veranstaltungen wurde er hinzugebeten. Er wurde nur gebeten, Gaben von Sesamsamen zu akzeptieren oder im absoluten Notfall, wenn niemand sonst zur Verfügung stand, an jährlichen Todes-Gedenktagen teilzunehmen. Diese Handlungen gelten als sehr niedrig. So entwickelte sich in ihm ein Gefühl der Minderwertigkeit.

Eines Tages hatte er in der Morgendämmerung einen Traum. In diesem Traum sah er einen himmlischen Körper, der in göttlichem Glanz erstrahlte. Dieser Körper stieg vom Firmament zur Erde herab. Sobald seine göttlichen Füße die Erde berührten, war diese von himmlischem Leuchten erfüllt. Langsam und gemessenen Schrittes kam das himmlische Kind auf Vyāghreswara Sarma zu und redete ihm gut zu: ‚*Warum solltest du dich fürchten, wenn Ich da bin? Zwischen Mir und diesem Dorf besteht ein*

1 Geschlecht

Band der Verpflichtung. Ohne dieses Band kann selbst ein Hund nicht zu uns kommen. Gehe nach Badarikāranya[1]*, das sich in der Region des Himalayas befindet. Du wirst von Glück gesegnet sein.*' Nach diesen Worten verschwand das himmlische Kind.

Vyāghreswara Sarma erreichte Badarikāranya. Auf dem Weg dorthin erhielt er immer wie von selbst eine Mahlzeit. Vom Anbeginn der Reise folgte ihm ein Hund, der ihn bis nach Badarikāranya begleitete. Auf seiner Wanderung nahm er ein heiliges Bad in Urvasi Kunda[2]. Auch der Hund nahm heilige Bäder zusammen mit ihm. Zu jener Zeit kam eine große Person, begleitet von ihren Jüngern, zu religiösen Waschungen nach Urvasi Kunda. Vyāghreswara verneigte sich zu Füßen dieser großen Person und bat sie, ihn als Jünger anzunehmen. Der Große stimmte dem gütig zu. Unmittelbar, nachdem er Vyāghreswara als seinen Jünger akzeptiert hatte, verschwand der Hund. Der Große versicherte: ‚Vyāghreswara! Dieser Hund, der dir gefolgt ist, ist die Verkörperung der von dir in früheren Geburten erlangten Verdienste. Von der Zeit geleitet, konntest du hierher kommen und in Urvasi Kunda ein Bad nehmen. Von den Nava Nārāyanas[3] wurdest du zum Land der Buße hingezogen. All dies geschieht durch die Gnade von Srīpāda Srīvallabha.'

Vyāghreswara Sarma verneigte sich und fragte: ‚Gurudevā! Wer ist Srīpāda Srīvallabha? Wie kommt es, dass Er mir seine Gnade zuteil werden ließ?' Der Siddha antwortete ausführlich auf die ihm gestellten Fragen. ‚Mein Sohn, Srīpāda Srīvallabha ist Lord Datta selbst. Im Tretā Yuga[4] führte Maharshi Bharadwāja in Pithapuram ein großes Opfer durch, das als Sāvitrakāthaka Chayanamu bekannt ist. Zu diesem Anlass lud er Shiva und Pārvatī ein. Im Text des Pyāmgya Brahmana[5] wurde erwähnt, dass durch den Segen, den Shiva und Pārvatī ihm gewährten, viele große Personen, Siddhas und Yogis im Geschlecht von Bharadwāja geboren werden. Obwohl das Pyāmgya Brahmana und der Sāndra Sindhu Veda[6] in anderen Teilen des

1 Badrinath: Ein heiliger Ort im Staat Uttarakhand in Indien und ein wichtiges Pilgerzentrum
2 Insel im Brahmaputra-Fluss
3 Neun Nārāyanas; Nārāyana: das höchste Wesen
4 Das silberne Zeitalter
5 Brahmanas: alte indische Texte mit Kommentaren zu den Veden
6 Ein mystisches Sanskrit-Werk, geschrieben auf Palmblättern, über die Zeit und die Ereignisse der Zukunft

Landes verloren gingen, wurden sie im Dorf Shamballa, dem Land der Inkarnation von Kalki[1], sorgfältig aufbewahrt. Am *Ende des Kali Yuga und zu Beginn des Satya Yuga*[2] *kommt Srīpāda Srīvallabha – eine Inkarnation von Srī Datta – in physischer Form nach Pithapuram. Nur wenn die in vielen Inkarnationen begangenen Sünden verringert werden und wenn gute Taten beginnen, Früchte zu tragen, wird sich die Hingabe an Datta entwickeln. Wird die Hingabe an Datta vollkommen, so wird Srīpāda Srīvallabha in jedem Zeitalter und zu jeder Zeit einen Reichtum an Sicht, Berührung und Sprache gewähren.* Da die verdienstvollen Taten deiner vergangenen Leben zahlreich sind, ergießt sich die Gnade von Srīpāda Srīvallabha über dich. Ich breche jetzt auf, um meinen Lehrer, den Mahā-Avatār Babaji zu treffen. Ich werde nach einem Jahr zurückkehren. Praktiziere Kriyā Yoga[3] in den für dich vorgesehenen Höhlen und strebe nach der Verwirklichung von Selbsterkenntnis.' Nach dieser Unterweisung brach der Weise nach Dronagiri in der Gegend des Sanjīvini-Berges auf.

Vyāghreswara Sarma begab sich also in die ihm bestimmte Höhle. Er konnte die Kriyā Yoga Methoden und die Sprüche über Selbst-Erkenntnis nicht verstehen. Er dachte sich: ‚Gurujī nannte mich liebevoll Vyāghra (Tiger). Alle meine Mitschüler sitzen auf einem Tigerfell und meditieren. Wenn das Fell eines Tigers so heilig ist und dem Yogi so viel Nutzen bringt, wie groß muss dann erst der Tiger selbst sein? Zudem bat mich Gurujī, nach dem Wissen vom Selbst zu streben. Das Selbst bedeutet nur ‚ich selbst'. Was habe ich mit anderen zu tun? Mein Name ist Vyāghreswarudu. Daher sollte ich nur ein Tiger sein. Und so sollte ich nur über den Tiger meditieren. Das ist mein Ātma[4]. Die Form eines Tigers zu erlangen bedeutet für mich, Selbsterkenntnis zu erlangen.'

Das Jahr verging rasch. Der Guru kehrte wieder an den Ort zurück. Er suchte jede Höhle auf und betrachtete den Fortschritt, den seine Jünger in ihrer spirituellen Suche gemacht hatten. Vyāghreswara jedoch konnte er nicht in seiner Höhle finden; statt seiner lag ein Tiger in der Höhle. Durch seine yogische Schau konnte Srī Gurujī erfassen, was geschehen war. Er erkannte, dass Vyāghreswarudu intensiv über die Form eines Vyāghra (Tiger)

1 Der 10. Avatar von Lord Vishnu
2 Goldenes Zeitalter, auch Krita Yuga genannt
3 Eine alte Yoga-Technik
4 Das Selbst, die Seele

meditiert und sich in einen Tiger verwandelt hatte. Der Gurujī war glücklich über das reine Herz und die Reinheit des Selbstes seines Jüngers. Er segnete ihn und lehrte ihn, ‚Oum' zu intonieren. Er bat ihn, unablässig die Worte ‚*Srīpāda Rājam Saranam Prapadye*' als Mantra[1] zu wiederholen.

Vyāghreswara erreichte Kuruvapuram in der Form eines Tigers. Um Kuruvapuram zu erreichen, muss man einen Fluss überqueren. Zu jener Zeit war Srīpāda Srīvallabha bei einer Versammlung seiner Devotees. Plötzlich sprach er: ‚Ein großer Devotee von mir ruft mich. Ich gehe zu ihm und kehre umgehend zurück.' Kaum hatte er dies gesagt, begann er mit seinem glänzenden Körper über das Wasser zu laufen. Als Srīpāda Srīvallabha auf diese Weise das Wasser überquerte, tauchte an jedem Punkt, wo er seinen heiligen Fuß hinsetzte, eine Lotusblüte aus dem Wasser auf. Auf der anderen Seite am Flussufer sah er Vyāghreswara, der unablässig das *Mantra ‚Srīpāda Rājam Saranam Prapadye'* sang! Vyāghreswara erwies den glückbringenden Füßen von Srīpāda Srīvallabha seine Ehre. Srīpāda bestieg den Tiger und überquerte den Fluss, indem er auf dem Rücken des Tigers über das Wasser schwebte. So erreichte er Kuruvapuram. Alle Menschen, die Zeugen dieses Anblicks wurden, waren voll Erstaunen.

Nach dem Datta Purāna inkarnierte sich Srī Dattātreya nur als Dharma Sāsta[2]. Als dieser Herr sich als Sohn von Hari-Hara inkarnierte, kam er auf einem Tiger reitend in der Hauptstadt des Königreichs an. Devendra nahm die Form dieses Tigers an und diente als Reittier für Ayyappa Swamī oder Dharma Sāsta. Manche Leute meinten, Srīpāda wäre in der Tat Dharma Sāsta selbst. Die Göttin Amba reitet auf einem Löwen wie auch auf einem Tiger. So waren manche Leute der Ansicht, Srīvallabha wäre eine untrennbare Form der universalen Mutter-Gottheit.

Als Srīvallabha Kuruvapuram erreicht hatte und von dem Tiger herabstieg, fiel der Tiger tot um. Eine große Person von göttlichem Glanz trat aus dem Körper des Tigers hervor. Sie bat Srīvallabha, das Tigerfell von seiner früheren Geburt für seinen Sitz zu nehmen. Srī Charana[3] stimmte dem zu. Überströmend von Liebe sagte Srīvallabha: ‚Mein lieber Vyāghreswara, in einer deiner vorhergehenden Geburten warst du ein sehr kräftiger Ringer. In jenem Leben ergingst du dich in allen Arten von grausamen Taten.

1 Anrufung
2 In Indien viel verehrte Gottheit, ein Sohn von Lord Shiva und Mohini
3 Jemand mit glückbringenden Füßen; Bezeichnung für Srīpāda

Dabei hast Du auch mit Tigern gekämpft. Du hast sie verletzt, gefangen genommen, ausgehungert und zur Unterhaltung der Leute ausgestellt. Aufgrund deiner vergangenen sündhaften Taten musst du in vielen Leben Tiergeburten annehmen, doch durch Meine Gnade wurden all die Sünden, die du angehäuft hattest, mit diesem Leben als Tiger gelöscht. Da du lange Zeit in der Form eines Tigers existiert hast, kannst du jederzeit willentlich diese Form annehmen. Diese Gabe gewähre ich dir. Du wirst viele Siddhas treffen, die seit Hunderten von Jahren Buße im Himalaya ausüben, und ihren Segen erlangen. Mögest du auf dem Yoga-Pfad große Höhen erreichen.' Auf diese Weise wurde Vyāghreswara von Srīpāda gesegnet.

Was Shankar Bhatt zuvor gesehen hatte, war in der Tat Vyāghreswara Sarma als Tiger. Er lebt im Himalaya. Große Weise scheuen den Kontakt mit der Öffentlichkeit. Solchen Yogis dient dieser Mann als Wächter und beschützt sie vor Störungen durch das gemeine Volk. Große Einsiedler haben ein System, um gegenseitig Ideen und Nachrichten zu übermitteln. Dazu müssen sie weder ihren Platz verlassen noch Boten aussenden. Doch aus Freude am Spiel benutzen sie Vyāghreswara für den Austausch von Nachrichten. All dies war ein göttliches Spiel von Lord Srī Datta.

Mein lieber Shankar Bhatt, vor der Schöpfung existierte das erste Paar (die erste Frau und der erste Mann). Wenn eine Frau schwanger wird, hat sie einige Wünsche. Es ist die Pflicht des Ehemanns, ihre Wünsche zu erfüllen. Als Sharvani[1] schwanger wurde, sagte ihr Parameswara[2], sie solle ihre Wünsche äußern. Da sagte Sharvani, ‚Herr, da ich den Körper einer Frau habe, habe ich alle Freuden erfahren. Ich weiß nicht, wie die Erfahrung in einem männlichen Körper ist. Tue mir daher den Gefallen.' Shankara sagte, ‚So sei es.' Sofort nahm Sharvani eine männliche Gestalt an. Es war die Form von Mahā Vishnu. Für das Baby, das sich im Mutterleib befand, gab es keine Möglichkeit herauszukommen. Da wuchs ein Lotus aus dem Nabel von Mahā Vishnu hervor. Aus diesem Lotus wurde Brahmā geboren und begann mit der Schöpfung. Srī Mahā Vishnu erschuf wiederum aus seinem Körper die Form von Sharvani. Die Geheimnisse der Götter und ihrer Spiele sind unergründlich. So wurden Mahā Vishnu und Pārvatī zu Bruder und Schwester.

1 Die Göttin Durgā oder Pārvatī
2 Der höchste Gott

Am Vollmondtag des Monats Shrāvana[1] band Pārvatī das Rakhī[2] an Srī Mahā Vishnu und sagte, ‚Bruder, Srī Bhola Shankar gibt jedem Gaben, ohne an Eigentum und Durchführbarkeit zu denken. Jedes Mal, wenn du dich mit deiner Vishnu-Maya durch Avatare manifestierst, um Dämonen zu töten, rettest du so mein Mangalyam[3]. Bruder, möge dieser Brauch, ein Rakhī zu binden, für immer ein Symbol der Liebe zwischen Bruder und Schwester sein.' Srī Mahā Vishnu sagte: ‚Möge es so sein.' Nur nach diesem Versprechen nahm Vishnu die Form von Mohinī[4] an, als es ein Problem mit Bhasmāsura[5] gab, und tötete ihn. Die Maya von Vishnu übersteigt unsere Vorstellungskraft. Es ist schwierig zu erraten, welche Form sie annimmt. Von Mohinī und Shankara wurde Dharma Sāsta geboren. Nachdem Dharma Sāsta geboren war, verschwand Mohinī. Er (Dharma Sāsta) nahm im Kali Yuga nur die Avatar-Form von Ayyappa Swamī an. Darin liegt ein göttliches Geheimnis. Dharma Sāsta ist niemand anderes als Srī Mahā Vishnu. In dieser Form sind auch Brahmā und Rudra verschmolzen, und so können wir sagen, dass Dattātreya mit diesen drei Formen verschmolzen ist. Als sich Parameswarī[6] als die Tochter von Pāndya Bhūpala mit dem Namen Minakshi manifestierte, manifestierte sich Parameswara als Sundareswar. Srī Mahā Vishnu führte die Hochzeit von Minakshi und Sundareswar durch. Doch als Parameswarī sich als Srī Kanyāka Parameswarī manifestierte, fand die Hochzeit nicht statt. Srīpāda Srīvallabhas Manifestation war jedoch jenseits von Raum und Zeit. Srīvallabha manifestierte sich im Kali-Yuga in Pithapuram. Dieselbe Form von Srīvallabha war in den leuchtenden göttlichen Welten schon von Beginn der Schöpfung an da. *Die göttlichen Spiele von Srīpāda in dem Zeitraum von dreißig Jahren, von 1320 AD, als er in Pithapuram geboren wurde, bis 1350 AD, als er in Kuruvapuram verschwand, können selbst*

1 Der 5. Monat des indischen Jahres, der gegen Ende Juli beginnt und in der 3. Woche August endet.

2 Ein Freundschaftsband, das zu Raksha Bandhan dem Bruder oder der Schwester ums Handgelenk gebunden wird; Raksha Bandhan ist ein indisches Fest, an dem die Liebe und die Pflichten zwischen Brüdern und Schwestern oder ähnlichen, biologisch nicht verwandten Beziehungen gefeiert werden.

3 In der indischen Hochzeitszeremonie ein Faden oder eine Kette, die der Bräutigam der Braut um den Hals legt; nachdem er drei Knoten gemacht hat, sind sie offiziell verheiratet.

4 Der einzige weibliche Avatar von Vishnu

5 Ein Dämon, Aschendämon

6 Der höchste weibliche Aspekt des Göttlichen

von den 7 Rishis nicht verstanden werden. Wie können wir sie dann verstehen?"

Ich fragte: „Swami, wir haben jetzt das Jahr 1336 AD. Bedeutet dies, Srīpāda Srīvallabha wird nur für die nächsten vierzehn Jahre auf Erden bleiben? Wird seine Avatarschaft so früh enden?"

Sadguru Dev sagte: „Mein Lieber, wenn Srīvallabha geboren wird, dann wird es auch wieder einen Rückzug geben. Sein Spiel kennt weder Geburt noch Tod. Er ist nicht gebunden an Zeit und Ort."

Srī Kanyāka Purāna

„König Agrasena, ein Zeitgenosse von Srī Krishna Paramātma, regierte ein Königreich im Āryavartam[1]. Er war ein Vaishya. Einige Nachkommen dieses Königs machten Geschäfte im Süden. Andere blieben bei den Familien der Verwandten des Königs in Brihat Sila Nagaram[2] in der Gegend von Andhra. Ein Verwandter des Mahārāja Agrasena namens Kusuma Shresti herrschte in Übereinstimmung mit dem Dharma über diese Gegend mit Brihat Sila Nagaram als Hauptstadt. Das Ehepaar Kusuma Shresti waren rechtschaffene Leute mit gutem Verhalten. Sie führten viele gute Taten aus wie Yagnas und Yagas[3]. Bhaskaracharya[4] war der Guru des Königs und sehr eng mit Kusuma Shresti verbunden.

Jaganmatha[5] wurde in ihrem Haus als Srī Kanyāka Parameswarī geboren. Srīpāda Srīvallabha nahm einen Teil von sich und ließ auf diese Weise die Geburt in ihrem Haus geschehen. Das Baby wurde Virupāksha genannt. Rāvana[6] war Kailāsavasa[7] gefällig, um das Ātma Lingam[8] zu erhalten. Er bat dann um eine niedrige Gabe. Jaganmatha begleitete ihn in der Form

1 Gegend in Nordindien
2 Name eines ehemaligen Königreichs, wo Vasavī dem König Kusuma Shresti geboren wurde und sie sich später verbrannte. Heute ist die Stadt Penugonda das einzige, was vom Königreich verblieben ist, mit einem Vasavī Kanyāka Parameswarī-Tempel.
3 Heilige Opfer
4 Der spirituelle Guru der Arya Vaishya-Gemeinschaft im Brihat Sila-Königreich
5 Die Mutter der Welt
6 Ein großer Dämonenkönig (Rakshasa)
7 Wörtlich: Dem auf dem Berg Kailash Wohnenden, Srī Shankara oder Shiva genannt
8 Die ewige Form des höheren Selbstes; ein von Lord Shiva aufbewahrtes Lingam

von Bhadrakālī. In der Gegend von Gokarna fiel das Ātma Lingam auf den Boden und wurde dort errichtet. Mein Lieber, der Ruhm der Gegend von Gokarna ist groß. Es gibt eine göttliche geheime Beziehung zwischen der Vaishya-Kaste Gokarnas[1] und der Gegend von Gokarna. Obwohl Rāvana getötet worden war, wurde ein Teil von ihm im Kali Yuga als König geboren, der von Lust geblendet war. Ambā[2] brachte ihre Bhadrakālī-Form im Kali Yuga auf andere Weise zum Ausdruck. Zusammen mit ihr sprangen einige Verwandte der Familie des Königs ins Agni[3] und drückten so ihre Selbstachtung nach der Tradition des Landes Āryāvarta aus.

Srī Kanyāka Parameswarī erreichte ihren Herrn Nagareswar[4]. Bevor Ambā geboren wurde, brachte das Ehepaar Kusuma Shresti viele Opfer dar. Kusuma Shresti nahm Milch und Gold nur von einer Familie ihrer Verwandten. Ihr Haus hatten sie ‚Pynda' genannt. Wenn du nach Pīthikapuram gehst, wirst du einen Mahātma treffen, einen Nachkommen dieser Familie. Gehe jetzt nach Kuruvapuram und empfange den Darshan von Srīvallabha." Er segnete mich und verschwand mit einem leuchtenden Körper.

Ehre sei Srī Srīpāda Srīvallabha!

1 Kuhohren; Gokarna: Pilgerort, wo Lord Shiva verehrt wird
2 Die göttliche Mutter, Shakti
3 Feuer; hier: Selbstverbrennung
4 Name von Shiva

Srīpāda Rājam Saranam Prapadye

Kapitel 2

Srī Siddhendra Yogi und die Geschichte von Vichitrapuram

Ich (Shankara Bhatt) dachte an die merkwürdigen Erfahrungen in Marutva Malai und setzte meine Reise fort, während ich gedanklich den strahlenden Namen von Srīpāda Srīvallabha sang. Unterwegs besuchte ich viele heilige Orte. Ich erhielt Nahrung, ohne jemanden darum zu bitten. Dies war eine einmalige Erfahrung. Ich spürte, dass das Gewicht meines Körpers allmählich abnahm, als ich den Kadamba-Wald im Königreich Pāndya[1] erreichte. Dort gab es ein Shiva-Lingam von großer Kraft. Nachdem ich Īshvara[2] dort besucht hatte, wurden meine Beine sehr schwer. Ich ruhte mich in diesem Shiva-Tempel einige Zeit aus und setzte die Reise fort. In der Nähe fand ich eine Einsiedelei, in der eine große Person namens Srī Siddhendra Yogi lebte. Als ich mich zu seinen Lotusfüßen niederwarf, wurde mein Körper leichter als ein Baumwoll-Ball. Ich war mir meines Körpergefühls bewusst, doch das Gewicht meines Körpers war fast verschwunden. Dieser große Lehrer von mitleidvollem Herzen strich mit seiner Hand über meinen Kopf, segnete mich und sagte: „Mögest du den Darshan von Srīpāda Srīvallabha bekommen."

Der große Yogi erklärte: „Mein Sohn Shankara Bhatt, das Shiva-Lingam, das du gesehen hast, ist sehr kraftvoll. In alten Zeiten besiegte Devendra viele Dämonen, doch einer von ihnen entkam. Er tat Buße. Indra tötete diesen Rakshasa[3] skrupellos, während dieser Tapas[4] machte. Aufgrund dieser Sünde, jemanden zu töten, der Tapas macht, verlor Indra seinen Glanz. Um sich von dieser Sünde zu befreien, besuchte Indra viele heilige Orte. Da das Shiva-Lingam im Kadamba-Wald des Pāndya-Reiches sehr kraftvoll war, wurde Indra plötzlich von allen Sünden befreit, als er den Kadamba-Wald erreichte. Er wunderte sich darüber. Mit dem Gedanken,

1 Ein Königreich in Südindien
2 Der höchste Herr
3 Dämon
4 Buße, feuriges Streben

dass dort etwas Spezielles und Großes sein müsse, suchte er den Ort in alle Richtungen ab. Er fand ein Shiva-Lingam. Indra verehrte dieses Shiva-Lingam voller Hingabe und errichtete einen Tempel für dieses selbst-manifestierte Shiva-Lingam. So wurde dieses Shiva-Lingam von Indra geweiht. Es befreit von allen Sünden und verleiht höchstes Glück. Nur Menschen mit besonderen Verdiensten können dieses Shiva-Lingam sehen. *Aber für die Devotees von Lord Datta finden die Treffen mit frommen Menschen und die Besuche heiliger Orte ungefragt und ohne jede Anstrengung statt.*"

Ich verneigte mich erneut zu den Lotusfüßen von Srī Siddhendra Yogi. Er bat mich, nochmals zu dem Shiva-Lingam zu gehen. Als ich ein zweites Mal dorthin ging, fand ich einen wunderschönen Tempel von Shiva. Es war nicht der Tempel, den ich zuvor besucht hatte. Als ich nachfragte, erfuhr ich, dass dies der Tempel von Srī Mīnakshi und Sundareswara war, und dass ich in der Stadt Madhura[1] war.

Ich besuchte die Gottheiten und ging danach zur Einsiedelei von Srī Siddhendra Yogi. Die ganze Gegend erschien wie ein dicht bevölkertes Stadtgebiet. Soviel ich auch suchte, ich konnte die Einsiedelei des Yogindra[2] nicht finden. Ich dachte an den heiligen Namen von Srīpāda Srīvallabha und ging zufällig in eine Richtung. Der Sonnenuntergang setzte ein, und es wurde dunkel. Von hinten sah ich einen Lichtschein kommen. Als ich mich umdrehte, sah ich eine große Schlange mit drei Hauben, die mir folgte. Auf den drei Hauben befanden sich drei Diamanten. Von diesen Diamanten ging ein strahlendes Licht aus. Ich bekam schreckliche Angst. Immer wenn ich anhielt, hielt auch die Schlange an.

Unwillkürlich stieg der heilige Name von Srīpāda aus der Tiefe meiner Brust auf. Ebenso äußerte mein Mund unwillkürlich den heiligen Namen von Srīpāda. Schließlich erreichte ich den Ashram von Srī Siddha Yogindra, und die göttliche Schlange und das Licht verschwanden augenblicklich.

Srī Siddhendra Yogindra empfing mich mit höchstem Mitgefühl. Er gab mir gebratene Kichererbsen in einem Kochbananenblatt als Prasād[3]. Damit füllte ich meinen hungrigen Magen. Mein Herzklopfen ließ nicht nach, obwohl ich das Essen zu mir nahm. Voller Liebe massierte Srī Siddha Yogindra leicht meine rechte Brust. Danach berührte er mit seiner heiligen Hand

1 Die südindische Stadt Madurai
2 König der Yogis
3 Speise als Opfergabe

meinen Kopf. Ich bemerkte, wie das heftige Schlagen des Herzens nachließ. Ich empfand auch, als würden faule Gase aus meinen Lungen geleert. Außerdem erlebte ich, dass alle schlechten Gedanken und gemeinen Wünsche aus meinem Denken gedrängt wurden. Meine Körpertemperatur stieg an und ich kam in einen Zustand der Benommenheit.

Die Größe von Datta und die Anforderungen, um die Gnade von Srīpāda zu erlangen

Dann erklärte Srī Siddha Yogindra das Folgende: „Shankar Bhatt, das Shiva-Lingam, das du zunächst sahst, und Srī Sundareswara, den du später besucht hast, sind nicht voneinander verschieden. Srī Dattātreya ordnete an, dass du diese Art von Erfahrung bekommst. Entsprechend wurde sie dir gewährt. Das bedeutet, dass die Zeit zurückgedreht wurde, und es wurde dir das von Indra errichtete Shiva-Lingam und die Umgebung, die zu der Zeit tatsächlich existiert hatte, gezeigt. Die Schöpfung zu betrachten, die du als reale Schöpfung ansiehst, ist Maya[1]. Alles ist die Verkörperung von Bewusstsein. *Durch den Willen von Lord Datta kann die Zukunft zur Gegenwart werden. Das Bewusstsein von Lord Datta ist ewige Gegenwart. Alles, was in der Vergangenheit geschehen ist und alles, was in der Gegenwart geschieht und auch in der Zukunft geschehen wird, ereignet sich nach dem Willen von Lord Datta. Der Beschluss von Lord Datta ist wesentlich, damit ein Ereignis eintritt, nicht eintritt oder auf eine andere, neue Weise geschieht. Srī Dattātreya ist die Verkörperung jenes großartigen Entschlusses, der für die Erschaffung, Erhaltung und Auflösung verantwortlich ist. Jetzt wurde Er auf dieser Erde als Srīpāda Srīvallabha geboren.* Die Einwohner von Pithapuram haben Ihn nicht richtig erkannt. Es gelang ihnen nicht, die Philosophie eines Gurus zu verstehen. In Kuruvapuram erlangten selbst unwissende Menschen wie Fischer das Wissen von Brahman[2]. *Um die Gnade von Srīpāda Srīvallabha zu bekommen, muss das Ahamkāra[3] in uns zerstört werden. Alle Arten von Stolz müssen ausgelöscht werden. Nur dann können wir Seine Macht, Seine Gnade und Seine wahre Natur verstehen.*

1 Illusion
2 Die höchste Realität
3 Die Identifikation oder das Anhaften am eigenen Ego; Arroganz

Ein Kaufmann namens Dhananjaya fand das von Indra geweihte Shiva-Lingam und informierte den Herrscher Kula Sekhara Pāndya darüber. Der Anweisung von Shiva folgend, entwickelte Kula Sekhara Pāndya es und baute dort eine Stadt. Er nannte sie Madhura. Sein Sohn Malaya Dhwaja Pāndya führte ein Putrakamesti[1] genanntes Ritual durch, um Nachkommenschaft zu erlangen. Aus dem Altar dieses Opfers trat ein dreijähriges Mädchen hervor, das nicht aus einem Mutterschoß geboren wurde. Es war Mīnakshi Devi. Sie heiratete Sundareswara. Der aus dem verfilzten Haar von Shiva entsprungene Vegavati-Fluss heiligte die Stadt Madhura. Mahā Vishnu selbst gab dem Bräutigam die Braut und organisierte in einem sehr großen Rahmen die heilige Hochzeit von Mīnakshi und Sundareswara."

Srī Siddha Yogindra fügte hinzu: „Mein Sohn Shankara Bhatt, *aus jedem Teilchen der Schöpfung gehen Schwingungen hervor. Aufgrund dieser vielfältigen Schwingungen treten Anziehung und Abstoßung von anderen Dingen auf. In den groben, subtilen und sterblichen (fleischlichen) Körpern entstehen durch gute Taten gute Schwingungen und durch sündhafte Taten schlechte Schwingungen. Aufgrund von verdienstvollen Tugenden nimmt der Wunsch zu, fromme Menschen zu treffen, heilige Orte zu besuchen und rechtschaffene Taten zu begehen. Dadurch erhöht sich der tugendhafte Verdienst. Solange diese Tugend nicht zunimmt und die Sünde abnimmt, können wir keine konstante Hingabe an Lord Datta haben. Viele Ereignisse geschehen aufgrund der Zeit, dem angesammelten Verdienst, den Fehlern oder anderer Ursachen. Du konntest nur aufgrund des grenzenlosen Mitgefühls, dass Srīvallabha für dich hat, hierher gelangen.*

Dhananjaya, der Kaufmann, der die Information über das von Indra errichtete Shiva-Lingam an Kula Sekhara Pāndya weitergegeben hatte, erlangte großen Verdienst. Aufgrund dieses Verdienstes wurde er als Kusuma Shresti geboren, König von Brihat Sila Nagaram[2] und erhielt Jaganmatha[3] als seine Tochter. Virupāksha, mit dem Amsa[4] von Nandiswar[5], wurde dem

1 Ein Opfer auf Rat eines Weisen, um einen männlichen Nachkommen zu erhalten
2 Heute: Die Stadt Penugonda
3 Die Mutter der Welt
4 Teil; ein Teil von Gott, der herabgestiegen und Form angenommen hat. Ein Avatar ist ein vollständiger Herabstieg
5 Nandi, der Bulle / Reittier von Shiva, sein Hüter und Diener; Nandiswar: Nandi und Īshvara als Einheit zusammen

Ehepaar Kusuma Shresti als Bruder von Ambikā geboren. Lord Datta behielt einen Amsa von sich in Virupāksha. Gemäß dem ihr gegebenen Wort, bekam Ambikā, die in Brihat Sila Nagaram geboren wurde, den Namen Vasavī[1]. Nur Jnānis[2] wissen, dass Srī Vasavī Kanyāka Parameswarī Ambikā selbst war, und Srīpāda Srīvallabha, der verkörperte Dattātreya, war Lord Nārāyana selbst.

Am Vollmondtag des Monats Shravana[3] wird Ambikā Srīpāda Srīvallabha das Raksha Bandan[4] binden. Dies ist ein göttliches Geheimnis. Es sollte normalen Menschen nicht enthüllt werden. Selbst dann – ich habe es dir auf Weisung von Srīvallabha enthüllt. Wer an jenem Tag den Darshan der Gottheiten in den Tempeln von Ambikā oder an Datta geweihten Orten empfängt, wird die Frucht eines besonderen Verdienstes erhalten. Shiva und Keshava[5] sind nicht voneinander verschieden. Wer sie jedoch als verschieden ansieht, bekommt dagegen die Frucht der Sünde. Am Ekādasī-Tag[6] werden alle Sünden auf Reisnahrung übertragen. Wenn man an jenem Tag fastet und am nächsten Tag (Dwādasī[7]) einem guten Brahmanen Nahrung gibt, wird man hohen Verdienst erlangen. Man erlangt den höchsten Verdienst, wenn man auch am Dwādasī-Tag fastet und dann Nahrung gibt. Mit dem Erlangen des Verdienstes geht auch die Tilgung der Sünden einher. Wenn man an Ekādasī fastet, einem geeigneten Brahmanen Nahrung gibt, aber selbst isst, wird man durchschnittliche Früchte erlangen. Man wird zwar Verdienst erlangen, aber die Sünden werden nicht getilgt. Wenn man am Ekādasī-Tag fastet und am Dwādasī-Tag selbst Nahrung zu sich nimmt, ohne einem geeigneten Brahmanen Nahrung zu geben, erlangt man die niedrigsten Früchte. Man wird nur den geringsten Verdienst erlangen. Die Sünden werden nicht getilgt."

„Auf welche Weise kann ich die Besonderheit beschreiben, was die Frucht meines Verdienstes ist?" fragte ich Srī Siddhendra Yogi. „Mein Herr,

1 Wörtl. Schatz; Name von Ambikā, Reichtum

2 Weiser

3 Der 5. Monat des indischen Jahres, der gegen Ende Juli beginnt und in der 3. Woche August endet

4 Ein Freundschaftsband, das zu Raksha Bandhan dem Bruder oder der Schwester um das Handgelenk gebunden wird; Raksha Bandhan ist ein indisches Fest, an dem die Liebe und die Pflichten zwischen Brüdern und Schwestern oder ähnlichen, biologisch nicht verwandten Beziehungen gefeiert werden.

5 Name für Vishnu

6 Der 11. Tag des lunaren indischen Kalenders

7 Der 12. Tag des lunaren indischen Kalenders

was war der Grund für Ambikā, den Namen Vasavī zu nehmen? Wem gab sie dieses Versprechen und wurde so Vasavī Kanyāka Parameswarī? Bitte erweisen Sie mir die Ehre und offenbaren Sie es mir."

Bei meiner Bitte lächelte Srī Siddhendra Yogi. Er sagte: „Mein Lieber, ich erkenne, dass du großes Interesse daran hast, Worte der Weisheit zu hören. Es gibt eine Einschränkung, dass göttliche Geheimnisse nur jenen enthüllt werden sollten, die forschend, fähig und geeignet sind. Wir sollten sie nicht ungeeigneten, streitlustigen und gottlosen Leuten enthüllen. Göttliche Geheimnisse und göttliche Spiele zu tadeln werden zum Grund, um Sünde zu erlangen.

Lord Nārāyana hat einen anderen Namen, Upendra[1]. Einst fragte Indra Lord Nārāyana: ‚Swamī, da du den Namen Upendra trägst, bist du zu meinem Bruder geworden. In diesem Fall sollte Ambikā auch meine Schwester sein. Sie sollte ebenfalls einen Namen haben, der auch an meinen Namen erinnert.' Lord Nārāyana lächelte und sagte: ‚Ja, dein Argument ist berechtigt. Stelle diese Frage Ambikā selbst.'

Die Zeit verging. Die Götter töteten Dämonen und wurden arrogant. Es kam die Zeit, um ihren Stolz zu vernichten. Ambikā nahm die Form eines Yakshā[2] an. Als Vāyu Deva[3] dort ankam, legte der Yakshā einen kleinen Grashalm vor ihn hin und bat ihn, den Halm zu bewegen. Vāyu Deva konnte ihn nicht bewegen. Desgleichen konnte Agni[4] ihn nicht verbrennen. Auf diese Weise wurden die Götter gedemütigt. Doch Devendra konnte erkennen, dass es kein Yakshā, sondern das Para Tattwam[5] selbst war. Da Devendra[6] das Para Tattwam erkennen konnte, wurde er groß und erhielt den Namen Indra. Dieses Para Tattwam nahm die Form von Ambikā an. Indra pries sie mit vielen Versen. Ambikā fand Gefallen daran und gewährte Indra die Gunst, dass sie sich im Kali Yuga in Brihat Sila Nagaram manifestieren und den Namen Vasavī annehmen würde, um an seinen Namen Vasava zu erinnern. Entsprechend dieser Gunst manifestierte sie

---

1 Jüngerer Bruder von Indra, dem Himmelskönig

2 Eine Klasse übernatürlicher Wesen mit großen Kräften. In den indischen Schriften erscheint Gott oft als ein Yakshā, um die Moral der Menschen zu testen. Auch Hüter verborgener Schätze

3 Gott des Windes

4 Gott des Feuers

5 Die höchste Wahrheit; die beste der Essenzen

6 Name für Indra

sich als Vasavī Kanyāka Parameswarī. Mein Lieber, *jedes kleine Ereignis geschieht in Übereinstimmung mit der Zeit, der Auswirkung des Karmas und einem Grund.* Die göttlichen Spiele lassen sich nicht vorhersehen. Sie können nicht verstanden werden. Bevor Lord Nārāyana von Devakī und Vasudeva als Srī Krishna geboren wurde, manifestierte sich Ambikā als Yoga-Maya[1]. Als Kamsa sie zu töten versuchte, nahm sie eine göttliche Gestalt am Himmel an. In der Avatar-Verkörperung von Srī Krishna konnte der Herr die Zuneigung der mütterlichen Onkel nicht erlangen. Doch in der Avatarschaft von Srīpāda Srīvallabha wird Er diese Zuneigung erhalten. Wenn ein Ehepaar Srīvallabha verehrt und denkt, Er sei ihr Kind, wird sich Srīpāda Srīvallabha unerkannt in ihrem Haus als ein kleines Kind umherbewegen. Wenn das Paar Vasavī Kanyāka Parameswarī verehrt und denkt, Sie sei ihr Kind und Ihr liebevolle Hingabe entgegenbringt, wird Sie sich unerkannt in ihrem Haus als göttliches Kind umherbewegen. Jünger, die ein reines Herz haben, werden den melodiösen Klang ihrer Fußkettchen vernehmen. Dies ist im Kali Yuga eine absolute Wahrheit. Daran sollte nicht gezweifelt werden. Jetzt kannst du dich ausruhen. Denke stets an den Namen von Srīpāda Srīvallabha. Die in vielen Inkarnationen angesammelten Sünden werden verbrannt. Du konntest aufgrund der grenzenlosen Gnade, die Srīpāda Srīvallabha dir gewährte, hierher kommen." Er segnete mich. Da ich müde war, hatte ich einen tiefen Schlaf.

Ich wunderte mich über mein immenses Glück und mein Denken geriet in einen erregten Zustand. Ich war begierig, Kuruvapuram rasch zu erreichen, und ich beschloss, die heiligen Füße von Srīvallabha nicht zu verlassen.

Als ich am nächsten Morgen aufwachte, war ich verwundert und erstaunt, weil ich auf einem Hügel am Fuße eines Audumbara-Baums[2] lag. In der Umgebung gab es keine Leute. War mein nächtlicher Aufenthalt in der Einsiedelei von Srī Siddhendra Yogi nur eine Halluzination? War Srī Siddhendra Yogi ein Betrüger? Ein Magier? Oder ein Teufel? Solche Zweifel schlichen sich in mein Denken. Die Worte von Srī Siddhendra Yogi über Lord Srī Datta hallten in meinen Ohren wider. Ich wunderte mich, welchen Nutzen es für Srīpāda Srīvallabha hätte, mich in solch einer missli-

1 Yoga-Kraft, die übernatürliche Phänomene hervorbringt

2 Sehr heiliger indischer Feigenbaum; vom Audumbara-Baum heißt es, dass er die Energie von Jupiter, die Guru-Schwingung enthält und eine Ausweitung des Bewusstseins bewirkt.

chen Lage zu halten. Viele Gedanken zogen durch mein Denken. Ich sammelte meine Habseligkeiten ein und setzte die Reise fort.

Meine Reise dauerte vom Morgen bis zum Mittag. Ich sah ein Dorf mit kleinen Häusern. Die Hungergefühle nahmen zu und quälten mich. Ich bin Brahmane und kann Mahlzeiten nur im Haus von Brahmanen einnehmen und nicht anderswo. Ich dachte daran, mir die Mahlzeiten selbst zuzubereiten, falls jemand die Zutaten zur Verfügung stellen würde. Dann kann ich solch eine Speise essen. Mir kamen Zweifel, ob in dem Dorf Brahmanen lebten. Daraufhin fragte ich einige Dorfbewohner. Einer von ihnen sagte: „Mein Herr, wir sind ein Bergstamm. Ich bin das Oberhaupt dieses Weilers. Es gibt keine Brahmanen in unserem Dorf. Wenn Sie nichts dagegen haben, können Sie Früchte und Honig von uns annehmen.“ Es gibt einen Spruch, dass man sich unterwegs auf Reisen wie ein Shūdra[1] einer niedrigen Kaste verhalten kann. Also dachte ich, dass es nicht falsch wäre, im Verlauf der Reise etwas anzunehmen, was von irgendjemandem angeboten würde. Sie legten Früchte und Honig von Ameisenhügeln, die es in jenen Schluchten gab, vor mich hin. Als ich zu essen beginnen wollte, kam von irgendwoher eine Krähe und fing an, auf meinem Kopf herumzuhacken. Ich versuchte sie zu vertreiben, doch vergebens. In der Zwischenzeit versammelten sich noch mehr Krähen. Sie begannen, mutwillig an sämtlichen Stellen meines Körpers auf mich einzuhacken. Ich geriet in Panik und lief fort. Doch die Krähen jagten hinter mir her. Niemand im Dorf konnte mir helfen. Das Oberhaupt des Dorfes sprach: „Oh, was für eine merkwürdige Sache! In unserer Gegend tun Krähen niemandem etwas zuleide. Wir fragen uns, warum diese Krähen Sie so wild und hartnäckig verletzen. Sie müssen einen Siddha Purusha[2] beleidigt oder entehrt haben. Sie erhalten diese Strafe aufgrund seines Fluches. Wenn wir in die Bestrafung eingreifen, ziehen wir uns den Zorn dieses Weisen zu. Daher werden wir nicht versuchen, den Verlauf des göttlichen Spiels zu ändern. Bitte verstehen Sie es nicht falsch.“ Nachdem er dies gesagt hatte, schwieg das Oberhaupt.

Ich konnte die mir angebotenen Früchte und den Honig nicht zu mir nehmen. Mein Körper war von Blut überströmt. Obwohl ich rannte, jagten mich die Krähen und verletzten mich. Ich befand mich in einem kläglichen Zustand. Hatte Srī Siddha Yogindra mich verflucht, weil ich an ihm gezweifelt

1 Die Arbeiterklasse der altindischen Gesellschaft
2 Großer Heiliger

hatte? Aber er hatte mich doch gesegnet, dass ich das Glück haben würde, Srīpāda Srīvallabha zu sehen. Wahrscheinlich kann ich erst dann den Darshan von Lord Srī Datta bekommen, wenn alle meine in vergangenen Leben angesammelten Sünden völlig getilgt sind. Ich weiß nicht, wie viele sündige Taten ich angesammelt hatte! Wie viele Strafen wie diese muss ich erleiden, um all diese Sünden auszuwaschen! Oh! Gehören so viele Schwierigkeiten und Gefahren dazu, um den Segen für den Darshan von Srīvallabha zu erlangen? Oh Gott, wie viele Strafen willst du mir noch auferlegen! Wer kann mich jetzt retten? Srīpāda Srīvallabha! Rette mich! Rette mich! Saranu![1] Saranu! Srīpāda Srīvallabha! Mit solchen Gedanken der vollkommenen Hingabe erreichte ich langsam die Wurzel des Audumbara-Baums. Ich dachte, der Audumbara-Baum, der der Sitz von Lord Srī Datta ist, würde mich schützen, doch das Spiel von Lord Srī Datta machte meine Hoffnung zunichte. Ein noch nie dagewesener fauler Gestank ging von meinem Körper aus. Angezogen von diesem abscheulichen Geruch oder von der Ironie des Schicksals kamen rasch der Reihe nach große giftige Schlangen. Sie bissen mich und krochen dann schnell davon. Zuerst war ich von Krähen gequält worden, und jetzt wurde mein ganzer Körper durch Schlangenbisse vergiftet. Schaum trat aus meinem Mund hervor. Mein Herz wurde immer schwächer. Ich war sicher, ich würde jeden Augenblick sterben.

Die Abenddämmerung setzte ein. Einige Wäscher kamen des Weges. Sie wuschen, trockneten und bündelten die getrockneten Kleider. Sie luden die Bündel auf den Rücken ihrer Esel und gingen fort. Sie bemerkten meine elende Not, doch sie zögerten einige Zeit, mich zu berühren, weil ich ein Brahmane war. Weil eine Verzögerung jedoch mein Leben hätte gefährden können, war es für sie vorrangig, mein Leben zu retten. So setzten sie mich auf einen Esel und brachten mich zu ihrem Dorf. Für mich liefen an jenem Tag alle beschwerlichen Ereignisse wie in einer Prozession ab. Die Wäscher führten mich zur Schustersiedlung. Einer dieser Gerber hatte medizinisches Wissen über Gift. Sie legten mich auf eine Pritsche, deren Boden aus Schnüren gewoben war. In den Räumlichkeiten stank es entsetzlich. Dieser Schuster-Arzt machte einen Saft aus Wildkräutern und ließ mich diesen Saft trinken. Er band einige Blätter auf die Stellen, an denen die Schlangen mich gebissen hatten. Dann pflückte er

1 Rettung, Zuflucht

einige zarte Blätter von einem Audumbara-Baum. Aus diesen Blättern floss ein milchiger Saft. Einige Stängel von diesen Blättern steckte er in meine Ohren, was mir schreckliche Schmerzen bereitete. Ich versuchte aufzustehen und fortzulaufen. Zwei starke Männer hielten mich fest. Ich war hilflos. Dieser Arzt wies seine Assistenten an: „Das Gift wird in die Audumbara-Blätter eintreten. Danach müsst ihr diese giftigen Blätter verbrennen. Der Mann wird noch viel lauter schreien, wenn das Gift in die Audumbara-Blätter ausgeleitet wird. Haltet ihn deshalb fest."

Nach einiger Zeit war das Gift neutralisiert. Ich wurde gesund. Die ganze Nacht über blieb ich in dem Haus des Schusters. Der Fellgerber sang die ganze Nacht hindurch *„Datta Digambarā! Datta Digambarā! Srīpāda Vallabha Datta Digambarā!"* Ich lag auf der Pritsche. Mein Herz weitete sich, als ich die höchst melodiösen Namen des Herrn hörte. Meine Liebe zu dem Schuster verstärkte sich, weil er durch die spirituelle Beziehung zu einem Schüler unseres Gurus wurde. Im nächsten Augenblick verspürte ich einen Schmerz bei der Erkenntnis, dass ich in einer höheren Brahmanen-Kaste geboren wurde und dass er Schuster einer niedrigen Kaste war.

Die Lehren des Schusters Vallabha Das für Shankar Bhatt

Nachdem der Schuster aufgehört hatte zu singen, kam er zu mir. Aus seinen Augen strömte tiefes Mitgefühl. Seine Augen wiesen auf die Erfahrung des Selbst hin. Ein Zweifel beschlich mein Denken, ob er ein Yogi sei. Er wandte sich mir zu und sagte: „Mein Herr, mein Name ist Vallābhādasu. Ich bin ein Handwerker, der mit Tierhäuten arbeitet. Zweifellos wurde ich in einer niedrigen Kaste geboren. Dennoch möchte ich Ihnen einige Informationen geben. Ich wusste bereits vorher, dass Ihr Name Shankara Bhatt ist und dass Sie unterwegs sind, um Srīpāda Srīvallabha zu besuchen. Nicht nur das. Ich weiß auch, warum Sie unterwegs von Krähen und Schlangen belästigt wurden."

Ich war erstaunt. Ich dachte, dass er wahrscheinlich etwas Astrologie studiert und darin gewisse Fertigkeiten erworben hatte. Vallabha Das sagte unvermittelt: „Mein Herr, ich bin kein Astrologe. *Srī Kshetra Pīthikapuram ist der Geburtsort von großen Gelehrten. Es ist der heilige Ort, wo sogar der ‚Sānga Vedārdha Samrat Pāndit‘[1] Malladi Bapannāvadhāni lebte. Die Veden wurden bei dem Versuch, das höchste Wesen zu beschreiben, müde. Sie konnten diese Erscheinung nicht wirklich genau bestimmen und schlossen einfach alles aus, indem sie sagten, ‚dies ist es nicht‘, ‚dies ist es nicht‘. So ist die Natur des höchsten Wesens. Pithapuram ist der heilige Ort, wo diese höchste Erscheinung als Srīpāda Srīvallabha geboren wurde. Trockene Philosophie und bedeutungslose Debatten können die Gnade von Srīpāda Srīvallabha nicht verdienen.*

Akademische Leistungen sind nicht notwendig, um die Gnade von Srīpāda zu erlangen. Andererseits wird uns kleinlicher Stolz weit von ihm entfernen.

Die Krähen, die auf Sie eingehackt hatten, waren große Pāndits, die in ihren früheren Leben in Pithapuram lebten. Sie konnten die göttliche Natur von Srīvallabha nicht erkennen und ihn nicht als Lord Datta begreifen. So verschwendeten sie ihr ganzes Leben. Sie konnten die Veden von oben bis unten rezitieren, doch wozu? Sie wiederholten Worte wie Krama, Ghana, Jata, Swadhya[2] und stellten ihre Arroganz zur Schau. Nach ihrem Tod kamen sie in den Himmel. Indra pries sie. Er überschüttete sie mit Lob und sagte: ‚Oh, ihr seid Kramānta, ihr seid Ghanāpati, ihr seid Jati, oh, Ihr seid Experten in Tarka[3]. Was für ein Glück! Wie viele Hunderte und Tausende von Malen habt ihr den Veda rezitiert? Was für ein Verdienst! Was für ein Verdienst! Nur aufgrund dieses Verdienstes konntet ihr Swarga[4] betreten.‘ Alle Bewohner von Indra Loka[5] bewunderten sie himmelhoch. Doch diese Pāndits litten Hungerqualen. Im Himmel gab es den göttlichen Ambrosia-Trank. Sie hörten, dass man von Hunger und Durst befreit wird, wenn man ihn trinkt. Da niemand sie beachtete, unterbreiteten diese Leute ihr Problem direkt Indra. Daraufhin antwortete Indra: ‚Der Veda ist die Form der Einatmung und Ausatmung des Herrn. Der Herr ist unendlich und unsterblich. Daher sind auch die Veden unendlich. Die Veden sind die Grundlagen aller Dharmas[6]. Durch das Singen der Veden habt ihr den Herrn gepriesen. Als Beloh-

1 Ein Kaiser der vedischen Lehren
2 Worte, die sich auf die Art und Komplexität der Rezitation der Veden beziehen; Beispiele für die Arroganz der Gelehrten
3 Argumentieren
4 Himmlische Welt, in die man aufgrund guter Taten für eine gewisse Zeit gelangt
5 Welt Indras
6 Ethische Prinzipien

nung dafür preisen wir, die Himmlischen, euch auch hoch. Wäre es euch sonst möglich, von mir Lobreden zu hören? *Wenn man nach Essen verlangt, muss man anderen Essen geben. Wenn man ein Korn gibt, vergrößern wir Himmlischen es zu tausend Körnern und geben sie dem Spender als Belohnung zurück.* Wenn ihr nichts gegeben habt, wie können wir euch da helfen? Aufgrund eurer vedischen Rezitationen habt ihr unermessliche Verdienste erlangt. Daher könnt ihr frei in Indra Loka bleiben, solange es existiert. Danach könnt ihr in eine andere Welt gehen. Auf diese Weise könnt ihr ewig frei bleiben.‘

Sie hatten die Worte Indras gehört und standen vor einer schwierigen Situation. Ihnen war klar geworden, dass ewig ohne Nahrung zu leben und ständig Hunger und Durst zu erleiden wirklich eine unerträgliche Strafe sein würde. Indra fuhr fort: ‚Ihr habt in dem heiligen Pādagaya Kshetra gelebt, und die jährlichen Zeremonien für die Manen[1] eurer Vorfahren ohne Sorgfalt und Anteilnahme durchgeführt. Stets habt ihr die bei solchen Anlässen entstehenden Kosten in Rechnung gestellt. Auch war euer Denken darauf ausgerichtet, köstliche Nahrungsmittel zu euch zu nehmen, aber es fehlte euch an Sorgfalt und Hingabe, die für die Durchführung solch weihevoller Zeremonien erforderlich sind. Daher war es euren Vorvätern nach ihrem Tod nicht möglich, edle Orte zu erreichen. Eure Erben verhielten sich genauso. Eure Kinder klagten auch, dass ihr zu lange gelebt hättet und ein großer Geldbetrag sowohl für eure medizinische Versorgung als auch für eure Nahrung verschwendet wurde. Srīman Nārāyana[2] selbst inkarnierte sich in eurer Mitte als Srīpāda Srīvallabha. Als Er den Weg zur Erlösung zeigte, habt ihr Ihn beleidigt und in fruchtlosen Argumenten und Gegenargumenten geschwelgt. Obwohl alle glückverheißenden Merkmale wie Allgegenwart, Allwissenheit, Allmacht und Qualitäten Seiner Inkarnation deutlich sichtbar waren, wurdet ihr zu Blinden, die Srīpāda Srīvallabha nicht als einen Avatar von Srī Datta erkennen konnten. Es ist bestimmt, dass ihr Krähen in der Form der Manen eurer Vorfahren bleibt, bis ihr das Blut einer Person trinkt, die durch das Singen des heiligen Namens von Srīpāda Srīvallabha gereinigt wurde.‘ Shankara Bhatt, aus diesem Grunde wurden sie als Krähen geboren, und aufgrund ihres früheren Verdienstes tranken sie Ihr Blut und erlangten einen edlen Status.“

1 Seelen
2 Der höchste Gott

Da stellte ich fest, dass Vallabha Das keine normale Person war und er vollkommen in der Gnade von Srīpāda Srīvallabha stand. Srī Vallabha Das fügte hinzu: „Mein Herr, die Schlangen, die von dem Geruch angezogen wurden, der von Ihrem Körper ausging, haben Befreiung erlangt."

Ich erwiderte: „Mein Herr, großer Vallābhādas-jī! Warum sollte dieses Ereignis stattfinden? Wenn mein Körper als Nahrung für Krähen, Schlangen und andere Lebewesen verwendet werden soll, wäre dies für mich eine grauenhafte Erfahrung. Ich habe ständig Angst, jederzeit von irgendwelchen Geschöpfen angegriffen zu werden."

Srī Vallabha Das sagte: „Mein Herr, dies ist alles ein heiteres Spiel von Srīpāda. Fürchten Sie sich nicht. Solche Ereignisse werden in Zukunft nicht mehr stattfinden.

Nur der Eine, der das Leben gibt, hat die Autorität, das Leben zu nehmen. Daher hat niemand die Berechtigung dazu außer Gott.

Doch einige Ihrer Vorfahren verehrten die Göttin Kālī auf dem Friedhof. Mithilfe dieses Mantras töteten sie viele Personen, die sie nicht mochten. Sie begingen eine große Sünde, weil sie für den unnatürlichen Tod dieser Menschen verantwortlich waren. Wegen dieser Sünde wurden sie als Schlangen geboren. Da Sie auch in ihrer Familie geboren wurden, sind Sie alle blutsverwandt. Darüber hinaus haben Sie die Gnade von Srīpāda erlangt. Aufgrund dieses kleinen Verdienstes geschah dieses Ereignis, und die Schlangen erlangten Erlösung.

Ein Brahmane sollte ein Wahrheitssucher sein. Ein Kshatriya[1] sollte dem Dharma verpflichtet sein. Ein Vaishya[2] sollte sich um die Aufzucht und den Schutz von Vieh sowie um geschickte Kauf- und Verkaufshandlungen kümmern. Deshalb sollte er ein ruhiger Mensch sein. Ein Shūdra sollte liebenswürdig sein und Dienste erbringen. Selbst dann besteht für das Erlangen der göttlichen Gnade kein Unterschied zwischen Kaste, Glaube, reich und arm. Ein Brahmane kann der Pflicht des Kshatriyas nachkommen und ein König werden. Wenn ein Kshatriya nach dem Wissen von Brahman verlangt, kann er die Pflicht eines Brahmanen übernehmen. Hat nicht Kusuma Sresthi, der ein Vaishya war, das Kshatriya-Dharma gewählt und ist zu einem Herrscher geworden? Nach dem brahmanischen Dharma ist das Töten eines Feindes eine Sünde, doch nach dem Kshatriya-Dharma ist es eine vor-

1 Angehöriger der Herrscher- oder Kriegerkaste
2 Angehöriger der Kaste der Händler und Viehzüchter

geschriebene Pflicht. Sie sind ein Brahmane und ein Wahrheitssucher. Daher ist Gewaltlosigkeit für Sie die höchste Pflicht, aber nicht für einen Metzger.

Wenn ein Mensch also die rechten Ergebnisse von seinen Handlungen erlangen möchte, sollte er seine Pflichten entsprechend dem von ihm übernommenen Dharma verrichten, ohne Rücksicht auf die Kaste, der er angehört.

Da Sie im Augenblick krank sind, ist es für Sie wünschenswert und notwendig, bei einem Arzt zu sein. Deshalb wurden Sie zu mir gebracht. Bitte beachten Sie, dass Srīpāda Srīvallabha uns jeden Augenblick beobachtet. In Ihrer Kindheit rezitierten Sie das Gebet über Lord Vishnu und scherzten mit Ihren Freunden. In Wirklichkeit war es jedoch ein Gebet für Lord Ganesha. Für die Worte im Sloka

„*Suklāmbaradharam Vishnum Sasivarnam Chaturbhujam*
Prasannavadanam Dhyāyet Sarva Vighnopa Shāntaye"[1]

gaben Sie zum Spaß eine verdrehte Interpretation; Sie gaben die folgenden Bedeutungen:

Suklāmbaradharam	= das, was weiße Kleider trägt,
Vishnum	= das, was überall ist,
Sasivarnam	= von aschweißer Farbe,
Chaturbhujam	= vier Beine statt vier Hände,
Prasannavadanam	= (i) der Esel wird ein freundliches Gesicht haben, wenn er iaht, (ii) der Esel wird Menschen mit seinen Hinterbeinen treten.
Dhyāyet	= so ist nur sein Gesicht schön anzusehen,
Sarva Vighnopa Shāntaye	= (ich bitte) um die Beseitigung aller Hindernisse.

Auf diese Weise gaben Sie scherzhaft eine verdrehte Version für jenes heilige Gebet und erweiterten seinen Sinn, so dass es auch auf einen Esel Anwendung fand. Shankar Bhatt, Lord Datta ist geschickt. Der Herr berich-

1 Ein Gebet, das zu Beginn von glückbringenden Gelegenheiten gesungen wird: „Du bist in weiß gekleidet, oh Alldurchdringender, und mit der Farbe des Mondes leuchtend, mit vier Armen, du der Allwissende. Ich meditiere über dein stets lächelndes Gesicht und bitte, mögest du alle Hindernisse von meinem Weg beseitigen."

tigt auch die Fehler, die Sie in Seiner Gegenwart aus Spaß gemacht haben. Der Wäscher brachte Sie auf einem Esel zu mir. In jenem Moment waren Sie von Staub bedeckt und von aschgrauer Farbe. Mit schleppendem Gang kamen Sie hier an, manchmal gingen Sie auf allen Vieren und stützten sich mit Ihren Händen auf dem Boden ab. Obwohl Sie keuchend auf allen Vieren zum Audumbara-Baum kamen, konnten Sie das Unglück nicht abwenden. Ihre Hoffnung, so vor den Schlangen zu entkommen, wurde enttäuscht. Sie hatten einen friedlichen Gesichtsausdruck, wenn Sie sich nicht vor Schmerzen krümmten. Schließlich wurden Sie zum Schusterdorf gebracht. Indem Srīpāda Sie so vielen Qualen aussetzte, sorgte Er für Unterhaltung und erteilte Ihnen eine Lektion. Diese Gerber wurden von ihren unedlen Geburten befreit. Sie lehrten Ihren Freunden das Gebets-Sloka an Srī Vishnu in einer spaßigen Weise. Das ist der Grund, warum Sie in diese Lage geraten sind und die Lehren von einer Person aus einer niedrigen Kaste wie meiner hören. Jetzt sind Sie hier, und morgen können Sie im Haus von jemandem aus Ihrer eigenen Kaste bleiben. Falls Sie diesen Vorfall auch nur versehentlich enthüllen, wird man Sie ächten."

Mit der guten Lehre von Srī Vallabha Das nahm die brahmanische Arroganz in mir ab. Das Gefühl verschwand, Vallabha Das wäre ein Paria. Ich empfand für ihn eine brüderliche Liebe, als wäre er mein Blutsverwandter. Zwei oder drei Tage lang nahm ich die Gastfreundschaft von Vallabha Das an und verließ danach das Dorf.

Wie kann ich die Gnade von Srīvallabha beschreiben? Ich wurde in einer Stadt namens Vichitrapuram in sehr merkwürdige Umstände verwickelt und kam auf merkwürdige Weise wieder heraus.

Als ich zu Fuß Vichitrapuram verließ, näherten sich mir einige königliche Bedienstete mit demütigem Gehorsam und erkundigten sich, ob ich ein Vaishnava[1] oder ein Shivaite[2] wäre. Ich sagte ihnen, wir wären Smārthas, welche die Unterscheidung zwischen Shiva und Keshava[3] beachteten, doch dass wir eine gewisse Neigung zum Shivaismus hätten und der Leiter des südlichen Klosters Srī Sringeri Shankaracharya unser Lehrer wäre. Sie baten mich, ihren König zu besuchen. Ich ging mit ihnen zur königlichen Audienz. Unterwegs erfuhr ich einige merkwürdige Dinge.

1 Anhänger von Vishnu
2 Anhänger von Shiva
3 Name für Vishnu

Dieser König lud alle Brahmanen ein, die an einem Tage gesehen wurden und fragte sie: „Wenn diese Menge für jene Menge ist, wie viel wird es für diese Menge sein?“ Niemand konnte eine befriedigende Antwort auf diese Frage geben. Vor einigen Jahren führte dieser König ein Opfer durch, um Söhne zu bekommen. Glücklicherweise erhielt er einen Sohn. Doch von da an bekamen Brahmanen seltsame Probleme, da der dem König geborene Sohn stumm war. Der König war der Ansicht, dass sein Sohn stumm wurde, weil die Brahmanen das Opfer fehlerhaft durchgeführt hätten. Deshalb ließ der König die Köpfe von Shiva-Brahmanen vollkommen kahl scheren, ihre Gesichter mit den vertikalen Vaishnava-Linien markieren und sie auf dem Rücken von Eseln zur Schau stellen. Gleicherweise ließ er die Köpfe von Vaishnava-Brahmanen sauber rasieren, ihre Gesichter mit den horizontalen Linien aus heiliger Asche markieren und sie auf dem Rücken von Eseln sitzend zur Schau stellen. Diese Situation wurde für die Shivaiten wie für die Vaishnavas unerträglich. Der König zeigte auf einmal ein überspanntes Verhalten. Er gab den Brahmanen freigiebig Thotakura[1] und befahl, großflächig Thotakura auf dem kultivierbaren Land anzubauen. Die Hälfte der Steuern sammelte er in Form von Thotakura ein. Wagenladungen von Thotakura wurden gesammelt und in der Festung gehalten. Thotakura wurde in sehr großen Mengen als Geschenk verteilt, aber die Brahmanen konnten es nicht vollständig verzehren. Es war den Brahmanen verboten, Reis zu kochen und andere Lebensmittel zu essen. Nachdem sie gekochtes Thotakura zur Hauptmahlzeit gegessen hatten, mussten sie gekochtes oder ungekochtes Thotakura als Zwischenmahlzeit zu sich nehmen.

Was konnten die armen Brahmanen machen? Alle Brahmanen, die stolz darauf waren, Gelehrte der Logik, der Philosophie und der Purānen[2] zu sein, verloren ihre Arroganz und beteten still und kläglich zu Gott, er möge sie aus ihrer misslichen Lage befreien. Unter den Brahmanen gab es einen Devotee von Datta, der ein feuriger Anhänger des Datta-Kults war. Er sagte, Lord Dattātreya erbarme sich, wenn man sich an ihn erinnere, und nur der Herr könne sie aus ihrer üblen Lage befreien. Daher befolgten alle Brahmanen Mandala Dīksha[3] und begannen, Lord Dattātreya zu verehren.

1 Grünes Blattgemüse, Amarant
2 Alte hinduistische Texte mit religiösen Erzählungen von oft legendärem Inhalt
3 Eine 40-tägige spirituelle Disziplin zur Veränderung der eigenen Gewohnheiten

Da sein Sohn stumm war, wollte der König die Sprache für die Stummen fördern. Er wies den Raja-Guru[1] an, ein Buch über die Stummensprache zu schreiben. Zuvor war dieser Lehrer des Königshofs sehr überheblich. Nun war er in eine sehr unerfreuliche Situation geraten und musste ausgiebige Nachforschungen über die Stummensprache machen.

Die Diskussion zwischen Shankar Bhatt und dem Mahārāja

Ich wurde vor den König geführt und litt unter Schweißausbrüchen. Ich dachte daran, wie viele strenge Tests Srīpāda Srīvallabha mir auferlegte. Ohne Unterlass sang ich innerlich den Namen von Srīpāda, und ich bekam einen Mut, den ich nie zuvor besaß. Der König stellte mir die gleiche Frage, die er an alle Leute richtete: „Wenn diese Menge zu jener Menge wird, wie viel wird es für diese Menge?" Ich antwortete feierlich: „Diese Menge nur für diese Menge." Der König war verblüfft und sagte: „Mahātmā, Ihr seid groß. Ich bin gesegnet, Euch zu sehen. Erst vor kurzem erinnerte ich mich an das Wissen über meine früheren Leben. In meiner früheren Geburt war ich ein sehr armer Brahmane. Ich baute bei meinem Haus Thotakura an. Ich bot es freigiebig allen an, die danach fragten. Die Brahmanen, die es von mir empfingen, waren alle wohlhabend und litten keinen Mangel an Nahrung und Wasser. Sie nahmen das Gemüse einfach umsonst von mir, aber nicht einen Tag arbeiteten sie mit mir zusammen. Mir gegenüber zeigten sie keine Barmherzigkeit. Wann immer sie mich in ihrem Namen zu Jahresgedenkfeiern für die Vorfahren oder zu Hochzeiten entsandten, gaben mir die Herren des Hauses jeweils große Geldbeträge und Geschenke. Davon nahmen mir die Leute, die mich entsandt hatten, 99 Prozent weg und ließen mir ein Prozent übrig. Die Arbeit war für mich, und für sie die Belohnung. Außerdem wurden sie von meinem Haus kostenlos mit Thotakura versorgt. Ich litt unter akuter Armut, doch gab ich weiterhin Thotakura, wie immer. Diese Brahmanen sagten, das Gemüse wäre sehr schmackhaft und es entstünde kein Schaden, wenn man es täglich essen würde.

Das Rad der Zeit drehte sich rasch. Da ich trotz meiner großen Armut Thotakura verteilte, wurde ich in dieser Geburt als König geboren. Jene

1 Lehrer des Königs

Brahmanen, die von mir das grüne Gemüse erhielten, wurden in meinem Königreich als Brahmanen geboren. So wurde ich viele Male reicher und größer als sie geboren. Weil ich Thotakura gab, wurde ich ein König. Nun gebe ich in Wagenladungen größere Mengen dieses Gemüses ab. Daher frage ich jeden, wie der großartige Zustand aussehen wird, den ich als Ergebnis meiner jetzigen Gaben in der Zukunft erlangen werde. Nur Ihr gabt die richtige Antwort auf meine merkwürdige Frage.“ Der König schloss seine Rede. Dann erklärte ich: „Rajā, unter den Umständen Ihres früheren Lebens war das Thotakura sehr wertvoll, doch angesichts Ihrer gegenwärtigen hohen Position ist sein Wert unbedeutend. Wie viel Ihr auch von diesem grünen Blattgemüse gebt, könnt Ihr nicht mehr bekommen als hundert Mal dieses Thotakura.“ Der König war über meine Antwort sehr erfreut. Es erleichterte mein Denken sehr, dass mir der König auf eine beiläufige Antwort eine Schilderung seines früheren Lebens gab. Ich spürte, dass aufgrund der großen Gnade von Srīpāda die Schmach, auf einem Esel zu reiten, vermieden wurde. Ich saß schon einmal auf einem Esel wegen der falschen Deutung des heiligen Verses „*Suklāmbaradharam Vishnum*“, die ich in meiner Kindheit zum Scherz gemacht hatte. In Gedanken erwies ich Srīpāda meine Ehre, der mich davor bewahrt hatte, in beschämender Weise auf einem Esel zu reiten.

Dann begann der zweite Test. Dieser Test wurde in der Zeichensprache der Stummen gehalten, die dem König sehr viel bedeutete. Der Raja-Guru begann mich zu prüfen. Er zeigte mir seine Finger und fragte mich mit Zeichen, ob es sich um eins oder zwei handelte. Ich dachte, er fragt mich, ob ich alleine gekommen oder noch von jemandem begleitet worden bin. Ich antwortete mit Fingerzeichen, dass ich allein gekommen bin. Dann zeigte er mir drei Finger. Das deutete für mich auf Lord Dattātreya hin. Ich nahm an, er erkundige sich, ob ich ein Devotee von Datta sei. Mein Empfinden war, dass Hingabe geheim gehalten werden sollte. So zeigte ich eine geschlossene Faust und vermittelte die Botschaft, es sei etwas Geheimes, das zum innersten Herzen gehöre. Dafür bot mir der Raja-Guru Süßigkeiten an und bat mich mit Gesten, sie zu akzeptieren. Ich lehnte ab und zeigte ein Päckchen mit flachgedrücktem Reis. Aus dem Bündel nahm ich etwas flachgedrückten Reis und bot etwas davon an. Mein Gedanke war, dass ich flachgedrückten Reis lieber mochte als Süßigkeiten und dass sie auch davon etwas essen könnten.

Dann äußerte sich der Raja-Guru lobend mit tiefer Stimme: „Raja, er ist ein großer Pāndit. Es ist erwiesen, dass er ein großer vedischer Gelehrter ist, der alle Veden gemeistert hat. Er ist ein großer Kenner in der Zeichensprache der Stummen." All dies war für mich verwirrend. Da sagte der Raja-Guru zum König: „Raja, ich fragte ihn, ob Shiva und Keshava[1] eins oder verschieden seien. Er zeigte einen Finger und sagte damit, dass beide eins sind. Ich zeigte ihm drei Finger und deutete darauf hin, dass die Dreifaltigkeit von Brahmā, Vishnu und Shiva als verschiedenartig existieren. Er antwortete mir, indem er seine geschlossene Faust zeigte und fragte: „Existieren nicht die fünf Finger der Hand zusammen als eins?" Ich bot ihm Konfekt an und bat ihn, mich als seinen Jünger anzunehmen. Daraufhin deutete er an, dass er sich nichts aus Jüngern mache und ein zufriedenes Leben wie Kutchela führe. Als er dies gesagt hatte, lehnte er meine Bitte ab und gab mir getrockneten und flachgedrückten Reis." Ich war erstaunt. Oh, ich wunderte mich, wie verschiedenartig in der Welt die Methoden sind, Denken und Gedanken zu verstehen. Dann kam die dritte und letzte Prüfung. Der Raja-Guru las die Mantren vom Rudra Chamaka[2] und wollte, dass ich ihre Bedeutung erkläre. Ich dachte an Srīvallabha und begann, ihre Bedeutung nach meinem oberflächlichen Wissen zu erklären:

- Ekachame bedeutet eins. Trisrachame bedeutet die Zahl drei, die der vorangehenden 1 hinzugefügt die Zahl 4 ergibt, und deren mathematische Wurzel ist 2.
- Panchachame ist das Hinzufügen von 5 zu der zuvor erlangten 4, was die Zahl 9 ergibt, und deren mathematische Wurzel ist 3.
- Saptachame bedeutet das Hinzufügen von 7 zu der bereits errechneten Zahl 9. Die Gesamtsumme ist 16 und die Wurzel davon ist 4.
- Navachame bedeutet, 9 zu der bereits errechneten Zahl 16 zu addieren. Das Ganze ergibt 25 und die Wurzel davon ist 5.
- Ekadasachame bedeutet, 11 zu der bereits berechneten Zahl 25 hinzuzufügen. Das Ganze ergibt 36, und die Wurzel davon ist 6.
- Trayodasachame bedeutet, 13 zur vorherigen 36 zu addieren. Das Ganze ergibt die Zahl 49 und deren mathematische Wurzel ist 7.
- Panchadasachame bedeutet, 15 zu der Zahl 49 hinzuzufügen. Das Ganze ergibt die Zahl 64 und deren mathematische Wurzel ist 8.
- Saptadasachame ist 17 + 64 = 81 und die mathematische Wurzel ist 9.

1 Name für Vishnu
2 Verse aus dem ‚Rudrādhya', welche den Segen von Rudra anrufen, um verschiedene Wünsche zu gewähren

Die anderen Faktoren sind wie folgt:

Navadasachame	19 + 81 = 100	ihre Wurzel ist	10
Ekavingsatischame	21 + 100 = 121	ihre Wurzel ist	11
Trayvingsatischame	23 + 121 = 144	ihre Wurzel ist	12
Panchavingsatischame	25 + 144 = 169	ihre Wurzel ist	13
Saptavingsatischame	27 + 169 = 196	ihre Wurzel ist	14
Navavingsatischame	29 + 196 = 225	ihre Wurzel ist	15
Ekatriyamsatischame	31 + 225 = 256	ihre Wurzel ist	16

Die obigen Details werden zum besseren Verständnis folgendermaßen dargestellt:

Ekachame	1 + 0 = 1	ihre Wurzel ist	1
Trisrachame	3 + 1 = 4	ihre Wurzel ist	2
Panchachame	5 + 4 = 9	ihre Wurzel ist	3
Saptachame	7 + 9 = 16	ihre Wurzel ist	4
Navachame	9 + 16 = 25	ihre Wurzel ist	5
Ekadasachame	11 + 25 = 36	ihre Wurzel ist	6
Trayodasachame	13 + 36 = 49	ihre Wurzel ist	7
Panchadasachame	15 + 49 = 64	ihre Wurzel ist	8
Saptadasachame	17 + 64 = 81	ihre Wurzel ist	9
Navadasachame	19 + 81 = 100	ihre Wurzel ist	10
Ekavingsatischame	21 + 100 = 121	ihre Wurzel ist	11
Trayovingsatischame	23 + 121 = 144	ihre Wurzel ist	12
Panchavingsatischame	25 + 144 = 169	ihre Wurzel ist	13
Saptavingsatischame	27 + 169 = 196	ihre Wurzel ist	14
Navavingsatischame	29 + 196 = 225	ihre Wurzel ist	15
Ekatriyamsatischame	31 + 225 = 256	ihre Wurzel ist	16

Ich erklärte auf die obige Weise die mathematischen Mysterien, die in den vedischen Mantren des Rudra Chamaka enthalten sind.[1] Meine Erklärungen wurden von den Gelehrten des Hofes sehr geschätzt. Ich war über meine eigenen Erklärungen verwundert. Wiederum fügte ich hinzu: „Dies alles handelt von dem Mysterium der Atome, die für die Schöpfung verantwortlich sind. Das war dem Weisen Kānāda bekannt. Verschiedene Metalle formen

1 In dem vedischen Text finden sich moderne Konzepte arithmetischer und geometrischer Progression und weitere wissenschaftliche Formeln.

sich gemäß der unterschiedlichen Anordnung der Anzahl von Atomen." Aufgrund der großen Gnade von Srīpāda Srīvallabha kam ich wie oben beschrieben auf merkwürdige Weise aus Vichitrapuram heraus.

Ehre sei Srī Srīpāda Srīvallabha!

Srīpāda Rājam Saranam Prapadye

Kapitel 3

Treffen mit Palaniswami – Besuch von Kuruvapuram

Die Wirksamkeit ständiger Meditation über Srīpāda Srīvallabha

Durch die Gnade von Srīpāda Srīvallabha brach ich aus Vichitrapuram auf. Meine Seele brannte darauf, Parameswara[1] in Chidambaram zu besuchen. Drei Tage lang verlief meine Reise glücklich. Ich bekam Nahrung, ohne danach zu fragen. Am vierten Tag stand ich auf der Schwelle des Hauses eines Brahmanen. Eine Frau kam aus dem Haus und schrie wie wild, es gäbe kein Essen. Ich wartete einige Zeit vor dem Haus. Der Hausherr kam heraus und sagte: „Ich habe nicht das Glück, Gästen und Besuchern Gastfreundschaft bieten zu können. Meine Frau ist ein großer Hausdrache. Wenn sie wütend wird, zerbricht sie Tontöpfe auf meinem Kopf. In dieser Hinsicht sind sich meine Frau und die Frau meines Gurus gleich. Es gibt jedoch einen Unterschied. Meine Frau verlangt von mir das Geld für die zerbrochenen Töpfe, während die Frau meines Gurus ihn nicht damit belästigt. Gerade wurden wieder einige Töpfe auf meinem Kopf zerbrochen. An Nahrung und Wasser mangelt es in unserem Hause nicht, doch ich muss zwingend die Kosten der zerbrochenen Töpfe umgehend ersetzen. Das ist sehr ärgerlich für mich. Würde ich heute etwas Geld bekommen, das bei religiösen Anlässen als Sambhāvana[2] verteilt wird, dann gäbe es keinen Ärger. Wenn dies nicht möglich ist, muss ich es mir von jemandem leihen. Ich muss den Kredit zurückbezahlen, sobald ich Geld durch Sambhāvanas bekomme. Von dem Geld, das ich als Sambhāvanas erhalte, verwende ich einen Teil, um die Schulden zurückzuzahlen, und den Rest erhält sie. Dieses System dauert schon einige Zeit an. In jüngster Zeit nimmt sie den gesamten Betrag der Sambhāvanas. Daher gibt es keine Möglichkeit, die Schulden zurückzuzahlen. Leute, die meine Situation kennen, melden sich nicht mehr, um mir einen Kredit zu gewähren. Sie fragen mich: ‚Wie zahlst du die Darlehen zurück? Denkst du, du könntest die Schul-

1 Der höchste Gott
2 Geldliche Vergütung, Honorar

den zurückzahlen, wenn du Geld durch Sambhāvanas erhältst?' Dieser Weg ist jetzt ebenfalls verschlossen. Als ich reich war, gab niemand eine Spende. Zudem machen sie sich lustig über mich. Jetzt muss ich die Kosten der zerbrochenen Töpfe zahlen. Nachdem meine Frau Sie scharf beschimpft hatte, rief sie mich ins Haus und sagte: ‚Da ist ein Pilger auf der Straße. Geh' mit ihm und bringe Spenden, die ihr an irgendeinem Ort bekommt. Nur dann wirst du zu Hause Essen bekommen'." Dann sagte mir der Pantoffelheld, er würde mit mir kommen. Er sagte, er kenne im Dorf alle Häuser der Brahmanen ganz genau und dass sie vielleicht Essen sowie Geld als Dakshina[1] bekommen würden. Ich war sprachlos. Ich dachte: „Srīpadā, Srīvallabhā, was ist das für ein schrecklicher Test?" In Begleitung dieses Brahmanen ging ich zu jedem Haus in dem Dorf der Brahmanen. Niemand bot uns Essen an, von Angeboten zu finanzieller Hilfe ganz zu schweigen. Dann jammerte der Brahmane, der mich begleitete: „Bis jetzt war nur ich unglücklich. Als Sie sich mir anschlossen, verschwand auch Ihr Glück und Sie wurden ebenfalls unglücklich." Da sagte ich ihm: „Srī Dattātreya ist der allmächtige Herr, der allen Geschöpfen Nahrung gibt. Er lebt in diesem Kali Yuga in Kuruvapuram und hat die Gestalt von Srīpāda Srīvallabha angenommen. Ich gehe dorthin, um ihn zu sehen. Setzen wir uns an den Fuß dieses Audumbara-Baums und singen Seinen Namen. Überlassen wir es der Gnade von Srī Datta."

Der Brahmane war damit einverstanden. Hunger brannte in unseren Mägen. Wir sangen mit schwacher Stimme den Namen von Srīpāda Srīvallabha. Während wir den Namen von Srīpāda weiter sangen, näherten sich uns Diener des Königs und sprachen uns an: „Meine Herren, der Yuvarāja[2] kann sprechen. Er ist nicht mehr stumm. Der König befahl uns, Sie sofort zu ihm zu bringen. Kommen Sie deshalb bitte mit uns." Ich konnte den königlichen Dienern nicht unsere erbärmliche Notlage schildern und entgegnete ihnen, dass ich nicht allein kommen könnte und dass sie auch meinen Begleiter mitnehmen sollten. Die Diener des Königs stimmten dem zu. Dann setzten sie uns voller Respekt auf Pferderücken. Als die Einwohner des Agrahārams[3] dies sahen, legten sie voller Verwunderung ihre Finger an ihre Nasen.

Der Mahārāja sagte: „Mahātmā, sogar nachdem ich wusste, dass Sie ein großer Gelehrter sind, schickte ich Sie mit leeren Händen fort, ohne Ihnen

1 Geldspende
2 Kronprinz
3 Dorf, das hauptsächlich von Brahmanen bewohnt ist

Ehre zu erweisen. Nachdem Sie aufgebrochen waren, wurde der Prinz ohnmächtig. Wir führten mit ihm eine Reihe von Behandlungen durch. Nach einer langen Zeit öffnete er die Augen und begann ‚*Srīpāda Vallabha Digambarā! Srī Dattadeva Digambarā!*' zu äußern. Der Prinz enthüllte, ein sehr hochgewachsener, äußerst gutaussehender Yogi von sechzehn Jahren sei erschienen und habe heilige Asche in seinen Mund gelegt. Wer ist dieser Yogi? Wo wohnt er? Was ist die Beziehung zwischen Lord Srī Datta und diesem Yogi? Bitte sagen Sie es uns."

Mit Bescheidenheit brachte ich vor: „Auf welche Weise kann ich die Herrlichkeit von Srīpāda Srīvallabha beschreiben? Er ist in der Tat eine Inkarnation von Lord Datta. Die Gestalt seiner Inkarnation ist sehr außergewöhnlich wie jene der Inkarnation von Srī Krishna. Was ich über ihn gehört habe, ist nur sehr wenig. Ich reise nach Kuruvapuram, um seinen Darshan zu erhalten. Unterwegs besuche ich heilige Orte und heilige Menschen."

Die gelehrten Leute von Vichitrapuram wunderten sich über dieses merkwürdige Ereignis. Sie priesen Srīvallabha Swamī auf verschiedene Weisen – weil der König gutmütig wurde, sie die Probleme los waren und weil ihr Yuvarāja aufgrund ihrer vierzigtägigen Askese von seiner Stummheit geheilt wurde.

Der König ehrte mich mit einer Goldspende. Der Lehrer des Königs sagte: „Mein Herr, nach so vielen Tagen dämmerte mir die Weisheit. Ich erkannte, dass Shivaiten durch Beschimpfen von Vishnu und Vaishnaviten durch Beschimpfen von Shiva nur Sünde anhäufen und dies keinen Sinn macht. Durch unser Beschimpfen von Gott haben wir all die Schwierigkeiten erlebt. Mit oder ohne Wissen haben wir dank dem Rat von Mādhavā Nambūdri Askese geübt, um Lord Datta günstig zu stimmen. Wir sind Ihnen sehr verpflichtet."

Als wir uns von ihnen verabschiedeten, drückte Mādhavā Nambūdri auch seinen Entschluss aus, mit uns kommen zu dürfen. Wir stimmten zu. Wir drei erreichten das Dorf und verteilten das uns vom König gegebene Gold unter den Brahmanen des Agraharams. Nachdem die streitsüchtige Frau meines Freundes Gold erhalten hatte, bot sie uns Essen an. Später wurde sie zu einer Devotee von Srīpāda Srīvallabha, wurde sanftmütig und überwand ihr früheres streitsüchtiges Temperament.

Mādhavā Nambūdri und ich reisten nach Chidambaram. Der Weise Agastya nahm Parabrahma Sastry, einen Bewohner des Dorfes Ryali, das in der Godāvarī-Gegend liegt, ins Priesteramt des Dharma Sāsta Ayyappa

Deva[1] auf. Im Lauf der Zeit wurden vedische Gelehrte aus dem Dorf Namburu bei Gartapuri[2] von den königlichen Familien eingeladen, die das Malaya Desa[3] regierten. Viele Brahmanen verließen Namburu und verbreiteten im Malaya Desa vedisches Wissen. Diese Leute werden Nambūdri-Brahmanen genannt. Die Vorfahren von Ādi Shankara[4] gehörten auch zu Namburu. Nambūdri-Brahmanen sind berühmt für ihre religiösen Bräuche und Traditionen, ihre Disziplin und Hingabe sowie ihre Kenntnisse in Mantra-, Tantra- und Yantra-Praktiken. Mādhavā Nambūdri war jedoch ungebildet. Er schlug sich durch, indem er in den Häusern einiger Brahmanen als Koch arbeitete. In der Kindheit verlor er seine Eltern. Nahe Verwandte halfen ihm nicht. Er hatte eine unerschütterliche Hingabe an Lord Datta. Nachdem er von der Inkarnation von Srīpāda Srīvallabha gehört hatte, sehnte er sich danach, Ihn so rasch wie möglich zu besuchen.

Wir hörten, dass sich einige große Siddhas in der Nähe von Chidambaram aufhielten. Wir besuchten Srī Palaniswami, einen alten Einsiedler, der ein einsames Leben in den Bergen führte. Als wir am Eingang der Höhle ankamen, sah uns Srī Palaniswami und grüßte uns: „Mādhavā und Shankar kommen zusammen? Welch ein Glück!“ Wir erkannten, dass er ein großer Siddhā war, der uns bei unserem Namen rufen konnte, selbst ohne uns zu kennen. Der barmherzige Srī Swamī sagte: „Meine Söhne, es ist Zeit, diesen Körper abzulegen und im Einklang mit der Weisung von Srīpāda Srīvallabha in einen jugendlichen Körper einzutreten. Das Alter dieses Körpers ist 300 Jahre. Es ist die Anweisung von Srīpāda, dass ich diesen Körper verlassen und für weitere 300 Jahre in einem neuen Körper leben soll. *Selbst diejenigen, die während des Lebens Befreiung erlangten und jene, die in der Ordnung der Natur den Kreislauf von Geburt und Tod überquert haben, sollten zurückkehren, wenn Srīpāda es anordnet. Der große Entschluss, der die gesamte Schöpfung verwaltet, hat sich in der Form von Srīpāda Srīvallabha inkarniert. Sein Herabstieg findet in den subtilen Welten der höheren Regionen ständig statt. In einer menschlichen Gestalt zu erscheinen, ist eher selten. Er hat eine umfassende yogische Inkarnation. Inkarnationen,*

1 Ayyappa ist Dharma Sāsta, geboren aus der Vereinigung von Shiva mit der weiblichen Mohini-Form von Vishnu.
2 Heute: Guntur
3 Das moderne Kerala
4 Ein großer vedischer Lehrer

die aus einem Bruchteil Seiner unendlichen Kräfte hervorgehen, finden jederzeit auf dieser Erde statt, um Devotees zu beschützen. Mein Lieber Shankarā, du hast in Vichitrapuram den Weisen Kānāda und seine Theorie der Atome erwähnt. Bitte erkläre sie ausführlich."

Die vom Weisen Kānāda dargelegte Theorie der Atome

Ich sagte: „Swamī, bitte entschuldigen Sie mich. Ich weiß sehr wenig über den Weisen Kānāda und seine Theorie der Atome. Alles, was ich gesagt hatte, kam mühelos aus meinem Mund. Swamī weiß dies auch", antwortete ich.

Der barmherzige Srī Palaniswami erklärte es folgendermaßen: „Die gesamte Schöpfung besteht aus übergeordneten Atomen. Aufgrund der Existenz von Teilchen, die viel feiner als Atome sind, wird ein Fluss von elektrischen Strömen generiert. So wie die verschiedenen Planeten in verschiedenen Kreisbahnen um die Sonne rotieren, bewegen sich diese feineren Teilchen mit unglaublicher Geschwindigkeit in ihren entsprechenden Umlaufbahnen um ihre jeweiligen Zentren. Alle emotionalen Schwingungen von Lebewesen sind viel subtiler als die feineren Teilchen. In diesem pulsierenden Universum bleibt nichts konstant. Veränderung ist seine Natur. Sich in jedem Augenblick zu verändern ist sein Wesensmerkmal. Das Bewusstsein von Lord Datta ist noch viel, viel feiner und subtiler als die oben genannten Schwingungen. Es ist leicht und schwer zugleich, Seine Gnade zu erlangen. Wenn man jedes Atom oder Teilchen ad infinitum teilt, dann bildet jeder Teil des Atoms eine Leere. Die Kombination von unendlichen Mahā Sūnyas[1] führt diese Schöpfung herbei. In dem Maße, wie Materie erschaffen wird, existiert auch die ihr entgegengesetzte Antimaterie. Wenn beide sich vermischen, wird die Antimaterie ausgelöscht. Materie kann ihre Eigenschaften und Merkmale verändern. *Bei Verehrungsobjekten werden diese aktiv und lebendig, nachdem das Ritual zur Einsetzung der Lebenskraft durchgeführt wurde. Dann sind sie in der Lage, die Wünsche der Verehrer zu erfüllen.* Alle Mantren entspringen aus der Kundalinī. Auch das Gāyatrī-Mantra manifestierte sich darin.

Die Leute denken, das Gāyatrī-Mantra habe drei Zeilen, doch es gibt für das Gāyatrī-Mantra eine vierte Zeile. Es ist ‚Parorajasi Sāvadom'. Dieses

1 Große Leere

vierzeilige Gāyatrī-Mantra weist auf das formlose Brahman[1] hin. Die Kundalini-Shakti[2] erschafft dieses Universum mit 24 Eigenschaften. Die Zahl 24 wird auch ‚Gokulam' genannt. ‚Go' steht für die 2 und ‚Kulam' steht für die 4. Die Form von Brahman ist jenseits aller Veränderung und wird daher durch die Zahl 9 angedeutet. Die Zahl 8 ist eine Form von Mahā Maya[3]. Srīpāda Srīvallabha bat die Leute, die Er mochte, um ‚Do Chowpāti Dev Lakshmī'. Parabrahma ist der Herr von allem. Er ist der Pati von allem. So steht der Herr ‚Patidev' für die Zahl 9, Lakshmī steht für die Zahl 8, ‚Do' steht für die Zahl 2 und ‚Chow' stellt die 4 dar. Statt um zwei Chapātis[4] zu bitten, fragte Er in einer seltsam verdrehten Weise ‚Do Chowpāti Dev Lakshmī'. Auf diese Weise erinnerte Er die Menschen an die geheimnisvollen Zahlen 2, 4, 9, 8. Das Parabrahman und die Parashakti[5] des Gokulam wohnen in der Form von Srīpāda Srīvallabha. Bitte beachtet, dass Lord Srī Krishna Srīvallabha selbst ist. Wir erkennen, dass das Gāyatrī-Mantra die Gestalt Seiner formlosen Sandalen annahm.

Mein lieber Shankarā, im grobstofflichen menschlichen Körper existieren zwölf verschiedene Wandlungsphasen. Der grobstoffliche Körper, der von allen erfahren werden kann, ist dem Einfluss der grobstofflichen Sonne ausgesetzt. Indem man die Disziplin des Kriyā Yogas[6] ausübt, kann der Körper immer subtilere Schwingungen annehmen. Dieser Körper von zwölf verschiedenen Wandlungsphasen steht unter dem Einfluss der zwölf Ādityas[7]. *Da Srīvallabha weit höher ist als die zwölf Ādityas, besitzt Sein göttlicher grobstofflicher Körper wunderschöne göttliche Schwingungen.*

Selbst vor Seinem Herabstieg in einen menschlichen Körper in Srī Pīthikapuram kam Srīvallabha 108 Jahre zuvor an diesen Ort. Er segnete mich. Er kam in der gleichen Form hierher, wie Er jetzt in Kuruvapuram ist. Wo ist das Ende Seiner göttlichen Spiele? Einige Zeit, nachdem Srīvallabha hierher kam, verehrten große Weise des Himalayas Srī Badari Narayana in dem großen heiligen Ort Badari mit Brahmakamala-Blumen[8].

1 Der absolute Gott, der höchste Herr
2 Kraft der Kundalinī (Schlangenkraft)
3 Große Illusion
4 Aus Weizenmehl gemachte Fladen
5 Die höchste Urkraft
6 Eine alte Yoga-Technik
7 Die 12 Söhne von Āditi, dem höchsten Licht; Sonnengötter
8 Saussurea obvallata, Alpenscharte, indische Art

Ich beobachtete, dass all jene Brahmakamala-Blumen auf die glückbringenden Füße von Srīpāda fielen. Er ist jenseits von Zeit und Raum." Srī Palaniswami beendete seine Erzählung.

Während ich den heiligen Sätzen von Srī Palaniswami lauschte, hatte ich eine unbeschreibliche Erfahrung. Ich fragte ihn: „Swamī, was sind Brahmakamalas? Wo gibt es sie? Ich entnehme Ihren Worten, dass Lord Datta erfreut wäre, wenn Er damit verehrt würde. Bitte lassen Sie mir eine Antwort auf meine Frage zuteil werden."

Die Beschreibung der Brahmakamala-Blumen

Indem er meine Frage beantwortete, wandte Srī Palaniswami seine barmherzigen Blicke auf mich und sagte: „Srī Mahā Vishnu verehrte Sadashiva mit Brahmakamalas. Die Blume, die als Lotus beschrieben wird und aus dem Nabel von Srī Mahā Vishnu emporwächst, ist auch eine Brahmakamala. Wird Srī Datta mit Lotusblumen verehrt, schenkt er materiellen und spirituellen Reichtum. Auf Erden finden sich Nachbilder der Brahmakamalas der himmlischen Welt. Sie wachsen als Brahmakamalas im Himalaya in einer Höhe von 3600 Metern. Diese Blüten öffnen sich einmal im Jahr. Mein Sohn, sie erblühen nur in den Mitternachtsstunden. Das ist ein weiteres Wunder. Während ihrer Blüte verbreitet sich ein herrlicher Duft über die ganze Gegend. Alle großen spirituellen Aspiranten im Himalaya warten gespannt über Tage und Monate, um diesen seltenen Anblick zu erleben. Vom Herbst bis zum Frühling bleiben die Blumen unter Schnee verborgen. Zu Beginn des Monats Chaitra[1] kommt die Blume unter dem Schnee hervor. Sie benötigt den ganzen Sommer, um zu voller Blüte zu gelangen, und sie öffnet sich vollständig in den Mitternachtsstunden zur Zeit des Sravana Suddha Pūrnima[2]. Dann wird das Shiva-Lingam aus Schnee von Amarnath sichtbar. Mein Kind Shankarā, dieses großartige Wunder findet immer und ewig statt, zum Wohl der spirituell Suchenden, der großen Weisen und Siddhas, die im Himalaya leben. *Alle Sünden werden beim Anblick der Brahmakamalas ge-*

1 Nakshatra-Konstellation im Monat Widder

2 Der Vollmondtag der ersten 14 Tage des Monats Sravana, dem 5. Monat des indischen Jahres, der gegen Ende Juli beginnt und in der 3. Woche August endet

tilgt und die Hindernisse für die Ausübung von Yoga beseitigt. Dieses Wunder zeigt unmittelbar Ergebnisse. In der Folge erlangen Yogis und Asketen einen höheren Status auf ihrem entsprechenden Pfad. Nach ihrer Blüte verschwindet die Brahmakamala-Blume wieder, nachdem all jene, denen es bestimmt war, sie zu sehen, sie vollkommen gesehen haben.

Mein lieber Shankarā, ich will zehn Tage lang in völliger Buße verweilen. Wenn irgendwelche verzweifelten Menschen hierherkommen, sollten Mādhavā und du ihren Darshan vorbereiten, ohne meine tiefe Meditation zu stören. Wird ein Toter hierhergebracht, der von einer Schlange gebissen wurde, gebt den Leuten, die den Körper gebracht haben, die Anweisung, dass sie den Leichnam dem Wasser eines Flusses übergeben oder in der Erde begraben sollen."

Srī Palaniswami setzte sich hin und ging durch Buße in Samādhi. Mādhavā und ich richteten in Ruhe den Darshan für verzweifelte Devotees ein. Einige Devotees versorgten uns mit Nahrung. Mādhavā sagte, er würde mit dem heruntergefallenen Ast eines nahe gelegenen Kokosnussbaumes zu kochen beginnen. Ich stimmte zu. Wie die Ironie des Schicksals es wollte, biss die hinter dem Ast des Kokosnussbaumes versteckte Kobra Mādhavā in dem Moment, als er den Kokosnusszweig hochhob, um ihn wegzutragen. Drei Personen brachten Mādhavā zur Höhle.

Da die Weisung des Swamīs nicht missachtet werden darf, begrub ich Mādhavās Körper. Einige Personen aus dem Ort halfen mir. Ich schluchzte. Das reine Herz, die reine Hingabe, der unerschütterliche Glaube von Mādhavā an Srīpāda Srīvallabha kamen mir in den Sinn. Das alles verwirrte mich sehr. Ich tröstete mich, dass man dem Schicksal nicht ausweichen kann. Nach diesem traurigen Ereignis erlebte ich einen weiteren unglücklichen Vorfall. Die Verwandten eines ungefähr 18jährigen jungen Mannes brachten seinen Körper. Sie weinten und schrien vor Kummer. Der Jugendliche starb ebenfalls an einem Schlangenbiss. Ich sagte ihnen, dass sich der Swamijī in Yoga Samādhi befände und dass sie den Körper entsprechend den Anweisungen des Swamijī begraben sollten. Die Devotees dort informierten die Besucher, dass mein Freund auf dieselbe Weise gestorben sei und dass sein Körper auch gemäß den Anweisungen des Swamijī begraben wurde. Die verzweifelten Leute waren enttäuscht und entmutigt, und sie beklagten ihr Unglück auf vielfältige Weise. Dann fügten sie sich in das Unvermeidliche und begruben den jungen Mann.

Jeden Tag kamen gewöhnlich drei bis vier Menschen, um den Swamijī zu besuchen. Sie betrachteten meist still den Swamijī, der sich im Samādhi-Zustand befand, und brachen wieder auf, ohne zu stören. So vergingen zehn Tage. Am elften Tag war zu beobachten, dass Srī Palaniswami wieder sein Bewusstsein erlangte. Zur Brāhmi Muhurtha[1] wurde Srī Swamī voll bewusst und rief nach Mādhavā. Weinend und schluchzend erzählte ich ihm alles, was geschehen war.

Da tröstete mich der Swamī und schaute mich mit seiner yogischen Kraft an. Dieser yogische Blick bewirkte eine starke Bewegung in meiner Wirbelsäule und verursachte unerträgliche Schmerzen. Srī Swamī schaute mich wieder mit ruhigem Blick an. Meine Schmerzen verschwanden. Er sagte: „Mein Kind, Mādhavā hatte nicht das Glück, Srīvallabha in seinem physischen Körper zu sehen. Seit den letzten zehn Tagen weilt sein subtiler Körper in Kuruvapuram in der Gegenwart von Srīpāda. Sein Wunsch wurde erfüllt, ungeachtet dessen, was geschehen ist. Die heiteren Spiele von Srīvallabha entziehen sich unserer Vorstellungskraft. Niemand kann die Geheimnisse von Zeit, Schicksal und Ursachen begreifen. Dies ist nur Srīpāda möglich. Srīpāda hat mir die Verantwortung übertragen, den grobstofflichen Körper von Mādhavā wiederzubeleben. Wir müssen diese Aufgabe unverzüglich ausführen."

Alle Trauer, die mich zuvor ergriffen hatte, verschwand plötzlich. Was wollte ich mehr, als dass Mādhavā das Leben wiedererlangte? Wir kamen zu dem Platz, wo Mādhavā begraben war. Der Leichnam wurde exhumiert. Zwei weitere Personen halfen mir dabei. Swamī bat uns, zu einer Gruppe von Palmyra-Bäumen auf der Südseite zu gehen und laut zu rufen: „Oh Königskobra, die Mādhavā gebissen hat! Es wird Dir befohlen, in die Gegenwart von Srī Palaniswami zu kommen. Dies ist der Befehl von Srīpāda Srīvallabha." Wir folgten sorgfältig den Anweisungen von Srī Palaniswami.

Srī Palaniswami nahm vier kleine Meeresmuscheln aus seinem Lendenschurz und legte sie an vier Seiten an den Leichnam. Nach einer Weile erhoben sie sich vom Boden. Dann flogen sie rasch in alle vier Himmelsrichtungen davon und machten ein flatterndes Geräusch. Wenig später sahen wir eine zischende Kobra auf dem Boden kriechen. Sie war sehr unruhig. Die vier Meeresmuscheln von Srī Palaniswami saßen wie angeklebt

---

1 Frühe Morgenstunden zwischen 3:00 und 5:00 Uhr

auf ihrer Haube. Srī Palaniswami bat die Schlange, das Gift aus Mādhavās Körper zu entfernen. Die Schlange saugte das Gift aus der Stelle im Körper, an der sie Mādhavā gebissen hatte. Srī Palaniswami sang den Namen von Srīpāda Srīvallabha und sprenkelte etwas mit Mantren aufgeladenes Wasser auf die Schlange. Die Schlange küsste die Füße von Srī Palaniswami, umrundete ihn dreimal und zog sich friedlich zurück.

Gute Resultate durch das Anbieten von Nahrung an Datta-Devotees

Srī Palaniswami sagte: „Diese Schlange war in einem früheren Leben eine Frau. Sie wurde alt und hatte einige Sünden und auch einige Verdienste angesammelt. Einst bot sie einem Brahmanen, der ein Devotee von Datta war, etwas Essen an. Es ist das Wesen von Datta, dass er schnell zu erfreuen ist. Die Frau ging nach ihrem Tod ins Yama-Loka[1]. Yama Dharma Raja[2] fragte sie: „Du hast einige Sünden und einige Verdienste angesammelt. Da du einem Brahmanen Nahrung angeboten hattest, der ein Devotee von Datta war, hast du sehr großen Verdienst erlangt. Gegenwärtig lebt Srī Dattātreya in der menschlichen Welt in der Form von Srīpāda Srīvallabha. Er hat uns angewiesen, auf deinem Konto von Verdienst und Sünden Änderungen vorzunehmen, so dass du einen großen Verdienst erlangst und weniger Sünden anhäufst. Auf diese Weise hat Chitragupta[3] Veränderungen auf deinem Konto bewirkt. Möchtest du zuerst die Ergebnisse deiner Sünden erfahren oder das Glück deines Verdienstes?" Da antwortete sie, dass sie zunächst gern das aus der geringen Menge Sünden entstandene Leid erdulden wolle und später das Glück, das sich aus dem Verdienst ergäbe. Deshalb wurde sie als Schlange auf dieser Erde geboren. Da sie ihrem Charakter nach anderen gerne Schaden zufügte, biss sie alle, die ihr in den Weg kamen. So sammelte sie noch mehr Sünde an. Mein Lieber, es gibt vier Arten von Schlangen. Die erste Art von Schlangen fügt niemandem Schaden zu, sondern nimmt einfach nur Luft als Nahrung zu sich und lebt wie Yogis. Die zweite Art von Schlangen tötet jene, deren Schatten auf sie fällt. Sie wer-

1 Die Welt vom Herrn des Todes
2 Der Herr des Todes, der Gerechtigkeit und des Gesetzes
3 Assistent vom Herrn des Todes, der Aufzeichnungen über die Taten führt

den ärgerlich, wenn der Schatten von jemandem auf sie fällt. Die dritte Art von Schlangen versucht, den Blicken der Menschen fern zu bleiben. Voller Furcht ergreifen sie die Flucht, wenn sie einem Menschen begegnen. Die vierte Art von Schlangen hat eine rachsüchtige Haltung und beißt jeden, selbst wenn die betreffende Person ihr keinen Schaden zugefügt hat.

Diese alte Frau war voller Rajas[1]. So biss sie Mādhavā, der in ihre Nähe gekommen war. Sie biss ihn wegen des im früheren Leben erlangten Verdienstes. Mādhavā verlor sein Leben aufgrund der Sünde in seinem früheren Leben. Diese alte Frau wurde bald von ihrem Schlangenleben befreit und gelangte in eine höhere Welt. Als Embryo liegt das Jīva[2] in Form einer Schlange. Aufgrund von Nāga Dosha[3] gibt es Kindersterblichkeit."[4]

Einem Yogi Nahrung geben

Srī Palaniswami sagte: „*Srī Datta ist auch über einen sehr bescheidenen Dienst erfreut. Wenn im Namen von Datta einer würdigen Person Nahrung angeboten wird, erlangt der Gebende unermesslichen Verdienst. Ein Teil der Essenz der Nahrung verwandelt sich in Denkvermögen. Verstand, Intellekt, Wille, Ego und der Körper desjenigen, der Nahrung gibt, werden mit günstigen Schwingungen erfüllt. Dadurch erlangt er die Kraft, die Dinge der Schöpfung anzuziehen. Durch die Gnade der Göttin Mahālakshmī[5] wird ihm*

1 Rajo-Guna, die Qualität der Überaktivität
2 Das individuelle Selbst oder die Seele
3 Ein Leiden verursacht durch das einer Schlange zugefügte Unrecht
4 Anmerkung des Herausgebers: Einer inkarnierenden Seele dient das Sperma des Mannes als Träger und die Eizelle der Frau als Wohnort. Die inkarnierende Seele tritt als feuriges Element in das Gehirn und später in das Sperma des Mannes ein, reist während des Geschlechtsverkehrs nach unten und tritt in die Eizelle ein. Daraufhin kommt es zu einer Schwangerschaft. Die Spermatozoen haben die Form winziger Schlangen. Wer sich in unerlaubter Weise dem wollüstigen Geschlechtsverkehr hingibt, tötet jedes Mal Schlangen. So heißt es in der vedischen Weisheit. Immer wenn Geschlechtsverkehr voll sinnlicher Begierde und in unrechtmäßiger Weise stattfindet, tötet man Schlangen. Als Konsequenz dieses ständigen Verbrennens der Schlangen zieht man sich den Fluch der Unfruchtbarkeit zu. Der Mann verliert die Fähigkeit, Kinder zu zeugen, und die Frau verliert die Fähigkeit, mit einer Seele befruchtet zu werden. Dies wird als negative Auswirkung von Nāga Dosha betrachtet.
5 Lakshmī, indische Göttin des Reichtums, der Liebe und des Glücks

eine reiche Fülle an Dingen zuteil. Die ganze Schöpfung wird von subtilen Schwingungen und feinen Anordnungen regiert", erläuterte Srī Palaniswami.

Die Größe von Srīpāda

Wer den Namen von Srīpāda singt, erfährt Reichtum und Wohlstand als Segen von Srī Lakshmī. Wie können wir das Glück jener beschreiben, die Seine Gnade erlangen? Aufgrund der Gnade von Srīpāda blieb Mādhavā unversehrt, obwohl er zehn Tage zuvor in der Erde begraben wurde. Jetzt gewährte Srīpāda ihm Lebenskraft. Wie können wir die Gnade, das Mitgefühl und das göttliche Wunder von Srīpāda beschreiben?

Mādhavā erlangte Bewusstsein. Er bat um Wasser, um seinen Durst zu stillen. Srī Palaniswami redete ihm zu und ließ ihn Ghī trinken. Dieses Ghī war hundert Jahre alt. Mādhavā weigerte sich, Ghī zu trinken. Srī Palaniswami überredete ihn, indem er versprach, ihm Wasser zu geben, nachdem er Ghī getrunken habe. Als Mādhavā das ganze Ghī getrunken hatte, erhielt er Fruchtsaft und etwas später auch Wasser.

Beschreibung von Nāga Loka[1]

Mādhavā war ins Leben zurückgekehrt. Unsere Freude kannte keine Grenzen. Mādhavā erzählte uns das Folgende: *„Ich erreichte Kuruvapuram in feinstofflicher Form. Srīpāda Srīvallabha ist sehr hochgewachsen. Er hat große Augen. Mitgefühl, Gnade und Liebe strömen beständig aus Seinen Augen zu allen Geschöpfen.* Da ich mich in einem feinstofflichen Körper befand, war ich für andere Devotees, die dort in grobstofflichen Körpern waren, unsichtbar. Srīvallabha wies mich an, in Kuruvapuram zur Mitte der Insel zu gehen. Ich sang den Namen von Srīvallabha und ging von der Mitte der Insel aus in die Tiefen. Ich entdeckte, dass es im Zentrum der inneren Tiefen der Erde viele befestigte Anlagen gab. Ich erfuhr, dass es Pātāla Loka[2] war. Für jene in dichtphysischen Körpern ist nur die grobe materielle Form sichtbar. Wer wie ich in subtiler Form dort hingeht, wird die subtile Welt sehen können. Die

1 Die niedrigste der sieben indischen Unterwelten
2 Die Unterwelt

Bewohner gehören zur Nāga-Rasse[1]. Sie haben die Kraft, jede Gestalt anzunehmen, die sie möchten. Im Allgemeinen möchten sie nur in der Schlangenform bleiben. Ich sah dort viele große Schlangen. Einige Schlangen haben Tausende von Hauben. Die Hauben sind mit Diamanten besetzt, die Licht ausstrahlen. Einige Schlangen verharrten in tiefer Stille und schienen in einer yogischen Trance zu sein. Welch ein Wunder! Unter ihnen gab es eine große Schlange. Sie hatte Tausende von Hauben. Auf dieser Schlange ruhte Srīpāda Srīvallabha wie Srī Mahā Vishnu. Einige der großen Schlangen rezitierten vedische Hymnen. Srīpāda lauschte verzückt diesem harmonischen Gesang. Die große Schlange an meiner Seite sprach zu mir:

Die großartige Herrlichkeit von Srī Dattātreya

‚Im alten Weltzeitalter wurde Lord Datta auf dem Anasūyā-Berg in Chitrakoot in Nepal als der Sohn von Atri und Anasūyā geboren. Er beendete Seine Inkarnation nicht, sondern ging in einer subtilen Form in die Nilagiri-Berge[2], zum Srī-Shaila-Berg[3], zum Sabaragiri-Berg[4] und nach Sahyadri[5]. Jene, die die Himmelsrichtungen als Gewand tragen und jene, die in den Himmel gekleidet sind, sind als Digambaras[6] bekannt. Datta war in Sahyadri in Yoga absorbiert. Gorakshanāth[7], einem Anhänger der ‚Nātha'-Tradition[8], lehrte er Kriyā Yoga[9]. Er erschien einem Yogi namens Jnaneswar im Kechari Mudra[10] sitzend in einer formlosen yogischen Gestalt. Er überschreitet Ort und Zeit. Für uns, die wir uns in der Gegenwart des Herrn befinden, er-

1 Wesen in Schlangengestalt
2 Die Blauen Berge Südindiens
3 Srisailam in Andhra Pradesh
4 Sabarimala, der „Berg von Sabari" in den Westghats, Geburtsort von Lord Ayyappa
5 Eine Gebirgskette in den Westghats, wo sich viele Pilgerzentren befinden
6 Nackte Mönche, die keine Kleidung tragen
7 Auch Gorakshaka genannt; genaue Lebenszeit unbekannt, 7. oder 11./12. Jahrhundert; Mahāyogi; Inkarnation des Nava Nādha Hari; Schüler von Matschyendranath; vor allem in Nordindien verehrt; die Stadt Gorakhpur, nördlich von Varanasi, ist nach ihm benannt
8 Eine Tradition von Siddhas, die große Kräfte besitzen
9 Eine alte Yoga-Technik
10 Eine Yoga-Praxis, bei der die Zunge bis zum Zäpfchen zurückgeführt wird, um spirituelle Energien im Körper zu erwecken

scheinen die Zeit-Elemente von Vergangenheit, Gegenwart und Zukunft nicht als verschieden. Alles ist für uns eine ewige Gegenwart.‘

Der Anblick von Dattātreya mit Anaghā Devi

Eine andere große Schlange an meiner Seite sagte: ‚Mein lieber Mādhavā, wir sind Kāla Nāgas[1] und wir werden Rishīswaras[2] genannt. Nachdem Srī Datta viele Tausende von Jahren über das Universum geherrscht hatte, wollte Er Seine Gestalt verbergen. Er tauchte in einem Fluss unter und blieb viele Jahre unter Wasser. Dann kam Er wieder aus dem Wasser hervor. Wir, Seine Anhänger, warteten dort in der Hoffnung, Er würde mit uns zurückkehren. Wir wussten, dass Er versuchen würde, sich vor uns zu verstecken. So tauchte Er wieder unter und kam nach vielen Jahren erneut aus dem Wasser hervor. Dieses Mal hielt Er jedoch in einer Hand einen Weinbecher und in der anderen Hand ein wunderschönes 16-jähriges Mädchen. Wir gingen fort und bedauerten, dass wir Ihn für einen Gott gehalten hatten, Er aber ein Trinker und ein Frauenjäger zu sein schien. Er verschwand. Nach Seinem Verschwinden gingen uns die Augen auf. Es wurde uns klar, dass der Weinkelch in Seiner Hand die Ambrosia yogischer Ekstase war und die wunderschöne Frau Anaghā Lakshmi Devi in sich die Dreiheit von Lakshmī, Pārvatī und Saraswatī vereint. Wir übten uns in strenger Buße, damit Er sich wieder auf Erden inkarnieren möge. Srī Datta hatte Mitleid und inkarnierte sich als Srīpāda Srīvallabha in Srī Pīthikapuram.

Beschreibung von Srī Kuruvapuram

Der Ort, an dem Er zum Bad ins Wasser ging, ist jetzt das heilige Kuruvapuram. So wie Er in einem wässrigen Samādhi war, so waren auch wir in dieser subtilen Welt im Zustand eines yogischen Samādhis mit feineren Schwingungen. Kuru war der Vorfahre der Kauravas und Pāndavas. An diesem heiligen Ort erhielt König Kuru göttliches Wissen. Mein lieber Mādhavā, selbst Ādi Sesha[3] kann die Größe von Kuruvapuram nicht beschreiben.‘

1 Eine besondere Art von heiligen Schlangen; Kāla: Zeit
2 Große Eremiten
3 König aller Schlangen

Die Vorgeschichte von Sadasiva Brahmendra Swamī

Ich erwies den heiligen Füßen von Srīpāda Srīvallabha die Ehre. Voller Güte sagte Srīvallabha: ‚Mein Sohn, diese Meine wunderbare göttliche Erscheinung ist etwas sehr Seltenes und ein großes Glück. Eine der Schlangen, die mit dir gesprochen hat, wird in den kommenden Jahrhunderten als Jyoti Ramalingaswamī[1] geboren werden. Sie wird auch in der Gestalt von strahlendem Licht verschwinden. Die andere Schlange, die mit dir sprach, wird in den kommenden Jahrhunderten mit dem Namen Sada Siva Brahmendra[2] auf Erden geboren werden und viele Wunder vollbringen. *Srī Pīthikapuram ist mir sehr lieb. Meine Pādukas[3] werden in Pīthikapuram aufgestellt. Die Pādukas werden im Haus Meines mütterlichen Großvaters, wo Ich geboren wurde, aufgestellt.* Die Taten Meiner Geburt sind göttlich und geheimnisvoll. Sie müssen als sorgfältig gehütete Geheimnisse bewahrt werden. Du besuchst den Ort in Srī Pīthikapuram, wo Meine Pādukas aufgestellt sind, und von dort gehst du nach Pātāla Loka[4]. Dort triffst du die Kāla Nāgas, die große Buße getan haben. Komme danach wieder zurück.‘

Lächelnd sagte Srī Palaniswami: „Mein lieber Mādhavā, lasst uns später von den Kāla Nāgas von Pithapuram sprechen. Wir sollten sofort das Bad nehmen und die Meditation fortsetzen. Dies ist die Weisung von Srīpāda Srīvallabha."

Ehre sei Srī Srīpada Srīvallabha!

1 Siddha; auch Vallalar und Arutprakasa Vallalar Chidambaram Ramalingam genannt (5. Oktober 1823 – verschwand am 30. Januar 1874); einer der berühmtesten tamilischen Heiligen und auch einer der größten tamilischen Dichter des 19. Jahrhunderts

2 Großer Heiliger, Komponist von karnatischer Musik und Advaita-Philosoph, der im 17.-18. Jahrhundert in der Nähe von Kumbakonam, Tamil Nadu lebte

3 Als heilig verehrte Sandalen

4 Die Unterwelt

Srīpāda Rājam Saranam Prapadye

Kapitel 4

Die Vision von Vāsavāmbika in Kuruvapuram

Wir drei wollten gemäß den Weisungen von Palaniswami meditieren. Srī Palaniswami sagte: „Lieber Mādhavā, lieber Shankarā, lasst uns alle drei meditieren. Später werden wir über unsere spirituellen Erfahrungen sprechen, die wir in der Meditation gemacht haben. Da dies die Weisung von Srīvallabha ist, werden wir gewiss in Zukunft einen spirituellen Wendepunkt erleben. In Zukunft wird der christliche Kalender verwendet werden. Nach dem christlichen Kalender ist heute Freitag, der 25. Mai 1336, ein sehr günstiger Tag mit einem hohen Potenzial an yogischen Kräften. Dieser Tag hat in unserem Leben eine spezielle Bedeutung. Ich werde hier meinen physischen Körper verlassen und in meinem subtilen Körper nach Kuruvapuram gehen. Es ist für mich ein Kinderspiel, mich in meiner subtilen Gestalt zur gleichen Zeit an vier oder fünf verschiedenen Orten zu bewegen. Wir werden alle in der Meditation über Srīpāda Srīvallabha verbleiben. Wenn ich Seine Erlaubnis habe, werde ich Kuruvapuram in meinem subtilen Körper erreichen."

Der Weg, um Swamīs Gnade zu erlangen

Als ich diese Worte von Palaniswami hörte, wunderte ich mich und sagte: „Swamī, Mādhavā sah die glückbringende göttliche Gestalt von Srīvallabha. Ihr seid auf den subtilen Ebenen stets in Verbindung mit Srīvallabha, doch ich kenne nur Seinen Namen aber nicht Seine Gestalt. Wie kann ich über Ihn meditieren?" Palaniswami lächelte und sagte: „Mein Lieber, wenn du voller Hingabe für Srīpāda bist, wird alles erlangt. Eine Schildkröte schützt ihre Nachkommen durch Gedankenwellen, selbst wenn sie weit entfernt sind. Eine Katze trägt ihre Jungen in ihrem Maul von einem Haus zum anderen. Sie wird sie an einen geschützten Ort bringen, um sie dort zu versorgen. Genauso wird Er Seine Devotees zunächst nach dem ‚Recht der Schildkrötenkinder' behandeln. Nach gewissen Fortschritten wird Er sie nach dem ‚Recht der Katzenjungen' behandeln. Später wird Er sie anfänglich nach dem ‚Recht der Affenjungen' behandeln. Hier ist es notwendig, dass sich die Jungen darum bemühen, sich an ihrer Mutter festzuhalten. Nach weiterem Fortschritt verhalten sich die Devotees wie die kleinen Fische, die sich frei hinter ihrer Mutter her bewegen, wo immer sie hingeht. Wenn ihr euch zur Meditation hinsetzt, wird Er euch Seinen Darshan geben. Srīvallabha möchte eine wichtige Entscheidung für die Zukunft treffen. So möchte Er, dass ich an diesem bedeutsamen Tag in meinem subtilen Körper nach Kuruvapuram gehe. Sobald ich Seine Weisung in der Meditation empfange, begebe ich mich unverzüglich nach Kuruvapuram. Dort wird ein großes Ereignis stattfinden. Lord Srī Datta hat mir die einmalige Gelegenheit gewährt, dieses Ereignis mit eigenen Augen zu verfolgen." Nachdem er dies gesagt hatte, ging er in die Meditation. Kurz darauf begannen auch Mādhavā und ich zu meditieren.

Die Meditation hielt ungefähr zehn Ghadiyas[1] lang an. Nach der Meditation war Srī Palaniswami bester Stimmung. Mādhavā und ich baten Swamijī, von seiner Erfahrung während der Meditation zu erzählen. Lächelnd erzählte er das Folgende:

Die Geschichte von Shiva Sarma. Das Ergebnis der Kontemplation von Srīpāda Srīvallabha

„Wie glücklich sind die Menschen, die in diesem Kali Yuga leben! Kuruvapuram ist ein kleines Dorf. Dort lebte ein vedischer Gelehrter und frommer Brahmane namens Shiva Sarma, der die Größe von Srīpāda erkannt hatte, zusammen mit seiner Frau Ambika. Sie waren die einzige Brahmanen-Familie in Kuruvapuram. Täglich überquerte er den Fluss und verdiente etwas Geld durch Taten, die für Brahmanen angemessen sind, um seinen Lebensunterhalt zu bestreiten. Nachdem er etwas Geld verdient hatte, kehrte er nach Kuruvapuram zurück. Er gehörte zum Geschlecht des Weisen Kasyapa. Shiva Sarma war ein großer Gelehrter, ein strenger Anhänger religiöser Praktiken, und er gehörte der Yajurveda[2]-Sekte an. Innerhalb ganz kurzer Zeit hatte er seine Kinder verloren. Zuletzt blieb ihm

1 Indische Zeiteinheit von ca. 24 Minuten; die Meditation dauerte ca. 4 Stunden
2 Einer der vier Veden, enthält Mantren für Opfer

ein Sohn, der leider ein Dummkopf und schwachsinnig war. Durch den Kummer, den ihm das nichtsnutzige Kind bereitete, wurde Shiva Sarma krank und magerte zum Skelett ab. Eines Tages rezitierte er in der Gegenwart von Srīvallabha die Veden und stand danach schweigend da. Srīpāda Srīvallabha bemerkte in Seinem Denken die Sorgen und sagte mit einem sanften Lächeln: ‚Shiva Sarma, Ich bin ein Sklave jener, die alle Sorgen vergessen und ständig über Mich meditieren. Erzähle Mir von deinem Wunsch.‘ Daraufhin sagte Shiva Sarma: ‚Swamī, ich wünschte mir, mein Sohn wäre ein größerer Gelehrter und Redner geworden als ich. Alle meine Hoffnungen waren vergeblich. Mein Sohn wurde zu einem unverbesserlichen Idioten. Da Ihr allmächtig seid, ist es für Euch nicht schwierig, ihn zu einer gelehrten und nützlichen Person zu machen. Ich überlasse es Eurem gütigen Willen.‘

Srīpāda versicherte: ‚Mein Lieber, niemand kann den Früchten seiner vergangenen Taten entkommen. Die gesamte Schöpfung vollzieht sich nach unumstößlichen Gesetzen. Eine Frau bekommt einen Ehemann als Frucht ihrer Verehrung. Sie bekommt Kinder als Frucht der von ihr getätigten Gaben. Man sollte immer verdienstvollen Menschen geben. Gaben an unwürdige Menschen bringen unerwünschte Ergebnisse hervor. Wenn einer großmütigen Person Nahrung angeboten wird, erhält der Gebende einen Teil des Verdienstes, der aus den Taten der guten Person entsteht. Eine Gabe sollte ohne Hochmut gegeben werden. Nur dann führt sie zu guten Ergebnissen. Aufgrund von vergangenem Karma[1] hast du einen stumpfsinnigen Sohn erhalten. Deine Frau und du wollten ein Kind mit einem langen Leben. Ihr wolltet kein Kind, das nur kurze Zeit lebt. So gewährte Ich euch einen Sohn mit einem langen Leben. Um ihn zu einem tauglichen Gelehrten zu machen, wirst du zum Tilgen der Sünden seines früheren Lebens nach dem Gesetz des Karmas dein Leben opfern müssen. Falls du bereit bist, dein Leben zu opfern, werde Ich deinen Sohn zu einem würdigen Gelehrten machen.‘ Shiva Sarma antwortete: ‚Swamī, ich bin alt geworden. Ich bin bereit, mein Leben zu opfern. Was mehr kann ich mir wünschen, als dass mein Sohn ein großer Gelehrter und ein Redner wie Brihaspati[2] wird.‘ Da verkündete der allmächtige Srīpāda: ‚Ja, du wirst bald sterben. Nach deinem Tod wirst du eine Zeitlang im subtilen Körper

1 Taten und ihre Wirkungen von früheren Leben
2 Der Herr des Gebets und der Hingabe; der Lehrer der Götter

bleiben und in der Stadt Dhīsila in einer unterirdischen Höhle am Fuße eines Niembaumes[1] Buße tun. Danach wirst du im heiligen Land Maratha[2] geboren werden. Enthülle dies unter keinen Umständen deiner Frau.'

Enthüllung der zukünftigen Geburt von Srīpāda Srīvallabha

Shiva Sarma starb kurz darauf. Zusammen mit ihrem Sohn lebte Ambika als Bettlerin und führte ein ärmliches Leben. Der Spott und die höhnischen Bemerkungen der Nachbarn nahmen kein Ende. Der nichtsnutzige Brahmanenjunge konnte die hämischen Bemerkungen der Leute nicht mehr ertragen. Er lief zum Fluss, um Selbstmord zu begehen. Seine hilflose Mutter wollte ihr Leben ebenfalls beenden, und so lief sie ihm nach. Aufgrund ihres Verdienstes aus früheren Leben sah Srīpāda sie auf dem Weg dorthin und brachte sie von ihrem Selbstmordversuch ab. Mit Seinem grenzenlosen Mitgefühl verwandelte Er allein durch Seinen Willen den dummen Jungen zu einem gebildeten Gelehrten. Er wies Ambika an, den Rest ihres Lebens Shiva zu verehren. Ausführlich erklärte Er ihr die Ergebnisse, die man erlangt, wenn man an Samstagen zur Zeit des Sonnenuntergangs Shiva verehrt. Er gewährte ihr die Gnade, dass sie in ihrer nächsten Geburt mit einem Sohn gesegnet werde, der Ihm in jeder Hinsicht gleich käme. Da es aber niemanden in allen drei Welten gibt, der Ihm gleich wäre, beschloss Er, in ihrer folgenden Inkarnation als ihr Sohn zur Welt zu kommen.

Meine Lieben, dieses wunderbare Līla[3] von Srī Charan[4] fand heute, am Freitag, den 25. Mai 1336, in meiner Gegenwart statt.

Vasavīs Manifestation und ihre Geschichte

Zufällig nahm ich zusammen mit Lord Srīpāda ein Bad im Krishna-Fluss. Nach dem Bad erschuf Srīpāda Yogāgni[5] mit seinem Ātma Shakti[6]. In die-

1 In Indien und Burma heimischer Baum; als Medizinalpflanze weit verbreitet
2 Die Marathi-sprechende Gegend, hauptsächlich im indischen Staat Maharashtra
3 Wunder
4 Name für Srīpāda
5 Yogisches Feuer
6 Kraft des Selbst

sem Yogāgni manifestierte sich Kanyakamba mit einem wunderschönen Agni-gleichen Aussehen. Tagelang hatte ich versucht, die Schau von Vasavī Kanyakamba, der Schwester von Srīpāda Srīvallabha, zu erlangen. Doch aus einem unbekannten Grund gab sie mir nicht ihren Darshan. Ich verneigte mich zu Füßen von Ambika. Ein lächelnder Srīpāda schaute sehr erfreut. Die Mutter Srī Vasavī sah genauso aus wie Srīvallabha. Jeder, der sie sieht, wird die beiden für Zwillinge halten.

In dem großen Kshetra[1] Kuruvapuram war niemand außer Srīpāda, Mutter Vasavī und ich. Srīvallabhas ‚Yoga-Spiele' sind endlos. Ich fragte mich, wo die Stadt Dhīsila war und wie es für den toten Shiva Sarma möglich war, nur mit dem subtilen Körper Buße zu tun. Srīvallabha sagte: ‚Es gibt keine Grenzen für Yoga Shakti[2]. Die yogischen Pfade von Lord Datta sind sehr merkwürdig, stets neu, noch nie dagewesen und unvorstellbar.'

Nach einiger Zeit manifestierte sich aus dem Yogāgni ein Paar mit göttlichem Glanz. Srīvallabha sagte mir, sie seien der Vater und die Mutter von Mutter Srī Vasavī, Kusuma Shresti und Kūsumbi. Mutter Srī Vasavī befand sich einige Zeit lang in Meditationshaltung. Aus dem von Srīpāda Srīvallabha erzeugten yogischen Feuer manifestierte sich Srī Nagareswara Swamī. Danach kamen aus dem Yogāgni der Bruder von Mutter Srī Vasavī, Virūpaksha, und die Gomathas[3], die zu den 102 Gotras[4] gehörten, welche Agni Pravesham[5] machten. Srīvallabha sagte erfreut: ‚Virūpaksha wurde mit dem Amsha[6] von Nandīshwar[7] geboren, und auch Ich habe Mein Amsha in ihn hineingegeben.

1 Heiliger Ort
2 Kraft des Yoga
3 Normalerweise: die Kuh als Symbol der Mutter; hier, die 102 Ārya Vaishya-Frauen, die sich selbst im Feuer verbrannten, statt vom König gefangen genommen zu werden.
4 Geschlechter
5 Selbstaufopferung durch Verbrennung, um ein Ideal oder Dharma, das göttliche Gesetz aufrechtzuerhalten
6 Teil; ein Teil von Gott, der herabgestiegen ist und Form angenommen hat; ein Avatar ist ein vollständiger Herabstieg
7 Nandi, der Bulle / Reittier von Shiva, sein Hüter und Diener; Nandīshwar: Nandi und Ishwara als Einheit zusammen

Mein mütterlicher Großvater Srī Bapannāvadhanulu, der die Macht des Surya Mandalam in das Srisaila Mallikarjuna Lingam[1] gelegt hatte, lebte in seiner früheren Geburt in Brihat Sila Nagaram als Raja Guru mit dem Namen Bhaskara[2]. Er wurde als Amsha von Brahmā geboren. Am Vollmondtag des Monats Sravana[3] werde ich bestimmt nach Brihat Sila Nagaram kommen. Meine Schwester Srī Vasavī Kanyakamba wird das Rakhī[4] an meine Hand binden. Mein lieber Palanī, meine Taten, Spiele und großen Ereignisse kann kein anderer vollbringen. Niemand kann sie imitieren. Niemand kann Meine Macht erlangen. Als Frucht deiner intensiven Buße konntest du den Darshan von Siddha Vaishyas[5], Mutter Vasavī und unseren Eltern Kusuma Shresti und Kūsumbi erlangen. Jetzt wird dieses Kuruvapuram zu einem großen Palast werden. Schau!‘

Wunderbar! Welch eine Überraschung! Allein durch den Willen wurde ein großer Königspalast erschaffen. Wir alle saßen auf den mit Diamanten besetzten Simhasanas[6].

Srī Charana sagte: ‚Gomatha gehört zu den 714 Gotras. Die Paare, welche zusammen mit Ambika das Agni[7] betraten, gehörten ausschließlich zu den 102 Gotras. Zur Zeit des Manu Swarochisha[8] gab es 18 Städte, die Lord Ishvara[9] geweiht waren, von denen die wichtigste Brihat Sila Nagaram war. Wenn jemand von euch, die ihr Devotees von Datta seid, in Brihat Sila Nagaram den Darshan von Ambikā, Nagareswar und anderen Göttern erlebt, werdet ihr besondere Verdienste erlangen. Wo immer der Name von Datta gesungen wird, dort wird auch Mutter Vasavī unerkannt leben. Sie

1 Srī Bapannavadhanulu war ein angesehener Mann der Wissenschaft und Religion, der zuvor die Energie der Sonne und einer Gruppe anderer Sterne (Surya Mandala) mit einem speziellen Ritual in ein Shiva-Linga in Srisailam geleitet hatte, das Srī-Shaila Mallikarjuna Lingam genannt wird, und es so zu einer machtvollen Gottheit in dem Bereich machte.

2 Der spirituelle Guru der Ārya Vaishya-Gemeinschaft im Brihat Sila-Königreich

3 Der 5. Monat des indischen Jahres, der gegen Ende Juli beginnt und in der 3. Woche August endet

4 Freundschaftsband

5 Personen der Ārya Vaishya-Gemeinschaft, die durch Buße – feuriges Streben – den erhabenen Zustand einer heiligen Person mit übernatürlichen Kräften (Siddhis) erlangt haben

6 Königsthron

7 Feuer

8 Der zweite der Manus, Leiter des 2. Weltzeitalters (Manvantaras)

9 Der höchste Gott; der der Schöpfung Innewohnende

wird die Wünsche erfüllen. Wo immer der Name von Vasavī Kanyakamba erinnert wird, dort wird Datta unerkannt leben. Kleine Bemühungen werden mit großem Verdienst belohnt. Im Krita Yuga[1] folgten die Menschen der Wahrheit und waren Siddhas. Im Tretā Yuga[2] waren Yagnas und Yagas verbreitet. Im Dwāpara Yuga[3] herrschte Mantra Sāstra[4] vor. In diesem Kali Yuga[5] wird dem Tantra Sāstra[6] besondere Bedeutung beigemessen, dies bedeutet die Verbreitung von Chaitanyam[7]. Die erste Ursache dieser gesamten Schöpfung bin Ich. Alle 33 Crores[8] Götter, alle Lebewesen und die endlosen Crores an Welten sind in Mir, und aufgrund Meiner Gegenwart werden sie dynamisch und haben verschiedene Arten von Kräften. Die höchste Zuflucht aller Flüsse ist der Ozean. Welcher Gott auch verehrt wird, diese Verehrung erreicht Mich. Wenn Ich verehrt werde, erhält man die Frucht der Verehrung aller Götter. Die Welten, die sich aus Meinem Parabrahma Tattwam[9] manifestieren, sind nur Meine Abbilder. Das, was aus meinem Parabrahma Tattwam als Universum hervorkommt, ist nur Mein Abbild. Es gibt keinen Unterschied zwischen Mir und Meinem Abbild. Die Manifestation in der Form von Adi Parashakti[10] bin nur Ich. Das Paratattwam ist jenseits der männlich-weiblichen Formen. Wenn Ich in der Form eines Mannes bin, werde Ich Datta genannt. Wenn Ich in der Form einer Frau bin, werde Ich Adi Parashakti genannt. Deshalb sagen die vedischen Gelehrten: ‚Sri Krishna Syamala Deva und Srī Ramo Lalithamika'[11]. Die aus Meiner grobstofflichen Form hervortretenden Strahlen werden die Orte heiligen, an denen Ich Mich bewege. Mein subtiler Körper wird die ganze Erde durchdringen. Mein Kausalkörper wird Abermillionen von Universen durchdrin-

1 Goldenes Zeitalter
2 Das zweite der vier Zeitalter
3 Das dritte der vier Zeitalter
4 Wissenschaft vom Klang und Gebrauch von Mantren
5 Dunkles Zeitalter
6 Praktiken zum Erfahren der konkreten Manifestation der göttlichen Energie durch Rituale
7 Dynamik; Bewusstsein; die im Körper ‚Kundalinī' genannte Energie ist außen Chaitanyam
8 Indische Zahl; ein Crore entspricht 10 Millionen
9 Höchste göttliche Essenz
10 Höchste Urkraft, auch Paratattwam
11 Die vereinigte Gestalt Gottes in männlich-weiblicher Form

gen. Mein Mahā-Kausalkörper ist in der Form von Sat Chit Ananda[1]. Er bleibt in Ruhe, im Brahmananda[2] versunken. In all diesen vier Zuständen wirkt gleichzeitig Mein Bewusstsein. Niemand kann Mich durch irgendeine Art von Japa[3] und Tapa[4], yogische Praktiken oder andere Methoden erreichen. Man kann Mich nur durch Meine besondere Gnade erreichen. Auch jene heiligen Menschen, die mit Mir verschmolzen sind, müssen gemäß Meinem Willen bei verschiedenen Gelegenheiten in einem dichtphysischen Körper geboren werden und Meine Aufgaben erfüllen.

Die Natur von Parabrahma

Anagha Lakshmi[5], die vereinte Gestalt der drei Shaktis (Mahā Kālī, Mahā Lakshmī und Mahā Saraswatī), ist Meine Shakti-Form. Sie ist die linke Hälfte Meines Körpers. Und die rechte Hälfte Meines Körpers, Meine Trimurti[6]-Gestalt, ist dort; sie ist die vereinte Form der drei Gunas[7]. Die ganze Schöpfung ist in Mir vorhanden. Erschaffung, Schutz, Verschmelzung, Rückzug und Anmut, alles geschieht gleichzeitig und unablässig. Jedes Teilchen ist die verdichtete Gestalt von Buchstaben. Alle Buchstaben haben Schwingungen und sind Mantren. Diese Form von Klang, die Schwingung enthält, ist die Gestalt von Mahā Saraswatī. Die verdichtete Kraft ist die Gestalt von Mahā Lakshmī. Die darin verankerte Kraft ist die Gestalt von Mahā Kālī. Wenn Ich jetzt Shakti[8] bin, werde Ich im nächsten Augenblick der Shakta[9] sein. Jaganmātā[10] ist das Symbol unendlichen Mitgefühls, und Jagatpita[11] ist das Symbol göttlicher Gerechtigkeit, die sehr hart ist. Meine väterliche Form entscheidet und setzt die zwangsläufigen Konsequenzen des Karmas um. Meine mütterliche Form wird Mitgefühl und Mitleid für Devotees zeigen, die sich Mir

1 Sein, Bewusstsein, Seligkeit
2 Höchste Seligkeit
3 Wiederholung des Namens Gottes
4 Bußübungen
5 Die Dreiheit von Lakshmī, Pārvatī und Saraswatī
6 Drei göttliche Formen in einer
7 Qualitäten
8 Macht, Kraft
9 Der Träger von Shakti
10 Die Mutter der Welt
11 Der Vater der Welt

hingegeben haben. Selbst wenn das Kind einen großen Fehler macht, nimmt es die Mutter wie einen kleinen Fehler auf. Und wenn es eine kleine gute Tat vollbringt, wird die Mutter eine große Frucht zurückgeben. Merke dir, Ich bin der Vater, die Mutter und der Lehrer für die gesamte Schöpfung.

Ich habe beschlossen, den Zweifel zu beseitigen, der in deinem Denken wohnt. Du zweifelst daran, wie Vasavī Meine Schwester geworden ist. Als Ich früher bei Atri und Anasūyā geboren wurde, dachte sie, als sie Mich in der Schaukel bewegte, ‚Alle sind nur männliche Kinder. Nicht einmal ein Mädchen wurde mit den reizenden Merkmalen von Datta geboren'. Da sie eine große Pati Vrata[1] und ihr Wunsch sehr stark war, nahm er gleich Gestalt an. Als sich die Schaukel zu der einen Seite bewegte, war die Form von Datta zu sehen, und als die Schaukel zurückschwang, konnte sie die Form von Vasavī sehen.

Als sie sich fragte, ob dies ein Traum oder eine Vaishnava-Maya[2] war, kam Maharshi Atri und sagte: ‚Anasūyā, nachdem ich intensiv Buße getan hatte, um zu wissen, was die Quelle der Trimurtis mit den drei Qualitäten ist, konnten wir Datta als unser Kind empfangen. Ich erkannte, dass dies die Guru-Form und die Quelle der drei Murthis[3] ist. Dies ist in der Tat die Gestalt von Lord Nārāyana. Wenn die gleiche Gestalt die weibliche Form annimmt, wird sie zur Form von Kanyaka, was Adi Parashakti[4] ist. Sie beide waren von Beginn der Schöpfung an Bruder und Schwester. Oh, welch ein Wunder!

Dann versank er in Meditation und sah meine Gestalt als das konzentrierte Bewusstsein. Er sah auch, dass dies die Form von Ambikā war. Er verstand, dass Ich bereits vor Meiner Manifestation als Srīpāda Srīvallabha entschieden hatte, dass Ich als Yoga Maya kommen und die Form von Vasavī Kanyaka annehmen würde. Auf Bitten von Atri und Anasūyā wurden unsere Formen getrennt und Ambikā band Mir das Rakhī[5] um. Die Form, die durch Atri und Anasūyā als Datta geboren wurde, ist die gleiche wie im Kali Yuga als Srīpāda Srīvallabha. Diese Form, die vor der Manifestation aller anderen Formen von Datta existierte, wird verborgen sein. Die Form von Adi Para-

1 Eine Ehefrau, die ihrem Mann in Denken, Wort und Tat folgt
2 Eine von Vishnu geschaffene Illusion, Magie
3 Formen; auf die drei Formen Gottes bezogen
4 Höchste göttliche Urkraft
5 Freundschaftsband

shakti, die vor all ihren anderen Manifestationen existierte, ist die gleiche wie die Form von Vasavī Kanyaka. So ist diese Form auch im Agnitattwam[1] verborgen. Das Dharma[2] des Menschen und das Dharma Gottes sind verschieden. Um die glückbringende Gestalt von Ambikā zu sehen, muss man großen Verdienst erlangen.

Das ist der Grund, warum ihr alle heute hierher gerufen wurdet. Meine Gestalt, die endloses, höchstes Bewusstsein ist, ist nicht an irgendeine Form oder einen Namen gebunden. Ich habe beschlossen, in einer stillen Form zu bleiben, wie der grenzenlose, dynamische Ozean, der keine Wellen hat. Es besteht für Mich kein Unterschied, ob Ich in einer Form oder ohne eine Form bin. Ich habe also beschlossen, diese Form vom heutigen Tag an zu verbergen. Mutter Vasavī, sage Mir deinen Wunsch und deine Meinung.'

Ich war unglücklich darüber, dass Srīpāda seine Form so früh verbergen würde. Mutter Vasavī, in der göttlichen glückbringenden Form, schaute Srīvallabha mit bittenden Blicken an und sagte: ‚Mein hochverehrter Bruder, da es keinen Unterschied gibt zwischen formloser Existenz und einer dynamisch strahlenden Gestalt, bleibe noch für längere Zeit in dieser Form von Srīpāda Srīvallabha, und dann kannst Du sie verbergen. Habe Erbarmen mit den wahren Aspiranten, damit sie diese göttliche glückbringende Form sehen können. Unabhängig von Orten und Zeiten, halte diese Gestalt vor den groben Blicken verborgen. Wenn Du Dich wieder als Avatar verkörpern möchtest, kannst Du eine neue Form und einen neuen Körper annehmen. In dem Fall kannst Du, wenn Du magst, aus dem Samādhi Gnade auf Deine Devotees ergießen, wenn dieser Körper im Samādhi ruht.'

Darauf antwortete Srīpāda sanft:

Die Entscheidung zur Geburt von Narasimha Saraswati

‚Oh Vasavī-Ambika, Verkörperung aller glückbringenden Qualitäten, möge dein Wunsch erfüllt werden. Ich werde weitere 14 Jahre in diesem Körper von Srīpāda Srīvallabha verbleiben, bis Ich das 30. Lebensjahr erreicht

1 Essenz des Feuers
2 Göttliches Gesetz, Bestimmung

habe. Danach werde Ich verschwinden. Um das Sanyāsa Dharma[1] wiederzubeleben, werde Ich als Narasimha Saraswati[2] wiedergeboren werden und 80 Jahre lang in dieser Inkarnation bleiben.

Danach werde Ich 300 Jahre lang intensiv Buße in Kadali Vana[3] tun und Meine Inkarnation in Prajnapura[4] unter dem Namen Swamī Samartha[5] beenden. Mit Meinen grenzenlosen göttlichen Tugenden werde Ich in der Form von Avadhūtas[6] und Siddhas Wunder und unglaublich verspielte Scherze vollbringen und die Menschen dem rechten Pfad folgen lassen.'

Swamī ergießt Seine Gnade auf einen Fremden und gibt ihm einen Namen

Nachdem Er einige Augenblicke in Meditation verblieben war, rief Er Virupāksha und sagte: ‚Mein lieber Virupāksha, ein weißer Mann aus Deutschland hat Kurungadda erreicht; er hat viele Schwierigkeiten überwunden, um Meinen Darshan zu erhalten. Dieser goldene, göttliche Palast kann von anderen nicht gesehen werden. Und so sucht er Mich. Gehe und bringe ihn hierher.' Ich wunderte mich, wie ein weißer Mann zu diesem schwer erreichbaren Ort kommen konnte. Virupāksha brachte diesen weißen Mann her. Beim Darshan von Srīpāda Srīvallabha war er überglücklich. Er hielt Srī Charanas Füße, und Tränen strömten aus seinen Augen. Srīpāda hob ihn hoch. Der Nektar der Gnade floss aus Seinen Augen. Die Gestalt von Srī Charana trug grenzenlose Kraft und Liebe in sich. Sein Herz hatte die Liebe von Millionen von Müttern. Srīvallabha sprach ihn als ‚John' an. Mit durchdringenden Blicken schaute Er in Johns Augen. Es schien, als gäbe Er ihm Einweihung durch die Augen. Nach einiger Zeit berührte Er Johns Stirn zwischen den Augenbrauen. Mit dieser heiligen Berührung erlebte dieser eine ekstatische göttliche Freude. Dann sagte Swamī zu allen Anwesenden, sie sollten zum Himmel

1 Asketentum
2 1378–1459, zweiter Avatar von Dattātreya im Kali Yuga
3 Wörtlich: Kochbananen-Wald; eine Höhle im Inneren eines dichten Waldes namens Nallamala am Fuße des Berges von Srisailam, Andhra Pradesh
4 Die Stadt Akkalkot im Staat Maharashtra
5 Auch als Akkalkot Swami Maharaj bekannt; verließ seinen Körper 1878
6 Ein Mensch befreit von karmischen Bindungen, jenseits von Ego-Bewusstsein und Dualität

schauen. Am Himmel erschien eine große Zahl mit göttlichem Glanz in Devanagari[1]-Schrift. Er sagte, dies sei die Jnana[2]-Zahl von Srī Chitragupta[3] und werde in zukünftigen Jahrhunderten höchst wichtig werden.

Die Zahl lautet: 170141183460469231731687303715884105727[4].

Srīpāda sagte: ‚Dies ist die Zahl des Universums. Der Sinn und die innere Bedeutung dieser Zahl wird von Menschen verstanden, welche die Natur der Materie[5] gemäß dem Stand ihrer intellektuellen Entwicklung verstehen.‘

Srīpāda sprach auf Telugu, doch John verstand es. John fragte in deutscher Sprache, Srīpāda antwortete ihm auf Telugu. Welch wunderbares Schauspiel! In der Nähe von Srīpāda war jeder Augenblick von Spielen und unbeschreiblichen Wundern[6] erfüllt.

Alles Wissen und alle Gelehrsamkeit liegen Srī Charana zu Füßen. Srī Charana sagte: ‚Als Ich in der Trilinga-Sprache[7] redete, verstand es John in deutscher Sprache. Jedes Wort, das Ich sagte, wurde ins Deutsche übersetzt, und John war in der Lage, es zu hören. Es gibt nichts, was Ich Meinen Devotees zuliebe nicht tun kann. Es gibt nichts, was Ich nicht entschleiern kann, es gibt kein Problem, das Ich für sie nicht lösen kann. Menschen, die an Mich in ihrem Denken, Handeln und Sprechen glauben und alle anderen Dharmas zurücklassen, sind wirklich gesegnete Menschen. Wenn sich Meine Gnade auf euch ergießt, spenden alle anderen Shaktis[8] in der Natur positive, glückbringende Schwingungen. Dies könnt ihr als Mein Versprechen nehmen. Es gibt nichts, was Ich in all diesen vierzehn Bhuvanas[9] nicht erlangen kann. Selbst wenn ihr eurem eigenen rechtschaffenen Pfad folgt, wenn ihr euch Meines Namens erinnert, werde Ich euch beschützen wie das Augenlid das Auge. Ich bin die Verkörperung der Liebe. Ihr erkennt Mich nur durch Liebe.

1 Eine verbreitete Schrift zur Schreibung von Sanskrit und anderen Sprachen
2 Weisheit, Wissen
3 Assistent vom Herrn des Todes, der Aufzeichnungen über die Taten führt
4 Die Zahl ist eine doppelte Mersenne-Zahl von (2^{127})-1; sie wurde 1876 von E. Lukas bewiesen und von E. Catalan als eine vierfache Mersenne-Zahl oder das Catalan-Element 4 bestimmt.
siehe http://www.mersennewiki.org/index.php/Double_Mersenne_number
5 Hier Padartha genannt
6 Hier ‚Līlas‘ und ‚Mahima‘
7 Telugu
8 Kräfte
9 Welten

Der Stern Dhruva[1] ist wichtig für die Konstellation der Sieben Rishis[2]. Hört, wie Dhruva das Dhruva Pada[3] erlangte. Er führte Bußübungen auf Lord Nārāyana durch mit dem Ziel, auf dem Schoß seines Vaters zu sitzen. Nachdem er den Darshan von Lord Nārāyana erhalten hatte, verlor er den Wunsch, auf dem Schoße seines sterblichen Vaters zu sitzen. Lord Nārāyana gab ihm den Platz des Dhruva Pada. Er ließ ihn auch auf Seinem Schoß sitzen. Der Herr des Universums gewährte ihm auch die Gnade, auf Seinem Schoß zu sitzen, während das Kind sich eigentlich zutiefst wünschte, auf dem Schoß seines sterblichen Vaters zu sitzen.[4]‘

Im Kali Yuga ist Dhruva der Herr Jesus

Srī Charana fuhr fort: ‚Im Kali Yuga[5] wurde Dhruva als der Herr Jesus geboren. Er glaubte, dass Gott sein Vater war. Ich werde euch mit dem gleichen Gedanken segnen, in dem ihr Mich verehrt. Srī Vasavī Kanyakamba gab Ihre Kraft an die gesegnete Seele Maria[6]. Dhruva wurde durch Maria als der Herr Jesus geboren, obwohl sie eine Jungfrau war. Jesus Christus wurde nicht durch die Vereinigung von Vater und Mutter geboren. Wisset, dass Jesus Christus wiederholt nur Lord Nārāyana als seinen Vater bezeichnete. Lord Nārāyana ist niemand anderes als Srīpāda Srīvallabha, der vor euch anwe-

1 Anmerkung des Herausgebers: In den östlichen Weisheitslehren wird Dhruva als ein Devotee von Lord Vishnu beschrieben, der aufgrund der Intensität seines spirituellen Strebens als der Polarstern verkörpert wurde. Dhruva ist das Prinzip des Polarsterns und der durch den Raumglobus von Norden nach Süden verlaufenden Polarachse. Von diesem Gesichtspunkt aus ist Dhruva höher gelegen als der Große Bär – die Sieben Rishis – oder andere Konstellationen und daher „sitzt er auf dem Schoß seines Vaters“. Die Geschichte von Dhruva beschreibt die Festigung der Achse zu einem Zeitpunkt der Kosmogenese, wo die Erde sich noch in Mentalform befand und sich noch nicht zur materiellen Gestalt verfestigt hatte. Dass Dhruva sich, wie hier beschrieben, als Jesus inkarniert, hat eine symbolische Bedeutung und weist auf die große Entschlossenheit und Ausrichtung auf das Göttliche als seinen Vater hin.

2 Sieben Weise, die im Universum als die sieben Sterne des Großen Bären manifestiert sind

3 Unveränderliche Position

4 Bezieht sich auf eine Erzählung im Vishnu Purāna

5 Dunkles Zeitalter

6 Pavitra Ātma

send ist. Oh Siddha Vaishya Munis[1], singt die Veden in der Gegenwart Meiner Schwester Vasavī Ambika. Mit dem Klang eurer heiligen Gesänge der Veden kann das Ergebnis schlechter Taten, die von den Menschen begangen wurden, in den kommenden Jahrhunderten zerstört werden. Srī Nagareswara, zusammen mit Vasavī Ambika, liebt die Gesänge der Veden. Der weiße Mann, der sich zufällig in unserer Gegenwart aufhält, wird in seinem nächsten Leben im Haus von guten Brahmanen geboren werden, die vedische Gelehrte in der Himalaya-Gegend sind. Er wird zu einem Yogi und das Dorf Shamballa erreichen. Mit dem Klang der heiligen Veden vertreibt ihr die bösen Kräfte, die in der verschmutzten Luft vorhanden sind.‘ So sprach Srīpāda zu ihnen.

Das Veda Gosha[2] der Siddha Vaishya Munis war beendet. Srī Vasavī Kanyakambika, Srī Nagareswara, Virupāksha, das Ehepaar Kusuma Shresti und die Siddha Vaishya Munis betraten das Agni und verschwanden. Srīpāda Srīvallabha segnete John. John sagte: ‚Es ist gut, ein Buch über die Lebensgeschichte von Srī Charana zu haben.‘ Swamī antwortete: ‚In den kommenden Jahrhunderten wird deinem Wunsch gemäß das Srīpāda Srīvallabha Charitāmrutam auch in deutscher Sprache erscheinen.‘ Er versicherte es John und sandte ihn fort. Er wies mich an, wieder in den grobstofflichen Körper einzutreten. Nachdem Er dies gesagt hatte, ging Er, um ein Bad im Zusammenfluss der Wasser von Prayag[3] zu nehmen.

Mein Lieber, heute, Freitag, der 25. Mai 1336, ist ein heiliger Tag. Shankar, erzähle mir von der Erfahrung, die du in der Meditation hattest.“

Die Besonderheit der Inkarnation von Shirdi Sai Baba

Ich fragte: „Oh hochgeachteter Swamī, als ich meditierte, sah ich einen Sanyasi[4] in der Kleidung eines Moslems. Er sagte oft Allah Malik. Er saß unter einem Niem-Baum[5] und schien ungefähr 16 Jahre alt zu sein. Zu einer alten Person, die zu seinem Darshan kam, sagte er: ‚Ich bin ein Nanak Pandhī Moslem.‘ Zu einer anderen Person sagte er: ‚Ich bin ein guter Brahmane,

1 Einsiedler, die Schweigen wahren
2 Singen vedischer Mantren
3 Heute die Stadt Allahabad; Zusammenfluss von Ganges, Yamuna und dem mystischen Fluss Saraswati
4 Mönch
5 In Indien und Burma heimischer Baum; als Medizinalpflanze weit verbreitet

geboren in der Bharadwaja-Linie[1].' Einer weiteren Person sagte er: ,Dies ist mein Gurusthan[2] und Menschen, die mich hier an Donnerstagen und Freitagen verehren, werden Glück erlangen.' Swamī, während meiner ganzen Meditation hatte ich nur den Darshan dieses jungen Sanyasi. Ich erhielt nicht den Darshan von Srīpāda Srīvallabha. Einige Leute kamen und begannen, an dem Ort unter dem Niem-Baum zu graben, wo der junge Sanyasi saß. Im Inneren war eine kleine Höhle. Dort leuchteten intensiv vier Lampen an den vier Seiten. Nach einiger Zeit kam der junge Sanyasi zurück, ließ die geöffnete Höhle schließen und sagte: ,Dies ist mein Gurusthan. Niemand sollte es öffnen.' Swamī, ich habe den Wunsch von Srīvallabha nicht verstanden, dass Er mir diese Art von Darshan in der Meditation gewährte."

Die Geschichte der Yavanas[3]

Palaniswami sagte: „Meine lieben Jünger, man kann sich die Natur von Srīvallabha nicht vorstellen. Man kann nicht sagen, dass Seine Spiele[4] so oder so sein werden. Sein Wunsch ist es, all die Dharmas und Traditionen in der Welt zu koordinieren und sie in das Sanātana Dharma[5] zu verschmelzen. Er wird das Sanātana Dharma erst am Ende des Kali Yugas im ganzen Universum errichten. Srī Charana sagte zu John: ,Yahova[6] bedeutet ,Ich bin'. Das ist die Form von Parabrahman. Das ganze Bewusstsein, das sich im Universum widerspiegelt, ist das Bewusstsein von Jesus Christus, der als Sohn Gottes bekannt ist. Das reine Bewusstsein ist das Gleiche wie die heilige strömende Gnade, die Frieden und Glück verleiht. All diese drei Formen gehören Mir. Als Ergebnis deiner reinen Liebe konntest du Meinen Darshan erlangen, der ansonsten sehr schwer zu erreichen ist. Desgleichen

1 Hier: Gotra
2 Ort des Gurus
3 Menschen indischen Ursprungs, aber außerhalb des vedischen Systems; sie werden beschrieben, dass sie bestrebt sind, das vedische System Indiens durch ihr eigenes Glaubenssystem zu ersetzen.
4 Hier: Līlas
5 Das ewige Gesetz
6 Jehova. Anmerkung des Herausgebers: Gemäß den Weisheitslehren ist Jehova der männlich-weibliche Gott, der den absoluten Gott, Parabrahman darstellt. Daraus kam das reine Bewusstsein oder das Christusbewusstsein hervor. Deshalb ist Jesus Christus als der Sohn Gottes bekannt.

ist das Yavana Dharma auch ein integraler Teil der Essenz von Datta[1]. Ein Mahātma namens Mahā Mathi[2] war ein Devotee des formlosen Makkeshwar[3]. Er nannte Gott ‚Allah'. Er sah all die sieben Himmel und wollte Allah sehen, doch er sah nur dessen Spiegelung. Der Yavana-Sanyasi[4], den du gesehen hattest, war ein Brahmane, der in der Bharadwaja-Linie geboren wurde. Bereits in der Kindheit verlor er seine Eltern. Er wurde von einem moslemischen Fakir aufgezogen und lernte die moslemischen Dharmas. Als er bei einem hinduistischen Mahātma wohnte, lernte er die Hindu-Dharmas. Kriyā Yoga[5] lernte er von einem großen Yogi in Varanasi[6]. Er traf einen Datta-Avadhūta und bat um Silbermünzen; da sich seine Büchse nicht füllte, legte der Avadhūta zwei Khajur[7]-Früchte hinein. Dann war er zufrieden und das Chaitanyam[8] von Datta floss dadurch in ihn hinein. Später kam er nach Dhīsila Nagaram[9]. Das war ein kleines Dorf in einem Waldgebiet. Als es noch ein dichter Wald war, saß dort Srīpāda Srīvallabha auf einem Stein und meditierte. Wenn jemand auf diesem Stein sitzt und meditiert, erhält er wunderbare Ergebnisse. In dem unterirdischen Haus, das du unter dem Niem-Baum gesehen hattest, machte Srīpāda Srīvallabha 12 Jahre lang Tapas[10]. Während dieser 12 Jahre erlangte Er die Kraft von 12.000 Jahren Tapas. Der Körper von Srīvallabha wurde zu dem eines 12.000 Jahre alten Mannes umgewandelt. Die ganze Höhle war von Seinem Haar[11] ausgefüllt. Auch Seine Augenbrauen wurden dicht. Um Seine Augen zu sehen, musste man mit Mühen Seine Brauen anheben. Srī Charana gab die Frucht dieses Tapas dem jungen Sanyasi. Als der junge Mönch ungefähr vier Jahre alt war, begann Srī Charana in dieser Höhle mit Tapas in seiner verborgenen Form. Als dieser Sanyasi 16 Jahre alt wurde, vollendete er 12 Jahre Tapas. Mein

1 Hier: Datta Tattwam
2 Mohammed (570 - 632 AD)
3 Der Herr von Mekka
4 Shirdi Sai Baba
5 Eine alte Yoga-Technik
6 Shyama Charan Lahiri (Lahiri Mahasaya, 1828-1895); Jünger von Mahāvatar Babaji und Guru von Sri Yukteswar, dem Guru von Yogananda
7 Datteln
8 Dynamik; Bewusstsein; die im Körper ‚Kundalinī' genannte Energie ist außen Chaitanyam
9 Heute: Shirdi
10 Buße, feuriges Streben
11 Hier: Jatajutam

Lieber, diese Ereignisse, die ich dir erzähle, werden sich in den kommenden Jahrhunderten ereignen. Es sind noch keine gegenwärtigen Ereignisse. Srīpāda wird sich mit dem Namen Narasimha Saraswati manifestieren und mit diesem Namen und in dieser Form 80 Jahre lang physisch auf Erden leben. Später wird Er sich 300 Jahre lang inkognito in Kadali Vanam[1] in tiefer Meditation[2] aufhalten. Danach wird Er in Prajnapura[3] den Namen Swamī Samardha annehmen und sich in Srisailam mit dem Mallikarjuna Lingam vereinen. Doch der Yavana[4]-Sanyasi, den du gesehen hast, wird auch in der Gestalt eines Alten sein. Er (Srīpāda) wird Sein Chaitanyam in den Sanyasi hineingeben und ihn Sich selbst gleich machen.

Mein lieber Shankar, Srīpāda Srīvallabha tat 12 Jahre lang mit Seinem yogischen Feuer[5] inmitten der vier Nanda Dīpams[6] intensiv Buße, und Er blieb im Tapas. Die Seiten Osten, Westen, Süden und Norden sind die Kalās[7] des ersten Teils. Die Menschen, die sie verehren, werden göttlichen Glanz erlangen. Die Kalās des zweiten Teils sind Erde, Raum, Himmel und Ozean. Wer sie verehrt, wird endlos[8] werden und die Welten erobern. Die Kalās im dritten Teil von Brahman sind Feuer, Sonne, Mond und Elektrizität. Wer sie verehrt, wird strahlend werden und die Welten erobern. Die Kalās des vierten Teils sind Leben, Auge, Ohr und Denken. Wer sie verehrt, wird in ihnen verankert werden. Zudem wird er Wissen[9] erlangen, wenn die Nord-Seite erobert wird. Wenn der Süden erobert wird, hat man keine Probleme mit Bhūta[10], Preta[11]

1 Wörtlich: Kochbananen-Wald; eine Höhle im Inneren eines dichten Waldes namens Nallamala am Fuße des Berges von Srisailam, Andhra Pradesh
2 Hier: Taponishta
3 Die Stadt Akkalkot im Staat Maharashtra
4 Hier: Moslem
5 Hier: Yogāgni
6 Ewige Lichter, als Tonlampen gefüllt mit Öl und Baumwolldocht
7 Göttliche Manifestationen mit der Zeit
8 Hier: Ananta
9 Hier: Jnāna
10 Der Geist eines Menschen, der einen gewaltsamen Tod durch Unfall, Selbstmord oder Todesstrafe gestorben ist und keine richtigen Begräbniszeremonien hatte
11 Der Geist einer verstorbenen Person, bevor die Begräbnisriten durchgeführt werden; umgangssprachlich: Der Geist einer missgestalteten oder verkrüppelten Person oder eines vorzeitig verstorbenen Kindes, aufgrund der Unterlassung von Zeremonien bei der Bildung des Embryos. Ein Preta ist nicht unbedingt bösartig gegenüber Menschen.

und Pisachams[1]. Wird der Osten erobert, erlangt man Wohlstand, und wenn der Westen erobert wird, stimmt dies den König günstig und positiv. Erobert man alle vier Seiten, erlangt man Digvijayam[2]. Srīpāda Srīvallabha trägt die ‚Seiten' als Kleider. Auf allen Seiten hat Er sich zur Endlosigkeit ausgedehnt. Daher wird Er Digambara[3] genannt. Srī Datta Digambara ist der Gleiche wie Srīpāda Srīvallabha Digambara. Von Srī Charanas grobstofflichem, subtilem und kausalem Körper werden Tausende von Strahlen und Kalās ausstrahlen. Einige Strahlen kommen als Amsha-Avatare[4]. Nachdem sie die ihnen übertragenen Aufgaben erledigt haben, verschmelzen sie in dem Ur-Bewusstsein[5] von Srīpāda Srīvallabha. Er wird gleichzeitig Handlungen ausführen, die sowohl erschaffen, beschützen, auflösen und sich wieder zurückziehen, als auch Gnade gewähren. Die Schwingungen, die bei der Erschaffung der Welten sichtbar sind, werden Shrishti Tattwam[6] genannt. Ihre Erhaltung und ihr Schutz werden Sthithi Tattwam genannt. Ihre Auflösung wird Laya Tattwam[7] genannt. Das Erreichen dieser Schwingungen in das Ur-Wurzel-Tattwam hinein wird Tiro Dhanam[8] genannt. Die mit dem Mitgefühl und Mitleid für die Jīvas verbundenen Schwingungen werden Anugraham[9] genannt.

Die Menschen werden im Laufe der Yugas[10] zu Schwächlingen. Daher steigt der Allmächtige auf das Gebet der Weisen hin zu den niederen Ebenen herab. *Die Inkarnation des Herrn in einem menschlichen Körper ist ein Anzeichen Seiner vollkommenen Gnade. Dieser Abstieg des Herrn zu den niederen Ebenen ermöglicht es den Menschen, mit geringem Aufwand großartige Ergebnisse zu erzielen. Aus diesem Grund haben die Menschen im Kali Yuga besonderes Glück. Allein durch das Sich-Erinnern steht die Gnade von Lord Datta*

---

1 Ein durch die Laster des Menschen geschaffener Dämon; der Geist eines Lügners, Trinkers, Ehebrechers, Kriminellen oder von jemandem, der im Wahnsinn gestorben ist
2 Absoluter Sieg
3 Keine Kleidung tragend
4 Teil-Manifestationen; ein Teil von Gott, der herabgestiegen ist und Form angenommen hat
5 Hier: Wurzel-Chaitanyam
6 Die Wahrheit/Weisheit der Schöpfung
7 Die Wahrheit/Weisheit der Auflösung der Schöpfung nach ihrer Erschaffung und Erhaltung
8 Rückzug, Wiederverschmelzung mit dem Urquell
9 Gnade, Taten der Gnade
10 Zeitalter

zur Verfügung. Im Kali Yuga gibt es viele Gelegenheiten für den Menschen zu fallen, doch er erhält auch die doppelte Anzahl an Gelegenheiten, die Gnade von Srīpāda zu erlangen. Dies ist eine unantastbare Wahrheit. Erinnerung, Verehrung und weitere Aktivitäten stellen die Verbindung mit Lord Srīpāda her. Dadurch gelangen all diese sündhaften Taten, unreinen Sinneseinflüsse und Verhaltensmuster der Devotees in das Bewusstsein von Lord Srīpāda, und glückbringende Schwingungen treten in Seine Devotees ein.

Srī Charana[1] zerstört diese Berge an Sünden und schwarzen Auren, die in Sein Bewusstsein eintreten, mit einem einzigen Eintauchen in einen heiligen Fluss, oder Er wird sie in dem leuchtenden Feuer Seines Yoga zu Asche verbrennen. Persönlich wird Er Buße tun und die Früchte dieser Buße denjenigen weihen, die von Ihm abhängig sind. Auf diese Weise schützt Er die Devotees, ohne das Prinzip des Karmas zu verletzen. Wenn es von Ihm als notwendig erachtet wird, kann Er der trägen karmischen Natur einen Befehl erteilen und jenen, die zu Seinen glückbringenden Füßen Zuflucht nehmen, Befreiung gewähren. In unbändiger, extremer Form zerstört Er in jeder Sekunde Karma zum Wohlergehen Seiner Devotees. Wer daher zu Seinen Füßen[2] Zuflucht nimmt, erlangt Befreiung von den Banden des Karmas, selbst ohne sich dessen bewusst zu sein."

Nachdem Palaniswami dies so erklärt hatte, wagte ich es, ihn etwas zu fragen, weil ein Zweifel in meinem Denken aufgetaucht war. „Swamī, ich habe gehört, dass, wenn Saturn 7½ Jahre jemanden heimsucht, selbst Shankara[3] den Schwierigkeiten nicht entkommen kann. Bitte sagen Sie mir, wie Srīguru Sārvabhūma[4] die Leiden von Planeten abwehrt."

„Mein lieber Shankarā, die Planeten im Tierkreis zeigen weder Freundschaft noch Feindschaft gegenüber Lebewesen. Wenn ein Mensch geboren wird, bildet sich die Planetenposition gemäß seinem vergangenen Karma[5]. Gute und schlechte Wirkungen entsprechend der Bewegung der Planeten kommen auf ihn zu. Wenn die subtilen Strahlen von den Planeten schlechte Wirkungen erzeugen und die Mittel von Mantra, Tantra und Yantra sie nicht

1 Jemand mit glückbringenden Füßen; Bezeichnung für Srīpāda
2 Hier: Pādukas; bezeichnet Sandalen wie auch Fußstapfen göttlicher Wesen
3 Shiva
4 Der Herrscher
5 Das angesammelte gute und schlechte Karma (Papa und Punya) aus früheren Geburten

mildern können, sollte man Zuflucht zu Japa[1], Tapa[2] und Homa[3]-Praktiken nehmen. Wenn auch sie das Leiden nicht schwächer werden lassen, muss man Zuflucht zu den Füßen[4] von Srīguru suchen. Srīpāda ist allmächtig. Gute und schlechte Kräfte existieren zusammen. Die Schwingungen dieser Kräfte verursachen sowohl gute als auch schlechte Entwicklungen. Jeder Planet herrscht über einen speziellen Teil der Körperanatomie. Wenn Beeinträchtigungen durch Planeten eintreten, so wird der entsprechende Teil, der von dem ungünstigen Planeten beherrscht wird, krank. Unerwünschte Ergebnisse folgen, wenn die subtilen Schwingungen, die aus dem universalen Bewusstsein ausströmen, empfangen werden. Die mit den Schwingungen verbundenen Schwankungen wirken sich als Anziehung und Abstoßung aus. Eine Person beispielsweise, die bislang in guter Gesellschaft war, sieht sich plötzlich negativen Wirkungen ausgesetzt, wie schlechter Gesellschaft, Freundschaft mit Menschen aus einer niederen Klasse, unangemessenen Streitigkeiten, Verlust von Verwandten, Streit mit Familienangehörigen und Rückgang der eigenen anziehenden Kraft. Die universalen Kräfte rufen ständig Schwingungen hervor. Eine Zeitlang wirken sie ununterbrochen in den betroffenen Personen in einem Zustand von Sthiti[5]. Nach gewisser Zeit verlassen sie diesen und bemächtigen sich der Körper von Personen, denen es bestimmt ist, unter ihren Einfluss zu gelangen. Dort beginnen sie wiederum, gemäß dem Rad der Zeit, Ergebnisse zu präsentieren. Menschen, die Devotees von Gott sind und spirituelle Praktiken befolgen wie Japa und Tapa, können in gewissem Maße von deren Härte verschont bleiben. Weise führen verschiedene Opferhandlungen für das universale Wohlergehen durch. Sie widmen ihre durch Tapas erlangte spirituelle Kraft dem Wohlergehen der Menschheit. Als Ergebnis dieser Praxis werden im Universum entstehende schädliche Einflüsse zu ihrem Ursprung zurückgeleitet, damit sie bei den Menschen kein Leid mehr hervorrufen. Dies bedeutet, dass sie zum Zentrum ihres Ursprungs zurückkehren. Man kann dies auch als Tirodhana[6] bezeichnen. Wenn man selbst für eine geringfügige Anzahl an guten Taten reiche günstige Ergeb-

1 Wiederholung des Namens Gottes
2 Bußübungen
3 Feuerritual
4 Hier: Pādukas
5 Ruhe, Latenz
6 Verschwinden oder Rückzug

nisse erlangt, wird dies Gnade[1] genannt. Mein Sohn, ich habe dir die Konzepte von Srushti[2], Sthiti, Laya, Tirodhana und Anugraha gemäß der Lehre des Kriyā Yoga erklärt.

In Zukunft werden die Kräfte von Srīpāda Srīvallabha in großem Maße in den moslemischen Fakir einströmen, den du in deiner Meditation gesehen hast. Du sahst vier Nanda-Lampen[3] in dem unterirdischen Keller unterhalb des Niem-Baums. Dies ist etwas Außergewöhnliches. Srīpāda Srīvallabha hat dir diese Erfahrung mit einer tiefen Absicht gewährt. Nur Er kennt deren inneren Zweck. Seine göttlichen Taten sind wahrlich großartig. Sie haben einen tiefen Zweck. Da sie zudem göttliche Geheimnisse sind, dürfen sie anderen nicht enthüllt werden. Ich kann es dir nur in dem Maße erklären, wie Er es mir erlaubt hat. Die gesamte Schöpfung bewegt sich nach den Blicken von Srīpāda Srīvallabha; Er ist für sich die Autorität. Der Ruhm und die yogischen Kräfte des Meisters dieses Universums sind unermesslich und können von uns hinsichtlich Ausmaß, Grenzen und Mengen nicht erfasst werden."

Mein Denken freute sich ungemein über die Erklärung von Srī Palaniswami. Seit der Zeit, als ich vom Udipi-Gebiet[4] nach Kuruvapuram aufgebrochen war, geschahen viele wunderbare und merkwürdige Dinge. Diese wollte ich mit der Erlaubnis von Srīguru Sārvabhūma in einem Buch festhalten. Ich wollte Srīpāda darum bitten, nachdem ich Seinen Darshan erlangt hatte.

Srī Palaniswami erfasste mühelos die Gefühle in meinem Denken und sagte: „Ich habe die Ideen deines Denken verstanden. Du möchtest zum Wohl der Devotees der Zukunft Seine Geschichte schreiben. Srīpāda Srīvallabha wird dein Bemühen gewiss segnen." Dann bat Srī Palaniswami Mādhavā, über seine Meditationserfahrungen zu sprechen, die er in seiner Meditation erlangt hatte.

Mādhavā sagte: „Mahātma, ich sah in meiner Meditation[5] einen brahmanischen Sanyasi, der einen Lendenschurz[6] trug. Er verehrte meist Agni und die Sonne. Er sprach zu einem vedischen Pāndit: ‚Ich möchte diese

1 Hier: Anugraha
2 Schöpfung
3 Ewige Lichter
4 Hier: Kshetra
5 Hier: Dhyāna
6 Hier: Kaupīnam

Kokosnuss, die Sie mir gegeben haben, dem moslemischen Fakir geben. Dieser moslemische Fakir ist in einem höheren Zustand als ich. Er ist für mich wie ein älterer Bruder. Er kennt Vergangenheit, Gegenwart und Zukunft[1]. Ich werde die auf Palmblättern geschriebene Abhandlung namens Srīpāda Srīvallabha Charitāmrutam, die bei Ihnen ist, mitnehmen. Ich werde sie dem moslemischen Fakir geben, den ich als meinen älteren Bruder verehre. Ich werde um seinen Segen bitten. Sind die darin erzählten Dinge wahr oder fiktiv? Wie wahr sind sie? Wie falsch sind sie? Ich werde darüber entscheiden. Nachdem ich darüber entschieden habe, werde ich eine Arbeit darüber schreiben, in der ich es analysiere.'

Da sagte der vedische Pāndit: ‚Mein Herr, Sie können die Kokosnuss, die ich Ihnen gegeben habe, nicht diesem moslemischen Fakir geben. Ihr Bemühen wird auf jeden Fall vergebens sein. Das Charitāmrutam ist bereits geschrieben worden. Es geschah durch den Willen von Srīvallabha. Diese Abhandlung Srīpāda Srīvallabha Charitāmrutam wird von allen Göttern, Rishis und großen Menschen sehr geschätzt. Dieses Werk wurde auf Weisung von Srīpāda geschrieben. Niemand hat das Recht, selbst nur einen Buchstaben daran zu ändern. Seit vielen Generationen ist es bei uns. Es ist Srīpādas Weisung, dass das verblichene Exemplar im Ganges versenkt werden muss. Viele Generationen lang haben wir es beschützt. Ohne Srīpādas Weisung offenbaren wir nicht die Tatsache, dass ein solches Werk wie dieses existiert, auch nicht einer großen Person. Sie scheinen einen Wunsch zu haben, gewisse Teile darin zu verändern. Wir gehören zu der Familie, die die Berührung von Srīpādas Füßen verspürt, wenn wir unsere Hände auf dieses Werk legen. Wenn Sie größer als Srīpāda sind, ist Ihr Befehl für uns bindend. Sie tragen die Kleidung eines Sanyasis. Wir sind Hausväter. Wir können es nicht wagen, uns Ihnen entgegenzustellen. Wenn Sie diese Kokosnuss nach Dhīsila Nagaram[2] reichen können, werde ich Ihnen dieses Palmblatt-Exemplar geben, meinen heiligen Faden[3] ablegen und mich als einen Unberührbaren[4] erklären. Sie sagen, der moslemischen Fakir wusste von den Nanda Dīpams[5]. Sie sagen auch, dass es nur Dhīsila Nagaram ist und es zu gegebener Zeit

1 Hier: Trikāla vedi
2 Heute: Shirdi
3 Hier: Yajnopavītam, der von Brahmanen getragene heilige Faden
4 Hier: Chandāla
5 Ewige Lichter

den Namen Shiladī Nagaram erlangen wird. Ein Avadhūta in unserer Familie sagte mir kürzlich, dass er eine Teil-Manifestation von Srī Dattātreya in Aurangabad[1] traf und dass er ihn nach Dhīsila Nagaram brachte. Selbst wenn Sie nach Pīthikapuram gehen, können Sie nicht die Pādukas[2] von Srīpāda dort aufstellen. Pīthikapuram ist ein Ameisenhaufen von sich streitenden giftigen Schlangen. Sie verbringen die Zeit mit fruchtlosen Argumenten und Gegenargumenten und unnötigen Disputen, haben aber kein spirituelles Streben. Wenn Sie Srīpādas Pādukas im Hause unserer Vorfahren aufstellen, ist es für uns etwas Glückliches. Doch Sie sollten vollständig die Gnade von Srīpāda erlangen. Ohne den Willen von Srīpāda wird sich nicht einmal ein Blatt eines Baumes bewegen. Unsere Familie braucht weder Namen, Ruf, Titel oder Ehren, die von gewöhnlichen Menschen verliehen werden. Wir glauben, dass sich Srīpāda unerkannt in unserem Haus als ein kleiner Junge umherbewegen wird.' Swamī, das sah ich in der Meditation."

Palaniswami sagte: „Meine lieben Kinder, dieser vedische Pāndit gehört zu den Nachkommen von Srīpādas mütterlichem Onkel. In ihren Familien empfinden sie Srīpāda als einen kleinen Jungen. Wenn jemand aus irgendeiner Kaste, einem Volk, einer Religion, einem Land, in einem Zeitalter[3] Srīpāda als ein göttliches Kind empfindet und ihm wie einem eigenen Kind zugetan ist[4], so wird Srīpāda unerkannt in dessen Haus als ein Junge leben. Dies wurde von Srīpāda selbst in Pīthikapuram offenbart. Srī Charana wurde in Pīthikapuram im Haus Seines Großvaters mütterlicherseits geboren. Die Menschen aus dieser Familie zogen einige Jahre, nachdem Srīvallabha Pīthikapuram verlassen hatte, in verschiedene andere Dörfer. Seine Familienmitglieder zogen gleichfalls in andere Orte. In späteren Jahren übertrug Srīpāda seine Kraft vollständig auf den moslemischen Fakir von Dhīsila Nagaram. In Bengalen wurde eine große Person namens Gadadhar[5] geboren. Er verehrte Kālikāmba[6]. Als er um Befreiung betete, lehnte Jagad Jananī[7] dies ab. Sie bat ihn, sich zum Segen seiner Anhänger erneut zu ver-

1 Stadt in Nordindien
2 Als heilig verehrte Sandalen
3 Hier: Yuga
4 Eine Form der Verehrung, bei der Gott als ein kleines Kind gesehen wird, wie die Verehrung vom Jesuskind
5 Geburtsname von Ramakrishna Paramahamsa (1836 - 1886)
6 Mutter Kali (eine Form der göttlichen Mutter)
7 Die göttliche Mutter

körpern und ihnen unter Berücksichtigung ihrer Verdienste und Sünden die Gnade zu gewähren. Er war nicht einverstanden, wieder eine Geburt auf sich zu nehmen. Da bat Kālikāmba den moslemischen Fakir aus Dhīsila Nagaram, mit seinem subtilen Körper zu ihr zu kommen. Dieser moslemische Fakir blieb drei Tage lang tot. Er sagte zu seinen Devotees: ‚Ich werde zu Allah gehen und in drei Tagen wiederkommen.' Kālikāmba ist niemand anderes als Vasavī Kanyaka Parameswari, die in Brihat Sila Nagaram anwesend ist. Dem moslemischen Fakir wurde die Aufgabe übertragen, sich die Sünden und Verdienste der Anhänger von Gadadhar anzuschauen. Jagad Janani gab einen Teil von Sich in ihn hinein. Auch Srīvallabha gab einen Teil von Sich in ihn hinein. Als der moslemische Fakir nach drei Tagen in seinen grobstofflichen Körper zurückkam, wurde er äußerst mächtig. Er diente der Moschee, in der er lebte, als Mutter. Dies war möglich aufgrund des Amshas[1] der göttlichen Mutter, das in ihn eingetreten war. So floss mütterliche Zuneigung auf seine Devotees über.

Mein Lieber, all diese Dinge, die ich erzähle, werden in den kommenden Jahrhunderten geschehen.

Der vedische Pāndit, den du in der Meditation[2] gesehen hast, hatte einen Vaishya als seinen lieben Freund. Der Vaishya bat den Avadhūta, der einen Lendenschurz[3] trug: ‚Swami, bitte akzeptiert unsere Gastfreundschaft. Wir sind Ārya Vaishyas. Jagad Janani Vasavī Kanyakambika wurde in unserer Kaste geboren. Bitte nehmt die Lebensmittel und kocht selbst.' Der vedische Pāndit bat den Yati[4], die Einladung dieses großen Vaishyas zu akzeptieren. Doch dieser Yati war ein brahmanischer Formalist und sagte zu ihm im barschen Ton, dass er seine Nahrungsmittelgabe[5] nicht akzeptieren würde. Dieses Ereignis rief den Zorn von Srīvallabha wie auch von Srī Vasavī Mātha hervor. Sie wollten ihn bestrafen, um seinen Stolz zu brechen, von brahmanischer Geburt zu sein. Der Avadhūta erreichte Pīthikapuram.

1 Teil-Manifestationen; ein Teil von Gott, der herabgestiegen ist und Form angenommen hat
2 Hier: Dhyāna
3 Hier: Kaupīnam
4 Mönch der Jain-Religion; seine Lehre und Praxis betont die Notwendigkeit, die Seele zum göttlichen Bewusstsein, zur Befreiung zu lenken; die beiden Haupt-Traditionen der Jains sind Svetambara (weißrobige Mönche) und Digambara (nackte Mönche).
5 Hier: Bhiksha

Die brahmanische Gemeinschaft von Pīthikapuram, die den Sitten und Gebräuchen äußerer Verehrung große Bedeutung beimaß, hieß diesen Avadhūta herzlich willkommen. Das Haus von Srīpāda Srīvallabhas mütterlichem Großvater ging in die Hände von Außenstehenden über. Nachdem man den Hausbesitzer befragt hatte, wurde entschieden, die Sripādukas an dem Ort im Haus aufzustellen, wo Srīpāda geboren worden war. In Übereinstimmung mit den Schriften[1] wurden silberne Pādukas aufgestellt. Um Mitternacht betrat ein Dieb dieses Haus. Der Hausbesitzer war noch wach. Der Dieb betrat den Raum, wo die Pādukas aufgestellt waren. Der Hausbesitzer sagte dem Dieb: ‚Ich glaube überhaupt nicht daran, dass dieser Srīpāda Srīvallabha ein großer Avatar[2] war. Ich schenke diesem Avadhūta-Swami keinen Glauben. Nimm diese silbernen Pādukas mit und gib mir die Hälfte des Erlöses, den du für sie beim Verkauf bekommst.' Der Dieb war damit einverstanden.

Am nächsten Tag waren die Pādukas fort. Der Avadhūta war traurig. Ein zweites Mal wurden silberne Pādukas aufgestellt und im großen Stil die Verehrung durchgeführt. Um Mitternacht blieb der Avadhūta im gleichen Raum in der Nähe der Pādukas. Er sang heilige Verse[3] über Datta. Als er hinschaute, erhoben sich die Pādukas in die Luft, stießen hart gegen den Kopf des Avadhūtas und verschwanden. Es war die Stimme von Srī Charana zu hören: ‚Ich kann meinen Körper verschwinden lassen. Kann ich nicht auch diese Pādukas verschwinden lassen? Hätte die Kokosnuss Dhīsila Nagaram erreicht, so hätte Mein mütterlicher Onkel seinen harten Schwur erfüllen müssen. Das gefiel mir nicht. Die Kokosnuss, die du geschickt hattest, wurde unterwegs aufgegessen. So gibt es keine Möglichkeit, dass dir das Werk Srīpāda Srīvallabha Charitāmrutam gegeben werden kann. Wer denkst du bin Ich? Ich kümmere Mich nicht darum, ob du ein Yogi oder ein Bhogi[4] bist. Ich bin ein Madiga[5]. Mein Beruf ist es, die Haut abzuziehen und Sandalen daraus zu machen. Es ist keine Sünde,

1 Hier: Shastras
2 Hier: Avatar Purusha
3 Hier: Stotras
4 Genießer sinnlicher Freuden
5 Mitglied einer Kaste, die vor allem in Südindien verbreitet ist; sie wird als außerhalb des 4-Kasten-Systems des Hinduismus angesehen und damit der Kategorie der Unberührbaren zugeordnet; für gewöhnlich Lederarbeiter und Schuster

wenn Ich deine Haut abziehe und Sandalen daraus mache.‘ Die Stimme dröhnte; der Avadhūta zitterte. Am nächsten Tag gab es große Aufregung. Jene, die ihn hoch geehrt hatten, beschuldigten ihn als einen betrügerischen Sanyasi, der die silbernen Pādukas um des Geldes willen gestohlen habe. Sie verlangten nach einer Erklärung für das Verschwinden der silbernen Pādukas, während er im Pūjā-Raum war. Mit der Schwere der Kränkung verließ der Yati Pīthikapuram.“

Palaniswami sagte uns, dass dies in der Zukunft geschehen werde. Er sagte: „Meine Lieben, in der Geschichte von Srīpāda mag es unglaubliche Līlas geben. Wer Seine Geschichte bezweifelt oder kritisiert, wird zu einem Brahmā Rakshasa[1] werden. Srīvallabha ließ die Leute von Pīthikapuram die Aufrichtigkeit des Avadhūtas bezweifeln, weil er die Echtheit des Charitāmrutam bezweifelt hatte. Dies war Sein Līla.“

Mādhavā fragte: „Swami, soll ich erzählen, wie ich in meinem subtilen Körper nach Pīthikapuram gegangen bin, und von den Ereignissen, die sich dort zugetragen haben?“ Srī Palaniswami stimmte zu. Mādhavā sagte: „Mit meinem subtilen Körper erreichte ich ein Haus in Pīthikapuram. An einem Ort bemerkte ich, dass all meine Kräfte von zwei göttlichen Pādukas angezogen wurden, die im Verborgenen blieben.“

Die Pādukas am Geburtsort von Srīpāda Srīvallabha. Das Aufstellen der Idole von Srīpāda Srīvallabha, Srī Dattātreya und Srī Narasimha Saraswati Swamī

Srī Palaniswami sagte: „Mein lieber Mādhavā, *das Haus des mütterlichen Großvaters von Srīpāda Srīvallabha, das du besucht hast, ist der Geburtsort von Srīpāda Srīvallabha. Es hat all deine Kräfte angezogen. In dem Pātāla*[2] *unterhalb der Pādukas befinden sich Einsiedler, die seit Hunderten von Jahren Buße tun. Die Pādukas von Srīpāda Srīvallabha werden nur am Geburtsort von Srīpāda Srīvallabha aufgestellt, den du gesehen hast. Einige Jahre, nachdem die Pādukas dort aufgestellt wurden, wird das Srīpāda Srīvallabha Charitāmrutam ans Licht kommen. An dem Ort, wo du medi-*

---

1 Der Geist eines verstorbenen Brahmanen, einem Gelehrten, der sein Wissen missbraucht oder böse Dinge getan hat
2 Unterwelt

tiert hast, werden die Idole von Srīpāda Srīvallabha, Seiner vorherigen Inkarnation, Srī Dattātreya und Seiner nächsten Inkarnation, Srī Narasimha Saraswati aufgestellt werden. Danach finden an jenem Ort viele heitere göttliche Spiele statt.“

Danach wurde Srī Palaniswami still. Er bat, den Leichnam des in der Nähe unserer Höhle begrabenen Jugendlichen wieder auszugraben. Nachdem der Körper herausgenommen worden war, begann er das Pranava (OM) zu singen. Mit einem lauten Brüllen von „Srīpāda Rājam Saranam Prapadye”[1] kam Vyāghreswara Sarma vorbei. Srī Palaniswami trat in den Körper des jungen Mannes ein. Vyāghreswara Sarma, der sich im Körper eines Tigers befand, nahm den Körper von Srī Palaniswami, der durch das Alter verfallen war, um ihn in einen Fluss in der Nähe zu werfen.

Palaniswami, der in den neuen Körper eingetreten war, wies uns an: „Verlasst sofort diesen Ort. Mein lieber Mādhavā, gehe nach Vichitrapuram. Du hast die frommen Leute von Pīthikapuram in deinem subtilen Körper gesehen. Das reicht für dich in diesem Leben. Mein lieber Shankarā, du gehst zu dem großen Ort[2] Tirupati. Mādhavā, möge sich die Gnade von Srīpāda Srīvallabha über dich ergießen.“

Da ging Mādhavā nach Vichitrapuram und ich selbst nach Tirupati. Wo ist das Ende der heiteren göttlichen Spiele von Srīpāda Srīvallabha?

Ehre sei Srī Srīpada Srīvallabha!

1 Möge Lord Srīpāda uns beschützen
2 Hier: Mahā Kshetra

Srīpāda Rājam Saranam Prapadye

Kapitel 5

Ankunft in Tirupati und Treffen mit Tirumala Das in Kanipakam

Die Beseitigung der Wirkungen von Saturn durch die Gnade von Srīpāda

Auf meinem Weg erreichte ich den großen heiligen Ort Tirupati[1]. Ich verspürte einen unerklärlichen inneren Frieden, badete im Tempelteich[2] von Tirumala, bekam den Darshan von Srī Venkateswara[3] und meditierte auf dem Tempelgelände. In der Meditation sah ich Srī Venkateswara als eine Frau. Diese Ikone, die als Bala Tirupati Sundari erschien, veränderte sich innerhalb von Sekunden in die Form von Parameswara[4]. Nach einiger Zeit wechselte sie zu Mahā Vishnu. Nach der Meditation erschien diese Statue für einige Zeit wie ein gutaussehender junger Yogi von sechzehn Jahren. Die Blicke des Kindermönchs[5] waren voller Nektar. Die zärtliche Liebe von tausend Müttern strahlte aus seinen Augen. In der Zwischenzeit näherte sich ein schwarzer, hässlicher Mann dem jungen Weisen und sagte: „Lord Srī Srīpāda Srīvallabha, Ihr seid der Meister des Universums. Von heute an beginnt die 7½-jährige Saturn-Periode Ihres jungen Devotees Shankara Bhatt. Ich werde ihn allen möglichen Schwierigkeiten dieser Welt aussetzen. Ich stehe für die Befehle des Herrn.“ Der mitfühlende Herr entgegnete: „Sanīswarā[6], Ihr seid die Ursache für das Schicksal. Ihr lasst die Menschen die Konsequenzen ihrer Taten fühlen und befreit sie von den Fesseln des Karmas. Tut Eure Pflicht. Ich hingegen habe das Gelübde abgelegt, Āsrita Bhaktajana[7] zu beschützen. Seht zu, wie Ich Shankar Bhatt vor den

1 Eine große Tempelstadt in Andhra Pradesh, die Lord Venkateswara geweiht ist
2 Hier: Pushkarini
3 Eine Form des Gottes Vishnu, die besonders in Tirupati verehrt wird
4 Der höchste Gott
5 Hier: Yati
6 Saturn
7 Alle Devotees/Jünger, die Zuflucht in Gott/Mir genommen haben

Problemen schütze, die Ihr ihm auferlegt, und ihn befreie." Nach dieser Unterhaltung zwischen Srīpāda und Sanīswarā verschwanden beide aus meiner Meditation. Danach wurde es schwierig, über das Abbild Gottes zu meditieren. Ich verstand, dass schwierige Zeiten auf mich zukommen und Srīpāda mich aus meinen Schwierigkeiten erretten würde. Ich kam von Tirumala[1] nach Tirupati.

In den Straßen von Tirupati wanderte ich umher, wie es mir gefiel. Mein Denken war unstet. Ein Barbier hielt mich gewaltsam an und sagte: „Bist du nicht Subbayya, der vor 20 Jahren von zu Hause fortgelaufen ist? Deine Eltern haben sich Sorgen gemacht. Deine Frau hat die Pubertät erreicht und ist volljährig geworden. Du musst sie daher annehmen und glücklich mit Kindern leben." Der Tonfall des Barbiers war laut und fordernd. Ich erklärte ihm daraufhin: „Mein Herr, ich bin ein Brahmane aus Karnataka namens Shankar Bhatt. Ich bin ein Reisender, der heilige Orte besucht. Ich bin ein Devotee von Datta. Da ich gehört habe, dass sich Lord Datta als Srīpāda Srīvallabha inkarniert hat, gehe ich nach Kurungadda. Ich schwöre bei der heiligen Gāyatrī, dass ich Junggeselle bin. Ich bin keineswegs der Barbier Subbayya, für den Sie mich halten."

Er hörte nicht auf meine Worte. Viele Leute versammelten sich um uns herum. Jeder beschimpfte mich auf seine Weise. Sie führten mich zum Haus von Subbayya. Die Eltern von Subbayya betrachteten mich als ihren eigenen Sohn und stellten mir viele Fragen. Sie hielten mir moralische Grundsätze vor, dass ich sie nicht verlassen solle und dass es ein hässliches Verbrechen sei, eine volljährig gewordene Frau sitzen zu lassen. Einer von ihnen sagte. „Subbayya ist mit einem Bart und einem Schnäuzer schmutzig geworden. Wenn wir ihn rasieren, wird sein alter Glanz wieder hervorkommen." Sie hörten nicht auf mich, obwohl ich protestierte. Mit Gewalt rasierten sie meinen Kopf. Auch meinen Bart und Schnäuzer entfernten sie. Sie nahmen das heilige Yagnopavīta[2] von meinen Schultern und riefen einen ihnen bekannten Zauberer herbei, um mich zu behandeln. Diese Person trug merkwürdige Gewänder. Seine grässlichen Blicke durchdrangen mein Herz und verursachten heftige Schmerzen. Sie banden mich an Händen und Füßen

1 Eine der heiligsten Städte Indiens mit dem großen Tempel von Lord Venkateswara

2 Heiliger Faden, der von den in die Gāyatrī Eingeweihten (‚Zweimal Geborene', Dwijas) getragen wird

und schnitten mit einem scharfen Messer Wunden in meine Kopfhaut. Auf diese Wunden trugen sie Zitronensaft und andere Säfte auf. Ich litt unerträgliche Schmerzen. Sie beschlossen, ein brahmanischer Teufel hätte Subbayya besetzt, nachdem er das Haus verlassen hatte, und dass Subbayya aus diesem Grund einen heiligen Faden trage und begonnen habe, Mantren zu singen. Die Brahmanen-Gemeinschaft in Tirupati verhielt sich auch still. Sie dachte, der Reisende in der Stadt wäre Subbayya, und der Geist eines Brahmanen habe ihn besetzt. Als ich zu den Ältesten in der Stadt geführt wurde, sagte ich ihnen, ich wäre von Karnataka, ein Smartha-Brahmane, der zur Abstammungslinie von Bharadwaja gehöre und dass ich die Namaka Chamaka-Mantren[1] kennen und täglich Sandhyāvandana[2] durchführen würde. Diese Brahmanen glaubten mir nicht. Sie sagten, ein Kannada[3]-Brahmanen-Teufel hätte sich meiner bemächtigt, und mit der richtigen Behandlung würde aus mir bald wieder ein normaler Mensch werden.

Vom Schmerz, den die Wunden verursachten, wurde ich ohnmächtig. Mein Klagegeschrei glich einem Rufen in der Wüste. Als ich wieder zu Bewusstsein kam, sah ich mir gegenübersitzend eine hässliche Person, die mir ähnelte, mit einer schwarzen Aura. Ohne etwas zu sagen, verschmolz sie und wurde eins mit mir. Mir kam der Gedanke, dass mein Schicksal durch den Einfluss von Saturn chaotisch geworden war, die 7½-jährige Periode für mich eine außergewöhnlich schwierige Zeit bedeuten würde und mich nur Srīpāda Srīvallabha retten könne.

Selbst in dieser Qual sang ich innerlich den Namen von Srīpāda Srīvallabha. Als ich den Namen von ‚Srī Charan' sang, verringerte sich mein Schmerz. Der Zauberer opferte Hühner und Ziegen und führte merkwürdige und bizarre Rituale durch. Ich erhielt regelmäßig Nahrung. Der Zauberer entschied, dass mir vegetarisches Essen serviert werden solle, da ich von einem brahmanischen Teufel besessen sei. Ich hatte mir schon Sorgen gemacht, dass ich vielleicht auch mit Gewalt Fleisch essen müsse, doch durch die Gnade von Srīpāda erhielt ich vegetarisches Essen. Dies gab meinem Gemüt etwas Trost. Drei Tage lang litt ich Höllenqualen. Selbst in diesem Zustand hörte ich nicht auf, an den Namen von Srīpāda zu denken.

1 Eine weit verbreitete Hymne zur Verehrung von Lord Shiva
2 Ein tägliches Ritual, das für orthodoxe Hindus vorgeschrieben ist; es bedeutet Gruß der Dämmerung, d.h. der Morgen- und Abenddämmerung
3 Eine indische Sprache, die vor allem im Staat Karnataka gesprochen wird

So ließ der Schmerz vom vierten Tag an nach. Seltsame Experimente wurden an meinem Körper durchgeführt. Der Hexendoktor behandelte meinen Körper auch mit Peitschenhieben. Ich krümmte mich vor Schmerzen und schrie: „Srīvallabha! Saranu![1] Saranu!" Wie können höllische Schmerzen Devotees quälen, die Lord Datta mit ungeteilter Hingabe dienen?

Unterdessen fand ein Wunder statt. Ich verspürte nicht einmal einen kleinen Schmerz, selbst wenn die Peitschenhiebe auf meinen Körper fielen. Hingegen krümmte sich der Hexendoktor vor Schmerzen. Er verstand nicht, warum er den Schmerz der Schläge fühlte, wenn er mich peitschte. Er schaute mich mit seltsamen Blicken an. Ich bemerkte das göttliche Spiel von Srīpāda und lachte. Obwohl ich scheußliche Nahrung aß, war sie sehr köstlich. Ich aß Mahlzeiten nach Herzenslust. Ich aß das Essen mit dem Gedanken, es wäre das Prasād von Srīpāda. Obwohl der Zauberer Hühner und Ziegen aß, die er mochte, verwandelte es sich in giftiges Essen. Seine Gesundheit verschlechterte sich. Er hörte auf, mich zu peinigen und verbrachte seine Zeit nur mit Mantren und Ritualen. Am fünften Tag nach Beginn meiner Behandlung brannte sein Haus ab. Obwohl an jenem Tag kein Feuer im Haus des Zauberers angezündet worden war, brach plötzlich in der Gegenwart aller Feuer aus und verbrannte das Haus zu Asche. Am sechsten Tag kam der Zauberer mit bleichem Gesicht zum Haus von Subbayya. Er sagte, ein brahmanischer Geist, der eine Hexe war, habe Subbayya ergriffen und der Teufel habe sein Haus durch Zauberei verbrannt, weil er, der Zauberer, die Behandlung begonnen habe. Es müssten viele Rituale durchgeführt werden, um die bösen Kräfte wie Bhetala[2] zu besiegen, doch dazu sei ein großer Geldbetrag notwendig. Ich wusste, dass die Behandlung keinen Zweck hätte und dass der Hexendoktor alle Vorschläge aus Geldgier machte. Mir fiel ein, dass nichts unseliger und betrügerischer wäre, als mich in mein grausames Schicksal zu fügen und die Frau von Subbayya zu akzeptieren. Ich konnte nicht verstehen, warum das Schicksal so unbarmherzig mit mir spielte. Ich empfand, als würde mein Herz mit einer Eisensäge aufgeschnitten. Ich sagte zu Subbayyas Eltern: „Meine lieben Eltern, geht diesem Hexer nicht in die magische Falle und verkauft all euer bewegliches und unbewegliches Eigentum. Ich achte euch beide als meine Mutter und meinen Vater." Damit war ich vom Zauberer

1 Rettung, Zuflucht
2 Ein Geist

befreit. Die Eltern von Subbayya waren glücklich, und meine Augen wurden feucht, als ich das in ihren Augen leuchtende Glück sah. Ich betete innerlich demütig zu Srīpāda, er möge mich vor einem moralischen Fall retten, da die Frau eines anderen Mannes als Mutter zu betrachten ist. So betete ich zu Srīpāda, mich vor der drohenden Gefahr zu retten.

Am siebten Tag nach Beginn meiner medizinischen Behandlung sagte ich zur Frau von Subbayya, die mich pflegte: „Was denkst du über mich? Glaubst du, ich bin wirklich Subbayya?" Da sagte sie: „Die Hochzeit fand statt, als ich zwei Jahre alt war. Jetzt bin ich 22 Jahre alt. Niemand außer Gott weiß, ob du mein Ehemann bist oder nicht. Ein Mann, der in die frische Jugend eintritt, kann nicht standhaft bleiben, wenn er seine Frau sieht. Obwohl du all diese Schwierigkeiten durchmachst, hast du mich nicht als deine Frau betrachtet. Du hast mich nicht einmal berührt. Das ist nur für jemanden möglich, der eine edle Kultur besitzt. Ich habe keine Meinung über dich. Ich möchte ein tugendhaftes Leben gemäß den Traditionen der Familie führen. Wenn du mein Ehemann bist, verlasse diese deine demütige Dienerin nicht. Andererseits, da mein Mann vor 20 Jahren aus diesem Haus geflohen ist und da meine Hochzeit stattfand, als ich noch recht unwissend war, kannst du mich als deine Frau akzeptieren. Ich trete in deine Fußstapfen. Wer ist Srīpāda Srīvallabha, an den du ständig denkst? Wenn er ein Sadguru[1] ist, werde ich auch zu Ihm beten, er möge für dieses verwickelte Problem eine ethische Lösung aufzeigen."

Ihr Argument schien mir angemessen zu sein. So sagte ich: „*Srīpāda Srīvallabha ist in der Tat Lord Dattātreya. Er hat sich in diesem Kali Yuga*[2] *inkarniert. Er ist jetzt in Kuruvapuram. Er verhält sich entsprechend unserer Vorstellung von Ihm. Wenn wir Ihn als Sadguru betrachten, verleiht Er uns die Erfahrung als Sadguru. Wenn wir Ihn als Paramātma*[3] *betrachten, wird Er sich als Paramātma bekunden.* Gut. Singe auch den Namen von Srīpāda Srīvallabha. Du wirst deine Pflicht gewiss erkennen. Es wird sich eine Lösung finden, die für alle akzeptabel ist."

An jenem Tag kam ein Mala Jangama[4] dort an. Er hatte viele Palmblatt-Bücher bei sich. Innerhalb kurzer Zeit wurde er für die Bewohner des Ortes zu

1 Vollendeter Lehrer
2 Dunkles Zeitalter
3 Überselbst, Überseele
4 Shiva-Verehrer

einer ehrwürdigen Person. Allen, die ihn trafen, erzählte er vergangene, gegenwärtige und zukünftige Ereignisse. Er sagte, dass all diese Palmblatt-Bücher Nādi Granthas[1] wären. Es sei eine Ramala[2]-Wissenschaft und alle Prophezeiungen aus diesen Büchern würden genau so eintreffen wie vorhergesagt. Auf ihre Bitte hin kam er zum Haus von Subbayyas Eltern. Er gab mir einige Meeresmuscheln und bat mich, die Muscheln auf den Boden zu werfen. Nachdem er einige Berechnungen gemacht hatte, nahm er ein Blatt aus den Palmblatt-Büchern heraus und las es vor: „Der Fragende ist ein Kannada-Brahmane namens Shankara Bhatt. Er wird die Lebensgeschichte von Srīpāda Srīvallabha aufschreiben. In seiner früheren Geburt wurden er und eine weitere Person im Dorf Mogalicharla in der Nähe der Stadt Kandukuru[3] geboren. Beide waren sehr an Glücksspielen interessiert. In jenem Dorf gibt es einen berühmten Tempel eines sich von selbst manifestierten Datta. Shankara Bhatt wurde als Bruder dieses Tempelpriesters geboren. Während der Abwesenheit seines Bruders führte er Tempelverehrung und andere Rituale durch. Zusammen mit seinem Freund machte er Glücksspiele auf dem Tempelgelände. Das ist eine höchst anstößige Sache. Eines Tages machte er das Glücksspiel unter merkwürdigen Vereinbarungen. Würde sein Freund gewinnen, so müsste Shankara Bhatt ihm den vereinbarten Geldbetrag geben. Würde dagegen Shankara Bhatt gewinnen, müsste der Freund diesem Herrn seine Frau übergeben. Lord Datta war Zeuge dieses Handels. In diesem Sinne schworen sie feierlich und spielten.

Lord Datta beobachtete, dass diese höchst verwerfliche Sache direkt in Seiner Gegenwart stattfand. Shankara Bhatt gewann beim Spiel. Der Freund weigerte sich, seine Frau Shankara Bhatt zu übergeben. Der Streit wurde den Ältesten unterbreitet. Die Ältesten der Kaste versammelten sich. Sie beschlossen, es sei ein unverzeihliches Vergehen, dass solch eine Untat direkt in der heiligen Gegenwart von Lord Datta stattfand. Sie beschlossen auch, es solle kochend heißes Öl über den Kopf von Shankara Bhatt gegossen werden, weil er in die Frau eines anderen Mannes verliebt war und sich mit dieser auf unethische Weise vergnügen wollte. Sie beschlossen weiterhin, die Genitalien des Freundes, der seine Frau beim Spiel eingesetzt hatte, sollten aufgeschlitzt werden, um ihn impotent zu machen, und beide sollten nach Durch-

1 Astrologische Bücher, die Vorhersagen enthalten
2 Eine Art astrologischer Wahrsagung basierend auf der Verwendung spezieller Würfel
3 Stadt in Andhra Pradesh

führung des Beschlusses aus dem Dorf vertrieben werden. Der Beschluss wurde entsprechend durchgeführt. Da Shankara Bhatt für eine kurze Zeit Datta gedient hatte, wurde er in dieser Geburt als eine Person mit einer gewissen Hingabe an Gott wiedergeboren. Sein Freund wurde mit dem Namen Subbayya im Haus eines Barbiers in der heiligen Stadt Tirupati geboren. Aufgrund seiner geistigen Labilität wurde er verrückt und lief nach der Heirat davon. Die Frau von Subbayya war unschuldig. Da sie sich keines Vergehens schuldig gemacht hatte, nahm die Geistesstörung von Subbayya aufgrund ihrer ehelichen Treue ab, so dass Subbayya am folgenden Tag, nachdem diese Ramala-Wissenschaft verlesen wurde, an diesen Ort zurückkehren werde. Shankara wird an jenem Tag freigelassen werden.

Durch die Gnade von Srīpāda Srīvallabha werden sich bei Shankara Bhatt die 7½ Jahre währenden Einschränkungen durch Saturn innerhalb von 7½ Tagen vollziehen, indem er die oben beschriebenen Probleme durchleidet. *Wer im Namen Gottes schwört und falsche bzw. ungerechte Erklärungen abgibt, wird von Lord Datta hart bestraft. Um die geistige Instabilität von Subbayya zu heilen, wurde ein Teil vom guten Karma*[1] *von Shankar Bhatt durch Chitragupta*[2] *dem Verdienst von Subbayya übertragen. Die Menschen sollten die Tatsache verstehen, dass der karmische Einfluss auf höchst subtile Weise wirkt. Daher sollten sie gute Taten ausüben und schlechte Taten unterlassen. Das Horoskop von Srīpāda Srīvallabha wird erst einige Jahrhunderte nach Ende seiner Inkarnation Pīthikapuram erreichen und zwar durch Akshya Kumar, einem Anhänger der Jain-Religion, der in der Provinz Tripura*[3] *wohnt. Davor wird ein Buch namens Srīpāda Srīvallabha Charitāmrutam ans Licht kommen, das die göttlichen heiteren Spiele von Srīpāda Srīvallabha beschreibt.*"

Wie kann ich die Gnade von Srīvallabha beschreiben? Am nächsten Tag kehrte Subbayya in sein Haus zurück. Seine Geistesstörung war vollständig geheilt. Subbayyas Frau behandelte ich wie meine Schwester. Ich verabschiedete mich von Subbayyas Eltern und erreichte das Dorf Kanipakam[4] in der Gegend von Chittoor[5].

1 Hier: Punya
2 Assistent vom Herrn des Todes, der Aufzeichnungen über die Taten führt
3 Ein kleiner indischer Staat im Nordosten des Landes, an der Grenze zu Bangladesh
4 Dorf im Chittoor-Distrikt in Andhra Pradesh mit einem berühmten Tempel
5 Stadt in Andhra Pradesh

Das Dorf Kanipakam liegt in der Nähe von Chittoor. In dem Dorf befinden sich die Tempel von Srī Varadaraja Swamī, Srī Manikantheswara Swamī und Srī Vara Siddhi Vinayaka[1]. Ich verließ den Tempel, nachdem ich den Darshan von Vara Siddhi Vinayaka erhalten hatte. Ein großer Hund stand dort. Da ich Angst bekam, ging ich zurück in den Vara Siddhi Vinayaka-Tempel. Eine Weile meditierte ich über Gott, bevor ich wieder hinaustrat. Dort stand ein zweiter Hund von der gleichen Größe wie der erste Hund. Wieder ging ich in den Vara Siddhi Vinayaka-Tempel. Der Tempelpriester fand mein Verhalten sehr seltsam und fragte mich: „Mein Herr, Sie gehen wiederholt aus dem Tempel hinaus und kommen wieder herein. Was ist der Grund?“ Ich erzählte ihm von meiner Furcht. Da sagte der Priester: „Diese Hunde werden niemandem grundlos etwas zuleide tun. Sie gehören einem Wäscher. Dieser Wäscher ist ein Devotee von Datta. Der Wäscher erklärt, Srī Datta habe sich mit dem Namen Srīpāda Srīvallabha inkarniert. Obwohl es keine Beschränkung gibt, dass der Wäscher nicht in den Tempel kommen darf, hat er niemals den Tempel betreten. Er schickt seine Hunde. Ich packe das Prasād[2] von Swamī in ein Bündel und übergebe es den Hunden. Sie nehmen das Bündel und laufen damit zu ihrem Herrn. Sie sagten, Sie hätten zwei Hunde gesehen. Ich werde das Prasād erst geben, wenn alle vier Hunde da sind. Schauen wir einmal, ob die beiden anderen Hunde angekommen sind.“ Als wir herauskamen, waren vier Hunde dort. Die vier Hunde umgaben mich von allen vier Richtungen. Der Priester sagte: „Gehen Sie zu dem Wäscher und folgen Sie dem Wunsch dieser Hunde. Es verheißt Gutes für Sie.“

Ich erkannte, dass die Ereignisse in meinem Leben unter der Führung von Srīvallabha standen. Die Ereignisse im Haus von Subbayya hatten mich gelehrt, dass man sich nicht zu sehr um Unterschiede in Kaste und Religion kümmern sollte. Ein Paria mag in der nächsten Geburt als Brahmane geboren werden, und ein Brahmane mag in seiner nächsten Geburt ein Paria sein. Ich lernte, dass ein Lebewesen verschiedene Tugenden und Sünden ansammelt und mit dieser gebündelten Last aufeinanderfolgende Geburten hindurch den Strom des Schicksals durchwatet.

1 Berühmter Tempel, der dem elefantenköpfigen Gott Ganesha geweiht ist
2 Speise als Opfergabe

Das Gespräch zwischen Shankar Bhatt und Tirumala Das

Wie der Priester gesagt hatte, ging ich an den Ort, wo der Wäscher lebte. Der Wäscher war 70 Jahre alt. Er kam aus seiner Hütte und bat mich mit großer Herzlichkeit, auf einer Liege Platz zu nehmen. Viel von meinem Stolz auf meine brahmanische Herkunft war bereits zerstört. Wer sie auch sein mochten, alle Devotees von Srīpāda erschienen mir als meine engen Verwandten. Der Wäscher namens Tirumala Das gab mir das Prasād vom Srī Vara Siddhi Vinayaka-Tempel. Ich akzeptierte es als Prasād von Srīpāda Vallabha.

Die Ankunft von Aiynavilli Ganapati als Srīpāda Vallabha

Tirumala Das begann zu sprechen: „Mein Herr, heute ist ein guter Tag! Ich habe das Glück, Sie zu sehen. Ich warte bereits sehnsüchtig darauf, Sie über die wichtigen Ereignisse in Malyadripuram[1] und Pīthikapuram zu informieren. Mein lieber Shankar Bhatt, Sie haben das Prasād von Srī Vara Siddhi Vinayaka empfangen. Beginnen Sie, das Srīpāda Srīvallabha Charitāmrutam zu schreiben, und Sie werden den Segen von Srīvallabha in Kuruvapuram erhalten. In meinem früheren Leben war ich ein großer vedischer Gelehrter, aber auch ein Geizhals. Auf dem Sterbebett bemerkte ich, dass das Kalb, das gerade geboren war, einen alten Lumpen kaute. Da ich zum Zeitpunkt meines Todes meinen Blick auf das dreckige Tuch richtete, wurde ich als Wäscher wiedergeboren. Eine Person wird gemäß ihrer konzentrierten Wünsche geboren, die sie bei ihrem letzten Atemzug, dem endgültigen Schlusspunkt dieser Geburt, in sich trägt. Aufgrund meiner guten Taten[2] in der Vergangenheit wurde ich in Malyadripuram in der Gegend von Palnad im Bezirk Gardari[3] geboren. Dieses Malyadripuram wurde im Laufe der Zeit zu Malladi. In diesem Dorf gab es zwei Familien mit dem Nachnamen Malladi. Zu der einen Familie gehörte Malladi Bapanna Avadhanulu, der ein großer Gelehrter war. Er gehörte zur Linie des Weisen Haritasa. Zu der anderen Familie gehörte Malladi Srīdhara Avadhanulu, der ebenfalls ein großer Gelehrter war. Er gehörte zur Linie des Weisen Kaushika. Die Schwester von Srīdhara Avadhanulu, Rajamamba wurde

1 Malladi; Dorf im Amaravati Mandal im Bezirk Guntur, Andhra Pradesh
2 Hier: Punya
3 Die Stadt Guntur in Andhra Pradesh

mit Bapannāvadhanulu verheiratet. Beide Schwager waren gebildete Pāndits. Beide gingen für das große Opfer des goldenen Ganapati[1] zum Dorf Aiynavilli in der Gegend von Godāvarī. Einige Gelehrte behaupteten, dass laut den Schriften Ganapati am Ende in strahlend goldener Farbe erscheinen würde, um das abschließende Feueropfer[2] mit seinem Rüssel zu empfangen. Die beiden großen Gelehrten, die den Vorsitz über die Durchführung des Hauptopfers hatten, schworen, dass sie das ganze Vorgehen streng nach den vedischen Schriften durchführen und Srī Mahā Ganapati vor ihren Augen manifestieren lassen würden. Am Ende des Opfers gewährte Ganapati seine Vision in goldenem Glanz und nahm das letzte Feueropfer mit seinem Rüssel. Er erklärte auch, er werde in Kürze an einem Ganesh Chaturdhi-Tag[3] mit all seinen Kräften und Tugenden geboren werden. Alle, die an dem Opfer[4] teilnahmen, waren überrascht. In dieser Versammlung waren drei Atheisten. Sie lösten einen Streit aus, dass alles, was die Anwesenden gesehen hatten, nur eine Schau von Magie und Hypnose gewesen und Ganapati keineswegs bei diesem Schlussopfer erschienen sei. Sie argumentierten, dass, wenn es echt gewesen sei, Ganapati es ihnen noch einmal beweisen solle.

Die Größe von Kanipaka Vinayaka

Da nahm die heilige Asche in der Opfergrube eine menschliche Form an und verwandelte sich danach zu Mahā Ganapati. Dann sagte die Mahā Ganapati-Form: ‚Ihr Narren, erst nachdem sie Mich verehrt hatten, tötete Shiva Tripurasura[5]; unterwarf Vishnumurthy[6] Bali Chakravarthy[7], zu der Zeit, in der Vishnumurthy Ravana[8] daran hinderte, den Ātmalinga von Shiva fortzunehmen; tötete die Göttin Pārvatī den Mahishāsura[9]; nahm Adisesha[10] das

1 Name des elefantenköpfigen Gottes Ganesha
2 Hier: Homam
3 Ein Fest zu Ehren von Lord Ganesha, gefeiert zwischen August und September
4 Hier: Yagna
5 Ein Dämon
6 Ein Name für Vishnu
7 Ein Dämon
8 Ein Dämon
9 Ein Dämon
10 Die Schlange der Zeit, die alle Wesen der Schöpfung trägt

Gewicht der Erde auf sich; erlangten die Siddhas alle okkulten Kräfte; eroberte Cupido die Welt und erlangten alle Himmlischen ihre Wünsche auf ähnliche Weise. Ich bin die Quelle aller Kräfte. Ich bin allmächtig. Göttliche Kräfte wie auch dämonische Kräfte sind in Mir. Ich verursache alle Hindernisse. Und Ich beseitige alle Hindernisse. Wer denkst du ist Dattātreya? Er ist wahrlich Dharma Sāsta[1] – der Sohn von Hari und Hara[2]. Brahmā[3] und Rudra[4], verschmolzen in Vishnu, ist die Form von Datta. Ganapati und Shanmukha[5], in die Form von Dharma Sāsta verschmolzen, ist ebenfalls die Form von Datta. Bedenkt, dass Datta stets eine Verkörperung der Trinität ist. *Als ein Zeichen, dass Mahā Ganapati in der Form von Srīpāda Srīvallabha ist, fand Seine Inkarnation an Ganesha Chaturdhi[6] statt.* Es sei kundgetan, dass die Eigenschaften von Subramanya[7] allein Ihn zu einem Gyana Avatar[8] machen. Beachtet, dass Sein Aspekt von Dharma Sāsta zeigt, dass Er der Anfang und Ursprung aller rechtschaffenen Aktivitäten und Rituale ist. Seine damit verbundene Inkarnation ist nicht das Ergebnis einer sexuellen Vereinigung der Eltern. Erleuchtendes Licht nimmt eine menschliche Form an.

Ich verfluche euch. Obwohl ihr mit euren Augen die Verkörperung der Wahrheit gesehen habt, sprach einer von euch die Unwahrheit aus. Er wird blind geboren werden. Der andere machte sich über die Verkörperung der Wahrheit lustig, statt sie mit Worten zu preisen. Er wird stumm geboren werden. Der dritte wird taub geboren werden, weil er sich der Wahrheit gegenüber, die von so vielen wahrhaftigen Devotees erzählt wurde, taub stellte. Ihr drei werdet als Brüder geboren werden, und nachdem ihr Meine selbstmanifestierte Gestalt gesehen habt, werdet ihr von euren Sünden erlöst werden.‘

Mein Lieber, diese drei Personen wurden als Brüder in Kanipakam geboren. Wenn die Trinität geschmäht wird oder wenn Datta, die Verkörperung der Trinität, geschmäht wird, ereignet sich unzähliges Leid. Diese Brüder nahmen

1 In Indien viel verehrte Gottheit, ein Sohn von Lord Shiva und Mohini
2 Der höchste Gott als Einheit von Vishnu und Shiva
3 Der Schöpfer
4 Der Herr des kosmischen Willens und der Schwingung
5 Der sechsgesichtige Kumāra, der das Mars-Prinzip verkörpert
6 Ein Fest zu Ehren von Lord Ganesha, das zwischen August und September gefeiert wird
7 Ein Name von Shanmukha
8 Eine Inkarnation der Weisheit

Land vom Maße eines Kāni[1] und kultivierten es. Auf diesem Feld befand sich ein Grundwasserbrunnen. Mit Hilfe eines Hebebalkens und eines daran befestigten Eimers holten sie aus dem Brunnen Wasser. Ein Jahr lang herrschte dort eine starke Trockenheit. Der Grundwasserpegel sank. Eines Tages, als alles Wasser ausgetrocknet war, versuchten die Brüder, mit einer Schaufel Sand zu entfernen. Die Schaufel traf unter dem Wasser auf einen Felsen und Blut quoll hervor. Als seine Hand das Blut berührte, erlangte der Stumme die Sprache zurück. Das Wasser stieg im Brunnen an. Durch Berühren des Wassers wurde der Taube von seiner Behinderung geheilt. Der Dritte, der blind war, erlangte sein Sehvermögen wieder, als er in dem Wasser den Fels berührte. Dieser Felsen ist die selbstmanifestierte Vinayaka-Statue. Als die Schaufel das Felsobjekt auf dem Kopf traf, begann von dort Blut auszutreten.

Um diesen Vara Siddhi Vinayaka aufzustellen, besuchten Satyarishi[2] Bapannāvadhanulu und sein Schwager Srīdharāvadhanulu dieses Dorf. Vara Siddhi Vinayaka sagte zu ihnen: ‚Ich kam von Mahā Bhūmi[3] zu dieser Welt. Ich bin in der irdischen Natur inkarniert. Diese Natur wird im Laufe der Zeit viele Veränderungen durchlaufen. Mein Kommen fand bereits in der Natur des Wassers, des Feuers, der Luft und des Himmels statt. Die heilige Asche des in Aiynavilli durchgeführten großen Opfers nahm diese Form an. Ich unterweise euch in die zukünftigen Pflichten. In Srī-Shaila[4] nimmt das Ausmaß der Kraft der Kalās[5] ab. Ihr müsst euch die strahlende Kraft der Sonne zunutze machen und diese Kraft dort hereinbringen. An dem Tag, an dem ihr das Shaktipāta[6] in Srī-Shaila durchführt, findet durch Meine Gnade gleichzeitig Shaktipāta in Gokarna[7], Kashi[8], Badari[9] und Kedar[10] statt. Die Zeit wird langsam reif für die Inkarnation von Srīpāda Srīvallabha. Srīdhara, ich ändere deinen Vornamen in Srīpāda. Deine Familienmitglieder gehören zur Kaushika-Linie und sollen von nun an mit dem Familiennamen Srīpāda erblühen.‘

1 Eine Land-Maßeinheit von ungefähr einem Morgen
2 Rishi der Wahrheit, Erhalter der Wahrheit
3 Die hinduistische Göttin der Erde
4 Srisailam in Andhra Pradesh
5 Göttliche Manifestationen mit der Zeit
6 Übertragung der Sonnenenergie in das Lingam von Srī-Shaila.
7 Tempelstadt in Karnataka
8 Heute: Varanasi oder Benares; heilige indische Stadt
9 Badrinath; heilige Stadt in Uttarkand mit einem berühmten Tempel
10 Kedarnath; heilige Stadt in Uttarkand mit einem berühmten Tempel

Mein lieber Shankarā, Srīdharāvadhanulu und Bapannāvadhanulu zogen nach Pīthikapuram. Ich war Zeuge vieler Kindheitsspiele von Srīpāda Srīvallabha. Morgen werde ich sie ausführlicher erzählen. Von meiner ersten Frau bekam ich einen Jungen. Sein Name ist Ravidas. Er wohnt im Dorf Kuruvapuram und leistet Srīpāda angemessene Dienste. Gehorsam gegenüber den Weisungen von Srīpāda, bleibe ich mit meiner zweiten Frau und den Kindern in Kanikapuram. Ich lebe hier und folge meinem Familienberuf. Sie werden in Pīthikapuram viele großartige Menschen treffen. Wenn Sie den edlen Vaishya[1] Pynda Venkatappayya Sreshti treffen, werden Sie viele wichtige Dinge lernen. Srīpāda veränderte etwas seinen Namen und nannte ihn meist Venkayyappa Sreshti. Die schützende Hand von Srīpāda ist über der Familie von Sreshti Garu. Treffen Sie auch Vatsavāyi Narasimha Varma. Er ist eng mit Srīpāda Swamī verbunden. *Das Buch, das von Ihnen über das Leben von Srīpāda Srīvallabha geschrieben werden soll, wird von Srī Charana gesegnet werden. Außer durch das Buch, das Sie schreiben werden, kann die umfassende Geschichte von Srīpāda Srīvallabha nicht dargestellt werden. Dies ist die Weisung von Srī Charana.*"

Ehre sei Srī Srīpada Srīvallabha!

1 Händler

Srīpāda Rājam Saranam Prapadye

Kapitel 6

Die Geschichte von Narasavadhanulu

Am nächsten Tag nach Beendigen der Meditation und Verehrung usw. begann Tirumala Das zu erzählen. „Mein Herr, Srīpāda Srīvallabha ist der Ursprung dieser ganzen beweglichen und unbeweglichen Schöpfung. Er ist wie ein Banyan-Baum. Seine Teil-Manifestationen[1] sind wie seine hängenden Wurzeln. Die Wurzeln, die von den Zweigen des Banyan-Baumes herabhängen, scheinen ein unabhängiges Wesen zu haben, ihre Grundlage ist jedoch nur der Banyan-Baum. Srīpāda Srīvallabha ist die Quelle und Zuflucht für alle, von den Göttern und Dämonen bis zu allen Lebewesen. Alle Kräfte gehen von Ihm aus und verschmelzen wieder in Ihm. Für jemanden, der den Gipfel eines Berges erreicht, erscheinen alle Pfade gleich. Genauso finden Menschen verschiedener Traditionen die Synthese in der Philosophie von Datta. Alle Wesen sind von einer Aura umgeben. Als ich in Pīthikapuram war, kam ein Yogi dorthin. Er zeigte, wie stark die Aura um eine bestimmte Statue war oder wie weit sich die Aura einer bestimmten Person in einer speziellen Farbe ausdehnte. Er besuchte den Srī Kukkuteswara-Tempel[2] und wollte die Länge und die Farbe der Aura des selbstmanifestierten Datta testen. An der Stelle des Swayambhū Datta[3] hatte er die Vision von Srīpāda Srīvallabha. Ein starkes weißes Licht, das Blitzen ähnelte, breitete sich um Sein Haupt. Dieses weiße Licht war von einem blauen Licht umgeben, das sich sichtbar in alle Richtungen ausbreitete. Die göttliche Gestalt sprach zu dem Yogi: ‚Mein Lieber, Du verschwendest wertvolle Zeit mit dem verrückten Streben, die Länge der Ausdehnung der subtilen Körper anderer zu berechnen. Denke zunächst über dich selbst nach. Dein Tod steht in wenigen Tagen an. So denke an die Wege, um Erlösung zu erlangen. *Wahrlich, ich bin Datta, der Ursprung aller Lehren und Wahrheiten! Da große Siddhas,*

1 Amsa-Avatare; ein Teil von Gott, der herabgestiegen ist und Form angenommen hat
2 Tempel in Pithapuram, der hauptsächlich Lord Shiva geweiht ist
3 Selbstmanifestierte Gestalt von Lord Dattātreya

große Weise und große Devotees Mich mit Liebe einluden, inkarnierte Ich mich in diesem Kali Yuga in der Pādagaya-Gegend.'

Als er die Verkündigungen des Swamī hörte, wurden die alten Neigungen des Yogis ausgelöscht. Seine Kraft, die Aura des subtilen Körpers zu erkennen, ging vollständig in Srīvallabha auf. Später erhielt er den Darshan von Srīpāda Srīvallabha in Seinem Haus und wurde gesegnet. Dieser Yogi sagte: ‚Das weiße Licht, das sich um Srīpāda ausbreitet, zeigt, dass Srīvallabha sehr rein und ein vollkommener Yoga-Avatar ist. Das blaue Licht zeigt, dass Er von unendlicher Liebe und Gnade erfüllt ist.'

Nachdem der Yogi gegangen war, fand eine interessante Diskussion statt. ‚Wie sollte die Aufgliederung der vier Kasten entschieden werden? Geschieht sie entsprechend den Unterschieden in der Aura der subtilen Körper? Oder geschieht sie unter Berücksichtigung von Kaste und Gotra[1]? Für welche Kaste sollte das Upanayanam[2] nach der Methode der Purānen[3] durchgeführt werden? Steht das Upanayanam mit dem dritten Auge in Beziehung, das sich im Zentrum der Augenbrauen befindet? Oder ist es etwas anderes, Besonderes? Was ist Medhajanam[4]?' Diese Diskussion setzte sich sehr hitzig fort. Die Pāndits konnten zu keiner einheitlichen Meinung gelangen.

Sri Malladi Bapannāvadhanulu Garu, bekannt als ein wahrer Heiliger, war Vorsitzender der Brahmanen-Gesellschaft von Pīthikapuram[5]. Er wurde auch Bāpanāryulu genannt. Hauptsächlich verehrte er die Sonne und das Feuer. Er wurde eingeladen, den Vorsitz über ein Opfer zu übernehmen, das in Pīthikapuram stattfand. Am Ende des Opfers setzte ein sintflutartiger Regen ein. Alle Leute waren begeistert. Srī Vatsavāyi Narasimha Varma, ein Kshatriya, bat Srī Bapannāvadhanulu, seinen Wohnsitz in ihr Dorf zu verlegen. Er lehnte die Bitte von Srī Varma jedoch ab. Srī Bāpanāryulu nahm stets nur die Honorarvergütungen, die für Opferrituale gegeben wurden. Falls dieses Geld befleckt war, nahm er es nicht an. Srī Varma hatte eine Kapila[6]-Kuh, auf die er sehr stolz war. Ihr Name war Gayatri. Diese Kuh gab reichlich Milch. Sie hatte ein sehr sanftes Wesen. Zur gleichen Zeit

1 Geschlecht
2 Einführung in die Gāyatrī; das vedische Anlegen des heiligen Fadens
3 Quasi-religiöse, legendäre Erzählungen
4 Kopflastige, intellektuelle Art von Menschen
5 Pīthikapura Brahmana Samājam
6 Nach den indischen Schriften Nachfahren der göttlichen Kuh Kāmadhenu, die auch die Mutter der Welt genannt wird

erhielt Srī Varma die Nachricht, dass Gayatri nirgendwo gesehen wurde und verschwunden war. Srī Varma fragte Bāpanāryulu, der auch ein astrologischer Gelehrter war, nach der Kuh. Srī Bāpanāryulu enthüllte, dass die Kuh bei Khan Saheb, einem Metzger in Syamalāmbapuram[1] sei. Er sagte auch, dass sofort jemand dort hingehen und die Kuh retten solle, ansonsten würde sie getötet werden. Während Srī Varma jemanden nach Syamalāmbapuram schickte, legte er Bāpanāryulu eine Bedingung auf. Die Bedingung besagte, dass, wenn Gayatri gemäß den Worten von Srī Bāpanāryulu zurückkäme, er drei Putlu[2] Land und ein gutes Haus als Pāndit-Gaben akzeptieren müsse. Bāpanāryulu war in einem Dilemma. Würde er die Gabe nicht akzeptieren, so würde Srī Varma es zulassen, die Kuh zu töten. Dann würde die Sünde des Tötens einer Kuh[3] auf ihn fallen. So dachte er, dass es besser wäre, das Geschenk zu akzeptieren als die Sünde des Schlachtens einer Kuh auf sich zu laden. Gayatri wurde gerettet. Die Bewohner von Pīthikapuram hatten Glück. Srī Bapannāvadhanulu wurde Landbesitzer und bekam auch ein Haus zum Leben. *Srī Bāpanāryulu hatte einen Sohn namens Venkāvadhani und eine Tochter namens Sumatī. Das Horoskop von Sumatī wies alle günstigen Eigenschaften auf, und ihr Gang glich dem königlichen Gang einer Kaiserin. Daraufhin wurde sie ‚Sumatī Maharani' genannt.* Der Name und Ruf von Srī Bāpanāryulu verbreiteten sich in alle Richtungen.

Ein Brahmanenjunge namens Appala Lakshmi Narasimha Raja Sarma mit dem Nachnamen Ghantikota kam aus Ayinavilli, einem Dorf in der Godavari-Gegend, nach Pīthikapuram. Er stammte von der Linie des Weisen Bharadwaja ab, dem Apasthamba Sutra[4], und gehörte zur Velanati Vaidika-Sekte. In seinem Haus gab es ein Bildnis von Kālāgni Shamana Datta[5]. Während der Zeit der Verehrung sprach das Bildnis deutlich zu Raja Sarma und gab ihm Anweisungen. Appalaraja Sarma verlor seine Eltern in seiner Kindheit. Eines Tages, als er Kālāgni Shamana verehrte, wies dieser ihn an, seine Erziehung unter der Leitung von Malladi Bapannāvadhani, der zum Haritasa-Gotra, Apasthamba Sutra und zur Velanati Vaidika-Sekte gehörte, zu vollenden. Auf diese Weise kam Raja Sarma nach Pīthikapuram. Wie von Datta angewiesen, gab Srī

1 Die heutige Stadt Samalkota/Samarlakota, bei Kakinada in Andhra Pradesh
2 Maßeinheit für ein Landstück, das Korn für 2400 bis 3000 Seher hervorbringt
3 Hier: Gohatya
4 Der Zweig der Dharma Shastras (hinduistischen Gesetzbücher), zu denen die Abstammungslinie eines speziellen Brahmanen gehört
5 Einer der 16 Avatare (Inkarnationen) von Dattātreya als Sohn von Anasūyā

Bāpanāryulu Raja Sarma, der zu ihm als Schüler kam, in seinem Haus Unterkunft und Verpflegung. Er erlaubte ihm nicht, in verschiedenen Häusern um Nahrung zu betteln. Srī Bāpanāryulu verehrte gewöhnlich Lord Shiva während der Zeit des Sani-Pradosha[1]. Die Frauen des Hauses führten dann religiöse Zeremonien für Lord Shiva aus. In alten Zeiten führten Nanda und Yashoda[2] in dieser Zeit des Sani-Pradosha die Verehrung von Shiva aus. Dadurch wurden sie mit dem Glück gesegnet, Srī Krishna aufzuziehen. Srī Narasimha Varma, Srī Pynda Venkatappayya Sreshti und einige andere namhafte Vaishyas nahmen stets zusammen mit Srī Bāpanārya an der Verehrung von Shiva teil.

Die Stimme, die vom Srī Kukkuteswar Shiva-Lingam kam. Die Heirat von Sumatī und Appalaraja

Einmal ging zur Sani-Pradosha-Zeit nach der Verehrung von Lord Shiva ein strahlender elektrischer Glanz von dem Srī Kukkuteswara Shiva-Lingam[3] aus. Eine tiefe Stimme war zu vernehmen, die sprach: ‚Mein lieber Bāpanāryā, verheirate, ohne zu zögern, deine Tochter Sumatī Maharani mit Appalaraja Sarma. Dies bewirkt universales Wohlergehen. Kein Mensch in dieser belebten und unbelebten Schöpfung hat die Befugnis, diesen großen Entschluss zu verletzen. Dies ist die Entscheidung von Lord Datta.‘

Diese Stimme wurde von Pynda Venkatappayya Sreshti, Narasimha Varma und allen, die anwesend waren, gehört. Sie alle waren erstaunt. Die Verwandten und Freunde von Raja Sarma in Ayinavilli wurden informiert. Die Hochzeit von Raja Sarma mit Sumatī Maharani wurde beschlossen. Es war bedauerlich, dass Raja Sarma nicht einmal ein Haus besaß. Srī Pynda Venkatappayya Sreshti sagte, er habe viele Häuser und würde eines davon Raja Sarma anbieten. Raja Sarma wollte kein Geschenk annehmen. Sreshti sprach mit den Verwandten von Raja Sarma und arrangierte eine Bewertung des Hauses, das Raja Sarma als Erbe besitzen würde. Es wurde auf den Wert von einem Varahā[4] geschätzt. Das Haus von Sreshti wurde auf mindes-

1 Verehrung von Sani (Verkörperung von Saturn) bzw. Lord Shiva am Samstagabend
2 Stiefeltern von Srī Krishna
1 Ein selbstmanifestiertes Lingam im Kukkuteswar-Tempel in Pithapuram
4 Eine Geldmünze, die 4 Rupien entspricht

tens 12 Varahās geschätzt. Raja Sarma erklärte, dass er nicht in der Lage wäre, die Differenz von 11 Varahās zu bezahlen. Da erklärte Sreshti, er würde sein Haus für nur einen Varahā verkaufen. Sreshti sagte: ‚Wenn du etwas dagegen hast, das Haus als Geschenk zu nehmen, dann nimm das Haus, indem du einen Varahā bezahlst.' Alle stimmten zu, dass das, was Sreshti gesagt hatte, in Übereinstimmung mit dem Dharma wäre.

Die Heirat von Sumatī Maharani und Appala Lakshmi Narasimha Raja Sarma fand mit Singen der Veden durch große vedische Gelehrte statt. Im großen Stil wurde die Hochzeit gefeiert und glückbringende Melodien begleiteten das Fest. *Die Inkarnation von Srīpāda Srīvallabha geschah, um die Dunkelheit der Unwissenheit zu vertreiben und um den zähen Fortschritt der Menschen in physischen und spirituellen Dingen zu beseitigen. Dieses befahl Lord Datta dem Gott der Zeit*[1] *und dem Gott des Handelns*[2]. *Entsprechend Seiner Anweisung wurden Raja Sarma ein blinder Junge geboren, der finstere Unwissenheit*[3] *darstellt, und ein lahmer Junge, der den stockenden Fortschritt in den irdischen und überirdischen Sphären verkörpert.* Sumatī und Raja Sarma waren sehr erschrocken, dass ihre beiden Kinder behindert waren. In Ayinavilli gibt es einen berühmten Vigneswara[4]-Tempel. Einmal brachten ihre Verwandten die heilige Gabe[5] von Lord Vigneswara nach Pīthikapuram. Sumatī und Raja Sarma empfingen das Mahā Prasād. In dieser Nacht bekam Sumatī Maharani den Darshan von Irāvata[6] in einem Traum. In den folgenden Tagen erschienen Muschelhorn, Scheibe, Keule, Lotus, Dreizack, verschiedene Gottheiten, Weise, Siddhas, Yogis und ähnliche heilige Personen in ihren Träumen. Nach einigen Tagen erlebte sie göttliche Offenbarungen selbst im Wachzustand. Wie Figuren auf einer Leinwand sah sie, wenn sie ihre Augen schloss, dass Yogis in Samādhi, Munis usw. mit göttlichem Glanz und verschiedenen Lichtern ihren Darshan gaben.

Als Sumatī Maharani ihren Vater Bāpanārya um Rat fragte, sagte dieser, dass all diese Zeichen auf die Geburt einer großen Person[7] mit vollkommen glückbringenden Merkmalen hinweisen würden. Sumatī Maharanis Onkel,

1 Kāla
2 Karma
3 Ajnāna
4 Name des elefantenköpfigen Gottes Ganesha
5 Hier: Mahā Prasād
6 Der Elefant von Indra
7 Hier: Mahā Purusha

Srīdhar Pandit sagte: ‚Ammā Sumatī,

- es gibt eine Beziehung zwischen Visākha[1], dem Geburtsstern von Ravi[2], und der Inkarnation von Srī Rāma;
- es gibt eine Beziehung zwischen Krittika, dem Geburtsstern von Chandra[3], und der Inkarnation von Srī Krishna;
- es gibt eine Beziehung zwischen dem Planeten Mars, geboren im Stern Pūrvāshāda, und der Inkarnation von Srī Lakshmi Narasimha;
- es gibt eine Beziehung zwischen dem Planeten Budha[4], geboren im Stern Sravana, und der Inkarnation von Buddha;
- es gibt eine Beziehung zwischen dem Planeten Jupiter, geboren im Stern Pūrvaphalguni, und der Inkarnation von Vishnu;
- es gibt eine Beziehung zwischen dem Planeten Venus, geboren im Stern Pushyami, und der Inkarnation von Bhārgava Rāma[5];
- es gibt eine Beziehung zwischen dem Planeten Saturn, geboren im Stern Revati, und der Inkarnation von Kūrma[6];
- es gibt eine Beziehung zwischen dem Planeten Rāhu[7], geboren im Stern Bharani, und der Inkarnation von Varāha[8];
- es gibt eine Beziehung zwischen dem Planeten Ketu[9], geboren im Stern Āslesha, und der Matsya-Inkarnation[10].

Die Zeit, als du mich gefragt hattest, war eine Zeit göttlichen Geheimnisses. Ich nehme an, dass Lord Datta, der über die Existenz und das Schicksal von Abermillionen von Planeten, Sternen und größeren Universen herrscht, wahrscheinlich selbst geboren wird.‘

1 Eine von 27 Sternenkonstellationen (Nakshatras), wie die im Text folgenden Geburtssterne
2 Sonne
3 Mond
4 Merkur
5 Parashurāma, der 6. Avatar von Vishnu
6 Der 2. Avatar von Vishnu, als Schildkröte
7 Aufsteigender Mondknoten
8 Der 3. Avatar von Vishnu, als Eber
9 Absteigender Mondknoten
10 Der 1. Avatar von Vishnu, als Fisch

Lord Dattas große Fülle

Sumatī Maharani erzählte dies Raja Sarma. Raja Sarma sagte, er würde Kālāgni Shamana Datta während der Zeit der Verehrung selbst fragen. Bei der Verehrung von Kālāgni Shamana sollte niemand anderes zuschauen. Am Ende der Verehrung würde Datta in menschlicher Form kommen, vor ihm Platz nehmen und erzählen. Später würde er dann mit dem Idol verschmelzen. Dies geschähe täglich. Raja Sarma würde keine belanglosen Dinge oder eigennützigen Probleme unterbreiten. An jenem Tag schien Datta zur Zeit der Verehrung sehr friedlich zu sein. Nach der Verehrung setzte sich Datta vor Raja Sarma. Er rief: ‚Sridharā, komm!' Eine Form tauchte aus Datta auf und saß in Meditation versunken vor ihm. Datta machte wieder ein Zeichen mit seinem Finger und rief: ‚Sridharā, komm!' Sofort verschmolz diese Form in Datta. Raja Sarma wunderte sich darüber. Lord Datta erklärte Raja Sarma: ‚Die Form, die du soeben gesehen hast, ist eine Meiner Teil-Manifestationen, die in den folgenden Jahren in Erscheinung treten werden. Die befreiten Seelen, die in Mir verschmelzen, sollten auch sofort hervorkommen, wenn Ich sie rufe. Wenn Ich anweise, dass sie gehen sollen, sollten sie sofort hinter der Leinwand verschwinden. Meine verspielte Vortrefflichkeit ist nicht allein auf die Erde beschränkt. Alle Globen im Universum sind Spielbälle in Meinen Händen. Wenn Ich einmal mit Meinem Bein kicke, wird ein Spielball eine Milliarde von Meilen fortgeworfen. Ich bin jenseits von Geburt und Tod.'

Während Er dies sagte, berührte Er das Zentrum von Raja Sarmas Augenbrauen. Sofort dämmerte es Raja Sarma, dass er in einem der Yugas als Vishnu Datta geboren wurde und dass seine Frau als Somidevamma geboren und auch Susīla genannt wurde. Er erinnerte sich an die ganze Vergangenheit. Srī Datta sagte: ‚Als Ich in jenem Yuga vor dir erschien, sagte Ich dir, du solltest um eine Gabe bitten. Du konntest jedoch nicht um die richtige Gabe bitten. Du hattest Mich in dein Haus eingeladen, um an Mahlzeiten am Tag der Zeremonie für deine Vorfahren teilzunehmen. Ich nahm die Mahlzeiten zusammen mit dem Sonnengott und dem Feuergott ein und gewährte deinen Vorfahren einen ständigen Aufenthalt im Brahmā Loka[1]. Ich wollte Mich als Srīpāda Srīvallabha inkarnieren. In den letzten 100 Jahren habe Ich Yogis und großen Menschen auf dieser Erde meinen Darshan als Srīpāda Srīvallabha ge-

1 Aufenthalt in der Welt Brahmās

geben. Im Tretā Yuga[1] führte der Weise Bharadwaja das Sāvitra Kāthaka Chayanam[2]-Opfer in Pīthikapuram durch. Die heilige Asche dieses Opferfeuers formte sich zu großen Bergen. Hanumān trug diese Asche in die Welten des Himmels, der Erde und von Pātāla[3]. Im Martya Loka[4] wurde diese Asche in den Dronagiri der Himalaya-Gegend und andere Gegenden gestreut. Als Hanumān diese Asche trug, fiel ein kleines Stück in Gandharvanagar[5] nieder. Gandharvanagar ist der heilige Zusammenfluss der Flüsse Bhima und Amaraja. Sobald Ich Meine Inkarnation als Srīpāda Srīvallabha zurückgezogen habe, werde Ich als Srī Narasimha Saraswati im Mīna Lagna[6] geboren werden. Ich werde in Gandharvanagar viele Wunder vollbringen und 300 Jahre lang im Kadali Vana[7] von Srī-Shaila in Tapo Samādhi[8] bleiben. Danach lebe Ich in Prajnapura[9] unter dem Namen Swamī Samartha und verlasse meinen sterblichen Körper, wenn Saturn ins Mīna[10] Rāsi[11] eintritt.'

Raja Sarma erklärte seiner Frau die Ankündigungen von Lord Datta. Bāpanāryulu, der Satya Rishīswar[12] sagte: ‚Mein lieber Raja Sarmā, du bist die verdienstvolle Person, die in den alten Zeiten während der Zeremonie für deine Vorfahren Lord Datta sowie dem Sonnen- und dem Feuergott Speisen angeboten hat. Datta mag während dieser Geburt in jeder Form um Nahrung bitten. Selbst wenn es an einem Tag der Feier im Gedenken der Manen geschieht und selbst wenn die verehrten Gäste keine Mahlzeiten zu sich genommen haben, biete Datta ohne Zögern Nahrung an, wenn Er danach fragt. Meine liebe Sumatī, bitte achte sorgfältig auf diese Dinge.'

Shankar Bhatt, Lord Dattas Līlas sind beispiellos, unvorstellbar, und man hat bislang noch nie davon gehört.

---

1 Das zweite der vier Zeitalter
2 Ein Ritual zur Sonne
3 Die Unterwelt
4 Gegend, in der Menschen mit materialisierten menschlichen Körpern leben
5 Ganagapur; Dorf im Kalaburagi-Distrikt von Karnataka
6 Eine Konstellation der Nakshatras
7 Wörtlich: Kochbananen-Wald; eine Höhle im Inneren eines dichten Waldes namens Nallamala am Fuße des Berges von Sri Sailam, Andhra Pradesh
8 Eine der tiefsten Zustände der Meditation, wo die äußere Sinneswelt überhaupt nicht mehr wahrgenommen wird
9 Die Stadt Akkalkot im Staat Maharashtra
10 Das Sternzeichen Fische
11 Rāsi: Das Tierkreiszeichen des Mondes zum Zeitpunkt der Geburt
12 Rishi der Wahrheit, Erhalter der Wahrheit

Die Geburt von Srīpāda Srīvallabha

An einem Mahālaya Amāvāsya-Tag[1] traf Raja Sarma Vorbereitungen für die Zeremonie seiner Vorfahren. Da hörte er von der Straße her einen bittenden Ruf am Hauseingang: ‚Bhavati! Bhikshām Dehi‘[2]. Sumatī Maharani gab dem Avadhūta[3] Almosen. Er sagte ihr, sie solle um etwas bitten. Sumatī sagte zum Avadhūta: ‚Mein Herr, Sie sind ein Avadhūta. Ihre Worte gehen in Erfüllung. Die Älteren sagen, dass in Kürze Srīpāda Srīvallabha zur Erde hingezogen wird, um sich zu inkarnieren. In welcher Form wandert Lord Datta jetzt umher? Man hört, dass Lord Datta seit den vergangenen hundert Jahren auf der Erde umherwandert. Sie sagten mir, ich solle um einen Wunsch bitten. Ich habe den Wunsch, die Form von Srīpāda Srīvallabha zu sehen.‘

Kaum hatte sie diese Worte ausgesprochen, brach der Avadhūta in ein schallendes Gelächter aus, das die Welten erschütterte. Sumatī Maharani empfand, als würde das ganze Universum in ihrer Umgebung augenblicklich verschwinden. Vor ihr erschien ein 16-jähriger gut aussehender Junge in der Kleidung eines Weisen und sagte: ‚Mutter, Ich bin Srīpāda Srīvallabha. Ich bin Datta. Du wolltest, dass Ich dir Srīvallabha in der Avadhūta-Gestalt zeige. Um deinen Wunsch zu erfüllen, gebe Ich dir die Schau von Srīvallabha. Du kannst Mich in dieser Meiner Srīvallabha-Form um etwas bitten. Du gabst Mir Nahrung. Als Dank dafür möchte Ich dir einen Segen gewähren. Menschen in dieser Welt, die absichtlich sündhafte Taten begehen, ernten üble Ergebnisse. Wer mit Absicht gute Taten vollbringt, wird gute Ergebnisse erzielen. Gute Taten wunschlos zu vollbringen wird Akarma genannt. Für Akarma sollte man ein anderes Ergebnis erlangen, ohne Verdienst oder Sünde in Betracht zu ziehen. Dies steht unter der Kontrolle Gottes. Srī Krishna forderte Arjuna auf, die Kauravas zu töten, da er Akarma vollbrachte. Beim Töten würde er keine Sünde begehen. Das Töten der Kauravas war ein göttlicher Entschluss. Du und dein Ehemann, ihr habt viel

1 Der letzte Tag der 14 Tage abnehmenden Mondphasen im Monat Aswayuja (September-Oktober) wird als Tag der Verehrung der Vorfahren gefeiert

2 Wörtlich: ‚Möge eine anwesende ehrwürdige Person bitte Almosen geben.‘ Vom unverheirateten spirituellen Schüler wird erwartet, dass er aus dem Ashram geht und bei Familien in den Häusern für sich und seinen Guru um Almosen bittet, um Demut zu entwickeln.

3 Ein von allen weltlichen Bindungen befreiter Mensch

Akarma vollbracht. Daher sollte dir etwas für das Wohlergehen der Welt gegeben werden. Drücke ohne Zögern deinen Wunsch aus. Ich werde ihn gewiss erfüllen.‘

Der Wunsch von Sumatī Maharani nach der Vision von Lord Datta

Sumatī Maharani sah die übernatürliche glückbringende Gestalt von Srīpāda Srīvallabha; sie fiel Ihm zu Füßen und erwies Ihm Ehre. Srīpāda Srīvallabha erhob Sumatī Maharani und sagte: ‚Mutter, es ist lächerlich, dass eine Mutter zu Füßen ihres Kindes fällt. Es verringert auch die Lebensspanne des Kindes.‘ *Da erwiderte Sumatī: ‚Lord Srīpāda Srīvallabha, Ihr habt mich ‚Mutter‘ genannt! Damit habt Ihr eingewilligt, dass ich die Mutter bin und Ihr mein Kind seid. Ihr sprecht wahre Worte. So lasst sie Wirklichkeit werden. Ihr sollt als unser Sohn geboren werden.‘ Srī Charana entgegnete: ‚Möge es so sein.[1] Ich werde in der gleichen Form von Srīpāda Srīvallabha geboren werden, die du gerade gesehen hast.* Wenn eine Mutter einem Kind zu Füßen fällt, verringert dies die Lebensdauer des Kindes. Ich werde nicht die Prinzipien rechtschaffenen Handelns und des Schicksals verletzen. Ich werde nur 16 Jahre als dein Kind leben.‘ Mit klagender Stimme sagte Sumatī: ‚Oh, welches Vergehen ist geschehen. Beträgt deine Lebensspanne nur 16 Jahre?‘ Srīpāda antwortete: ‚Mutter, 16 Jahre lang werde Ich als dein Sohn alles, was du sagst, befolgen. Nach 16 Jahren sollte ein Junge als ein Freund betrachtet und es sollten ihm keine Beschränkungen auferlegt werden. Du solltest Mich nicht zwingen zu heiraten. Du musst Mir die Erlaubnis geben, ein Asket zu werden und frei umherzuwandern. Wenn du Mich gegen Meinen Willen nötigst, werde Ich nicht in deinem Haus bleiben.‘ Nachdem Srīpāda dies gesagt hatte, verließ er rasch den Ort.

Sumatī Maharani blieb eine Weile sprachlos. Dann erklärte sie ihrem Mann alles, was geschehen war. Appalaraja Sarma sagte: ‚Sumatī, mache dir keine Sorgen. Dein Vater hat bereits angedeutet, dass Srī Datta unser Haus besuchen und um Almosen bitten würde. Srī Datta ist ein Ozean der

1 Hier: Thadhāsthu

Gnade. Möge die Geburt von Srīpāda Srīvallabha stattfinden. Danach können wir über andere Dinge nachdenken.'

Die Nachricht, dass ein Avadhūta das Haus von Appalaraja Sarma besucht hatte, verbreitete sich in der Stadt. Es wurde diskutiert, dass dem Avadhūta Almosen gegeben wurde, noch bevor die Brahmanen am Tag von Mahālaya Amāvāsya ihre Mahlzeiten eingenommen hatten, was von höchster Bedeutung für die Manen wäre. Srī Bapannāvadhanulu sagte: ‚Die Geburt von Srīpāda Srīvallabha ist allen bekannt. Sich vor einem Avadhūta niederzuwerfen, ist ebenfalls angemessen. So hat Sumatī keinen Fehler begangen. Sich vor einem Kind niederzuwerfen, mag die Lebensdauer verringern, doch sich vor einem Avadhūta niederzuwerfen, ist nicht falsch.'

Diese ganze Angelegenheit verursachte Neid und Eifersucht unter den Brahmanen von Pīthikapuram. Ein als Narasāvadhānulu bekannter Gelehrter war besonders neidisch. Da am Amāvāsya-Tag alle Leute eifrig Zeremonien zur Erinnerung an ihre Vorväter durchführen, entstand das schwierige Problem, brahmanische Gäste für die Ritualfeiern zu bekommen. Dennoch sagte Bāpanāryulu, es gäbe keine Schwierigkeit im Hause von Appalaraja Sarma. Srī Raja Sarma befand sich in Meditation über Kālāgni Shamana[1]. In der Zwischenzeit kamen drei Gäste an. Die Gedenkfeier für die Vorväter wurde ohne Hindernisse durchgeführt.

Mein lieber Shankar Bhatt, an diesem Tag gab es einen wichtigen umstrittenen Punkt, ob Vaishyas die Befugnis zur heiligen vedischen Fadenzeremonie hätten. Der Rat der Brahmanen versammelte sich. Ein Gelehrter namens Āsutosh von Navadwīp aus Bengalen kam nach Pādagaya Kshetra[2]. Er hatte alte Nādi-Bücher bei sich. Auch vom Rat der Pāndits wurde er eingeladen. Srī Bāpanāryulu sagte, in der spirituellen Disziplin wären Brahmanen, Vaishyas und Kshatriyas gleichberechtigt. Daher wäre das vedische Upanayanam entsprechend dem alten Dharma für diese Kasten zulässig. Für andere könnte das Upanayanam in der purānischen Tradition durchgeführt werden, wenn sie es auf diese Weise wünschten. *Kaste, Geschlecht und Alter wären keine Hindernisse, um Weisheit zu erlangen. Es gab Vaishya-Weise in Siddhas, und ein Vaishya-Weiser namens Lābhāda wurde durch die Gnade von Lord Datta zu einem Siddha. In all*

1 Einer der 16 Avatare (Inkarnationen) von Dattātreya als Sohn von Anasūyā
2 Pithapuram ist der Ort, wo beim Töten des Asura (Dämon) Gaya die Füße herabfielen

seinen Belangen wird der Mensch Nutzen ziehen, wenn die Gnade von Lābhāda Maharshi[1] *verfügbar ist.*

Sri Bāpanāryas Entscheidung wurde von allen begrüßt. Diese Entscheidung war jedoch für einen als Narasāvadhāni bekannten Gelehrten sehr ärgerlich, denn er beherrschte dogmatisches Argumentieren. Er war ein Devotee der Göttin Bagalāmukhi[2] und verehrte die Göttin täglich. Bevor er mit dem Argumentieren begann, wusch er sein Gesicht und sang das Mantra, um Bagalāmukhi anzurufen. Dann brachte er seine Argumente vor. Es war schwierig, ihn in seiner Argumentation zu schlagen. Srī Bāpanāryulu war ein frommer Mensch, der unzählige Male das Gāyatrī-Mantra rezitierte. Noch nie waren beide vorher beim Argumentieren frontal zusammengestoßen. *Bereits in jungen Jahren hatte Srīpāda Srīvallabha eine sehr enge Beziehung zu seinem mütterlichen Großvater. So begleitete Er Seinen Großvater zum Treffen der Brahmanen*[3]. Niemand hinderte diesen charmanten Jungen daran. Doch an diesem Tag fühlte sich Narasāvadhāni in der Gegenwart von Srīpāda Srīvallabha unwohl. Narasāvadhāni dachte, dass es falsch wäre, einen kleinen Jungen an einer Konferenz großer Gelehrter zuzulassen. Nachdem er das Bagalāmukhi-Mantra rezitiert hatte und bevor er mit dem Argumentieren begann, fragte er Srīpāda, warum Er gekommen sei. Daraufhin antwortete Srīpāda: ‚Großpapa, es ist nicht richtig, ohne Einladung teilzunehmen. Da du Mich in der vorgeschriebenen systematischen Weise gerufen hattest, kam Ich. Ich werde gehen, wenn du Mich darum bittest. Es macht Mir nichts aus. Ich bin ein kleiner Junge und ein freier Mensch.‘ Narasāvadhāni donnerte, Srīpāda solle hinausgehen. Srī Raja Sarma nahm seinen Sohn fort. Als Narasāvadhāni seine Argumente vortragen wollte, konnte er nicht sprechen. Trotz intensiver Bemühungen kam kein Wort aus seinem Mund. Āsutosh, der alles beobachtet hatte, lachte amüsiert. Bāpanāryulus Entscheidung wurde während des Treffens umgesetzt, und das vedische Upanayanam für Vaishyas vorgeschrieben.

Man diskutierte über die Nādi-Bücher, die Āsutosh bei sich hatte. In den Nādi-Büchern wurde vorgeschlagen, die Geburtszeit von Srīpāda Srīvalla-

1 Ein Muni (Mönch) der Vaishya-Gemeinschaft eines früheren Yugas, wurde jetzt als Sri Bāpanāryulu geboren, dem Vater von Sumatī Maharani und dem Großvater von Srīpāda Srīvallabha.

2 Eine der 10 Göttinnen der Weisheit im Hinduismus; sie zerstört im Devotee falsche Vorstellungen und Illusionen.

3 Hier: Brahman Parishad

bha nach den im Sāndra Sindhu Veda[1] gegebenen mathematischen Formeln zu berechnen. Es wurde beschlossen, *dass Srīpāda in den frühen Stunden von Ganesh Chaturdhi*[2] *in der Konstellation Chitra mit Simha (Löwe)-Aszendent und Tula*[3] *Rāsi*[4] *geboren wurde. Über Srīpāda war vermerkt, dass Er eine Inkarnation von Srī Datta wäre und Seine Füße mit allen glückbringenden Zeichen versehen wären. Er trage als Srīpāda Srīvallabha einen würdigen Namen. Ferner war aufgezeichnet, dass Sein Horoskop niemandem gegeben werden sollte, weil es im Laufe der Zeit durch Akshya Kumar aus Tripura*[5]*, der zur Jain-Religion gehört, kommen werde. All dies werde gemäß dem göttlichen Plan geschehen und das Horoskop werde Pithapuram als Teil des göttlichen Spiels erreichen.*

Āsutosh ging zum Haus von Srīpāda Srīvallabha, um Ihn zu sehen. Srīvallabha sagte: ‚Die heutige Sternenkonstellation ist Chitra. *Ich freue Mich sehr, wenn jemand Mich am Tag Meiner Geburtskonstellation verehrt.* Du bist mit reiner Hingabe gekommen. So segne Ich dich. Bitte um etwas, was du dir wünschst.' Da sagte Āsutosh: ‚Mein Herr, ich habe erfahren, dass Narasāvadhāni ein Devotee von Bagalāmukhi ist. Ich dachte daran, mit seiner Hilfe eine Vision von Ambika zu erlangen. Meine Hoffnung war vergebens. Ich verstand, dass Ambika zornig auf ihn ist.' Srīpāda antwortete unmittelbar: ‚Ich bin wahrhaft diese Ambika, die er verehrt. Ambika war im subtilen Körper von Narasāvadhani, bis sie in dem Augenblick mit Mir verschmolz, als er Mich bat, ihn zu verlassen. *Ich bin die Verkörperung aller Götter und Göttinnen. Erlange das Glück von Ambikas Darshan.*' Als Er dies sagte, erschien Er vor Āsutosh als Bagalāmukhi. Vollauf zufrieden brach Āsutosh nach Penusila Kona[6] auf. Nach den Anweisungen von Srīpāda Srīvallabha erreichte er das Land der Buße von Kanva Maharshi im Wald von Penchala Kona. Srīpāda sagte ihm, Er werde in Maharashtra geboren werden, im Vajasaneyi-Zweig des Weisen Kanva. Er fügte hinzu, dass Er ihn segnen werde, wenn Er sich wieder inkarniere und dass er zu Seinen

1 Ein mystisches Sanskrit-Werk, geschrieben auf Palmblättern, über die Zeit und die Ereignisse der Zukunft
2 Ein Fest zu Ehren von Lord Ganesha, gefeiert zwischen August und September
3 Das Sternzeichen Waage
4 Rāsi: Das Tierkreiszeichen des Mondes zum Zeitpunkt der Geburt
5 Ein kleiner indischer Staat im Nordosten des Landes, an der Grenze zu Bangladesh
6 Penchala Kona im Nellore-Bezirk

Hauptjüngern gehören werde, der zu seiner Freude all die außerordentlichen Wunder mit seinen eigenen Augen bezeugen dürfe. Srīpāda forderte ihn auf, sofort zu gehen."

Wunderbare Zeichen erscheinen zum Zeitpunkt von Srīpādas Geburt

Ich sagte dann: „Mein Herr, bitte erzählen Sie mehr von Srīpādas Wundern, bei denen Sie Zeuge waren. Lassen Sie mich an diesem Segen teilhaben." Da begann Tirumala Das zu erzählen: „Shankar Bhatt, Narasāvadhānulu war wütend auf Bāpanāryulu. Er wollte ihn irgendwie kränken. Er dachte, Bāpanāryulu wäre für seinen Verlust des Segens der Gottheit Bagalāmukhi verantwortlich. Er verbreitete, Bāpanāryulu habe die Wirksamkeit seines Mantrams durch eine tāntrische Anwendung zunichte gemacht. Er war noch viel aufgewühlter über die Details bezüglich der Geburt von Srīvallabha. Er argumentierte, die Nādi-Bücher wären unzuverlässig und es wäre ein Sakrileg seitens Bāpanāryulu, einem Fisch-essenden bengalischen Brahmanen Nahrung anzubieten. Er behauptete ferner, kein Mensch könne eine Inkarnation von Pūrna-Brahmā[1] sein, und ein kleiner Junge wie Srīpāda könne nicht Lord Datta sein, der allmächtig, allgegenwärtig und allwissend sei. Er stellte böswillig die außergewöhnlichen Handlungen von Srīpāda falsch dar, der seit seiner Kindheit das Pranava (OM) äußerte; der in Sanskrit über die Schriften sprach, während Er noch in der Wiege herumtollte; der eine außergewöhnliche Intelligenz zeigte, die in keinem Verhältnis zu Seinem Alter stand. Er verbreitete Gerüchte, ein brahmanischer vedischer Gelehrter, der gestorben war, habe im Körper des Jungen Zuflucht genommen und spräche auf diese unnatürliche Weise. Er behauptete, der selbst-manifestierte Datta im Srī Kukkuteswara-Tempel wäre der eigentliche Wohltäter und dass es falsch wäre, den Jungen als Datta zu behandeln. *Als Srīpāda Srīvallabha geboren wurde, hielt 18 Tage lang eine Kobra ihre drei Hauben als Schirm über Ihn, wo immer Er hingelegt wurde. Als blendendes Licht kam Er aus dem Mutterschoß. Sumatī Maharani wurde unmittelbar nach Seiner Geburt ohnmächtig. Aus dem Raum, wo die Ge-*

1 Der vollständige Gott

burt stattfand, hörte man auf Musikinstrumenten gespielte glückbringende musikalische Klänge. Nach einiger Zeit forderte eine unsichtbare Stimme alle Leute auf, den Raum zu verlassen. Vier Veden, achtzehn Purānen sowie große Menschen erschienen in strahlendes Licht gehüllt, um Srīpāda zu begrüßen. Außerhalb des Raumes konnte man heilige vedische Mantren hören. Nach einiger Zeit trat Stille ein. Dieses erstaunliche Ereignis war selbst für Bāpanāryulu verblüffend und unbegreiflich.

Die heiteren Spiele von Srīpādas Kindheit

Ein Jahr verging seit der Geburt von Srīpāda Srīvallabha. Zusammen mit Seinem Großvater, Srī Bāpanārya, war Er bei den Konferenzen der Gelehrten anwesend, selbst als Er erst wenige Monate alt war.

Bereits als Junge im Alter von wenigen Monaten ging Srī Charan frei umher, hielt Vorträge über die Schriften und bewirkte großartige Wunder. Die Bewohner von Pīthikapuram waren der Meinung, ein großer verstorbener Gelehrter wäre in den Körper des Jungen eingetreten und veranstalte all diese Wunder. Sie dachten auch, Bāpanārya und Raja Sarma würden Ihn irrtümlich für eine Inkarnation von Datta halten, und ohne dem Jungen eine angemessene medizinische Behandlung zu geben, wäre dies für sie nicht akzeptierbar. Da Pīthikapuram ein Pādagaya Kshetra[1] ist und ein wichtiger Ort für verstorbene Vorfahren, und da einige Tāntrikas[2] in Pīthikapuram wohnten, die mit verstorbenen Seelen sprechen konnten, nahmen solche Argumente zu. Als ich von Malyadripuram kam, wusch ich Kleider im Haus von Srī Bāpanārya und Srī Raja Sarma. Der Wäscher, der die Kleider im Haus von Narasāvadhāni wusch, starb aufgrund seines hohen Alters. Er hatte einen Sohn, der nach Kokanadam, Vāyasapura Agrahāram[3] genannt, umzog. Daher wurde ich angestellt, auch die Kleider im Haus von Narasāvadhāni zu waschen. Da ich mit der Familie von Bāpanārya von Kindheit an eng vertraut war, veränderte ich mich zu einer Person mit einem glückbringenden Willen. Die Flamme der Spiritualität leuch-

1 Pithapuram ist der Ort, wo beim Töten des Asura (Dämon) Gaya die Füße herabfielen

2 Personen, die tantrische Praktiken anwenden

3 Die Stadt Kakinada

tete in mir. Statt persönlich die Kleider von Srī Narasāvadhāni zu waschen, vertraute ich die Arbeit meinem ältesten Sohn Ravidas an. Wenn ich an einem Tag Narasāvadhāni sah, bekam ich Magenkrämpfe und war selbst nicht fähig, Essen zu mir zu nehmen. Ich konnte nur die Kleider der Familien waschen, die glückbringende Wünsche hatten.

Die göttliche Gnade von Srīpāda für Tirumala Das

Ravidas ist mein ältester Sohn, geboren von meiner ersten Frau. Statt selbst die Kleider von Narasāvadhāni zu waschen, übergab ich diese Aufgabe an Ravidas. Narasāvadhāni erfuhr irgendwie davon. Er befahl mir, seine Kleider zu waschen. Man muss den Befehlen der Älteren gehorchen. Also wusch ich die Kleider, während ich an den Namen von Srīpāda dachte. Ravidas brachte die Kleider zum Haus von Narasāvadhāni. Merkwürdigerweise empfand Narasāvadhāni, als würden Skorpione und andere giftige Tausendfüßler über seinen Körper krabbeln, wenn er die gewaschenen Kleider trug. Dies war jedoch nicht so bei den anderen Mitgliedern seiner Familie. Narasāvadhāni litt, als wäre sein Körper brennendem Feuer ausgesetzt. Die Kleider waren für ihn wie Feuergewänder. Daraufhin ließ er mich zu sich rufen. Er sagte, ich hätte durch Zauberei einen bösen Geist in seine Gewänder getan und er würde mich für diese abscheuliche Tat bestrafen. Er reichte Beschwerde beim Gericht ein. Der Justizbeamte entlastete mich. Mein lieber Shankar Bhatt, die Spiele Srīpādas sind unvorstellbar. Als ich vom Gericht nach Hause zurückkehrte, kam Srīpāda als eine frische, junge Person von 16 Jahren zu unserem Haus. Seit der Zeit Seiner Geburt erschien Srīpāda seinen Devotees in dem von Ihm gewählten Alter. Für diejenigen, die direkten Kontakt mit den heiteren Spielen von Srīpāda hatten, war es ganz natürlich. Äußerst erregt brachte ich voll Verwunderung hervor: ‚Mein Herr, Ihr seid in einer höheren Brahmanenkaste geboren. Es ist nicht gut, zur Kolonie der Wäscher zu kommen.' Darauf antwortete Srīpāda: ‚Wer denkst du ist Narasāvadhāni? Er ist ein Wäscher, der auf seinem Kopf eine Last an Sünden trägt, vergleichbar dem Bündel eines Wäschers, während du ein Wäscher bist, der nach dem Wissen vom Absoluten[1] verlangt. Daher bist du ein höherer Brahmane. Es ist also für Mich nicht unangemessen, hierher zu kommen.' Dann fiel ich zu Füßen von Srīpāda und schluchzte. Mit Seinen Augen, die wie Ambrosia leuchteten, schaute Er mich an und hob mich mit Seinen göttlichen Händen empor. Er legte Seine göttlichen Hände auf meinen Kopf, und ich erinnerte mich an mein ganzes vergangenes Leben. Die yogischen Kräfte in mir wurden angeregt. Die Kundalini-Shakti[2] wurde aktiviert. Srīpāda verschwand ruhig mit langsamen Schritten.

Narasāvadhāni baute bei seinem Haus Thotakura[3] an. Das Thotakura bei seinem Haus war sehr schmackhaft. Doch niemandem gab er von seinem Gemüse ab, selbst wenn die Leute ihn inständig darum baten. Nur wenn er sich von jemandem einen hohen Gewinn versprach, gab er ihm dieses Thotakura. Srīpāda bat Seine Mutter, Thotakura-Curry zu kochen. Er bat sie, das Gemüse nur vom Haus von Narasāvadhāni zu holen. Dies schien unmöglich zu sein. Sein Großvater Bāpanāryulu sagte: ‚Mein lieber Srīpāda, morgen früh bittest besser Du selbst Narasāvadhāni, Dir Thotakura zu geben. Ich werde Dich zu seinem Haus tragen. Wenn Dir Narasāvadhāni den Gefallen nicht tut, solltest Du nicht darauf bestehen.' Srīpāda stimmte zu.

Am nächsten Morgen trug Bāpanāryulu Srīpāda zum Haus von Narasāvadhāni. Bāpanāryulu sagte Srīpāda, man solle Ältere respektieren und ihren Segen erhalten. Srīpāda stimmte zu. Narasāvadhāni saß auf der Veranda seines Hauses. Er trug eine Shikha[4] an seinem Kopf. Ein Barbier kam gerade zu ihm und wollte Narasāvadhāni rasieren. Srīpāda saß auf den Schultern Seines Großvaters; Er sah Narasāvadhāni und grüßte ihn mit gefalteten Händen. Über das plötzliche Geschehen war Narasāvadhāni sichtlich verdutzt. Der scharfe Blick von Srīpāda fiel auf die Shikha an Narasāvadhānis Kopf. Die Shikha fiel von allein herunter. Er war verwirrt und konnte nicht verstehen, wie dies geschehen konnte. Da sagte Srīpāda zu Seinem Großvater: ‚Großpapa, die Shikha oben an Narasāvadhānis Kopf war ihm sehr lieb. Jetzt ist sie von allein heruntergefallen. Es wäre

1 Hier: Brahmā Jnāna
2 Im Menschen am Basiszentrum ruhende Schlangenkraft
3 Grünes Blattgemüse, Amarant
4 Ein langes Haarbüschel oben oder auf der Rückseite des kahl rasierten Kopfes bei einem männlichen orthodoxen Hindu.

nicht nett von Mir, ihn jetzt um Thotakura zu bitten, denn das ist ihm auch sehr lieb. Warum sollte Ich ihm noch mehr Kummer bereiten, wo er jetzt bereits sehr traurig ist? Gehen wir zu unserem Haus.' Danach bat Srīpāda nie mehr um Thotakura.

Narasāvadhāni erfuhr den tieferen Grund, warum Srīpāda Seine Hände zu seiner Verehrung gefaltet hatte. Als Narasāvadhāni in der Meditation saß, kam eine strahlende Person aus ihm hervor, die ihm sehr ähnelte. Narasāvadhāni fragte sie, wer sie sei und wohin sie ginge. Die strahlende Person sagte: ‘Ich bin der Punya Sarīra[1] in deinem Körper. Du hast bislang viele Male die Veden rezitiert. Du hast den selbst-manifestierten Datta verehrt. Als sich genau dieser Datta als Srīpāda inkarnierte, hast du Ihn beleidigt. Hättest du einen winzigen Bruchteil der Liebe und Zuneigung für Srīpāda, die du für deinen Thotakura und deine Pilaka[2] hegst, wäre deine Geburt erfüllt. Die Zerstörung von Verblendung[3] ist Befreiung[4]. Du bist von den Banden der Verblendung gefesselt. In Kürze wirst du Armut erleiden. Um dies abzuwenden, hatte Srīpāda gewünscht, von dir eine Gabe Gemüse zu erhalten. Hättest du Ihm wie gewünscht Thotakura gegeben, wäre die bevorstehende Armut von Dir abgewendet worden. Nicht nur das. Du hättest Reichtum erfahren. Du hast solch eine Gelegenheit aus eigenem Verschulden verpasst. Selbst dann ist Srīpāda ein Ozean der Gnade. Er wird bald Seine gegenwärtige Inkarnation verbergen und eine andere Inkarnation annehmen. Zu der Zeit wirst du als ein armer Brahmane geboren. Auch dann wirst du bei deinem Haus Thotakura anbauen. Zu passender Zeit werde ich wieder in deinen Körper eintreten. Danach wird Srīpāda dein Haus besuchen und den mit Liebe gekochten und servierten Thotakura-Curry essen. Er wird dir Reichtum gewähren. Ich verlasse dich jedoch vorerst. Der Gruß von Srīpāda war nicht für dich bestimmt. Es war ein Befehl für mich, der Verkörperung deiner Verdienste, dich zu verlassen und mit Ihm zu verschmelzen. Als du die Ehrerbietung von Srīpāda erhieltest, hast du den in meiner Form in dir wohnenden Verdienst verloren. Nur die verkörperte Sünde bleibt in dir.‘ Als der Punya Purusha dies gesagt hatte, verschmolz er in Srīpāda.

1 Körper der Verdienste
2 Haarschopf
3 Hier: Moha
4 Hier: Moksha

Von dieser Zeit an verschlechterten sich die Lebensbedingungen von Narasāvadhāni. Niemand kümmerte sich um sein Wort. Der Glanz in seinem Körper verschwand. In Pīthikapuram breitete sich Cholera aus. Viele Leute starben. Die Ärzte erklärten, dass durch die Wasserverschmutzung sich Bakterien vermehren und für die Ausbreitung von Epidemien verantwortlich sein würden. Voller Furcht baten die Menschen Bāpanārya, sie vor der grausamen Krankheit zu retten und die in den Schriften zum Wohl der Menschen vorgeschriebenen Methoden herauszufinden. Sie baten ihn, unmittelbar die entsprechenden Schritte zu unternehmen.

Srī Bāpanāryulu betrachtete das Problem mit innerer Schau. Er fand heraus, dass die Krankheit durch eine Verschmutzung der Luftsphäre und nicht durch eine Wasserverschmutzung verursacht worden war. Die Ärzte behaupteten jedoch, die Aussage von Bāpanāryulu würde nicht mit den Grundsätzen der medizinischen Wissenschaft übereinstimmen und wäre daher inakzeptabel. Die Leute führten verschiedene Pūjās[1] für die Dorfgottheit durch und boten viele Tieropfer dar, um sie zu besänftigen. Beim Töten eines Tieres wird seine Lebenskraft gewaltsam freigesetzt, und durch das Singen von Mantren gelangt diese Lebenskraft unter die Kontrolle der Person, die das Tieropfer darbringt. Bāpanāryulu erklärte, es wären viele yogische Praktiken verfügbar, um die Prāna-Kraft zu verstärken; es gäbe viele sattwische[2] Arten der Verehrung und es sollten sattwische Verehrungsmethoden angewendet werden, um die Dorfgottheit milde zu stimmen. Trotz seines Rates ließen sich die Menschen nicht von den Tieropfern abbringen.

Einige Personen, die an Srīpāda Srīvallabha und Seine göttlichen Taten glaubten, befragten Srīpāda dazu. Srī Charan sagte ihnen daraufhin, Er habe die Dorfgottheit angewiesen, nicht um Tieropfer zu bitten; sie wäre zum Meer gegangen, um zu baden, und die Göttin Kālī würde beschwichtigt werden, wenn man ihr Milchpudding anböte. Er wies an, die Nachricht sollte den Dorfbewohnern durch Trommelschläge auf einer Ledertrommel weithin bekannt gemacht werden. Als man Srīpāda fragte, wer dies ausführen solle, sagte Er ihnen, Venkayya, der an Cholera litt, solle für die Arbeit ausgewählt werden und man müsse ihm sagen, es wäre Sein Befehl.

Die treuen Devotees von Srīvallabha gingen zu Venkayya. Venkayya war

1 Zeremonien
2 Reine

dem Tode nahe. Als ihm der Befehl von Srīpāda übermittelt wurde, fiel er in Ohnmacht. Nach einem Ghadiya[1] kehrte er zur Normalität zurück und erlangte vollständige Genesung. Diese Nachricht wurde in Pīthikapuram weit und breit diskutiert. Venkayya machte die Verkündigung mit dem Trommelschlag. Bāpanārya ordnete an, dass ein großes Wassergefäß in seine Gegenwart gestellt werden solle. Dann sang er einige Mantren, die die giftigen Geschöpfe zerstören konnten. Die giftigen Würmer aus der Luftregion fielen mit flatterndem Geräusch in das Wassergefäß. Damit waren die Unreinheiten im Luftbereich beseitigt. Die schreckliche Krankheit verließ Pīthikapuram.

Am Ganesh Chaturdhi[2], das auf den Geburtstag von Srīpāda fiel, brachten Raja Sarma und seine Frau Srīpāda zum Haus von Bāpanārya. Immer wenn Srī Bāpanārya versuchte, die glückbringenden Symbole auf den Lotusfüßen von Srīpāda zu sehen, wurden seine Augen von strahlenden Lichtern geblendet. So konnte er die glückbringenden Zeichen von Srī Mahā Vishnu nicht sehen. Dies war recht mysteriös für ihn. An jenem Tag sah Bāpanārya am frühen Morgen göttliche Fußspuren auf den Hülsen von zerstoßenem Reis. Bāpanārya fragte seine Tochter Sumatī: ‚Ammā, wer ist hier entlanggegangen?‘ Sumatī antwortete: ‚Wer sonst? Dein geliebter Enkel ging diesen Weg entlang.‘ Diese Fußspuren schienen einem Jungen von 16 Jahren zu gehören. Der Großvater nahm Srīvallabha auf seinen Schoß und beobachtete Seine glückbringenden Füße[3]. Da erschien das blendende Licht, das zuvor vor seinen Augen aufgetaucht war, nicht. Vor ihm erschienen die göttlichen Merkmale, dass Er wirklich die Inkarnation von Lord Datta war. Er küsste die göttlichen ‚Srī Charanams’ und beschloss, dass der Junge wahrhaftig Lord Datta war. Plötzlich kamen aus Bāpanāryas Mund mühelos einige Worte hervor. Sie mussten nicht grammatisch korrekt oder in einwandfreiem Versmaß sein.

Srīpāda wischte still die Tränen ab, die aus den Augen Seines Großvaters rannen. Er sagte: ‚Großvater, du hast die Lebenskraft von der Sonne angezogen und sie in das Mallikarjuna Shiva Lingam in Srī-Shaila[4] übertragen.

1 Eine indische Zeiteinheit, die 24 Minuten gleicht
2 Ein Fest zu Ehren von Lord Ganesha, gefeiert zwischen August und September
3 Hier: Srī Charanams
4 Bāpanārya hatte die Energie der Sonne mit einem speziellen Ritual in ein Shiva-Lingam in Sri Sailam geleitet, das Srī-Shaila Mallikarjuna Lingam genannt wird, und es so zu einer machtvollen Gottheit in dem Bereich gemacht.

Zugleich wurde die Vitalkraft der Sonne nach Mahabaleswar[1] in Gokarna und zum selbst-manifestierten Datta in Pādagaya Kshetra[2] gelenkt. Ich beschloss, die Gokarna-Gegend mit viel mehr Energie aufzuladen. Es ist Meine Absicht, die unerwünschten Schwingungen der Menschen in Mahabaleswar in das Ātma Linga von Parameswara[3] zu lenken und die guten Schwingungen zu den Angehörigen zu schicken. Auf die gleiche Weise will Ich das Srī-Shaila Mallikarjuna Lingam, das schon beim Anblick Befreiung verleiht, mit mehr Stärke versehen. Du bist ein wahrhaftiger Weiser. Du hast beschlossen, dass Ich nicht nur kurz leben würde, weil Mutter Meine Füße berührt hatte. Ich sagte, da Meine Mutter sich zu Meinen Füßen in der Form von Srīvallabha niederwarf, Ich nur für eine kurze Zeit leben würde. Um einen Konflikt zwischen unseren Worten zu vermeiden, beabsichtige Ich, nur 16 Jahre lang in eurem Haus zu leben. Ich habe jenen spirituellen Aspiranten Gnade zu erweisen, die nach Befreiung von den Banden weltlicher Existenz streben. Du möchtest, dass Ich ewig leben soll. Auch dies werde Ich erfüllen. *Diese herrliche göttliche Gestalt, die den Namen Srīpāda Srīvallabha trägt, wird verhüllt werden. Selbst nach der Ankunft als Narasimha Saraswati wird diese Gestalt von Srīpāda Srīvallabha eine ewige Realität bleiben. Nach der Inkarnation als Narasimha Saraswati werde Ich 300 Jahre lang in Kadali Vana[4] Buße tun. Danach nehme Ich Gestalt an als Swamī Samartha in Prajnapur und übertrage Meine Lebenskraft in einen Pippala-Baum[5] und verschmelze mit dem Shiva Linga in Srī-Shaila.'*

Bāpanārya betrachtete all dies mit Staunen und Verwunderung. Der erste Geburtstag von Srīpāda wurde mit großem Pomp im Haus Seines Großvaters gefeiert.

An jenem Tag geschah in Pīthikapuram etwas Merkwürdiges. Als Narasāvadhāni, der Priester und einige andere am Morgen zum Srī Kukkuteswara-Tempel gingen, stellten sie fest, dass das Idol des selbst-manifestierten Datta fehlte. Wie ein Lauffeuer verbreitete sich die Nachricht vom Verschwinden des Idols im Dorf. Ein Tantriker, der eifersüchtig auf Narasāva-

1 Eine Stadt in Maharashtra, wo der Krishna-Fluss entspringt

2 Pithapuram ist der Ort, wo beim Töten des Asura (Dämon) Gaya die Füße herabfielen

3 Der höchste Gott

4 Wörtlich: Kochbananen-Wald; eine Höhle im Inneren eines dichten Waldes namens Nallamala am Fuße des Berges von Sri Sailam, Andhra Pradesh

5 Ficus religiosa, Pappel-Feige

dhāni war, propagierte, dass Narasāvadhāni, der böse Praktiken ausübe, für das Verschwinden des Idols verantwortlich wäre. Daraufhin beschloss die Brahmanen-Gemeinschaft von Pīthikapuram, das Haus von Narasāvadhāni sorgfältig zu durchsuchen. Als Bāpanārya gefragt wurde, sagte er, die Wahrheit werde erst nach ruhigem Warten zum Vorschein kommen, und er habe das Gefühl, dass Stille nun angemessener wäre. Er fügte auch hinzu, er werde zu gegebener Zeit sprechen.

Als Teile von Narasāvadhānis Haus ausgegraben wurden, kamen menschliche Schädel und einige mit bösen Ritualen verbundene Gegenstände zum Vorschein. Obwohl Narasāvadhāni unschuldig war, wurde er als jemand abgestempelt, der der Zauberei und Verehrung des Bösen huldigte. Seine Gesundheit verschlechterte sich von Tag zu Tag. In seinem Haus gab es eine unfruchtbare Kuh. Sie wurde wie ein Ochse behandelt und für landwirtschaftliche Arbeiten eingesetzt. Diese Kuh wurde von Narasāvadhāni nicht richtig gefüttert. Der Tāntriker leitete einen bösen Geist in die Kuh ein. Eines Tages zerriss sie ihre Fesseln und wurde wild. Sie stach mit ihren Hörnern nach den Hausbewohnern und zerstörte den Thotakura-Garten, der von ihrem Herrn mit viel Liebe gepflegt worden war. Niemand konnte sie mit einem Seil fesseln.

Es war der Tag der Jahreszeremonie für Narasāvadhānis Mutter. Gāris[1] und einige andere Lebensmittel wurden aufwändig zubereitet. Die Kuh fraß plötzlich die zubereiteten Speisen am Kochplatz von Narasāvadhānis Haus. Zu der Zeit beendeten die Gäste der Zeremonie ihre Mahlzeiten, während die Hausbewohner noch nichts gegessen hatten. Srīpāda nötigte Seinen Vater Raja Sarma, zum Haus von Narasāvadhāni zu gehen. Raja Sarma nahm Srīpāda mit sich und stand vor dem Haus von Narasāvadhāni. Inzwischen kam Narasāvadhānis Kuh heraus. Srīpāda bat Seinen Vater, Ihn auf den Boden abzusetzen. Die Kuh ging drei Mal um Srīpāda herum, legte sich dann vor Srīpādas heilige Füße und starb.

Dieses Ereignis wurde von den Leuten aus Pīthikapuram auf verschiedene Weisen kommentiert. Sie erzählten, es wäre unabsichtlich Gift in die Gāris gerührt worden, doch die heiligen Gäste der Zeremonie wären glücklicherweise gerettet worden, aber die Kuh wäre an dem Gift gestorben. Es wurde auch behauptet, Narasāvadhāni hätte sich schuldig gemacht, eine Kuh getötet zu haben und diese Sünde würde ihn treffen.

1 Runde Kuchen, aus schwarzem Kichererbsenmehl gemacht

Diese Kommentare lösten große Angst bei Narasāvadhāni aus. Aus der Tatsache, dass die Kuh um Srīpāda herumgegangen und gestorben war, schlossen die Leute, Srī Charan würde außergewöhnliche göttliche Qualitäten besitzen. Da Raja Sarma einiges Wissen über ayurvedische Medizin besaß, behandelte er Narasāvadhāni auf dessen Bitte hin. Wann immer Raja Sarma zum Haus von Narasāvadhāni ging, begleitete ihn auch Srīpāda. Obwohl Raja Sarma ein guter Mediziner war, verschlechterte sich Narasāvadhānis Gesundheitszustand. Eines Tages verstarb er.

In Pīthikapuram grassierten Gerüchte, falsche Propaganda, Versuche, Unwahrheit zur Wahrheit zu verbiegen und umgekehrt. Raja Sarma gab die Medizin in guter Absicht, doch sein Bemühen hatte keinen Erfolg. Geburt und Tod unterstehen schließlich der Kontrolle Gottes. Einige Leute dachten, Narasāvadhāni wäre aufgrund einer tāntrischen Anwendung durch einen Tāntriker gestorben. Andere waren der Meinung, Raja Sarma hätte Narasāvadhāni wegen seiner Feindschaft nicht richtig behandelt und er könnte noch am Leben sein, wenn ein anderer Arzt ihn behandelt hätte. Wieder andere glaubten, es wäre unvernünftig, Srīpāda Srīvallabha als eine Inkarnation von Datta zu betrachten, denn trotz der täglichen Besuche von Srīvallabha im Haus von Narasāvadhāni sei dieser gestorben. Also wäre Srīpāda ein ganz normaler Junge. So gingen die Gerüchte herum. Es wurde auch betont, weil eine Kuh an Gift gestorben war und Narasāvadhāni den Tod gefunden hatte, nachdem er sich die schlimme Sünde des Tötens einer Kuh zuschulden kommen ließ, dass von diesem Haus noch mehr Leichen auf den Friedhof kommen würden. Daher wurde die Durchführung folgender Maßnahmen vorgeschlagen, um die Sünde des Tötens einer Kuh auszugleichen: Den Brahmanen sollten großzügige Spenden gegeben werden, und man sollte den Brahmanen ein goldenes Kuh-Idol geben. 40 Tage lang sollten besänftigende Opfer durchgeführt werden, und während der Zeit der Opfer sollten die Brahmanen jeden Tag freie Mahlzeiten serviert bekommen.

Um die ganzen erwähnten Maßnahmen zu organisieren, sollte das gesamte Eigentum von Narasāvadhāni verkauft werden. Für die Familie von Narasāvadhāni war dies wie ein Donnerschlag.

Narasāvadhānis Leichnam wurde zur Bestattung zum Friedhof gebracht. Raja Sarma, Srīpāda und Srī Bāpanārya trösteten Narasāvadhānis Familienmitglieder. Die Frau von Narasāvadhāni hielt Srīpādas Hände und weinte:

‚Srīpāda, um etwas Kurkuma und Kumkum[1] zu bekommen, ging ich zu einem Perantum[2] und nahm jegliche Entfernung auf mich. Wenn Du Datta bist, ist es unmöglich für Dich, Deinen Narasanna Tāta[3] wiederzubeleben?' Mit einem Herzen wie Ambrosia wischte Srīpāda ihre Tränen mit Seinen göttlichen Händen fort und blieb stumm. Der Trauerzug begann. Raja Sarma, Srīpāda, Srī Bāpanārya, sie nahmen alle am Trauerzug teil. Der älteste Sohn von Narasāvadhāni versuchte, den Scheiterhaufen anzuzünden. Zwei Tränen aus Srīpādas Augen fielen zu Boden. Mit donnerndem Ton sprach Srīpāda: ‚Oh, Ich sah einen Sohn den Scheiterhaufen eines toten Vaters anzünden, doch Ich habe nicht einen Sohn gesehen, der den Scheiterhaufen für einen lebenden Vater anzündete.'

Alle Leute schauten mit Erstaunen. Srīpāda berührte auf dem Scheiterhaufen mit Seinem Daumen langsam den Mittelpunkt von Narasāvadhānis Augenbrauen und berührte dann wieder das Zentrum Seiner eigenen Augenbrauen. Allmählich erlangte Narasāvadhāni sein Bewusstsein zurück. In einem freudigen Umzug[4] kehrte Narasāvadhāni mit allen, die seinem Leichnam beim Trauerzug gefolgt waren, nach Hause zurück.

Als Srīpāda den Mittelpunkt von Narasāvadhānis Augenbrauen berührte, erkannte dieser die subtilen Geheimnisse des Karma-Prinzips. Er verstand, dass die unfruchtbare Kuh in seinem Haus seine Mutter und der alte Ochse in seinem Haus sein Vater waren. Da sie beide seine väterliche Großmutter im Alter schlecht behandelt hatten, nahmen sie diese niederen Geburten an und arbeiteten in einer niedrigen Weise für ihn. Er sah auch deutlich, dass die Mutterkuh beim Sterben Srīpāda bat, in der nächsten Geburt ihre Milch zu trinken und dass Srīpāda versicherte, er würde in ihrer nächsten Inkarnation, wenn sie als unfruchtbare Kuh geboren würde, ihre Milch trinken.

Narasāvadhāni begann auch spezielle Details der subtilen Welten zu begreifen. Ihm wurde klar, dass der Tāntriker, der ihm mit einer tāntrischen Anwendung Leid zugefügt hatte, in der nächsten Geburt ein brahmanischer Fanatiker werden und Srī Charana als Asket ihm dann Gnade erweisen würde. Er erkannte auch, dass er im nächsten Leben von Srīpāda in Gestalt eines Asketen mit großem Reichtum gesegnet werden würde. Dann

1 Ein duftendes rotes Kosmetikum
2 Gegenseitiger Besuch verheirateter Frauen während eines Festes
3 Großvater
4 Hier: Sobha

wird Srī Charana die mit Thotakura zubereiteten Gerichte essen und die Kriechpflanzen des grünen Blattgemüses mit Seinen eigenen Händen herausziehen und ihm mit Goldmünzen gefüllte Gefäße gewähren. Narasāvadhāni sah die Zukunft sehr klar.

Die heiteren Spiele von Srīpāda Srīvallabha sind beispiellos und unvergleichlich. Ich werde Ihnen morgen den wohlwollenden Rat Srīvallabhas an Narasāvadhāni und seine Frau mitteilen und die Art und Weise, wie Er ihnen Gnade zuteil werden ließ. Lasst uns des Namens von Srīpāda Srīvallabha gedenken und einige Zeit mit Bhajan[1]-Singen verbringen. Lasst uns Seinen Namen klangvoll anstimmen. Srī Charana bewegt sich in subtiler Form an einem Ort, wo Sein göttlicher Name gesungen wird. Dies ist eine wortwörtliche Wahrheit."

Ich war sofort froh und begeistert, weil ich die Bekanntschaft eines solch großen Devotees wie Tirumala Das gemacht hatte.

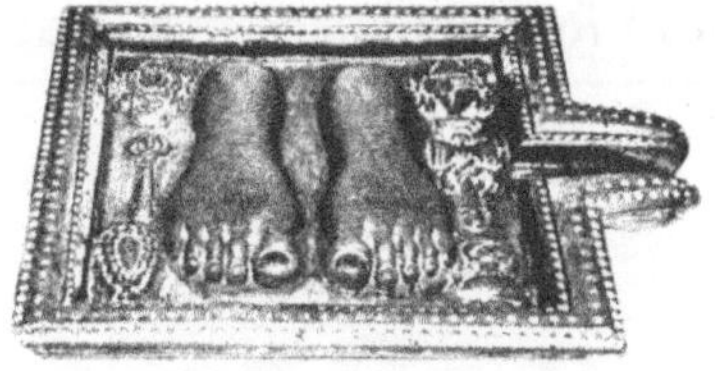

Ehre sei Srī Srīpāda Srīvallabha!

1 Devotionelles Singen im Chor

Srīpāda Rājam Saranam Prapadye

Kapitel 7

Beschreibung der kosmischen Sphären

Die Größe der Biografie von Srīpāda Srīvallabha

Am Morgen beendete Tirumala Das seine tägliche Andacht und begann zu erzählen: *„Mein lieber Shankar Bhatt, die göttliche Lebensgeschichte von Srīpāda Srīvallabha ist ein göttliches Elixir. Sie ist einmalig, beispiellos und über jeden Zweifel erhaben. Nur aufgrund der grenzenlosen Gnade, die Srīpāda Srīvallabha Ihnen gegenüber erwies, hatten Sie das große Glück, Seine Biografie zu schreiben. Dieses große Glück, das selbst großen Gelehrten nicht zuteil wurde, wird Ihnen gewährt. Dies ist allein Sein Wille.*

Das Erscheinen von Srīpāda an mehreren Orten gleichzeitig

Nachdem Narasāvadhāni vom Tod zurückgekehrt war, nahm seine Anziehungskraft ab. Wenn er in der Vergangenheit in seiner Meditation an eine Person dachte, kam diese Person zu ihm, gleich wie weit sie entfernt war. Diese Kraft war nun verschwunden. Leute, die sich zuvor vor ihm gefürchtet oder ihn gepriesen hatten, hatten jetzt keine Angst mehr. Wenn sich eine Situation ergab, ärgerten sie ihn mit übler Nachrede. Seine finanzielle Situation verschlechterte sich ebenfalls. Die Mittel, um zweimal täglich Essen zu bekommen, nahmen ebenfalls ab. Er ging auf die Straße und beklagte seine elende Situation. Zu der Zeit trug Bāpanārya seinen Enkel auf seinen Schultern. Das Haus von Bāpanārya lag an einer Straßenecke. Srī Charan verbrachte mehr Zeit im Haus Seines Großvaters als in Seinem eigenen Haus. Er ging frei zu den Häusern von Srī Narasimha Varma und Srī Pynda Venkatappayya Sresthi.

Narasāvadhāni wollte mit Srīpāda sprechen. Er wollte das reizende göttliche Kind in seinen Armen halten und Es küssen. Narasāvadhāni sah Srīpāda mit Bāpanārya gehen. Srīpāda schaute Narasāvadhāni an und lächelte.

Dieses Lächeln war sehr bezaubernd. Dann ging Narasāvadhāni zum Haus von Sresthi, um einige Lebensmittel zu kaufen. Dort saß Srīpāda auf dem Schoß von Sresthi. Srīpāda richtete seine Blicke auf Narasāvadhāni und lächelte süß. Narasāvadhāni kehrte mit den Lebensmitteln nach Hause zurück und ging von dort zum Haus von Narasimha Varma. Im Haus von Srī Varma sah er, dass Srīvallabha auf den Schultern von Srī Varma saß. Wieder schaute Srīvallabha Narasāvadhāni herzlich lächelnd an. Narasāvadhāni sah also Srīvallabha zur gleichen Zeit im Haus Seines Großvaters, im Haus von Srī Varma und im Haus von Srī Sresthis. Er fragte sich, ob es ein Traum oder eine Illusion von Lord Vishnu wäre.

Die Leute im Dorf beleidigten ihn auf verschiedene Weise und machten sich über ihn lustig. Sie warfen ihm vor, er wäre für das Verschwinden des selbstmanifestierten Idols von Dattātreya in Pādagaya Kshetra[1] verantwortlich. Narasāvadhāni lief wie ein Reisender ohne Ziel in den Straßen umher. Wie ein Irrer kam er zu Hause an. Seine Frau war voller Kummer, als sie ihren Mann so sah. Sie ging in den Andachtsraum, um ihrem Schmerz Luft zu machen. Was sie dort sah, war höchst erstaunlich. Srīpāda Srīvallabha war in ihrem Andachtsraum. Die Freude des Paares nahm kein Ende. Sie baten Srīpāda, das von ihnen zubereitete Thotakura-Curry zu essen. Srīpāda willigte nicht ein. *Wenn Zeit, Ursache und Handlung zu einem Zeitpunkt zusammenkommen, wird es eine große Gelegenheit geben. Ein weiser Mensch bemerkt es und zieht Vorteil daraus.* Eine unweise Person bemerkt es nicht und wird die Gelegenheit verpassen.

Schließlich willigte Srīpāda ein, in ihrem Haus zu essen, doch nicht im gegenwärtigen Leben. Er prophezeite ihnen, Er werde in der nächsten Geburt im heiligen Land Maharashtra mit dem Namen Srī Narasimha Saraswati geboren und Er werde gewiss ihr Haus besuchen und Speisen mit gekochtem Thotakura-Curry essen. *Mit der Kraft Seiner Ganesha-Inkarnation, die an einem Srī Ganesh Chaturdhi[2] stattfand, werde nach einigen Jahrhunderten eine andere große Person mit dem Namen Gajanana[3] näher an Seinem Geburtsort geboren werden. Es wäre vielleicht möglich, den Lauf der Sonne und des Mondes zu verändern, doch es wäre für nie-*

1 Pithapuram ist der Ort, wo die Füße des Asuras (Dämon) Gaya herabfielen
2 Ein Fest zu Ehren von Lord Ganesha, gefeiert zwischen August und September
3 Gajanan Maharaj, Geburtsdatum unbekannt, erschien Februar 1878 in Shegaon, Maharashtra, ging am 8. September 1910 ins Samadhi.

manden möglich, die Versprechen von Srīpāda zu ändern. Alle Lebewesen in der Schöpfung, einschließlich der fünf Elemente, müssten Seinen Befehlen gehorchen. Unerschütterlich und wahrhaftig sind Seine Versprechen. Selbst wenn Universen erschüttert und Weltalter sich ändern würden, blieben Seine fröhlichen Spiele[1] *ewig wahr und immer modern. In diesem Andachtsraum gab Srīpāda Narasāvadhāni und seiner Frau einige hilfreiche Hinweise. Diese heiligen hilfreichen Unterweisungen sind für alle Devotees von Datta nützlich. Die folgende Unterhaltung fand zwischen Narasāvadhāni und Srīvallabha statt.*

Der Dialog zwischen Srīpāda Srīvallabha und Narasāvadhāni im Andachtsraum. Die Unterweisungen von Srīpāda Srīvallabha an Narasāvadhāni

Srīpāda Srīvallabha antwortete Narasāvadhāni mit Seinen Unterweisungen:
Frage: ‚Wer bist du? Bist du Gott? Ein Yakshā[2]? Ein Magier?‘
Antwort: ‚Ich bin Ich Selbst. Ich bin Ich. Ich bin die Urkraft, die jedem Atom dieser Schöpfung aus fünf Elementen innewohnt. Von den Tieren und Vögeln bis hin zu all den ungezählten Lebewesen wohne Ich auch in ihnen, in ihren mütterlichen und väterlichen Formen. Ich bin der Unterweiser dieser ganzen Schöpfung.‘

Frage: ‚Dann bist Du eine Inkarnation von Lord Datta?‘
Antwort: *‚Zweifellos bin Ich Datta. Da du einen Körper hast, komme Ich auch mit einem Körper, um dir zu ermöglichen, Mich zu erkennen. Ich bin eigentlich formlos, eigenschaftslos.‘*

Frage: ‚Dann hast Du weder Form noch Eigenschaften, nicht wahr?‘
Antwort: ‚Keine Form zu haben, ist auch eine Form. Keine Qualitäten zu haben, ist auch eine Qualität. Ich bin die Grundlage der Form und Formlosigkeit, der Eigenschaften und Eigenschaftslosigkeit, und Ich bin auch jenseits von ihnen.‘

---

1 Hier: Līlas
2 Eine himmlische Person

Frage: ‚Wenn Du alles bist, warum gibt es das Wohl und Wehe bei den Lebewesen?‘
Antwort: *‚In dir gibt es sowohl Mich als auch dich. Wenn du in dir wohnst, so ist es Jīva[1], und wenn Ich in dir wohne, ist es Paramātma[2]. Solange du die Vorstellung des Tuns hast, kannst du nicht ‚Ich‘ werden. Bis dahin kannst du nicht aus den Gegensatzpaaren von Glück und Leid, Sünde und Tugend herauskommen. Nur wenn das ‚Du‘ in dir abnimmt und das ‚Ich‘ in dir zunimmt, kannst du näher zu Mir kommen. Wenn du immer näher zu Mir kommst, nimmt deine Verantwortung ab. Wenn du unter Meiner Obhut bist, kannst du Glück und Wohlergehen erlangen.‘*

Frage: ‚Manche sagen, dass Jīvātma und Paramātma sich unterscheiden. Andere sagen, dass Jīvātma dem Paramātma sehr nahe ist. Wieder andere behaupten, dass Jīva Gott ist. Wer von ihnen hat Recht?‘
Antwort: ‚Es ist kein Verlust, wenn wir beide getrennt bleiben. Heilsames Glück entsteht, wenn deine Arroganz ausgelöscht wird und wir beide in einem Zustand der Dualität bleiben. Du bleibst in einem Zustand der Seligkeit, vorausgesetzt du erkennst, dass alles durch Meine Gnade erlangt wird und du nur ein brauchbares Phänomen bist. Auflösung von Moha[3] ist Befreiung. Daher kannst du selbst in einem dualen Zustand Erlösung erlangen. Wenn du Mir sehr nahe bist, werde Ich Mich durch dich offenbaren. Wenn alle Meine Kräfte durch dich offenbar werden und deine Arroganz völlig schwindet, nimmt die Verblendung der Unwissenheit in dir ab. In diesem höheren nicht-dualistischen Zustand erlangst du Seligkeit. Dies ist auch Befreiung, weil es keine Verblendung mehr gibt. Wenn dein Egoismus vollständig ausgelöscht ist und deine Annahme, dass du der Handelnde bist, gänzlich ausgebrannt ist, dann verschwindet langsam das ‚Ich‘ in dir und nur noch ‚ICH‘ bleibe in dir. So wirst du Brahmānānda[4]. Daher kannst du Befreiung erlangen, selbst wenn du dich in einem nicht-dualistischen Zustand befindest. Der Zustand von Brahmananda ist der gleiche, ob du dich in einem dualistischen[5], nicht-dualistischen[6]

1 Das individuelle Selbst oder die Seele
2 Überselbst, Überseele
3 Illusion
4 Tiefe Seligkeit, die auf keine Weise vom Denken verstanden werden kann
5 Hier: Dwaita
6 Hier: Adwaita

oder im qualifizierten dualistischen[1] Stadium spirituellen Fortschritts befindest. Man kann es nicht durch Denken oder Worte erfassen. Es ist ausschließlich eine Sache der Erfahrung.'

Frage: ‚Manche Leute, die die Stellung von Avadhūtas[2] erlangt haben, bezeichnen sich selbst als das höchste Brahman. Bist Du dann ein Avadhūta?'
Antwort: ‚Nein, ich bin kein Avadhūta. Ich bin das höhere Brahman. Ein Avadhūta erfährt, dass alles Brahman ist, doch Ich bin Brahman und Meine Position ist es, dass Ich alles bin.'

Frage: ‚Ich verstehe das Geheimnis bei diesem kleinen Unterschied nicht.'
Antwort: ‚Ein Avadhūta, der von allen weltlichen Banden befreit ist, verschmilzt in Mir und erfährt den Zustand der höchsten Seligkeit. Er hat keine Individualität, und wenn es keine Individualität gibt, dann gibt es auch keinen Willen oder Entschluss. Ich bin der große Entschluss für diese Schöpfung, und Ich bin auch die höchste Macht. Ich bin in der Gestalt der Kraft der Illusion, die ‚Lebewesen' genannt wird. Wenn ich einem Avadhūta, der in Mich eingegangen ist, den Befehl erteile, wiedergeboren zu werden, so sollte er gehorchen. Meine Form ist die der Wahrheit, des Wissens und der Seligkeit verbunden mit Willenskraft. Ihre Form von Wahrheit, Wissen und Seligkeit hat keine Willenskraft.'

Frage: ‚Gebratene Samen keimen nicht mehr, nicht wahr? Nachdem man das Wissen von Brahman erlangt hat, wie ist es möglich, wiedergeboren zu werden?'
Antwort: ‚Es gehört zum Wesen der Schöpfung, dass gebratene Samen nicht keimen. Doch die Macht und Stärke des Schöpfers liegt darin, gebratene Samen keimen zu lassen. In der Tat fand Meine Inkarnation in der Vergangenheit statt, um durch diese Theorien und Gegentheorien die Wahrheit zu beweisen.'

Frage: ‚Lord Datta, Srīpāda! Bitte erkläre es.'
Antwort: ‚Mein Vater, der alle Triaden überschritten hat, wie Vergangen-

1 Hier: Visishta Adwaita
2 Ein von allen weltlichen Bindungen befreiter Mensch

heit, Zukunft und Gegenwart; die drei Zustände der Existenz: Schöpfung, Fortdauer und Auflösung, wurde als der Weise Atri berühmt. Meine Mutter wurde als Anasūyā sehr bekannt, da sie keinerlei Neid oder Hass gegenüber einem Geschöpf oder einer Sache hatte. Der Weise Atri führte eine intensive Buße aus, um das höchste Licht[1] zu visualisieren, das der Trinität als Stütze zugrunde liegt, und auch darüber hinausgeht. Mutter Anasūyā machte auch Buße und betete zum höchsten Licht, es möge auf jedes Lebewesen und jeden Gegenstand in der Schöpfung mit ambrosiagleichem Blick schauen und Gnade auf sie ergießen. Die Lebewesen erleben Wohl und Wehe gemäß den Prinzipien des Karmas. Daher betete Mutter Anasūyā stets mit der Absicht, die Folgen großer Sünden mögen die Menschen nur leicht treffen, und die Folgen kleiner tugendhafter Handlungen mögen reiche Ergebnisse hervorbringen. Durch ihre durch Buße erlangte spirituelle Kraft verwandelte Mutter Anasūyā starke Metallstücke in Form von Kichererbsen in lebendige, essbare Kichererbsen. Metall ist das Bewusstsein im völligen Schlafzustand. Bäume und mit Bäumen verwandte Substanzen sind Bewusstsein in einem teilweisen Schlafzustand. Tiere besitzen ein vollständiges Bewusstsein. Die Evolution des Menschen findet in der folgenden Weise statt: *Zunächst geht er durch das Mineralreich*[2] *und stirbt dann; danach geht er durch das Pflanzenreich, wird als Baum oder Kriechpflanze geboren, dann nimmt er eine Geburt als Tier an, und schließlich kommt er als menschliches Wesen hervor. Solch ein menschliches Wesen sollte Unterscheidungsvermögen, Weisheit und Loslösung entwickeln, die in ihm schlafende göttliche Kraft erwecken und danach streben, Befreiung zu erlangen.*

Mutter hat bewiesen, dass die Eigenschaften des Evolutionsprozesses mit der Gnade des Allmächtigen verändert werden können. Das Bewusstsein in der Form der Trinität war in einem erwachten Zustand. Daher veränderte sie es in einen Traumzustand und verwandelte die drei Gottheiten in die Form von Kleinkindern. Die Kräfte der drei Mütter (Lakshmī, Pārvatī und Saraswatī) wurden eins und gestalteten sich zu Anaghā Devi. Ich wurde als Dattātreya geboren und heiratete Anaghā Devi. In der Inkarnation von Srīpāda Srīvallabha wurde Ich in der Form von Ardhanārīswara[3] geboren, mit

1 Hier: Param Jyoti

2 Hier wird in den englischen Übersetzungen statt Mineralreich auch „Metall" angegeben.

3 Der männlich-weibliche Gott

Anaghā Devi auf meiner linken und Dattātreya auf meiner rechten Seite. Dies ist eine Form von Lord Shiva, die halb-männliche und halb-weibliche Merkmale vereint. Du musst verstehen, dass der Herr, der diese großartige Schöpfung nach Seinem freien Willen erschaffen hat, auch die Stärke und Macht hat, wenn notwendig, die Prinzipien der Schöpfung zu verändern.'

Frage: ,Srīpāda, Du bist in der Lage, die Prinzipien der Schöpfung zu verändern. Kannst Du nicht meine Armut beseitigen?'
Antwort: ,Gewiss kann Ich sie beseitigen, doch ich verschiebe es auf die nächste Geburt. Selbst in der nächsten Geburt werde Ich dir erst dann Meine Gnade erweisen, nachdem du über lange Zeit in Armut gelebt hast. Thotakura ist eine kleine Sache. Wieviel Bindung daran hattest du entwickelt! Meine Mutter, Mein Vater oder Großvater haben nie jemanden um etwas gebeten. Da Ich ein kleiner Junge bin, wieviel Nahrung werde ich essen? Als ich Thotakura wollte, hättest du ihn Mir sofort geben sollen. Nun ist die Zeit vorbei. Um den Schmutz von deinem Denken zu beseitigen, reicht diese Lebensspanne nicht aus.

Jeder Mensch bekommt eine Lebensspanne, Wohlstand und Ansehen als Frucht seines Verdienstes. Als Folge begangener Sünden erlangt man eine kurze Lebensspanne, Armut, Hässlichkeit und einen schlechten Ruf. Ich habe einen großen Teil deines Verdienstes genommen und dir etwas mehr Leben gegeben. Viel von deinem Verdienst wurde aufgebraucht. Viel Sünde ist geblieben. Du wirst Armut erfahren. Da du den selbstmanifestierten Datta verehrt hast, segne Ich dich, dass du genug Nahrung bekommen wirst, um zweimal täglich ohne Leiden zu essen, auch wenn du keinen Reichtum hast.'

Frage: ,Srīpāda, die Schriften schreiben vor, dass wir dem Kastensystem folgen sollen. Dein Großvater entschied, Vaishyas können im vedischen System den heiligen Faden verliehen bekommen. Ist das nicht falsch?'
Antwort: ,Deine Zunge sollte abgeschnitten werden, weil du an der Entscheidung dieses Satya Rishīswara[1] etwas auszusetzen hast. Wer denkst du, ist Unser Großvater? Er ist tatsächlich Bhaskarācharya.[2] Das Paar Vishnu Datta und Susīla waren sehr heilige Menschen, die nicht wussten, was Selbstsucht ist. Ich wies die Gottheiten der Zeit und des Handelns an, sie

1 Rishi der Wahrheit, Erhalter der Wahrheit
2 Der spirituelle Guru der Arya Vaishya-Gemeinschaft im Brihat Sila-Königreich

zu Meinen Eltern zu machen. Die Vorfahren von Narasimha Varma waren große Devotees von Srī Lakshmi Narasimha Swamī. Sie waren fromme Leute, die während der Opfer und Rituale in Simhachalam in großem Stil die Verteilung von Nahrung organisierten. Selbst bevor Ich in Pīthikapuram geboren wurde, plante Ich es auf systematische Weise. Meine Beziehung, jenen drei Familien gegenüber verpflichtet zu sein, wird nicht in einem Leben vorüber sein. Sie wird nicht in einer Inkarnation enden. Meine freigiebige Hand wird ihnen über Generationen zugute kommen. Sie werden ohne Sorgen unter dem Schatten Meines göttlichen Schirms leben.

Srīpādas Zusicherung für Seine Devotees

Was Mich betrifft, so konntest du Mir selbst nicht den billigen Thotakura geben. *Hättest du Mir Essen angeboten, so hättest du Verdienste erworben, die einer Speisung von hunderttausend*[1] *Brahmanen gleichgekommen wäre. Du hast diese große Gelegenheit verstreichen lassen. Wenn eine Diskussion darüber entsteht, was recht*[2] *und was unrecht*[3] *ist, solltest du dich auf die Schriften verlassen. Doch wenn sich ein Zweifel regt, ob die Vorschriften der Schriften umgesetzt werden sollten oder nicht, so sollte die Entscheidung von Menschen mit reinem Herzen als Anweisung der Schriften betrachtet werden. Was immer sie sagen, ist vedische Wahrheit, und ihr Wort ist nach den Grundsätzen der Rechtschaffenheit gültig. Selbst wenn sie einen ungerechten Beschluss fassen, würde die Göttin der Gerechtigkeit es ihnen nicht gestatten, auf einen schlechten Pfad abzuschweifen, sondern würde sie dazu bringen, ein richtiges Urteil zu fällen.*

Eure Schriften sagen, es wäre eine Sünde, anderen Schaden zuzufügen. Die Schlacht, die in der Gegenwart von Lord Krishna stattfand, ist berühmt als eine gerechte Schlacht; der Ort, wo die Schlacht zwischen den Kauravas und den Pāndavas stattfand, wurde als Dharmakshetra[4] bekannt. Religiöse Opfer ergeben Verdienste, doch da der höchste Lord Shiva nicht eingeladen worden war, führte das von Daksha durchgeführte Opfer

1 Hier: Lakh: Indisches Zahlenwort für Einhunderttausend
2 Hier: Dharma
3 Hier: Adharma
4 Ort des Gesetzes

schließlich in eine große Schlacht. Der Kopf von Daksha wurde abgetrennt und fiel herab. Ein Ziegenkopf wurde ihm aufgesetzt. *Wenn es eine Verschlechterung der Galle gibt, behandelt der Arzt den Patienten mit Zitrone und Usiri*[1]. *Wenn ein Teil des Körpers abfault, muss er das Teil herausschneiden. Ich mache es auch so. In Mir sind auch Eigenschaften von Göttern und Teufeln. Ich verhalte Mich wie ein Verrückter, ein Geist und auch wie ein Teufel. Dennoch strömt in Mir Liebe zu allen Lebewesen. Mein Verhalten wird im Einklang mit deinem Wesen sein, den guten und schlechten Ergebnissen deines Handelns. Ich werde die Hände Meiner Devotees, die sich Mir vollständig hingegeben haben, nicht verlassen. Ich werde Meine Devotees, die in fernen Ländern wohnen, selbst mit Gewalt zu Meinem Aufenthaltsort*[2] *ziehen. Ihr solltet nicht über den Ursprung von Weisen und von Flüssen diskutieren.* Wurde nicht die höchste Kraft[3] als Kanyaka Parameswari in der Vaishya-Kaste geboren? Es gibt auch unter Vaishya-Weisen vollendete Siddhas. Nicht nur die Brahmanen-, Kshatriya- und Vaishya-Kasten sind für das vedische Upanayanam qualifiziert, sondern auch die niedrige Kaste der Sudras, wenn sie spirituelle Disziplin und Regeln befolgen. Durch die Durchführung des Upanayanam sollte sich das dritte Auge öffnen. Das innere Bewusstsein sollte gereinigt und das Denken sollte auf das Wissen vom Höchsten ausgerichtet werden.

Dein Denken ist vollständig auf das Wissen um Gemüse ausgerichtet. Glaubst du, dass Brahman eine Ware ist, die auf dem Markt gekauft werden kann? Ein Brahmane in diesem Leben mag in der nächsten Geburt als ein Paria geboren werden und ein Paria in der nächsten Geburt als ein Brahmane. Bitte beachte, das höchste Brahman transzendiert Zeit und Raum, Kaste und Religion. *Gott liebt inneres Empfinden und nicht äußeres Erscheinen.* Wenn es um Dinge wie Wissen von Brahman geht, bin Ich Brahmane. Wenn Ich Hof halte und Mich nach dem Wohlergehen von Devotees erkundige und ihnen Gunst erweise, bin Ich ein Kshatriya. *Für jedes Lebewesen wird ein Lohn festgelegt entsprechend seinen Handlungen von Tugend oder Sünde. Der Lohn eines jeden Menschen ist bei Mir. Wenn Ich wiege und messe, um zu berechnen, was für jeden Menschen angemessen*

---

1 Amla (Phyllanthus emblica), auch Indische Stachelbeere oder saures Myrobalan genannt

2 Hier: Kshetra

3 Hier: Shakti

ist, bin Ich ein Vaishya. Da Ich Menschen diene, indem Ich die Probleme und Schmerzen Meiner Devotees zu Meinem Körper heranziehe, bin Ich ein Sudra. Wenn Ich die Sünden der Lebewesen reinwasche, bin Ich ein Wäscher. Wenn Ich die toten Aschen verbrenne und ihnen edle Geburten gewähre, bin Ich ein Hüter der Begräbnisstätte. Entscheide nun und sage Mir, zu welcher Kaste Ich gehöre.'

Frage: ‚Srīpāda, verzeihe mir. Ich bin ein Unwissender. Du bist Lord Datta selbst. Du bist die einzige Zuflucht für alle Lebewesen. Bitte erkläre mir, wie die Schöpfung entsteht.'

Die Beschreibung der verschiedenen Welten

Antwort: ‚Großvater, es gibt 88.000 Weise im Himmel, die Familienväter sind. Sie haben das Wesen der Seelenwanderung. Sie stehen als Saat, um wieder das Dharma zu verbreiten. Von der undefinierbaren Kraft der Universalseele nahm ein kleiner Bruchteil von Brahmā für die Schöpfung des Universums Gestalt an. Aus dem Paramātma[1] kam Schritt für Schritt Wasser hervor und verbreitete sich überall hin. Aus der Kraft der Überseele wurden unzählige goldene Eier gebildet. Dieses Brahmāndam[2], in dem wir leben, ist nur eines von ihnen. Als das Innere des Eies mit Dunkelheit gefüllt war, personifizierte sich das Strahlen von Parameswara[3] und wurde unter dem Namen Aniruddha[4] bekannt. Als Er das Ei mit seinem prächtigen Glanz erleuchtete, wurde Er in den Veden mit Hiranyagarbha[5], Sūrya[6], Savitā[7] und Paramjyoti[8] und vielen anderen Namen benannt. Der Weise Bharadwaja führte im Tretā Yuga[9] das Sāvitra Kāthaka

1 Überselbst, Überseele
2 Universum
3 Der höchste Gott
4 Sanskrit: ohne Hindernisse, unbeschränkt; die unerschütterliche aktive Intelligenz des Bewusstseins; das Zentrum des Denkens
5 Das goldene, selbststrahlende Ei
6 Die Manifestation des Lichts, die Sonne
7 Savitā oder Savitru, die Zentralsonne
8 Höchstes Licht
9 Dem zweiten der vier Zeitalter

Chayanam-Opfer[1] in Pīthikapuram durch. Das Sāvitra Kāthaka Chayanam verehrte die große Herrlichkeit von Dattātreya, die unzählige Universen umgibt. Im Satya Loka[2] gibt es einen wichtigen Ort, der Nirāmaya Sthan[3] genannt wird. In drei Ebenen wohnen Gottheiten der Manen, die Vasurudra Adityas. Sie wirken als die Hüter des Nirāmaya Sthans.

Das Kārana Brahmā Loka ist der Wohnsitz des viergesichtigen Brahmā. Srīnagar, das als das Vidya Sthānam[4] und das Mūla Prakrithi Sthānam[5] wohlbekannt ist, liegt darüber. Darüber folgt Mahā Kailas und das Kārana Vaikunta[6]. Der Ort Vidyadhara Sthan in Satya Loka ist als Purānapuram bekannt. Sadhyas wohnen in Anjanāvatipura von Tapo Loka[7]. Sanaka, Sanandana[8] und andere Weise leben in Ambāvatipura des Jana Loka. Siddha und andere Weise leben in Jyotishmatipuram von Mahar Loka. Indra und andere Gottheiten wohnen in Amarāvatipuram von Swarga Loka, das Suvar Loka genannt wird. Der himmlische Architekt Viswakarma lebt in Radhantarapuram von Bhuvar Loka, das Sterne und Planeten des Globus beherbergt.

Großvater, es gibt zwei Unterteilungen in Bhū Loka[9]. Die von Menschen bewohnte Unterteilung wird Bhū Gola genannt. Es gibt eine weitere, die als Mahā Bhūmi[10] bekannt ist. Mahā Bhūmi liegt im Süden von Bhū Gola in einer Entfernung von fünf Crores[11] Brahmānda[12] Yojanas[13]. Marthya Loka[14] bedeutet Bhū Loka[15] und Bhuvar Loka. Dies schließt auch Mahā Bhūmi mit

1 Ein Ritual zur Sonne
2 Die siebte und höchste Ebene oder Welt im vedischen System, Welt jenseits von Tapo Loka
3 Ein Ort, wo die Menschen frei von Krankheit sind
4 Ort der Vidyadharas, einer speziellen Gruppe himmlischer Wesen
5 Zentrum der Urnatur
6 Der Ort Vishnus
7 Die Welt der Deva
8 Sanaka, Sanandana, Sanat Kumāra und Sanat Sujata sind die vier Kumāras oder Söhne Brahmās oder des kosmischen Denkens.
9 Die Erde
10 Ein großes Landgebiet; es gibt zwei Mahā Bhūmis, eines bezieht sich auf die Erde, das andere auf die äußere Welt.
11 Indische Zahl; ein Crore entspricht 10 Millionen.
12 Universum
13 Ein normales Yoyana entspricht 10 Meilen oder 16 Kilometern.
14 Gebiet der Sterblichen
15 Die Erde

ein. Pātālam[1] bedeutet Atala, Vitala, Sutala, Rasātala, Talātala, Mahātala, Pātāla. Sie werden grob Swarga, Marthya, Pātāla genannt.

Mahā Bhūmi liegt unterhalb der Erde, auf der wir leben. Es hat die Form eines sich erhebenden kreisförmigen Bodens in der Mitte. Daher erleuchtet das Licht von Sonne und Mond ständig die Oberfläche von Mahā Bhūmi. Da es immer Licht gibt, gibt es dort keine Zeitbestimmung. Auf dieser großen Erde existieren sieben Meere und sieben Inseln. Jambudwīpa[2] liegt nur hier.

Zu Beginn der Schöpfung war alles von Wasser überflutet. Als Prajāpati[3] für den Beginn der Schöpfung Buße tat, erschien zu der Zeit ein Lotusblatt auf dem Wasser. Prajāpati nahm die Form eines wilden Ebers an, tauchte neben dem Lotusblatt tief ein und erreichte Mahā Bhūmi. Von dieser Mahā Bhūmi grub er mit seinen scharfen Stoßzähnen und trennte etwas Schlamm ab. Er brachte diesen nassen Schlamm an die Wasseroberfläche und legte ihn in das Lotusblatt. Da wurde es Prithivi genannt. Großvater, dies wird die Erde genannt. Die Erde befindet sich 5 Crore Brahmānda Yojanas von Mahā Bhūmi entfernt. Mahā Bhūmi hat ein Ausmaß von 50 Crore Yoyanas. Jambudwīpa, das sich in Mahā Bhūmi befindet, hat in sich neun Kontinente. Die Gottheiten weilen in Daiva Khanda[4], die Geister in Garbhasthya Khanda, die Menschen wohnen in Bhārata Khanda. In Saraka Khanda wohnen Siddhas, in Gandharva Khanda die Gandharvas[5], in Purusha Khanda verweilen die Kinneras[6]. Dämonen leben in Tamra Khanda, Yakshās[7] in Seru Khanda und Pannagas[8] in Indu Khanda. Südlich vom Jambudwīpa des Mahā Bhūmi weilt Vaivasvata Manu[9] in Bhāratpura des Bhārat-Kontinents, zusammen mit Weisen der Erde und Menschen. So wie Jambudwīpa in Mahā Bhūmi existiert, so existiert ein anderes Jambudwīpa auf Erden.

1 Die Unterwelt
2 Die Weiße Insel
3 Ein Herrscher auf der kosmischen Ebene, Gott der Zeitzyklen, in der Bibel Patriarch genannt.
4 Khanda: Kontinent
5 Himmlische Musiker
6 Himmlische Feen
7 Himmlische Wesen
8 Himmlische Schlangen
9 Der auf Erden lebende Prototyp des himmlischen Menschen von diesem Zeitzyklus

Noch bevor Ich Mich in Srī Pīthikapuram inkarnierte, kam die Inkarnation von Srīpāda Srīvallabha hundert Jahre zuvor in Mahā Bhūmi an. Das Jambudwīpa auf Mahā Bhūmi ist über eine Weite von hunderttausend[1] Brahmānda Yojanas ausgebreitet. Vaivasvata Manu lebt nur im Subkontinent Bhārat[2] von Jambudwīpa. Auf anderen Kontinenten leben himmlische Wesen. In Jambudwīpa von Mahā Bhūmi sind Kälte und Hitze moderat und angenehm. Es herrschen immer milde Sonnenstrahlen, doch es gibt keinen Unterschied zwischen Tag und Nacht. Jambudwīpa in Mahā Bhūmi breitet sich über hunderttausend Yojanas aus. Die Details über die Ausmaße der verschiedenen Seen und Berge usw. sind wie folgt:

	Ozeane[3] und Inseln[4]	Abstand
1.	Lavana-Ozean	100.000 Yojanas
2.	Plaksha-Insel	200.000 Yojanas
3.	Ikshu-Ozean	200.000 Yojanas
4.	Kusa-Insel	400.000 Yojanas
5.	Sura-Ozean	400.000 Yojanas
6.	Krouncha-Insel	800.000 Yojanas
7.	Sarpi-Ozean	800.000 Yojanas
8.	Sakha-Kontinent	1.600.000 Yojanas
9.	Dadhi-Ozean	1.600.000 Yojanas
10.	Salmalī-Kontinent	3.200.000 Yojanas
11.	Kshīra-Ozean	3.200.000 Yojanas
12.	Pushkara-Kontinent	6.400.000 Yojanas
13.	Reines Wasser-Ozean	6.400.000 Yojanas
14.	Chala Chala-Berg	12.800.000 Yojanas
15.	Chakravala-Berg	25.600.000 Yojanas
16.	Lokāloka-Berg	51.200.000 Yojanas
17.	Tamo Bhūmi	125.000.000 Yojanas

Sonnenstrahlen können nicht über den Lokāloka-Berg hinausgehen. Daher ist das Gebiet zwischen dem Lokāloka-Berg und der Wand des Universums immer

1 Hier: Lakh: Indische Zahlenwort für Einhunderttausend
2 Name für Indien
3 Hier: Samudrams
4 Hier: Dwīpas, auch Kontinent genannt

dunkel. Die Wand des Universums hat eine Dicke von einem Crore Yojanas. Die Varāha- und Narasimha-Inkarnationen[1] umfassten nicht die gesamte Erde. Varāha bedeutet nicht ‚Schwein', es ist ein Rhinozeros mit einem Stoßzahn.

Erklärung der Inseln[2], der Herrscher der Inseln[3] und der für den Erhalt der Inseln verantwortlichen Götter[4]

Während Jambudwīpa[5] in Mahā Bhūmi vom Swayambhuva Manu[6] regiert wurde, wurden seine Söhne zu Königen der anderen Inseln:

- Medatidhi regierte Plakshma Dwīpa,
- Vapushmanta regierte Salmama Dwīpa,
- Jyoṭishmanta regierte Kusa Dwīpa,
- Duthimanta regierte Krouncha Dwīpa,
- Havya regierte Saka Dwīpa,
- Savana regierte Pushkara Dwīpa jeweils als erste Herrscher.
- In Plakshma Dwīpa sind Aryaka, Kurara, Vindaka und Bhavina die dort wohnhaften vier Kasten. Für sie ist Vishnu in der Gestalt des Mondes die Gottheit.
- In Salmali Dwīpa sind Kapila Varna, Chakravāka Varna, Pita Varna und Krishna Varna die dort wohnhaften vier Kasten. Sie sind Vishnu-Verehrer.
- In Kusa Dwīpa sind Dami, Sushmina, Sneha und Mandeha die dort wohnhaften vier Kasten. Für sie ist Brahmā die zu verehrende Gottheit.
- In Krouncha Dwīpa sind Pushkara, Pushkala, Dhanya und Pishya die dort wohnhaften vier Kasten. Für sie ist Rudra die zu verehrende Gottheit.
- In Saka Dwīpa sind Manga, Magadha, Manasa, Manda die dort wohnhaften vier Kasten. Sie verehren den Sonnengott.
- In Pushkara Dwīpa gibt es keine Kasten. Alle leben glücklich wie die himmlischen Wesen, ohne an irgendwelchen Krankheiten und Sorgen zu leiden. Für sie ist Brahmā die Gottheit der Verehrung.

---

1 Dies bezieht sich auf die Inkarnation von Vishnu als Eber ("Schwein") und als Mann-Löwe (Narasimha)
2 Hier: Dwīpas
3 Hier: Dwīpas Adiphatis
4 Hier: Dwīpas Devatas
5 Die Weiße Insel
6 Der Erste der Manus

Im Jambudwīpa[1] unserer Erde gibt es Bhārat Varsha, Kimpurusha Varsha, Hari Varsha, Ketumala Varsha, Ilavruta Varsha, Bhadraswa Varsha, Ramyaka Varsha, Hiranyaka Varsha und Kuru Varsha. Großvater, so wie Jambudwīpa in Mahā Bhūmi mit Unterteilungen von Kontinenten existiert, existiert ein anderes Jambudwīpa in der Atmosphäre der Erde mit Unterteilungen von Regionen. Mahā Bhūmi ist rund mit einem erhobenen Gebiet wie der Panzer einer Schildkröte in der Mitte. Dies wird Bhūmandala[2] genannt. Der Erdglobus ist jedoch wie eine Zitrone. Mahā Bhūmi umgibt Meru Rekha und dehnt sich zur Wand von Brahmānda aus. Die Erde ist genau in der Mitte des beleuchteten Kreises. Jambudwīpa liegt rings um den Berg Meru, der sich in der Mitte von Mahā Bhūmi befindet. Sieben Seen und Inseln liegen um ihn herum. Auf der Erde wird die nördliche Hemisphäre der Deva[3]-Teil genannt und die südliche Hemisphäre der Asura[4]-Teil. Im Zentrum, das der gleichweit entfernte Mittelpunkt von Mahā Bhūmi ist, strahlt der Berg Meru in göttlichem Glanz. Er ist die Wohnstätte der Manus, die über die Menschen herrschen. Bhū Gola[5] ist der Ort der Menschen, die unter der Herrschaft der Manus sind. An der Spitze des Chakravala-Berges, der sich rund um Mahā Bhūmi befindet, ist das Rad der Illumination platziert. Bhū Gola ist jedoch davon verschieden. Das strahlende Rad der Illumination, das von den sieben Kreisbahnen umgeben ist, dreht sich einmal am Tag. In Mahā Bhūmi sind Kälte, Hitze und andere Klimaveränderungen geringer. Es ist immer Tag, ohne Nacht und ohne Zeitunterschiede. In Bhū Gola ist es anders. Man kann Mahā Bhūmi allein durch die Ergebnisse rechtschaffener, verdienstvoller Handlungen erreichen. Bhū Gola ist das Land des Handelns[6], um Verdienste zu erlangen. Menschen mit grobstofflichen Körpern müssen auf der Erde leben. In Mahā Bhūmi gibt es keine kleinen Pralayas[7], nur die Manu-Pralayas[8]. In Bhū Gola gibt es Yuga-Pralayas[9], Mahāyuga-Pralayas[10] und Manu-Pralayas.

1 Die Weiße Insel
2 Region der Erde
3 Die Lichtwesen
4 Die Wesen der Finsternis
5 Der Globus
6 Hier: Karma Bhūmi
7 Sintfluten
8 Große Apokalypsen am Ende eines Manvantaras (Weltzyklus)
9 Kleinere Apokalypsen am Ende eines Yugas (Zeitalters)
10 Größere Apokalypsen am Ende eines Yuga-Zyklus

Mahā Bhūmi wird Dhatri und Vidhatri genannt. Bhū Gola wird Mahi, Urvi, Kshiti, Prithivi und Bhūmi genannt. Großvater, Ich erzähle nun von den Unterwelten[1], höre zu. Geister leben in Atala, Guhyakas[2] leben in Vitala, Dämonen leben in Sutala, Geistwesen sind in großer Zahl in Rasatala vorhanden. Yakshās wohnen in Tālatala, Manen in Mahātala und Schlangen in Pātāla.

Beschreibung der Bewohner von Lokas, Herrscher von Lokas und Kontinenten

Kubera wohnt in Vitala. Er ist der Herr der neun Schätze[3]. Er ist der Schatzmeister für das Brahmānda[4]. Er ist der Herrscher der nördlichen Seite. Seine Hauptstadt ist Alakapuri in Vitala. Maya lebt in Yoginipura, das sich auf der Westseite des Meru befindet, gleichfalls in Vitala. Er ist der Architekt für die Dämonen. Er hat für die Tripurasuras drei Städte gebaut, die sich hoch in den Himmel erheben können.

Yamadharma Raja[5] regiert Vaivasvatapura in Sutala. Er ist der Herr der südlichen Seite. Am Eingang dieser Stadt befindet sich ein Fluss aus lodernden Flammen. Er wird Vytarini[6] genannt. Menschen, die Verdienste[7] errungen haben, können diesen Fluss leicht überqueren, aber für Sünder ist dies schwierig.

Ein Dämon namens Niruti herrscht über Punyanagar in Rasatala. Er ist der Herr der Südwestseite. Bhetala wohnt zusammen mit Horden von Teufeln in Dhanishtapura in Talatala. Der Ehemann von Katyayani, Īsana, wohnt mit allen Bhūta Ganas in Kailasa von Mahātala. Er ist der Herrscher des Nordostens.

Srīman Nārayana Murthy residiert in Vaikunta Nagaram von Pātala mit all seinem Glanz. Er wird von den Geistern aus Pātala, von Vasuki und anderen

1 Hier: Pātāla Lokas
2 Himmlische Wesen
3 Hier: Navanidhis
4 Universum
5 Der Herr des Todes
6 Ein in der Hölle zu überquerender Fluss
7 Hier: Punya

höheren Schlangen bedient. Er ruht auf der Liegestätte von Sesha Nāgu[1]. Dies wird auch das in Swetadwīpa[2] gelegene Karya Vaikunta genannt.

Im letzten Pātala Loka gibt es dreischichtige Abschnitte. Im ersten Abschnitt leben körperlose Geschöpfe. Im zweiten Abschnitt halten sich Gruppen von Geistern auf. Im dritten Abschnitt bleiben Geschöpfe, die Körper des Leidens annehmen, in großes Elend getaucht.

In Mahā Bhūmi gibt es sieben Meere und sieben Inseln. In der Mitte liegt Jambudwīpa. Es wurde in neun Kontinente unterteilt. Der Kontinent im Süden wird Bhārata Khanda[3] genannt. Swayambhuva Manu residiert im Bhāratpura dieses Kontinents. Viele tugendhafte Menschen und Weise sind unter der Herrschaft von Manu. Sie verwalten die Welten und vollziehen die Prinzipien von Rechtschaffenheit und Nichtrechtschaffenheit. Um die sieben Inseln von Mahā Bhūmi herum erheben sich Berge, die Charachara, Chakravala und Lokāloka genannt werden, bis zum Swarga Loka. Dies sind Schichten, die kein Licht hindurchdringen lassen.

Unterhalb von Mahā Bhūmi gibt es sieben Unterwelten. Sie werden Sapta Pātālas genannt. Atala Loka wird von Teufeln bewohnt. In Alakapuri von Vitala Loka residiert Kubera. In Yoginipura von Vitala Loka lebt Maya zusammen mit Dämonen. In Sutala lebt der Herrscher Bali mit seinen Dämonendienern. Yamadharma Raja lebt in Vaivasvatapura. Sünder erleiden dort ihre Strafen in den verschiedenen Höllen. Punyapura in Rasatala ist der Sitz von Niruti. Hier gibt es Geister und weitere, ähnliche Kategorien. Bhetala residiert in Dhanishtapura von Talatala. In Kailasapura von Talatala hält sich Rudra auf. Mahātala ist der Sitz der Manen und Vorväter. Swetadwīpa Vaikunta liegt in Pātala. Dort lebt Narayana. Im niederen, an den Meru angrenzenden Teil existieren körperlose Geschöpfe, Seelen von Toten und leidende Körper. An einem Ort, der Niralamba Sūchyāgrasthan genannt wird, finden Sünder, die schreckliche Verbrechen begangen haben, einen Platz. Nach den Speisen wird diesen Menschen Wasser angeboten, indem das folgende Mantram gesungen wird:

‚Rourave apunya nilaye padmarbhude nivāsinam
Ardhinam udakam dattam akshyyam upatisthate.‘

1 Die Schlange der Zeit, die alle Wesen der Schöpfung trägt
2 Die Weiße Insel
3 Der Kontinent von Bhārata, Indien

Namen von Lokas und Beschreibung ihrer Gebiete

Bitte verstehe deutlich, dass Bhū Gola[1] und das Mahā Bhūmi in Bhūloka verschieden sind. Surya Loka strahlt in Meru Rekha im Gebiet, das sich bis zum oberen Polarstern ausdehnt, in der oberen Region über dem Mittelpunkt von Bhū Gola. Dies ist die Welt, wo der Sonnengott[2] herrscht. Es ist keineswegs die Umgebung der Sonne. Auf die gleiche Weise gibt es Chandra Loka, Angaraka Loka, Budha Loka, Guru Loka, Sukra Loka, Sanaychara Loka, das Loka der über die Rasis[3] herrschenden Gottheit, das Loka der Gottheit der Sterne, das Loka der sieben Weisen und das obere Dhruva Loka. Neben diesen gibt es viele andere Lokas.

Surya Loka liegt hunderttausend Brahmānda Yojanas vom Mittelpunkt der Erde entfernt. Dies ist die Welt, wo der Sonnengott, die herrschende Gottheit, lebt. Die genannten Lokas liegen in Abständen vom Zentralpunkt der Erde, wie nachfolgend angegeben:

	Lokas	Abstand
1.	Chandra Loka	200.000 Brahmānda Yojanas
2.	Angaraka Loka	300.000 Brahmānda Yojanas
3.	Budha Loka	500.000 Brahmānda Yojanas
4.	Guru Loka	700.000 Brahmānda Yojanas
5.	Sukra Loka	900.000 Brahmānda Yojanas
6.	Sani Loka	1.100.000 Brahmānda Yojanas
7.	Loka der herrschenden Gottheit der Rasis Yoyanas	1.200.000 Brahmānda Yojanas
8.	Loka der Gottheit der Sterne	1.300.000 Brahmānda Yojanas
9.	Loka der Sieben Rishis	1.400.000 Brahmānda Yojanas
10.	Dhruva Loka	1.500.000 Brahmānda Yojanas

Auf gleiche Weise liegen Swarga Loka, Mahar Loka, Jana Loka, Tapo Loka und Satya Loka in verschiedenen Entfernungen vom Mittelpunkt der Erde:

- Der Abstand zwischen dem Mittelpunkt der Erde und der das Brahmānda umgebenden Wand[4] beträgt 240.500.000 Brahmānda Yojanas.

1 Der Globus
2 Hier: Suryadeva
3 Unterteilungen des Tierkreises
4 Hier: Anda Bhitti

- Der Abstand zwischen dem Mittelpunkt der Erde und der äußeren Brahmānda umgebenden Wand beträgt 250.500.000 Brahmānda Yojanas.
- Bhūloka, Bhuvarloka und Suvarloka wurden während der Zeit des Pralaya zerstört.
- Maharloka oberhalb von Suvarloka wurde teilweise zerstört und blieb teilweise erhalten.
- Janaloka, Tapoloka und Satyaloka werden bis zum Ende der Lebensspanne von Brahmā nicht zerstört.
- Swarga umfasst Svarloka, Maharloka, Janaloka, Tapoloka, Satyaloka und das Gebiet bis zur Brahmānda umgebenden Wand.

Wer ist Datta?

Großvater Narasāvadhāni, um die Philosophie von Datta zu erfahren, brauchst du einige hunderttausend Geburten. *Wisse, dass Datta die einzigartige, erhaben ausstrahlende Lichtkraft ist, die sich über Abermillionen von Brahmāndas ausdehnt und sie übersteigt. Wisse, dass der gleiche Lord Datta in der Tat vor dir ist als Srīpāda Srīvallabha.*'

Als Narasāvadhāni und seine Frau diese liebenswürdige Unterweisung von Srī Charana hörten, waren sie erstaunt. Als das nur ein Jahr alte kleine Kind so viele Dinge mit Autorität erklärte und als Es verkündete, in der Tat Lord Datta selbst zu sein, fingen Narasāvadhāni und seine Frau an zu weinen. Sie wollten zumindest Seine glückbringenden Füße berühren. Srīvallabha verweigerte es ihnen. Narasāvadhāni und seine Frau konnten sich nicht mehr im Geringsten von ihren Plätzen bewegen.

Srīpāda versicherte: ‚*Ich bin Datta. Ich bin das Eine Phänomen, das Abermillionen von Universen durchdringt. Richtungen sind Mein Gewand. Ich bin Digambara*[1]. *Wer auch immer mit reinem Denken, Sprechen und Körper ‚Datta Digambarā! Srīpādavallabha Digambarā! Narasimha Saraswatī Digambarā‘ singt, dort verweile ich in subtiler Form.* Mein mütterlicher Großvater Srī Bāpanāryulu bietet jenen, die Pādagaya Kshetra[2] von anderen Orten her besuchen, um Rituale für ihre Manen durchzuführen, Möglichkeiten zur freien Unterkunft und Verpflegung. Du hattest dich über

1 Keine Kleidung tragend
2 Pithapuram ist der Ort, wo die Füße des Asuras (Dämon) Gaya herabfielen

diese große Person lustig gemacht, indem du sagtest: ‚Wo ist dein Swayambhū-Datta[1]? Ist er nicht verschwunden?' Ich bin dieser Datta! Jeder, der sich in dem heiligen Haus Meiner Geburt aufhält, wird gewiss heilig werden. Ihre Vorfahren werden Punya Lokas[2] erhalten. Ich bin der Herr, dem nicht nur das Wohlergehen der Lebenden, sondern auch der Toten obliegt. Geburt und Tod sind für Mich gleich. Dennoch machst du dir Sorgen. Ist dies das Ergebnis der Verehrung von Swayambhū-Datta? Swayambhū-Datta wird in Kürze wieder erscheinen, um die üble Nachrede gegen dich aufzuheben. Auch die Weihezeremonie findet statt. Ich gewähre dir eine längere Lebensspanne. Bleibe in der Meditation über Datta. Ich versichere dir, dass Ich dir in deiner nächsten Geburt Gnade erweisen werde. In dieser Geburt hast du nicht genügend Punya, um Meine Füße zu berühren. Ich, der Abermillionen von Brahmāndas[3] geschaffen, erhalten und aufgelöst hat und der der einzige Herrscher dieser ganzen Schöpfung ist, segne dich mit Meiner Gnade verströmenden Hand.'

Mit einem Donnerhall lösten sich die Atome im Körper von Srīpāda auf und Srīpāda verschwand.

Mein lieber Shankar Bhatt, Srīpāda hat das Geheimnis erklärt, wie Sein Name gesungen wird, indem ‚Digambara' am Ende des Namens hinzugefügt wird. Sein Wesen ist Allgegenwart. Es ist jenseits unseres Verstehens, wie die formlose Natur Gestalt annimmt und sich inkarniert. Wo ist das Ende der heiteren Spiele aus der Kindheit dieses Herrn des Universums, der in einer listigen und geschickten Verkleidung kam?"

Ehre sei Srī Srīpāda Srīvallabha!

1 Selbstmanifestierte Gestalt von Lord Dattātreya
2 Welten des Verdienstes
3 Universen

Kapitel 8

Beschreibung der Inkarnationen von Datta

Jene, die nach Brahmājnāna streben, sind Brahmanen

Am nächsten Tag, nach Beenden der täglichen Verehrung, begann Tirumala Das zu erzählen: „Mein lieber Shankar Bhatt, wenn die Offenbarung der Seele stattfindet, verschmelzen die sechzehn Potenzen mit ihren entsprechenden Elementen. Die Kräfte der verschiedenen Gottheiten treten in ihren eigentlichen Ursprung des Bewusstseins ein. Das Wissen vom Selbst und alle Handlungen werden in die Form von Brahman absorbiert. Jeder, der nach diesem Brahmājnāna[1] verlangt, ist wahrhaft ein Brahmane. Die sechzehn Potenzen sind: Leben, Glaube, Himmel, Luft, Feuer, Meer, Erde, Körperorgane, Denkvermögen, Nahrung, Wasser, Gedanke, Mantren, Handlungen, die Welten[2] und die verschiedenen Arten von Namen in den Welten. Srīpāda Srīvallabha ist eine umfassende Inkarnation von Parabrahma, die mit allen sechzehn Potenzen[3] ausgestattet ist.

Nahrung wird zum Denken: Reinheit des Denkens durch sattwische Nahrung

Brahmā erschuf zuerst das Leben. Das Leben ist die Gesamtheit des Lebens im Universum. Dies wird die subtile Seele und Hiranyagarbha[4] genannt. Der Schöpfer hat auch den Namen Hiranyagarbha. Der Drang oder Trieb zur Schöpfung in den physischen, mentalen und intellektuellen Aspekten des Menschen wird Prāna[5] genannt. Der Prānamaya Kosha-Körper[6] wird Shakti

1 Wissen von Paramātma , dem höchsten Selbst
2 Lokas
3 Hier: Shodasa Kala
4 Das goldene, selbststrahlende Ei
5 Lebenskraft
6 Körperhülle der Lebenskraft

Sarīra[1] genannt. Die physischen Probleme können beseitigt werden, indem man das Lebensbewusstsein korrigiert. Bevor der physische Körper des Menschen krank wird, wird die Hülle der Lebenskraft krank. Der grobstoffliche Körper wird erst danach krank. Nachdem die Lebenskräfte stabil sind, werden die fünf Elemente gebildet. Um die Merkmale der fünf Elemente wahrzunehmen, wurden die Organe geschaffen. Das Denkvermögen wurde gebildet, um diese Organe zu koordinieren und um zu überwachen, dass alle Funktionen zur gleichen Zeit stattfinden. Die Menschen sollten im Umgang mit Nahrung angemessene Vorsicht walten lassen. Das Denken wird aus den winzigen Nahrungsteilchen gebildet. Wenn das Denkvermögen durch Nahrung gestärkt wird, ist es voller Gedanken. Wird dieser Gedankenstrom reguliert und kontrolliert, so wird diese Betrachtung des Gedankenstroms Mantra genannt. Wenn entsprechend den Schriften Opferhandlungen und andere Rituale durchgeführt und Mantren systematisch gesungen werden, wird dieser Vorgang Karma genannt. Der Aufbau der Welt erfolgte gemäß den Karmas. Ohne Name und Form kann die Welt nicht existieren. Auf diese Weise wird mit sechzehn Farben die Kette aus Gliedern von tiefem Elend gebildet. *In der Anatomie des Menschen wird jedes Organ von einer speziellen Gottheit beeinflusst. Wenn die Seele sich dem Yogi in tiefer Meditation offenbart, verschmelzen die sechzehn Potenzen mit ihren entsprechenden Elementen.* Die Kräfte in den physischen Organen des Yogis vermischen sich mit den Elementen in der innersten Tiefe des Universums. Menschen mit Organen zum Handeln und Wissen können nicht ohne Handlung bleiben.

Befreiung kann nicht erlangt werden, solange das Ego nicht vernichtet ist

Handlungen werden nur durch Antrieb des Egos im Menschen ausgeführt. Aham[2] ist das durch die Bedingungen des Denkens und des Intellekts regulierte Strahlen des Bewusstseins. Bei einem Yogi, der die Vision der Seele[3] hatte, werden die Früchte der Handlungen in den früheren Leben vollständig aufgehoben. Solange die separatistische Tendenz des Egos nicht voll-

1 Körper der Kraft
2 Das Ego
3 Hier: Ātma Sākshātkāra

ständig aufgelöst ist, findet die Vision der Seele nicht statt. Wenn der Yogi die Vision des Ātma[1] hat, verschmelzen die Rituale der Schriften und ihre Belohnungen, das Ego-Zentrum und seine illusionären Tricks in das ewige Paramātma[2]. Der Yogi verschmilzt mit dem Paramātma und verliert seine Individualität. Paramātma besitzt Individualität und ist eine Verkörperung von Shakti[3]. Mit der Auflösung der Karmas und ihrer Wirkungen erlangt der Yogi Siddha Avastha[4]. Selbst wenn sein grobstofflicher Körper die Wirkungen des Karmas erlebt, aber kein Gewahrsein des physischen Körpers mehr vorhanden ist, bleibt er in einem befreiten Zustand. *Gott mag manchmal Sein göttliches Spiel durch einen vollkommenen Yogi offenbaren. Wenn ein Yogi irrtümlich annimmt, die Stärke und Wirksamkeit gehörten ihm, wird Paramātma sie zurückziehen und seinen Stolz zerstören. Ist ein Yogi zu einem Instrument in den Händen von Paramātma geworden, muss seine egoistische Arroganz in diese Überseele hinein aufgelöst werden.*

Sri Bāpanārya hat aus der Sonnenregion Kraft in das Srī Mallikarjuna Linga in Srī-Shaila[5], in das Mahābaleswara Linga[6] in Gokarna[7] und an andere heilige Orte übertragen. Auch eine Kraftübertragung in das Verehrungssymbol des selbstexistierenden Datta fand statt. Diese mit Feuer verbundene Kraft muss beschwichtigt werden, sonst werden die Priester und alle Verehrenden durch die schreckliche Kraft des Verehrungssymbols bestraft. Unerwünschte Ergebnisse sind die Folge. Nur Yogis, die inneres Wissen haben, können verstehen, dass die Kraft aus der Sonnenregion in den selbstexistierenden Datta herabgestiegen ist. Die Kraftübertragung in Srī-Shaila fand unter der Leitung von Srī Bāpanārya in der Gegenwart von Tausenden von Menschen statt. Dabei verschmolz ein strahlendes Licht, das in der Region der Sonne freigesetzt worden war, unter den Augen aller Anwesenden mit dem Mallikarjuna Linga. Es besteht ein tiefgründiges, geheimes göttliches Mysterium zwischen dieser Kraftübertragung und der jetzigen Inkarnation von Srīpāda Srīvallabha. Diese Tatsache ist nur großen Weisen bekannt und kann durch sie enthüllt werden. In Srī-Shaila

1 Das Selbst, die Seele
2 Überselbst, Überseele
3 Kraft
4 Ein Zustand der Vollendung
5 Srīsailam, Andhra Pradesh
6 Lingam in einer Stadt in Maharashtra, wo der Krishna-Fluss entspringt
7 Tempelstadt in Karnataka

wurde ein großes Beschwichtigungsopfer durchgeführt. Tausenden von Menschen wurde Nahrung angeboten, so dass das Feuer des Hungers in großem Umfang beruhigt werden konnte. Wenn Shakti ihre Wildheit ablegt und in einem ruhigen Zustand verbleibt, geschehen in diesem friedlichen Zustand alle glückbringenden Ereignisse.

In Pithapuram gab es jedoch keine sichtbaren Anzeichen, dass in Srī Swayambhū Datta[1] Shaktipāta[2] stattfand. Beschwichtigungsrituale wurden daher nicht durchgeführt. Auch als Srī Bāpanārya den Vorschlag zur Durchführung von umfangreichen Nahrungsopfern und anderen Beschwichtigungsritualen machte, lehnten die lokalen Pāndits dies mit ihren schlecht durchdachten Argumenten ab.

Srīpāda ist die Verkörperung aller sechzehn Potenzen

Zeit verstrich. Srīpāda trat in sein zweites Jahr ein. Durch Seine vielen heiteren Wunder bekundete Er die Tatsache, dass Er die herrliche Inkarnation des Zeitalters ist, vollständig ausgestattet mit allen sechzehn Potenzen. Als Er 16 Jahre alt war, verließ Er Pithapuram. Danach zog Er 14 Jahre lang in Kuruvapuram und anderen Orten umher, doch Er blieb immer 16 Jahre alt.

Die Namen der sechzehn Inkarnationen Dattātreyas

Für die Zahl 16 gibt es eine weitere Bedeutung. In 16 Formen offenbarte sich Srī Dattātreya Swamī in alten Zeiten. Diese Formen sind:

1. Yogi Raja[3]
2. Atrivarada
3. Digambara Avadhūta Dattātreya
4. Kālāgni Shamana[4]
5. Yogijana Vallabha
6. Līla Viswambhara

1 Selbstmanifestierte Gestalt von Lord Dattātreya
2 Übertragung der Sonnenenergie
3 Herrscher der Yogis
4 Einer der 16 Avatare (Inkarnationen) von Dattātreya als Feuer der Zeit

7. Siddha Raju[1]
8. Jnāna Sagara
9. Vishwambhara Avadhūta
10. Māyamukthāvadhūta
11. Ādi Guru[2]
12. Samaskārahīna Shiva Swarūpa
13. Deva Deva[3]
14. Digambara[4]
15. Datta Avadhūta
16. Shyāma Kamala Lochana

1. Yogi Raja: Als Atri und Anasūyā in Himadri Buße taten, um Kinder zu bekommen, inkarnierte sich Yogi Raja bei Sonnenaufgang am Vollmondtag im Monat Kartika[5], der auf einen Mittwoch fiel, im Stern Krittika. Swamī war wie ein vollkommenes Juwel, passiv zur Zeit dieser Manifestation.
2. Atrivarada: Hundert Jahre lang hatte Atri Maharshi im Samadhi-Zustand den Darshan dieser Form. Aufgrund der Intensität seiner Buße wurden die drei Welten gestört. Um sie wieder zu beruhigen, gab ihm Dattātreya den göttlichen Darshan mit sechs Händen. Dies geschah zur Guru Hora[6], in den frühen Stunden eines Padhyami[7] der zweiten Hälfte des Monats Kartika, an einem Donnerstag im Stern Rohini[8], und gewährte ihm Segen. Diese Manifestation wird Atrivarada genannt.
3. Digambara Avadhūta Dattātreya: Atri Maharishi betete zum Herrn, der in der Gestalt von Atrivarada kam: ‚Bitte gewähre mir einen Sohn, der Dir gleicht.' Swamī sagte: ‚Es gibt niemanden, der Mir gleich ist. Ich gebe

1 Der Herrscher der Siddhas
2 Der Erste Guru
3 Der Deva der Devas
4 Keine Kleidung tragend
5 Ein Monat im indischen Kalender, der den Monaten Oktober-November im gregorianischen Kalender entspricht
6 Hora ist die Einteilung des Tages gemäß dem Planeten, der zu der Zeit einen Einfluss hat. Ein Tag hat 24 Horas, jede Hora wird von einem Planeten beherrscht. Am Donnerstag (dem Guru-Tag), der von Jupiter regiert wird, wird die erste Stunde von Jupiter beeinflusst usw.
7 Erster Tag
8 Nakshatra-Konstellation im Monat Stier-Zwillinge

dir Mich selbst.' Er gab Darshan als ein kleines Kind in der Digambara-Gestalt. Dies war an einem Freitag im Stern Mrigasira[1] zur Zeit des Sonnenaufgangs, am zweiten Tag der zweiten Hälfte des Monats Kartika. Diese Manifestation wird Digambara Avadhūta Srī Dattātreya genannt.

4. Kālāgni Shamana: Diese Form von Digambara Avadhūta Srī Dattātreya wurde von Atri wie auch von Anasūyā gesehen. Im Monat Mrigasira, am Vollmondtag, der ein Mittwoch war, kam ein äußerst strahlendes Licht aus Seinen Augen hervor und trat in den Schoß von Mutter Anasūyā ein. Danach verringerte sich seine Intensität. Dieses höchste Licht[2] verwandelte sich in einen männlichen Fötus. Er wurde Kālāgni Shamana Datta[3] genannt. Mein lieber Shankar Bhatt, dieser Kālāgni Shamana Datta wird seit vielen Generationen im Haus von Appalaraja Sarma verehrt!

Die Zeit der Inkarnation von Srī Datta und die Zeit der Inkarnation von Srīpāda Srīvallabha

5. Yogijana Vallabha: Kālāgni Shamana, der unser Swamī ist, wurde als ein verspieltes Kind am Abend (zur Zeit des Sonnenuntergangs) an einem Vollmondtag im Monat Mrigasira geboren; es war ein Donnerstag im Stern Mrigasira. Diese Form wird Yogijana Vallabha genannt. Mein Lieber, in diesem Kali Yuga[4] wurde Srīpāda Srīvallabha zum ersten Mal als Sohn der großen und verdienstvollen Mutter Sumatī geboren; es war in Pithapuram während des Sonnenaufgangs, an einem glückbringenden Tag von Ganesh Chaturdhi[5] mit Tula[6] Rāsi[7], Konstellation Chitra und Löwe-Aszendent[8].
6. Līla Viswambhara: Viele große Munis baten unseren Swamī, der sich als Yogijana Vallabha inkarniert hatte, sie in den Yogapfad einzuweihen. Um sie auf die Probe zu stellen, erschuf Swamī eine illusionäre

1 Nakshatra-Konstellation im Monat Zwillinge-Krebs
2 Hier: Paramjyoti
3 Einer der 16 Avatare (Inkarnationen) von Dattātreya als Feuer der Zeit
4 Dunkles Zeitalter
5 Ein Fest zu Ehren von Lord Ganesha, gefeiert zwischen August und September
6 Das Sternzeichen Waage
7 Rāsi: Das Tierkreiszeichen des Mondes zum Zeitpunkt der Geburt
8 Hier: Simha Lagna

junge Frau. Während Er mit ihr spielte, tauchte Er in einen Fluss ein und verschwand. Dies wird Līla Viswambhara Avatar genannt. Dieses Līla geschah an einem Mittwochmorgen am Vollmondtag des Monats Pushya[1]. Mein Lieber, dieses illusionäre Mädchen war niemand anderes als Anagha Mata, die ‚bessere Hälfte'[2] von Dattātreya. Diese glückbringende göttliche Form ist die linke Hälfte von Srīpāda Srīvallabha. Die rechte Hälfte ist Srī Dattātreya. So ist die Form von Srīpāda Srīvallabha in der Form von Ardhanārīswara[3]. Dies ist ein göttliches Geheimnis.

Srī Dattas weitere Manifestationen

7. Siddha Raju: Unser Herr lebte für einige Zeit in Badarikashram[4]. Die Siddha-Leute versuchten, Srī Swamī auf die Probe zu stellen. Da nahm ihnen Srī Swamī alle ihre Kräfte weg. Nachdem sie sich ergeben hatten, gewährte Er ihnen Atma Siddhi[5]. Dies geschah an einem Donnerstagnachmittag, einem Vollmondtag im Monat Māgha[6], im Stern Maghā[7]. Diese Form, die Atma Siddhi den Siddha Munis gewährte, wird Siddha Raju genannt. Mein Lieber, genau 2.498 Jahre, bevor Er sich als Srīpāda Srīvallabha an Ganesh Chaturdhi manifestierte, geschah etwas Merkwürdiges. Große Yogis in unterschiedlichen, hoch-spirituellen Zuständen taten intensiv Buße im Badarikashram und beteten um den Darshan von Lord Datta. Da gab ihnen der Herr den Darshan in der Form eines 25jährigen Jugendlichen. Er lehrte ihnen Kriya Yoga[8], der sehr alt ist und der den Verlauf der Seelentransformation beschleunigt[9]. Durch Kriya Yoga wird das mentale Bewusstsein[10], das normalerweise 10.000 Jahre für die Umwandlung in einen gesunden Zustand benötigt, inner-

1 Ein Mondhaus (Nakshatra) des indischen Tierkreises
2 Hier: Arthānga Lakshmi
3 Der männlich-weibliche Gott
4 Badrinath; heilige Stadt in Uttarakhand mit einem berühmten Tempel
5 Vollendung, Verwirklichung des Selbst
6 Im hinduistischen Kalender der 11. Monat, vom 21. Januar bis zum 19. Februar
7 Name der 10. Nakshatra (Mondhaus)-Konstellation
8 Eine alte Yoga-Technik
9 Hier: Jīvas
10 Hier: Chaitanyam

halb von ein paar Jahren erlangt. Die große Kraft in den höchsten dynamischen Ebenen wird in das Bewusstsein der Erde, des Wassers, der Luft, des Feuers und des Himmels gezogen, und im Einklang mit dem Willen von Mahā Shakti werden die grobstofflichen Körper auf den niederen Ebenen umgewandelt. Dies wird Kriya Yoga genannt und ist die geheimste Yoga-Art von Srī Dattātreya. Damit werden die Moleküle im Körper mit Sauerstoff aufgeladen und das Kohlendioxid im Körper entsprechend ausgeschieden. Dies ist der königliche Pfad, um den Tod zu überwinden und Mrityunjaya[1] zu werden. Sie nannten diese Form des höchsten Lehrers, der ihnen Rāja Yoga lehrte, Srī Babaji. Es war Srī Babaji, der Adi Shankara als Chandala[2] erschien und ihm Wissen[3] lehrte. Er ist auch jetzt noch im physischen Körper gegenwärtig.

Sie vergaßen, Srī Dattātreya, der als Babaji Darshan gab, zu bitten, auf Erden geboren zu werden. Dies bereuten sie. All diese großen Yogis erreichten Kaivalya Shrunga Sthal, das zwischen Nepal und Bhutan liegt, und taten intensiv Buße. Dort gab es so viele große Yogis, die einige hundert Jahre alt waren und Buße ausübten. Als der Herr ihre Gebete hörte, gab Er Seinen Darshan. Als Ergebnis ihrer Gebete erschien am Himmel ein gewaltiges Licht, das dem Licht von 100.000 Sonnen glich. Diese riesige Form nahm die Gestalt eines alten Mannes an. Sie nannten diesen großen Herrn Srī Visweswara Mahā Prabhu. Sie baten Ihn, ihnen ständig Darshan zu geben. Da antwortete ihnen der Herr, dass Er einmal in 12 Jahren Darshan geben würde. Die Yogis meinten, dass dies eine lange Zeitdauer wäre. Da sagte der Herr, er würde einmal in 6 Jahren Darshan geben. Sie antworteten, dass auch das eine lange Unterbrechung wäre. Voller Anmut im Herzen versprach Er, den Darshan einmal in sechs Monaten zu geben. Da baten Ihn diese Siddha-Gruppen, sich als Avatar auf Erden zu inkarnieren. Srī Visweswara Mahā Prabhu versprach, Er werde nach 2.498 Jahren als Srīpāda Srīvallabha in Pīthikapuram geboren werden. Er versprach auch, dass Seine Teilmanifestationen[4] 12 Mal kommen würden und dass der 12. Avatar Srī Ramlal Mahā Prabhu[5] einem

1 Sieger über den Tod
2 Ausgestoßener oder Unberührbarer, außerhalb des indischen Kastensystems
3 Hier: Jnāna
4 Amsa Avatare
5 Geboren 1888 in Amritsar, Punjab; existierte 51 Jahre in seiner 1. Körperform (-1939?)und in seiner 2. Körperform weiter im Himalaya; als Siddha-Yogi verehrt

Mönch[1] namens *Vasudevananda Saraswati*[2] *Nirvikalpa Samadhi*[3] *gewähren würde. Vasudevananda Saraswati werde später das Haus von Srī Bapanarya in Pīthikapuram identifizieren, wo Srīpāda geboren wurde, doch er werde nicht in der Lage sein, an diesem Ort die Pādukas*[4] *zu errichten, da diese Gelegenheit des Errichtens der Pādukas jemand anderem gewährt werden würde. Mein lieber Shankar Bhatt, denken Sie daran, dass der Wille von Srīpāda Srīvallabha der einzige Grund ist, dass ein Werk geschieht, nicht geschieht oder auf eine andere Weise geschieht.*"

Ich sagte: „Mein Herr, Tirumala Das, das Errichten der Pādukas ist keine große Sache. Ist es notwendig, Jahrhunderte zu warten, um die Pādukas am Geburtsort zu errichten?"

Tirumala Das entgegnete: „Mein Verehrter, dies ist das Spiel von Srīpāda Srīvallabha. Ohne Seinen Willen wird sich selbst das kleinste Blatt nicht bewegen. In den Wäldern von Badri, am Dronagiri, der auch der Sanjīvini-Berg heißt, erschien Er als eine 25-jährige Person, die Babaji genannt wird. In den Kaivalya Shrunga-Bergen zwischen Nepal und Bhutan wird Er in einer alten Form namens Srī Visweswara Mahā Prabhu gesehen. Jetzt gibt Er Darshan als ein 16jähriger Kindermönch in Kuruvapuram. Gleichzeitig ist Er in diesen drei Formen. Srī Kanyaka Parameswari, auch Adi Parashakti[5], ist als Schwester von Babaji in einer Höhle am Dasaswamedha Ghatt[6]. Mein Lieber, Srīpādas Spiele übersteigen unsere Vorstellungen, sie lassen sich nicht durch Beweisführungen verstehen, denn nie zuvor wurden sie gesehen oder wurde davon gehört. Die Vaishya Munis vollzogen ein großes Opfer[7] in Kasi unter der Leitung von Maharishi Mārkandeya. Daraufhin gab ihnen Srī Kanyaka Parameswari Darshan in Dasaswamedha Ghatt und segnete sie. Dies war der Vollmondtag im Monat Āshāda[8]. Dieser Vollmond wird Guru Pūrnima

1 Hier: Yati
2 1854-1914, auch als Tembe Swami bekannt
3 Höchste Absorption im Selbst
4 Als heilig verehrte Sandalen
5 Höchste göttliche Urkraft
6 Berühmtes Flussufer am Ganges in Varanasi, wo religiöse Menschen ein rituelles Bad nehmen
7 Hier: Yagna
8 Monat des Hindu-Kalenders, der dem Monat Krebs entspricht.

genannt. Vedavyāsa wurde auch am Āshādha Pūrnima Tag geboren. Srī Dattātreya ist der Guru aller Gurus und der erste Lehrer[1].

8. Samskara Hīna Siva Swarūpa: Parashurama[2] führte ein großes Opfer durch. An einem Montag, am achten Tag der ersten Hälfte des Monats Sravana[3], saß Swami unter einem Krishnamalaka-Baum[4] und lehrte einem Muni namens Pingala Nadha Sein wahres Shiva-Wesen[5]. Dies wird Shiva Swarupa[6] oder Samskara Hīna-Manifestation genannt.
9. Deva Deva: Der Gott Brahmā vergaß einmal die Veden. An einem Donnerstag, am 14. Tag des Monats Bhadrapada[7] im Stern Shatabhisha[8], gab er sich Dattātreya hin und Swami gewährte ihm die Veden. Dies wird Deva Deva Avatar genannt.
10. Digambara Avatar: Swami gewährte dem König Yadu Darshan und erzählte ihm von Seinen 24 Gurus und segnete ihn. Dies wird Digambara Avatar genannt. Es geschah an einem Mittwoch am Vollmond-Tag im Monat Aswayuja[9].
11. Datta Avadhūta: Es gibt einen guten Devotee namens Gorakshaka Yoyanas[10]. Er wird auch Goraknath genannt. Swami manifestierte sich für ihn an einem Vollmondtag im Monat Jyeshta[11]. Diese Form wird Datta Avadhūta Avatar genannt. Die Anhänger von Gorakshaka leben im Gebiet von Nepal. Das Exemplar von Srīpāda Srīvallabhas Horoskop befindet sich dort im Shukra Nadī Grandham[12]. Im Laufe der Zeit wird es

---

1 Hier: Adi Guru
2 Der 6. Avatar von Vishnu
3 Nakshatra-Konstellation im Monat Steinbock
4 Eine Sorte von Emblica myrobalans (Amla)-Baum, der Früchte hervorbringt, die in der ayurvedischen Medizin verbreitet sind
5 Hier: Shiva Tattwam
6 Verkörperung von Shiva
7 Nakshatra-Konstellation im Monat Wassermann-Fische
8 Nakshatra-Kostellation im Monat Wassermann
9 Nakshatra-Konstellation im Monat Widder (alter Name für Ashvini)
10 Auch Gorakshanāth genannt; Lebenszeit unbekannt, 7. oder 11./12. Jahrhundert; Mahāyogi; Inkarnation des Nava Nādha Hari; Schüler von Matschyendranath; vor allem in Nordindien verehrt; die Stadt Gorakhpur, nördlich von Varanasi, ist nach ihm benannt
11 Nakshatra-Konstellation im Monat Skorpion
12 Ein Palmblatt-Manuskript, das Nadi-Astrologie ausführt, in dem die Lebensgeschichten zukünftiger Generationen aufgezeichnet sind; Nadi-Palmblätter werden im Allgemeinen nach ihren Autoren benannt, hier Shukra.

von Nepal nach Srī Pīthikapuram gelangen. Von da an werden zahllose Menschen nach Srī Pīthikapuram kommen, um den Darshan der Datta Pādukas zu erhalten.

12. Jnāna Sagara: Mein Lieber, nach dem Avatar von Siddha Raju trat Swami in Seinen heilsamen Jnana Yoga ein. Diese Form, die den Jnana Yoga während der frühen Stunden des Sonntags am zehnten Tag der ersten Hälfte des Monats Phalguna[1] betrat, wird Jnāna Sagara Avatar genannt.
13. Vishwambhara Avadhūta: Die Siddha Munis, die Jnana Yoga von unserem Herrn erhielten, führten weiter ihre spirituelle Disziplin[2] durch. Um sie auf die Probe zu stellen, nahm der Herr die hässlichste Form an. Er verströmte heilsame Gnade auf jene Yogis, die sich Ihm hingegeben hatten. Dies geschah an einem Dienstag am Vollmondtag im Monat Chaitram[3] im Chitra-Stern. Dies wird Vishwambhara Avadhūta Avatar genannt.
14. Māya Muktha Avadhūta: Einst lebte ein guter Brahmane in der Gegend von Kasi. Eines Mittwochs am 14. Tag der 1. Hälfte des Monats Vaisakha[4] im Svāti[5]-Stern wurde die Zeremonie für seine Vorfahren durchgeführt. Am Tag jener heiligen Zeremonie betrat ein Bettler, der ein Lendentuch trug, das Haus mit einem Hund und ‚entweihte' es. Der Zorn des Brahmanen kannte keine Grenzen. Doch der Bettler ließ seinen Hund die vedischen Mantren singen. Der Brahmane erkannte Ihn als Datta Swami und fiel Ihm zu Füßen. Dies war der gleiche Brahmane, der in einer Geburt[6] zu einem großen Devotee von Datta wurde. Swami war erfreut und gewährte ihm die Gunst, dass Er die Avatarschaft von Srīpāda Srīvallabha annehmen und dass dieses verdienstvolle Paar als Sumatī und Appalaraja Sarma geboren werden würde; sie würden in ihrem Haus Kālāgni Shamana Datta Murthi[7] verehren und Er würde als ihr Kind geboren werden. Diese Form hat den Namen Māya Muktha Avadhūta.

1 Nakshatra-Konstellation im Monat Löwe
2 Hier: Sadhana
3 Nakshatra-Konstellation im Monat Widder
4 Nakshatra-Konstellation im Monat Waage-Skorpion
5 Nakshatra-Konstellation im Monat Waage
6 Hier: Janma
7 Einer der 16 Avatare (Inkarnationen) von Dattātreya als Feuer der Zeit

15. Ādi Guru: Die duale Form von Datta Swami und Anagha Lakshmi[1], die sich manifestierte, um Jambhasura zu töten, wird Ādi Guru Avatar genannt.
16. Shyāma Kamala Lochana: An einem Mittwoch, am 12. Tag der ersten Hälfte des Monats Kartika[2] im Stern Rēvati[3] zur Zeit des Sonnenaufgangs, gab Lord Srī Datta zahllosen Leuten Darshan, mit Augen, die schwarzen Lotussen (Shyāma Kamala Lochana) glichen; aus Seinen Augen verbreitete Er die nektargleiche Fülle der göttlichen Lichtstrahlen. Diese Manifestation wird Shyāma Kamala Lochana genannt.

Lord Srī Datta gewährt Glück, Freude und Befreiung. Um Ihn zu verehren, genügt es, Seine göttlichen Pādukas[4] zu verehren. Die vier Veden nahmen die Form von vier Hunden an und lecken Seine heiligen Sandalen. Die Veden befreien von allen Unreinheiten. Wo diese Veden selbst zu dreckigen Hunden wurden und zu Seinen Lotusfüßen liegen, ist es für Menschen schwierig, Seine Heiligkeit zu erahnen. Selbst für die Himmlischen und die sieben Weisen ist es nahezu unmöglich.

In alten Zeiten, während der Zeit der Inkarnation von Vamadeva[5], lebte ein Weiser namens Vamadeva Maharishi als Sein Zeitgenosse. Bei der Geburt kam Sein Kopf aus dem Schoß Seiner Mutter und zog sich sofort wieder in ihren Schoß zurück, nachdem Er die Umgebung draußen gesehen hatte. Als dann die Devas und Einsiedler beteten, wurde Er wieder geboren. Direkt von Geburt an war Er Brahma Jnāni[6].

Das Gleiche geschah auch bei der Geburt von Srīpāda. Da Er zweimal geboren wurde, ist Er direkt ein Dwija[7]. Das ist jemand, der von Geburt an reich an Wissen vom höchsten Selbst ist[8]. Da Er von vollkommenem,

---

1 Die Dreiheit von Lakshmī, Pārvatī und Saraswatī
2 Indischer Monat beginnend mit dem November-Neumond oder dem Anfang des Monats Skorpion
3 Nakshatra-Konstellation im Monat Fische
4 Als heilig verehrte Sandalen
5 Der fünfte Avatar von Lord Vishnu in der Form eines Zwerges
6 Jemand, der Brahman verwirklicht hat.
7 Zweimal Geborener
8 Hier: ein Brahmājnāna Sampanna

ungeteiltem und unendlichem non-dualistischem Sat Chit Ānanda[1] ist, gab es für Ihn keinen Lehrer. *Srīpāda wurde an einem Tag von Ganesh Chaturdhi[2] in der Konstellation Chitra[3] geboren mit Tula[4] Rāsi[5] und Löwe-Aszendent[6]. In Wirklichkeit ist Er nicht die vereinte Form der Trinität, sondern eine besondere Erscheinung, die weit über sie hinausgeht. Um anzudeuten, dass Er zur vierten Dimension gehört und die Trinität transzendiert hat, wurde Er an Chaturdhi geboren. Auch um darauf hinzuweisen, dass Er Ganesha ist, der Herr von Pravrithi Ganas und Nivrithi Ganas[7], wurde Er an Ganesh Chaturdhi geboren.* Mars oder Angaraka ist der Herr der Chitra-Konstellation. Angaraka wird auch der Planet Mangala genannt. Wenn dieser Planet angegriffen ist, finden viele ungünstige Ereignisse im Leben einer Person statt. Srīpāda wurde in der Chitra-Konstellation geboren, um alle schlechten Einflüsse zu beseitigen und glückbringende Wirkungen zu gewähren. *Wer daher Srīpāda während der Dauer der Chitra-Konstellation verehrt, erlangt reiche glückbringende Ergebnisse.* Srīpāda ist in der Tat Dharma Sāsta[8]. Um also bekannt zu machen, dass Er der Sohn von Hari und Hara[9] ist, Srī Ayyappa Swamī[10], wurde Er am Tula Rāsi geboren. Er wurde mit Löwe-Aszendent geboren, dem Haus der Sonne, dem König aller Planeten. Er macht dadurch deutlich, dass Er der Herr des Universums ist. Und dass Er der Herrscher ist, der gekommen ist, um seinen prachtvollen königlichen Darbār[11] zu halten. *Es gibt keine Feinheiten des Dharmas[12], die Srīpāda unbekannt wären. Wenn ein dharmisches Dilemma entsteht, so wird sich der rechte Pfad der Rechtschaffenheit zeigen, wenn wir Ihn verehren.*

---

1 Urquell von Sein, Bewusstsein und Seligkeit
2 Ein Fest zu Ehren von Lord Ganesha, gefeiert zwischen August und September
3 Nakshatra-Konstellation im Monat Jungfrau-Waage
4 Das Sternzeichen Waage
5 Rāsi: Das Tierkreiszeichen des Mondes zum Zeitpunkt der Geburt
6 Hier: Simha Lagna
7 Der Pfad der Involution, zur Materie, und der Evolution, zum Geist; der materielle und der spirituelle Pfad. Ganesha ist der Herr dieser Kräfte (Ganas)
8 In Indien viel verehrte Gottheit, ein Sohn von Lord Shiva und Mohini
9 Der höchste Gott als Einheit von Vishnu und Shiva
10 Ist Dharma Sāsta, geboren aus der Vereinigung von Shiva mit der weiblichen Mohini-Form von Vishnu
11 Königshof
12 Göttliches Gesetz

Von Lord Srī Datta sind die Trimurtis[1] *hervorgekommen und aus ihnen kamen 300 Millionen Himmlische, und von diesen Himmlischen 3,3 Milliarden Gottheiten. Wenn man sich daher an den Namen Datta erinnert, ist dies wie das Gedenken an alle 3,3 Milliarden Gottheiten.*

Für das Brahmā-Gesicht von Datta sollte man Rīshipūja[2] *ausführen. Für das Vishnu-Gesicht von Datta sollten Srī Satyanarayana Vrata und Singen des Vishnu Sahasranama*[3] *durchgeführt werden, und für das Rudra-Gesicht von Datta das Rudrābhisheka. So wie Saraswatī ihren Sitz auf der Zunge von Brahmā hat, so sitzt sie auf dem Brahmā-Gesicht von Srī Datta. Wie Srī Mahā Lakshmī auf der Brust von Vishnu weilt, so weilt sie auf dem Vishnu-Gesicht von Srī Datta. Wie Gauri Devi*[4] *die linke Seite von Shiva einnimmt, so weilt sie auf dem Shiva-Gesicht von Srī Datta. Wie Srī Datta selbst Srīpāda Srīvallabha ist, so sind alle Göttinnen und ihre Kräfte auf der linken Seite von Srīpādas Körper, und alle Götter und ihre Kräfte sind auf der rechten Seite von Srīpādas Körper.*

Srī Venkateswara, der in Tirupati auf den sieben Hügeln in Erscheinung trat, ist wahrlich niemand anderes als Lord Datta! Vem bedeutet Sünden. Kata steht für ein Schneidemesser oder jemand, der austreibt. Vem ist Amruta Bīja und Kata ist Iswarya Bīja[5]. Daher ist Venkateswara derjenige, der göttliches Ambrosia und Fülle gewährt. Er ist auch derjenige, der alle Sünden vertreibt. Daher besteht kein Unterschied zwischen Srī Venkateswara und Srīpāda Srīvallabha. Sie sind ein und derselbe."

Ich fragte: „Mein Herr, Tirumala Das, unsere älteren Brüder mahnten uns eindringlich, die Regeln des Kastensystems zu befolgen. Ich empfinde jedoch, dass Srīpāda etwas anderes erzählt. Bitte beseitigen Sie meinen Zweifel."

---

1 Drei göttliche Formen in einer
2 Verehrung wie für einen Weisen
3 Eine rituelle Verehrung von Lord Vishnu in Form von Satyanarayana; gemacht, um Glück zu bringen; Rezitation des Vishnu Sahasranama – der Tausend Namen Vishnus – und Darbieten eines Tulsi-Blatts bei jedem Namen
4 Name für Pārvatī
5 Erklärung des Namens der Gottheit der Sieben Hügel, Venkateswara. ‚Ven' bedeutet Sünde, ‚Kata' bedeutet zerstören. Der die Sünden Zerstörende ist Venkateswara; die Saatklänge ‚Ven' und ‚Kata' bedeuten Nektar und Wohlstand.

Die Merkmale eines Brahmanen

Da begann Tirumala Das wie folgt zu erzählen: „Mein Verehrter, ein Brahmane sollte leben wie ein nach Brahmā Jnāna[1] Suchender. Nur dann wird er ein ‚guter Brahmane' genannt. Jemand, der die festgelegten Pflichten aufgibt und schlechten Wegen folgt, wird zu einem schlechten Brahmanen. Wenn seine schlechten Wege überhand nehmen und er in Handlungen wie dem Töten einer Kuh und dem Essen ihres Fleisches schwelgt und andere Frauen begehrt, dann sollte man verstehen, dass er nicht eine Spur Brahmanentum besitzt. Aufgrund exzessiven schlechten Verhaltens wird der brahmanische Glanz ganz weichen. Selbst die Lebenszellen in seinem Körper durchlaufen viele Veränderungen, und er wird schließlich zu einem Chandāla[2]. Dann wird er nur dem Namen nach ein Brahmane sein. Ein Kshatriya mit einem intensiven Verlangen nach Brahmā Jnāna kann durch ständige Buße Brahmanentum erlangen. Die Lebenszellen in seinem Körper werden dann von Geburt an in ein brahmanisches Naturell transformiert. Viswāmitra erlangte auf diese Weise Brahmanentum. *Wenn Saturn innerhalb von 7½ Jahren durch drei Tierkreishäuser geht, erfahren die Lebenszellen im Körper jedes Menschen viele Umwandlungen. Alte Lebenszellen sterben ab und neue Zellen werden gebildet. Dieser ganze Vorgang geht ohne das Wissen des Menschen vor sich.*

Die Merkmale eines Kshatriyas

Ein Kshatriya, der seine normale Pflicht nicht ausübt und sich friedlichen Tätigkeiten wie Landwirtschaft, Tierzucht und Handel widmet, wird nichts von seinem militärischen Mut behalten, wenn die friedvollen Beschäftigungen ihren Höhepunkt erreichen. Sein Denken, seine Haltung und sein Körper erfahren viele Veränderungen und er wird zu einem Vaishya[3]. Ein Brahmane, der dem Pfad eines Soldaten folgt, wird eine Person wie Parasurama. Haben in alten Zeiten nicht Dronacharya und Krupacharya, obwohl sie von Geburt Brahmanen waren, einen ritterlichen Beruf angenommen? Habe ich

1 Wissen von Brahman
2 Ein Paria
3 Händler

nicht durch die Gnade von Srīpāda Brahman verwirklicht, obwohl ich ein Sudra aus einer niedrigen Kaste bin? Durch unablässiges Bemühen kann eine als Sudra geborene Person zu einem Vaishya, einem Kshatriya oder einem Brahmanen werden. Yamadharma Raja[1] wird nicht jemanden strafen oder verschonen, nur weil er in einer bestimmten Kaste geboren wurde. Belohnungen werden erteilt aufgrund unserer guten und schlechten Taten. In meiner nächsten Inkarnation kann ich als Brahmane geboren werden, obwohl ich jetzt von Geburt ein Sudra bin. Ein Brahmane von Geburt mag in der kommenden Geburt als ein Sudra geboren werden. Das Kastensystem dient gesellschaftlichen Regeln. Srīpāda sagte einmal, dass das Gesicht des Allmächtigen Brahmanentum anzeigt, die Hände Kshatriyatum, die Oberschenkel Vaishyatum und die Füße Sudratum. Shankar Bhatt, Sie akzeptieren die Gastfreundschaft in unserem Haus. Die Mahlzeiten in unserem Haus sind nur brahmanische Mahlzeiten.

Das Geheimnis des Karmas

Diese Umgebung, die ständig mit dem Singen von Srīpādas Namen schwingt und mit Gedanken an Ihn erfüllt ist, quillt über mit glückbringenden und heiligen Schwingungen. Narasāvadhāni ist von Geburt her ein Brahmane, doch alle materiellen, mentalen und spirituellen Pulsierungen in seinem Haus sind giftig. Daher lehnte Srīpāda in diesem Brahmanen-Haus, das von einer verschmutzten Luft-Atmosphäre erfüllt war, die Gastfreundschaft ab. Dies ist das Geheimnis.

Lebewesen sollten eine Kaste haben, um dem Prinzip des Karmas folgend im Prozess der Evolution oder der Involution geboren zu werden. Zu diesem Zweck wurde das Kastensystem eingeführt. John, ein Deutscher, war ein Brahmā Jnāna Suchender. Wegen seines ernsthaften Bemühens hatte er das große Glück, in den Endstadien der spirituellen Evolution die Schau von Srīpāda in Kuruvapuram zu erlangen. Obwohl er ein Fremder war, wurde er von der wirksamen Gnade Srīpādas gesegnet. Narasāvadhāni, der ein Einwohner von Pīthikapuram war, konnte in den vielen Jahren Srīpāda nicht als eine Inkarnation erkennen. Erst zu einem späteren Zeitpunkt war es ihm

1 Der Herr des Todes

möglich, Ihn zu erkennen, und daher konnte er die Gnade von Srī Datta erst nach großen und beschwerlichen Anstrengungen erlangen."

Daraufhin fragte ich: „Mein Herr, Sie sagten, dass die Lebenszellen Wandlungen erfahren. Hat dann jede Rasse eine eigene Seele? Was ist die Idee hinter der Aussage, dass die Göttin Pārvati die Tochter des Himalayas ist?"

Tirumala Das antwortete mir: „Jede Rasse hat eine Seele. Dies ist eine mentale Materie. Es ist ein Teil, der von der göttlichen Seele, Srī Datta, freigegeben ist. Es ist eine große Kraft, die immer eine direkte Verbindung mit ihr hat. Eine Rasse ist nicht eine Ansammlung von in ihr geborenen Individuen, wie Sie fälschlich annehmen. Im Inneren dieser kollektiven Individualität liegen verschiedene Stärken, Fähigkeiten und Eigenschaften aller betreffenden Individuen. *So wie im Lebewesen Lebenszellen existieren, hat jedes Dorf, jede Stadt und jedes Land ihre eigene Seele. Die Erde, auf der wir leben, hat auch eine Seele. Wir nennen diese Seele Bhūmata*[1]*. Dies bedeutet, dass wir die Gottheit, welche die Erde begünstigt, Bhūmata nennen.* Ihre Seele ist eine große Kraft, die aus der allerhöchsten Seele hervorging und mit ihr verbunden ist. Auf gleiche Weise wird die Schutzgottheit des Himalayas Himavantha genannt. Ihre Tochter ist Hymavati. Wenn es heißt, dass Yamadharma Raja[2] der Sohn des Sonnengottes und Zeuge aller Dinge ist, bedeutet dies, dass Er die göttliche Seele ist, die das Urteil spricht aufgrund der guten und schlechten Taten der Lebewesen, und die Sünder bestraft.

Alle Lebewesen können ihre Handlungen nur aufgrund der vom Sonnengott erlangten Energie durchführen. Die am Himmel sichtbare Sonne unterscheidet sich davon. Auch die göttliche Seele, welche die Sonne unterstützt, unterscheidet sich davon. Ich sagte Ihnen, Srīpāda werde verschwinden, wenn Er 30 Jahre alt ist. Er wird mit jedem Atom der Abermillionen von Brahmāndas[3] verschmelzen. Er ist allgegenwärtig! Sie mögen nun fragen, was es bedeutet, wieder zu verschmelzen. Trotz Seiner Allgegenwart befinden sich zahllose größere Universen in einer gewissen Entfernung von Seiner Macht und Seinem Einfluss. Um den Evolutionsprozess in ihnen zu beschleunigen, zieht Er sie näher an Seine Macht und Seinen Einfluss heran. Wenn sich auf den Evolutionsstufen der gesamten Schöp-

1 Mutter Erde
2 Der Herr des Todes
3 Universen

fung eine gewisse Krise entwickelt, inkarniert sich Srī Dattātreya auf diese Weise. Ein Magnet zieht Eisen an. Weist das Eisen jedoch Unreinheiten auf, wird die Anziehungskraft geschwächt. Diese Art Avatār steigt herab, wenn beabsichtigt ist, alle Unreinheiten zu beseitigen und jedes Atom in dieser Schöpfung zu Ihm zu ziehen und der Evolution des Universums eine frische Richtung zu geben."

Erklärung zu den fünf Jungfrauen[1]

Ich fragte Tirumala Das: „Es heißt, dass durch das tägliche Rezitieren der Namen von Ahalya, Draupadi, Sita, Tāra und Mandodari große Sünden getilgt werden. Es fällt mir schwer, dies zu verstehen. Bitte erklären Sie es mir."

Tirumala Das erklärte: „Devendra[2] war in Ahalya verliebt. Listig ersann er einen Vorgang, um sie zu bekommen. Er nahm die Form eines Hahns an und krähte ‚Kikeriki'. Gautama dachte, es sei früh am Morgen und ging hinaus, um die entsprechenden Rituale zu machen. Devendra konnte Ahalya nicht berühren, weil sie eine keusche Frau war. Da er göttliche Kräfte besaß, verwandelte sich der starke Wille unter dem Einfluss der Verliebtheit in Ahalya in eine Kraft, die als eine Frau Gestalt annahm, welche Ahalya glich. Alle Lebenszellen im Körper der duplizierten Ahalya wurden durch die starke mentale Kraft von Devendra gebildet. Gautama sah Indra beim Geschlechtsverkehr mit der duplizierten Ahalya und verfluchte sie beide. Dann rief Ahalya aus: ‚Oh törichter Weiser, was hast du getan?' Spirituell hatte Ahalya eine höhere Position als Gautama. Aufgrund der Verfluchung von Ahalya war Gautama 12 Jahre lang geistig gestört und erlangte wieder Normalität, nachdem er Lord Shiva verehrt hatte. Die geistige Kraft von Ahalya wurde träge. Damit wurde auch ihr Körper träge und verwandelte sich in einen Fels. Ahalya wurde von dem Fluch befreit, als die Staubteilchen von Srī Ramas Füßen auf sie fielen. Versteht daher, dass Ahalya eine reine Seele war.

Der verfluchte Devendra wurde als die fünf Pāndavas geboren. Obwohl sie fünf Gestalten und fünf Denkvermögen hatten, war die sie stützende

1 Hier: Pancha Kanyas
2 Indra

Seele nur eine. Dies ist etwas Merkwürdiges. Sachi Devi manifestierte sich aus dem Opferfeuer als Draupadi. Ihre Geburt ist keine normale Geburt.

Der Gott des Feuers hatte die echte Sita in Sich verborgen. Ravana nahm eine Māya-Sita mit nach Lanka. Als Sita in das Feuer eintrat, kamen zwei Sitas hervor. Wisset daher, dass Sitadevi eine große hingebungsvolle Pativrata[1] ist.

Es gibt 27 Sterne in den 12 Häusern des Tierkreises. Die Schutzheilige der 27 Sterne wurde als Tāradevi geboren. Als sie in der Blüte ihrer Jugend stand, verliebte sich die Schutzgottheit des Planeten Guru[2], Brihaspati, in sie und heiratete sie. Ein alter Ehemann kann jedoch eine voll erblühte junge Dame nicht zufriedenstellen. Dies ist eine Verzerrung des Dharmas. Die Verletzungen der während der Heirat gemachten feierlichen Versprechen können nicht entschuldigt werden. Tāradevi konnte nie das Gefühl bekommen, dass dies ihr Ehemann sei, wenn sie Brihaspati anschaute. Die Aufgabe, das Gefühl eines Ehemanns in ihr hervorzurufen, liegt bei Brihaspati. Er, der alle Dharmas kannte, verhielt sich gegen das Dharma. Im Einklang mit Tāradevis mentalen Gefühlen wandelten sich die Lebenszellen in ihrem Körper auf vielerlei Weise um. Ihr Denken war mit der Form von Chandra[3] erfüllt. Ihr Herz stand unter dem Einfluss von Chandra. Die Tāradevi, die sich so gewandelt hatte, war nicht die gleiche Tāradevi, die zuvor Brihaspati geheiratet hatte. So war die Vereinigung von Tāra und Chandra nicht gegen das Dharma. Nach den Regeln der Schöpfung muss Chandra um alle 27 Sterne herum wandern. Dies ist nicht die Pflicht des Planeten Jupiter. Würde Jupiter sich so bewegen, hätte dies ein Überschreiten des Dharmas zur Folge. Alles, was gegen das Dharma verstößt, ist dazu bestimmt, zerstört zu werden. Daher ist es das Dharma, dass die Schutzheilige der 27 Sterne, Tāradevi, sich mit dem Mond verbindet, der Schutzgottheit des Chandra Mandala[4]. Mein Lieber, in Übereinstimmung mit diesem subtilen Dharma ist Tāradevi eine Mahā Pativrata[5].

1 Keusche, tugendhafte und fromme Ehefrau
2 Jupiter
3 Der Mond
4 Der sichtbare Mond als Satellit der Erde zusammen mit allen unsichtbaren Kräften und Gottheiten auf anderen Ebenen der Existenz
5 Höchst treue Ehefrau

Als Bhishma auf seinem Bett aus Pfeilen[1] lag, gab er Dharmaraja Unterweisungen. Bhishma sagte: ‚Wenn schlechte Dinge geschehen, sollten sie wenn möglich aufgehalten werden. Sonst sollte man den Ort verlassen. Als Draupadi dies hörte, lachte sie. Da sagte Bhishma: ‚Als Draupadis Kleider entwendet wurden, schwieg ich. Zu jener Zeit nahm ich das Essen zu mir, das von Dhuryodhana und anderen zubereitet wurde. So wurden damals mein Denken und meine Haltung verdorben. Jetzt ist das schlechte Blut aus meinem Körper herausgeflossen, und mein natürliches Wesen ist rein. Ich verstand die Wahrheit.‘

Ein Lebewesen geht im Laufe der Evolution durch viele Geburten. Es mag in einigen Leben als Frau und in einigen anderen Leben als Mann geboren werden. Statt als Menschen können sie auch als Tiere oder Vögel geboren werden. Mandodara wurde in einer Geburt als Mann geboren.

In jenem Leben hatte er eine launische Ehefrau, eine grausame Frau und eine sanftmütige Frau. Die launische Frau wurde als Affe mit dem Namen Vali geboren. Die grausame Frau wurde als Ravana und die sanftmütige Frau als Vibhishana geboren.[2] In einem anderen Kalpa[3], als Mandodari als Mann geboren wurde, waren die drei seine Frauen. Im jetzigen Leben wurde Mandodari die Frau von Vali und gebar Angada. Danach wurde sie die Frau von Ravana. Nach dem Tod von Ravana wurde sie die königliche Frau von Vibhishana. Die Lebenszellen in den verschiedenen Stadien, als sie die Frau von Vali, Ravana und Vibhishana war, waren unterschiedlich und verändert. Daher ist Mandodari auch eine Mahā Pativrata.“

Dann fragte ich: „Mein Herr, es heißt, dass Frauen und Männer monogam leben sollten. Ist Polygamie nicht verwerflich?“

Die Umwandlung des Karma-Zyklus

Daraufhin sagte Tirumala Das: „Was Sie sagen, ist sehr wahr. Wenn ein Mann seine Frau ohne Grund Belästigungen aussetzt, wird er in den nachfolgenden sieben Leben zu einer jungen Witwe. Wenn ein Mann vier oder fünf Frauen heiratet, wird er im nächsten Leben als Frau geboren. Wenn die se-

1 Eine Geschichte aus dem Mahābhārata
2 Drei Personen aus dem Ramayana
3 Eine Vereinigung von vier Yugas

xuellen Wünsche und Triebe dieser vier oder fünf Frauen nicht abgebaut werden, werden sie als Männer geboren und leben in sexuellem Schwelgen mit dieser Frau. Wenn dies in einem Leben geschieht, kommt es zum Ehebruch, was eine Sünde ist. Andererseits, wenn diese Männer sie getrennt in verschiedenen Leben heiraten, entsteht keine Sünde. Dies ist die Macht vom Rad der Zeit. Bei der Rotation des großen Rades geschehen viele solcher zahllosen Wunder. Wird jemand als Frau geboren, müssen die Pflichten dieser Geburt erfüllt werden. Dies gilt entsprechend für Männer. Der Sünder, der ein Paar trennt, wird als Eunuch geboren. Er wird impotent sein und zu keinem Geschlecht gehören. Die Freuden der Ehe bleiben ihm versagt. Er erlebt großes Elend und geht durch geistige Agonie. Fleisch zu essen ist verboten. Angenommen, jemand hat eine Ziege getötet und ihr Fleisch wurde in Anwesenheit von zehn anderen Personen gegessen – diese Ziege erfährt dann zum Zeitpunkt, an dem das Leben entweicht, großen Schmerz. Diese schmerzlichen Reaktionen liegen im Luftbereich verborgen. Mein Junge, in der Luftsphäre liegen schmerzhafte und glückliche Reaktionen verborgen. *Gute Taten rufen glückliche Schwingungsreaktionen hervor und schlechte Taten erzeugen beunruhigende Reaktionen.* Die tote Ziege beabsichtigt, den zehn Personen, die sie verspeisten, Schaden zuzufügen. Aufgrund ihres Gedankens an die Menschen wird die Ziege als Mensch geboren, aber diese zehn Personen werden als Ziegen geboren. Auf diese Weise ergeben sich die Resultate der Handlungen. Jeder Aktion folgt eine entsprechende Reaktion. Daher sollte der Mensch die Qualität des Vergebens entwickeln. Eine sattwische[1] Person wird nicht gern das Fleisch einer Ziege essen, selbst wenn sie es sieht. Selbst wenn die Ziege zufällig der Mann ist, der sie aß. Wenn er vergibt und ihr Leben gewährt, hört das Rad des Karmas auf.

Die kollektive Tugend und die kollektive Sünde der Bewohner von Pīthikapuram trugen auf einmal Früchte und wurden zur Ursache für die Geburt von Srīpāda Srīvallabha. Fromme Menschen erkannten Ihn als Srī Datta und erlangten glückbringende Ergebnisse. Sünder erkannten Ihn nicht als Srī Datta und durchlitten üble Auswirkungen. Wer Srīpāda Srīvallabha beschimpft, fällt ins Raurava[2] und andere Höllen, selbst wenn er Srī Datta verehrt. Es ist besser zu schweigen, wenn man etwas nicht versteht; aber

1 Rein
2 Die Hölle für Menschen, die anderen schaden; diese quälen sie in der Hölle als schlangenähnliche Wesen.

man sollte diese schöne, göttlich-herrliche, glückbringende und großherzige Form nicht beleidigen. Wer Seinem Gesicht Kampfer-Hārati[1] darbietet, aber Nägel in Seine Füße treibt, und wer die Inkarnation von Srī Datta beschimpft, wird Geschlechtskrankheiten bekommen. Nicht nur das. Srī Datta hat Seinem heiteren Spiel der Gnade eine spezielle yogische Kraft hinzugefügt. Die Erinnerung an den Namen von Srī Datta bringt frommen Menschen die Erfüllung all ihrer Wünsche, ohne dass sie danach fragen oder sich anstrengen müssen. Bei Sündern, die Srīpāda beleidigen, entstehen auf merkwürdige Weise zahllose Hindernisse und unerwünschte Dinge. Srīpādas Form ist Feuer. Er trägt einen Stoff aus Feuer. Sein Körper ist eine Verkörperung des heiligen Yoga-Feuers. Um die Wirksamkeit Seiner heiligen Pādukas zu beschreiben, reichen selbst Äonen nicht aus. Sogar den Veden und Upanishaden ist es nicht möglich, die Großartigkeit Seiner Srī Pādukas zu beschreiben. Wie viele Yugas, wie viele Kalpas vergingen? Wie viele Zyklen von Schöpfung, Erhaltung und Auflösung fanden statt? Dennoch ist Srī Datta allein Srī Datta. Es gibt niemanden, der mit Ihm vergleichbar wäre. Er ist wahrlich Srīpāda Srīvallabhā. Jedes Atom in dieser Schöpfung bezeugt diese höchste Wahrheit.

Die Wiedereinsetzung des selbstexistierenden Datta

Ein merkwürdiger Avadhūta[2] kam nach Pīthikapuram. Er war ein verrückter Mönch und seltsamer Asket, der die Leute durch Flüche und Beschimpfungen segnete. Wenn er jemanden pries, verringerten sich die Früchte der tugendhaften Handlungen der anderen Person. Die Bewohner von Pīthikapuram erkundigten sich bei ihm über den Verbleib des selbstexistierenden Datta. Da erzählte ihnen dieser Siddha, dass der selbstmanifestierte Datta ein Bad in allen heiligen Zentren genommen habe und im Fluss Ela ruhe. Als daraufhin im Ela-Fluss gesucht wurde, kam die Statue des selbstmanifestierten Datta heraus. Zu einer glückbringenden Zeit weihten Apara Sarva-mangala Devi[3] Sumatī Maharani und Appalaraja Sarma, der mit brahmanischem Glanz

1 Schwenken von brennendem Kampfer-Licht
2 Ein von allen weltlichen Bindungen befreiter Mensch
3 Sehr glückbringende und treue verheiratete Frau; Titel für die Mutter von Srīpāda

strahlte, das Kultobjekt erneut. Dies geschah gemäß dem Wunsch dieses Siddhas. Srī Bāpanārya hatte bei dieser großen Feier den Vorsitz inne.

Geburt von Srī Vidyāranya

An dem Tag, als die Wiedereinsetzung im Tempel stattfand, lud Bāpanārya diesen Siddha für Bhiksha[1] in ihr Haus. Der Siddha willigte ein. Er sah Srīpāda im Haus Seines Großvaters. Eine überwältigende väterliche Liebe zu dem zweijährigen göttlichen Kind, das sanft über den Boden schritt, stieg in ihm auf. Das Kind kletterte auf die Schulter Seines mütterlichen Onkels Venkavadhani. Fröhlich spielte Es mit dem Haarschopf Seines mütterlichen Onkels. Als das Kind den Siddha sah, fing es an zu lachen, woraufhin der Siddha in Samadhi fiel. Nachdem er wieder das Bewusstsein erlangt hatte, sagte Srīpāda: ‚Madhavā, Bukkarayadu wird ein Hindu-Königreich entsprechend deinem Wunsch errichten, wenn ich 16 Jahre alt geworden bin. Du wirst Hari Hara und Bukka Raya beschützen. Mögest du unter dem Namen Vidyāranya[2] berühmt werden. Im darauf folgenden Jahrhundert wird Govinda Dikshitulu im Haus deines Bruders Sāyanācharya geboren werden. Dieser Govinda Dikshitulu ist niemand anderes als du selbst! Mögest du als ein Rājarshi und großer Minister von Tanjavur[3] erfolgreich sein.'

Da flossen Freudentränen aus den Augen des Siddhas. Er umarmte Srīpāda. Srīpāda erwies den Füßen des Siddhas auf heitere Weise Seine Ehre. Der Siddha rief aus: ‚Was ist das für ein Wunder?' Srīpāda entgegnete: ‚Du wirst das Sringeri Pītham besteigen und als Vidyāranya bekannt werden. Du wirst als Krishna Saraswati geboren werden, als der dritte in der Linie deiner Jünger. Du wirst große kindliche Zuneigung zu Mir haben. Wenn Ich Mich daher wieder als Narasimha Saraswati inkarniere, wirst du Mich als Mein Lehrer, Srī Krishna Saraswati, in Kasi in den Asketenorden einweihen. Kasi Visweswara und Annapūrna Māta sind Zeugen. Du musst das asketische Dharma wieder herstellen.'

---

1 Nahrungs- oder Geldspende

2 Er war von 1380 bis 1386 A.D. der 12. Jagadguru des Sringeri Sharada Pītham; er ist bekannt als der Königsmacher, Schutzpatron und Hohepriester für Harihara Raya I und Bukka Raya I, den Gründern des Vijayanagar-Reichs.

3 Eine Tempelstadt im südindischen Staat Tamil Nadu

Wie Vajapeyājula Mādhavācharya, der zum Parāsara Gotra[1] gehört, zu dem die Weisen Vasistha, Shakti und Parāsara gehören, als Vidyāranya Maharshi berühmt wurde, und einige weitere Dinge werde ich morgen erzählen." Damit beschloss Tirumala Das die Erzählung dieses Tages.

Ehre sei Srī Srīpāda Srīvallabha!

1 Geschlecht

Kapitel 9

Diskussion über die Früchte des Karmas

Es war ein Donnerstag und die Zeit des Sonnenaufgangs. Die Stunde des Planeten Jupiter verging. Srī Tirumala Das und ich befanden uns in einem Raum in tiefer Meditation. Ein sanfter Sonnenstrahl drang in unser Zimmer ein. Welch ein Wunder! In diesen feinen Sonnenstrahlen sahen wir beide die Form von Srīpāda Srīvallabha. Als der Sonnenstrahl in unser Zimmer eintrat, kehrten wir aus der Meditation zum Bewusstsein zurück. Die höchst heilige und glückbringende Form von Srīpāda Srīvallabha als einen Jungen von sechzehn Jahren zu erleben, geschieht zweifellos nur aufgrund der großmütigen Gnade des großen Herrn! Diese herrliche glückbringende Form gab uns für eine Sekunde Darshan und verschwand dann.

Die als eine Gabe für den Herrn aufbewahrten Kichererbsen verwandelten sich durch die Sonnenstrahlen in Metallstücke. Dies war verwunderlich und zugleich belastend. In Gedanken machten wir uns Sorgen, ob das Erscheinen des Herrn ein Zeichen der Gnade oder ob die Veränderung der Kichererbsen zu Metallstücken ein Zeichen Seines Ärgers war.

Tirumala Das begann zu erzählen: „Mein lieber Shankar Bhatt, nachdem Sie meine Gastfreundschaft angenommen haben, können Sie heute Nachmittag nach Kuruvapuram aufbrechen. Lord Datta hat die Erlaubnis erteilt. Am Donnerstag um die Mittagszeit bittet Lord Datta um Almosen an den Datta-Stätten[1]. Dies ist eine sehr glückbringende Zeit."

Ich erwiderte: „Mein Herr, jeden Tag verbringen wir Zeit, um an Srī Datta zu denken und in Erzählungen der Episoden von Srī Datta zu verweilen. Es ist schmerzlich, dass die als Gaben angebotenen Erbsen sich in Metallstücke verwandelt haben. Bitte beseitigen Sie meine Zweifel und erfüllen Sie mich mit Ihrer Erklärung."

Tirumala Das sagte: „In ein paar Jahrhunderten, wenn das Kali Yuga[2] weiter fortschreitet, wird Atheismus um sich greifen. Durch sehr merkwür-

1 Hier: Datta Kshetras
2 Dunkles Zeitalter

dige und erstaunliche Wunder zerstört der Herr den Atheismus und richtet Theismus ein. So segnet Er die Lebewesen. In der Inkarnation von Srīpāda Srīvallabha gewährt Lord Datta die Saatform für die zukünftigen Programme zum Errichten von Dharma.

Im Metall befindet sich das Bewusstsein im Schlafzustand, so dass das Leben im Inneren existiert. Aufgrund verschiedener chemischer Aktionen der Metalle entsteht Leben. Der mentale Zustand existiert im Leben als ein innerer Bestandteil. Das Bewusstsein in der Lebensform befindet sich in einem Halbschlaf. Man kann dies deutlich bei Bäumen sehen. Ein Mensch, der Narkotika konsumiert, erlebt diesen Zustand in seinem Körper. Die Natur, die sich in Form von Lebenskraft ausdrückt, lernt, im entwickelten Zustand, der durch die Evolution hervorgebracht wird, durch das Denkvermögen zu wirken. Man kann diesen Zustand bei Tieren beobachten. Nach vollständiger Entwicklung wird ein Tier zu dem, was wir Mensch nennen. Das Denkvermögen arbeitet mit voller Kraft. Doch im Denkvermögen gibt es ein supra-mentales Denken, welches das normale Denken übersteigt; es befindet sich jenseits des Denkvermögens. Durch Yoga kann der Mensch zu einem vollkommenen Menschen werden. Er kann die im Mūladhara[1]-Zentrum liegende Kundalini-Kraft aktivieren und sie zum Sahasrara-Punkt[2] emporheben. Dort kann er auch Savikalpa[3] und Nirvikalpa Samadhi[4] erlangen und die Verschmelzung mit Srī Guru, der eine Verkörperung des höchsten Lichts ist, als seine Identität erfahren. In diesem Zustand erlebt er unbeschreibliche Seligkeit, aber er wird sich entsprechend den Vorgaben des Großen Beschlusses[5] verhalten. Dadurch ist er nicht an das Karma gebunden. Der Umriss dieses Großen Beschlusses ist jedoch unfassbar, unvorstellbar und von unermesslich hoher Geschwindigkeit. Das supramentale Denken gehört allein dem großen Herrn. *Lord Srīpāda nimmt jeden Augenblick Millionen von Gebeten entgegen. Er antwortet auf jedes aufrichtige Gebet. Wenn es mit dem Dharma in Übereinstimmung ist, schafft Er Abhilfe für das Problem. Er gewährt jeden gerechten Wunsch. Wenn die Denk-Geschwindigkeit eines Menschen wie die Geschwindigkeit einer Schildkröte ist, so*

1 Basiszentrum
2 Kopfzentrum
3 Samādhi-Zustand, in dem das Bewusstsein zeitweilig mit Brahman verschmilzt
4 Höchste Absorption im Selbst
5 Hier: Mahā Samkalpa

ist die Geschwindigkeit Seines Supra-Mentals weit jenseits aller Vorstellung und gewaltig. Selbst die Lichtgeschwindigkeit gleicht nicht der Geschwindigkeit Seines Supramentals. Jedes kleine Gebet eines Menschen oder eines Lebewesens muss Seine zahllosen Strahlen des Glanzes erreichen! Er ist die Unterstützung aller sichtbaren und unsichtbaren Kräfte. Der Glanz in Seiner Welt ist nichts anderes als der Verbund der glänzenden Strahlen, die allein aus Seinem stets strahlenden Körper hervorkommen. Dies ist der Glanz von Abermillionen Sonnen. Selbst das vereinte Strahlen von Millionen Sternen und Planeten, die in Millionen von Universen[1] leuchten, ist wie das Licht einer kleinen Kerzenfackel vor der Sonne. Mein Lieber, dies ist die wahre und exakte Natur von Srīpāda Srīvallabha. Diese formlose, attributlose Form, die unendliche Stärke, unendliches Wissen und unendliche Ausmaße hat, zeigt sich aufgrund ihrer unendlichen Gnade gegenüber der Schöpfung als Srīpāda Srīvallabha in der Form eines Menschen mit Anmut, Qualitäten und in einer Form. Um dies zu verstehen, sollte ein Mensch ein vollkommener Siddha werden.

Die göttliche Form von Srīpāda Srīvallabha

So wie die Entwicklung des Menschen zum Göttlichen hin unvermeidlich ist, ist Gott zu den niederen Bereichen herabgekommen, indem Er Seine unendlichen Kräfte komprimiert. Dies wird Inkarnation genannt. Es ist ein ständiger yogischer Prozess. Wenn einmal die Wahrheit in der Schöpfung begründet ist, wirkt sie natürlich und mühelos. Srīpāda Srīvallabha – eine Personifizierung von Wahrheit, Wissen und Unendlichkeit – ist eine höchste göttliche Inkarnation, die mit der Absicht herabgestiegen ist, verschiedene göttliche Wahrheiten in der Schöpfung zu errichten. Er ist wahrhaftig Lord Datta."

Daraufhin entgegnete ich: „Mein Herr, durch die Unterhaltung mit Ihnen werden viele neue Dinge offenbar. Die wahre Natur von Srīpāda widersetzt sich dem Verstehen. Ich weiß nicht, wie ich diese großartige göttliche Biographie von Ihm schreiben soll; Ich weiß nicht, mit welchen Kommentaren ich sie versehen soll. Sie sprachen über das Errichten der Wahrheit. Ich habe

1 Hier: Brahmāndas

vom Errichten von Idolen gehört, aber nicht vom Errichten der Wahrheit. Bitte erklären Sie es mir."

Tirumala Das sagte: *„Lieber Shankar Bhatt, Sie sind die Person, die dafür vorgesehen ist, die Hagiographie des Herrn zu schreiben. Schreiben Sie über die Erfahrungen der Devotees von Srīpāda, die Ihnen begegnen. Zeichnen Sie die Dinge auf, die diese erzählen. Ihre Kommentare sind nicht nötig. Srī Vāru*[1] *selbst wird Seine Biographie durch Sie als Sein Werkzeug schreiben lassen. Sich weitere Gedanken darüber zu machen ist Verschwendung.*

Der Mensch nimmt verschiedene Arten von Nahrung zu sich. Diese werden verdaut und geben dem Menschen Kraft. Auch ohne das Zutun der menschlichen Intelligenz läuft dieser Vorgang ab. Die Verantwortung des Menschen beschränkt sich auf die Beschaffung der Nahrung. Danach liegt es an einem gesunden Körper, sie im Inneren zu verarbeiten und dem Körper Stärke zu verleihen. *Dies bedeutet, sich seine Nahrung zu verdienen ist eine dem Menschen auferlegte Pflicht, und es ist die Pflicht des Körpers, die Nahrung aufzunehmen und in Stärke zu verwandeln. Ein Mensch besitzt Denkvermögen, er genießt mehr Freiheit, und daher gibt es die Möglichkeit, richtig oder falsch zu handeln. Doch der Körper hat diese Freiheit nicht. Er muss die geeignete Nahrung umwandeln und dem Körper Stärke verleihen. Dies ist ein natürlicher Akt, der mühelos geschieht, unabhängig von den Vorlieben und Abneigungen des Menschen, der die Speisen gegessen hat. Dies bedeutet, der Körper hat eine bestimmte Pflicht. Eine damit verbundene Wahrheit wurde erstellt. Gemäß dem Prinzip der Wahrheit findet eine Handlung statt und vollzieht sich automatisch, ohne unser Zutun oder unseren Willen.* Aktionen und Reaktionen geschehen in dieser Natur oder Schöpfung auf der Grundlage der Wahrheit. Sonnenaufgang und Sonnenuntergang, Jahreszeiten und der Lauf von Planeten und Sternen gehen auf diese Weise vonstatten. Dies ist ein unantastbares Gesetz. Es wurde ihnen keine Freiheit gegeben, die Dinge auf andere Weise geschehen zu lassen. Der allgegenwärtige Herr hat Erbarmen mit den Lebewesen in dieser Schöpfung, denn Er erleichtert und vereinfacht in gewissem Maße die von Ihm vorgeschriebenen Pflichten. Im Krita Yuga[2] wurde alles allein

1 Srīpāda Srīvallabha
2 Das erste der vier Zeitalter, das goldene Zeitalter

durch den Willen erzielt. Im Tretā Yuga[1] wurden die Dinge durch die Durchführung von Opfern und Ritualen erlangt. Im Dwāpara Yuga[2] wurden sie durch die Verwendung von Mantren und Astras[3] erreicht. *Im Kali Yuga ist Tantra Sāstra[4] wichtig. In diesem Yuga entstehen Ergebnisse durch Maschinen. Entsprechend dem Dharma des Zeitalters finden Erleichterungen und Vereinfachungen statt. Aufgrund der Tatsache, dass die Stärke und Intelligenz der Menschen nachlässt, wurde der Entschluss gefasst, die Dinge zu vereinfachen.*

Die Vision von Srīpāda kann durch nicht nachlassende Meditation erlangt werden

Wer drei Tage und Nächte lang ständig über Srīpāda rezitiert und meditiert, dem gewährt Srīpāda Darshan in Fleisch und Blut und segnet ihn. *Folgt der Mensch Hunderttausenden von Wegen für seinen Fall, so führt Gott eine Million Pfade ein, um ihn emporzuheben. Lord Srī Datta leitet diese Schöpfung durch Seine Inkarnationen und durch Siddhas, Yogis, Avadhūtas und große Siddhis.*

In Ihrem Denken taucht ein leichtes Misstrauen als kleiner Same auf, ob dieser Srīpāda tatsächlich der Srī Datta der alten Yugas ist. Um diesen Zweifel zu beseitigen, verwandelte Srīpāda die angebotenen Erbsen in Metallstücke. Mutter Anasūyā wandelte Metallerbsen in essbare Erbsen um. Er tat dies, um uns daran zu erinnern, dass Er niemand anderes ist als der Srī Datta von früher. Darin liegt noch eine weitere geheime Bedeutung. Der Planet Jupiter steht in Ihrem Horoskop in einer geschwächten Position. Zwischen Jupiter und den Kichererbsen gibt es eine Beziehung. Durch diesen Hinweis teilt Srīpāda Ihnen mit, dass es durch den angegriffenen Jupiter Schwierigkeiten in Saatform gibt und dass Er sie in Metall verwandelt hat, welches nicht mehr keimen kann. Kein Ding tritt in diese Schöpfung ein, das nicht von Srīpāda in Seinem göttlichen mentalen Horizont gesehen

1 Das zweite der vier Zeitalter
2 Das dritte der vier Zeitalter
3 Feurige Geschosse, die in der alten Kriegsführung verwendet wurden
4 Wissenschaft zum Erfahren der konkreten Manifestation der göttlichen Energie durch Rituale

wird. Dies ist eine höchste Wahrheit. Das Wissen um die Wahrheit ist tief verewigt. Deshalb käme es zu keinem Verlust, selbst wenn alle Menschen mit diesem Wissen aus der Welt verschwinden würden. Betritt jedoch eine Person, die dieses Wissens würdig ist, diese Schöpfung, wird das Wissen zu ihr kommen. Göttliche Kräfte, weise Menschen, die ein langes Leben aufweisen, und göttliche Inkarnationen gehören zum Phänomen des Nicht-Zerstörbaren. Gewöhnliche Menschen gehören zum Phänomen des Zerstörbaren. Es gibt keine Bestimmung, dass sich das Phänomen des Nicht-Zerstörbaren auf eine bestimmte Art von Wissen, Position, Stärke und Bewegung bezieht. Seine Natur ist Freiheit; in allen Facetten herrscht Vollständigkeit. Sie ist das älteste und auch das modernste Instrumentarium. Ohne einen Grund findet keine Handlung statt. Für alle Ursachen und für alle Handlungen ist die ‚Basis' das einzige Phänomen. Dies steht über allem. Dies ist die Natur von Lord Datta. Dieser Lord Datta inkarnierte sich zum ersten Mal im Kali Yuga mit all Seinen großartigen Kräften als Srīpāda Srīvallabha in Pīthikapuram. Selbst für eine tausendköpfige Ādi Sesha[1] ist es unmöglich, den derart großen Srīpāda Srīvallabha anschaulich zu beschreiben.

Mein Lieber, Srīpāda hat oft erklärt, Er werde sich als Srī Narasimha Saraswati inkarnieren. Hiranya Kasipa erhielt sehr merkwürdige Gaben. Es schien, als wäre sein Tod unmöglich. Selbst da tötete die Inkarnation von Narasimha Hiranya Kasipa in einer absolut unvorstellbaren Weise, ohne dabei die gewährten Gaben anzutasten.[2] Prahlāda beteuerte, dass der Herr in einer Säule wäre. Swamī manifestierte sich aus der Säule. *Das Kali Yuga ist voller Zweifel, ob es Gott gibt oder nicht. Um die Arroganz des Kali Yuga von Hiranya Kasipa zu beseitigen und um Devotees wie Prahlāda zu beschützen, inkarnierte sich Lord Srī Datta. Die Besonderheit der Narasimha-Inkarnation liegt darin, die Existenz Gottes zu beweisen. Lord Srīpāda Srīvallabha und Srī Narasimha Saraswati sind die beiden Inkarnationen von Srī Datta, die mit zwei wichtigen Aufgaben ins Universum kamen: Den Stolz jener zu brechen, die Gott beleidigen und um ihre Devotees zu beschützen, so wie die Augenlider die Augen beschützen. Es gibt nichts, was für Srīpāda unmöglich wäre.*"

1 Die Schlange der Zeit, die alle Wesen der Schöpfung trägt

2 Purānische Erzählung vom Narasimha-Avatar, der den Dämon Hiranya Kasipa tötete und so Prahlāda rettete

Als Tirumala Das dies so erzählte, schlich sich ein Zweifel in mein Denken. Ich schrieb das Srīpāda Srīvallabha Charitāmrutam auf Bhūrja Patra[1]. Auf welches Material werden die Menschen in Zukunft dieses Charitāmrutam schreiben? Derzeit hat der Salivahana-Kalender[2] Gültigkeit. Srīpāda gab an, dass in Zukunft der christliche Kalender Vorherrschaft erlangen würde. Wann fand das Niryāna[3] von Srī Krishna statt? An welchem Datum und zu welcher Zeit begann das Kali Yuga? Wenn Srīpāda all diese Dinge schriftlich auf einem Blatt in der Art und Weise geben würde, wie in Zukunft die Leute die Berechnungen der Zeit verwenden werden, könnte ich glauben, dass Srīpāda Srīvallabha eine Inkarnation von Datta wäre.

Ich verriet Tirumala Das nichts von meinen Gedanken. Ich gab vor, ihm zuzuhören, lächelte und schaute hin und wieder zu den metallischen Erbsen. Plötzlich wurde die Stimme von Tirumala Das heiser, und er verlor die Fähigkeit zu sprechen. Während ich der Lebensgeschichte von Srīpāda zuhörte, nahm ich einen furchtbaren ohrenbetäubenden Laut wahr. Danach konnte ich nichts mehr hören und wurde völlig taub.

Oh, innerhalb von einer Sekunde wurde ich taub und Tirumala Das stumm. Tirumala Das versuchte etwas zu sagen, aber es kam kein Wort heraus. Trotz all meines Bemühens zu hören, konnte ich nicht einmal den kleinsten Ton vernehmen. Da tat es mir leid, dass sich ein solcher Zweifel in meinen Gedanken eingeschlichen hatte, den ich nicht hätte hegen sollen. Das Resultat war, dass ich taub wurde. Wird es eine dauerhafte Einschränkung sein? Oh Gott! Was soll ich nun machen?

Die Gabe der metallischen Erbsen verwandelte sich in den Satz ‚*Srīpāda Rājam Saranam Prapadye*'

Die Kichererbsen, die als Opfergabe aufbewahrt wurden und sich zu Metallteilchen verwandelt hatten, ordneten sich in der Zwischenzeit zu einem Satz in der Telugu-Sprache, „Srīpāda Rājam Saranam Prapadye"[4].

1 Rindenblätter des indischen Birkenbaums

2 Bis zur Ankunft der modernen Datierungstechniken wurden Kalender von den königlichen Herrschern diktiert. Der Salivahana-Kalender ist wahrscheinlich nach dem altindischen Herrscher Gautamiputra Satkarni bekannt.

3 Der Übergang einer erhabenen Person wie einem Avatar

4 Möge Lord Srīpāda uns beschützen.

Auf ihnen erschien ein kleines weißes Blatt. Während wir es betrachteten, wurde es größer und nahm eine rechteckige Form an. Es war viel dünner als Bhūrja Patra und sanft, wenn man es mit der Hand berührte. Darauf waren wunderschöne Buchstaben mit schwarzer Farbe in Telugu geschrieben und lauteten: ‚Das Ableben von Srī Krishna fand 3102 v. Chr. statt, am 18. Februar um 02 Uhr, 27 Minuten und 30 Sekunden. Jenes Jahr wurde Pramadi[1] genannt, der Monat Chaitra[2], Pādyami[3] der ersten vierzehn Tage des Mondmonats, am Freitag, im Stern Ashvini[4]; Kali trat nach dem Niryāna von Srī Krishna ein.‘

Ich schwitzte heftig. Schweiß rann aus allen Poren und mein Körper zitterte. Ich war sicher, dass Srīpāda unsichtbar anwesend war. Ich dachte bei mir: ‚Was für ein Unglück! Es ist nur ein Traum, dass ich Kuruvapuram erreichen werde. Ich brauche nicht überrascht zu sein, wenn Srīpāda die Form von Narasimha annimmt und mich erschlägt. Was kann ich tun, wenn Er Tirumala Das befiehlt, mich zu schlagen und zu waschen, wie er es mit Kleidern tut? Wenn der Herr es befiehlt, wird Tirumala Das mich gewiss auf dem Waschstein schlagen und mich nach dem Waschen zum Trocknen aufhängen.‘ Manche Gurus, die sich als Weise mit Selbsterkenntnis ausgeben, übergießen im Allgemeinen ihre Schüler mit viel Lob, während sie ihnen das Wissen von Brahman[5] vermitteln und dabei nur darauf aus sind, Geld von ihnen zu ‚melken‘. Auch der Jünger verhält sich hochmütig und erklärt, dass er von diesem Guru gelobt wurde. Diese Art von Gurus und Schüler sind es wert, dass man sie tadelt! *Es war wahrlich ein heiteres Spiel von Srīpāda, dass ich, aus einer Brahmanenkaste kommend, Brahma Jnāna von Tirumala Das, der in einer Wäscher-Kaste geboren worden war, vermittelt bekam.*

Die Leute in der Nachbarschaft gingen ganz in ihrem Beruf als Wäscher auf. Sie diskutierten weder solch philosophische Dinge noch konnten sie sie verstehen. Wie dem auch sei, Srīpāda Srīvallabha war meine einzige Rettung.

Ich schaute Tirumala Das an. Sein Gesicht war von Frieden erfüllt und erstrahlte im Glanz des Höchsten. Da kam mir der Gedanke, dass Tirumala

---

1 Das 13. Jahr im Hindu-Kalender von 60 Jahren (Samvatsaras)
2 Nakshatra-Konstellation im Monat Widder
3 Die erste Mondphase nach Vollmond oder Neumond, auch Prathama genannt
4 Nakshatra-Konstellation im Monat Widder
5 Hier: Brahmā Jnāna

Das ein Brahmane war und ich selbst, mit einem beschmutzten Denken, ein Wäscher.

Die Erbsengabe, die sich in Metallstückchen verwandelt hatte, kehrte allmählich zu ihrer ursprünglichen Form zurück. Ich verstand, dass Srīpāda mir vergab. Nach einiger Zeit verschwand das weiße Blatt. Tirumala Das sagte: „Mein lieber Shankar Bhatt, dieses Kali Yuga ist ein Zeitalter des Metalls. Dieses Zeitalter ist eine Mischung von Unreinheiten. Entsprechend dem Befehl von Srīpāda muss ich wieder in Maharashtra geboren werden, nachdem ich nach meinem Tod eine Zeitlang in Hiranya Loka[1] gelebt habe."

Ich sagte: „Mein Herr, hat Ihnen Srīpāda befohlen, eine weitere Geburt anzunehmen, nachdem Sie diesen Körper verlassen haben? Bitte erzählen Sie mir diese Geschichte und segnen Sie mich damit."

Tirumala Das sagte: „Ich wusch einmal Kleider im Haus von Srīpādas mütterlichem Großvater. *Da trug Srīdharāvadhāni, der Onkel von Sumatī Maharani, Srīpāda und ließ Ihn spielen und sang ,Datta Digambarā[2]! Datta Digambarā! Datta Digambara Avadhūtā!'* Srīpāda war damals zwei Jahre alt. Er kreischte vor Freude und spielte. Dieses Schauspiel bot einen bezaubernden Anblick. Ich sagte: ,Srīpāda Srīvallabha Datta Digambarā!' Srīdharāvadhāni schaute zu mir hin. *Da sagte Srīpāda: ,Narasimha Saraswati Datta Digambarā!' So lehrte Srīpāda auf Seine eigene Weise, dass Er in der Vergangenheit Srī Datta war. Er war dann mit dem Namen Srīpāda Vallabha auf der Leinwand der Zeit, und wenn dieses Bild verschwindet, werde Er als Narasimha Saraswati erscheinen.*

Samartha Sadguru inkarniert sich als Shirdi Sai Baba

Srīpāda sagte: ,*Großvater, ich möchte als Narasimha Saraswati in Maharashtra inkarnieren. Ich bitte Tirumala Das, auch nach Maharashtra zu kommen.*' Srīdharāvadhāni war sprachlos. Da sagte ich: ,Swamī, es ist Ihre Verantwortung, Euch freundlicherweise um mich an irgendeinem Ort, in einer Form und einer Geburt zu kümmern. Ich mag Ihre Bala Krishna-Form besonders gerne.' *Später segnete mich Srīpāda: ,Tirumala Das, du wirst in*

1 Wörtlich: Erleuchteter Astralplanet; kann mit Astralebene übersetzt werden
2 Keine Kleidung tragend

Maharashtra unter dem Namen Gadge Maharaj in der Wäscher-Kaste geboren. Du wirst tugendhaft werden im Dienst an notleidenden, unterdrückten und unglücklichen Menschen. In der Stadt Dhīsila[1] *wird meine Samartha Sadguru-Inkarnation im Gewand eines Moslems als Sai Baba stattfinden. Dann wirst du auch gewiss in dieser Inkarnation von Samartha Sadguru Sainādh Meine Gnade empfangen.* Du liebst das Bild von Bala Krishna. So singst du den Namen 'Gopalā! Gopalā! Devaki Nandan Gopalā!' Ich gewähre dir stets Meinen Dharshan in deinem geistigen Auge. Nach dem Ablegen dieses gegenwärtigen Körpers wirst du für einige Zeit in Hiranya Loka weilen und danach für das Wohl der Welt als Gadge Maharaj wirken. Dies ist Mein Geschenk für dich! Dies ist Meine Zusicherung!'

Nach einer Weile kehrte Srīdharāvadhāni in seinen normalen Zustand zurück, denn all dies war für ihn verwirrend. In der Zwischenzeit rief Sumatī Maharani ihren Onkel. Da die Illusion ihn völlig umhüllte, hielt er Srīpāda wieder für einen normalen Jungen."

Da sagte ich: „Mein Herr, ich habe einen Zweifel. Srī Krishna sagte in der Bhagavad Gita, dass die Früchte des Handelns unvermeidbar wären. Wie kann Srīpāda Karma auflösen, ohne die hier erwähnten Prinzipien zu verletzen?"

Die Frucht von Gaben an Sadgurus, Satpurushas und Yogis

Tirumala Das antwortete: „Srī Krishna sagte, man solle die Ergebnisse des Handelns erleben, doch er präzisierte nicht, dass sie nur im Wachzustand erfahren werden sollten. Sie können selbst im Traumzustand erfahren werden. *Ein Karma, das zehn Jahre lang physisch mit dem Körper erlitten werden muss, kann durch heftiges mentales Leiden oder mentale Qual innerhalb von ein paar Stunden in Träumen durchlebt werden. So kann die Wirkung des Karmas ausgelöscht werden. Wenn man Yogis oder rechtschaffenen Menschen Dienste und Gaben anbietet oder Gottheiten Dienste anbietet, so verringern sich auch die Resultate sündhafter Taten. Die Bilder von Gottheiten sind heilig. Erweisen wir ihnen Dienste, hängen sich unsere Sünden an sie an, und ihre Tugenden werden auf uns übertragen. Wenn wir frommen Menschen Gaben anbieten und ihnen dienen, dann findet auch*

1 Heute: Shirdi

diese Art von Übertragung statt. Wenn wir über Samartha Sadguru meditieren, dann geschieht diese Art von Übertragung durch das Mittel der Meditation. Ein Sadguru[1] *akzeptiert Dienste von seinem Jünger, und er nimmt durch das Mittel dieser Dienste die sündhaften Taten seines Jüngers auf und verleiht dem Jünger die Früchte seines feurigen Strebens. Ein Mensch sollte die Folgen seiner sündhaften Taten erleiden. Da Gottheiten und göttliche Inkarnationen jedoch ein gewaltiges Strahlen haben und Verkörperungen von loderndem Feuer sind, können sie das von ihnen entgegengenommene sündhafte Karma zu Asche verbrennen. Selbst wenn wir ihnen aufrichtig ein Blatt, eine Frucht oder eine Blume anbieten, findet solch eine gegenseitige Übertragung zwischen unserem sündhaften Karma und ihren Verdiensten*[2] *statt. Der Vorgang der Übertragung steht direkt im Verhältnis zu der Intensität unserer Andacht, Hingabe und Not. Manchmal überträgt Srīpāda das sündhafte Karma der von Ihm abhängigen Menschen auf unbelebte Objekte wie Felsen und Steine. Indem Er auf diese Steine und Felsen schlägt, zerstört Er auf verschiedene, merkwürdige Weise die Ergebnisse dieses Karmas.* Ich werde Ihnen eine kleine Episode erzählen, die dies illustriert. Hören Sie aufmerksam zu.

Seit der Zeit der Geburt von Srīpāda gab es ein Problem, denn es herrschte Milchknappheit. Sumatī Maharani hatte nicht genügend Milch. In ihrem Haus gab es eine Kuh. Um Opfer für Kālāgni Shamana Datta[3] in ihrem Haus machen zu können, benötigte sie eine kleine Menge Milch. Diese Kuh gab gewöhnlich diese kleine Milchmenge, aber ihrem Kalb gab sie Milch zu dessen voller Zufriedenheit. Dies war etwas Besonderes.

Manchmal ging Srīpāda heimlich in den Pūja-Raum und trank die für Kālāgni Shamana Datta aufbewahrte kleine Milchmenge, noch bevor das Opfer durchgeführt wurde. An solchen Tagen bot Srī Appalaraja Sarma meist ein kleines Stück Rohrzucker als Opfergabe[4] für Lord Datta an und fastete dann an dem Tag. Wenn ihr Mann fastete, fastete auch Sumatī Maharani. In diesem Fall wartete Er bis zur Zeit der Opfergabe und trank dann die Milch allein. Die Eltern waren sehr traurig darüber, dass sie es sich nicht leisten konnten, dem in ihrer Familie geborenen außergewöhnlichen

1 Vollendeter Lehrer
2 Hier: Punya
3 Einer der 16 Avatare (Inkarnationen) von Dattātreya als Sohn von Anasūyā
4 Hier: Naivedya

Kind genügend Milch anbieten zu können. Pynda Venkatappayya Sreshti und Narasimha Varma versuchten oft, eine Kuh zu schenken, die reichlich Milch gab. Doch all ihre Versuche waren vergebens. Unter keinen Umständen nahm Appalaraja Sarma ein Geschenk an. Das war sein Gelübde. Er war der Ansicht, das Annehmen von Geschenken würde Sünde bringen. Da er ein vedischer Gelehrter war, nahm er an vedischen Konferenzen angebotene Vergütungen an. Sein Einkommen aus dem Priesteramt war sehr gering. Er führte sein Priesteramt nur für Pynda Venkatappayya Sreshti Garu und Narasimha Varma Garu aus. Wenn diese beiden Personen mehr Geld anboten, als normalerweise anderen Priestern gegeben wurde, wies er solche Gesten normalerweise zurück. Srī Appalaraja Sarma akzeptierte nichts, selbst nicht von seinem Schwiegervater Satya Rushīswarulu. Der Geburtstag von Sumatī Maharani fiel auf den Kārtika[1]-Vollmond. Nur an jenem Tag aß er im Haus von Bāpanāryulu. Ebenso aß er an Vaisākha Suddha Trutīya[2], seinem Geburtstag, im Haus seines Schwiegervaters. Mit der Zeit aß er auch an Ganesha Chaturdhi[3] im Haus seines Schwiegervaters, da es der Tag von Srīpāda Jayanti war.

Als Sumatī Maharani eines Tages an den ärmlichen Zustand der Familie dachte, sagte sie zu ihrem Mann: ‚Meine Eltern sind wohlhabende Menschen. Sie sind zudem orthodoxe Menschen, die streng die spirituelle Disziplin beachten. Ich finde nichts falsch daran, eine Kuh von der wohlhabenden Familie unserer Malladi-Eltern anzunehmen. Wir sind nicht in der Lage, Srīpāda genügend Milch zu geben. Ich bitte dich, dass du diese Sache gründlich überlegst.‘ Da antwortete Appalaraja Sarma: ‚Sowbhagyavatī, was du sagst stimmt. Da Satya Rushīswara frei von Sünden ist, ist es kein Fehler, wenn man von ihm eine Kuh annimmt, doch die Zustimmung des Dharma Sāstra[4] darüber ist wesentlich. Viele große Persönlichkeiten haben gesagt, dass Srīpāda eine Inkarnation von Datta ist. Seit Seiner vorgeburtlichen Zeit bis heute geschehen viele erstaunliche Dinge. Wenn dies die neue Inkarnation von Datta ist, dann muss die Kuh in unserem Haus entweder genügend Milch geben oder du musst genügend Milch haben!

1 Indische Monatsbezeichnung, die dem Skorpion entspricht
2 Dritte zunehmende Mondphase im Monat Vaisaka, April-Mai
3 Ein Fest zu Ehren von Lord Ganesha, das zwischen August und September gefeiert wird
4 Schrift über ethische Prinzipien und Regeln; Lehre des Dharma

Nicht nur das, unser ältester Sohn Srīdhararaja Sarma ist blind und der jüngere Sohn Ramaraja Sarma ist lahm. Srīpāda könnte beide von den Körperbehinderungen befreien. Besprich diese Sachen mit deinem Vater oder frage Srīpāda selbst. Doch es ist nicht passend, wenn Gott ringsum ein kompliziertes Problem schafft, um mein Gelübde zu brechen.'

Sumatī Maharani unterbreitete diese Sache ihrem Vater. Bāpanāryulu lächelte und sagte: ,Meine Liebe, all dies ist das Spiel von Srīpāda. *Srīpāda ist nicht nur geschickt darin, Probleme zu lösen, auch im Schaffen von Problemen ist Er geschickt.* Durch yogische Schau habe ich bemerkt, dass Srīpāda Datta ist. Wir haben in unserem Haus eine Anzahl Kühe. Ich bin nicht nur damit einverstanden, sondern bin auch sehr glücklich darüber, eine Kuh zu geben. Lord Datta mag Kuhmilch sehr. Die Zustimmung des Dharma Sāstra ist auch notwendig, wie dein Mann sagt. Oh, welch eine Ironie des Schicksals! In dieser Welt gibt es zahllose Schwiegersöhne, die versuchen, sich des Reichtums ihres Schwiegervaters zu bemächtigen; doch mein Schwiegersohn gleicht einem lodernden Feuer. Wir würden uns zu Narren machen,wenn wir versuchten, sein Gelübde zu brechen. Solange dein Mann nicht eine klare Erlaubnis von allen fünf Urelementen der Schöpfung erhält, wird er das Geschenk einer Kuh nicht akzeptieren. Wenn Srīpāda Seine beiden Brüder von den Körperbehinderungen erlöst, wird Sein Band der Verbundenheit mit deiner Familie getrennt. Datta, der frei von Verpflichtungen ist, kann nicht länger als Kind in eurem Haus bleiben. Er verlässt das Haus als Weltlehrer, um die Welt emporzuheben. Bitte daher Srīpāda nicht einmal versehentlich, die Körperbehinderungen Seiner Brüder zu beseitigen. Alles unterliegt der Zeit, und diese Zeit steht unter der Kontrolle von Srīpāda. Wenn Srīpāda es gewollt hätte, so würdet ihr eine Menge Milch bekommen, doch das Band der Verbundenheit mit Ihm wäre für euch verloren gegangen. Sobald Er einmal von Verpflichtungen frei ist, wird sich Lord Datta nicht auf unsere Familie begrenzen. Er wird das Haus verlassen, um die Rolle eines Lehrers des Universums anzunehmen. Wenn Srīpāda es wünscht, wird die Kuh in eurem Haus genug Milch geben und ihre seltsame Art aufgeben. Dann wird dieses Problem überhaupt nicht existieren. Habe daher für eine Weile Geduld. Datta, der dieses verwickelte Problem geschaffen hat, wird es selbst lösen'."

Daraufhin fragte ich: „Mein Herr, aus welchem Grund wurden die Brüder von Srīpāda mit körperlichen Schäden geboren? Gibt es erbliche karmische Verfehlungen in Verbindung mit der Familie?"

Tirumala Das antwortete: *„Mein Lieber, Srī Dattātreya inkarnierte sich in den Abendstunden. Srīpāda inkarnierte sich während der Morgendämmerung. Die folgende Inkarnation von Srī Narasimha Saraswati wird am Mittag geschehen, im Abhijīt-Lagna.* Die heiteren Spiele von Datta sind tiefgründig. Nach der Abenddämmerung breitet sich Dunkelheit aus. Die Lebewesen bleiben in einem Schlafzustand. Daher übernimmt die Inkarnation von Datta die volle Verantwortung für den Entwicklungsprozess bei den yogischen Bemühungen und gestattet den Lebewesen, sich eines angenehmen Schlafes zu erfreuen. Es ist tiefste Dunkelheit, und die Menschen wissen nicht, in welche Richtung sie voranschreiten und was sie tun sollen, wie und in welche Richtung im Evolutionsprozess sie sich bewegen sollen. Die Bedeutung der Inkarnation von Datta ist, in den Menschen Evolution und Entwicklung zu bewirken, ohne dass diese Menschen sich dessen bewusst sind. Aufgrund der von ihnen unbekannten Methoden bewegten sich die Lebewesen aus den Tiefen des inneren Bewusstseins in Richtung spiritueller Evolution ohne oder mit nur einem geringen Bemühen ihrerseits. Dies ist nicht allein auf die Erde beschränkt.

Srīpāda kam in der Morgendämmerung an. Während der Dämmerung leuchten alle Kräfte des Sonnengottes auf einmal hervor und reinigen alle Geschöpfe. Ihre Seele ist ein Abbild der Sonne. Dies deutet an, dass die Entwicklung in einer unendlichen Vielfalt verschiedenartiger Kräfte erwachte und in unterschiedliche Richtungen tanzt. Die Mittagssonne hat die Form eines wilden und heftig wütenden Feuers. *Der Zweck der Inkarnation von Srī Narasimha Saraswati ist, die solare Seele uneingeschränkt und frei, mit vollen Kräften zu verbreiten und alle Lebewesen zu erwecken.* Diese Dinge stehen mit Seinem Bewusstsein in Verbindung, das sich über das gesamte Universum ausbreitet.

Zwischen der Inkarnation von Datta und der Inkarnation von Srīpāda setzte eine lange, schwarze Nacht ein. Dies war gänzlich eine Verkörperung größerer Finsternis. Der ältere Bruder Srīdhararaja Sarma wurde als eine Verkörperung dieser Finsternis geboren. Als die dunkle Periode verstrichen war, erschien ein anderer Zustand, in welchem Zweifel, atheistische Argumente, verzwickte Logik und verdrehte Interpretationen vorherschten. Der jüngere Bruder Srī Rama Raja Sarma wurde als Verkörperung dessen geboren. *Jedes Lebewesen kann die Gnade von Srīpāda nur erlangen, nachdem es die Dunkelheit der Trägheit verlassen und die mentalen Schwan-*

kungen schlechter Argumente, Zweifel und verdrehter Interpretationen verlassen hat. Dies ist das darin verborgene Geheimnis. Diese Dinge betreffen die Evolution der Lebewesen im Universum.

In der Vergangenheit gab es gewisse Fehler in den Handlungen der Familie. Obwohl Srī Appalaraja Sarma zur Sekte der Velanati Vaidika-Brahmanen gehörte, hatte ihre Familie die Führung des Dorfes. Der Name des väterlichen Großvaters von Srīpāda war Srīdhara Ramaraja Sarma. Für Brahmanen, die administrative Vollmachten über das Dorf hatten, war es eine Gewohnheit, den Titel ‚Raja' ihrem Namen hinzuzufügen. Das Wort Sarma deutet darauf hin, dass die Person ein Brahmane ist.

Srīdhara Ramaraja Sarma ist der Vorsteher des Dorfes Aiynavilli. In ihrer Familie würde der älteste Sohn die Führung des Dorfes übernehmen. Den Zamindars[1] mussten Steuern gezahlt werden, ungeachtet der Tatsache, ob es eine gute Ernte war oder eine Missernte, und es war die Verantwortung des Dorfvorstehers, mit Zwang Steuern einzutreiben. Daher musste Srīdhara Ramaraja Sarma gemäß den Befehlen des Zamindars mit gewaltsamen Mitteln Steuern eintreiben, ohne seine persönlichen Vorlieben und Abneigungen zu berücksichtigen. Dies waren seine Pflicht und sein Dharma, doch in den Augen Gottes war es eine Sünde.

Die Stelle des Dorfvorstandes ging an den ältesten Bruder von Srī Appalaraja Sarma über. Aufgrund der sündigen Handlungen ihres Großvaters wurden Srīpādas ältester Bruder Srīdhararaja Sarma und der nächstältere Bruder Ramaraja Sarma mit körperlichen Behinderungen geboren. *Obwohl Srīpāda Srīvallabha wahrlich die Inkarnation von Lord Datta ist, musste auch Er unter dem Einfluss der kleinen sündhaften Taten Seines Großvaters leiden. Aus diesem Grund musste Er sich der Milchknappheit stellen. Der Herr des Universums wendet die von Ihm aufgestellten Regeln für alle an. Srīpāda zeigte uns den Weg, indem auch Er die Wirkungen des Karmas erlitt, obwohl Er als eine Inkarnation kam.*

Sri Pynda Venkatappayya Sreshti und Srī Vatsavāyi Narasimha Varma betrachteten Srīpāda als ihren eigenen Enkel. So dachten sie eine Weile darüber nach, wie das Srīpāda belästigende Milchproblem zu lösen sei. Srī Varma rief Srī Sreshti und bat ihn, einen Plan zu machen, um das Problem zu lösen. In der Obhut von Srī Narasimha Varma gab es einige Kühe, die von einer be-

1 Ein indischer Aristokrat, oft ein Prinz, mit dem Recht, Steuern einzutreiben

kannten Kuh namens Gayatri geboren waren. Srī Sreshti kaufte von Srī Varma eine Kuh, die alle günstigen Eigenschaften hatte. Varma hielt die ganzen Erlöse sorgfältig bei sich. In der Zwischenzeit kam Srī Appalaraja Sarma zum Haus von Srī Varma, um priesterliche Pflichten zu erfüllen. Bei der Gelegenheit gab Srī Varma das vom Verkauf der Kuh erzielte Geld an Srī Appalaraja Sarma. Dieser Betrag war unverhältnismäßig hoch, verglichen mit dem normalen Honorar, das Priester bei ähnlichen Anlässen erhielten. Srī Appalaraja Sarma nahm von dem Betrag das, was ihm rechtmäßig zustand, und lehnte den Rest des Betrages ab. Daraufhin weigerte sich auch Srī Varma, den abgelehnten Betrag zurückzunehmen. Er sagte, dass er als ein edler Kshatriya es nicht akzeptieren würde, den Betrag, den er einmal gegeben hatte, zurückzunehmen. Dieser Streit wurde Srī Bāpanārya vorgetragen. Der Rat der Brahmanen wurde einberufen. In der Sitzung verkündete Srī Bāpanārya: ‚Jeder, der den von Appalaraja Sarma zurückgewiesenen Betrag nehmen möchte, kann dies tun.‘ Viele Brahmanen stritten miteinander, um den Betrag zu beanspruchen. Es war eine ganz verbissene Sache.

Schließlich sagte ein Jugendlicher namens Papayya Sastry: ‚Srīpāda ist keine Inkarnation Gottes. Wäre Er Gott, warum sollte sich diese merkwürdige Situation ergeben? Wäre Er Datta, warum befreite Er Seine beiden Brüder nicht von der Körperbehinderung? Gewisse Ereignisse fanden zufällig statt. Sie über die Maßen aufzublähen ist ein Verbrechen. Ich bin ein Devotee von Datta. Ich erhielt auch ein Swetarkaraksha[1] von meinem Lehrer. Täglich mache ich ziemlich viel Japa[2]. Kein Makel wird an mir hängenbleiben, selbst wenn ich eine Gabe annehme. Der Betrag möge mir gegeben werden, da ich seiner wert bin.‘ Der Rat der Brahmanen gab das Geld an Papayya Sastry. Mit diesem Betrag kann eine gute Kuh gekauft werden. Nach dem Treffen ging Papayya Sastry mit dem Stolz des Sieges zu seinem Haus. Sein Onkel befand sich im Haus, und es entstand eine formelle Diskussion zwischen ihnen. Papayya lud seinen Onkel zum Essen ein. Der Onkel antwortete, er würde nur einmal im Jahr Mahlzeiten zu sich nehmen und es somit nicht möglich sei, im Haus seines Neffen zu essen. Nachdem er dies gesagt hatte, brach er sofort auf.

---

1 Ein zum Selbstschutz getragener Talisman aus Kronenblumen (Calotropis gigantea); soll vor schlechten Einflüssen schützen, wenn man ihn von seinem Guru erhält.

2 Wiederholung des Namens Gottes

Nachdem sein Onkel fortgegangen war, saß Papayya völlig in Gedanken versunken da. Seine Frau kam und fragte: ‚Mein Herr, dieser Onkel, der eben gekommen war, ähnelte sehr Ihrem eigenen Onkel, der vergangenes Jahr gestorben ist, nicht wahr?‘ Papayya war bestürzt. Er hatte nur einen Onkel, der im vergangenen Jahr gestorben war. Wer war nun dieser neue Onkel? In welche Illusion war sein Intellekt gefallen? Obwohl es einige andere Personen gab, die in irgendeiner Beziehung Onkel waren, hatte keiner eine so große Ähnlichkeit mit ihm. Hatte er die tote Seele seines Onkels gesehen? Sein Herz begann heftig zu schlagen. Durch Mantras und Tantras hatte er keinerlei Verbindung zu Teufeln und Dämonen. War er aus Srī Dattas Gnade gefallen, den er verehrte? Würde eine schlechte Zeit auf ihn zukommen? Die Worte, die sein Onkel beim Verlassen des Hauses gesagte hatte, ‚Ich hoffe, du wirst mich in Kürze treffen‘, begannen sein Denken auf verschiedene Weisen zu quälen. Würde er seinen Onkel in der anderen Welt treffen, wenn er in Kürze sterben würde? Sein Herz wurde schwer. Er sang das Mantra ‚*Om Drām Dattātreyaya Namaha*‘. Er konnte die Meditation nicht mit ausgerichteter Hingabe weitermachen. Er ging zum Srī Kukkuteswara-Tempel[1], um den selbstgeborenen Datta zu sehen. Er begann über Datta zu meditieren. In dieser Meditation sah er Datta ohne Kopf. Als er Japa zu machen begann, schwankte sein Denken. Das ihm vom Priester gegebene Prasād[2] erschien ihm, als wäre es in ein mit Gift gefülltes Gefäß getaucht. Der Priester lachte und sagte etwas, doch Papayya Sastry hörte eine Botschaft, dass er kurz nach dem Prasād sterben würde. Als Papayya nach Hause kam, sah er nicht die rote Markierung auf der Stirn seiner Frau. Er brüllte seine Frau an, warum sie die rote Markierung entfernt habe, während er noch am Leben sei. Sie wunderte sich, warum ihr Mann ihr Vorwürfe machte, obwohl sie eine große rote Markierung trug, die so groß wie eine Rupienmünze war. Das Gerede verbreitete sich rasch, Papayya habe seine mentale Stabilität verloren. Pīthikapuram war voller Gerüchte, Kritik und Falschmeldungen. Papayya wurde psychologisch behandelt und auf Besessenheit durch Geister hin behandelt. Er sagte, er sei nicht verrückt und alles, was er sagt, sei wahr. Die Leute dort diskutierten unter sich, dass ein Verrückter auch manchmal logisch sprechen würde. Papayyas Frau hatte eine gute Idee. Sie meinte, dies wäre das Ergebnis der schlechten Tat ihres Mannes, der Srīpāda aus Unwis-

1 Tempel in Pithapuram
2 Speise als Opfergabe

senheit beschimpft hatte. Es kam ihr in den Sinn, dass es besser wäre, Zuflucht beim lebenden Srīpāda zu suchen, der von göttlichem Glanz leuchtet, statt sich vor den stummen Steinbildern der Gottheiten zu verneigen.

Sie ging zu Srīpādas Haus. Sie nahm den Jungen in ihre Arme und küsste Ihn. Als sie allein waren, erzählte sie Ihm von ihrer Not. Srīpāda sagte: ‚Tante, all dies wird sich mit einer kleinen Anpassung legen. Da du wie meine Mutter bist, sage Ich dir das Geheimnis. Baut unverzüglich ein neues Haus. Wenn du und der Onkel das neue Haus nach Durchführen der Vāstu Pūja betretet, wird alles stabil werden.‘ Niemandem enthüllte sie diese Mitteilung. Sie überzeugte ihre Leute und sagte, die Probleme quälten sie, weil sie in einem gemieteten Haus wohnten und dass sie ihr eigenes Haus bauen wollten. Jemand schenkte Papayya als Land eine verlassene Grube. Diese wurde unmittelbar mit viel Arbeit und Aufwand aufgefüllt. Für den Bau des neuen Hauses wurden das ganze Geld, Gold und die Wertsachen im Haus ausgegeben. Ein gewisser Betrag wurde auch geliehen. Felsbrocken wurden herbeigeschafft, in Stücke gehauen und für den Bau des Hauses verwendet. Papayya wurde gesund, sobald sie das neue Haus betraten.

Lieber Shankar Bhatt, *Papayya ging durch eine Zeit drohenden Todes. Srīpāda rettete ihn vor einem Tod in frühem Alter. Er löste Papayyas Karma auf, indem er ihn mentalen Qualen, Beschimpfungen und Geldausgaben aussetzte. Nicht nur das, das böse Karma von Papayya wurde in die Bergfelsen geleitet, und indem sie in kleine Stücke zerbrochen wurden, wurde Papayyas Karma aufgelöst.* Die von Siddhas und Avadhūtas verwendeten Methoden sind sehr merkwürdig. Srīpāda sagte zu Papayya, der wieder genesen war: ‚Was für ein Narr bist du. Du hast keinen Kopf! Du bist ein unglücklicher Kerl, weil du die Gottheit, die du ernsthaft verehrst, nicht erkennen konntest, da sie doch in menschlicher Form als Srīpāda vor dir ist. Du glaubtest, dass das Steinbild von Datta im Kukkuteswara-Tempel dein Retter sei. Ich bin der Datta, der die Früchte deiner Sünden in die Steine zog, und als sie zerbrachen, tilgte ich dein Karma. Ich habe dir auch ein neues Haus gewährt. *Hättest du dein Vertrauen in diesen lebendigen Datta in menschlicher Form gesetzt, hätte Ich all deine üblen Neigungen in Meinen Körper gezogen und dich durch Aufheben deines Karmas gerettet. Die Früchte der Gnade Gottes hängen von der geistigen Gesinnung des Devotees ab.*‘ Nach diesem scherzhaften Spiel Srīpāda Srīvallabhas erkannte Papayya Ihn als eine Inkarnation Dattas.

Das Problem der Milch für Srīpāda bereitete Srī Sreshti und Srī Varma Probleme. Sie gingen zu Srī Satya Rushīswara und sagten: ‚Oh Rajarishī, wie König Janaka seid Ihr ein Brahmājnāni[1], der im Höchsten absorbiert ist, selbst während Ihr ein weltliches Leben führt. Wir möchten eine kleine Angelegenheit unterbreiten. Sie sollten ihr zustimmen.' Daraufhin antwortete Bāpanārya: ‚Wie kann ich meine Zustimmung geben, wenn ich nicht weiß, worum es sich handelt? Sagt mir ohne Zögern, worum es geht. Wenn es den Prinzipien des Dharma entspricht, werde ich ihm gewiss zustimmen.' Da sagte Srī Sreshti: ‚Ich habe von Srī Varma eine Kuh mit guten Eigenschaften gekauft, die von Gayatri abstammt. Ich möchte sie unserem Familienpriester Srī Appalaraja Sarma geben. Würde die Milch für den Dienst an Srīpāda verwendet werden, wären wir sehr froh. Nichts mehr als das wünschen wir uns.'

Als Srī Bāpanārya die Worte von Sreshti hörte, sagte er: ‚In Ordnung, in Ordnung, sendet die Mutterkuh zu unserem Haus. Ich werde versuchen, sie Appalaraja zu geben. Wenn diese glückbringende Kuh sich im Haus von Srī Appalaraja aufhält, ist dies besonders segensreich für den Gebenden und den Empfangenden.'

Die Mutterkuh wurde in das Haus von Srī Bāpanārya gebracht. Srī Appalaraja Sarma weigerte sich, sie als Geschenk anzunehmen. Im Himalaya gibt es eine Gegend namens Satopadha. Nur von dieser Gegend aus stiegen Dharmaraja und andere zum Himmel auf. Dort gab es eine große Persönlichkeit namens Srī Satchitananda Avadhūta. Er war einige Jahrhunderte alt und der Jünger von Srī Visweswara Prabhu, der in Kaivalya Srunga lebte. Srī Visweswara Prabhu sagte zu Srī Satchitananda Avadhūta, Er habe sich als Srīpāda Srīvallabha in Pīthikapuram inkarniert und Srī Satchitananda solle Seine Kindheitsform sehen und gesegnet sein. Srī Avadhūta besuchte Pīthikapuram. Srī Bāpanāryulu hieß ihn herzlich willkommen. Er sah Lord Datta in der Form von Srīpāda Srīvallabha und sein Leben war erfüllt. Ihm wurde das Problem der Milchknappheit unterbreitet. Srī Avadhūta sagte entschieden, Appalaraja Sarma solle das Geschenk der Kuh akzeptieren, da Srīpāda wahrhaftig Lord Datta selbst sei und der großartige Dienst, Milch für Lord Datta zur Verfügung zu stellen, nicht durch sinnlose Restriktionen verloren gehen solle. Der Rat der Brahmanen verlangte nach Beweisen, um zu entscheiden, dass Srīpāda Datta ist. Der Avadhūta sagte, er werde durch die fünf Urelemente den Beweis erbringen.

1 Jemand, der das Wissen vom höchsten Selbst verwirklicht hat

Die fünf Urelemente erbringen den Beweis, dass Srīpāda Dattātreya ist

Das Opfer begann. Die Mutter Erde erbrachte den Beweis. Da Srīpāda Srī Datta war, empfand es Appalaraja Sarma als nicht falsch, das Geschenk der Kuh zu akzeptieren. Wenn der Schwiegervater seinem Schwiegersohn etwas aus Liebe gibt, kann eine solche Gabe nicht als Geschenk betrachtet werden. Daher konnte Srī Satya Rushīswara es von Srishti als eine Spende annehmen und er konnte es seinem Schwiegersohn als Geschenk übergeben. Dies war die Aussage von Mutter Erde. Nachdem das Yagna begonnen hatte, regnete es überall ringsum, außer am Ort des Yagnas. Dies wurde als ein zweiter Beweis angesehen. Der Gott des Feuers nahm im Yagna persönlich die Gaben an und erklärte, das Geschenk der Kuh wäre nicht falsch. Dies wurde als dritter Beweis angenommen. Der Wind wütete über das ganze übrige Gebiet mit furchtbarer Geschwindigkeit außer an dem Ort des Opfers. Dies wurde als der vierte Beweis betrachtet. Eine göttliche Stimme verkündete vom Himmel, dass Srīpāda tatsächlich Lord Datta selbst sei. Nachdem die Zeugnisse der fünf Urelemente angenommen wurden, nahm Appalaraja Sarma das Geschenk der Kuh an. Srī Sresthi fielen die Früchte der Kuhspende zu. Daher wurde beschlossen, der Preis der Kuh sollte von Narasimha Varma an Srī Appalaraja gegeben werden. Auf diese Weise erlangten Srī Sreshti und Srī Vatsavāyi Varma in der Gegenwart von Srī Avadhūta eine selten verdienstvolle Tugend.

Die Geschichte der früheren Geburt von Sumatī und Appala Raju

Sri Avadhūta sagte: ‚Leute von Pīthikapuram, wie dumm seid ihr doch! Ihr seid unfähig, Srīpāda, der sich vor euch bewegt, als Lord Datta zu erkennen. Seit Tausenden von Jahren hat sich die Verehrung auf das Steinidol des Swayambhū Datta[1] gerichtet. Der Herr, der in der Form des Steines ist, ist lebendig geworden und hat sich mit einem Körper als Srīpāda Srīvallabha manifestiert. Zu Ihm zu beten, dass Er als Avatar erscheinen soll, und Ihn dann zurückzuweisen, wenn Er als Avatar kommt, ist eine

1 Selbstmanifestierte Gestalt von Lord Dattātreya

Sünde. Ich bin Hunderte von Jahren alt und kam hierher, um den Darshan von Srīpāda zu erhalten. *Der berühmte Vishnu Datta und Sushīla, die im Datta Purāna erwähnt sind, haben sich jetzt als Appalaraja Sharma und Sumatī Maharani inkarniert.* Im Krita Yuga gab es einen Maharshi namens Lābhāda. Er wurde für die besondere Gnade von Srī Lord Datta ausgewählt, denn er betete zu Datta, dass er Ihn gern als Kind sehen und dieses vollkommene Parabrahman mit väterlicher Liebe aufziehen möchte. Srī Lord Datta sagte, sein Wunsch würde sich während der Avatarschaft von Krishna erfüllen. Lābhāda Maharshi wurde als Nanda geboren und seine Frau als Yashoda[1]. Aufgrund des Verdienstes, Siva zur Pradosha[2]-Zeit am Samstag zu verehren, wuchs Srī Krishna als Kind von Nanda und Yashoda auf. Doch in der Yadava-Kaste[3] entwickelte sich Musalam[4] und alle Yadavas gingen unter. Nanda Raju wurde als Bhaskarācharya[5] mit dem Familiennamen Ramadagula geboren, während Srī Ambika als Vasavī Kanyaka Parameswari geboren wurde. Als sich die Ārya Vaishyas in der Feuergrube[6] verbrannten, blieb mindestens eine Person in jedem Geschlecht[7] übrig, außer im Geschlecht von Lābhāda Maharshi. So wurde entschieden, dass die Ārya Vaishyas sich obligatorisch an Lābhāda Maharshi erinnern sollten. Als die Selbstverbrennung[8] in der Feuergrube vorbei war, meditierte Srī Bhaskarācharya im Meditationsraum seines Hauses. Einer der Vorfahren von Srī Bhaskarācharya war ein Devotee von Srī Rama. Als Srī Rama einmal Darshan gab, musste zur gleichen Zeit der Devotee zu seinen Eltern gehen, um ihnen zu dienen. So bat er Rama, dort zu bleiben, bis er zurückkommt. Die Fußabdrücke von Srī Rama waren in ihrem Haus deutlich zu sehen. Mutter Vasavī erschien und stand in diesen Fußabdrücken. Bhaskarācharya weinte untröstlich. Nach wenigen Augenblicken war ein Kind an der gleichen Stelle zu sehen. Das Kind war niemand anderes als Srī Datta. Der Herr sagte: ‚Großvater, Meine Schwester Vasavī und Ich bewegen uns

1 Stiefeltern von Srī Krishna
2 Zeit der Verehrung von Lord Shiva am Samstagabend
3 Ein Kriegerstamm zur Zeit von Krishna; heute primär eine Kaste von Viehzüchtern
4 Ein Fluch, eine zersetzende Neigung
5 Der spirituelle Guru der Arya Vaishya-Gemeinschaft im Brihat Sila-Königreich
6 Hier: Agni Kundam
7 Hier: Gotra
8 Hier: Ahuthi

vor deinen Augen als kleine Kinder. Wie können wir von dir fern bleiben? Du bist der Lābhāda Maharshi, der auf dieser Erde geboren wurde. Dein Geschlecht hat jetzt keine Überlebenden. Es ist eine normale Sache, die geschieht, wenn man extrem große Verdienste oder extrem große Sünden hat. Als du Nanda Maharaj warst, erlangtest du großen Verdienst. Wenn man nicht geeignet ist, in diesem Vamsam[1] geboren zu werden, wird niemand darin bleiben. Mit diesem großen Verdienst allein wurdest du jetzt als Bhaskarācharya geboren und du hast die Inkarnation von Vasavamba[2] gesehen. Da es keine Überlebenden im Geschlecht von Lābhāda gibt, bist du ohne dein Wissen in Erregung geraten.

Jetzt gebe Ich dir Meine Zusicherung. Das Ramadagulu[3] Vamsam, in dem du geboren bist, wird nicht vergehen. Es wird weiterbestehen bis zum Ende des Kali Yugas. Wenn Ich Mich als Srīpāda Srīvallabha inkarniere, wirst du als Mein Großvater geboren werden. Zugleich wirst du den Familiennamen Malladi tragen und als Bapannavadhanulu bekannt werden. Die Malladi-Familie wird auch nicht bis zum Ende des Kali Yugas vergehen.'

Frühere Geburten von Samartha Ramadas, Sivaji Maharaj und Sridhara Swami

Mein Lieber, gemäß dem in Brihat Sila Nagaram gegebenen Versprechen geschehen diese Dinge jetzt in Pīthikapuram. *Srīpādas ältester Bruder wird von seiner Blindheit erlöst und ein großer Gelehrter werden. Nachdem er seinen Körper verlassen hat, wird er für einige Zeit in Hiranya Loka bleiben. Dann wird er durch Srīpādas Willen als Samartha Ramadas in Sajjanagada in der Gegend von Maratha[4] geboren werden. Narasimha Varma, der den Ertrag der Kuhspende an Srīpāda erhalten hat, wird nach Verlassen seines Körpers ein Chatrapathi namens Sivaji Maharaj werden und danach streben, das Hindu Samrajyam zu errichten. Er wird nach Srīsailam gehen und gesegnet werden. Als der liebe Jünger von Samartha Ramadas wird er*

1 Familienlinie
2 Die göttliche Mutter stieg als eine Prinzessin des Brihat Sila Nagaram-Reichs mit dem Namen Vasavī herab.
3 Familienname
4 Ein Ort in dem modernen Staat Maharastra, wo Samardha Ramadas geboren wurde

berühmt werden. Srīpādas zweitältester Bruder Ramaraja Sharma wird auch von seiner Lahmheit befreit und ein großer Gelehrter werden. Nachdem er seinen Körper verlassen hat, wird er einige Zeit in Hiranya Loka bleiben und als Sridhara geboren und ein Avadhūta werden.

Die göttliche Macht kann weder verstanden noch übertreten werden

Alles, was ich sage, ist mit jedem Buchstaben wahr. Ob Sie es glauben oder nicht, Wahrheit wird Wahrheit bleiben. Wenn alle Leute auf der Welt der Meinung sind, dass es keine Sonne gibt, so wird die Sonne doch nicht verschwinden. *Göttlichkeit ist etwas sehr Merkwürdiges. Gott hat die Macht, selbst für reiche Leute oder gar große Könige, die sich aller Reichtümer erfreuen, Schwierigkeiten zu erschaffen. Gleicherweise hat Gott die Macht, die Schwierigkeiten wieder zu beseitigen.*

In Zukunft werden Vāyasapura Agraharam, das Kokanada[1] genannt wird, Shyamalambapura[2] und Srī Pīthikapuram miteinander verschmelzen und sich zu einer Großstadt entwickeln. Leute aus allen Ländern der Welt, von allen Rassen und Traditionen, werden in irgendeiner Geburt, an irgendeinem Tag nach Pīthikapuram kommen und den Darshan von Srī Swamī erlangen. Die auf Sanskrit geschriebene Biographie von Srīpāda mit dem Titel ‚Srīpāda Srīvallabha Charitāmrutam' wird den Segen von Srīpāda Srīvallabha erhalten. Dieser Band aus Bhūrja Patra[3] wird gemäß dem Willen von Srī Srīpāda am Geburtsort von Srīpāda viele Faden[4] tief unterirdisch vergraben bleiben, in einer unsichtbaren Form. An Seinem Geburtsort werden Seine Pādukas[5] aufgestellt und ein Tempel errichtet werden. Srī Pynda Venkatappayya Sreshti, ein bedeutender und wohlhabender Händler, der Srīpāda eine Kuh schenken konnte, war wahrlich eine sehr würdige Person. In seiner Familie wird es keinen Mangel an Wohlstand geben. Er wird für einige Zeit in Hiranya Loka bleiben und danach in einer

1 Kakinada
2 Samarlakota
3 Rindenblätter des indischen Birkenbaums
4 Alte Maßeinheit; 1 Faden = 6 Fuß oder 1,83 Meter
5 Als heilig verehrte Sandalen

sehr wohlhabenden Vaishya-Familie in Maharashtra geboren werden und auch Zeuge der Inkarnation von Srī Narasimha Saraswati sein.

Mein lieber Shankar Bhatt, diese Episode der Spende einer Kuh ist in der Tat sehr glückbringend. Sie können nun nach Kuruvapuram aufbrechen. Möge Srīpāda Srīvallabha Sie immer beschützen!"

Ehre sei Srī Srīpāda Srīvallabha!

Kapitel 10

Beschreibung der Formen von Narasimha Swami

Ich bat Tirumala Das um Erlaubnis und setzte meine Reise nach Kuruvapuram fort. Als ich über die göttlichen Spiele von Srīpāda nachdachte, zog das prickelnde Gefühl einer Gänsehaut über meinen Körper. Auf dem Weg sah ich in einiger Entfernung einen heiligen Audumbara-Baum[1]. Es war Mittag, und ich war sehr hungrig. Würde sich ein Brahmanen-Dorf in der Nähe befinden, müsste ich Almosen sammeln. Ich dachte, ich könnte mich unter dem heiligen Audumbara-Baum von der Reisemüdigkeit erholen, bemerkte aber, dass jemand im Schatten des Audumbara-Baums ruhte. Als ich näher kam, konnte ich sehen, dass die Person einen heiligen Faden[2] trug.

Ich näherte mich dem Audumbara-Baum. Dieser Fremde lud mich herzlich ein und bat mich, Platz zu nehmen. Mitgefühl strahlte aus seinen Augen. Vor ihm stand ein Korb; darin befand sich kein Essen, sondern nur ein Kupfergefäß. Immer wieder sang er den Namen von Srīpāda Vallabha. Ich fragte ihn erwartungsvoll: „Mein Herr, sind Sie ein Devotee der göttlichen Füße Srīpādas? Haben Sie diese große heilige Person gesehen?"

Er sagte: „Mein Herr, ich wurde in einer edlen Vaishya-Familie geboren. Mein Name ist Subbayya Sreshti. In meiner Kindheit verlor ich meine Eltern. Sie hinterließen mir im Haus eine Menge Geld. So ging ich zu fernen Orten und machte viele Arten von Käufen und Verkäufen. Häufig ging ich nach Kanchīpuram[3]. In jener Stadt fing ich ein Verhältnis mit einer Prostituierten namens Chintamani an. Verschwenderisch gab ich große Mengen Geld aus. Ein Brahmane namens Bilwamangala aus der Stadt Pālakādu[4] in Kerala besuchte auch Kānchīpuram, um Handel zu treiben. Er verkaufte Duftstoffe an Araber im Tausch gegen Diamanten und Pferde. Manchmal führten wir Handelsaktivitäten gemeinsam aus. Könige und Herrscher

1 Sehr heiliger indischer Feigenbaum (Ficus racemosa)
2 Faden der Brahmanen von der Einweihung in das Gāyatrī-Mantram
3 Eine Stadt in Tamil Nadu
4 Palakkad oder Palghad, Stadt in Kerala

kauften von uns hochwertige Zuchtpferde. Aufgrund unseres Kontakts mit der Prostituierten waren wir unglücklicherweise beide von der Tugend abgefallen.

Eine Zeitlang liefen unsere Kauf- und Verkaufstätigkeiten mit den Arabern ermutigend. Danach nahmen sie uns viel Geld ab, und statt uns gute Pferde zu geben, überreichten sie uns Pferde von sehr geringer Qualität. So häuften sich unsere Verluste in dem Geschäft. Mit den Verlusten gingen auch unsere Grundstücke verloren. Meine Frau starb an seelischen Schmerzen. Ich hatte einen Sohn, der psychisch labil war. Durch einen unerwarteten Tod verließ auch er mich.

Mein Junge, Srī Pīthikapuram, das das Pādagaya Thīrtha[1] hat und das Beste der Thīrthas genannt werden kann, war mein Geburtsort. Aufgrund meiner Unwissenheit beschimpfte ich Gottheiten und Brahmanen. Ich wendete brutale Methoden an, um Rückzahlungen von Schulden einzutreiben. Einmal kam eine große Anzahl Verwandter vom Dorf Ayinavilli zum Haus von Appalaraja Sarma. Srī Appalaraja hatte nicht genügend Geld, um für sie alle Unterkünfte und andere Hilfen bereitzustellen. Hätte sich Srī Sarma an Srī Sreshti gewandt, hätte dieser alle Materialien kostenlos zur Verfügung gestellt, da Srī Sarma ihr Familienpriester war. Dann hätte dies eine Spende sein können, aber Srī Appalaraja Sarma wollte keine Spenden annehmen. Unter unvermeidlichen Umständen nahm er Artikel, die einen Varahā[2] kosteten, von meinem Laden auf Kredit.

Nach der Abreise der Verwandten drängte ich Raja Sarma, die Schulden zurückzuzahlen. Raja Sarma antwortete, er habe kein Geld bei sich und er werde die Schuld gewiss bereinigen, sobald Geld zur Verfügung stünde. Ich bin ein Experte im Eintreiben von Zinseszins. Die Zeit verstrich. Ich fügte Zinsen und Zinsen hinzu und stellte gefälschte Berechnungen auf. Ich verlangte, Sarma solle mir zehn Varahās zum Begleichen meiner Forderungen bezahlen. Raja Sarma solle sein Haus verkaufen, um den ganzen Betrag zu bezahlen. Nach den zu der Zeit herrschenden Raten könnte ich sein Haus übernehmen und einen oder zwei Varahās bezahlen, um dem Verkaufspreis zu genügen. Ich erzählte dies vor allen Leuten. Ich war entschlossen, Raja Sarmas Haus zu enteignen. Pynda Venkatappayya Sreshti, der meine böse

1 Thirtha: Pilgerort, der mit heiligem Wasser verbunden ist; Pādagaya Thīrtha: der Ort, wo die Füße des Asuras (Dämon) Gaya herabfielen

2 Eine Geldmünze, die 4 Rupien entspricht

Absicht bemerkte, sagte: ,Du übler Kerl, du redest von der Arroganz des Reichtums verblendet. Wenn du unseren verehrten Familienpriester beleidigst, ist es das Gleiche, als würdest du uns entehren! Falls du deine Methoden nicht änderst, wirst du schwere Verluste erleiden. Wenn du Raja Sarma quälst, der frommer ist als ein loderndes Feuer, wirst du ins Raurava[1] und in andere Arten von Höllen stürzen.‘

Einmal war Srīpāda im Haus von Pynda Venkatappayya Sreshti. Höhnisch sagte ich zu Sreshti: ,Wenn Raja Sarma die Schulden nicht zurückzahlen kann, kann er einen seiner Söhne schicken, um in meinem Laden zu bedienen, oder er kann dort selbst bedienen. Ein Sohn ist blind, der zweite ist lahm und der dritte, Srīpāda, ist drei Jahre alt. Wie können dann meine Forderungen beglichen werden?‘ Pynda Venkatappayya Sreshti war sehr verletzt. Tränen ergossen sich in Strömen aus seinen Augen. Srīpāda wischte diese Tränen mit Seinen göttlichen Händen fort. Er sagte: ,Großvater, warum fürchtest du dich, wenn Ich da bin? Ich bin es, der Hiranyāksha und Hiranyakashipu getötet hat! Wird es für Mich schwer sein, die Schulden von Subbayya zu tilgen?‘ Srīpāda schaute zu mir und sagte: ,Ich begleiche deine Forderungen. Komm, gehen wir zu deinem Laden. Ich bediene in deinem Laden und tilge die dir zustehenden Schulden. Nach dem Ablösen der Schulden wird die Göttin Lakshmī nicht länger in deinem Haus wohnen. Überlege es dir sorgfältig.‘

Geblendet von Stolz und von Natur aus sehr grausam, stimmte ich dem Vorschlag zu. Pynda Venkatappayya Sreshti trug Srīpāda auf seinen Schultern; er brachte Ihn zu meinem Laden und sagte: ,Subbayya, ich werde an der Stelle von Srīpāda in deinem Laden arbeiten. Stimmst du zu?‘ Ich stimmte zu. In der Zwischenzeit kam ein Asket mit aufgewickeltem Haar zu mir und fragte nach der Adresse von Subbayya Sreshtis Laden. Ich sagte ihm, ich wäre Subbayya Sreshti und der Laden in der Nähe wäre genau meiner. Da sagte er: ,Mein Herr, ich möchte dringend einen Kupferkessel. Ganz gleich, auch wenn der Preis hoch ist. Wenn Sie mir freundlicherweise den Kupferkessel sofort geben, werde ich fortgehen und ihn mitnehmen.‘ Ich hatte 32 Kupferkessel, doch ich sagte ihm, ich hätte nur einen Kupferkessel und ich würde ihn abgeben, wenn er mir zehn Varahās gäbe. Er stimmte bereitwillig zu, jedoch unter einer Bedingung: Srīpāda,

1 Die Hölle für jene Menschen, die anderen Schaden zufügen; diese quälen sie in der Hölle als schlangenähnliche Wesen.

der auf dem Schoß von Pynda Venkatappayya Sreshti saß, solle ihm den Kupferkessel mit Seinen eigenen Händen geben. Srīpāda lachte. Der Asket mit seinen verfilzten Haaren lachte auch. Srīpāda sagte zu dem Asketen: ‚Dein Wunsch ist erfüllt. Die Göttin Lakshmī wird unbehelligt in deinem Haus bleiben. Du wirst diesen Asketenorden aufgeben und zu deinem Heim zurückkehren. Deine Frau und deine Kinder warten auf dich‘ Der Sanyāsi mit dem verfilzten Haar war voller Freude und ging fort. Ich hatte den Wunsch, Pynda Venkatappayya Sreshti und Appalaraja Sarma zu beschämen. Mein Wunsch wurde an dem Tag erfüllt. Stolz sagte ich: ‚Heute habe ich mit dem Verkauf eines Kupferkessels eine Menge Geld bekommen. Ich bin der Ansicht, dass die Summe von zehn Varahās, die Appalaraja Sarma mir schuldet, damit zurückgezahlt ist. Daher ist Srīpāda von diesem Augenblick an von der Bindung befreit.‘ Srī Pynda Venkatappayya Sreshti wollte jedoch, dass diese Aussage mit einem Schwur auf die Göttin Gāyatrī als Zeugin gemacht werden solle. Ich unglücklicher Kerl schwor dies.

Mein Junge, Shankar Bhatt, selbst *wenn man ein kleines Stück Kupfer von Avadhūtas und Siddha Purushas als ein Zeichen ihrer Gnade empfängt, erlangt der Empfänger großen Wohlstand.* Welch ein Glück hatte der Asket! Er empfing von Srīpāda, der neuen Inkarnation von Datta, auf liebenswürdige Weise einen Kupferkessel. Ich war äußerst bedauernswert. Von dem Moment an begann der Funke der Göttin Lakshmī, der in meinem Körper, in meinem Denken und in meiner Seele leuchtete, abzunehmen. Die heiteren Spiele von Srīpāda sind unvorstellbar und undenkbar. Jedes in Seiner Gegenwart geäußerte Wort wird wahr. Als ich 32 Kupferkessel hatte, log ich, dass ich nur einen hätte. Srīpāda verwandelte meine Lüge in Wahrheit. Als ich nach dem Weggang von Srī Pynda Venkatappayya Sreshti und Srīpāda meinen Laden überprüfte, fand ich nur einen Kupferkessel anstelle von 31. Ich stellte falsche Rechnungen aus, dass ich zehn Varahās bekommen müsste. Durch dieses scherzhafte Spiel beseitigte Srīpāda einige Befürchtungen von Appala Raju Sarma. Morgen- und Abenddämmerung sind sehr heilige Zeiten. Feuerverehrung in der frühen Morgendämmerung und in der Abenddämmerung bringen erstaunliche Ergebnisse. In der frühen Morgendämmerung sind alle Energien des Sonnengottes bereit zu herrschen. Während der Abenddämmerung ziehen sich alle Energien des Sonnengottes zurück und vereinen sich mit Ihm.“

Da sagte ich: „Mein Herr, früher habe ich gehört, dass der Verdienst guter Taten[1] abnehmen würde, wenn man Gaben annimmt, doch von Ihnen hörte ich nun, dass das Nicht-Annehmen einer Gabe eine Sünde sei. Ich habe das nicht verstanden. Nicht nur das, Sie sagen, Srīpāda sei eine Inkarnation von Srī Dattātreya, während auch gesagt wird, er sei eine Inkarnation von Narasimha und Shiva. Ich verstehe überhaupt nicht, wie die Natur von Anasūyā innerlich in Shiva existiert. Bitte erklären Sie es in Einzelheiten."

Subbayya Sreshti antwortete: „Sie sind hungrig. Srīvallabha weist Seine Jünger oft an, sie sollten jemanden, der um Nahrung suchend zu ihrem Haus kommt, gutes Wasser zum Trinken und gute Nahrung zum Essen anbieten, ohne auf Unterschiede in Rasse und Kaste Rücksicht zu nehmen. Essen Sie erst einmal. In der Nähe ist ein Wasserspeicher. Bitte kommen Sie, nachdem Sie sich gereinigt haben. In der Zwischenzeit werde ich zwei Kochbananenblätter von dem Bananenbaum dort drüben bringen. Grüne Gurke mit Dal ist das Curry für die Mahlzeiten. Es wird sehr köstlich sein wie ein süßer Lebenstrank."

Ich war erstaunt. Außer dem Kupferkessel war nichts im Korb. Es gab keine Essenssachen, Früchte oder Gemüsewurzeln. Darüber hinaus sagte er, dass bei dem Essen das Gurkendal eine Beilage sei. Ich dachte mir, ich werde zum Wasserspeicher gehen und nach dem Waschen meiner Hände und Füße zurückkommen, ohne mich um etwas zu kümmern. In der Zwischenzeit ging Subbayya Sreshti zum Bananenbaum.

Nachdem ich mich gewaschen hatte, kam ich von dem Becken zurück. Subbayya Sreshti brachte zwei Bananenblätter. Er sammelte von den Palmen in der Nähe Blätter und machte aus ihnen kleine Tassen. Ich sah diesem merkwürdigen Geschehen verwundert zu. Er schloss seine Augen und meditierte für eine Weile. Danach goss er Wasser aus dem Kupferkessel, den er mit sich führte, in die beiden Blättertassen. Das Fließen von Wasser aus dem leeren Kupferkessel war ein Wunder. Aus dem Kessel servierte er das Curry und anschließend das Essen. Wir beide hatten diese üppige und sehr schmackhafte Mahlzeit als Prasād[2]. Nach Beendigung blieb der Kupferkessel leer wie zuvor.

1 Hier: Punya
2 Speise als Opfergabe

Die Wirkung der Verehrung von Lord Shiva während der Stunden der Dämmerung von Samstagabend. Srīpāda als Verkörperung aller Gottheiten

„Saturn (Sani) ist ein Karmakāra; er lässt die Menschen Handlungen begehen. Es gibt zwei Schattenplaneten, Rāhu und Ketu[1]. Rāhu gibt Ergebnisse wie Saturn; Ketu gibt Ergebnisse wie Mars. Saturn, der Karmakāra, ist der Sohn der Sonne – ein Zeuge allen Karmas. Daher ist die Samstag-Abenddämmerung sehr machtvoll. Die machtvollen Tithis[2] für Rāhu sind Chaturdhi[3] und Trayodasi[4]. *Aus diesem Grund wird ein Mensch, der Shiva zu der sehr heiligen Zeit der Abenddämmerung von Sani Trayodasi verehrt, vollständig von den Ergebnissen aller in früheren Leben begangenen schrecklichen Sünden befreit.*

Srī Srīpāda inkarnierte sich im Stern Chitra, der vom Planeten Mars beherrscht wird. Wenn daher Srīpāda zur Zeit des Sterns Chitra verehrt wird, werden alle Bedrängnisse der Planeten nachlassen. Der Planet ist die Ursache für Kriege, Unfälle und frühzeitige Tode; er herrscht über Waffen und Raketen, über ein Leben voller Elend und Verschuldung. Runa (Schuld) bedeutet Sünde, und Aruna bezeichnet das, was ohne Sünde ist. *Zur Zeit des Chitra-Sterns oder dienstags leuchtet Srī Srīpāda in einer purpurroten Farbe. Er wird überhaupt an dem Tag in der Form von Arunāchaleswara bleiben. Deshalb ist es äußerst glückbringend, Srīpāda Srīvallabha speziell an solch einem Dienstag mit Chitra-Stern zu verehren.* Pynda Venkatappayya Sreshti, Narasimha Varma und Bāpanārya nahmen gewöhnlich Samstagabend an der Verehrung von Shiva teil. An diesem Tag pflegte auch Appalaraja Sarma eine sehr strenge spirituelle Disziplin einzuhalten. Akhanda Lakshmi Sowbhagyavati Sumatī Maharani meditierte über den großen Aspekt von Anasūyā, der der Form von Shiva innewohnt. Als Ergebnis dieser großen Buße fand die Ankunft von Srīpāda statt. Srīpāda wollte Seinem Vater still vermitteln, dass aufgrund der obigen Umstände es nicht als eine Spende ausgelegt werden kann, wenn ein Betrag von Srī Pynda

1 Rāhu ist der nördliche Mondknoten und Ketu der südliche Mondknoten; in der indischen Astrologie werden sie als Planeten betrachtet.

2 Lunare Tage, Winkelabstände zwischen Mond und Sonne

3 Der 4. Lunartag

4 Der 13. Lunartag

Venkatappayya Sreshti, Srī Narasimha Varma und Srī Bāpanārya empfangen wird. Er wollte klarmachen, dass es andererseits eine große Sünde wäre, von ihnen kein Geld anzunehmen. Shankar Bhatt, *Srī Srīpāda ist eine Verkörperung aller Gottheiten. Sein Wesen ist etwas Großartiges, was alle Formen der Gottheiten übersteigt. Wer Ihn sah, berührte und mit Ihm sprach, ist in der Tat von Glück begünstigt.*"

Subbayya Sreshti begann zu erzählen: „Die Nachricht, dass Srīpāda Seinen Vater durch diese originelle Methode von der Schuld losgekauft hatte, verbreitete sich wie ein Lauffeuer in Pīthikapuram. Srīpāda war ein Junge von drei Jahren. Tränen flossen Appalaraja Sarma ununterbrochen aus den Augen. Sumatī Maharani drückte ihren Lieblingssohn an ihre Brust und blieb für eine sehr lange Zeit in einem Trancezustand. Pynda Venkatappayya Sreshti, Narasimha Varma und Srī Bāpanārya kamen zum Haus von Raja Sarma. Srīpāda erklärte, es sei die Pflicht eines Sohnes, seinen Vater von der Schuldenlast zu befreien. Ich wurde auch eingeladen, das Haus von Srī Raja Sarma zu besuchen. In der Gegenwart aller Ältesten, die sich dort versammelt hatten, verkündete ich, dass die Schuld von Srī Raja Sarma vollständig abgelöst sei. Raja Sarma stimmte dem nicht zu. Er fragte: ‚Werden seine Schulden zurückgezahlt, wenn ein Asket kommt, einen Kupferkessel kauft und dafür zehn Varahās bezahlt?‘ Danach fand eine interessante Diskussion statt."

Das Wesen von Srīpāda

Bāpanārya: ‚Du bist ein dreijähriger Junge. Du sprichst Worte, die weit über dein Alter hinausgehen. Bist du allwissend?‘

Srīpāda: ‚Ihr denkt alle, Ich bin drei Jahre alt, doch Ich denke nicht so. Mein Alter entspricht vielen Hunderttausenden[1] von Jahren. Ich existierte vor dieser Schöpfung. Ich werde weiter existieren, selbst nach dem großen Pralaya[2]. Während der Aktivitäten der Schöpfung werde Ich da sein. Erschaffung, Erhalt und Auflösung werden nicht ohne Mich stattfinden. Ich beobachte all dies als Zeuge.‘

Bāpanārya: ‚Srīpāda, wenn ein kleines Kind sich einfach vorstellt, es sei auf dem Mond, bedeutet es nicht, dass es tatsächlich auf dem Mond ist.

1 Hier: Lakh: Indisches Zahlenwort für Einhunderttausend
2 Letzte Zerstörung der Welt

Man muss die direkte Erfahrung haben. Allwissenheit, Allmacht und Allgegenwart gehören nur zu den Eigenschaften des Herrn des Universums.‘

Srīpāda: ‚Ich bin die Urnatur, die stets zu allen Zeiten und an allen Orten existiert. Meine Existenz offenbart sich in Übereinstimmung mit diesen besonderen Erfordernissen. Das bedeutet jedoch nicht, dass Ich an einem bestimmten Ort nicht existiere, nur weil Ich Mich nicht geoffenbart habe. Ich bleibe in den Annamaya, Prānamaya, Manomaya, Vijnānamaya und Ānandamaya Koshas[1]. Nur aufgrund Meiner Gegenwart führen sie ihre Tätigkeit aus. Wenn Ich dir eine Erfahrung gebe, dass Ich auf einer speziellen Ebene weile, wirst du spüren, dass Ich in diesem Kosha[2] bin. Dies bedeutet aber nicht, dass Ich nicht in den anderen Koshas weile, nur weil Ich dir von dort nicht die Erfahrung gebe. Zu allen Zeiten und an allen Orten bin Ich durchdringend. Alle Arten von Willen und Weisheit liegen zu Meinen Füßen. Diese ganze Schöpfung ist rein nach Meinem Willen geformt. Worüber sollte man sich wundern, wenn Ich allmächtig bin?‘

Appalaraja Sarma: ‚Mein Lieber, seit Deiner Kindheit bist Du für uns ein Rätsel. Wiederholt sagst Du, dass Du Lord Datta bist. Immer wieder erklärst Du auch, dass Du in einer weiteren Inkarnation unter dem Namen Narasimha Saraswati kommen wirst. Menschen sind wie Krähen; sie kommentieren Deine Handlungen und nennen sie theatralisch, geistig unausgewogener Schwachsinn und hinterlistige Tricks. Wir sind Brahmanen. Es ist besser, dass wir die für uns vorgeschriebenen rechtschaffenen Handlungen befolgen. Wenn wir darüber hinausgehen und erklären, dass wir Inkarnationen und göttliche Persönlichkeiten sind, so wird dies als unverschämte Arroganz betrachtet.‘

Srīpāda: ‚Vater, Ich leugne nicht, was du sagst. Ich darf nur die Wahrheit sagen, nicht wahr? Als die Sache mit Meiner Milchschuld aufkam, fühlte Ich Mich amüsiert. Hätte Ich zu der Zeit, als die fünf Elemente Zeugnis ablegten, beteuert, Ich sei nicht Lord Datta, wäre Ich dann nicht schuldig, die Unwahrheit zu sprechen? Wenn jemand, der die Sonne am Himmel scheinen sieht, sagt, dies sei nicht die Sonne, wird die Sonne dann zu etwas anderem? Die Wahrheit ist durch Raum und Zeit bedingt. Die Brahmanen von Pīthikapuram erleben die menschliche Natur und empfin-

1 Die Schichten des dicht-physischen Körpers, der Vitalebene, der Mentalebene, der buddhischen Ebene der Weisheit, der Ebene der Seligkeit.

2 Schicht, Hülle

den, dass sie lebende Körper und Individuen sind. Auf die gleiche Weise erinnere Ich euch immer wieder daran, dass Ich Datta bin und das Wesen der Allwissenheit, Allgegenwart und Allmacht habe. Äonen mögen verstreichen. Viele Welten mögen Erschaffung, Erhalt und Auflösung durchleben, doch wie könnte es sein, dass Ich, der Ich Datta selbst bin, nicht Datta wäre?‘

Bāpanārya: ‚Srīpāda, nach dem Weggang des Asketen bliebt nur ein Kupferkessel anstelle von 31. Hast du einen Trick gespielt und sie verschwinden lassen?‘

Srīpāda: ‚*Alles geschieht aufgrund einer Ursache, die aus der Zeit und dem Schicksal auftaucht. Es gibt keine Möglichkeit, dass eine Handlung ohne einen Grund geschehen kann.* Dies ist ein Gesetz in der Natur, das nicht übertreten werden kann. In seinem früheren Leben war Subbayya Sreshti ein Datta-Priester in einer Waldgegend. Selten kamen Leute dorthin. Subbayya Sreshti war verrückt nach Frauen. Besessen von dieser Begierde, trachtete er danach, das große Datta-Kupferidol, das seit alters her von seinen Vorfahren verehrt wurde, zu verkaufen. Das durch den Verkauf erhaltene Geld gab er seiner Geliebten. Den Leuten erzählte er, das Datta-Idol sei von Dieben gestohlen worden. Der Asket, der hierherkam, war ein Goldschmied, der in weltliche Affairen verstrickt war. In seinem früheren Leben als Goldschmied schmolz er aus Geldgier die Datta-Statue. In diesem Leben wurde er als sehr armer Mann geboren. Da der Priester viele Jahre lang das Datta-Bild verehrt hatte, wurde er aufgrund dieses Verdienstes in diesem Leben in einer wohlhabenden Familie geboren. Aus der Datta-Statue, die im früheren Leben dieser beiden Personen geschmolzen wurde, wurden 32 Kupfergefäße zum Verkauf hergestellt. Der Goldschmied verehrte Lord Narasimha. Er fertigte diese Kupfergefäße in der Gegenwart von Lord Narasimha. Daher traten durch den Willen Gottes die essentiellen Attribute der 32 Inkarnationen von Lord Narasimha in die Kupfergefäße ein.

Der Goldschmied, der Wissen von seiner früheren Geburt hatte, verehrte Mich mit ungeteilter Hingabe. Aufrichtig betete er um die Aufhebung seiner Armut. Ich erschien in seinem Traum und bat ihn, nach Pīthikapuram zu kommen und ein Kupfergefäß aus Meinen Händen zu empfangen. Zu diesem Zweck sollte er Sreshti zehn Varahās bezahlen und Mich somit von Meiner Bindung befreien. Er tat dies und war glücklich. Ich segnete ihn, dass sein finanzielles Problem sich auf eine unvorstellbare Weise lösen würde. Er ging in der Verkleidung eines Asketen umher, um Probleme mit jenen zu vermeiden, die ihm Geld geliehen hatten. Damit sollte klar sein, dass Ich alles über diesen Asketen weiß!

Dieser Subbayya Sreshti versuchte, unrechtmäßig zehn Varahās von unserer Familie zu kassieren. Ich arrangierte für ihn zehn Varahās, doch um es zu kompensieren, entzog Ich alle von ihm in seinem früheren Leben erlangten Verdienste. ‚Oh Subbayya Sreshti, ich kenne deine amourösen Affairen mit Chintamani und all deine vulgären und unanständigen Taten. In der menschlichen Geschichte wird deine Geschichte als eine Komödie verbleiben. Du wirst vom Verkauf von Esswaren in einem kleinen Holzkorb leben. Du wirst sie an kleine Kinder wie Mich verkaufen. Meine Eltern richteten mit dem von dir erhaltenen Geld Mahlzeiten für die Verwandten aus. Ich kenne besser als du die Bania[1]-Rechenmethoden. Das von dir gegebene Geld reichte gerade aus, um Essen, Dal und Gurken zu kochen. Das hart verdiente Geld Meines Vaters reichte aus, um andere Materialien zu besorgen. Wenn du einen elendigen Zustand erleidest, in dem du nicht einmal Nahrung bekommen kannst, dann wirst du für dich aus dem Kupferkessel nur mit Wasser, Reis-Dal und Gurken versorgt. Es werden dir nur so viel Nahrung und Dinge zur Verfügung stehen, so dass du essen und anderen servieren kannst.‘

Srīpāda sprach sehr streng. Sein Gesichtsausdruck war furchterregend, strahlte aber mit göttlichem Glanz. Wie zwei Feuerkugeln funkelten seine Augen.

Dann sagte er wieder: ‚Oh Subbayya Sreshti, ein Büffel wird heute Nacht zum Südtor deines Hauses kommen. Dies ist eine von Yamadharma Raja[2] gesandte Nachricht, dass dein Tod sehr nahe ist. Doch Ich erweise dir Gnade. Füttere diesen Büffel mit eigens gekochtem Reis, Dal und Gurken. Der Büffel hat nur diesen Wunsch. Nach dem Essen wird der Büffel an deiner Stelle sterben. Von dem Augenblick an wirst du Zeichen über Zeichen bekommen, dass du schrecklich verarmen wirst. Nimm den Korb und folge Meinen Anweisungen. Wenn du in eine Situation gerätst, wo du nicht einmal Reis bekommen kannst, wird dir dieser Kupferkessel helfen. Ich erweise dir Gnade.‘ Srīpāda sprach mit ernster Stimme.

1 Indische Händlerkaste
2 Der Herr des Todes

Venkatappayya Sreshti war erschrocken, als er den zornigen Srīpāda sah. Da sagte Srīpāda: ‚Großvater, fürchtest du dich?[1] Ich bin in der Tat Narasimha Murthy. Daran möge kein Zweifel bestehen. Meine Natur ist die von Srīpāda und Srīvallabha. Du denkst, dass Ich die Vaishya-Kaste verfluchen werde. Du bist beunruhigt, dass Ich alle Vaishyas verfluchen werde, so arm zu werden, wie Mutter Vasavī den Fluch gab, ihre Vaishya-Kaste würde an Schönheit verlieren. Fürchte dich nicht. *Gott macht keinen Unterschied zwischen Kaste und Glaubensüberzeugung. Auf die gleiche Weise unterscheidet ein Devotee nicht zwischen Kaste und Rasse.* Meine Beziehung zu den Ārya Vaishyas ist sehr alt. Bāpanārya war im früheren Yuga Lābhāda Maharshi. Ich gewähre dir eine Gunst. Selbst wenn das Geschlecht von Lābhāda Maharshi bei den Vaishyas ausstirbt, segne Ich die Familie von Bāpanārya bis zum Ende des Kali Yugas[2]. Ich gebe eine andere Art von Korb. Der Korb ist voller Datta-Süßigkeiten. Selbst wenn du sie freigiebig verteilst, wird der Vorrat dieser Süßigkeiten nicht abnehmen. Für das bloße Auge wird dies nicht sichtbar sein. *Da alle 32 Eigenschaften von Narasimha allein in Mir sind, bin Ich die 33. Inkarnation. Daher werden jeweils während der 33. Generation deiner Familie, der Familie von Srī Bāpanārya und der Familie von Srī Vatsavāyi Narasimha Meine Pādukas genau an dem Ort Meiner Geburt im Haus von Srī Bāpanārya aufgestellt werden. Dies ist Meine Zusicherung für die Familien von Vatsavāyi, Malladi und Srī Venkatappayya Sreshti.* Wenn jemand aus euren Familien die großartige göttliche Form von Srīpāda Srīvallabha in einer Methode der traditionellen neunfältigen Hingabe verehrt, werden die Hunde von Datta für sie in unsichtbarer Form als Wachen dastehen. Die Veden, Purānen, Upanishaden usw. werden sie ständig in unsichtbarer Form und als unsichtbare Hunde beschützen.

So wie Ich es heute gesagt habe, werden Meine Pādukas auf keine andere Weise in Pīthikapuram aufgestellt werden. Ich werde immer an Mein Versprechen gebunden sein. Unser Haus geht in viele Hände über und wird deine Nachkommen erreichen. Es wird Datta Nilayam genannt werden. Ich kam in der Form eines Avadhūta, bat um Bhavati Bhikshām Dehi[3] und gab Sumatī Mata Darshan vor diesem Haus. Mein Bruder wird in seiner nächsten

1 In der Gegend von Andhra Pradesh ist es Tradition, eine ältere Person Großvater zu nennen.

2 Dunkles Zeitalter

3 Wörtlich: „Möge eine anwesende ehrwürdige Person bitte Almosen geben.“

Geburt als Sridhara, als Teilmanifestation von Datta, berühmt werden. Dreimal wird er in subtiler Form zu diesem Ort in der Form eines Hundes kommen, am Samstag, den 06.07.1963, am Freitag, den 11.09.1970 und am Mittwoch, den 04.08.1971 und wird Bhikshā annehmen. Nach einiger Zeit wird eine Person der 33. Generation von Bāpanāryas Familie Essen im Haus deiner Nachfahren, in Datta Nilayam, zu sich nehmen. Dies ist Mein Gesetz. Ich bin wirklich machtvoll im Erfüllen Meines Versprechens.'

Da drückte Venkatappayya Sreshti Srī Srīpāda an seine Brust. Freudentränen flossen aus ihren Augen. Srī Bāpanārya war sprachlos. Mutter Sumatī bekam Zweifel, ob es sich um einen Traum oder eine göttliche Illusion handelte. Das Denken von Appalaraja Sarma setzte aus. Die beiden Brüder von Srīpāda schauten Srīpāda ehrfürchtig an. Sie fragten sich, ob Er ihr Bruder oder Lord Datta sei und wunderten sich über das merkwürdige Ereignis. Es gab keine Grenzen für meine Dummheit und die Gewohnheit, andere lächerlich zu machen. So sagte ich: ‚Srīpāda, als die Shakti der Strahlen menschliche Form annahmen, waren sie beim Krishna-Avatar als Frauen anwesend. War es etwas anderes als die Faszination für Frauen? Im Falle von Inkarnationen ist es ein göttliches Spiel, doch in unserem Fall ist es Faszination für Frauen? Welch ein Vorurteil!'

Srīpāda antwortete daraufhin: ‚Srī Krishna hatte acht Frauen und sechzehntausend Gopikas. Dennoch war er ein echter Junggeselle. Er ist nicht der Frauenheld wie du denkst. Es war überhaupt keine körperliche Beziehung. In der Seelenbeziehung waren sie alle Frauen. Die Seele, die unterstützt wurde, war die Ehefrau, und die unterstützende Seele war der Ehemann. Was gab es mehr als das? Als Devendra verflucht wurde, eine menschliche Form anzunehmen, wurde Sachi Deva als Draupadī geboren. Devendra nahm fünf Formen an und wurde als die fünf Pāndavas geboren. Obwohl Draupadī fünf Ehemännder hatte, genoss sie nur mit Arjuna die ehelichen Annehmlichkeiten. Das Dharma ist unterschiedlich und die Feinheiten des Dharmas sind völlig verschieden. Mutter Kuntī hatte nicht die Gewohnheit, auf ihr Wort zurückzugehen. Draupadī wählte nur Arjuna. Nur Arjuna traf bei dem Wettbewerb den Fisch. Eine tugendhafte Frau sollte sechs Eigenschaften haben. Ihre Gestalt sollte Lakshmī gleichen. Draupadī hatte Güte in reichem Maße. Sie sollte die Geduld der Mutter Erde haben. Sahadeva[1] kannte alle Ereignisse, die in Zukunft stattfinden würden. Er wusste, dass die Schlacht zwischen den Kauravas und den Pāndavas ausgetragen werden musste, doch vor diesem großen Ereignis mussten sich viele Dinge ereignen. Es waren auch traurige Ereignisse dabei. Jedes Mal wenn er daran dachte, war er sehr bekümmert. Daher verhielt sich Draupadī gegenüber Sahadeva sehr geduldig. Bhīma war ein Schlemmer. Da er große Mengen an Essen verzehrte, wurde er sehr träge. Er war faul, sogar für das Erledigen seiner eigenen Arbeit. Gegenüber Bhīma verhielt sich Draupadī wie eine Dienerin. Dharmarāja war der Älteste von den Pāndavas. Meist beunruhigten politische Probleme seinen Geist. So verhielt sich Draupati ihm gegenüber wie eine Ministerin und gab guten Rat. Nakula war ein erfahrener Schwertkämpfer, der mit äußerster Geschwindigkeit kämpfte. Er schwang das Schwert so geschickt zwischen zwei Regentropfen, dass es trotz des Regens nicht nass wurde. Aufgrund des anstrengenden Trainings, das mit dem kühnen Geschick in den Kampfkünsten verbunden war, bekam er großen Hunger. Draupadī bereitete ihm gewöhnlich schmackhaftes Essen zu und servierte es ihm. Die Zubereitungen gaben seinem Geist Befriedigung und waren für sein Training in der Kriegskunst geeignet. Wie eine Mutter, die die Vorlieben ihres Kindes kennt und, ohne zu fragen, eine schmackhafte Verpflegung bereitstellt, ging Draupadī mit Nakula um. Sie stellte Arjuna zufrieden, indem sie ihm Ehefreuden bot. Darin übertraf sie Rambha[2] in der Kunst des sexuellen Vergnügens. Obwohl sie fünf Ehemänner hatte, gewährte sie nur Arjuna die Freuden des Bettes, ohne das Dharma zu brechen.

Subbayya Sreshti, deine Konkubine Chintamani gewährte nicht nur dir sexuelles Vergnügen. Bilwamangala und viele andere genossen ihren Körper. Wenn du Pānakāla Narasimha Swamī in Mangalagiri in der Gegend von Guntur besuchst, wirst du dort aufgrund der Ursachen von Zeit und Schicksal Chintamani und Bilwamangala treffen. Bringe sie nach Pīthikapuram. Dann werde Ich euch allen etwas über Rechtschaffenheit predigen.‘

Srī Narasimha Varma nahm Srīpāda auf seinen Schoß. Srīpāda sagte zu Srī Varma: ‚Großpapa, morgen werden wir in deinem Pferdewagen fahren und unsere Ländereien besuchen. Mutter Erde hat dort seit vielen Tagen eifrig zu Mir gebetet: ‚Lord Srīpāda, wirst Du mich nicht durch die Berüh-

1 Jüngster der 5 Pāndava-Prinzen
2 Eine Apsarâ, ein magisches und schönes weibliches Wesen

rung Deiner Füße heilig machen? Du hast den Titel eines Ārthatrāna Parāyana[1], nicht wahr'?'

Da sagte Srī Varma: ‚Mein lieber Srīpāda, ich habe eine kleine Bitte. Wir haben unsere Ländereien in der Nähe von Srī Pīthikapuram. Ich möchte dort ein Dorf errichten und die Felder von den Dorfbewohnern bewirtschaften lassen. Ich möchte die Ländereien den Dorfbewohnern zu einem geringen Betrag zur Pacht geben und Dich als den Karanam[2] einsetzen, um die Angelegenheiten dieses Besitzes zu beaufsichtigen. Wir haben jetzt nicht den Posten eines Karanam von Ayinavilli, nicht wahr?'

Srīpāda sagte lachend: ‚Großvater, du dachtest an deine Zamindarschaft, aber du dachtest nicht an Meine Zamindarschaft. Dies ist nicht annehmbar für Mich. Du hast mich als Erstes gebeten, als dieser Dorfverwalter zu arbeiten. In diesem Fall wird die Geschichte nur verzeichnen, dass Ghandikota Srīpāda Srīvallabha Raja Sarma bloß ein Karanam eines speziellen Dorfes war, doch Mein Verwaltungsbereich ist über das gesamte Universum ausgedehnt. Ich habe meine eigenen Berechnungen. Jeden Tag werden Crores[3] an Bergen von Verdiensten, Diamanten und Ornamenten ausgegeben. Der Zweck Meiner Inkarnation ist es, die Kundalinī des Universums zu bewegen. Dörfer, Städte und heilige Orte haben auch auf gleiche Weise Kundalinīs wie Menschen. Dies ist ein Geheimnis des Yogas, das nur von jenen verstanden werden kann, die den Sāndra Sindhu Veda kennen. Die Kundalinī von Pīthikapuram kann erst jeweils in der 33. Generation der Familien von Bāpanārya, Pynda Venkatappayya Sreshti und Vatsavāyi erschüttert werden. Warum jetzt in Eile sein? Du machst den besten Nutzen von jedem Augenblick dieser großen heiligen Gelegenheit, die dir glücklicherweise verfügbar ist.'

Mein lieber Shankar Bhatt, Srī Narasimha Varma versuchte, auf diese Weise Srīpāda permanent in Pīthikapuram zu halten.

Die Herrlichkeit von Srīpāda

In mir war hochgradige Unwissenheit. Als Srīpāda erklärte, Er wäre in der Tat Srī Krishna selbst, fragte ich aus Unwissenheit in einem höhnischen Ton:

1 Retter der leidenden Menschheit
2 Dorfverwalter
3 Indische Zahl; ein Crore entspricht 10 Millionen

‚Srīpāda, du sagst, dass du Krishna bist. Dann hast du auch in dieser Inkarnation acht Frauen und sechzehntausend Gopikas?' Srīpāda antwortete mit einem Lächeln: ‚Meine achtfältige Natur stellt acht Frauen dar. Meine Inkarnation ist eine mit sechzehntausend umfassenden Kräften. Jede Minute strahlen von dieser höchsten göttlichen Seele, die die Inkarnation von Srīpāda Srīvallabha genannt wird, aus meinem Körper und meinem Denken machtvolle Schwingungen in alle zehn Richtungen aus. Auf diese Weise werden jede Minute für jede Kraft 10 x 10 x 10 = 1000 Schwingungen vom Körper, Denkvermögen und den Ātma[1]-Naturen ausgesandt. So strahlen von den sechzehn Kräften 16.000 Pulsierungen aus. Sie alle sind Meine sechzehntausend Gopikas. In der vorausgehenden Inkarnation nahmen alle von ihnen eine menschliche Form an. In dieser Inkarnation bleiben sie formlos, aber dynamisch und vibrierend.

Es ist nicht falsch, wenn Meine verschiedenen Formen der Göttlichkeit verehrt werden. Es bedeutet, Mich zu verehren. Man kann Meine Shiva-Form, Vishnu-Form oder Brahmā-Form verehren. Ebenso kann man die verschiedenen Formen Gottes in Mir verehren. In der Evolution des Lebens üben verschiedene Arten spiritueller Praktiken, die unterschiedlichen Stadien des Fortschritts bei den spirituell Suchenden und die Ursachen der Zeit und des Handeln ihren Einfluss aus.' So erklärte es Srīpāda.

Narasimha Varma hatte eine Vision von 32 Formen Narasimhas. Sie waren:

1. Kundapāda Narasimha Mūrthy,
2. Kopa Narasimha Mūrthy,
3. Divya Narasimha Mūrthy,
4. Brahmānda Narasimha Mūrthy,
5. Samudra Narasimha Mūrthy,
6. Viswarūpa Narasimha Mūrthy,
7. Vīra Narasimha Mūrthy,
8. Krūra Narasimha Mūrthy,
9. Bhībhatsa Narasimha Mūrthy,
10. Rudra Narasimha Mūrthy,
11. Dhūmra Narasimha Mūrthy,
12. Vāni Narasimha Mūrthy,
13. Vyāghra Narasimha Mūrthy,

1 Das Selbst, die Seele

14. Bidala Narasimha Mūrthy,
15. Bhīma Narasimha Mūrthy,
16. Pātāla Narasimha Mūrthy,
17. Akasha Narasimha Mūrthy,
18. Vakra Narasimha Mūrthy,
19. Chakra Narasimha Mūrthy,
20. Sankha Narasimha Mūrthy,
21. Sattwa Narasimha Mūrthy,
22. Adbhutha Narasimha Mūrthy,
23. Vega Narasimha Mūrthy,
24. Vidarana Narasimha Mūrthy,
25. Yogānanda Narasimha Mūrthy,
26. Lakshmi Narasimha Mūrthy,
27. Bhadra Narasimha Mūrthy,
28. Raja Narasimha Mūrthy,
29. Vallabha Narasimha Mūrthy.
    Später sah er Srīpāda Srīvallabha als die
30. Narasimha Mūrthy Inkarnation
    und Srī Narasimha Saraswati als die
31. Narasimha Mūrthy Inkarnation
    und Swamī Samartha, der in Srī Prajnapura[1] lebt, als die
32. Narasimha Mūrthy Inkarnation.

Die Geschichte von Srīnivasa

Mein Lieber, morgen ist ein sehr heiliger Tag. Es ist der Monat Kanya und der Stern ist Sravana[2]. Am Montag während Dwadasi[3] tauchte im Siddha Yoga Srī Venkateswara[4] als eine anbetungswürdige Form auf. Im Jahr Vi-

1 Die Stadt Akkalkot im Staat Maharashtra
2 Der 5. Monat des indischen Jahres, der gegen Ende Juli beginnt und in der 3. Woche August endet.
3 Der 12. Tag des lunaren indischen Kalenders
4 Eine Form von Vishnu; Lord Venkateswara nahm ein Darlehen für seine Hochzeit mit Srī Padmavati auf.

lambi[1], während des Vaisākha Suddha Sapthami[2], erhielt er finanzielle Unterstützung von Kubera und führte ein Instrument zur Darlehensvergabe. Srī Padmavati Devi[3] wurde im Mrigasira[4]-Stern geboren und Srīnivasa[5] wurde im Sravana-Stern geboren. Die Hochzeit von Srīnivasa fand im Monat Vaisākha[6] am Suddha[7] Dasami-Tag im Uttara Phalguni[8]-Stern statt. Lord Srīnivasa inkarnierte sich auch in der Linie von Bharadwaja. Akasha Maharaj wurde von einer Schlangennymphe von Sudhanwa der Pāndava-Familie geboren. Thondaman war sein Bruder. Vasudhanu war auch ein Sohn von Akasa Raj. Auf den Rat des Weisen Agastya verteilte Lord Srīnivasa das Königreich in gleichen Teilen an Vasudhanu und Thondaman."

Subbayya Sreshti sagte zu mir: „Heute ruhen Sie sich aus. Wir werden die ganze Nacht hindurch den göttlichen Namen von Srīpāda Srīvallabha singen. Nach der Wissenschaft der Astrologie ist morgen ein sehr heiliger Tag. Ich werde morgen die äußerst erstaunlichen heiteren Spiele von Srīpāda erzählen. Ich werde erzählen, wie Chintamani und Bilwa Mangala nach Pīthikapuram gebracht wurden, wie Srī Guru ihnen Gnade erwies, wie in den Feldern von Srī Narasimha Varma ein Dorf als Zeichen der merkwürdigen Spiele von Srīpāda gebaut wurde, wie dieses Dorf unter dem Namen Chitrada berühmt wurde. Ich werde auch eingehend die denkwürdigen und speziellen Dinge darlegen, die in zukünftigen Zeiten geschehen werden, und über die Verspieltheit von Srīpāda vor Seiner letzten Inkarnation als Kalki[9]." Nachdem er dies gesagt hatte, führte er mich zu einer in der Nähe gelegenen Hütte. Dort gab es zwei aus Dattelbaumblättern gefertigte Matratzen. Vier hochrassige Hunde standen an der Hütte Wache.

---

1 Name eines Jahres im Hindu-Kalender

2 Im Monat Vaisakha (oder einem anderen Monat) gibt es je 2 Wochen mit insgesamt 15 Tagen. Jeder Tag bedeutet der Abstand des Tages vom Vollmond. Diese Namen wiederholen sich in einem Monat zwei Mal. Um zwischen den zunehmenden und abnehmenden Mondphase-Tagen zu differenzieren, wird die Vorsilbe „Suddha" den Tagen der zunehmenden Mondphasen hinzugefügt.

3 Eine Form von Lakshmī, der Göttin des Reichtums und Glücks

4 Nakshatra-Konstellation im Monat Zwillinge-Krebs

5 Ein Name für Lord Venkateswara

6 Nakshatra-Konstellation im Monat Skorpion

7 Zunehmende Mondphase

8 Nakshatra-Konstellation im Monat Löwe-Jungfrau

9 Der 10. Avatar von Lord Vishnu

Die Früchte der Meditation von Srīpāda

Die göttlichen Spiele Srīpādas werden von anderen nicht vollbracht. Sie sprechen auf sehr glückliche Weise das Herz an. Indem man sich einfach nur Seiner erinnert, werden Berge von Sünden, die in vielen Geburten angesammelt wurden, zu Asche verbrannt.

Ehre sei Srī Srīpāda Srīvallabha!

Kapitel 11

Die Episode von Subbayya Sreshti, Chintamani und Bilwa Mangala

Die Verehrung von Datta gibt die Frucht der Verehrung aller Gottheiten. Die Geburt von Srīpāda – ein außergewöhnlich strahlendes Ereignis

Am nächsten Tag erzählte Srī Subbayya Sreshti wie folgt: „Lord Srī Datta ist eine Verkörperung aller Gottheiten. Indem man Srī Datta verehrt, kann man die Früchte der Verehrung aller Gottheiten erhalten, denn Er ist in allen Gottheiten. Mutter Sumatī pflegte Parama Shiva in der wesenhaften Natur von Anasūyā in der Zeit von Sani-Pradosha[1] zu verehren. Daher spiegeln sich die innewohnenden Aspekte von Shiva in Lord Datta in der wahren Natur von Anasūyā. Sie wurden als Srīpāda im Schoße von Mutter Sumatī geboren, die auf gleicher Ebene wie Mutter Anasūyā stand. Es war eine wunderschöne yogische Bewegung. Srīpāda wurde nicht aus der physischen Vereinigung der Eltern geboren. Yogische Lichter traten aus den Augen von Appalaraja Sarma und Mutter Sumatī hervor, die in tiefer Meditation waren. Diese Lichter vereinten sich und blieben im Schoß von Mutter Sumatī. Nach Vollendung von neun Monaten wurde eine strahlende Lichtform von Mutter Sumatī entbunden. Von Natur aus war Srīpāda eine Verkörperung aus Licht. Ab Seinem dritten Lebensjahr offenbarte Er einige merkwürdige Kräfte. Nach Srīpāda wurden drei Schwestern geboren, Srī Vidyadhari, Radha und Surekha. An jenem Tag, an dem Srī Vidyadhari geboren wurde, kam ein großer Gelehrter, Mallādi Ramakrishna Avadhāni, der ein entfernter Verwandter von Srī Bāpanārya war, zu ihrem Haus. Er hatte einen Sohn namens Chandra Sekhar. Mahālakshmī wurde im Haushalt der Gandikota-Familie geboren. Alle Verwandten waren einstimmig der Meinung, es wäre besser, wenn sie die Schwiegertochter der Malladi-Familie werden würde.

1 Verehrung von Sani (Verkörperung von Saturn) bzw. Lord Shiva am Samstagabend

Srīpāda sagte auch, dass es besser wäre, wenn Seine Schwester Srī Vidyadhari mit Chandra Sekhar verheiratet werden würde. Die Absichten von Srīpāda wurden automatisch umgesetzt. Sein Beschluss ist so fest und stark wie ein harter Diamant. In Übereinstimmung mit Seinen Worten wurde danach in Pīthikapuram die Hochzeit von Srī Vidyadhari und Chandra Sekhara Avadhani in großem Stil gefeiert. Die zweite Schwester, Radha, wurde mit Srī Viswanadha Muralikrishna Avadhani von Vijayawada verheiratet, und die dritte Schwester, Surekha, wurde mit Srī Tadepalli Dattātreya Avadhani von Mangalagiri verheiratet.

Mein lieber Shankar Bhatt, die verspielten Handlungen von Srīpāda sind unvorstellbar. In der Godāvarī-Gegend gibt es ein Dorf namens Tatankapur (Tanuku). In diesem Dorf lebt eine sehr fromme Familie, die viele große Opfer wie das Vajapeya- und das Pundarika-Opfer durchgeführt hat. Der Name dieser Familie ist Vajapeyajula. Enge Verbindungen bestehen zwischen der Malladi-Familie von Pīthikapuram und der Vajapeyajula-Familie von Tanuku. Die Vajapeyajula-Familie glaubt jedoch an die Theorie von ‚Idam Brahmyam, Idam Kshatram'[1]. Sie gehören zur Linie von Parāsara, welche die drei Weisen Vasishta, Sakti and Parāsara einschließt. Sie folgen dem Rig Veda. Die Mallādi-Familie folgt dem Yajur Veda. Im Staat Karnataka gab es keine geeigneten Lehrer, um Jugendlichen den Rig Veda zu lehren, damit sie ihn studieren können. In diesem Zusammenhang zog Srī Vajapeyajula Māyanācharyulu auf Einladung aus Tanuku nach Hoyasāla in das Karnataka-Gebiet. Von da an wurden sie Hoyasāla-Brahmanen genannt. Sie übernahmen die Berufe der Brahmanen und Kshatriyas mit gleicher Leichtigkeit. Um das Sanātana Dharma[2] zu retten, überwanden sie viele Schwierigkeiten. Māyanācharyulu hatte zwei Söhne. Einer war Mādhavācharya und der andere war Sāyanāchārya. Beide waren Gelehrte von hohem Rang. Srī Sāyanāchārya schrieb Kommentare über die Veden. Srī Mādhavācharya führte intensiv Buße durch, um die Gnade von Srī Lakshmī zu erlangen. Als Srī Mahālakshmī erschien, bat er um die Gunst der außergewöhnlichen Gnade von Srī Lakshmī. Da sagte ihm Srī Devi: ‚Mein liebes Kind, in dieser gegenwärtigen Geburt ist es dir nicht möglich.' Darauf entgegnete er unmittelbar: ‚Mutter, ich wende mich der Entsagung zu. Dann ist es für mich eine zweite Geburt, nicht wahr?' Srī Devi gewährte ihm Gnade in Überfülle.

1 Die brahmanische Kultur wie auch der Mut der Kshatriyas
2 Das ewige Gesetz

Durch seine Berührung verwandelte sich jedes unedle Metall in Gold. Er ist Srī Vidyaranya Maharshi. Srīpāda segnete ihn. Er ist derjenige, der in der dritten Generation der Linie von Asketen als Srī Krishna Saraswati geboren werden wird. Wenn Srīpāda sich in der Zukunft als Narasimha Saraswati inkarniert, wird Srī Krishna Saraswati Sein Guru sein, um Ihn in den Asketenorden einzuweihen. Da sein Wunsch nach Genuss nicht nachlässt, wird er in zukünftigen Jahrhunderten in der Familie von Sāyanāchārya als Govinda Dikshitulu geboren werden. Er wird Ministerpräsident der Herrscher von Tanjore werden und von allen Leuten als Rājarshi[1] gepriesen. All dies war eine Vorhersage über die Zukunft. Dies ist der Verlauf des Schicksals, der persönlich von Srīpāda beschlossen wurde. Sein Beschluss wird immer wahr werden. Daher wird diese Vorhersage über die Zukunft gewiss stattfinden.

Wenn viele Gottheiten verehrt werden, überträgt sich die Lebenskraft von Lord Datta in diese Gottheiten. Sie wird sich zu einem neuen Bewusstsein umwandeln, um die Wünsche der spirituellen Sucher zu erfüllen. Wird Lord Datta verehrt, entscheidet Er das Ausmaß, in dem eine bestimmte Aufgabe durch die Wirkkraft einer bestimmten Gottheit durchgeführt werden soll und beschützt so den Devotee wie ein Augenlid das Auge. Dhruva führte eine strenge Buße durch. Srī Mahā Vishnu gewährte ihm Seine grenzenlose und unendliche väterliche Liebe. Lord Srī Datta ist eine höchste Erscheinung. Er ist die Grundlage und jenseits der formhaften wie auch der formlosen Naturen. Das ist die höchste wahre Natur. Das ist die Urnatur, und das ist eine essentielle Natur, die keinen Anfang und kein Ende hat. Die wahre Natur von Datta kann nur durch Erfahrung erkannt werden, doch ist es völlig nutzlos, darüber mit dem logischen Intellekt nachzudenken. Das Geheimnis der Inkarnation von Srīpāda Srīvallabha ist, dass sie von umfassender Kompetenz ist, ob eine Sache getan oder nicht getan oder auf eine andere Weise erledigt werden soll.

Die essentielle Natur von Srīpāda

Srīpāda, der verkündet hatte, selbst Dattātreya zu sein, verehrte in Seinem Haus Kālagni Shamana Datta[2]. Bāpanārya wunderte sich einmal darüber und

1 Ein heiliger König
2 Einer der 16 Avatare (Inkarnationen) von Dattātreya als Sohn von Anasūyā

fragte Srīpāda: ‚Mein Junge Srīpāda, bist du Datta oder ein Verehrer von Datta?' Da antwortete Er: ‚Ich werde zu Datta, wenn Ich sage, dass Ich Datta bin. Wenn Ich sage, Ich bin ein Verehrer von Datta, werde Ich zu einem Verehrer von Datta. Wenn Ich versichere, dass ich Srīpāda Srīvallabha bin, werde Ich zu Srīpāda Srīvallabha. Was auch immer Ich wünsche, dies wird geschehen. Was auch immer Ich denke, zu dem werde Ich. Dies ist Meine Natur.'

Dies war für den Großvater sehr verwirrend. Dann sagte Srīpāda: ‚Großvater, wir beide sind eins. In der folgenden Geburt werde Ich Mich mit einem Körper inkarnieren, der dir sehr gleicht. Du hast einen sehr starken Wunsch, dem Asketenorden beizutreten. Es ist nicht Mein Beschluss, dass du in diesem oder im nächsten Leben ein Mönch werden solltest. Ich will Mich mit einem Körper inkarnieren, der dir in allen Aspekten genau gleicht und werde all deine karmischen Bande und Einflüsse löschen.' Als Er dies gesagt hatte, berührte Er sanft den Mittelpunkt der Augenbrauen des Großvaters. Dort ist der Brennpunkt des Bewusstseins. Für einige Sekunden sah er Babajī, der in einem ungestörten Trancezustand der Buße im Himalaya war. Nach einiger Zeit sah er ihn ein Bad beim Triveni[1]-Zusammenfluss im großen Pilgerzentrum Prayāga[2] nehmen. Danach sah er die Form von Srīpāda. Dieses Bild verschmolz mit dem selbstexistierenden Datta im Kukkuteswara-Tempel[3]. Ein Avadhūta kam daraus hervor. Er sah, dass seine Tochter Akhanda Lakshmi Sowbhagyavati Sumatī Maharani diesem Avadhūta Almosen gab. Er sah wiederum, dass der Avadhūta die Gestalt von Srīpāda Srīvallabha annahm und im Schoß von Sumatī Maharani lag. Er beobachtete, dass das kleine Kind aus ihrem Schoß hervorkam und sich zu einem 16jährigen Jugendlichen verwandelte. Dieser Junge betrachtete ihn mit tiefen Blicken und nahm eine Form an, die ihm genau glich. Diese Person sah jedoch wie ein Asket aus. Er wandelte majestätisch mit Seinen Jüngern, nachdem sie im Zusammenfluss von zwei heiligen Flüssen gebadet hatten. Dieser Asket blickte zu ihm und sagte: ‚Oh, du scheinst mit dir selbst zu diskutieren, wer Ich bin? Ich werde Narasimha Saraswati genannt. Dies ist Gandharvapura.' Minuten nachdem Er diese Worte gesprochen hatte, warf Er Sein Obergewand in den Fluss, setzte sich darauf und erreichte Srī-Shaila. Große Men-

1 Zusammenfluss von drei Flüssen
2 Heute Allahabad
3 Tempel in Pithapuram

schen und große Yogis warfen sich vor Ihm in Kadali Vana[1] nieder. Sie alle beteten: ‚Großer Herr, wir alle machen hier seit vielen Jahrhunderten Buße für Deine Ankunft. Bitte segne uns.' Nachdem Er viele Jahre lang Buße getan hatte, erschien Er als älterer Mann mit nur einem Lendengewand. Seine extrem scharfen Blicke richtete Er auf Srī Bāpanārya. Er sagte, Er werde ‚Swamī Samartha' genannt. Nach einiger Zeit gab Er Seinen Körper auf. Er übertrug Seine Lebenskraft auf einen Banyanbaum und Seine göttliche Seele ging in das Mallikarjuna Shiva Linga[2] in Srī-Shaila ein. Von diesem höchst kraftvollen Shiva-Linga hörte man eine tiefe, donnernde Stimme: ‚Bāpanāryā, du bist in der Tat vom Glück begünstigt! Ich bin unerreichbar, nicht wahrnehmbar für Sprache und Denken, unendlich, die vollkommene Verkörperung der Weisheit und ohne Anfang oder Ende. Durch die Kraft deines Kriya Yogas[3] hast du Mich durch Shaktipāta aus der Region der Sonne hergebracht und Mich zu diesem Jyotir Linga[4] gezogen. Achtzehntausend Himmlische verehren Mich ständig in der Form dieses Jyotir Linga. Diese heiligen Himmlischen unterstützen die Menschen, die dieses Jyotir Linga verehren, in ihrem materiellen und spirituellen Fortschritt. Als eine Verkörperung der Dreiheit segne Ich dich mit Meinen Formen von Srīpāda Srīvallabha, Narasimha Saraswati und Swamī Samartha.'

Mein lieber Shankar Bhatt, die heiteren Spiele von Srī Guru sind unvorstellbar. Nach einiger Zeit kam Srī Bāpanārya wieder in seinen normalen Zustand. Er sah sich Srīpāda gegenüber, einem dreijährigen Jungen mit einem unschuldigen Gesicht, süß lächelnd. Diese merkwürdige Erfahrung verlieh ihm himmlische Anmut. Er drückte Srīpāda an seine Brust. Eine Zeitlang war er in einem Zustand göttlicher Ekstase. Von dieser übernatürlichen Erfahrung kehrte er zu einem normalen Zustand zurück und begann das Feuerritual. Die Art und Weise, wie er das Feuerritual durchführte, sah verblüffend aus. Gewöhnlich wird Feuer erzeugt, indem man

1 Wörtlich: Kochbananen-Wald; eine Höhle im Inneren eines dichten Waldes namens Nallamala am Fuße des Berges von Srisailam, Andhra Pradesh

2 Bāpanārya hatte die Energie der Sonne mit einem speziellen Ritual in ein Shiva-Lingam in Srisailam geleitet, das Srī-Shaila Mallikarjuna Lingam genannt wird, und es so zu einer machtvollen Gottheit in dem Bereich gemacht.

3 Eine alte Yoga-Technik

4 Ein Symbol Shivas; Jyotir bedeutet strahlend und Linga bedeutet Bild oder Zeichen; es bedeutet ‚das strahlende Zeichen des Allmächtigen'. Es gibt 12 Jyotir Lingas in Indien.

Stäbchen von einem Audumbara-Baum und einem Jammi-Baum verwendet, doch Srī Bāpanārya sang vedische Mantren, während er die heiligen Samidhas[1] auf den Feueraltar legte. Sofort wurde Feuer erzeugt und Flammen schossen empor. Srī Appalaraja Sarma machte es auch so. In ihrer Familie gab es Feuerverehrung. Sie stiegen in den brennenden Feueraltar herab und boten Gaben dar. Sie pflegten dies an besonders heiligen Tagen zu tun. Dies war ein Wunder der Wunder.

Srīpādas Fähigkeit, Dinge geschehen zu lassen oder auch nicht

An jenem Tag bei der Feuerprobe entstand kein Feuer, obwohl Srī Bāpanārya viele Male die vedischen Mantren sang. Als Srīpāda den schwierigen Zustand Seines Großvaters sah, lächelte Srīpāda verschmitzt. Der Großvater schwitzte intensiv. Da wandte sich Srīpāda dem Feuerofen zu und sagte: ‚Du Agnidevā, Ich befehle dir, erschaffe kein Hindernis für das göttliche Wirken vom Großvater.' Sofort entzündete sich das Feuer und Flammen stiegen empor. Srīpāda nahm etwas Wasser aus dem Wassertopf Seines Großvaters und goss es in das Feuer. Statt zu erlöschen, begann das Feuer sehr hell zu brennen. Als der Großvater dies sah, war er noch mehr erstaunt. Srīpāda versicherte: ‚Großvater, für diese Meine Inkarnation bist du selbst sowie Pynda Venkatappayya Sreshti und Narasimha Varma verantwortlich. Wenn du oder Mein Vater deshalb finanzielle oder andere Unterstützung von Pynda Venkatappayya Sreshti oder von Narasimha Varma empfangt, kann dies nicht als eine Spende angesehen werden. Eine solche Gabe nicht anzunehmen gilt auch als ein Verstoß gegen Gott. Eine solche Unterstützung sollte als Gnade des Allmächtigen betrachtet werden. Meine Mutter Sumatī Maharani sollte nicht nur als Tochter der Malladi-Familie, sondern auch der Familien von Srī Pynda Venkatappayya Sreshti und Srī Vatsavāyi gesehen werden. Dies ist mein Edikt.' Als Srīpāda dies erklärte, waren Appalaraja Sarma und Sumatī Maharani anwesend. Zufällig waren auch Pynda Venkatappayya Sreshti und Narasimha Varma dort. Srīpāda sagte: ‚*Ohne Meinen Willen kann selbst ein großer Einsiedler wie Srī Bāpanārya kein Feuer erzeugen. Der Feuergott wird seine Macht zeigen, auch*

1 Für Opfer verwendete Zweige

wenn Mein Vater in die Feuerstelle geht. Würde sich Meine Absicht ändern, so würde Pynda Venkatappayya Sreshti eine sehr arme Person werden. Narasimha Varma, der der Besitzer von vielen Morgen Land ist, würde obdachlos werden. Nur durch Meine Absicht bleibt ihr alle in euren Positionen. Ich kann einen Bettler zum König machen und Ich kann auch einen König in einen Bettler verwandeln. Ich werde alle Wünsche der Devotees, die Mir ergeben sind, erfüllen. Vorher werde Ich jedoch prüfen, ob der Devotee so viel höhere Kräfte aushalten kann und ob er seine Fähigkeit und Macht zum Wohlergehen der Welt verwenden wird oder nicht. Wann immer Ich es als notwendig erachte, werde Ich auch Erde in Himmel und Himmel in Erde verwandeln.

Als Bāpanārya im Krita Yuga[1] als Lābhāda Maharshi lebte, hatte er einen Jünger namens Mangala Maharshi. Als Mangala Maharshi heiliges Gras schnitt, wurde seine Hand verletzt. Blut floss. Dieses Blut geronn und verwandelte sich in duftende heilige Asche. Sein Denken war von Stolz erfüllt, dass er solch eine große Tat vollbracht hatte. Da erschien Parama Shiva und bewegte spielerisch Seine Hand. Eine große Menge heiliger Asche ergoss sich, als würden Bergfelsen vom Himalaya auseinanderfallen. Parama Shiva sagte: ‚Im Tretā Yuga wird Bharadwaja das Sāvitru Kathaka Chayana in Pīthikapuram durchführen. Ich habe euch einen Teil der heiligen Asche gezeigt, die sich in diesem großen Opfer ansammelt.' Damit war der Stolz von Mangala Maharshi aufgelöst. Alle Zuhörer waren sprachlos und hörten alles, was Srīpāda sagte. Srīpāda sprach: ‚*Als Ergebnis des in vielen Geburten angesammelten Verdienstes betritt man dieses Pīthikapuram Agraharams. Es ist von unbeschreiblicher Bedeutung, dass ihr in der Zeit Meiner Inkarnation bei Mir seid. Um Meine Macht zu erfahren, müsst ihr zunächst ein strenger spiritueller Suchender werden. Nur dann werdet ihr Meine Macht, Mein Mitgefühl, Meine Liebe, Meinen Schutz und Meine Erlösung von der Sünde erleben. Meine Pādukas werden im Haus von Srī Bāpanārya aufgestellt werden, was Mein Geburtsort ist. Ich werde am Morgen im Schoß Meiner Mutter Sumatī in Pīthikapuram Milch trinken. Am Nachmittag wird Mich Mutter Sumatī mit kleinen Mengen Essen füttern. Während der Nacht esse Ich Halwa[2] im Schoß von Mutter Sumatī. Ich werde in der Form von Narasimha Saraswati in Gandharvapura bleiben, so wie Ich in Pīthikapuram*

1 Das erste der vier Zeitalter, das goldene Zeitalter
2 Mit Weizenmehl zubereitete Süßigkeit

bin. Genau zu Mittag werde Ich in Gandharvapura Bhiksha[1] *erbeten. Dies wird von jenen klar gesehen, die die Sicht des inneren Auges haben.*

Große Persönlichkeiten, große Yogis und Menschen aller Länder kommen wie Ameisenstraßen zu Meinem Darbār[2]*, um Meinen Darshan zu empfangen. Sie tanzen in Ekstase und singen: ‚Datta Digambarā/Srīpāda Vallabha Digambarā/Narasimha Saraswati Datta Digambarā!' In dem Augenblick, wenn Ich die Erlaubnis gebe, werden alle fälligen Aufgaben sofort getan. Ein großes Samsthan wird in Meinem Namen entstehen. Mein Einfluss nimmt zu, und es wird schwierig werden, selbst ein kleines Stück Land – so klein wie der Fuß einer Kuh – zu kaufen. Wenn nötig, werde Ich Menschen, die Ich als Mein Eigen betrachte, an den Haaren haltend nach Pīthikapuram ziehen. Ohne Meinen Willen kann niemand zu Meinem Samsthan in Pīthikapuram kommen, wie reich oder welch großer Yogi er auch sein mag. Dies ist bestätigt und wahr. Seid glücklich, Meine wahre Natur zu erkennen. Diese Zeit wird nicht wiederkommen. Die Kräfte aller Götter, die der Mensch sich vorstellen kann, sind bei Mir. Wenn jemand Mir Dakshinā*[3] *gibt, werde Ich es hundertfach vermehren und ihm gewähren, wenn die Zeit kommt. Geld muss verdient werden, ohne das Dharma zu übertreten. Wünsche können befriedigt werden, ohne das Dharma zu verletzen. Durch rechtschaffene Taten wird Moha*[4] *zerstört. Nachdem Moha ausgelöscht ist, wird Befreiung erlangt.'*

Mein Junge, Shankar Bhatt, hörst du die nektargleichen Worte von Srīpāda? Nach dieser heiligen Lehre nahm Narasimha Varma am nächsten Tag Srīpāda in seinem Pferdewagen mit, um nach seinen Feldern zu schauen. Er besaß viele Morgen Agrarland. Viele Arten von Feldfrüchten wurden auf diesen Feldern angebaut, doch Gurkenpflanzen blühten selten. Nach dem Blühen vertrocknete das zarte Gemüse. Selbst wenn einige zarte Pflanzen groß wurden, waren sie bitter und nicht zum Kochen geeignet. Narasimha Varma unterbreitete Srīpāda diese Angelegenheit. Das Gesicht von Srīpāda wurde sanft und er sagte: ‚Alle Mitglieder unseres Hauses mögen Gurkencurry mit Dal. Da die Leute in Meinem Haus ihn lieben, mag Ich ihn auch. In alten Zeiten tat ein Datta-Aspirant auf diesem Land Buße. Diese

1 Nahrungs- oder Geldspende
2 Königshof
3 Geldspende
4 Illusion

heilige Erde verlangt nach der Berührung Meiner heiligen Füße, da Ich wahrlich Datta bin. Auf diese Weise drückt sie dir gegenüber ihr Verlangen in ihrer Sprache aus. Wenn diese Erde Meine Berührung erhält, wird es eine Veränderung im Wesen dieser Mutter Erde geben. Dann wird diese Mutter uns sehr schmackhafte Gurken geben. Großvater, sende ohne Bedenken die hier gewachsenen Gurken zu unserem Haus. Ich werde diese Curry-Zubereitung zusammen mit den Mitgliedern dieses Hauses essen.' Mein lieber Shankar Bhatt, Wunder über Wunder! Von dem Tage an gab es auf diesem Feld eine reiche Gurkenernte. Sie hatten auch einen sehr guten Geschmack.

Zusammen mit Narasimha Varma stieg Srīpāda vom Pferdewagen ab, und sie durchstreiften eine Weile die Felder. In der Zwischenzeit kamen einige junge Männer und Frauen der Stammesbewohner herbei. Sie alle streckten sich vor Srīpāda nieder. Zu der Zeit bildete sich ein leuchtender göttlicher Schein um das göttliche Gesicht von Srīpāda. Srīpāda sagte: ‚Großvater, all diese Stammesleute gehören zu Meiner Inkarnation von Narasimha. Diese Leute betrachten Mahālakshmī als ihre Schwester und verehren sie. Du bist ein Devotee von Narasimha Swamī. Wenn du ihre Hilfe annimmst, magst du den Darshan von Lord Narasimha erlangen.'

Narasimha Varma dachte, Srīpāda spräche dies in spielerischer Weise, um ihn zu necken. Er sagte: ‚Ihr Stammesleute aus dem Wald, habt ihr Narasimha Deva gesehen? Könnt ihr mir etwas über Seinen Aufenthaltsort sagen?' Daraufhin antworteten sie: ‚Was ist da so Großartiges dran? Eine verrückte Person mit einem Löwenkopf und einem menschlichen Körper streift durch diese Wälder. Er ist in unsere Schwester Chenchulakshmi vernarrt. Unser Mädchen liebt ihn auch. Wir haben sie beide verheiratet. Wenn ihr wollt, holen wir Chenchulakshmi und auch Narasimha und stellen sie euch vor.'

Nachdem sie dies gesagt hatten, liefen die Jugendlichen des Stammes rasch fort. Narasimha Varma betrachtete all dies mit Verwunderung. Dann bemerkte er einen jungen Mann und eine junge Frau, die über ihre Felder kamen. Glücklicherweise ging ich auch in diese Richtung. Srīpāda winkte mir, zu Ihm zu kommen. Als ich mich Ihm näherte, sagte mir Srīpāda: ‚Subbaya Sreshtī, wer glaubst du, sind diese Leute, die aus einer Entfernung kommen? Es sind Bilwamangala und Chintamani. Sammle einige Zweige, wir werden mit ihnen ein Feuer machen. Wir können uns die Farce anschauen.'

Narasimha und ich begannen heftig zu schwitzen. Diese Besucher waren Bilwamangala und Chintamani. Da gab es keinen Zweifel. Sie besuchten Srī

Krishna im Pilgerzentrum Guruvayur. Glücklicherweise besuchten sie danach eine große Yoginī, Kurūramma. Diese segnete sie unbeabsichtigt, dass sie den Darshan von Srīpāda Srīvallabha erhalten würden. Unter dem Einfluss ihres Segens keimten in ihnen die Samen der Hingabe und Loslösung. Sie besuchten Srī Narasimha in Mangalagiri und kamen von dort nach Pīthikapuram, um den Darshan von Srīpāda zu erlangen. Aufgrund der Wirkung des Segens dieser hundertjährigen großen Dame, die eine große Yoginī war, erhielten sie direkt hier den Darshan von Srīpāda! Das war eine wundervolle Sache. Sie beide beteten in Mangalagiri: ‚Sollte der Segen der großen Yoginī Kurūramma Früchte tragen und wir den Darshan von Srīpāda erlangen, der von Datta nicht verschieden ist, bitten wir um Euren physischen Darshan als Srī Narasimha Deva.‘

Als das Feuer der abgebrochenen Zweige loderte, verspürten Bilwamangala und Chintamani gewaltige Qualen, als würden ihre Körper auf den Scheiterhaufen gelegt. Nach einiger Zeit kamen einige schwarze Gestalten, die ihnen genau ähnelten, aus ihren Körpern und fielen bitterlich weinend in die Flammen. Sie wurden vollständig verbrannt. Als die beiden schwarzen Ebenbilder niedergebrannt waren, erlangten Bilwamangala und Chintamani ihr Bewusstsein wieder. Zu der Zeit kamen die Wald-Stammesleute mit ihrer Schwester Chenchulakshmi. Sie banden die Hände von Narasimha Deva stramm und brachten ihn vor Srīpāda.

Solche wunderbaren und merkwürdigen Dinge fanden in keinem Yuga statt. Im Programm von Srīpādas Inkarnation gab es zahllose und unvorstellbare Wunder und scherzhafte Spiele. Srīpāda fragte: ‚Bist du der Narasimha der vergangenen Äonen? Ist diese Chenchulakshmi deine Frau? Bist du derjenige, der Hiranyakashipu getötet und Prahlāda beschützt hat?‘ Srī Narasimha Deva bestätigte dies zweimal. Chenchulakshmi und Narasimha Deva traten in Form von strahlendem Licht in den Körper von Srīpāda ein. Chintamani verwandelte sich zu einer großen Yoginī. Die Stammesleute verschwanden. Bilwamangala wurde zu einem großen Devotee und wurde als Bilwamangala Maharshi bekannt. Srīpāda verkündete, dass auf den Ländereien von Narasimha Varma, wo all die merkwürdigen und eigenartigen Vorfälle sich ereigneten, ein Dorf namens Chitrawada entstehen werde. Sein Wille ist Wahrheit. Sein Wille geschieht.“

Ehre sei Srī Srīpāda Srīvallabha!

Kapitel 12

Die Geschichte von Kula Sekhara

Da Subbaya Sreshti viele neue Dinge auf eine klare Weise erklärte und ich sie zu verstehen begann, bemerkte ich, dass ich Vertrauen gewann. Subbaya Sreshti begann zu erzählen: „Srī Srīpāda Srīvallabha ist in Wirklichkeit Srī Venkateswara Swamī selbst! Am Ende des Kali Yugas[1] kommt Srīpāda Srīvallabha als Inkarnation von Kalki[2]. Im Allgemeinen sagen die Brahmanen, dass das Kali Yuga 432.000 Jahre lang andauert, doch entsprechend dem Sāndra Sindhu Veda[3] findet im Kali Yuga nach Ablauf von 5.000 Jahren eine allgemeine Sintflut statt und das Satya Yuga[4] tritt in Kraft." Mein Erstaunen hatte kein Ende. Was Sreshti sagte, lief dem, was ich von den Brahmanen gehört hatte, ganz entgegen.

Die Beziehung zwischen Atem und Langlebigkeit

„Mein lieber Shankar Bhatt, im Kali Yuga endet die Subperiode von Kali nach 5.000 Jahren. Danach gibt es eine Übergangszeit. Dann beginnt im Kali Yuga die Subperiode des Satya Yugas. Obwohl die Gesamtlänge des Kali Yugas 432.000 Jahre beträgt, gibt es darin Subperioden, subtile Perioden und andere Teilperioden. Dies wird von jenen, die Yoga Sāstra[5] kennen, gut verstanden. Angenommen Gott Brahmā hat für einen bestimmten Menschen 120 Jahre als Lebensspanne festgesetzt. Dies bedeutet nicht, dass er im physischen Körper 120 Jahre leben wird. Es bedeutet nur, dass ihm eine Dauer gegeben wurde, die der Zeitspanne entspricht, während der man im normalen Zustand in 120 Jahren Luft ein- und ausat-

1 Dunkles Zeitalter
2 Der 10. Avatar von Lord Vishnu
3 Ein mystisches Sanskrit-Werk, geschrieben auf Palmblättern, über die Zeit und die Ereignisse der Zukunft
4 Goldenes Zeitalter
5 Die Wissenschaft des Yoga

men kann. Menschen mit einem labilen Denkvermögen, zornige, ärgerliche Leute, Menschen, die schnell laufen, die täglich in Sorgen leben, die schlechte Neigungen haben, verbrauchen ihren Lebensatem in einer kurzen Zeit. Die Riesenschildkröte, die weniger Atemzüge macht, lebt 300 Jahre. Der Affe, der ein extrem schwankendes Wesen hat, stirbt nach einer kurzen Zeit. Zum Ein- und Ausatmen muss die Struktur der Anatomie in einer rechten Haltung sein. Yogis atmen Luft ein, halten sie an und lassen sie im Inneren der Körperorgane zirkulieren. Dadurch werden viele Atemzüge eingespart und sie leben sehr lange. Die Lebenszellen im Körper des Menschen machen einen Evolutionsprozess durch.

Das Ergebnis hingebungsvollen Lesens des Srīpāda Charitāmrutam

Die heutigen Körperteile sind nicht die gleichen, wie sie vor zehn Jahren waren. Neue Lebenszellen ersetzen die alten Lebenszellen. Ebenso macht die Lebenskraft viele Veränderungen durch. Neue lebensspendende Lebenskraft wird erzeugt, wenn kranke, alte Lebenskraft zerstört wird. Gleichfalls erlebt die Denkkraft viele Veränderungen. Alte Ideen ändern sich, werden aufgelöst und neue Ideen tauchen auf. Die neu geborene mentale Kraft hat die Fähigkeit, göttliche Kraft und göttliche Gnade anzuziehen. Dadurch wird das Denken gereinigt, die Lebenskraft wird gereinigt und somit wird dieser Körper gereinigt. *Bücher wie das Srīpāda Srīvallabha Charitāmrutam sind in der Tat Verkörperungen des Allmächtigen. Siddha- und Yoga-Kräfte existieren im Inneren eines jeden Buchstaben des Srīpāda Srīvallabha Charitāmrutam. Wird solch ein Buch mental oder stimmhaft gelesen oder durch die Verbindung von Denken und Stimme, wird das göttliche mentale Bewusstsein von Srīpāda in diese Richtung gezogen. Alle Schwingungen hinsichtlich physischer, vitaler und mentaler Krankheiten sowie Probleme und Schwierigkeiten der Devotees, die hingebungsvoll dieses Buch studieren, erreichen das mentale Bewusstsein von Srīpāda. Dort werden sie gereinigt und kehren zum Aspiranten mit Schwingungen zurück, die von der Gnade des Göttlichen erfüllt sind. Unter diesen Umständen erlangt ein Aspirant Annehmlichkeiten dieser und der anderen Welt.*

Das Ergebnis, guten Menschen Nahrung anzubieten

Nach einem hingebungsvollen Lesen des Buches sollte zumindest 11 guten Menschen Nahrung angeboten werden oder ein entsprechender Betrag sollte zur Verwendung an Orten von Datta geleistet werden. Nur dann werden die vollständigen Früchte des hingebungsvollen Lesens[1] erlangt. *Der Devotee erlangt Langlebigkeit, indem er guten Menschen Nahrung anbietet. Das bedeutet, dass diese Menge an Nahrung, die ihm für einige weitere Jahre reichen würde, auf unsichtbare Weise für den Devotee bereitgestellt wird. Nicht nur das. Wenn sie befriedigt werden, werden Schwingungen der Freude und des Yoga in Bezug auf Frieden, Stärke, Zufriedenheit und Fülle unbegrenzt ausströmen. Im Laufe der Zeit werden die so erzeugten Samen sich zu großen Bäumen entwickeln. Srī Krishna Paramātma[2], der nur ein Korn gekochten Reis von Mutter Draupadī annahm, konnte dem Weisen Durvasa und seinen zehntausend Jüngern genügend Nahrung bieten. Man sollte daher verstehen, dass alles, was Srī Guru mit Hingabe und Sorgfalt angeboten wird, in Samenform in den unsichtbaren Bereichen bleiben wird. Im Laufe der Zeit gewähren diese Samenformen dem Aspiranten allen erforderlichen Luxus und Wohlstand.*

Srī Krishna und Sudhāma gingen einmal in den Wald, um heiliges Gras zu sammeln. Als Srī Krishna müde wurde, schlief Er auf dem Schoß von Sudhāma. Ohne das Wissen von Srī Krishna aß Sudhāma den vom Ashram mitgebrachten flachgedrückten Reis. Srī Krishna, der sich schlafend gestellt hatte, wachte auf und sagte: ‚Sudhāma, ich bin hungrig. Hatte die Frau unseres Gurus beim Fortgehen vom Haus nicht etwas Essen mitgegeben, um unseren Hunger zu stillen?' Sudhāma verneinte es. Krishna entgegnete: ‚Es scheint, dass du etwas kaust.' Daraufhin antwortete Sudhāma: ‚Nichts, ich rezitiere nur das Vishnu Sahasranāma.' ‚Ah, ist das so? Ich hatte einen Traum, dass die Frau unseres Gurus[3] flachgedrückten Reis für uns beide gab und dass du ihn alleine isst, ohne mir etwas abzugeben', entgegnete Krishna. Da sagte Sudhāma: ‚Srī Krishna, du bist müde. Und dazu ist jetzt Tageszeit. Die Schriften sagen, dass Tagträume keine Wirkung haben.' Srī Krishna lachte und blieb still. Nach einiger Zeit wurde

1 Hier: Pārāyana
2 Überselbst, Überseele
3 Hier: Guru-Patni

Sudhāma zu Kuchela[1] und wurde sehr arm. Er rezitierte viele Male das Vishnu Sahasranāma und betete um ein Ende seiner Kümmernisse. Schließlich empfing er die Gnade Srī Krishnas. Er nahm den flachgedrückten Reis von Kuchela an und gewährte ihm Reichtum in Fülle. Da Kuchela Srī Krishnas Kopf in seinem Schoß gehalten hatte, als dieser müde war, ließ Srī Krishna Kuchela auf dem Bett aus Schwanenfedern liegen und drückte seine Füße. Der Herr erklärte so, wie mysteriös das Karmaprinzip wirkt.

Das Vernichten des Stolzes eines Ringers

Als Srīpāda vier Jahre alt war, kam ein Malayalī[2], der eine geheime Kunst namens Marmakala[3] gelernt hatte, nach Pīthikapuram. Sein Name war Kula Sekhara. Einige Lebenszentren, die verschiedene Teile unseres Körpers steuern, werden Marmas[4] genannt. Wenn die Marmas berührt oder gedrückt werden, kann ein Mensch bewusstlos gemacht werden. Jeder Teil des Körpers kann bewegungsunfähig gemacht und eine Körperbehinderung hervorgerufen werden. Diese Kunst sollte verwendet werden, um Menschen zu heilen, die in diesen Zentren leiden, oder um Krankheitssymptome abzuwenden. Außer dieser Kampfkunst werden einige spezielle Marmas ‚Adangal' genannt. Marma-Behandlung ist die Kunst, wie man Fälle von Adangal Marmas behandelt. Susruta ist der alte Arzt, der als Erster diese Wissenschaft der Welt offenbarte. In dieser Kunst gibt es 12 extrem gefährliche Marma-Zentren. Diese Kunst sollte von einem Guru gelernt werden und nur zum Wohl der Welt verwendet werden. Diese Marma-Punkte sind voller Lebenskraft. Indem man einen starken Druck auf sie ausübt oder auf sie schlägt, kann das Leben eines Menschen in Gefahr gebracht werden. Übt man auf gewisse Punkte Druck aus, kann man andererseits nicht nur von Lebensgefahr gerettet, sondern es können auch verschiedene Arten chronischer Krankheiten geheilt werden. Kula Sekhara war ein Devotee vom Herrn der Sieben Hügel. Er besiegte alle Ringer in allen Reichen und erhielt

1 Kuchela ist ein Sudhāma gegebener Titel; die Bedeutung des Wortes ist, „jemand, der kaum bekleidet ist".

2 Aus Malayalam, dem modernen Kerala stammend

3 Südindische Kriegskunst

4 Druckpunkte

Siegesflaggen. Aufgrund von Faktoren in Bezug auf Zeit und Schicksal kam er nach Pīthikapuram. In Pīthikapuram gab es auch Ringer. Sie versammelten sich alle und entschieden, dass sie in den Händen von Kula Sekhara gewiss einen Todesstoß erhalten würden und dass das Ansehen ihrer Stadt vernichtet werden würde. Es ist wohlbekannt, dass Weise so manche merkwürdige Kräfte besitzen. Wissende sagen, Srīpāda Srīvallabha sei eine Inkarnation von Srī Dattātreya. Sie wollten Zuflucht bei Srīpāda nehmen, um dieses schwierige Problem zu lösen. Zu jener Zeit befand sich Srīpāda im Haus von Srī Narasimha Varma. Srī Varma hatte einen Turban mit silberner Borte speziell für Srīpāda anfertigen lassen. Es war seine Gewohnheit, Srīpāda mit dem Turban mit Silberborte im Pferdewagen mitzunehmen, wenn er zur Beaufsichtigung seiner Ländereien fuhr. Eines Tages, als der Turban gerade aufgesetzt werden sollte, bat Srīpāda Srī Varma, einige Zeit zu warten.

In der Zwischenzeit kamen die Ringkämpfer von Pīthikapuram vorbei. Sie suchten die Zuflucht von Srīpāda. Srīpāda gab ihnen seine Zusage. In Pīthikapuram lebte ein buckliger Mensch namens Bhīma. Sein Körper war extrem verdreht und zudem war er schwach. Srī Varma bezahlte ihm meist sein Gehalt, indem er seine Dienste nutzte, obwohl er keine Arbeit verrichten konnte. Bhīma hatte grenzenlose Liebe, Zuneigung und einen unbeugsamen Glauben an Srīpāda. Oft bat er Srīpāda, Er möge seinen buckligen Rücken korrigieren. Srīpāda pflegte ihm zu sagen, dass Er zu gegebener Zeit seinen Buckel gerade richten würde. Srīpāda sagte: ‚Warum sollten wir jene Ringer fürchten? Wir haben Bhīma. Er kann Kula Sekhara entgegentreten. Wenn eine Person wie Bhīma hinter uns steht, warum sollten wir uns fürchten?'

Die Wege Dattas sind sehr merkwürdig und wunderlich. Die Bürger von Pīthikapuram wunderten sich über die Wahl von Bhīma für den Kampf mit Kula Sekhara. Manche Leute dachten, Bhīma würde dabei sterben oder die Göttlichkeit von Srīpāda käme ans Licht. Man bereitete in der Nähe des Kukkuteswara-Tempels einen Ring für den Kampf vor. Viele Leute kamen, um der Unterhaltung beizuwohnen. Das Duell begann. Der Körper von Bhīma wurde mit jedem von Kula Sekhara ausgeteilten Schlag stärker. Kula Sekhara erhielt Schläge in den Bereichen, wo er Bhīma getroffen hatte. Kula Sekhara wurde schwach. Bhīmas Buckel wurde richtiggestellt, und er wurde darüber hinaus zu einer sehr starken Person.

Kula Sekhara warf sich zu den Füßen von Srīpāda nieder. Srīpāda sagte: ‚Kula Sekhara, es gibt rund 108 Marmas im menschlichen Körper.

Du hattest vollkommenes Wissen darüber, doch Bhīma verließ sich vollständig auf Mich. Er hatte das Wissen, dass Ich sein Beschützer bin. Ist dein Wissen groß oder seines? Du wiegtest dich in Arroganz. Ich genieße göttliche Unterhaltung. Ich bin das Gesetz und der Vollstrecker, der eine Vielfalt von Strafen verhängen kann. Von heute an übertrage Ich dir Bhīmas ganze Schwäche. Mögest du als Schwächling leben und mit einem Mangel an Nahrung und Kleidung. Möge Bhīma alle Lebenskraft aus deinem Körper nehmen und eine kraftvolle Person bleiben! Ich bin das stärkste Lebewesen auf der Welt. Wer ist denn dort in Tirupati? Bin Ich es nicht? Du suchtest immer nach Meinem Schutz und missbrauchtest diese Marma-Kunst. Daher ziehe ich dieses Marmakala von dir zurück.‘

Srīpāda gewährte für einen Moment die Vision als Srī Padmavati-Venkateswara und befriedigte ihn. Die göttlichen Taten Srīpādas sind unbegreiflich und unvorstellbar. Seine Gnade zu erlangen ist für uns der einzige rechte Weg.“

Ehre sei Srī Srīpāda Srīvallabha!

Kapitel 13

Die Geschichte von Ananda Sarma

Mit der Erlaubnis von Subbaya Sresthi setzte ich meine Reise nach Kuruvapuram fort. Bei Anbruch der Nacht erreichte ich ein Dorf. Ich überlegte, zu welchem Haus ich gehen und Nahrungsalmosen sammeln sollte. Ich sah einen Brahmanen, der bequem auf der Veranda seines Hauses saß und zu den Leuten an seiner Seite sprach. Seine Augen waren sehr strahlend. Mitgefühl strömte aus seinen Augen. Er lud mich herzlich in sein Haus ein und bot mir eine Mahlzeit an. Nachdem ich diese beendet hatte, begann er zu erzählen: „Mein Lieber, ich werde Ananda Sarma genannt. Ich praktiziere hingebungsvoll das Gāyatrī-Mantra. Vor kurzem erschien Mutter Gāyatrī vor meinem inneren Auge und sagte mir, ein Devotee von Datta werde ankommen. Sie bat mich, diesem Besucher reiche Mahlzeiten anzubieten und ich würde Verdienste erlangen, wenn ich Lord Datta sehe. Alles fand so statt, wie Sie es gesagt hatte. Ich bin äußerst glücklich."

Ich sagte ihm: „Mein Herr, ich bin nur ein Devotee von Datta. Da ich hörte, Lord Datta wandle gegenwärtig unter dem Namen Srīpāda Srīvallabha auf Erden, gehe ich nach Kuruvapuram, um Seinen Darshan zu erlangen. Mein Name ist Shankar Bhatt. Ich bin ein Brahmane aus Karnataka."

Die Beschreibung der Einsiedelei des Weisen Kanva

Ananda Sarma lachte, als er meine Worte hörte. Er sagte: „Mein Herr, zur Zeit, als mein Vater meine Fadenzeremonie[1] durchführte, kam ein Avadhūta[2] zu unserem Haus. Meine Leute boten ihm alle Dienste an. Er erklärte viele Dinge bezüglich der Praxis des Gāyatrī-Mantras. Er wies uns an, Narasimha Deva in Penchalakona[3] zu besuchen. Mein Vater brachte mich

1 Hier: Upanayanam
2 Ein von allen weltlichen Bindungen befreiter Mensch
3 Bruhatsila Kona

nach Penchalakona[1]. Nachdem er Narasimha Deva dort gesehen hatte, versank mein Vater unerwartet in Meditation. Die Meditation dauerte viele Tage und Nächte lang. Ich fürchtete mich und wurde hungrig. Ein Fremder gab mir Essen. Er führte mich durch undurchdringliche Waldpfade zu einigen Höhlen in einem hügeligen Gelände. Dort verschwand er. In dieser Höhle sah ich einen alten Einsiedler. Seine Augen waren wie lodernde Feuerbälle. Er wurde von 101 Weisen bedient. Dieser alte Einsiedler sagte, er wäre Kanva Maharshi und die Gegend wäre sein Land der Buße. Auch wenn seine Jünger jung zu sein schienen, wären sie Tausende von Jahren alt. Er fügte hinzu, dass aufgrund des großen Verdienstes, Lord Datta in Avadhūta-Form gesehen zu haben, ich zu diesem Land der Buße[2] gelangen konnte. Vor Erstaunen und großer Freude verlor ich meine Sprache. Mein Körper zitterte. Da sagte der Weise Kanva: ‚Jetzt weilt Lord Datta in der Form von Srīpāda Srīvallabha in Pīthikapuram. Unterbreite unsere Bitte dem Herrn, er möge sich freundlicherweise um uns kümmern. Mögest du so bald wie möglich den Darshan von Srīpāda Srīvallabha erlangen!‘ So segnete er mich und legte seine heilige Hand auf meinen Kopf. Im Nu wurde ich zu meinem Vater zurückgebracht. Nachdem dieser seinen Normalzustand wiedererlangt hatte, gingen wir beide zu unserem Dorf. Ich enthüllte meinem Vater meine Erfahrung im Ashram des Weisen Kanva nicht, auch nicht die Tatsache, dass sich die neue Inkarnation von Lord Datta in Pīthikapuram befand.

Die heilige Gegend Pattisāchala in der Nähe von Rajahmundry

Die Zeit verstrich. Durch die Wirkung des Segens vom Weisen Kanva erhielt ich in meiner Meditation eine Vision der Pādukas[3]. Einmal kamen einige Verwandte zu unserem Haus. Sie hatten den Wunsch, ein Bad in heiligen Flüssen zu nehmen und heilige Pilgerzentren zu besuchen. Sie wollten, dass mein Vater sie begleite. Zu der Zeit war ich zehn Jahre alt. Mein Vater hatte mich sehr gerne. So bat er mich, ihn zu begleiten. Ich stimmte zu. Die Stadt Rajamahendravaram[4] liegt am Ufer des Godāvarī-Flusses. Auf den

1 Ein sehr altes Pilgerzentrum in der Gegend von Nellore, Andhra Pradesh
2 Hier: Tapobhūmi
3 Als heilig verehrte Sandalen
4 Heute: Rajahmundry

Hügeln nördlich von Rajamahendravaram führten einige Weise Buße durch. Andere Weise machten ihre Buße auf den Hügeln der östlichen Seite.

Das heilige Pattisāchala Kshetra[1] befindet sich inmitten des Godāvarī-Flusses und liegt in einiger Entfernung zu Rajamahendravaram. Während Mahā Shivarātri[2] rezitieren gewöhnlich einige dieser Weisen vedische Hymnen in Pattisāchala Kshetra und in Koti Linga Kshetra von Rajamahendravaram. All diese Weisen, die aus östlichen, westlichen, nördlichen und südlichen Richtungen kamen, trafen sich gewöhnlich in der Mitte in einem Dorf namens Yedurulapalli, und sie pflegten sich in einem Dorf namens Munikūdali, das nahe beim Dorf Yedurulapalli lag, auszuruhen. Dort waren sie mit gemeinsamen Diskussionen beschäftigt. Aufgrund meines Glücks konnte ich das Dorf Munikūdali zusammen mit meinem Vater besuchen. All dies war das göttliche Spiel von Lord Srī Datta.

Srīpāda Srīvallabha ist die erste und höchste Inkarnation von Srī Dattātreya im Kali Yuga

Tiefste philosophische Angelegenheiten, Schriften des Yoga Sāstra und astrologische Themen wurden dort diskutiert. Alle großen Weisen, die an diesen Diskussionen teilnahmen, erklärten übereinstimmend, *dass Lord Srī Datta sich unter dem Namen Srīpāda Srīvallabha in Pīthikapuram inkarniert habe und dass Er die erste und höchste umfassende Inkarnation von Datta im Kali Yuga*[3] *sei. Sie sagten auch, dass jene, die Ihn nicht physisch sehen können, Ihn durch den Vorgang der Meditation in ihrem Herzen sehen können und dass diese Inkarnation äußerst friedlich und ganz von Mitgefühl erfüllt sei.*

Dann führte mich mein Vater nach Pīthikapuram. Die Gruppe von Gelehrten, die uns begleitete, nahm im Pādagaya Thīrtha[4] ein Bad und besuchte und verehrte verschiedene Gottheiten im Kukkuteswara-Tempel. Von dort zogen sie vedische Hymnen singend weiter zum Haus von Srī Bāpanārya. Srī Bāpanārya und Srī Appalaraja Sarma trafen uns mit ihrer Gruppe von

1 Heute Pattiseema
2 Fest zu Ehren von Lord Shiva
3 Dunkles Zeitalter
4 Thirtha: Pilgerort, der mit heiligem Wasser verbunden ist; Pādagaya Thīrtha: der Ort, wo die Füße des Asuras (Dämon) Gaya herabfielen

Gelehrten, die auch vedische Hymnen sangen. Es war ein sehr bezauberndes Schauspiel. Es ist nicht möglich, ohne den Verdienst der Früchte guter Taten vergangener Leben solche göttlichen und schönen Szenen zu sehen.

Beschreibung der göttlichen, glückbringenden Form von Srīpāda

Dann wurde für uns alle ein Fest im Haus von Srī Bāpanārya veranstaltet. *Zu der Zeit betrug das Alter von Srīpāda Srīvallabha noch nicht fünf Jahre. In diesem milchzarten Alter war das göttliche Kind sehr fröhlich, strahlend, gutaussehend und sehr groß. Unendliche Liebe und Gnade strömten aus Seinen Augen. Als ich Seine heiligen Füße berührte, legte Er Seine schützende Hand auf meinen Kopf und gab Seinen Segen. Er segnete mich (Ananda Sarma) und sagte: ‚Meine Gnade wird in dieser und in allen zukünftigen Geburten bei dir sein. In deiner letzten Geburt wirst du ein Avadhūta mit dem Namen Venkayya werden. Mögest du gut strahlen, indem du ständig das Opferfeuer durchführst; du wirst in der Lage sein, es in Trockenzeiten regnen zu lassen, und du wirst auch die weltlichen Probleme der Familienväter lösen können.‘*

Dann sagte ich zu ihm: „Je mehr ich über die göttlichen Spiele von Srīpāda höre, desto merkwürdiger und einzigartiger erscheinen sie. Bitte erzählen Sie mir die Geheimnisse über das hingebungsvolle Arbeiten mit dem Gāyatrī-Mantra."

Die Beschreibung der Wirksamkeit aller Buchstaben des Gāyatrī-Mantras

Ananda Sarma erklärte: „Die Gāyatrī-Shakti ist eine das ganze Universum durchdringende Kraft. Wenn man eine Beziehung zu dieser Kraft herstellt, kommt die subtile Natur unter die eigene Kontrolle. Dadurch können alle mit dem Körper, dem Denken und der Seele verbundenen Schätze erlangt werden. Aus den verschiedenen Organen des Körpers durchdringen die Nerven den ganzen Körper. Wenn einige Nerven sich zusammenschließen, wird dieses Nervengebilde Grandhi[1] genannt. Unterschiedliche Kräfte konzentrieren sich in den verschiedenen Grandhis des Körpers. Wenn die entsprechenden Mantren von Menschen gesungen werden, die in Japa Yoga[2] erfahren sind, manifestieren sich die in den Grandhis konzentrierten Kräfte.

Aum	Wenn dies gesungen wird, steigt Kraft in einem Bereich von 15 cm über dem Kopf auf;
Bhū	Wenn dies gesungen wird, steigt Kraft in einem Bereich von 10 cm über dem rechten Auge auf;
Bhuva	Wenn dies gesungen wird, steigt Kraft in einem Bereich von 7,5 cm über dem dritten Auge auf;
Svaha	Wenn dies gesungen wird, steigt Kraft in einem Bereich von 10 cm über dem linken Auge auf.

Die folgenden Saatworte sollten für die folgenden angegebenen Zwecke geäußert werden:

Silbe Nr.	Beschreibung	Heilige Worte
1	Um die Sāphalya-Kraft zu erwecken, die im Tāpini Grandhi im Bereich des Ājnā-Chakra liegt	Tat
2	Um die Parākrama-Kraft zu erwecken, die im Saphalata Grandhi im linken Auge verankert ist	Sa
3	Um die Pālana-Kraft zu erwecken, die im Viswa Grandhi im rechten Auge konzentriert ist	Vi
4	Um die Mangala Karam-Kraft zu erwecken, die im Tushti Grandhi im linken Ohr liegt	Tūh
5	Um die Yoga-Kraft zu erlangen, die im Varada Grandhi im rechten Ohr ruht	Va
6	Um die Prema-Kraft zu erwecken, die im Revati Grandhi auf der Nasen-Grundfläche konzentriert ist	Re
7	Um die Ghana-Kraft zu erwecken, die im Sūshma Grandhi in der Oberlippe liegt	Ni

1 Ein Knoten
2 Wiederholung des Namens Gottes

8	Um die Teja-Kraft zu erwecken, die im Gyana Grandhi in der Unterlippe liegt	Yam
9	Um die Rakshana-Kraft zu erwecken, die im Bharga Grandhi in der Kehle konzentriert ist	Bhar
10	Um die Buddhi-Kraft zu erwecken, die im Gomati Grandhi in der Speiseröhre konzentriert ist	Go
11	Um die Dhamanam-Kraft zu erwecken, die im Devika Grandhi im oberen Teil der linken Brustseite liegt	De
12	Um die Nista-Kraft zu erwecken, die im Vārāhi Grandhi im oberen Teil der rechten Brustseite liegt	Va
13	Um die Dharana-Kraft zu erwecken, die im Simhini Grandhi liegt, an der Stelle, wo die Seitenrippen am Ende im oberen Teil des Magens zusammenkommen	Sya
14	Um die Prāna-Kraft zu erwecken, die im Dhyana Grandhi der Leber konzentriert ist	Dhī
15	Um die Samyama-Kraft zu erwecken, die im Maryada Grandhi in der Milz konzentriert ist	Ma
16	Um die Tapo-Kraft zu erwecken, die im Sputa Grandhi im Bereich des Nabels liegt	Hi
17	Um die Dūrdarsita-Kraft zu erwecken, die im Medha Grandhi am Ende der Rückenmarks konzentriert ist	Dhī
18	Um die Antarnihita-Kraft zu erwecken, die im Yogamaya Grandhi der linken Schulter konzentriert ist	Yo
19	Um die Utpadana-Kraft zu erwecken, die im Yogini Grandhi der rechten Schulter konzentriert ist	Yo
20	Um die Sarasata-Kraft zu erwecken, die im Dharini Grandhi des rechten Unterarms konzentriert ist	Nah
21	Um die Adarsha-Kraft zu erwecken, die im Prabhava Grandhi des linken Unterarms konzentriert ist	Pra
22	Um die Sāhasa-Kraft zu erwecken, die im Ūshma Grandhi des rechten Handgelenks liegt	Cho
23	Um die Viveka-Kraft zu erwecken, die im Drusya Grandhi der rechten Handfläche liegt	Da
24	Um die Seva-Kraft zu erwecken, die im Niranjana Grandhi der linken Handfläche liegt	Yāt

Auf diese Weise gibt es eine enge Beziehung zwischen den 24 Buchstaben des Gāyatrī-Mantras, den 24 Grandhis, die in den verschiedenen Bereichen unseres Körpers liegen und den 24 Arten von Kräften, die in diesen Grandhis konzentriert sind. Nummer 9 weist auf das unveränderliche Wesen von Brahmā[1] hin. Nummer 8 zeigt das Wesen der Illusion[2] an.

Do Chapati dev Lakshmī – Eine Erklärung des Satzes

Srīpāda pflegte zwei Chapatis[3] in den Häusern jener, die Er liebte, anzunehmen. Er rief ‚Do Chowpati dev Lakshmī' anstatt ‚Do Chapati dev Lakshmī'. Der Klang ‚Do' weist auf die Zahl 2 hin. Der Klang ‚Chow' weist auf die Zahl 4 hin. Der Klang ‚Pati dev' weist auf Parameswara[4] hin und deutet auf die Zahl 9 hin, und der Klang ‚Lakshmī' deutet die Form von Māya an, auf die die Zahl 8 hinweist. *So wird 2498 als eine geheimnisvolle Zahl gebildet. Srīpāda benutzte diese Zahl, um darauf hinzuweisen, dass Er Mutter Gāyatrī, Paramātma und Parashakti ist.*"

Da sagte ich: „Mein Herr, ich verstehe zu einem gewissen Maße, was Sie mir über die 24 Buchstaben des Gāyatrī-Mantras erzählt haben. Sie sagten, die Zahl 9 stelle Paramātma[5] dar und 8 das Phänomen der Māya."

Erklärung zur Zahl Neun

Ananda Sarma erklärte: „Lieber Shankar Bhatt, Paramātma ist jenseits dieses Universums. Er ist keinerlei Veränderungen unterworfen. 9 ist eine merkwürdige Zahl. Wenn man 9 mit 1 multipliziert, ist das Ergebnis 9. 9 multipliziert mit 2 ergibt 18. Fügt man 1 zu 8 hinzu, ist die Summe 9. So werden auch 9 x 3 = 27 und 2 + 7 wieder zur 9. Wenn man also 9 mit irgendeiner Zahl multipliziert, ist die Summe der verschiedenen Zahlen in dem Ergebnis wieder nur 9. Auf diese Weise deutet 9 das unveränderliche höchste Selbst an.

1 Hier: Brahmatattwa
2 Hier: Māyatattwa
3 Aus Weizenmehl gebackene Fladen
4 Der höchste Herr
5 Überselbst, Überseele

Erklärung der Gāyatrī

Nicht nur das. Das Gāyatrī-Mantra ist wie der himmlische Baum. Das OM in dieser Anrufung ist der Hauptstamm, der aus dem Boden kommt. *Durch Rezitieren des Omkara*[1] *kann man das Wissen von der Existenz Gottes erlangen und die Hingabe zu Gott.* Der Hauptstamm hat sich zu drei Zweigen entwickelt, Bhū, Bhuva, Svaha. Bhū vermag das Wissen über das Selbst zu vermitteln. Bhuva empfiehlt, dass ein Mensch, wenn er einen Körper besitzt, dem Karma Yoga folgen sollte. Svaha hilft, in allen Gegensatzpaaren das Gleichgewicht zu bewahren und den Zustand von Samādhi zu erlangen.

Aus dem Zweig Bhū kamen drei Unterzweige hervor, Tat, Savituh, Varenyam. Tat verleiht dem Menschen die Weisheit des Lebens. Savituh vermittelt dem Wesen im Körper Stärke, und Varenyam hilft dem Menschen, die tierischen Instinkte zu überwinden und sich in eine göttliche Person umzuwandeln.

Aus dem Zweig Bhuva entsprangen drei Unterzweige, Bhargo, Devasya, Dhīmahi. Bhargo verstärkt Reinheit, Devasya verleiht übersinnliches Sehen, das sonst nur für Himmlische möglich ist. Dhīmahi verbessert gute Qualitäten.

Aus dem Zweig Svaha teilten sich drei Unterzweige, Dhī Yo, Yonah, Prachodayāt. Dhī Yo entwickelt Unterscheidungsvermögen, Yonah entwickelt Zurückhaltung und Prachodayāt entwickelt in allen Lebewesen den Geist des Dienens.

Daher verstehen Sie nun, dass Gāyatrī, der himmlische Baum, drei Zweige besitzt und jeder Zweig drei Unterzweige hat. *So ist 2498 ein Wert, der Srīpāda Vallabha bedeutet.* Ich habe Ihnen die Bedeutung der Zahl 9 in diesem Wert erklärt.

Erklärung der Zahl 8

Die Zahl 8 besitzt die Natur von Māya. Dies ist in der Tat die Natur von Mutter Anagha[2]. 8 multipliziert mit 1 ergibt 8. 8 multipliziert mit 2 ergibt 16; wenn nun hier die 1 der 6 hinzugefügt wird, ergibt es 7. Dies ist weni-

1 Den Laut OM singen

2 Die Dreiheit von Lakshmī, Pārvatī und Saraswatī

ger als 8. Wenn 8 mit 3 multipliziert wird, erlangt man 24; wenn hier die 2 zur 4 hinzugefügt wird, ergibt es 6, was weniger als 8 ist. Ebenso, wenn 8 mit irgendeiner Zahl multipliziert wird, ist die Summe der verschiedenen Zahlen in diesem Ergebnis entweder gleich 8 oder weniger als 8. So bleibt die Eigenschaft, die Kraft aller Lebewesen in der Schöpfung zurückzuziehen, bei der universalen Mutter. Das Phänomen der Māya hat die Kraft, eine Person, wie großartig sie auch sein mag, zu entwerten und sie der Welt gegenüber in dieser geschwächten Form zu zeigen. Srīpāda Srīvallabha ist die Verkörperung der Mutter Gāyatrī. Er ist Srī Datta in der Begleitung Seiner Gefährtin Anaghādevi. Wer Ihn mit Denken, Sprache und Handeln verehrt, erlangt alle Wünsche.

In der Mutter Gāyatrī verbleibt am frühen Morgen die auf dem Schwan sitzende Brahmi-Shakti sowie am Nachmittag die auf einem Adler[1] sitzende Vaishnavi Shakti und am Abend die auf einem Bullen reitende Shambhavi Shakti[2]. Die über die Gāyatrī herrschende Gottheit ist Savitā Devi. Als Ergebnis des vom Weisen Bharadwaja im Tretā Yuga in Pīthikapuram durchgeführten Sāvitrukāthaka Chayanam inkarnierte sich Srīpāda Srīvallabha in Pīthikapuram. Savita Devi nimmt am frühen Morgen die Form des Rig Veda an und am Nachmittag die Form des Yajur Veda. Am Abend ist sie in der Form des Sama Veda und in der Nacht in der des Athavarna Veda[3]. Die unserem Auge sichtbare Sonne ist nur ein Symbol. Wenn Yogis den Zenit der spirituellen Errungenschaft erlangen, können sie eine Vision von Brahma Yoni[4] in der Gestalt eines sehr stark strahlenden Dreiecks bekommen. Daraus entspringen in jedem Moment zahllose Millionen von Brahmāndas[5]. Sie werden in jedem Moment beschützt und auch aufgelöst. Die Kraft von Savitā, die diese zahlosen Universen erschafft, erhält und zerstört, wird Savitri genannt. Dennoch sind Gāyatrī und Savitri untrennbar. Feuer, das zum Verbrennen von Leichnamen verwendet wird, wird Lohita genannt.

1 Garuda

2 Brahmi Shakti, Vaishnavi Shakti und Shambhavi Shakti: Die drei Gefährtinnen der drei Logoi

3 Rig Veda: Der Veda des Ursprungs der Objektivität als Klang und Licht; Sama Veda: Der Veda der metrischen und musikalischen Tätigkeit; Yajur Veda: Der Veda der ritualistischen Weisheit; Atharva Veda: Der Veda der Anwendung der Rituale

4 Der weibliche Fortpflanzungsaspekt von Lord Brahmā

5 Universen

Zum Kochen verwendetes Feuer wird Rohita genannt. Auf die gleiche Weise wirkt eine große Kraft als Gāyatrī und Savitri auf weltlichen und anderen Stufen. Während der Evolution der Lebewesen gibt es viele Bedürfnisse in Bezug auf diese Welt. Sie alle werden durch die Gnade der Mutter Savitri erfüllt. Der spirituelle Fortschritt der Lebewesen wird durch die Gnade der Mutter Gāyatrī erlangt. Eine Synthese ist notwendig, um alle Annehmlichkeiten und Freuden in dieser irdischen Welt zu genießen und um die göttliche Seligkeit des befreiten Zustands in der anderen Welt zu erfahren. *Wer Zuflucht zu den Lotusfüßen von Srīpāda nimmt, erlangt die Vorteile beider Welten.* Dies ist genau der Unterschied zwischen der Hingabe an Srī Datta und der Hingabe an andere Gottheiten."

Ich spürte, dass alles, was der große Srī Ananda Sarma erzählte, einzigartig war. Dann sagte ich: „Großer Herr, Sie sind sehr glücklich. Ich hörte, dass Srīpāda die Inkarnation von Srī Narasimha Saraswati annehmen werde. Ich hörte auch, dass Er in dieser Inkarnation Srī Krishna Saraswati als Lehrer annehmen werde. Wie merkwürdig dies ist!"

Srī Ananda Sarma fuhr mit seiner Erzählung fort: „Die Inkarnation Gottes kommt nur um der Devotees willen. Indem Er eine menschliche Form annimmt, wird er praktizieren und lehren, wie sich ein überirdisches Wesen verhalten sollte. Der Stand der Entsagenden musste emporgehoben werden. Wenn Er ein Asket werden will, ist ein Lehrer erforderlich. Dieser Guru sollte ganz würdig und qualifiziert sein. Von Millionen wird nur einer es wert sein, ein Lehrer für eine Person zu sein, die wahrhaft eine Inkarnation ist. In der Familie, in der eine Inkarnation Gottes geschieht, erlangen 80 Generationen Befreiung. In diese Familie fallen große Mengen an Verdienst haufenweise herab. Entsprechend sollte die Familie der Person, die der Lehrer dieser Person der Inkarnation sein wird, ebenfalls sehr fromm sein. In Tanaku[1] wurde in der Familie von Vajapeyajula eine große Person namens Māyanāchārya geboren. Seine Frau war Srimati. Sie waren ein frommes Paar. Später lebten sie in Mangalapuram[2] im Gebiet von Nandi Kotturu. Ihnen wurden Mādhavā, Sayana und Bhoginath geboren. Mādhavā wurde zu Vidyaranya, um das Sanātana Dharma[3] wiederherzustellen. Der große Weise Bāpanārya holte Kraft aus der Sonnenregion und setzte sie in das Srī-Shaila

1 Eine Stadt in Andhra Pradesh
2 Ein Dorf im Bezirk von Srikakulam in Andhra Pradesh
3 Ewiges Gesetz; Bezeichnung der Hindus für ihre Religion

Mallikarjuna Mahā Linga[1] ein. In Wahrheit inkarnierten sich die Srī Charan[2] von Srī Datta auf dem Srī-Berg. Die Ankunft der herrlichen Charan von Srīpāda auf dem Srī-Berg war eine wunderbare Sache. Der Name des Berges war Srī. Die Charan von Srī Datta sind ‚Srī Charan'. Der Name von Srīpāda Srīvallabha ist sehr angemessen für diese moderne Inkarnation.

Seit vielen Generationen bestanden Beziehungen zwischen den Familien von Bāpanārya und Māyanāchārya. Die Leute bemerkten scherzhaft, dass ein im Malladi-Haus geborenes weibliches Kind die Schwiegertochter der Vājapeyajula-Familie werden würde und ein in der Vājapeyajula-Familie geborenes weibliches Kind die Schwiegertocher der Malladi-Familie. Bāpanārya verheiratete seine Tochter Sowbhagyavati Sumatī Maharani jedoch nicht mit der Familie von Vājapeyajula. *Vom Schicksal inspiriert und aufgrund eines göttlichen Entscheids verheiratete Bāpanārya seine Tochter Akhanda Lakshmi Sowbhagyavati Sumatī Maharani mit Ghandikota Appalaraja Sarma.*

Lord Datta wurde als Srīpāda Srīvallabha geboren, um die Vājapeyajula-Familie zu erlösen, die Blutsbeziehungen mit Seinem mütterlichen Großvater hatte und Mādhavāchārya zu Ihm zog. Mādhavāchārya wurde mit Zuneigung zu Srīpāda überströmt. Mādhavāchārya entwickelte sich zu dem Weisen Vidyāranya. Sein Jünger war wiederum Malayānanda und dessen Jünger war Devatīrthulu. Sein Jünger war Yādavendra Saraswati und dessen Jünger war Krishna Saraswati. Zwischen Srī Vidyāranya und Srī Krishna Saraswati gab es drei Personen. Srī Vidyāranya wird als Srī Krishna Saraswati geboren und wird der Lehrer von Srīpāda in Seiner nächsten Inkarnation sein. Srī Vidyāranya wird in der Zukunft in der Familie seines Bruders Sāyanāchārya unter dem Namen Govinda Dikshita geboren. Er wird ein heiliger Prinz sein und der Premierminister von Tanjore werden. Dies verkündete Srīpāda.

Srīpāda sprach immer die Wahrheit. Einmal badete Sumatī Maharani Srīpāda. Während dieser Zeit kam Srī Pynda Venkatappayya Sreshti herein. Als ihn Srīpāda sah, fragte Er: ‚Großvater, gehören wir zur Linie von Markandeya?' Er antwortete nicht, sondern lachte über die süßen Worte von Srīpāda und ihre ironische Bedeutung. In der Tat gehörte Srīpāda zur Linie von Bharadwaja, und Pynda Venkatappayya Sreshti war von der Mārkan-

1 Bāpanārya hatte die Energie der Sonne mit einem Ritual in ein Shiva-Lingam in Srisailam geleitet und es so zu einer machtvollen Gottheit in dem Bereich gemacht.

2 Glückbringenden Füße

deya-Linie. Srīpāda sagte in einer verhüllten Weise, dass Er nach mentaler Sichtweise der mütterliche Enkel von Srī Pynda Venkatappayya Sreshti sei. Nach dem Bad nahm Mutter Sumatī etwas Wasser, ging herum und segnte Srīpāda: ‚Mögest du so lange leben wie Mārkandeya.' Die Lebensspanne von Markandeya betrug nur 16 Jahre. Mit der Gnade Shivas erhielt Er eine endlose Lebenszeit. Srīpāda deutete indirekt an, er würde nur 16 Jahre bei Seinen Eltern bleiben. Nach 16 Jahren verließ Markandeya sein Heim und wurde zu einem Einsiedler auf Lebenszeit. Auch Srīpāda blieb 16 Jahre lang bei Seinen Eltern und wurde danach zu einem Weltlehrer. Er versicherte wiederholt, dass Er Seinen Körper verbergen werde, dass Sein Körper ewiges Leben haben werde und dass Er sich in der Vergangenheit in der gleichen Form von Srīpāda Srīvallabha, die jetzt gesehen wird, als der Sohn von Anasūyā und Atri inkarniert hatte.

Die verschiedenen Formen von Srī Srīpāda

Srīpāda pflegte Seine yogischen Kräfte zum Ausdruck zu bringen und erschien zusammen mit dieser yogischen Kraft und gab in der weiblichen Form Darshan. Nur Lord Datta konnte die Kundalinī-Kraft auf diese Weise in Gestalt einer Frau hervorbringen. Bāpanārya, Rajamamba, die Eltern von Srīpāda, Narasimha Varma und seine Frau, das Ehepaar Pynda Venkatappayya Sreshti und einige andere hatten eine Vision dieses 16 Jahre jungen Paares. Seine Eltern, die sie verheiraten wollten, wurden enttäuscht. Er hatte beim ersten Treffen mit Mutter Sumatī als Avadhūta bereits darauf hingewiesen, dass Er ihnen die Schau eines göttlichen Paares gewähren würde. Der Avadhūta sagte zu Mutter Sumatī: ‚Mutter, dein Sohn wird 16 Jahre lang bei dir sein. Wenn du beabsichtigst, Ihn zu verheiraten, wird Er nicht auf dich hören. Er wird das Haus verlassen und fortgehen. Verhalte dich daher entsprechend Seinen Wünschen.' Srī Anagha[1] und Srī Datta sind ein altes Paar. Sie haben weder Geburt noch Tod. Sie offenbaren sich stets auf heitere göttliche Weise. In den Formen von Srīpāda Srīvallabha, Srī Narasimha Saraswati und Swamī Samartha bleiben Sie als Ardhanārīswara[2].

1 Die Dreiheit von Lakshmī, Pārvatī und Saraswatī
2 Der männlich-weibliche Gott

Die Früchte der vierzigtägigen Verehrung und das Pārāyana des Srīpāda Srīvallabha Charitāmrutam

Dies ist ein göttliches Geheimnis. Eine besondere Bedeutung liegt in der Inkarnation von Srīpāda an Ganesha Chaturdhi[1]. *Labha war der Sohn von Srī Ganesha. In einem Kalpa[2] und Yuga wurde er als Lābhāda Maharshi berühmt. Während der Inkarnation von Srī Krishna wurde er als Nanda geboren. Dieser Lābhāda wurde als der mütterliche Großvater von Srīpāda zur Zeit der Inkarnation von Srīpāda geboren. Srīpāda inkarnierte sich und hielt ständig die Eigenschaften von Lord Vighnesa[3] in seinem Bewusstsein, um alle Hindernisse auf dem Pfad Seiner Devotees zu beseitigen. Er wurde im Stern Chitra[4] geboren. Er verschwand in Kuruvapuram im Stern, der der 27. Stern von Chitra ist. Devotees von Srīpāda sollten ein Gelübde für ein Mandala[5] befolgen, um die unerwünschten Wirkungen zu beseitigen, die durch die Bewegung der neun Planeten in den 27 Sternen gemäß ihrem Horoskop verursacht werden. Wenn Srīpāda achtsam und mit Hingabe während eines Mandalas verehrt wird oder wenn während dieser Periode Seine Hagiografie hingebungsvoll gelesen wird, werden alle Wünsche erfüllt.* Das Denken, der Intellekt, Neigungen und Ego verbreiten ihre individuellen Schwingungen und strahlen in alle zehn Richtungen aus. Dies bedeutet, dass ihre Schwingungen separat in 40 Richtungen ausgestrahlt werden. Wenn diese Schwingungen in alle 40 Richtungen aufgehalten und zu Srīpāda gelenkt werden, erreichen sie das Bewusstsein von Srīpāda Srīvallabha. Dort werden sie umgestaltet und zu glückbringenden Schwingungen umgewandelt und kehren zum Aspiranten zurück. Dann werden alle rechtmäßigen Wünsche des spirituellen Suchers verwirklicht. *Mein lieber Shankar Bhatt, ich erfuhr durch innere Wahrnehmung, dass Sie die Biografie von Srīpāda schreiben werden. Im Allgemeinen enthalten die Pārāyana[6]-Bücher, die es zurzeit in der Welt gibt, die Familiendetails des Autors und verschiedene Lobpreisungen usw. In der Geschichte des Herrn,*

1 Ein Fest zu Ehren von Lord Ganesha, das zwischen August und September gefeiert wird
2 Zeitalter
3 Ein Name von Ganesha
4 Nakshatra-Konstellation im Monat Jungfrau-Waage
5 40 Tage
6 Hingebungsvolles Lesen eines Buches

die Sie schreiben werden, ist die Beschreibung der Einzelheiten Ihrer Familie unnötig. Meditieren Sie über den Herrn, stellen Sie Srīpāda in Ihr inneres Auge und schreiben Sie in einem einfachen Stil, der von allen verstanden wird. Was immer dann durch das Bewusstsein von Srīpāda aus Ihrem Schreibwerkzeug herauskommt, wird nur als Wahrheit dastehen. Mit dieser Art Inspiration geschriebene Bücher oder mit solch einer Inspiration intonierte Mantren brauchen nicht den Regeln der Grammatik oder des Satzrhythmus zu unterstehen. Einige der großen Devotees lobpreisten in ihrer lokalen Sprache und mit ganz normalen Worten, wenn sie die Schau des Allmächtigen hatten. Sie verstießen sogar gegen die allgemeinen Grammatikregeln. Selbst dann sollten diese Stotras[1] nur auf diese Weise rezitiert werden. Das gewünschte Ergebnis kann nicht erlangt werden, wenn man Änderungen macht, um den Grammatikregeln zu gefallen. Die Kraft der Gnade des Herrn bleibt in den Worten des Devotees, die Ihn erfreuten, und so gewährte Er Seinen Segen. Wenn wir diese Stotras mit ihren Originalworten rezitieren, kommt unser Bewusstsein rasch dem göttlichen Bewusstsein nahe. *Gott freut sich nicht über Äußerlichkeiten. Er freut sich über die inneren Gefühle.* Das innere Gefühl ist eine ewige Kraft. Bitte beachten Sie dies."

Ich sagte: „Mein Herr, das Gespräch nach dem Essen über den Sadguru war sehr angenehm. Bitte erzählen Sie mir einige weitere Details über die Inkarnation von Srīpāda und segnen Sie mich damit."

Ananda Sarma antwortete: „Srīpāda ist sehr vertraut mit den Familien Malladi, Pynda Venkatappayya Sreshti und Vatsavāyi, und Er hat ein Band der Verpflichtung, das durch Sprache nicht erklärt werden kann. Diese drei Familien hatten sehr viele Verdienste, das war ihre Stärke. Srīpāda war daher der Ansicht, dass die Weigerung Seines Vaters, Geld oder materielle Gaben von diesen drei Familien abzulehnen, Schwierigkeiten bringen würde. Übereinstimmend mit dem Wunsch Srīpādas gingen Appalaraja Sarma und Sumatī Maharani frei zu den Häusern der Familien Malladi, Pynda Venkatappayya Sreshti und Vatsavāyi, und zwar nicht nur an Festtagen und wichtigen Ereignissen, sondern auch zu normalen Zeiten. An einem Festtag lud Srī Pynda Venkatappayya Sreshti Appalaraja Sarma und seine Frau zu seinem Haus ein. Auf einer Schaukel sitzend hielt Srī Pynda

1 Gott lobpreisende Gebete

Venkatappayya Sreshti Srīpāda auf seinem Schoß. Srī Sreshti war an diesem Tag sehr ernst. Dafür gab es einen Grund, denn in Pīthikapuram hielt sich ein berühmter Astrologe auf, der in Orissa Astrologie studiert hatte. Seine Vorhersagen waren bisher niemals fehlgeschlagen. Sehr genau konnte er die Todeszeit angeben. Er prophezeite, Sreshti würde an einem bestimmten Tag und zu einer bestimmten Stunde und Minute an einer Herzkrankheit sterben. Er sagte, es gäbe eine enge Beziehung zwischen gewissen Kräutern, Planeten, Sternen und einigen heiligen Bäumen und yogischen Ritualen. Weiter fügte er hinzu, dass es eine gute Medizin und einen Talisman gäbe, wodurch man den unzeitgemäßen Tod abwenden könnte. Er riet Sreshti, Appalaraja Sarma abzusetzen und ihn selbst als Familienpriester zu wählen. Sreshti lehnte den Vorschlag ab. Der Astrologe machte das Gelübde, falls seine Prophezeiung falsch sein würde, er seinen Kopf kahlrasieren lassen und auf einem Esel durch die Stadt reiten würde. Diese Angelegenheit wurde Appalaraja Sarma und Srī Bāpanārya unterbreitet. Bāpanārya machte einige schwierige astrologische Berechnungen und wies darauf hin, die Bedrohung eines unzeitgemäßen Todes würde durch die Intervention göttlicher Kraft aufgehoben werden. Appalaraja Sarma verehrte Kālagni Shamana[1] und gab dieses heilige Wasser als Prasād. Mutter Sumatī ging mit ruhigem Gesicht zu Sreshti, den sie als ihren väterlichen Onkel verehrte. In der Zwischenzeit hatte Sreshti Schmerzen im Herzen und rief ‚Mutter!' Mutter Sumatī, die in der Nähe war, kam herbeigelaufen und sagte: ‚Mein Sohn, hast du mich gerufen?' Sie berührte Sreshtis Herz mit ihrer göttlichen, glückbringenden und segnenden Hand. Srīpāda, der sich auf Sreshtis Schoß befand, schrie laut ‚Geh!' Im Haus von Sreshti befand sich ein Büffel. Sofort kämpfte dieser heftig und starb nach Sekunden. Sreshti war gerettet. Diese Information ging zum Astrologen. Er kam sofort zum Haus von Sreshti. Dass seine große Prophezeiung im Nu fehlgeschlagen war, machte ihn sehr traurig.

Srīpāda sagte zum Astrologen: ‚Zweifellos bist du ein Astrologe. Du hast viel studiert – ich leugne das nicht. Warum sollte sich Sreshti vor dem Tod fürchten, wenn Ich, das Licht aller Lichter, hier bin? Du brauchst deinen Kopf nicht kahlzurasieren und auf einem Esel durch die Stadt reiten. Es genügt, wenn du bereust. Als dein Vater noch lebte, nahm er ein

1 Einer der 16 Avatare (Inkarnationen) von Dattātreya als Sohn von Anasūyā

Darlehen von Sreshti. Er log, dass er das Darlehen zurückgezahlt habe und sprach diese Lüge auch aus, indem er auf die Göttin Gāyatrī schwor. Als Ergebnis dessen wurde dein Vater als Büffel im Haus von Sreshti geboren. Da Sreshti großzügig ist, gab er diesem Büffel sehr viel Futter. Ich gewährte deinem Vater, der von niedriger Geburt war, eine edle Geburt. Ich übertrug die Früchte der vergangenen Handlungen von Sreshti, den ein unzeitgemäßer Tod hätte treffen sollen, auf den Büffel. Führe Begräbnisriten für den Büffel durch und arrangiere auch ein Festmahl. Das Karma deines Vaters wird aufgelöst und er erlangt einen edlen Status.' Dieser Astrologe folgte sehr treu den Anweisungen von Srīpāda.

Mein Junge Shankar Bhatt, *Srīpāda rettet Leben auf vielfältige Weise. Manchmal verkürzt Er die Lebensspanne der nachfolgenden Geburt und verlängert die Lebensspanne der gegenwärtigen Geburt*. Wie im Fall von Sreshti geschehen, kann Er die Früchte des Handelns von einem Wesen zu einem anderen übertragen. *Die Lebensspanne der Person kann auch verlängert werden, indem eine Lebensspanne von einem Spender übertragen wird. Auf außergewöhnliche Weise kann Er den Tod befehligen und dem Menschen Leben gewähren*. Srīpāda ist eine vollkommene Inkarnation von Yoga. Ein Yogi hält die Lebenskraft unter seiner Kontrolle, indem er Wachstum und Verschleiß des Körpers stoppt. Srīpāda ist eine vollkommene lebende Form eines Yogis. Nichts ist für Ihn unmöglich. Indem man den Verlauf von Einatmung und Ausatmung unterbricht, kann man leicht Befreiung erlangen. Ein Kriya Yogi schickt seine Lebenskraft durch die Regionen des Ājna, Vishuddhi, Anahata, Manipura, Swādhisthāna und Mūlādhāra[1] und lässt sie auch von oben nach unten und in umgekehrter Richtung kreisen. Die für ein Kriya[2] benötigte Zeit entspricht der natürlichen spirituellen Entwicklung von einem Jahr. Mein Lieber, wenn innerhalb von drei Jahren tausend Kriyas im Drittel eines ganzen Tages durchgeführt werden, wird eine spirituelle Entwicklung erlangt, die dem natürlichen Prozess von einer Million Jahre entspricht. Wenn in den Purānen Yogis erwähnt werden, die jahrtausendelang Buße ausgeführt haben, muss man verstehen, dass es sich auf die Zeit bezieht, die natürlicherweise im Prozess dieser Evolution für die Natur benötigt wird. Dann muss man verstehen, dass die tatsächliche von Yogis verwendete Zeit und die Zeit, die

1 Namen der ätherischen Zentren im Körper
2 Eine Yoga-Technik

für die Evolution auf natürlichem Wege erforderlich wäre, sich unterscheiden. Brahmā gewährt jedem Wesen ein langes Leben und legt die Anzahl Atemzüge fest, doch er wird sie nicht im Sinne von Jahren festlegen. Bei schlechten Eigenschaften wie Ärger und Emotion wird der Atem stark verausgabt. Daher nimmt die Lebensdauer ab. Ein Affe, der mental instabil ist, benötigt mehr Atemzüge. Eine Schildkröte, die 300 Jahre lebt, benötigt für eine gegebene Zeit ein Achtel der Atemzüge, die vom Affen verwendet wird."

Durch das gute Gespräch mit Ananda Sarma wurde ich sehr weise. Am Morgen, nach Beendigen meiner Morgenaktivitäten, bat ich Ananda Sarma um Erlaubnis, nach Kuruvapuram für den Darshan von Srīpāda Srīvallabha aufzubrechen.

Ehre sei Srī Srīpāda Srīvallabha!

Srīpāda Rājam Saranam Prapadye

Kapitel 14

Die Datta Das gegebene Zusicherung des Schutzes

Nachdem ich einige Tage gereist war, erreichte ich ein Dorf namens Muntakallu. Ich fragte einige Reisende, die mir sagten, ich könne Kurungadda innerhalb von ein paar Tagen erreichen. Ich war sehr gespannt darauf, Srīpāda zu sehen. Eine Person kam mit einem Topf Toddy[1] auf mich zu. Obwohl ich kein Pāndit[2] war, sondern ein Brahmane, der gewisse religiöse Praktiken befolgte, war der üble Geruch des Toddy unerträglich und verursachte für mich schrecklichen Schmerz, als die Person in meine Richtung kam. Ich ging schnell und äußerte den Namen von Srīpāda, doch dieser Mensch erreichte mich viel schneller. Er fragte mich: „Wenn ich zu Ihnen komme, ist es dann richtig, dass Sie vor mir weglaufen?"

Ich entgegnete: „Wer sind Sie? Was haben Sie mit mir zu tun?" Er lachte laut. Der schlechte Geruch des Toddy strömte aus seinem Mund. Er sagte: „Bevor Sie wissen, wer ich bin, ist es besser zu wissen, wer Sie sind. Woher kommen Sie? Was ist Ihr Ziel?" Ich dachte, dass in diesem Gebiet selbst die Toddy-Verkäufer zu einem philosophischen Gespräch in der Lage sein sollten. Er rief laut alle Passanten herbei und bat sie, sich ihm zu nähern. In Kürze versammelte sich eine Menschenmenge. Er sagte zur Menge: „Meine Herren, ich zapfe Toddy und verkaufe ihn in dieser Gegend. Ich lebe gemäß dem Dharma. Der Palmbaum ist für mich der wunscherfüllende Baum. Dieser Brahmane wartete unter dem Baum, bis ich auf den Baum geklettert bin und den Schnaps heruntergeholt habe. Er sagte mir, er sei ein Toddy-Süchtiger, trotz der Tatsache, dass er ein Brahmane sei. Er sagte auch, er habe kein Geld, um dafür zu bezahlen, und bat mich, etwas Toddy in seine Kehle zu gießen, um genug Verdienste zu erwerben. Ich stimmte zu. Als ich gerade den Toddy gießen wollte, bemerkte er, dass es recht viel Bewegung bei den Leuten in der Nachbarschaft gab. Daher verweigerte er den Toddy, denn er fürchtete, sein Brahmanentum würde beschmutzt, wenn er in der

1 Palmwein
2 Ein Gelehrter/Lehrer, vor allem von Sanskrit

Gegenwart all der Leute Toddy trinkt. Ich werde ein großer Sünder, wenn ich mein Versprechen breche. Für die Menschen unserer Kaste ist es wie Ambrosia. Ich hoffe, viele Verdienste zu erlangen, indem ich den Trank eines solch unschätzbaren Schnapses diesem Brahmanen anbiete. Dieser Brahmane schmetterte all meine Hoffnungen zu Boden. All ihr frommen Leute, belehrt diesen Brahmanen über Dharma und rettet mich davor, ein Sünder zu werden."

Da alle Leute zur Gauda[1]-Kaste gehörten, die vom Toddy-Zapfen lebte, legten sie viel Wert auf die Worte des Mannes ihrer Kaste. Ich wurde gezwungen, den Toddy zu trinken. Dann zerstreuten sie sich. Diese merkwürdige Person, die mich den Toddy zu trinken zwang, ging auch irgendwohin. Ich dachte nach: „Ich habe eine edle Geburt als Brahmane und reise, um die göttliche Inkarnation Srīpāda zu besuchen; ich trank dieses vergorene Getränk. Mein Brahmanentum wurde zu Asche verbrannt. Wie kann ich in das Gesicht des höchst heiligen Srīpāda schauen? Mein Schicksal ist so verlaufen. Das Schicksal ist sehr machtvoll. Wenn dieses verzerrte Schicksal auf meine Stirn geschrieben ist, wie kann es da anders geschehen?" Ich war verzweifelt.

Meine Schritte schwankten. Der unerträgliche Geruch des Toddy strömte aus meinem Mund. Mir wurde schwindlig. Ich beklagte mein Unglück und lief, den Namen Srīpādas singend. Auf halbem Weg fand ich eine Hütte. Sie erschien wie ein Ort der Buße. Ich dachte, dass einige sehr fromme Leute sich dort aufhielten und ich es nicht wert sei, sie zu treffen. Ich mochte nicht in diese Einsiedelei eintreten. Ich spürte, dass besonders in einem betrunkenen Zustand es höchst verwerflich sei, den heiligen Ashram zu betreten.

Als ich meines Weges ging, klatschte eine Person und rief laut: „Sie da, Shankar Bhatt, bleiben Sie stehen! Srī Dattānanda Swamī gab die Anweisung, Sie zum Ashram zu bringen." Ich war über das göttliche Spiel erstaunt und hielt an. Ich wurde zu Srī Dattānanda Swamī geführt. Aus seinen Augen strahlte unendliche Gnade. Er bat mich, sofort ein Bad zu nehmen. Anschließend wurden mir süße Früchte gereicht. Als ich sie gegessen hatte, rief er mich dicht zu sich und sagte: „Mein Lieber, Srīpāda Vallabha, die neue Inkarnation von Srī Dattātreya, hat unermessliches Mitgefühl mit Ihnen. Welch großes Mitgefühl Er mit Ihnen hat! Er ließ Sie mit Seinen hei-

1 Palmwein-Hersteller

lenden Händen den göttlichen Nektar trinken. Sie hielten Ihn irrtümlich für einen Gauda, der Toddy zapft, und dachten ein wenig verwirrt, die göttliche Ambrosia sei Schnaps. Welch merkwürdige Ironie!“

In meinem Kopf drehte sich alles. Mir war, als würde das ganze Universum, das ich sah, langsam vor meinen Augen verschwinden. Dann erlebte ich einen Zustand, als würden die Wellen des großen Ozeans grenzenloser kosmischer Macht mich verschlingen. In dieser unendlichen Kraft verschwand meine kleine und jämmerliche egoistische Form des Jīvatma[1]. Ich tauchte ein in eine ungewöhnliche göttliche Seligkeit, in der die Einheit „Ich“ nicht bekannt war oder nicht gekannt werden konnte. Als das begrenzte „Ich“ zerstört war, erschien diese ganze Schöpfung wie ein Traum. Da sprenkelte Srī Swamī Mantrajala[2] über mich. Mit seinen göttlichen Händen strich er die heilige Asche auf meine Stirn. Daraufhin kehrte ich zu meinem normalen Selbst zurück. Für ein paar Augenblicke erfuhr ich göttliche Seligkeit. Als ich der äußeren Umgebung gewahr wurde, erkannte ich, dass ich wieder in die dichte Ebene gezogen wurde.

Srī Swamī sagte: „In einer Ihrer Geburten gehörten Sie zu der Gauda-Kaste. Sie tranken schrecklich viel von diesem billigen Schnaps. In den tiefsten Tiefen Ihrer Persönlichkeit blieb noch das Verlangen, Toddy zu trinken. Obwohl Sie ein Brahmane sind, wären Sie ohne die Gnade von Srīpāda der Gewohnheit zu trinken verfallen und ethisch gesunken. Der Blick von Srīpāda ist wie Ambrosia. In Ihrem Horoskop sind viele Unglücke angezeigt. Er hat sie mit Seinem ambrosiagleichen Blick beseitigt, selbst ohne Ihr Wissen. Wer ist in der Lage, die Größe von Srī Guru zu beschreiben? Selbst die Veden verstummen, wenn sie Seine Größe beschreiben.“

Ich entgegnete: „Mein Herr, ich möchte gerne Einzelheiten über die Größe von Srī Guru erfahren. Je mehr Dinge ich weiß, desto mehr wächst in mir die Begeisterung, noch mehr Dinge zu erfahren. Srī Guru hat wiederholt erklärt, Er werde sich als Narasimha Saraswati inkarnieren. Ich habe das brennende Verlangen, mehr über die innere Bedeutung Seiner scherzhaften Spiele zu hören.“ Daraufhin antwortete Swamī: „Mein Sohn, das Hauptziel der spirituellen Suche der vedischen Seher war die innere spirituelle Wahrheit. Das Wichtigste ihrer mystischen Worte ist Ruthamu, was Wahrheit bedeutet. Es ist die Wahrheit der Seele und die Wahrheit des

1 Das individuelle Selbst oder die Seele
2 Mit Mantren aufgeladenes Wasser

materiellen Gegenstands. Wurde dieses Wort gemäß der ritualistischen Praxis kommentiert, gab man ihm vielerlei Namen wie Wahrheit, Opfer, Wasser und Nahrung. Auf gleiche Weise ist das Wort Saraswati sehr bedeutsam. Der Fluss Saraswati fließt unterirdisch. Er wird beschrieben als jemand, der wahre Reden predigt; jemand, der die Wahrheit predigt; jemand, der Bewusstsein predigt, das voller Ideen oder Wahrnehmungen ist; jemand, der über den großen Ozean spricht und jemand, der unser Denken erleuchtet. So ist Srī Guru eine predigende Kraft, ein ewiger Strom des Lehrens. Seine Stimme ist eine Stimme der Wahrheit. Er erhellt unser Denken. Er begründet in uns höchste Wahrheit und innere Weisheit. *Im Veda ist Yagna ein äußeres Zeichen der inneren Natur. Menschen bieten das, was ihnen gehört, durch Opferriten den Himmlischen an. Die Himmlischen wiederum geben ihnen Kühe und Pferde. Kuhherden bedeuten Reichtum an Glanz und Herrlichkeit. Pferde bedeuten Reichtum an Stärke.* Auf die gleiche Weise gewähren sie uns Kräfte der Buße und des feurigen Strebens. Um die geheime Bedeutung in den Veden nur würdigen Menschen zu enthüllen, wurden sie mit äußerster Verschwiegenheit bewahrt. Ghī ist das in Opferzeremonien verwendete Hauptmaterial. Wörtlich hat gereinigte Butter oder Ghī noch eine andere Bedeutung, nämlich Glanz und Herrlichkeit. Im Veda bedeutet der Buchstabe Go Licht. Pferd bedeutet Stärke, Stärke der Seele und Kraft der Buße und des feurigen Strebens. In ihren Mantren baten die Weisen um das Geschenk eines Pferdes mit dem Gesicht einer Kuh. Dies bedeutet, dass die Weisen sich eine Fülle von Erleuchtung gelenkter spiritueller Kraft wünschten, das heißt, von Gokiranas (Kuhstrahlen) angetriebene Pferdekraft. Es hat den Anschein, als würden die Einsiedler durch viele Mantren darum bitten, Söhne und Nachkommenschaft zu erlangen. Es gibt jedoch eine innere Bedeutung. Die Geburt eines Sohnes ist ein Zeichen der Erzeugung innerer Stärke. Dies wurde von ihnen folgendermaßen beschrieben: ‚*Feuer ist ein uns als Sohn geborenes persönliches Wesen, Feuer ist ein Sohn, der im Yagna geboren wurde. Als universales Feuer ist es ein Vater aller Väter.*‘ Auf gleiche Weise wurden Salila und Udaka (Wasser) mit einer sinnvollen inneren Bedeutung verwendet. Nehmen Sie zum Beispiel den Satz ‚Salilam Apraketam‘. Er bedeutet, dass der bewegungslose Ozean der Göttlichkeit durch seine eigene Stärke die Gestalt der Göttlichkeit durch den vermischten dunklen inneren Ozean annimt, der Jadābdi[1] genannt wird. Dies wurde auch als großer Ozean beschrieben. In einer der Sūktas[2] erklärten die Weisen, dass Saraswati in ihren Strahlen innerer Weisheit uns Gewässer der oberen Schichten zeigt. Es gibt eine innere Bedeutung der sieben in den Veden erwähnten Ströme[3], und es gibt ausgezeichnete göttliche Eigenschaften des Himmels. Der Weise Parāsara erklärte, dass das im Wasser innewohnende Wissen das Leben des Universums ist. Vrutra ist ein Dämon, der Glanz, Gewässer, höchste Wahrheit und hohes Bewusstsein stiehlt und sie geheim unter seiner Kontrolle hält. Nur solche Geister, die derartige schreckliche Taten begehen, sind Vrutras und Dasyas. Sie sind Kräfte der Dunkelheit und große Feinde jener, die nach dem Wissen der Wahrheit suchen.

Der dem Audumbara-Baum gegebene Segen. Die Herrlichkeit der Inkarnation von Srī Narasimha Saraswati

Mein Lieber, Srī Mahā Vishnu trat als Narasimha Swamī aus der Holzsäule, die aus dem Audumbara-Baum[4] gemacht war, in Erscheinung und rettete Prahlāda. Prahlāda wurde zum König ernannt.[5] Diese Holzsäule, die in zwei Teile zerbrach, fing nach einiger Zeit an zu keimen. *Ein Audumbara-Baum nahm dort Gestalt an. Prahlāda war verwundert und begann, ihn zu verehren. Eines Tages erschien Srī Dattātreya in einer meditativen Haltung und unterrichtete Prahlāda. Srī Datta, der Prahlādas Interesse für Dwaita[6] erkannte, segnete ihn, dass er im Kali Yuga die Gestalt eines Asketen annehmen werde und die Unterdrückten erheben und die Lehre des Dualismus lehren würde. Der Audumbara-Baum nahm menschliche Gestalt an, fiel Srī Datta zu Füßen und bat um eine Gunst. Da versprach Srī Datta, Er werde in subtiler Form am Fuß eines jeden Audumbara-Baums wohnen, und da Er daraus in der Gestalt von Narasimha hervorgekommen war, werde Er sich im Kali Yuga unter dem Namen Narasimha Saraswati*

1 Träger Ozean
2 Gott preisende Hymnen
3 Hier: Srotaswins
4 Sehr heiliger indischer Feigenbaum (Ficus racemosa)
5 Die Geschichte des Narasimha-Avatars
6 Die Lehre des Dualismus

inkarnieren. All dies wurde im Pymgya Brāhmana erzählt. Jetzt ist dieses Pymgya Brāhmana nur in der Nähe des Dorfes Shambala, das im Himalaya liegt, dem Land der sieben Maharshis, verfügbar. In anderen Gegenden ging es verloren. Als eine Frage auftauchte, ob Er dort gewesen war oder nicht, sprang aus der leblosen Säule Narasimha Swamī in einer erregten Form hervor, um zu zeigen, dass Er sehr wohl dort war. Diese wilde Inkarnation ist Srī Narasimha Swamī. *Auf gleiche Weise wird sich Gott im Kali Yuga, wenn die Menschen mit unreinem Denken falsche Argumente vorbringen, ob es Gott gibt oder nicht, unter dem Namen Narasimha Saraswati inkarnieren, nicht nur um Seine Existenz zu beweisen, sondern auch um die Devotees zu beschützen, wie dies im Falle von Prahlāda geschah.*"

Da fragte ich Srī Swamī: „Mein Herr, haben Sie Srīpāda in Pīthikapuram gesehen? Mein Denken ist erregt, von den scherzhaften Spielen Seiner Kindheit zu hören."

Das große Wunder von Srīpāda

Srī Swamī begann zu erzählen: „Ich stotterte seit der Kindheit. Alle Leute machten sich über mich lustig. Zudem befiel mich eine merkwürdige Krankheit. Diese Krankheit nahm ab meinem fünften Lebensjahr zu. Im Laufe eines Jahres verstrichen meist zehn Jahre. Als ich zehn Jahre alt war, hatte ich die Merkmale eines fünfzigjährigen Mannes.

In Srī Pīthikapuram wurde unter Leitung von Bāpanārya ein Opfer dargebracht. Brahmanen wurden großzügige Geldgeschenke gegeben und auch die Gelehrten erhielten freigebig Geldgeschenke. Als mein Vater von vielen Leuten von den großen heiteren Spielen Srīpādas hörte, nahm er mich auch zu dem Opfer mit. Das Alter von Srīpāda betrug nicht mehr als sechs Jahre. Für das Opfer wurde das benötigte Ghī besorgt. Das ganze Ghī befand sich in der Obhut eines alten Brahmanen. Diese Person war nicht nur ein Geizhals, sondern auch habgierig. Ein Viertel des Ghīs behielt er geheim in seinem Haus und schickte nur die restlichen drei Viertel zum Opfer. Das Yagna begann. Die Priester, die das Opfer durchführten, glaubten, das Ghī würde nicht ausreichen. Es war aber schwierig, unmittelbar mehr Ghī zu besorgen. Solch ein Hindernis für das Yagna bereitete allen

Sorgen. Srī Bāpanārya schaute Srīpāda mit einem ruhigen und gelassenen Gesicht an. Da bemerkte Srīpāda: ‚Einige Diebe denken daran, die Macht zu beherrschen und Geld zu stehlen. In Pīthikapuram wird in Meinem Namen ein großes Darbār[1] errichtet. Ich erlaube diesen Dieben hereinzukommen. Wenn sie mit dem gestohlenen Geld herauskommen, stehe Ich geheim an der Tür und schlage sie mit einem großen Stock. Dabei sterben einige Leute auf der Stelle. Andere laufen fort und lassen das Geld zurück. Ich weise Sanīswara[2] an, zusammen mit Jyesthadevi[3] in den Häusern dieser Diebe zu leben.‘ Die Worte von Srīpāda wurden von niemandem verstanden. Sie dachten, es würde sich um zukünftige Ereignisse handeln.

In der Zwischenzeit rief Srīpāda diesen alten Brahmanen herbei und ließ ihn auf einem Palmblatt das Folgende schreiben: ‚Mutter, Mutter Gangā, gib das für die Durchführung des Yagna erforderliche Ghī. Unser Großvater Srī Pynda Venkatappayya Sreshti wird die Schuld begleichen. Dies ist der Befehl von Srīpāda Srīvallabha.‘ Dieser Brief wurde Srī Pynda Venkatappayya Sreshti gezeigt. Er stimmte zu. Vier Leute gingen zusammen mit diesem alten Brahmanen nach Pādagaya Tīrtha[4] und nahmen den Brief mit. Sie legten diesen in den Teich. In die Gefäße, die sie mitgenommen hatten, füllten sie Wasser vom Teich ein. Unter dem Gesang vedischer Mantren wurde das Wasser zu dem Opferplatz gebracht. Das Wasser verwandelte sich unter den Augen aller Leute zu Ghī. Das Yagna endete erfolgreich. Wie zuvor versprochen, goss Sreshti aus den gleichen Gefäßen das volle Maß an Ghī in das Pādagaya Tīrtha. Während das Ghī gegossen wurde, verwandelte es sich in Wasser.

Mein Vater unterbreitete Srīpāda meinen kläglichen Zustand. Er sagte: ‚Warte einige Zeit. Ich werde die Krankheit deines Jungen heilen. Ich werde auch das Stottern beseitigen. Ein Haus muss verbrannt werden. Dazu muss eine günstige Zeit festgelegt werden.‘ Seine Wege sind unvorhersehbar. In der Zwischenzeit kam dieser alte Brahmane. Er war besorgt, ob ihm für das Stehlen des Ghīs ein Unheil zustoßen würde. Manchmal dachte er, es wäre besser, das Stehlen des Ghīs vor Srīpāda zu gestehen. Er

1 Königshof
2 Saturn
3 Göttin unheilvoller Dinge und des Unglücks
4 Thirtha: Pilgerort, der mit heiligem Wasser verbunden ist; Pādagaya Thīrtha: der Ort, wo die Füße des Asuras (Dämon) Gaya herabfielen

kam zu dem festen Entschluss, dass gleich was geschehen möge, es nur gut sein könne, den Darshan von Srīpāda zu haben. Zwischen ihnen fand ein interessanter Dialog statt. Srīpāda sagte: ‚Lieber alter Mann, Sie sind ein Experte im Festlegen günstiger Zeiten. Ein Haus muss abgebrannt werden. Setzen Sie dafür eine richtige günstige Zeit fest.‘ Der alte Mann erwiderte, es gäbe günstige Zeiten für den Bau von Häusern und für Zeremonien von Grundsteinlegungen, aber nicht für das Abbrennen von Häusern. Srīpāda fragte: ‚Wieso kann es keine günstigen Zeiten zum Stehlen und für Brandstiftung geben?‘

Der alte Brahmane sagte: ‚Ich habe von solchen günstigen Zeiten nicht gehört. Ich weiß nicht, ob solche Ereignisse zu ungünstigen Zeitpunkten und unglücklichen Stunden stattfinden.‘ Srīpāda erwiderte: ‚Läuft solch eine schlechte Zeit denn jetzt?‘ Der alte Brahmane erwiderte: ‚Jetzt läuft solch eine schlechte Zeit.‘ Srīpāda rief aus: ‚Alter Mann, welch große gute Neuigkeit haben Sie erzählt. Ein Spitzbube hat Ghī gestohlen, das für das heilige Opfer bereitgestellt worden war. Der Hunger des Feuergotts ist nicht befriedigt. Er verbrennt das Ghī, das ihm rechtmäßig gehört, und dabei auch das Haus. Auf diese Weise stellt Er seinen Hunger zufrieden. Er tanzt vor Freude.‘

Als der alte Mann diese Worte von Srīpāda hörte, wurde sein Gesicht bleich. In kurzer Zeit war sein Haus zu Asche verwandelt. Srīpāda wies den alten Brahmanen an, etwas Asche von dem verbrannten Haus zu bringen. Der alte Brahmane erkannte, dass Srīpāda in der Lage war, Gnade walten zu lassen und Segen zu gewähren, aber auch mit seinem Zorn Verluste zu verursachen. So brachte er gehorsam Asche. Srīpāda mischte die Asche in ein Wasserglas und befahl mir, es zu trinken. Er wollte, dass ich dies drei Tagen hintereinander mache. Wir waren Gäste in dem Haus von Srī Bāpanārya. Die merkwürdige Krankheit in meinem Körper wurde zusammen mit meinem Stottern beseitigt. Ich wurde gesund. Srīpāda legte Seine gütige göttliche Hand auf meinen Kopf, übertrug mir Kraft und brachte mir Freude. Dann sagte Srīpāda: ‚Von heute an wirst du unter dem Namen Dattānanda berühmt werden. Mögest du eine Familie gründen und befreit werden, indem du den Menschen rechtes Verhalten predigst! In den vergangenen Leben hattet ihr, du und dieser alte Brahmane, zusammen Geschäfte gemacht. Dabei entwickelte sich Feindschaft und jeder von euch versuchte, den anderen zu töten. Eines Tages besuchtest du das Haus des alten Brahmanen und ließest ihn Pāyasam[1] trinken, vorgeblich aus Liebe. Da der alte Brahmane nicht wusste, dass du Gift in das Pāyasam gemischt hattest, trank er es und starb. Gleichzeitig hatte der alte Brahmane ohne dein Wissen einige Handwerker engagiert und dein Haus anzünden lassen. Dein Haus verbrannte zu Asche, und deine Frau starb in dem brennenden Haus. Als du zu deinem Haus zurückkehrtest, starbst du an Herzinfarkt, als du sahst, dass alles verloren war. Da du in der Vergangenheit jemanden vergiftet hattest, erlittest du in dieser Geburt eine merkwürdige Krankheit. Weil dieser alte Brahmane in der früheren Geburt dein Haus verbrennen ließ, wurde in dieser Geburt sein Haus verbrannt. Ich befreite euch beide von den Banden des Karmas durch diese spielerischen Taten.'

Mit der Gnade von Srīpāda kehrte ich nach Hause zurück. Ich wurde in den Veden und Sāstras unterrichtet. Srī Narasimha Varma erbaute für den alten Brahmanen ein neues Haus. Da das Eingreifen von Srīpāda die Bande unseres Karmas weggeschnitten hatte, brachte es uns beiden nur Gutes. Seine Spiele waren göttlich. Der alte Brahmane bekam ein neues Haus; meine Krankheit verschwand; mein Stottern wurde auch behoben, und ich wurde ein Gelehrter. Das in Abwesenheit von Lord Shiva durchgeführte Yagna von Daksha wurde zu einem Schlachtfeld.[2] Es ist besser, die Feinheiten des Dharmas zu beachten.

Mein lieber Shankar Bhatt, alle Gottheiten werden aus dem strahlenden Licht geboren. Aditi besitzt eine unbegrenzte Form. Gottheiten sind ihre Kinder. Sie sind für den Fortschritt und die Entwicklung der Menschheit verantwortlich. Gottheiten verleihen den Menschen eine Aura. Sie überschütten die Seelen der Menschen mit dem Reichtum des göttlichen Bewusstseins. Sie halten die Wahrheit aufrecht. Sie erbauen die göttliche Welt. Sie bezwingen die bösen Kräfte, die für die Menschheit Hindernisse für vollkommene Befreiung und unaussprechliche Seligkeit verursachen. Weise, die die Gottheiten gesehen und ihre verschiedenen Aktivitäten beobachtet hatten, beschrieben sie anschließend mit verschiedenen Namen. Die in den Veden verwendeten Wörter haben eine spezielle Bedeutung. Im alltäglichen Umgang bezeichnet das Wort Aswam ein Pferd. Für vedische Weise ist Aswa jedoch ein Symbol für das Lebensbewusstsein, welches das

1 Eine süße Zubereitung
2 Ein Bezug auf eine Geschichte in den Puranen

mentale Bewusstsein und die Kraft des Atems stärkt. Dies ist ein Geheimnis des Kriya Yoga. Wortgruppen sind auch Lebewesen wie Kräuter und Vieh. Sie werden keineswegs vom menschlichen Intellekt geschaffen. Sie sind voller Leben und kommen aus der Mutter hervor. Sie werden durch einige Klänge hervorgebracht, die die Grundklänge genannt werden. Sie sind die hoch entwickelten lebenden Klänge und die zahlreichen Abkömmlinge der grammatischen Wurzeln. Ihre Entwicklung ist unerschöpflich, und sie teilen sich in verschiedene Gruppen und multiplizieren sich zu verschiedenen Klassen, Rassen, Abstammungsreihen und Familien. In der Anordnung der Wörter hat jedes eine einzigartige Struktur und eine anregende Geschichte.

Warum Brahmanen Bhūsuras (Götter auf Erden) genannt werden

In der Sprache der vedischen Seher wurde die Sprache anfänglich nicht von der Luft, dem Feuer oder von Indra geschaffen. Das Denken entsprang den Neigungen der Lebensorgane. Der Intellekt des Denkvermögens wurde entsprechend der Zusammenarbeit und Abstoßung der Sinnesorgane gebildet. Nur durch diese Methode der Evolution wurde das Experiment des Lehrens mittels Sprache entwickelt, das den Lebensorganen und dem Bewusstsein folgt. Mein Junge, *alle Gottheiten sind die Verkörperungen von Mantren. Diese ganze Welt steht unter der Kontrolle der Gottheiten. Diese Gottheiten stehen unter der Kontrolle von Mantren. Diese Mantren stehen unter der Kontrolle frommer Brahmanen. Daher sind Brahmanen die Gottheiten auf Erden.*

Allgemein werden die Klänge zu Beginn von den Menschen nur verwendet, um die Bedeutung von höchst begrenzten Ideen zu vermitteln, die von den fünf Organen erfasst werden können, wie Licht, Bewegung, Berührung, Kälte und Hitze, Ausdehnung, Gebrauch von Kraft, Geschwindigkeit usw. Während sich sein Intellekt entwickelt, erweitert jedoch eine Vielfalt von Begriffen und Entschlusskraft allmächlich die Sprache. Dies bedeutet, von Unklarheit zu feiner Bestimmtheit, von materiellen Dingen zu mentalen Dingen, von bekannten Dingen zu unbekannten Dingen entwickelt sich die Sprache und schreitet auf diese Weise fort.

Heilige Bücher zu lesen ist höchst vorteilhaft. Sie wurden ausgewählt, die heilige Biografie von Srīpāda zu schreiben. Obwohl Sie sie auf Sanskrit schreiben, wird sie nach einiger Zeit in Telugu übersetzt – die Muttersprache von Srīpāda. Das Ergebnis eines hingebungsvollen Lesens wird sich nicht unterscheiden. Wo immer jemand es an irgendeinem Ort liest, dort hält sich Srīpāda in subtiler Form auf und hört es. Ich werde als Beispiel eine Geschichte erzählen. Hören Sie aufmerksam zu.

Srīpāda erreichte das Alter von sieben Jahren. Die heilige Fadenzeremonie[1] wurde an Ihm streng nach dem vedischen ritualistischen Verfahren durchgeführt. Wenn solche Ereignisse in jenen Tagen in den Häusern reicher Familienväter stattfanden, gab es stets viel Aufregung und Nervosität. Das Glück von Srī Bāpanārya kannte keine Grenze. Es gab jedoch keine Gelegenheit für einen Paria[2]-Bettler namens Datta Das, dieser großen Feier beizuwohnen. Als ein Ausgestoßener bekam er diese Gelegenheit nicht. Daraufhin rief er all seine Leute aus der gleichen Kaste zu seinem Haus und sagte, er werde das Datta Charitra[3] erzählen. Voller Eifer versammelten sich alle in seinem Haus. *Datta Das begann, das Datta Charitra folgendermaßen zu erzählen: ‚Das höchste Licht, das als der Sohn von Mutter Anasūyā und dem Weisen Atri in den alten Zeiten geboren wurde, hat sich heute in diesem Kali Yuga[4] in unserem Pīthikapuram als Srīpāda Srīvallabha inkarniert. Heute findet die heilige Fadenzeremonie des großen Herrn statt. Nach der heiligen Fadenzeremonie strahlt unser Herr von göttlichem Glanz. Mögen gutes Glück und reicher Segen immer bei diesem Herrn sein, der die Notleidenden emporhebt!‘ Da Datta Das über keinerlei Gelehrsamkeit verfügte, um mehr als das über Srī Guru zu erzählen, wiederholte er die Geschichte immer wieder. Die Zuhörer lauschten ihr mit gespannter Aufmerksamkeit. Dies geschah 53 Mal. Die ambrosiagleichen Blicke von Srīpāda fielen auf Datta Das. Nach Beendigung der heiligen Fadenzeremonie verkündete Srīpāda den Brahmanen dort, dass Er sofort zu dem Haus des Paria-Bettlers gehen müsse. Srī Bāpanārya fragte Ihn nach dem Grund. Srīpāda sagte: ‚Datta Das hat ein reines Denken und erzählt Meine Geschichte. Wenn das, was er einmal erzählte, ein Kapitel*

1 Einführung in die Gāyatrī; das vedische Anlegen des heiligen Fadens
2 Eine untere Kastengruppe; ein Ausgestoßener
3 Erzählung vom Wirken Lord Dattātreyas
4 Dunkles Zeitalter

ist, so muss daraus geschlossen werden, dass 53 Kapitel beendet wurden. Ich muss ihm unverzüglich das Ergebnis bringen, das jenen gewährt wird, die 53 Kapitel voller Hingabe und Sorgfalt vollenden.'

Für die Liebe von Srīpāda zu Seinen Devotees gibt es keine Unterschiede an Rasse und Kaste.

Die Brahmenen erlaubten Srīpāda nicht, Datta Das zu besuchen. Da wurde Srīpāda zornig und sagte voller Wut: ‚*Diese von euch als Ausgestoßene und Parias grausam unterdrückten Leute werden im nächsten Jahrhundert überreich Meine Gnade erhalten. Sie werden herausragende Stellungen besetzen. Ein Großteil von euch Brahmanen wird dann in den kommenden Jahrhunderten in Knechtschaft verbringen und vom Dharma und Karma erniedrigt und entehrt werden. Meine Worte sind wie Erlasse in Stein. Es gibt keine Möglichkeit, in ihnen selbst einen Buchstaben zu verändern. Wenn jedoch jemand von euch Brahmanen tugendhaft lebt und Hingabe an Datta hat, werde Ich sie beschützen, so wie ein Augenlid das Auge beschützt.*' Die Eltern versuchten den erregten Zorn von Srīpāda zu beruhigen. Nach einiger Zeit wurde Srīpāda ruhig und blieb still.

Genau zu diesem Zeitpunkt erschien Srīpāda im Haus von Datta Das in Seiner glänzenden göttlichen Form. Er nahm die ihm mit Liebe angebotenen süßen Früchte entgegen und trank mit unermesslicher Liebe die Ihm gegebene Milch. Mit Seinen eigenen Händen verteilte Er die Süßigkeit Mithai[1]. Srīpāda segnete jeden im Haus von Datta Das.

Mein Junge Shankar Bhatt, haben Sie die göttliche Liebe von Srīpāda gesehen? *Er ist nur mit Ihren inneren Gefühlen zufrieden. Er kümmert sich nicht um Familienhintergrund, Abstammungslinie oder andere materielle Dinge. Selbst wenn eine Person aus einer niedrigen Kaste Datta-Prasāda gibt, sollte es mit Hingabe empfangen werden. Wenn keine Achtung gezeigt wird, werden die Personen Härte und Verluste erleben.*

1 Süßigkeiten und Desserts

Die zwölf Aussagen der Zusicherungen von Srīpāda für Devotees

Hören Sie aufmerksam den Aussagen von Srīpāda im Haus von Datta Das zu:

1. *Ich werde an jedem Ort, wo Meine Biografie hingebungsvoll gelesen wird, in subtiler Form bleiben.*
2. *Ich werde die Person, die sich Mir in Gedanken, Worten und Taten hingibt, wie ein Augenlid beschützen.*
3. *Ich werde täglich in Srī Pīthikapuram am Nachmittag Almosen sammeln. Mein Kommen ist ein göttliches Geheimnis.*
4. *Ich verringere das Karma all jener, die ständig über Mich meditieren, zu Aschehaufen. Selbst die über viele Leben angesammelten Karmas werde Ich verbrennen.*
5. *Wenn ihr jenen Nahrung gebt, die wehklagen ‚Oh, Ramachandrā, Nahrung!', werde Ich Mich freuen.*
6. *Ich bin Srīpāda Srīvallabha! Srī Mahālakshmī*[1] *strahlt mit all Ihren herrlichen Eigenschaften in den Häusern Meiner Devotees.*
7. *Wenn ihr ein reines Herz habt, wird Meine Gnade stets bei euch sein.*
8. *Ich bin einverstanden, selbst wenn ihr irgendeine Form des Göttlichen verehrt oder die Unterstützung eines Sadgurus wählt.*
9. *All eure Gebete erreichen Mich. Meine Gnade wird euch durch die Form der Gottheit, die ihr verehrt oder durch euren Sadguru übermittelt.*
10. *Srīpāda Srīvallabha ist nicht nur auf diesen Namen und diese Form begrenzt. Ihr könnt Meine körperliche kosmische Form, die alle Formen von Gottheiten und alle Kräfte als Meine integralen Teile umfasst, nur durch strenges Befolgen einer spirituellen Disziplin erkennen.*
11. *Ich bin eine umfassende yogische Inkarnation. Große Yogis und große Siddhas meditieren ständig über Mich.*
12. *Wenn ihr Mich als Unterstützung wählt, verkündige Ich euch den Pfad des Dharmas und auch den Pfad des Karmas. Ich beschütze euch stets vor dem Untergang."*

---

1 Die Göttin des Wohlstands

Ehre sei Srī Srīpāda Srīvallabha!

Kapitel 15

Der Bericht von Bangārappa und Sundara Rama Sarma

Ich verabschiedete mich von Srī Dattānanda Swamī und setzte meine Reise fort. Da ich Durst hatte, ging ich zu einem Brunnen in der Nähe. Dort gab es auch einen Eimer, um Wasser zu schöpfen. Als ich in den Brunnen hinabschaute, bot sich mir ein merkwürdiger Anblick. Unten hing eine Person kopfüber und hielt sich am Zweig eines Baumes, der zwischen den kreisförmigen Ziegelringen des Brunnens wuchs. Dieser Fremde rief mich liebevoll „Shankar Bhatt!" Ich fragte ihn verwundert, woher er meinen Namen kenne. Er antwortete darauf: „Nicht nur Ihren Namen. Ich weiß auch, dass Sie nach Kurungadda gehen, um den Darshan von Srīpāda Srīvallabha zu erhalten. Ich warte nur darauf, Sie zu treffen."

Ich überlegte, wie ich ihn aus dem Brunnen ziehen sollte. Das an den Eimer gebundene Seil war sehr schwach. Diese fromme Person, die meinen Gedanken spürte, sagte: „Sie sind ein Mensch, der in den Brunnen weltlicher Existenz mit irdischen Bindungen gefallen ist. Ich zerbrach diese Bande und blieb in dieser speziellen yogischen Übung in der Glückseligkeit der Seele. Wie können Sie mich emporheben? Ich komme selbst empor. *Wenn unsere Stärke nicht ausreicht, wird Srīpāda uns gütig Stärke gewähren.*" Während er dies sagte, stand er, schnell wie das Zwinkern eines Augenlids, an meiner Seite. Ich war erstaunt. Er fing an zu erzählen: „Mein Name ist Bangārappa. Sie sind durstig. Ich werde Ihren Durst stillen." Mit dem Eimer zog er Wasser hoch und trank es rasch. Merkwürdigerweise war mein Durst gestillt. Ich war überrascht.

Dann setzten wir unsere Reise zusammen fort. Er sagte: „Ich gehöre zu einer Familie von Goldschmieden. Ich habe Mantras und Tantras gemeistert. Ich erreichte die Fähigkeit, jene Personen mit Mantras und Tantras zu töten, die ich nicht mochte. Mit Geistern, Monstern und Teufeln wurde ich auch vertraut. Ich führte verschiedene Tätigkeiten an Begräbnisstätten durch. Gewöhnlich erschauderten die Leute, wenn sie meinen Namen hörten. Wann immer ich in ein Dorf ging, gaben die Leute mir meist viel Geld aus Furcht, ich könnte ihnen Schwierigkeiten und Verluste bescheren, indem ich Geister und Teufel einsetzte. Der Großteil dieses Geldes wurde benutzt, um Geistern und Teufeln, die immer von mir abhingen, Opfer darzubringen. Wenn die Opfer nicht rechtzeitig dargeboten wurden, fügten diese bösen Geister mir ernsthaften Schaden zu. Statt wie bei den normalen Leuten Ruhe im Gesicht auszustrahlen, spiegelten sich gewöhnlich die bösartigen Züge der Geister und Teufel in meinem Gesicht wider. Auf meinen Wanderungen kam ich einmal aufgrund meiner vergangenen Verdienste nach Pīthikapuram.

In dieser durch die Inkarnation von Lord Datta geheiligten Stadt gab es keinen Mangel an gemeinen Komplotten und gegenseitigen Streitereien. Ich hörte merkwürdige und wundersame Dinge über Srī Bāpanārya und Srī Srīpāda. Anfangs wollte ich Bāpanārya töten. Ich ging zu einem Teich und begann, zwei Handvoll Wasser, ohne abzusetzen, zu trinken. Ich hatte viele verschiedene Methoden, um einen Menschen zu töten. Eine davon war, Wasser zu trinken und intensiv an die Person zu denken, die getötet werden sollte. Dadurch dringt das ganze Wasser, das ich trank, in den Magen der Person ein. Mit Wasser gefüllt, wird der Magen aufgebläht und platzt. Dann stirbt die Person. Die Spiele Srīpādas sind unvorstellbar. Als ich das Wasser trank, war Srīpāda bei Bāpanārya. Srīpāda streichelte liebevoll den Bauch von Bāpanārya. Obwohl ich viel Wasser getrunken hatte, verdunstete es durch die Kraft von Srīpāda. Nach wiederholtem Wassertrinken war ich erschöpft, aber Srī Bāpanārya blieb gesund und munter. Ich machte mir Sorgen, warum meine schwarze Magie an jenem Tag versagte. Der Grund war nicht bekannt.

Srīpāda beseitigt für Verehrer Bedrohungen durch böse Kräfte

Ich besaß einen Kontrollzauber über Schlangen. Wenn ich ihn rezitierte, versammelten sich aus allen Ecken Schlangen im Haus der Person, über die ich meditierte. Die Schlangen bissen dann die Person. Ich meditierte über Bāpanārya und sang das Mantra. Viele Schlangen erreichten daraufhin das Haus von Srī Bāpanārya. Sie kletterten über ein hölzernes Gitter in dem Haus und hingen wie Schlangen-Flaschenkürbisse herab. Nach kurzer Zeit kehrten die Schlangen an die Plätze zurück, woher sie gekommen waren.

Auf diese Weise schlug auch mein zweiter Versuch fehl. Die Teufel und Geister bei mir ließen mich unverblümt wissen, dass sie nicht in die Nähe des Hauses von Srī Bāpanārya gehen können. All dies verstand ich grob als das heitere Spiel von Srīpāda. Da meine teuflische Natur nicht aufhörte, ging ich zum Friedhof. Dort machte ich aus Mehl ein Bild von Srīpāda und stach 32 Nadeln in 32 Punkte. Durch diesen Todesprozess sollten Krankheiten an 32 Punkten am Körper von Srīpāda ausgelöst werden. Nicht nur das. Die Nadeln sollten sich in eine flüssige Form verwandeln und in seinen Körper eindringen. Sein ganzer Körper sollte mit Gift verseucht werden und Er sollte sterben. Doch auch dieser Versuch scheiterte. Merkwürdigerweise erlebte ich einmal um Mitternacht, dass übermäßig viel Wasser in meinen Magen eindrang. Es waren Todesqualen für mich. Alle Schlangen, die durch meinen Schlangenzauber das Haus von Srī Bāpanārya erreicht hatten, traten in meinen vorübergehenden Aufenthaltsort in Pīthikapuram ein und bissen mich. Genau an den Körperstellen, wo ich Nadeln in das Mehlbild von Srīpāda gestochen hatte, erlitt ich Schmerzen. Auf diese Weise erfuhr ich in meinem eigenen Körper die Reaktionen auf meine bösen Taten. Ich litt Höllenqualen und dachte, es wäre besser zu sterben, doch ich konnte keinen Tod finden. Die Höllenqualen, die man nur nach dem Tod kennt, erlebte ich jedoch in der Nacht lebend.

Wenn jemand unerträgliche Probleme hat, dann wendet er sich normalerweise an Gott. Ich suchte in meinem Denken Zuflucht bei Srīpāda. Die Form von Srīpāda erschien vor meinem geistigen Auge und Er sagte: ‚Bangarappā, du musst viele Jahre lang in dieser Welt aufgrund deiner ruchlosen Sünden leiden und auch danach in der Hölle wirst du viele Strafen durchleben. Doch da Ich an dir Gnade walten lasse, zerstörte Ich in dieser einen Nacht deine Sünden. Deine ganzen bösen Praktiken sind zerstört. Erscheint eine durstige Person in deinem Denken, und wenn du dann Wasser trinkst und deinen Durst stillst, wird auch der Durst jener Person gestillt, selbst wenn sie sich in großer Entfernung befindet. Es gibt eine yogische Übung, bei der man mit dem Kopf nach unten hängen muss. Du wirst Seligkeit erlangen, wenn du sie übst. Um das Haus Meiner Eltern zu betreten oder das Haus von Srī Bāpanārya, sind Verdienste aus vielen Geburten erforderlich. In diesem Leben hast du dieses Glück nicht. *Glück ist nicht etwas, was plötzlich kommt. Unglück ist nicht etwas, das willkürlich gegeben wird. Wenn die guten Taten vergangener Leben plötzlich Früchte tra-*

gen, wird dies Glück genannt. Wenn schlechte Taten auf einmal Ergebnisse bringen, so wird dies Unglück genannt. Da Parameswara[1] *uns Leben gewährt, hat Er allein die Berechtigung, unser Leben zu nehmen. Da Eltern uns Geburt geben, verdienen sie höchste Verehrung. Jenen, die ihren Eltern im Alter diese Verehrung verweigern, erweise Ich Meine Gnade nicht.* Durch deine teuflischen Praktiken hast du viele unschuldige Leute einem zu frühen Tod ausgesetzt. Das Ergebnis dieser Sünde wird dich verfolgen, bis du einen Kannada-Brahmanen triffst, der als Shankar Bhatt bekannt ist. Wenn er durstig ist, stillst du seinen Durst mit deinem Können. Dann wird deine Sünde vollständig getilgt. Dieser Shankar Bhatt schreibt Meine Geschichte.' Zur Zeit dieses Ereignisses betrug das Alter von Srīpāda ungefähr sieben bis acht Jahre. Mein lieber Shankar Bhatt! Seit diesem Tag warte ich auf Sie. Heute ist ein äußerst guter Tag für mich!" Bangārappa beendete seine Rede. Für mich war die ganze Geschichte sehr verwirrend. Ich sagte: „Mein Herr, wie kann der Durst eines anderen gestillt werden, wenn Sie Wasser trinken? Bitte erklären Sie mir dieses Geheimnis."

Da sagte Bangārappa: „Mein Junge,

- Lebewesen, die im Annamaya Kosha[2] leben, haben materielle Einflüsse und Erfahrungen in der materiellen Welt.
- Lebewesen im Prānamaya Kosha[3] haben ein Bewusstsein des subtilen Körpers.
- Lebewesen im Manomaya Kosha[4] haben Verbindungen mit der mentalen Welt.
- Lebewesen im Vignānamaya Kosha[5] haben Verbindungen mit dieser zugehörigen Welt.
- Die Lebewesen im Ānandamaya Kosha[6] haben die Erfahrung der Seligkeit.

Durch eine yogische Übung koordiniere ich meine Prānamaya Shakti[7] mit der Prānamaya Shakti anderer Lebewesen. Dadurch und durch das Emp-

1 Der höchste Gott
2 Die materielle Hülle, der physische und ätherische Körper
3 Körperhülle der Lebenskraft; Vitalkörper einschließlich des Astral-, Wunsch- und niederen Mentalkörpers
4 Höherer Mentalkörper
5 Höherer Mentalkörper und untere Buddhi-Ebene
6 Hülle der Seligkeit; die Seele und die Prinzipien darüber
7 Kraft der Lebenskraft

finden der Identität wird dies möglich. In alten Zeiten erhielt Vali durch eine gewisse yogische Übung das Doppelte der Stärke der Person, die ihn anschaute. Daher wurde Vali von Rāma, als dieser sich hinter einem Baum befand, getötet. Der Weise Visvāmitra weihte Rāma und Lakshmana in zwei heilige Mantren ein, die Bala und Atibala heißen. Wenn die Lebenskraft entsprechend den Schwingungen dieser Mantren bereitgehalten wird, kann man die universale Kraft vom innersten Bereich des Universums in sein System hereinziehen. Ist der Körper jedoch nicht rein genug, wird man zu dem Zeitpunkt, wenn diese Kraft in das eigene System eintritt, einen großen Schmerz verspüren. Nicht nur das. Da man nicht in der Lage ist, diese Kraft zu halten, kann man sogar sterben. Im menschlichen Körper gibt es 12 Stufen der Reinheit. Der Körper von Srī Rama gehört zur 12. Stufe, während der Körper von Srī Datta jenseits der 12. Stufe ist. Daher hat Srīpāda, der eine Verkörperung von Srī Datta ist, ganz natürlich unendliche Kraft, unendliches Wissen und unendliche Gegenwart." Dann fragte ich: „Mein Herr, es heißt, dass Ahalya durch den Fluch des Weisen Gautama zu einem Stein wurde und dass sie von dem Fluch erlöst wurde, sobald der Staub von Srī Rāmas Füßen den Stein berührte. Wurde sie wirklich zu einem Stein? Oder gibt es darin eine geheime Bedeutung?"

Bangārappa erklärte: „Sie haben eine gute Frage gestellt. Indra hatte nur eine Verbindung mit der Schattenform von Ahalyā. Da er dies nicht wusste, verfluchte Gautama in großem Zorn Ahalyā, ein Stein zu werden. Da sagte Ahalyā zum Weisen Gautama: ‚Du dummer Rishī! Was hast du getan?' Gautama verlor seinen Verstand und wurde verrückt. Er besuchte viele heilige Orte und wurde durch die Gnade von Lord Shiva gesund. In der Evolution des Bewusstseins ist der Stein im niedrigsten Zustand. Seine Seele ist in einem leblosen Zustand. Es gibt viele Arten von Steinen. In einem bestimmten Stein erlangt die Seele eine gewisse Läuterung. Nach diesen Erfahrungen der Läuterung tritt diese Seele in eine andere Gruppe von Steinen ein. In das erste Gestein, das leer geworden ist, tritt eine andere Seele ein. Nur Menschen mit einer yogischen Schau können erkennen, wie lange sich eine gewisse Seele in einem speziellen Fels aufhielt. Angenommen, eine Seele befand sich in einem speziellen Fels, und dieser Fels wurde entzweigebrochen. Dann bleibt eine Seele in einem Stück des Felsens und eine andere Seele bleibt in dem anderen zerbrochenen Stück. Beide Seelen durchlaufen bestimmte Erfahrungen. Sie wissen nicht, welche

Art von Erfahrungen sie machen, aber wenn sie im Stein-Stadium sind, erleben sie den unendlichen Schmerz dieser Seele. Sie haben kein Leben, aber die Erfahrung des Schmerzes."

Beschreibung der Qualen, die von Lebewesen in verschiedenen Geburten erfahren werden

Ich fragte: „Mein Herr, Schmerz oder Freude werden nur erfahren, wenn es Leben gibt. Wie ist es in solch einem Fall möglich, dass ein lebloser Gegenstand unendlichen Schmerz durchlebt?" Da antwortete Bangārappa: „Wenn die individuelle Seele mit der höchsten Seele verschmilzt, erlebt sie göttliche Seligkeit. Dies kann nicht mit Sprache beschrieben und nicht im Denken verstanden werden. So erlebt die individuelle Seele, wenn sie im Felsen ist, großes Leid anstatt Seligkeit. Auch dies kann nicht mit Sprache beschrieben und nicht im Denken verstanden werden. Großer Schmerz wird erfahren, wenn das Leben in Untätigigkeit ist. Die Seele wandert durch viele Gesteine und erlebt unerklärbare, unvorstellbare, leblose große Qualen. Dann tritt sie in Metalle ein. Sie bewegt sich durch verschiedene Arten von Metallen und erfährt Leben in einem Schlafzustand. Angenommen, Sie gießen eine giftige Substanz auf ein Metall, das ihm schädlich ist. In dem Schlafzustand leidet das Leben im Metall, verlässt es und wandert zu einem anderen Metall weiter. Die Seele, die sich mit den Metallen identifiziert hat, tritt im Evolutionsprozess in Bäume ein. Die zuvor im leblosen Material schlafende Lebenskraft wird jetzt aktiv und erlangt einen Drang, aufrecht zu stehen oder eine sich neigende Haltung einzunehmen. Ihre Wurzeln, die dazu dienen, Stärke zu verleihen, dringen durch die Erde und erleichtern ihre Evolution. Auf diese Weise tritt die Seele in vielerlei Arten von Bäumen ein und macht viele Erfahrungen. Dann kommt sie aus dem Stadium von 50 Prozent Leben und 50 Prozent Leblosigkeit heraus und entwickelt sich als Würmer und Insekten. In diesem Stadium wird ihr Drang nach Bewegung erfüllt. Sie durchläuft viele verfeinerte Abstufungen als unterschiedliche Würmer und Insekten und nimmt die Gestalt eines Fisches an. Später nimmt sie die Gestalt eines Vogels an. Nachdem die Seele Erfahrungen in einer Vielfalt von Vögeln gemacht hat, wird sie als Vierbeiner geboren. Dann wird sie als eine sehr heilige Kuh geboren. Indem sie den

Menschen wie eine Mutter Milch gibt, erlangt sie Verdienste, selbst ohne davon zu wissen. Sie wirkt auch als Büffel an der Herstellung von Nahrungsmitteln aus Getreide mit. In der nächsten Geburt nimmt sie einen menschlichen Körper an. Unter dem Einfluss mentaler Haltungen entstehen Gedanken. Dann verändern sie sich zu Handlungen. So entstehen tugendhafte und sündhafte Handlungen.

Die sieben Stadien auf dem Pfad spirituellen Strebens

Während seines evolutionären Prozesses schreitet der Mensch durch sieben Stadien. Im ersten Stadium werden die Organe des grobstofflichen Körpers und die Organe des feinstofflichen Körpers gleichzeitig verwendet. Im zweiten Stadium erlebt er die subtile Welt mit Hilfe der subtilen Körperorgane und erlangt die Fähigkeit, kleine Wunder auszuführen. Im dritten Stadium erlangt der Mensch die Fähigkeit, über große Entfernungen mit dem subtilen Körper zu reisen. Zwischen dem dritten und dem vierten Stadium gibt es ein verführendes Zentrum. Wenn man davon beeinflusst wird, bleibt man im gleichen Zustand. Als Gautama Ahalya verfluchte, erlitt sie einen heftigen Schock. Sie fühlte dann, dass sie im Stein-Bewusstsein war. Sie blieb in diesem Zustand, bis sie Srī Rama sah. Der Körper von Ahalya wurde nicht zu einem Stein. Nur ihr Denken erreichte diesen Zustand. Dies bedeutet, dass sie in dem überwältigenden Zentrum zwischen dem dritten und dem vierten Zentrum blieb. Als der Staub von Srī Ramas Lotusfüßen sie berührte, begann ihre mentale Blüte sich zu entfalten. Sie erlangte ihren natürlichen Zustand zurück.

Eine Seele, die den vierten Zustand erreicht hat, wird mit sehr umfangreichen yogischen Kräften ausgestattet. Wenn diese yogischen Kräfte in Übereinstimmung mit den Weisungen des inneren Selbstes zum Wohlergehen der Welt verwendet werden, wird es möglich, in erhabene Stadien aufzusteigen. Wenn andererseits diese Kräfte für sündhafte Tätigkeiten und niedrige selbstsüchtige Zwecke benutzt werden, ist der Untergang sicher. Man wird in das Steinbewusstsein fallen. Es gibt danach keine Möglichkeit, wieder in eine menschliche Geburt zu gelangen, bevor man nicht durch Tausende von Geburten gegangen ist. Jene, die sich auf der fünften

Stufe befinden, sind Samkalpa Jnānis[1]. Die Samkalpa Jnānis setzen weltliche Tätigkeiten fort, während sie nach der Gottverwirklichung streben. Jene auf der sechsten Stufe sind Bhāva Jnānis[2], und sie kümmern sich wenig um weltliche Aktivitäten. Jene auf der siebten Stufe erlangen die Weisheit des unendlichen Ranges des höchsten Selbst."

Der Unterschied zwischen göttlichen Inkarnationen und Sādhakas[3]

Nachdem ich die Worte von Bangārappa gehört hatte, schlichen sich ein paar Zweifel in mein Denken. Um sie zu klären, fragte ich: „Mein Herr, ist der Evolutionsprozess nur auf normale Sterbliche beschränkt oder gilt er auch für göttliche Inkarnationen?" Daraufhin sagte Bangārappa: „*Inkarnationen kommen gemäß der Notwendigkeit der Zeit. Wenn der Mensch Gott wird, wird Er Samartha Sadguru genannt. Wenn Gott als Mensch kommt, wird Er eine Inkarnation genannt.* Ein Fisch[4] schwimmt und bewegt sich rasch im Wasser. Eine Schildkröte kann sich auf der Erde wie im Wasser rasch bewegen. Ein Eber, das heißt ein Rhinozeros, läuft rasch auf dem Boden. Die Inkarnation von Narasimha hat das Gesicht eines Löwen – des höchsten unter den Tieren – und den Rest des Körpers in der Form eines Menschen. *Die Inkarnation von Vāmana mit der Eigenschaft des Bettelns kam hauptsächlich mit der Eigenschaft von Tamas[5]. Die Inkarnation von Parashurama kam mit dem Hauptattribut von Rajas[6]. Die Inkarnation von Rama fand im Wesentlichen mit der Eigenschaft von Sattwa[7] statt. Die Inkarnation von Srī Krishna war im Wesentlichen eigenschaftslos, weil sie alle drei Qualitäten überstieg. Die Inkarnation von Buddha war hauptsächlich eine des Karmas. Die Inkarnation von Srīpāda Srīvallabha ist eine sehr unterschiedliche Inkarnation des Zeitalters[8]. Sie ist eine höchst herausra-*

1 Weise Menschen mit einem gedanklichen Entschluss
2 Weise Menschen mit hingebungsvollen Gedanken
3 Spirituelle Sucher
4 Der Fisch und die folgenden Wesen beziehen sich auf die Avatare von Lord Vishnu
5 Tamo-Guna, die Qualität der Trägheit
6 Rajo-Guna, die Qualität der Überaktivität
7 Die Qualität des Gleichgewichts, der Gelassenheit
8 Yuga

gende, eine außergewöhnliche, einmalige Inkarnation, die in sich die Einheit in der Vielfalt und die Vielfalt in der Einheit der gesamten Schöpfung enthält. Es gibt keine yogischen Traditionen, religiösen oder ethischen Regeln in der gesamten Schöpfung, die ihren Ursprung nicht Srīpāda verdanken. Das Format von Srīpāda kann von Intellektuellen nicht wahrgenommen werden, egal wie großartig sie sein mögen. Er ist nur Sich selbst gleich. Alle Theorien und Traditionen finden ihre Synthese in Ihm. Er ist der erste und der letzte Punkt für die gesamte Schöpfung. Er ist derjenige, der die Aufsicht führt, der vorschlägt und der alle Dinge der Welt, die ihrem Wesen nach pulsieren, in Bewegung setzt. Dies ist ein tiefes göttliches Geheimnis. Auf welche Weise kann ich Seine Stellung beschreiben, die selbst von den sieben Weisen nicht verstanden werden kann? Mein lieber Shankar Bhatt, Sie sind glücklich! Wer Seine wertvolle Gnade erhielt, ist gesegnet. Andere sind wertlos."

Erklärung der Ergebnisse guter und schlechter Taten

Ich fragte: „Mein Herr, ich habe einen Zweifel. Wenn Er alle Handlungen inspiriert, warum werden einige als gute Menschen geboren und andere als schlechte Menschen?"

Bangārappa lachte darüber laut: „Mein Junge, Sie haben eine gute Frage gestellt. Die ganze Schöpfung wurde mit Hilfe von Gegensatzpaaren gebildet. Wenn es keine Todesfurcht gäbe, würde selbst die Mutter nicht ihr Kind lieben. In den Veden wurde das Wort Purusha gebraucht für Ātma[1], aber nicht um die Überlegenheit von Männern zu behaupten. Es gibt genauso viele Unterschiede zwischen menschlichen Dharmas und göttlichen Dharmas, wie es Unterschiede zwischen menschlichen Dharmas und tierischen Dharmas gibt. Gäbe es keine Gegensatzpaare, so gäbe es keine Möglichkeit zur Entfaltung der Evolution. Wenn es heißt, dass Gott allmächtig ist, meint dies nicht, dass es in Ihm nur gute Kräfte gibt. Betrügerei, Lügen und Gewalt, die Sie in dieser Welt sehen, sind Teil dieser Allmacht. *Aufgrund des Leids verlangen wir nach Glück. Ohne das Wissen um das Elend kennt man nicht die Erfahrung von Behaglichkeit.* Diese Abermil-

1 Das Selbst, die Seele

lionen von Sternen, die wir sehen, werden zunächst in einer ungeordneten Weise gebildet. Als sie miteinander kollidierten, wurden weitere Sterne gebildet. Nachdem dies viele Male geschah, entstanden die gut organisierten Gruppen von Sternen, die man jetzt sieht. Die Planeten in unserem Sonnensystem drehen sich um die Sonne in einer gefestigten Umlaufbahn. Dhruva[1] ist der Drehpunkt für die Sonne. *Auf diese Weise läuft die Schöpfung mit gegenseitiger Anziehung oder Abstoßung. Die Person, die sich zu Gott hingezogen fühlt, wird zu einem Theisten und vollbringt gute Taten. Die Person, die von Gott abgestoßen wird, wird zu einem Atheisten und begeht schlechte Taten. Er unterstützt Theisten wie auch Atheisten. Er ist die Stütze für diejenigen, die gute Taten und schlechte Taten ausführen. Nichts ist beständig in diesem Spiel der Schöpfung. Die Leute, die Sie heute für gut halten, begingen in einigen Geburten schlechte Taten. Deshalb konnte ihnen Leid nicht erspart werden, obwohl sie in diesem Leben tugendhafte Leute sind. Es ist nur das Ergebnis des Verdienstes der in früheren Leben vollbrachten guten Taten, dass schlechte Leute Annehmlichkeiten genießen dürfen. Weder Sünde noch Verdienst bringen sofort Ergebnisse, aber eine schwere Sünde oder ein großer Verdienst bringt rasche Ergebnisse. Gute Bücher berichten von dem Weg, wie ein Mensch sich verhalten soll, um glücklich zu leben.* Er erhält eine begrenzte Freiheit, um etwas Gutes oder Schlechtes zu tun. *Wenn Ungerechtigkeit die Oberhand gewinnt und rechtschaffene Menschen hilflos sind, inkarniert sich Gott mit Seiner Māya.* Es ist etwas Wunderbares, dass Gott, der weder Geburt noch Tod hat, sich als ein menschliches Wesen inkarniert und unter uns lebt.

Wie Srīpāda die Blase des Stolzes des Mahārājas platzen ließ

Die Herrscher der Siedlung von Pīthikapuram pflegten sich gelegentlich inkognito zu bewegen, um die Lebensbedingungen der Leute herauszufinden. Der Mahārāja hatte einen Wunsch, Srīpāda Srīvallabha zu sehen. Mit einem Befehl sandte er seine Soldaten zum Haus von Appalaraja Sarma, dass er und Bāpanārya Srīpāda zum Mahārāja in die Festung bringen soll-

1 Der Polarstern

ten. Srīpāda lehnte diese beleidigende Einladung jedoch ab. Appalaraja Sarma war auch dagegen, die Festung zu betreten, und eine so große Persönlichkeit wie Srī Bāpanārya ging nicht irgendwo hin, wenn ihm dies nicht vom Gewissen geboten wurde. Srī Bāpanārya fragte Srī Srīpāda: ‚Mein Lieber, mein wertvolles Gold! Hast du irgendwelche Einwände dagegen, in die Festung zu gehen?' Srīpāda antwortete: ‚Großpapa, der Mahārāja hat keine Hingabe. Mich zu sehen ist nicht so leicht.' Srīpāda sagte den Soldaten kurz: ‚Wenn euer Mahārāja Mich sehen will, kann er persönlich hierher kommen. Er ist nur ein Herrscher dieser Siedlung. Ich bin der König aller Könige und ein Herrscher für die gesamte Schöpfung. Ich bin der Herr aller Welten. Dann sollte man sich Mir nicht mit leeren Händen nähern. Es muss auch ein Tribut erbracht werden. Wenn der König Mich als seinen Guru betrachtet, dann sollte er auch Gurudakshinā[1] bringen.'

Srīpāda ist geschickt darin, Probleme zu schaffen. Auf gleiche Weise kann Er auch geschickt Probleme lösen. Srī Bāpanārya, Appalaraja Sarma und Pynda Venkatappayya Sreshti dachten über die Folgen nach, falls der König ärgerlich werden würde. Als der Mahārāja von den Soldaten die Nachricht hörte, geriet er außer sich vor Zorn. Der König rief laut: ‚Ich werde diese schwachen Brahmanen wissen lassen, sobald ich darüber nachgedacht habe, was mit ihrem Leben geschieht. Sie wissen nicht, wie machtvoll ich bin.' In dem Augenblick, als er dies ausrief, wich alle Stärke aus seinem Körper und er wurde zu einem Schwächling. Vor Schwäche fiel er in Ohnmacht, und die Diener mussten sich um ihn kümmern. Seine Schwäche hielt weiter an.

In der Zwischenzeit erschien eine hässliche missgestaltete Frau in seiner mentalen Schau. Sie brüllte: ‚Ich bin Shakti. Ich springe in dich hinein.' Gewaltsam drang sie in ihn ein, und er konnte dem Ansturm dieser Shakti nicht widerstehen. Er hatte das Gefühl, als würden seine Knochen zu Pulver gemahlen. Mit schwacher Stimme rief er: ‚Geh sofort von mir!' Der König erlitt Höllenqualen, als Shakti herausging. Shakti trat wiederholt in den Körper des Mahārājas ein und aus. Diese beiden Bewegungen bereiteten ihm Höllenqualen.

Die Soldaten überbrachten dem königlichen Priester Kota Sundara Rama Sarma eine Nachricht. Dieser führte eine Verehrung des selbstmani-

1 Eine Gabe für den Guru

festierten Datta durch und gab heiliges Wasser[1]. Nachdem der Rāja das Datta Vibhuti[2] auf die Stirn aufgetragen hatte, hörten die Bewegungen der Shakti auf. Da sagte Sarma: ‚Mahārāja, haben Sie gesehen! Unsere Verehrung bringt rasche Resultate. Sie wünschten den Darshan von Srīpāda. Das ist nutzlos für Sie. In ihrem Haus ist Kālagni Shamana Datta Mūrthi[3]. Wegen dieser Verehrung hat Appalaraja Sarma verschiedene kleine Kräfte erworben, während Bāpanārya einige Kräfte durch die Praxis von Mantren gewonnen hat. Dann gibt es noch Pynda Venkatappayya Sreshti, ein Vaishya. Er kann billig einen guten Artikel kaufen und argumentieren, es sei ein gefälschter. Er kann auch einen gefälschten Artikel verkaufen und uns glauben lassen, es wäre ein echter. Aufgrund fiktiver Lügengeschichten statten sie Srīpāda mit unglaublichen Kräften aus und führen Sein Bhajan[4] aus. Obwohl Narasimha Varma ein edler Kshatriya ist, wurde er zu einem Narren und preist Srīpāda als eine Inkarnation von Datta. Machen Sie sich keine Sorge. Unsere Verehrungspraxis ist großartig. Wie können sie es wagen, die Anweisungen einer Person wie des Mahārājas abzulehnen? Der Mahārāja kann Srīpāda gewaltsam zwingen, dass Er hierher gebracht wird.‘ Der König, der diese Worte und Schmeicheleien hörte, sagte kraftlos: ‚Was erlange ich damit, wenn ich Ihn gewaltsam hierher bringen lasse? Es könnte außerdem meinen guten Ruf schädigen. Ich habe Bedenken, Srīpāda könnte irgendwelche schwarzmagischen Techniken besitzen. Srīpāda hat mich mit einer Shakti angegriffen. Oder warum sollte die Shakti in meinen Körper ein- und ausgehen? Sie müssen eine Lösung zeigen, wie man es überwindet. Sie sind unser Familienpriester, und unser Wohlergehen liegt Ihnen stets am Herzen.‘

Sarma erwiderte: ‚Mahārāja! Brahmanen sollten andächtig das Datta Purāna lesen. Man sollte eine Verehrung des selbstexistierenden Datta veranlassen. Feste sollten für Brahmanen arrangiert werden und man sollte ihnen großzügige Geldgeschenke machen. An alle Kasten sollte Nahrung verteilt werden. Wenn dies geschieht, wird Datta Freude daran haben, und Srīpāda würde ausgeschaltet werden. Das Problem mit bösen Geistern wäre behoben.‘

1 Hier: Tīrtha, mit Mantren besungenes Wasser
2 Heilige Asche
3 Einer der 16 Avatare (Inkarnationen) von Dattātreya als Feuer der Zeit
4 Loblieder Gottes

Der König traf alle notwendigen Vorkehrungen entsprechend der Aufforderung des königlichen Priesters. In der Gegend von Pīthikapuram gab es viele Wälder. Auch bestand in Pīthikapuram eine große Bedrohung durch Diebe. Seit dem Tag, an dem das Pārāyana[1] des Datta Purāna begonnen hatte, nahmen Diebstähle überhand. Dem König gelang es nicht, ihnen Einhalt zu gebieten. Die beunruhigenden Träume des Königs nahmen zu. Ebenso vermehrten sich Probleme, als wäre die Arznei schlimmer als die Krankheit. Der König sah seine Vorfahren in Träumen. Sie erschienen mit schwachen und abgemagerten Körpern und sahen aus wie hungrige Bettler, die Mitleid erregend um Nahrung flehten. Sie fragten: ‚Du, warum bietest du uns bei der Jahreszeremonie keine Nahrung an? Müssen wir in den Körpern von Geistern bleiben? Bekommen wir keine edlen Positionen?' Der König sagte, er mache für sie Trauerfeier-Zeremonien, wie in den Schriften vorgeschrieben. Die Vorfahren sagten dem König: ‚Ja, du machst sie, aber sie erreichen uns nicht. Brahmanen wurden im Namen von Trauerfeierlichkeiten stark und zufrieden. Wenn ein Brahmane, der die Rituale genau praktiziert und die zeremoniellen Riten mit Mantren durchführt und wenn die Person, die die Zeremonie macht, es mit Sorgfalt und Achtsamkeit tut, nur dann erhalten die Manen eine edle Position.' Mit den Rufen und dem Wehklagen seiner Vorfahren fand der König während der Nacht keinen Schlaf. Dieser Zustand hielt an, selbst wenn er seine Augen schloss oder öffnete. Um seine Probleme noch zu verschlimmern, wurde die Tochter des Königs im heiratsfähigen Alter von Geistern ergriffen. Mit zerzausten Haaren lachte sie furchtbar und warf alle Dinge aus dem Haus fort. Wenn sie sich zu den Mahlzeiten hinsetzten, befanden sich viele Würmer im Essen. Plötzlich fingen Kleider Feuer. Jedes Mal wenn der König zu dem Ort kam, wo Nahrungsspenden verteilt wurden, sah der König verstorbene Männer und Frauen seiner Dynastie in dünnen Körpern und mit geisterhaften Zügen. Der Zustand des Königs war sehr erbärmlich.

Die Situation im Haus von Sundara Rama Sarma war auch nicht viel besser. Seine Frau, die ruhig und sanftmütig war, schlug auf einmal mit Kochgeschirr auf sein Haupt. Sein Sohn band ihn mit einem Seil an eine Säule. Die Tochter spuckte auf ihren Vater und schlug mit ihren Schuhen in sein Gesicht. Als Sarma um Essen bat, servierten sie ihm trockenes Gras. Würde

1 Hingebungsvolles Lesen eines Buches

er es nicht essen, drohten sie, ihn mit einem rotglühenden Eisenstab zu verbrennen. Die von Sarma angestellten Brahmanen führten jedoch weiter das Pārāyana des Datta Purāna durch. Nachdem sie nach Abschluss des Pārāyanas für den Tag die Mahlzeiten beendet hatten, bewegten sich Geister und Monster frei in dem Haus und terrorisierten die Bewohner. Einige Frauen lachten schrecklich und erklärten: ‚Die Vorfahren des Königs, dessen Priester du bist, haben andere Frauen nicht als ihre Mütter betrachtet, sondern vergewaltigt. Wir sind niemand anderes als diese Frauen, diese Opfer! Sie haben abscheuliche Verbrechen begangen, da sie uns nicht erlaubten, ruhig mit unseren Männern zu leben. Wir wollen uns an der Familie des Königs rächen. Wir erlangen keinen edlen Status, wenn ihr uns einfach nur unterwürfige Gaben anbietet. Ihr habt vom König große Mengen Geld erhalten. Ihr habt dieses befleckte Geld besessen. Daher wollen wir eure Familien belästigen.‘

Die Brahmanen, die das Pārāyana durchführten, sowie Sundara Rama Sarma und der Mahārāja waren auch sehr erschrocken. Voller Angst und Sarkasmus bemerkten sie alle: ‚Wir hörten, dass durch hingebungsvolles Lesen des Datta Purāna günstige Ergebnisse erlangt werden, doch was ist diese Abartigkeit? Durch das Lesen dieses Purāna hatte Shankara seine Freude und tanzt wild mit Seinen Horden von Gespenstern, Geistern und Teufeln. Dieses Purāna zu lesen gefiehl Vishnu, und während er uns Mahlzeiten verweigert, gewährt Er jenen Bettlern Gnade, die um Nahrung bitten. Brahmā hatte Gefallen und schuf jene, die uns mit obszönen und beleidigenden Worten belästigen. Oh, wenn das Lesen des Datta Purāna Brahmā, Vishnu und Maheshwara so erfreut und sie uns mit Worten quälen und uns nicht erlauben, mit dem Wesen von Vishnu zu sterben, sondern wir merkwürdige Tanzkünste zeigen, um Teufeln, Geistern und Gespenstern zu gefallen – oh Gott, solch eine Hingabe an Lord Datta ist für viele Geburten nicht erforderlich.'

Der Mensch ist in dieser Schöpfung ein Arbeiter; Srīpāda gibt den Lohn

Die Brahmanen, Sundara Rama Sarma und der Mahārāja unterwarfen sich unverzüglich Srīpāda und suchten Zuflucht bei Ihm. Srīpāda versicherte ihnen: ‚*Jeder Mensch in dieser Schöpfung ist nur ein Arbeiter. Ich bin der Eigentümer. Wenn Ich Mich freue, werde Ich mehr Lohn geben als das, was euch zusteht. Wenn Ich unzufrieden bin, werde Ich den Betrag so sehr verringern, wie nur möglich, und den Rest geben. Ich bin der selbstmanifestierte Datta in dem Tempel! Ich bin derjenige in der Form von Kālāgni Shamana Datta! Ich kam aus Mitgefühl für die Lebewesen in der Form von Srīpāda Srīvallabha.* Wie könnt ihr irgendein Ergebnis erlangen, wenn ihr Meinem Gesicht brennenden Kampfer anbietet, aber Nägel in Meine Füße treibt? Wer denkt ihr sind Meine Eltern? Vishnu Datta und Seine Frau dieses Datta Purāna wurden in diesem Kali Yuga als Meine Eltern Appalaraja Sarma und Sumatī Maharani geboren. Srī Bāpanārya wurde in einem Zeitalter als Labha geboren, der Sohn von Srī Vigneshwara[1]; in einem anderen Zeitalter als Lābhāda Maharshi und als Bhaskarācharya[2] in der Stadt Brihat Sila. Seine Abstammungsreihe wird von jenen verehrt, die in der Vaishya-Kaste geboren sind. Es ist Teil des göttlichen Plans, dass Ich an einem Ganesh Chaturdhi[3] geboren wurde. Das Band der Dankesschuld mit Srī Pynda Venkatappayya Sreshti von der Zeit der Inkarnation als Vasavī Kanyaka Parameswari und das Band der Dankesschuld mit Narasimha Varma in Meiner Form als Lord Narasimha im Gebiet von Simhachalam währen ewig. Da sie wahrhaft fromm sind, erlangten sie in dieser Inkarnation die Verbindung zu Mir. Ihre Liebe und Zuneigung binden Mich in jeder Geburt. *Wenn Ich Mich als Narasimha Saraswati inkarniere, werde Ich mit einer genauen Ähnlichkeit mit Meinem mütterlichen Großvater Srī Bāpanārya geboren werden.* So wie er Gespenster und Geister befreit, indem er Wasser aus seinem Kupfertopf sprenkelt, werde Ich Gespenster und Geister vertreiben, die Meine Devotees belästigen, die Mein Gandharvanagar[4] während Meiner Inkarnation als Narasimha Saraswati besuchen. Ich werde jenen Gespenstern und Geistern edle Positionen gewähren.

Nur weil man reich ist, sollte man nicht arrogant sein. Der Reichtum bei euch sollte eine Reinheit des Geldes besitzen, ansonsten werdet ihr Kummer und Sorgen haben. Wenn ihr stolz darauf seid, heilig zu sein, seid ihr keinesfalls heilig. Ich habe euer Konto bei Mir. Ich sagte, dass Ich

1 Ein Name für Ganesha
2 Der spirituelle Guru der Ārya Vaishya-Gemeinschaft im Brihat Sila-Königreich
3 Ein Fest zu Ehren von Lord Ganesha, gefeiert zwischen August und September
4 Ganagapur; Dorf im Kalaburagi-Distrikt von Karnataka

die Ergebnisse eurer sündhaften Taten aus Mitgefühl gestrichen habe. Wenn ihr entmutigt seid, weil ihr Sünder seid, und wenn ihr Zuflucht zu Mir sucht und Mich mit Liebe ‚Srīpāda Datta! Srīvallabha Digambarā!' nennt, werde Ich im Nu all eure Sünden verbrennen und euch tugendhaft machen. Da ihr Wahrheit für Unwahrheit gehalten habt und Unwahrheit für Wahrheit, habt ihr all die Schwierigkeiten erlebt. Ihr habt Srīpāda Srīvallabha missbraucht und aus diesem Grund habt ihr euch in merkwürdige und komische Probleme verstrickt. Obwohl ihr das Datta Purāna hingebungsvoll gelesen habt, hat es euch keinerlei Erleichterung gebracht. Datta selbst ist als Srīpāda Srīvallabha gekommen. Dies ist wahr'."

Ehre sei Srī Srīpāda Srīvallabha!

Kapitel 16

Die Geschichte von Srīmannarayana

Während ich über die göttliche Geschichte von Srīpāda nachdachte und mir den Namen von Srīpāda mental in Erinnerung rief, setzte ich meine Reise fort. Mein Herz war von Freude erfüllt, als ich mich Kurungadda näherte, dem gegenwärtigen Aufenthaltsort von Srīpāda. Auf dem Weg dorthin gelangte ich zu einem Zuckerrohrfeld. Dort saß der Bauer bequem auf einer Pritsche, die auf dem Acker aufgestellt war. Demütig und bescheiden lud er mich ein: „Mein Herr, bitte ruhen Sie sich hier für einige Zeit aus. Sie können Zuckerrohrsaft trinken und dann wieder aufbrechen. Bitte kommen Sie." Ich trank den vom Bauern angebotenen Zuckerrohrsaft, der sehr süß war. Der Bauer war sehr froh, als er erfuhr, dass ich zum Darshan von Srīpāda ging. Der Bauer begann zu erzählen:

„Mein Herr, mein Name ist Srīmannarayana. Mein Nachname ist Mallādi. Unser Geburtsort ist Malyadripuram[1]. Im Laufe der Zeit hat sich der Name zu Malladi geändert. Der Geburtsort von Srī Bāpanārya ist auch Malyadripuram und sein Nachname ist auch Malladi, aber er ist ein Brahmane und ich gehöre zur Kamma-Kaste[2]. Wir hatten eine enge Beziehung zur Familie von Srī Bāpanārya. Als Srīpāda acht Jahre alt war, verließen wir Malyadripuram und zogen nach Pithapuram. Die Umstände in unserem Geburtsdorf und die finanzielle Lage entwickelten sich sehr ungünstig und sehr kritisch. Wegen unserer Schulden konnten wir die Probleme nicht mehr aushalten. Wir verkauften alles feste und bewegliche Eigentum und erreichten Pithikapur nur mit den Kleidern, die wir am Körper trugen. Srī Bāpanārya behandelte uns gut und gab uns zu essen und zu trinken. Wir wollten das Ackerland von Srī Bāpanārya pachten und es bearbeiten und baten Srī Bāpanārya: 'Es ist nicht erwünscht, wie Parasiten zu essen. Sie

1 Malladi; Dorf im Amaravati Mandal im Bezirk Guntur, Andhra Pradesh

2 Eine der Bauern-Kasten des ursprünglich landwirtschaftlichen Staates Andhra Pradesh

haben uns Nahrung und Wasser gegeben und unser Leben gerettet. Es tut weh, Feuerholz an Orten zu verkaufen, wo wir früher Blumen verkauften. Aus diesem Grund haben wir unser Dorf verlassen und sind nach Pīthikapuram gekommen. Bitte haben Sie Erbarmen mit uns und verpachten Sie uns Ihr Land. Wir wären Ihnen sehr dankbar. Bitte denken Sie darüber nach.' An jenem Tag war Srīpāda im Haus von Srī Bāpanārya. Srīpāda bemerkte dazu: ‚Das Essen, das es im Haus von Srī Bāpanārya gibt, ist wie göttliches Prasād[1]. Es steht jenen, die ohne göttliche Gnade sind, nicht zur Verfügung. Für normale Menschen ist es nicht möglich, den Darshan eines großen Tapasvi[2] wie Srī Bāpanārya zu erlangen. Ihr habt dieses Glück aufgrund früher erworbener Verdienste erlangt.' Srī Bāpanārya sagte: ‚Wir haben unser Land bereits Bauern gegeben. Sie bearbeiten die Ländereien. Es verstößt gegen ethische Prinzipien, sie ohne berechtigte Gründe zu entlassen. Seien Sie für einige weitere Tage geduldig. Vielleicht ergibt sich ein anderer Weg.' Da sagte Srīpāda: ‚Hier ist eine Handvoll Linsen. Bindet sie sorgfältig in ein Tuch und geht nach Westen. Wenn euer Wunsch erfüllt ist, dann werft diese Linsenbohnen fort. Kann nicht der Herr des Universums, der dem in einem Felsen eingeschlossenen Frosch Nahrung gibt, für euch Essen und Trinken arrangieren?'

Nachdem wir die Mahlzeiten im Haus von Srī Bāpanārya eingenommen hatten, brachen wir mit den in unseren Schürzenfransen eingebundenen Linsen zu unserer Reise nach Westen auf. Durch die Gnade von Srīpāda erlebten wir keinerlei Mangel an Nahrung und Wasser. Ohne zu fragen, stand uns Essen zur Verfügung. Dies war ein großes Wunder. Wir durchquerten das Gebiet von Andhra und erreichten das Gebiet von Karnataka. Unterwegs sahen wir eine Hütte. Darin befand sich ein altes Paar. Sie gehörten auch zur Kamma-Kaste. Sie hatten nur einen Sohn, der an einem Schlangenbiss gestorben war. Ein paar Tage später ertrank auch seine Frau und starb, als sie im Krishna-Fluss badete. Da sie keine Kinder hatten, gab es niemanden, der sich um das alte Paar in ihrem hohen Alter kümmerte. Verwandte wollten ihren Besitz ergreifen und schmeichelten sich mit süßen Worten bei dem Paar ein. Das alte Paar war in einem Dilemma, wie sie ihr Eigentum unter diesen Verwandten aufteilen sollten. Wir wurden von diesen alten Leuten gastfreundschaftlich aufgenommen. Jedes Mal wenn wir sie verlas-

1 Speise als Opfergabe
2 Jemand, der Buße tut, der feurig strebt

sen wollten, stießen wir auf Probleme. Einmal hatten wir steif und fest vor, die Reise fortzusetzen. Doch plötzlich mussten sich alle Leute im Haus übergeben und hatten Durchfall. Als wir schließlich aufbrechen wollten, nachdem sich alle erholt hatten, hinderte uns das alte Paar daran. Ihre Liebe zu uns nahm zu. Dies betrachteten ihre Verwandten jedoch nicht mit Wohlwollen. Sie glaubten, wir würden in dem Haus bleiben, um uns den Besitz anzueignen. Die in dem Tuch eingebundenen Linsen begannen, einen unerträglichen fauligen Geruch abzugeben. Wir warfen die von Srīpāda gegebenen Linsen fort und dachten, sie würden nicht länger benötigt. Wir entschlossen uns, dort zu leben oder zu sterben.

Die Verwandten waren ausschließlich am Eigentum interessiert, doch nicht an dem alten Paar. Da wir zu ihrer Kaste gehörten, war das alte Paar entschlossen, uns zu adoptieren und das Eigentum an uns zu übertragen. Argwöhnisch beobachteten die Verwandten diese Geschehnisse. Es war sehr schmerzhaft für sie, und sie kamen unter sich zu dem Entschluss, das Eigentum zu gleichen Teilen unter sich aufzuteilen und uns irgendwie aus dem Haus zu jagen.

Die Verwandten kannten einen Astrologen, dem sie einen geheimen Beweggrund boten. Sie brachten ihn zum Haus des alten Paares. Der Astrologe sagte: ‚Eure Gäste bringen euch größtes Unglück. Wo immer sie wohnen, in dem Haus wird sich das Glück nicht aufhalten. Nicht nur das. Jegliche Art von Armut wird sie erfassen. Schickt sie so früh wie möglich aus eurem Haus.‘ Darauf erwiderten der alte Mann und seine Frau: ‚Wenn sie, wie Sie es andeuten, Unglück in ihrem Horoskop haben, müssten in den Schriften gewiss auch Gegenmaßnahmen angegeben sein. Wir bitten Sie, eine Pūjā und andere Rituale durchzuführen, um ihr Unglück zu entkräftigen und ihnen alle Arten von gutem Glück zu verleihen. Wir sind für jede Art von Ausgaben bereit. Die ganze Welt bewegt sich unter der Kontrolle der Gottheiten. Die Gottheiten stehen unter der Kontrolle von Mantren. Solche Mantren stehen unter der Kontrolle von Brahmanen. Daher sind tugendhafte Brahmanen wie Sie für uns Götter auf Erden. Bitte akzeptieren Sie unseren Wunsch.‘

Der Astrologe hatte keine andere Wahl als Vorkehrungen für die Verehrung usw. zu treffen. Mein lieber Shankar Bhatt, *für Reisernten ist Regen erforderlich. Das Opfer*[1] *bringt Regen. Yagna kommt von den Ritualen. Der Veda ist die Quelle aller ritualistischen Tätigkeit. Die Menschen sollten durch Opfer die Gottheiten verehren. Die Gottheiten sollten ihnen allen Wohlstand geben. Auf diese Weise gibt es eine gegenseitige Abhängigkeit zwischen Menschen und Himmlischen.* Es gibt fünf Arten von Yagnas, nämlich Deva Yagna[2], Manushya Yagna[3], Bhūta Yagna[4], Pitru Yagna[5] und Brahmā Yagna[6]. Die Līlas von Srīpāda sind sehr merkwürdig. Das Opfer wurde von tugendhaften Brahmanen mit der finanziellen Hilfe des alten Paares durchgeführt, um jeglichen günstigen Segen zu erlangen. In der Tat gab es keine Belastungen in unserem Horoskop. Durch die Freundlichkeit des alten Paares hatten wir das gute Glück, Zeugen des heiligsten Opfers zu werden. Indra und andere Himmlische sind indirekte Götter. Die Priester, die den Vorsitz über das Yagna haben und es durchführen, sind in Wirklichkeit Götter, die anwesend sind. Die kleinen Gaben, die für Indra und andere Gottheiten ins Feuer gegeben werden, vervielfältigen sich durch die Kraft der Mantren, um die verschiedenen Götter zufriedenzustellen.

Mutter Erde wird von diesen Sieben unterstützt

Mutter Erde wird getragen von Kühen, den Veden, Brahmanen, treuen Ehefrauen[7]*, wahrhaftigen Menschen, großzügigen Menschen und wohltätigen Menschen.* Ein Ochse ist für den Ackerbau sehr wichtig. Mutter Kuh[8] gibt nützliche Dinge wie Ghī, Milch, Quark und hilft Menschen in dieser weltlichen Existenz. Sie ermöglicht auch den Menschen, durch Opfer und Rituale den Status der anderen Welten zu erlangen. Indra und alle Götter akzeptieren Opfergaben[9], die mit vedischen Mantren einhergehen. Der

1 Hier: Yagna und Yāgas
2 Besänftigungsritual für unwissentlich begangene Sünden durch das Töten kleiner Tiere
3 Besänftigungsritual für Verstöße gegen verschiedene Wesen im Laufe des Alltags
4 Besänftigungsritual für das Töten von Geschöpfen durch Baden oder Hausputz etc.
5 Die Ahnen günstig stimmen
6 Dankbarkeit gegenüber den Sehern für das Aufzeigen der Gesetze des rechten Lebens
7 Hier: Patrivrata
8 Hier: Gomāta
9 Hier: Havissu

Veda ist der Ursprung für jegliches Dharma. Daher wird die Erde auch von den Veden unterstützt. Brahmanen lassen die Menschen tugendhafte Taten wie heilige Opfer vollbringen. So wird die Erde auch von Brahmanen unterstützt. Treue Ehefrauen schützen durch die Wirksamkeit ihrer Keuschheit und Tugendhaftigkeit das Dharma davor, durcheinandergebracht zu werden. Wahrhaftige Menschen schützen die Erde durch ihr Befolgen der Wahrheit mit ihrem aufrichtigen Beschluss. Großzügige Menschen, die Habsucht aufgeben, verteilen die Annehmlichkeiten des Zusammenlebens an viele andere. Freigebige Menschen retten mittellose, unterdrückte und unglückliche Menschen mit ihrem irdischen Reichtum und der Fülle des Verdienstes der anderen Welten. Durch unseren Besuch bei einer großen tugendhaften Person wie Srī Bāpanārya machte Srīpāda, der die Verkörperung des Opfers[1] ist, uns zu Instrumenten und Er vollendete indirekt alle Vorgänge des Opfers und machte uns glücklich.

Die Art wie Srīpāda Seine Devotees rettete

Das Opfer wurde ohne Hindernisse vollendet. Das alte Ehepaar bestimmte uns zu ihre Erben. Ihre Verwandten waren nicht darüber erfreut, wie sich die Dinge entwickelten. In unserem einzigen Feld gab es einen Garten mit Chillies. An den vier Seiten dieses Gartens befanden sich Palmen. Diese Palmen wurden Gaudas[2] gegeben, um Schnaps aus diesen Bäumen zu gewinnen. Die Verwandten versuchten, die Chillies auf krummen Wegen zu sammeln und probierten, sie herauszuziehen. Säcke voller reifer Chillies wurden gepflückt. Sie bewahrten diese Säcke auf Ochsenkarren auf und waren zum Abfahren bereit. Zu der Zeit ging ich auf das Feld und war erstaunt, die Szene zu sehen. Ich war allein und sie waren zu zehnt. Ich war überrascht, einen Bär von einem der Palmbäume Schnaps trinken zu sehen. Der Bär sprang von dem Baum herab. Alle fürchteten sich vor dem Bär. Mit seinen scharfen Klauen kann er selbst die Muskeln von den Männern zerreißen. Wenn seine Klauen den Körper durchdringen, wird auch das Blut vergiftet. Dieser Bär kam direkt zu dem Ochsenkarren. Voller Furcht rannten die Verwandten fort. Auch ich war sehr verängstigt und begann, den Namen

1 Hier: Yagna Purusha
2 Palmwein-Hersteller

von Srīpāda zu singen. Auf einmal wurde der Bär sehr friedlich. Jedes Mal, wenn ich den Namen von Srīpāda sang, wurde er ruhig und klatschte mit seinen Pfoten. Mit dem von zwei Ochsen gezogenen Wagen, gefüllt mit den Chillie-Säcken, erreichte ich das Haus. Der Bär trottete vor dem Wagen her.

Über diesen Vorfall waren nicht nur das alte Paar in unserem Haus sehr erstaunt, sondern auch alle Nachbarn. Die ganze Nacht hindurch sangen wir den Namen von Srīpāda. Beim Singen von Srīpādas Namen schlug der Bär auch friedlich mit seinen Pfoten im Einklang mit der Musik. Der Bär erhielt auch freudig das Prasād von Srīpāda.

Von dem Tag an bewegte sich der Bär umher wie ein Familienmitglied. Zu allen Familienmitgliedern zeigte er große Liebe. Bei allen, die unserer Familie gegenüber feindlich gesinnt waren, erzeugte er Schrecken. Dieser Bär bewachte unsere ganzen Felder, und wir waren die Furcht vor Dieben los. Täglich gab es in unserem Haus Gespräche über die scherzhaften Spiele von Lord Datta und unaufhörlich wurde der Name von Srīpāda gesungen."

Als Srīmannarayana diese Einzelheiten erzählte, betrat der Bär das Zuckerrohrfeld. Als ich ihn sah, machte ich aus Furcht einige tiefe Atemzüge, doch er zeigte sich mir gegenüber höchst freundlich. Als ich begann, den Namen von Srīpāda zu singen, fing er vor Freude an zu tanzen.

Ein Tāntriker kam zu den in unserer Nähe gelegenen Dörfern. Durch einige schlimme Praktiken hatte er ein paar Kräfte erworben. Von denjenigen, die unter seinen Einfluss kamen, sammelte er viel Geld ein. Verwandte von dem alten Paar ersuchten ihn um Hilfe. Der Tāntriker kam zu unserem Dorf. Er wendete sein Tantra[1] auf den Bär an. Die Stärke des Bärs ging völlig verloren. Die Anhänger des Tāntrikers waren überglücklich. Der Bär schlief bewegungslos. Durch eine yogische Übung verband sich der Tāntriker mit dem Bewusstsein des Bären, und durch eine andere yogische Übung zog er all dessen Kräfte in sich hinein.

Srīpāda rettet Seine Devotees von ihrem vergangenen Karma

Die verspielten Streiche von Srīpāda sind unvorstellbar. Es ist mühselig, Verbindungen zwischen Ursachen und Wirkungen zu suchen. Eine Handlung

1 Geheime magische Riten

wird nie ohne Ursache auftreten. Seinem Dharma gemäß verursachte Indra gewaltige Regenfälle. In Übereinstimmung mit Seinem Dharma hob Srī Krishna den Govardhana-Hügel[1] empor und erfüllte Sein Gopala-Dharma. Auf die gleiche Weise erlaubte auch Srīpāda die Wirkung der yogischen Kräfte des Tāntrikers. Der Bär war der yogischen Folter ausgesetzt. Einige Elemente der Verdienste im Bären wandelten ihn jedoch in einen Devotee von Srīpāda um. Er weinte still. *Srīpāda hört gewiss die Klagen aller Lebewesen. Durch Seine Gnade wird Er, wenn einem die Früchte gemäß seiner vergangenen Handlungen oder seinem Schicksal zugeteilt werden, die Intensität der Folgen für die sündigen Handlungen verringern.*

Im Haus von Srīmannarayana gingen die Gespräche über das Datta Charitra[2] und das hingebungsvolle Singen regelmäßig weiter. Im Denken der dort versammelten Devotees gab es viele Zweifel. Manche waren geistesabwesend, doch andere ernsthafte Devotees hatten eine unerschütterliche Hingabe an Srīpāda.

Während des hingebungsvollen Singens von Srīpādas Namen ereignete sich ein Wunder. Der Bär, der bewegungslos wie tot auf dem Boden lag, begann das Bewusstsein wiederzuerlangen. Er gewann seine ganze frühere Kraft zurück. Voller Freude sprang er umher, wenn die Devotees den Namen sangen. Der Yoga von Srī Dattātreya ist allen yogischen Praktiken der Vergangenheit weit überlegen. Das Seelenbewusstsein des Bären wurde vom Bären in den Tāntriker übertragen. Das Seelenbewusstsein des Tāntrikers wurde von der menschlichen Natur in die Natur eines Bären umgewandelt. Die Natur des Bären wurde ausgelöscht und im Bären nahm eine menschliche Natur Gestalt an. Obwohl der Tāntriker sich in einer menschlichen Form befand, verhielt er sich wie ein Bär, da er in die Natur eines Bären umgewandelt wurde. Seine eigenen Anhänger banden ihn mit Stricken und ließen ihn im Wald.

Der Bär begann in menschlicher Sprache zu sprechen: ‚Meine Herren, in meiner früheren Geburt war ich ein Geldverleiher. Ich trieb maßlose Zinsen ein und bereitete den Leuten sehr viele Probleme. Als Ergebnis wurde ich als ein Bär geboren. Aufgrund meiner vergangenen Verdienste erlangte ich die Gnade von Srīpāda. Bitte beachtet, dass Srīpāda wahrlich

1 Das Bhagavatam erzählt die Geschichte, wie Krishna die Menschen von Brindavan vor dem Zorn Indras rettete, indem er den Govardhana-Hügel emporhob.

2 Erzählung vom Wirken Lord Dattātreyas

Lord Datta selbst ist. Durch Seine Gnade werde ich eine edlere Geburt erlangen. Der Tāntriker beging viele sündhafte Taten. Zudem wollte er einem Devotee von Srīpāda und einer stummen Kreatur wie mir Schaden zufügen. Dafür hat ihn Srīpāda bestraft. *Schutz und Strafe wohnen in Srīpāda. Gegenüber jenen, die Ihn mit unerschütterlicher Hingabe verehren, ist Er stets gütig. Er straft jene, die Devotees missbrauchen und die Gottverehrern Schwierigkeiten bereiten. Nachdem sie die Strafe ertragen haben, verwandeln sie sich allmählich in Devotees.* Fahrt fort, den Namen Srīpādas zu singen; ich werde einen edleren Status erlangen.'

Alle waren höchst erstaunt und sangen hingebungsvoll weiter den Namen von Srīpāda. Der Bär war still und blieb in Trance. Während weiterhin der Name gesungen wurde, kamen von irgendwoher drei Kobras. Sie waren auch in Trance, wenn der Name gesungen wurde. Der Bär gab friedlich sein Leben auf. Die drei Kobras umrundeten drei Mal den Bären. Niemand konnte verstehen, woher und wieso die Schlangen kamen. Wir führten für den Bären Bestattungsrituale durch, wie sie für Menschen gemacht werden. Die Kobras blieben den ganzen Tag in unserem Haus.

Die ganze Zeit über und in allen Situationen war der Name Srīpādas unsere einzige Zuflucht. Wir gedachten dieses heiligen Namens. Die Kobras tranken die Srīpāda dargebrachte Milch. Wenn Frauen in ihrer Menstruationsperiode in der Gruppe waren oder wenn jemand an stinkender Verunreinigung litt, zischten die Kobras. Einige Leute fürchteten sich, unser Haus zu besuchen, weil Kobras dort waren. Devotees von Datta pflegten frei in unser Haus zu kommen. Diese Kobras waren ganz in Hingabe absorbiert, wann immer sie den Namen von Datta oder Srīpāda hörten. Die Verwandten des alten Paares beanspruchten unrechtmäßig etwas Raum in dem Haus der alten Leute. Die Dorfältesten entschieden, dieser Raum wäre umstritten. Es wurde diesen Verwandten auch gestattet, an dem Ort Gemüse anzubauen, bis ein endgültiger Beschluss verkündet wurde. Die Verwandten beeinflussten die Dorfältesten mit finanziellen Anreizen. Deshalb wurde über längere Zeit kein endgültiges Urteil gefällt. Das Urteil wurde aus fadenscheinigen Gründen verschoben.

Auf dem umstrittenen Gelände befand sich eine Schlangengrube. An Nāga-Chaturdhi[1] wurde Milch in die Schlangengrube gegossen. Da sich in

1 Der vierte Tag nach Dipavali

der Grube keine Schlangen aufhielten, wurde die Milch ohne Furcht hineingegossen. Diejenigen, die Milch opferten, beteten: ‚Nāga Devatā, Nāga Devatā! Gewähre uns das Glück deines Erscheinens! Erfülle unsere Wünsche.‘ Alle, die so beteten, wussten sehr wohl, dass keine Kobra dort war.

Srīpāda ist sehr geschickt. Nāga-Chaturdhi kam immer näher. Dieses Mal zögerten diejenigen, die sich in der Nähe aufhielten, die beteten und die Milch gossen, sich der Schlangengrube zu nähern. Auf jeden Fall näherte sich Nāga-Chaturdhi. Wie wundersam ist doch diese Welt! Sie beteten: ‚Nāga Devatā, Nāga Devatā! Erscheine bitte.‘ Doch wenn Nāga Devatā erscheint, will niemand dort sein. Voller Furcht laufen sie fort. Als wir und das alte Paar die Srīpāda dargebrachte Milch ans Schlangenloch stellten und beteten, erschienen drei Kobras. Sie tranken die Milch und gingen in das Schlangenloch zurück. Außer uns kam niemand, um Milch in die Schlangengrube zu gießen.

Indem Srīpāda seine Devotees beschützt, erteilt Er Leuten eine Lektion, die Schlangen zu töten versuchen

An Nāga-Chaturdhi kam ein Schlangenbeschwörer in unser Dorf, der von unseren Verwandten und dem Dorfvorsteher willkommen geheißen wurde. Er war imstande, jede Giftschlange unter seine Kontrolle zu bringen, indem er sie durch die Wirkung seiner Mantren ruhig stellte. Außerdem konnte er Menschen, die von einer Schlange gebissen wurden, zum Leben zurückbringen. Er hatte die Linie von Garuda[1] in seiner Hand. In den Schriften steht, dass Schlangen unter die Kontrolle von Menschen kommen, die die Linie von Garuda in ihren Händen haben. Der Dorfvorsteher und der Beschwörer beabsichtigten, die Schlangen zu töten.

Im ganzen Gebiet in der Nähe der Schlangengrube wurden brennende Flammen aufgestellt. Der Beschwörer saß auf seinem Sitz und führte seltsame tāntrische Riten durch. Er sang laut Mantren. Es schmerzte uns, da es sündhaft ist, edle Schlangen zu töten. Doch wir waren hilflos. Wir beteten, dass allein Srīpāda die unschuldigen Schlangen einer edlen Gattung retten solle. Die Schlangen kamen aus der Grube, und es schien, als wären sie be-

1 Der göttliche Adler, das Reittier von Lord Vishnu

zwungen. Dies bereitete dem Magier und seinen Anhängern viel Freude. Diese Freude dauerte jedoch nicht lange. Die Schlangen, die herauskamen, wurden jeden Augenblick immer größer. Mit lauter Stimme las der Magier die Mantren. Die Schlangen bewegten sich auf die wütenden Flammen zu, als wären sie durch die Wirksamkeit der Mantren unterjocht. Doch welch ein Wunder! Das Feuer erlosch nur auf ihrem Pfad, als gewährte ihnen der Feuergott Durchgang. Schließlich erlosch das ganze Feuer, und die Königskobras konnten sich frei von dort entfernen. Der Beschwörer und seine Anhänger waren entsetzt.

Unterdessen entwickelte der älteste Sohn des Dorfvorstehers die Symptome einer von einer Schlange gebissenen Person. Das Augenlicht des zweiten Sohnes wurde trüb. Es war merkwürdig, dass Symptome eines Schlangenbisses auftraten und der Körper vergiftet wurde, ohne dass eine Schlange gebissen hatte. Es war auch ungewöhnlich, plötzlich blind zu werden. Der Beschwörer sang viele Mantren, doch vergeblich. Die Garuda-Linie in seiner Hand verwandelte ihre Gestalt und verschwand vollständig. Den Dorfvorsteher ergriff große Furcht. Es gab niemanden, der retten konnte, außer dem Retter der Hilflosen, Srīpāda. In dem Beschwörer verschwand die Stärke der Mantren vollständig, und innerhalb von ein paar Minuten war er tot. Wer weiß, wie sich das Spiel von Srīpāda zu einer bestimmten Zeit ereignen wird? Der Dorfvorsteher kam klagend zu uns gelaufen. Was konnten wir auch tun? Wir sagten ihm, dass seine zwei Söhne leben würden, wenn er mit aufrichtiger Hingabe an Srīpāda denke.

Im Haus des Dorfvorstehers befand sich der Leichnam des Magiers. Die beiden Söhne des Dorfvorstehers wurden Opfer der Ironie des Schicksals. Unsere Verwandten schauderten vor Angst. Die ganze Atmosphäre war mitleiderregend. Der Leichnam des Magiers wurde zum Beisetzungsort gebracht. Dort wurde der Scheiterhaufen errichtet und das Feuer entzündet. Plötzlich gab es in dem brennenden toten Körper Bewegungen. Der Leichnam schrie, er möge vor den brennenden Flammen gerettet werden. Die Wächter des Beisetzungsplatzes weigerten sich jedoch, Wasser auf den brennenden Scheiterhaufen zu gießen. Sie behaupteten, würde der Magier gerettet werden, dann würde er zu einem Geist und wieder in den Körper eintreten und sich mit dem gleichen menschlichen Körper in alle bösen Taten des Geistes ergehen. Sie fügten hinzu, wenn sein Leichnam zu Asche verbrannt würde, dann würde er nur ein Geist bleiben und nur ein paar belästigen, die unter seine Kontrolle gerieten, indem er in ihre Körper eintrete. Sie dachten, dass ein Geist, der in seinen eigenen Körper eintrete, mehr Macht haben würde als ein Geist ohne einen Körper. Dieser Geist in seinem eigenen menschlichen Körper würde große Zerstörung und großes Leid verursachen. *Es war die merkwürdige Methode von Srīpāda Srīvallabha, die wahre Natur Seiner Inkarnation zu offenbaren, indem Er Menschen die Früchte ihrer vergangenen Taten dadurch erfahren ließ, dass Er übereinstimmend mit ihrem Prārabdha*[1] *entsprechende Gefühle in ihrem Denken erzeugte.*

Ein freundlicher Mensch unter den Wächtern des Beisetzungsplatzes, der das Leiden des toten Körpers nicht ertragen konnte, goss etwas Wasser. Dieses Wasser brachte das Feuer jedoch nicht zum Erlöschen. Im Gegenteil, es ließ das Feuer noch heller brennen, so als hätte man Ghī darüber gegossen. Obwohl sein Körper von den Flammen eingehüllt war, verbrannte er nicht. Seine Glieder wurden nicht entstellt. Mit seinem Körper erlitt er das Leiden, das in der Hölle erfahren werden sollte.

Mein Shankar Bhatt, Wesen erleiden viele Schwierigkeiten, wenn sie Millionen von Jahren in Raurava[2] und anderen größeren Höllen weilen. Beim Baden, beim Shikha[3] oder Handtuchdrehen und Einnehmen von Mahlzeiten wird Wasser gesprenkelt mit den Worten: ‚*Raurave punya nilaye padmarbhuda nivasinam, ardhinam udakam dattam akshya mapatishtu*'. Das ausgeschüttete Wasser wird den Durst jener stillen, die seit unzähligen Millionen von Jahren in unheiligen Höllen wie Raurava weilen. Für rechtschaffene Menschen ist Srīpāda ein leicht zugänglicher goldener Schatz, aber Er ist wie Yamadharma Rāja[4] für jene, die von der Tugend abgefallen sind und hässliche Sünden begehen.

Der tote Körper des Magiers erhob sich von dem Scheiterhaufen. Er sprang auf und erreichte das Haus des Dorfvorstehers. Der Beschwörer war nicht verbrannt worden, machte aber gleichzeitig durch das Feuer unerträgliche Qualen durch. Er schrie laut und kam zum Haus des Dorfvorstehers. Dort waren wir alle damit beschäftigt, die Geschichten von Lord

1 Angesammelte Konsequenzen ihrer früheren Taten
2 Die Hölle für Menschen, die anderen Schaden zufügen; diese quälen sie in der Hölle als schlangenähnliche Wesen.
3 Ein langes Haarbüschel oben oder auf der Rückseite des kahl rasierten Kopfes bei einem männlichen orthodoxen Hindu
4 Der Herr des Todes

Datta zu erzählen und den göttlichen Namen von Lord Srīpāda Srīvallabha zu singen, der die göttliche, herrliche und neue Inkarnation von Lord Datta ist. Das Singen des heiligen Namens Datta Digambarā, Datta Digambarā, Srīpāda Vallabha Datta Digambarā! erfüllte die Luft der Atmosphäre dort mit Heiligkeit. *Die göttlichen Strahlen, die von der physischen Form von Srīpāda Srīvallabha ausgehen, reinigen diejenigen, die der physischen Form nahe sind. Die von Seiner subtilen Form ausgehenden heiligen Strahlen reinigen die gesamte Erde, und Abermillionen von Universen werden von den heiligen Strahlen gereinigt, die von Seinem Kausalkörper ausgehen. Sein großer Kausalkörper verbleibt immer in der Form des weisen, guten und seligen non-dualistischen Zustands. Er ruht in ewiger Stille. Die herrlichen himmlischen Strahlen, die sich von dieser Form ausbreiten, weihen Avadhūtas, Quasi-Inkarnationen, große Siddhas und große Yogis, die in Zuständen von Sālokya, Sāmipya und Sāyujya*[1] *leben. Wenn wir Seinen göttlichen Namen singen, bleibt Er dort für uns unsichtbar. Er bekundet Seine Macht und Position durch Seine göttlichen Wunder.*

Der Magier machte sich über Srīpāda lustig und sagte: ‚Ist Datta ein Digambara[2]? Ist Srīpāda ein Datta? Ist Srīpāda auch ein Digambara? Ist Er ein nackter Verrückter?' Der Magier wurde vom Bestattungsgelände gebracht, während die Flammen seinen Körper quälten. Er wurde in einem völlig nackten Zustand zu dem Ort gebracht, wo der Name Srīpādas gesungen wurde, und musste vor den Devotees stehen. War dies etwas Leichtes? War dies für normale Yogis möglich? Haben wir schon einmal zu irgendeiner Zeit von solchen Līlas[3] gehört? Haben wir sie gesehen? Alles war merkwürdig, extrem wunderbar, noch nie dagewesen und der Logik trotzend. *Jene, die ihr demütiges Haupt zu den glückbringenden Füßen von Srīpāda verneigen und Seine Zuflucht suchen, werden glücklich sein. Sie werden glücklich sein wie kleine Kinder unter vollständigem Schutz im Schoße ihrer Mutter. Diese erlangen alle glückbringenden Dinge und Annehmlichkeiten.*

Während der Name von Srīpāda weiter gesungen wurde, tanzte auch der Magier und erlangte Linderung. Sobald er mit dem Tanzen aufhörte, nahm der Schmerz zu. Für ihn war es recht ärgerlich, nackt zu tanzen. Er

1 Im gleichen Himmel lebend, in der Nähe lebend und in Gott absorbiert werden
2 Keine Kleidung tragend
3 Wundern

erkannte, dass alles seine eigene Schuld war und er so das Resultat dieser Schuld erfuhr. Er erinnerte sich, dass er aufgrund der Stärke seiner Mantren viele Schlangen dem Feuer übergeben hatte und musste erkennen, dass dies die Folge seiner Beleidigungen war, die er gegenüber großen Menschen und Digambara-Asketen während der Zeit seiner Unwissenheit ausübte. Reue stieg in ihm auf und er gab sich mit vollem Herzen Srīpāda hin. Nach dieser Entwicklung in seinem Denken kühlte das wütende Feuer ab. Ich reichte ihm meine Kleidung, damit er sie tragen konnte. Mit großer Begeisterung nahm er an dem göttlichen Singen teil. Das Sehvermögen vom zweiten Sohn des Dorfvorstehers war bis zur Zeit des Sonnenaufgangs vollständig wiederhergestellt. Als die Srīpāda angebotene Kuhmilch in den Mund des ältesten Sohnes gegossen wurde, ließ sein Erstarrungszustand nach und er erlangte wieder Bewusstsein. Irgendwann brach der Beschwörer auf und erklärte, er werde ein tugendhaftes Leben führen und stets an den Namen von Srīpāda denken. Der Dorfvorsteher erließ einen Beschluss und gab das umstrittene Land dem alten Paar.

In der von drei Königskobras bewohnten Schlangengrube wuchsen drei Audumbara-Bäume[1]. Nach einiger Zeit kam ein Asket namens Dattananda Avadhūta[2] ungefragt zu unserem Haus. Am Fuße der Audumbara-Bäume verweilte er in Meditation. An einem Samstagabend bot er von uns zubereitetes Halwa[3] Srīpāda dar. Er gab uns dies auch als Prasād und bat uns, es zu essen. Er versicherte: ‚*Im Haus seines mütterlichen Großvaters in Pithapuram saß Srīpāda nahe am Fuße eines Audumbara-Baums. Seine Mutter pflegte stets Srīpāda, der am Fuße des Baumes saß, aus einer mit Halwa gefüllten silbernen Schüssel mit großer Liebe zu füttern.*

Srīpāda Srīvallabha, Narasimha Saraswati und Swamī Samartha – diese drei Namen wurden durch die drei Bäume symbolisiert. Diese drei Bäume stammten aus der Nachfolge der Saaten dieses Audumbara-Baums in Pīthikapuram. In Zukunft wird die Saat in der Folge der Saaten dieser Audumbara-Bäume als ein Audumbara-Baum am Geburtsort von Srīpāda wachsen. Nur dort wird Sein göttliches Symbolbild errichtet werden. Jene, die

1 Sehr heiliger indischer Feigenbaum (Ficus racemosa).
2 Ein von allen weltlichen Bindungen befreiter Mensch
3 Mit Weizenmehl zubereitete Süßigkeit

während der Zeit von Sani-Pradosha[1] *dem am Fuße dieses Audumbara-Baums errichteten Srīpāda Halwa anbieten, werden die Gnade von Srīpāda als einen goldenen Schatz in leichter Reichweite haben'.*"

Meine Hingabe wurde gestärkt, nachdem ich diese wunderbaren Geschichten gehört hatte. Am nächsten Tag brach ich nach Kurungadda auf.

Ehre sei Srī Srīpāda Srīvallabha!

1 Verehrung von Sani (Verkörperung von Saturn) bzw. Lord Shiva am Samstagabend

Kapitel 17

Das Treffen mit Srī Nāmānanda

Während ich nach Kurungadda reiste, bemerkte ich unterwegs eine Frau mit zerzausten Haaren, die heiser lachte und in meine Richtung kam. Sie schien psychisch labil zu sein. Als sie rasch auf mich zusteuerte, begann mein Herz zu rasen. Meine Hände und Beine zitterten. Zwei Männer mit Stöcken in ihren Händen jagten sie. Sie kam angelaufen, fiel mir zu Füßen und bat mich, sie vor diesen beiden Männern zu schützen. Für mich war alles sehr verwirrend. Wie kann ein schwacher Brahmane, der noch nicht einmal Reisegeld besitzt, diese Frau an einem fremden Ort vor Fremden schützen? Unwillkürlich sagte ich: „Mutter, fürchten Sie sich nicht. Srīpāda wird Sie gewiss vor diesen Gewalttätern schützen. Stehen Sie ohne Furcht auf."

Die ankommenden Fremden schauten mich verwundert an. Sie waren erstaunt, wie dieser Typ, der ihnen an physischer Stärke nicht gewachsen war, sie als Gewalttäter betrachten und der Frau auch noch mit großem Vertrauen versichern konnte, er werde sie beschützen. Sie warnten: „Sie brahmanischer Schwächling, wir wollen diese Frau, die einen schlechten Charakter hat, töten. Sie können sie nicht beschützen. Wir müssen auch Sie töten, wenn Sie unser Vorhaben behindern. Gehen Sie uns mit Anstand aus dem Weg."

Ich empfand, als würde eine verborgene Kraft in mich eintreten. Mühelos und ohne einen Gedanken flossen Worte über meine Lippen. Diese brachten mich in eine gefährliche Lage. Ich sagte: „Ihr wurdet als Brahmanen geboren, doch ihr habt bedenkenlos in der letzten Nacht eine Kuh getötet. Ihr habt ihr Fleisch gegessen, billigen Alkohol getrunken und scheußliche Taten begangen. Für Leute wie euch ist es nicht schwer, mich oder diese unschuldige Frau zu töten. Ich bin zu allem bereit. Weil ich Mitleid für euch empfinde, sage ich es euch. Nachdem ihr diese Frau getötet habt, werdet ihr Lepra bekommen. Wer an Lepra leidet, wird abnormales Lustverlangen haben. Schlangen werden Leprakranke nicht beißen. Aber die

Leprakrankheit kann nur durch eine Medizin geheilt werden, die aus Schlangengift zubereitet wird. Das Verfahren zur Herstellung dieser Medizin ist jedoch nicht allen bekannt. Wenn das lustgetriebene Verlangen kontrolliert und die Medizin eingenommen wird, lässt die Krankheit nach. Wenn ihr an der ekelhaftesten aller Krankheiten leiden wollt, könnt ihr diese Frau töten. Ich sage euch dies aus meiner Sorge um euer Wohlergehen."

Als die beiden Fremden meine Worte hörten, brachen sie zusammen. Welch ein Wunder! Da einige meiner Aussagen auf ihr früheres Leben zutrafen, glaubten sie, dass meine Voraussage genauso exakt eintreffen würde. Sie bekannten sich zu ihren Fehlern. In ihren Augen erschien ich ein großer Astrologe zu sein, trotz meiner völligen Unkenntnis der Astrologie. Wir saßen im Schatten eines in der Nähe gelegenen Baums. Ich bat sie, einen detaillierten Bericht über sich zu geben. Sie sagten: „Mein Herr, Sie kennen die ganzen drei Zeiten, Sie sind allwissend. Da Sie fragen, erzählen wir es Ihnen jedoch. Wir beide sind Brüder. Obwohl wir in der Brahmanenkaste geboren wurden, haben wir die Pflichten der Brahmanen vollkommen aufgegeben. In jeder Hinsicht kamen wir zu Fall. Mit Fleischessern schlossen wir Freundschaft, gewöhnten uns an alkoholische Getränke und begingen Ehebruch. Durch alle möglichen schlechten Gewohnheiten wurden wir von Grund auf verdorben. Wir sahen diese Frau in einer Lotusstellung auf einem Hügel sitzen. Wir erklärten unser Verlangen, sie lehnte ab. Da sie sich weigerte, unsere Gelüste zu befriedigen, wollten wir sie mit physischer Gewalt nehmen, doch es ist seltsam; obwohl sie in unserer Reichweite war, glitt sie uns immer wieder aus den Händen. Daraufhin jagten wir sie. Aufgrund unserer früheren guten Verdienste konnten wir auf Sie treffen."

Ich erklärte: „*Gott gab uns das Unterscheidungsvermögen, um zu entscheiden, was gut und was schlecht ist. Wir können gute Ergebnisse erlangen, wenn wir gute Wege beschreiten. Wenn wir einem schlechten Pfad folgen, müssen wir unweigerlich schlechte Ergebnisse erfahren.* Diese Mutter scheint rechtschaffen zu sein. Ihr hieltet sie fälschlich für eine schlechte Person. Zudem habt ihr euch ihr mit äußerst widerwärtigen Gelüsten genähert. Ihr zeigt Reue. Ich weiß nicht, ob der Herr euch verzeihen wird oder nicht, aber ich gebe euch eine gute Nachricht. *In der gegenwärtigen Zeit bewegt sich Lord Dattātreya, der von allen drei Welten verehrt wird und der eine Verkörperung der Dreiheit ist, in menschlicher Form auf der Welt als Srīpāda Srīvallabha.* Es gibt keine andere Möglichkeit, schreckliche Sünder emporzuheben, außer Seine vortrefflichen glückbringenden Lotusfüße. Ich habe von vielen Seiner göttlichen Spiele gehört. Ich gehe zu Seinem jetzigen Aufenthaltsort in Kurungadda. Mutter, erzählen Sie mir bitte von sich."

Da begann sie ihre Erzählung: „Mein Herr, Sie haben mich vor diesen Sündern gerettet. Sie sind wie mein Vater. Ich wurde in einer berühmten Brahmanenfamilie geboren. Meine Hochzeit fand statt, als ich noch recht jung war. Wie kann ich mein Unglück beschreiben? Mein Ehemann war impotent. Er schikanierte mich jeden Augenblick. Ich opferte alle Wünsche der Jugend und diente meinem Ehemann, indem ich ihn wie einen Gott behandelte. Mein Ehemann war ein Sadist. Er behauptete, ich hätte außereheliche Beziehungen mit anderen Männern. Wenn ich mich mit Blumen und Girlanden schmückte, die Zeichen einer verheirateten Frau sind, warf er mir vor, Liebhaber anzulocken. Legte ich allen Schmuck ab, beschimpfte er mich, warum ich wie eine Witwe aussehe. Wenn ich andere Kinder im Haus streichelte, bemerkte er, ich wäre innerlich traurig, weil ich keine Kinder hätte. Wenn ich maßvoll aß, warf er mir vor, wie ein Nimmersatt zu essen und Geld zu verschwenden; und wenn ich weniger aß, sagte er mir, ich würde mich benehmen, als ob ich bei den Nachbarn den Eindruck erwecken wolle, im Haus meines Ehemanns kein Essen zu bekommen. Fastete ich, dann tadelte mich mein Ehemann heftig, ich würde geheim ein Mantra singen, um ihn loszuwerden und ich würde fasten, um der dem Mantra vorsitzenden Gottheit zu gefallen. Meine Schwiegermutter und mein Schwiegervater sowie Ältere in dem Haus äußerten kein Wort gegen meinen Ehemann, obwohl er mich psychisch bis zum Äußersten quälte. Im Haus meiner Schwiegereltern erlebte ich hautnah, wie sich die Hölle auf Erden anfühlt. Elendig verlief so die Zeit für mich."

Sie fuhr fort: „Unterdessen kam ein Experte in Mantra-Tantra Shāstras[1] in unser Dorf. Es hieß, er sei in der Wissenschaft der Astrologie sehr gelehrt. Meine Schwiegereltern luden ihn in unser Haus ein. Er stellte einige Berechnungen an, führte merkwürdige Rituale durch und erklärte daraufhin, ich sei von Unglück verfolgt und mein Horoskop weise viele unglückbringende Merkmale auf. Durch den Einfluss meiner schädlichen Yogapraktiken wäre mein Ehemann impotent geworden. Er empfahl, alle schädlichen

1 Praktiken zum Erfahren der konkreten Manifestation der göttlichen Energie durch Rituale und Mantren

Wirkungen würden verschwinden, wenn sie mich aus dem Haus werfen würden. Er versicherte, dass die von ihm ausgeführten Mantra-Tantras und die Rituale ihnen guttun würden und dass mein Ehemann seine Männlichkeit zurückerlangen und nach einer neuen Eheschließung mit Kindern gesegnet würde."

Die hilflose Frau fuhr mit ihrer Erzählung fort: „Mein Ehemann, seine Eltern und alle Bewohner des Hauses, die gnadenlos waren, vertrieben mich aus dem Haus. Da ich keine Alternative hatte, begann ich zu Fuß zu meinem Elternhaus zu laufen. Mitten auf dem Weg trat der falsche Magier, der unser Haus besucht hatte, an mich heran. Er wollte mich zu einem Opfer seiner abscheulichen sexuellen Lust machen. Ich war wütend wie Bhadrakāli[1] und hob einen in der Nähe liegenden großen Stein empor und warf ihn mit all meiner Kraft nach ihm. Der Stein traf ihn heftig am Kopf und er starb auf der Stelle. Mein Gott! Obwohl ich eine Frau bin, habe ich einen Brahmanen aus Notwehr getötet. Ich war außer mir. Selbst in meinem Elternhaus stand ich vor Problemen. Auch wenn mich meine Eltern mit größter Liebe schützen würden, konnte ich nicht sicher sein, dass mein Schwager und meine Schwägerinnen mich ebenfalls liebevoll annehmen würden. Die einfachen Leute sahen, dass der Zauberer, den ich getötet hatte, verlogen war, aber sie wussten nicht, wie niederträchtig er war. Diese Neuigkeit verbreitete sich rasch in alle Himmelsrichtungen. Mögen mich meine Füße dahin tragen, wohin mich mein Schicksal führt! Mit diesem Gedanken lief ich fort in irgendeine unbestimmte Richtung. Bald sah ich einen See. Ich war sehr durstig. Ich trank Wasser vom See und stillte meinen Durst. Am Ufer des Sees stand ein Audumbara-Baum. Ich hörte, Lord Datta liebe den Audumbara-Baum. Mein Körper fiel in eine Starre. Langsam glitt ich am Fuße dieses Baums in tiefen Schlummer. Nach einiger Zeit stand ich auf. Ich war sehr hungrig.

Als ich meine Augen öffnete, sah ich zwei Kobras, die wie Wächter an meiner Seite standen. Ich grüßte die beiden Kobras und sie entfernten sich, als respektierten sie mein Gebet. Ich sang ‚*Datta Digambarā, Datta Digambarā! Jaya Guru Datta! Datta Digambarā!*‘ Ich habe von Älteren gehört, dass Lord Datta Gefallen findet und *Devotees* beschützt, wenn man sich Seiner erinnert. Glücklicherweise befand ich mich auch im Schatten

1 Eine der grimmigen Formen der göttlichen Mutter

des Audumbara-Baums und es fühlte sich an, als würde ich unter dem Schirm des Mitgefühls von Lord Srī Datta stehen.

Ein vorbeikommender Reisender hörte, wie ich hingebungsvoll den Namen von Datta sang. Er stand im Schatten des Audumbara-Baums. Ich fürchtete mich und sagte: ‚Sie, wer sind Sie? Entfernen Sie sich sofort von hier. Wenn Sie nicht sofort diesen Ort verlassen, werde ich einen großen Stein nehmen und Sie damit töten. Ich habe vor nicht langer Zeit einen falschen Magier getötet.‘

Da faltete der Fremde seine Hände und sprach: ‚Mutter, mein Name ist Ravi Dasu und ich wurde in der Familie eines Wäschers geboren. Ich bin ein Devotee von Datta. Ich lebe in Kuruvapuram. *Srī Guru Datta erstrahlt glanzvoll in der Inkarnation von Srīpāda Srīvallabha, um die Erde zu heiligen. Er verbreitete die gute Nachricht Seines Herabstiegs an Seine Devotees selbst über große Distanzen durch einige außergewöhnliche Wunder. Dies kann nur durch Erfahrung erkannt werden.* Ich gehe jetzt nach Kuruvapuram. Sie können mich begleiten, wenn Sie dies wünschen. Kuruvapuram liegt nicht sehr weit weg von hier. Ich habe einige Häuser meiner Verwandten hier besucht und kehre jetzt nach Kuruvapuram zurück.‘

Da erwiderte ich: ‚Ich kann Ihren Worten nicht glauben. Es ist egal, wer dieser Srīpāda Srīvallabha ist, auf den Sie sich beziehen. Wäre Srīpāda wirklich dieser Datta Swamī, würde Er diese verzweifelte Frau zu Seinen glückbringenden Füßen[1] bringen und sie beschützen. Die Pflicht, sich wahrhaft als Datta zu beweisen, liegt bei Srīpāda. Ich werde Seinen Namen nicht singen. Ich werde nur den Namen von Datta rezitieren. Ich werde sehen, was danach geschieht. Wenn Sie sich nicht sofort von diesem Ort entfernen, werden Sie durch mich in Gefahr kommen.‘

Die Person sprach kein weiteres Wort; sie ging ‚*Datta Digambarā, Datta Digambarā! Srīpādavallabha Datta Digambarā!*‘ singend fort. Als ich dann in der Lotushaltung auf einem Hügel saß und meditierte, wurde ich Opfer dieser Gewalttäter. Ich wurde dann von Ihnen gerettet.“

Ich sagte: „Mutter, *Sie wurden nur durch die Gnade von Srīpāda gerettet. In dieser Schöpfung gibt es kein Land, wo Er nicht als Innewohnender lebt, und es gibt keine Zeit, zu der Er nicht bekannt ist.* In dieser Schöpfung geschehen in verschiedenen Ländern und zu verschiedenen Zeiten

1 Hier: Srī Charana

vielerlei Ereignisse, die aus der Verbindung von Ursache und Wirkung entstehen. Er ist die große Ursache aller Ursachen. In verschiedenen Ländern und zu verschiedenen Zeiten finden vielerlei Ereignisse statt, um die Evolution der Lebewesen in einer Vielfalt von Entwicklungszuständen zu ermöglichen. In der Schöpfung kann man keine Wirkung ohne Ursache finden. Niemand weiß, ob Srīpāda eigenschaftslos ist oder Eigenschaften besitzt, ob Er formlos ist oder eine Form hat oder ob Er all diese Zustände überschreitet. Das weiß nur Er selbst. Wenn wir den Namen Srīpāda Srīvallabha singen, können wir gewiss Seine Gnade erlangen. Wir können von allen Schwierigkeiten und Verlusten befreit werden."

Gemeinsam reisten wir anschließend mit den Brahmanen-Brüdern und der Brahmanen-Frau namens Sushīla in Richtung Kurungadda. Wir alle sangen die Namen von Datta und Srīpāda Srīvallabha. Den Zuschauern erschienen wir wie eine Bhajan-Gruppe. Auf der Hälfte unserer Reise erreichten wir die Einsiedelei einer großen Persönlichkeit namens Nāmānanda.

Srī Datta segnet Nāmānanda in der Gestalt eines Unberührbaren

Wir verstanden, dass Srī Nāmānanda alle drei Zeiten kennt, nämlich Vergangenheit, Gegenwart und Zukunft. Er lud uns herzlich ein. Srī Nāmānanda sagte: „Der Name meines Vaters ist Māyanachāryulu. Mein Name ist Sāyanāchāryulu. Wir gehören zu der Linie von Bharadwaja. Wir sind Srī Vaishnavas. Seit meinem Eintritt in den Asketenorden werde ich Nāmānanda genannt. Losgelöst von allem besuchte ich alle heiligen Stätten und die Siddha-Orte im Norden. Auf meiner Suche nach einem Sadguru[1], der mich erheben könnte, kam ich auf meinem Weg nach Pīthikapuram. Da wir Vishnuverehrer sind, ist die Verehrung von Shiva für uns nicht annehmbar. Wir halten uns streng an Reinheit und religiöse Bräuche. Nachdem ich Kunti Mādhavā Swamī besucht hatte, traf ich beim Herauskommen einen Paria[2]. Der Anblick eines Parias war unerträglich. Hinzu kam, dass er sich mir näherte und mich mit donnernder Stimme ansprach: ‚Nāmānanda, gib mir Gurudakshina[3]

1 Vollendeter Lehrer
2 Eine untere Kastengruppe; ein Ausgestoßener
3 Eine Gabe für den Guru

und gehe dann fort von hier.‘ Ich war geradezu geschockt. Alle Leute im Zentrum der Stadt beobachteten diese merkwürdige Szene. Einige Leute dachten, es wäre eine der Abartigkeiten des Kali Yugas[1], dass ein Unberührbarer lautstark Gurudakshina von einem orthodoxen Vaishnava-Brahmanen verlangt. Andere glaubten, der Unberührbare, der Alkohol konsumierte, jage dem edlen Vishnuverehrer Angst ein. Ich sagte: ‚Ich kenne Sie nicht; zudem bin ich ein Vaishnava-Brahmane und Sie sind ein Chandāla[2]. Ich heiße auch nicht Nāmānanda. Es ist nicht in Ordnung, dass Sie von mir gewaltsam Gurudakshina verlangen.‘

Mehr als das konnte ich nicht sagen. Seine Augen waren rot wie brennende Korallen und sein Gesichtsausdruck versetzte alle in Schrecken. Er ging nicht auf meine beruhigenden Worte ein und behauptete fest: ‚Du lügst, wenn du sagst, dass du mich nicht kennst. Du läufst herum wie ein verrückter Hund und fragst jeden nach einem Ort, wo es einen Sadguru gibt, der dich erheben könnte. Du bist stolz auf deine brahmanische Geburt, so dass du die Wahrheit nicht sehen kannst. Ich bin dein Sadguru. Ich verleihe dir im Asketenorden den Namen Nāmānanda. Du gibst mir alles Geld, das du bei dir hast, als Gurudakshina und verneigst dich vor mir in der Gegenwart aller Leute und akzeptierst mich als deinen Guru. Wenn du das tust, ist alles in Ordnung. Wenn nicht, werde ich deinen Körper mit diesem Messer in Stücke schneiden und dein Fleisch zu einem Haufen legen. Ich trinke dein Blut und schlage deinen Kopf zu Brei. Ich werde verhindern, dass das Leben aus deinem Körper entweicht. Dem Lebensbewusstsein werde Ich gestatten, in jedem abgeschlagenen Teil des Körpers zu bleiben, so dass du entsetzliche Höllenqualen erleidest. Die Arbeit mit mir wird sehr speziell sein. Sage ja oder nein. Nur zwei Worte. Selbst wenn du betest, wird nicht einmal einer der 30 Millionen Devas es wagen, dich zu retten.‘ Nachdem der Paria diese starken Worte gesprochen hatte, zog er das Schwert aus der Scheide und war bereit, mich zu töten.

Unter den unausweichlichen Umständen warf ich mich vor diesem Unberührbaren nieder. Ich bot alles Geld als Gurudakshina an. Alle Beschreibungen Gottes erschienen mir wie Erdichtungen. Doch meine ganzen Gedanken zerstreuten sich, als eine bezaubernde glückverheißende Gestalt vor mir erschien.

1 Dunkles Zeitalter
2 Ein Paria

Diese glückbringende Gestalt versicherte: *‚Ich bin Srī Datta. Gegenwärtig bin Ich als Srīpāda Srīvallabha in Pīthikapuram inkarniert. Du bist Mein. Ich bin Dein. Ich bin dein Eigentum. Du bist Mein Eigentum. Das, was uns zusammengebracht hat, ist Satchitānanda.* Ab heute heißt du Nāmānanda. Du lehrst Dharma und wirst ewigen Frieden erlangen. Nach deinem Fortgang aus dieser Welt wirst du Mich erreichen.‘

Srīpāda gibt Nāmānanda mit Seinen eigenen Händen Nahrung

Mein Herr, auf diese Weise wurde ich zu einem Asketen, der Nāmānanda genannt wurde. Ich wollte den Darshan von Srīpāda in Pīthikapuram haben. Ich war sehr hungrig. In keinem Haus gab man mir Nahrung. Die Leute machten seltsame Bemerkungen, ich wäre verrückt und ein betrunkener Unberührbarer habe Gurudakshina von mir eingetrieben. Sie beschlossen auch, dass es gegen das Dharma Sāstra[1] wäre, mir Almosen zu geben, denn ich wäre zu einem Unberührbaren geworden, weil ich einen Paria als meinen Lehrer akzeptiert hatte, obwohl ich ein Brahmane war. Die Brahmanen von Pīthikapuram hatten dies so beschlossen und boten mir kein Bhiksha[2] an. Ohne eine Absicht ging ich zum Haus von Appalaraja Sarma. Ich war so schwach, dass ich noch nicht einmal ‚Bhavati Bhikshām Dehi‘[3] rufen konnte. In der Zwischenzeit öffnete Srīpāda die Tür und kam mit einem Teller voller Speisen heraus. Er ließ mich auf der Veranda ihres Hauses Platz nehmen und gab mir die Nahrung mit Seinen ambrosiagleichen Händen. Mit Seinen eigenen Händen reinigte Er meinen Mund und meine Hände. Seine hilfsbereite Hand unendlicher Stärke legte Er auf mein Haupt und versicherte: ‚Alles wird für dich arrangiert werden. Es gibt keinen Grund, dich um irgendetwas zu sorgen. *Kann der Herr, der einem Frosch auf einem Felsen Nahrung gibt, nicht auch dich nähren? Ich werde hinter dir stehen, wo immer du bist. Ich werde unsichtbar mit dir gehen. Ich beschütze dich wie ein Augenlid das Auge beschützt.*‘ Mit diesen beruhigenden Worten sagte Er mir Lebewohl. Von jenem Tag an wurde ich ein Asket und wanderte frei umher. Seine unsichtbare göttliche Hand schützt mich immer.“

1 Schrift über ethische Prinzipien und Regeln
2 Nahrungs- oder Geldspende
3 Wörtlich: Möge eine anwesende ehrwürdige Person bitte Almosen geben.

Vier Arten von Jīvanmuktas

Ich fragte: „Mein Herr, ich hörte, dass Befreiung schnell erlangt werden kann, wenn wir Srī Datta verehren. Gibt es dafür ein spezielles Vorgehen der Verehrung? Sollten wir über bestimmte Mantren meditieren? Bitte klären Sie meine Zweifel und helfen Sie mir."

Daraufhin antwortete Srī Nāmānanda mit sanftem Blick: „Meine Kinder, die Auflösung von Verblendung[1] ist Befreiung[2]. Es gibt keine Regel, dass Befreiung erst nach dem Tod kommt. Der Körper kann in einem Zustand bleiben, in dem er die Konsequenzen vergangener Handlungen erfährt. Unabhängig davon kann der Jīvatma[3] in einem Zustand der Befreiung verbleiben. Diese Menschen können Jīvanmuktas[4] genannt werden. Sālokya-Mukti bedeutet, in der Welt der eigenen Lieblingsgottheit zu leben. Jene, die noch mehr Verdienste ansammeln, haben das Glück, in der direkten Nähe ihrer Lieblingsgottheit zu leben. Dies wird Sāmipya-Mukti genannt. Wer darüber hinaus noch mehr Verdienste hat, wird die Form der Gottheit annehmen, die er verehrt. Dies wird Sārūpya Mukti genannt. In einem noch höheren Zustand verschmilzt der Aspirant mit dem Bewusstsein seiner Lieblingsgottheit. Dies wird Sāyujya genannt. Verehrer von Datta, die sich in einem speziellen spirituellen Zustand befinden, erfahren Sālokya-Mukti, sogar während sie in dieser Welt leben. Der Körper wird jedoch die Ergebnisse des vergangenen Karmas durchleben. Ihr Denken ist auf die Lotusfüße von Srī Datta ausgerichtet. Sie beobachten mit ihrer inneren Schau die Prinzipien der Schöpfung, die Feinheiten des Dharmas und die merkwürdigen und wundersamen Vorgänge, die durch die Schöpfung durchgeführt werden, und sie genießen unbeschreibliche Seligkeit.

All die göttlichen Kräfte selbstloser Yogīswaras[5] werden ohne ihre Mitwirkung für das Wohlergehen des Universums verwendet. Es gibt einige Menschen, die Sāmipya-Mukti erlangt haben, während sie in dieser irdischen Welt leben. Sie werden die göttlichen Līlas von Lord Datta mehr analytisch durch ihre innere Schau erfahren als Sālokya-Mukti Devotees.

1 Hier: Moha
2 Hier: Moksha
3 Das individuelle Selbst oder die Seele
4 Die während des Lebens Befreiten
5 Meister des Yoga

Das Glück, das sie erlangen, ist viel größer. Wenn ein Lebewesen in einem Körper eingeschlossen ist, befindet es sich in einem Zustand, in dem es Sklave von zahlreichen Eigenschaften, Neigungen und Wünschen ist. Mit dem Fortschreiten der Evolution weiß das Lebewesen, dass es leichter wird. Es ist eine überwältigende Seligkeit, wenn dieser Zustand der Schwerelosigkeit erfahren wird. Die göttlichen Spiele von Srī Datta manifestieren sich in reichem Maße durch Devotees in einem Zustand von Sāyujya. Während Srī Datta einen Willen hat, haben jene großen Yogis, die Sāyujya in Datta hatten, keinen Willen. Dennoch empfangen fromme Menschen, die das Glück haben, diese großen Yogis zu treffen, zu berühren und zu ihnen zu sprechen, durch sie den Schutz von Srī Datta. Nur Srīpāda kann in reichem Maße Wohlstand im Hinblick auf diese irdische Welt oder die anderen Welten verleihen. Menschen verehren verschiedene Arten von Gottheiten. All diese Gottheiten sind göttliche Teilstücke von Srīpāda. Srīpāda allein ergießt Seine Gnade durch diese Gottheiten."

Die Bedeutung der Verehrung von Datta

Ich fragte ihn dann: „Mein Herr, wenn dies der Fall ist, müssen wir dann Gottheiten in verschiedenen Formen oder Srīpāda allein verehren? Sie sagen, es gäbe keinen Unterschied zwischen allen Gottheiten und Srīpāda. Bitte erklären Sie diese Sache noch etwas deutlicher, damit ich es besser verstehen kann."

Sri Nāmānanda war darüber erfreut und sagte: „Ein Mädchen wurde verheiratet. Sie kam in das Haus ihres Mannes. Einmal kam ihr Bruder, um sie zu sehen. Die Schwiegermutter seiner Schwester sagte zu ihm: ‚Deine Schwester stiehlt so viele Sachen in unserem Haus. Sie verzehrt insgeheim große Mengen an Milch, Quark, Buttermilch und Ghī. Wäre es nur ein Diebstahl, würde ich darüber hinwegsehen. Aber so viele Diebstähle!' Die Schwiegermutter klagte jämmerlich. Da rief der Bruder seine Schwester herbei und wies sie an: ‚Höre sofort auf, so viele Dinge zu stehlen. All diese Dinge, die du nimmst, sind vollständig in unverdünnter Milch enthalten. Nimm daher die erforderliche Menge an unverdünnter Milch. Die Kräfte von Milch, Quark, Buttermilch und Ghī sind in der unverdünnten Milch enthalten. Wenn du nur diese eine Nahrung zu dir nimmst, kannst du der Kritik deiner Schwiegermutter entgehen.' Auf gleiche Weise wird alles Weitere sich ergeben, wenn man Srī Datta verehrt.

Da die Leute verschiedene Geschmäcker haben, verehren sie verschiedene Gottheiten. Wird Shiva verehrt, so wird Vishnu nicht erscheinen. Wird Vishnu verehrt, so wird Shiva nicht erscheinen. Die Gnade beider mag identisch sein. Der Schutz der Devotees wird auch gleich sein. Die Ergebnisse aus hingebungsvollen Handlungen, die mit bestimmten Eigenschaften und Formen einhergehen, müssen in Übereinstimmung mit diesen Aktivitäten sein, nicht wahr? *Wenn die Anzahl der in vielen Inkarnationen begangenen Sünden abnimmt und wenn die Früchte der Verdienste beachtlich zunehmen, erwacht die Hingabe an Srī Datta. Keine der Gottheiten hat die Kraft, die Schrift von Vidhata*[1] *auf der Stirn abzuändern. Srī Datta mag jedoch auf das Leiden eines Devotees eingehen und Brahmā anweisen, die Schrift auf der Stirn Seines Devotees zu löschen und ein neues Schicksal einzutragen.* Vishnu ist die Ursache der physischen, mentalen und spirituellen Zustände der Lebewesen. Er ist der Sthitikarta[2]. Manifestiert sich die furchtbare Kraft des Yoga plötzlich in einem Jīva[3], der noch nicht die nötige Reife besitzt, sind sein Körper, sein Denkvermögen oder sein Intellekt nicht in der Lage, dieser Kraft standzuhalten, und er hat das Gefühl, in tobenden Flammen bei lebendigem Leibe verbrannt zu werden. Vishnu hilft daher einem Jīva, sein Leben in rechter Weise fortzusetzen und passt seinen Zustand seinem Karma entsprechend an.

Es gibt keinen Unterschied zwischen Srī Krishna und Lord Datta. Srī Krishna hob den Govardhana-Berg empor. Dies ist allgemein bekannt. Gleichwohl waren die Gopas und Gopis[4] in ihren früheren Leben große Einsiedler. Die Berge sind Yoga Grandhis[5]. Wenn die Grandhis explodieren, fängt eine heftige yogische Kraft an zu tanzen. Dann erlebt der Jīvātma höchste Leichtigkeit und innere Ruhe. Aus dieser subtilen Position entsteht großes yogisches Glück. Um diesen subtilen Zustand zu erlangen, muss man viele Geburten durchleben. Srī Krishna trug die Last Seiner Anhänger und

1 Gott, der Schöpfer und Unterstützer
2 Der Erhalter und Bewahrer (Lord Vishnu)
3 Das individuelle Selbst oder die Seele
4 Kuhhirtinnen und -hirten
5 Knotenpunkte der Yoga-Anatomie in den Chakren, welche die Pranabewegung und die Kundalinī-Kraft in der Wirbelsäule beeinträchtigen

befreite sie zu Jīvanmuktas[1], indem Er ihre Grandhis vernichtete. Dies ist ein spirituelles Geheimnis. Wer dies mit der physischen Schau betrachtet, wird nur verstehen, dass Er den Govardhanagiri emporhob und Seine Leute rettete. *Wenn daher Srī Datta die verschiedenen Zustände Seiner Devotees zu verändern wünscht, mag Er Vishnu anweisen, den Vorgang der Evolution, der ansonsten normal ablaufen würde, zu beschleunigen. Bei diesem Vorgang wird Er den Devotee alle Schwierigkeiten, die zu erfahren sind, in einem unbewussten Zustand erleben lassen. Ersatzweise übernimmt Srī Datta selbst diese Bürden und Verantwortlichkeiten.* Wie mitfühlend Er ist! Das Hauptziel der Inkarnation von Srīpāda Srīvallabha ist, mehr als 125.000 Yogis vorzubereiten, mit Ihm einen Zustand von Sāyujya zu erfahren. Wenn Er die Schwingungen aller Karma-Bande auflösen will, wird der Rudra[2]-Aspekt in Srī Datta sich außerordentlich stark entwickeln. Er zerstört alle Karma-Bande, ob sie zu Abermillionen vergangener Geburten gehören oder ob sie sich auf zukünftige Zeiten beziehen, und gewährt so dem Jīvi[3] Befreiung. Der Aspekt von Brahmā, Vishnu oder Rudra wird klar zum Ausdruck kommen und Seinen Devotee entsprechend beschützen. All dies hängt von Seinem Entschluss ab. Wir müssen dem Pfad der Hingabe folgen, um solch einen Willen in Ihm hervorzurufen.

Als einmal ein Anhänger von Srīpāda in Pīthikapuram ein Pferd bestieg, warf es ihn ab, quetschte und verletzte ihn. Als Srīpāda ihm Seine schützende Hand zeigte, verschwanden im Nu all diese Verletzungen. Für einen anderen, der keinerlei Glauben an Srīpāda hatte, stand ein Gefäß mit hundert Varahās[4] bereit. Srī Pynda Venkatappayya Sreshti bat Srīpāda, diese Ungereimtheit zu erklären. Da erklärte Srīpāda: *‚Heute ist der Todestag meines Devotees, doch Ich verlängerte seine Lebensspanne um weitere 20 Jahre. Diesen Entschluss traf Ich als Belohnung für seine ausgerichtete Hingabe. Doch heute ist für die andere Person, die hundert Münzen erhalten hat, eigentlich ein Tag, an dem er viel Reichtum erlangt. Da er jedoch nicht einmal ein Jota Hingabe hat und er sich über Devotees lustig macht, habe Ich seinen großen Yoga-Reichtum auf lediglich hundert Münzen verringert. Ich bin der Diener Meiner Devotees.‘* Er ist der wahre Herrscher,

1 Die während des Lebens Befreiten
2 Der Herr des kosmischen Willens und der Schwingung
3 Die Essenz der individuellen Seele
4 Eine Geldmünze, die 4 Rupien entspricht

der mich in Seinem Herzen gefangen nehmen kann. Selbst Parameswara[1], der der Lenker der drei Welten ist, ist Sein Diener." Diese guten Dinge und Botschaften legte er eingehend dar.

Als Srī Nāmānanda dies erzählte, fühlten wir uns alle freudig erregt. Die Brahmanen-Brüder baten Nāmānanda, die Buße für ihre sündhaften Taten zu bestimmen. Srī Nāmānanda sagte daraufhin: „Befolgt Mandala Dīksha, indem ihr eine einzige Mahlzeit am Tag zu euch nehmt. Verdient Geld, indem ihr anstrengende physische Arbeit leistet. Gebt dieses Geld aus, indem ihr tugendhaften Brahmanen Nahrung anbietet. Dann werden die Sünden abnehmen. Ihr werdet die Vision von Srīpāda entweder physisch oder in einem Traum erlangen, als Zeichen, dass eure Sünden abgegolten sind. Auch nach dem Mandala Dīksha müsst ihr rechtschaffen bleiben. Wenn ihr rückfällig und erneut Sklaven eurer früheren Gewohnheiten werdet, wird euch Srīpāda gewiss ein höheres Strafmaß auferlegen."

Die Verehrung von Anaghā Sahita Dattātreya (Dattātreya mit Anaghādevi) ist sehr heilig

Die Brahmanenfrau namens Susīla bat Srī Nāmānanda, ihr ein Mittel zu nennen, um Schwierigkeiten abzuwenden. Srī Nāmānanda war darüber erfreut und versicherte: „Die Seele ist ewig. In einer Sekunde stirbt das Denkvermögen unzählige Male und wird wiedergeboren. Erlebt ein Paar beim Geschlechtsverkehr – entweder einer oder beide –, dass ihr mentales Bewusstsein zwischen Leben und Nicht-Leben eingeschlossen war, wird das daraus hervorgehende Kind impotent. Wer eine glückliche Ehebeziehung zerstört, wird durch diese große Sünde impotent. Sein Leben wird zur Hölle. Einige Ursachen für Impotenz oder für einen impotenten Ehemann sind: ein Liebespaar zu trennen; eine Schwiegertochter auf vielerlei Weisen zu schikanieren, indem man sich ihr gegenüber unverschämt verhält; erbarmungslos Kinder und Frauen umzubringen; hilflose Notleidende grausam zu behandeln.

Ein Mann hat das Recht, zehn Kinder von einer Frau zu bekommen. Mit dem Dharma ist es jedoch unvereinbar, mehr als zehn Kinder mit dieser

1 Der höchste Herr

Frau zu zeugen. Nach der Geburt von zehn Kindern sollte diese Frau wie eine Mutter behandelt werden. Um die Impotenz des Ehemanns zu beseitigen, damit er seine Männlichkeit wiedergewinnt und das Paar alle Freuden eines glücklichen Ehelebens genießen kann, sollte es Anaghā Vrata[1] durchführen und Srī Dattātreya mit Anaghādevi erfreuen. Srī Datta wird das Paar sicherlich segnen. *Wer Srīpāda verehrt, dem wird in reichem Maße mit Glück in dieser und der feinstofflichen Welt gesegnet.*

Sri Bāpanārya hatte eine Vision, dass sein Enkel wahrhaftig Srī Dattātreya sei und er rezitierte das Siddha Mangala Stotra. Die Worte, die in einem erhabenen Zustand bei der Vision von Srī Datta geäußert werden, sind sehr machtvoll. In jedem Wort wirkt während vieler weiterer Äonen lebendiges Bewusstsein. Fehler in der Grammatik sollten nicht gesucht werden. Es gibt keine Einschränkungen oder Regeln, um das Siddha Mangala Stotra zu lesen. Ich hatte das Glück, dieses heilige Hosanna aus dem Mund von Srī Bāpanārya zu hören. Dieses Hosanna geht mir durch den Kopf. Hören Sie zu!

Siddha Mangala Stotram

1. *Srīmadananta Srī Vibhushita Appala Lakshmī Narasimharājā!*
   Jaya Vijayībhava, Digvijayībhava, Srīmadakhanda Srī Vijayībhava!
2. *Srī Vidyadhari Radha Surekha Srīrākhidhara Srīpāda!*
   Jaya Vijayībhava, Digvijayībhava, Srīmadakhanda Srī Vijayībhava!
3. *Mātā Sumatī Vātschalyāmruta pariposhita Jaya Srīpāda!*
   Jaya Vijayībhava, Digvijayībhava, Srīmadakhanda Srī Vijayībhava!
4. *Satya Rushīswara Duhitānandana Bāpanāryanuta Srī Charanā!*
   Jaya Vijayībhava, Digvijayībhava, Srīmadakhanda Srī Vijayībhava!
5. *Sāvitra Kāthaka Chayana Punyaphala Bharadwaja Rushigotra Sambhavā!*
   Jaya Vijayībhava, Digvijayībhava, Srīmadakhanda Srī Vijayībhava!
6. *Do Chowpātī Dev Lakshmī Ghanasamkhyā Bodhita Srī Charanā!*
   Jaya Vijayībhava, Digvijayībhava, Srīmadakhanda Srī Vijayībhava!
7. *Punyarūpinī Rājamāmbasuta Garbhapunyaphala Samjātā!*
   Jaya Vijayībhava, Digvijayībhava, Srīmadakhanda Srī Vijayībhava!

1 Ein Gelübde zu Anaghādevi

8. *Sumatīnandana, Naraharinandana Dattadevaprabhu Srīpāda!*
Jaya Vijayībhava, Digvijayībhava, Srīmadakhanda Srī Vijayībhava!
9. *Pīthikāpura Nityavihāra, Madhumati Datta, Mangala Rūpa!*
Jaya Vijayībhava, Digvijayībhava, Srīmadakhanda Srī Vijayībhava!

Kurze Bedeutung der obigen Hymne

1. Sieg, Sieg, universaler Sieg, höchster überreicher Sieg für die ewig glückbringende, reich geschmückte Appala Lakshmī Narasimharaja;
2. Sieg, großer Sieg, universaler Sieg, höchster, unvergänglicher Sieg für Srīpāda, der das Srī Rakhī[1] von Srī Vidyadhari, Radha und Surekha trägt;
3. Sieg, großer Sieg, vollkommener Sieg in alle Richtungen, glänzender, unteilbarer Sieg für Srīpāda, genährt mit dem Nektar der Zuneigung durch Mutter Sumatī;
4. Sieg, prachtvoller Sieg, Sieg ringsum in alle Richtungen, ununterbrochener Sieg für Srī Charana, dem Sohn der Tochter des großen Weisen Satya Rushi[2] Bāpanārya, gepriesen durch ihn;
5. Sieg, ruhmreicher Sieg, universale Eroberung, ungeteilter Sieg für die heilige Frucht des Sāvitra Kāthaka-Opfers[3], entsprungen der Linie des Weisen Bharadwaja;
6. Sieg, Sieg, universaler Sieg, höchster überreicher Sieg für Srī Charana, die große Anzahl Do Chowpatī Dev Lakshmī erklärend;
7. Sieg, größerer Sicht, universaler Sieg, höchster unvergänglicher Sieg für den Einen, geboren aus der großen Frucht des Verdienstes der Tochter der frommen Person Rajamamba;
8. Sieg, großartiger Sieg, vollkommener Sieg in alle Richtungen, glanzvoller, unteilbarer Sieg für den Sohn von Sumatī und Narahari, Lord Datta Deva Srīpāda;
9. Sieg, prachtvoller Sieg, umfassender Sieg, ungebrochener Sieg für den Einen, der stets in Pīthikāpura umherstreift, Madhumati Datta, Mangala Rūpa.
   Möge der Sieg sich über Srīpāda ergießen.“

---

1 Freundschaftsband
2 Rishi der Wahrheit, Hüter der Wahrheit
3 Ein Ritual zur Sonne

Er erklärte der Brahmanenfrau mit dem Namen Sushīla diese ambrosiagleichen Worte: *„Meine Lieben, wenn dieses sehr heilige Siddha Mangala Stotra rezitiert wird, ist das daraus folgende Ergebnis, als würde man das Anaghāsthami Vrata durchführen und anschließend Nahrung für tausend fromme Brahmanen anbieten. Das Ergebnis entspricht dem Befolgen von Mandala Dīksha, der einmaligen täglichen Nahrungsaufnahme und dem Ausrichten eines Festes für tausend fromme Brahmanen mit Geld, das durch harte physische Arbeit verdient wurde. Dieses Stotra wird durch würdige Personen gelesen. Wenn man es liest, kann man Siddha Purushas sehen und auch ihre Berührung erfahren. Alle Wünsche des Denkens werden erfüllt. Devotees, die Datta mit reinem Denken, Sprechen und Handeln verehren, werden von der Gnade Srīpādas gesegnet werden, sobald sie dieses Stotra rezitieren. Siddhas aus der ätherischen Region werden sich unerkannt an dem Ort bewegen, wo immer dieses Stotra rezitiert wird.“*

Beseitigung der Impotenz durch die Gnade Srīpādas

Unmittelbar nachdem ich diese nektargleichen Worte aus dem Mund von Srī Nāmānanda hörte, kam mir ein Gedanke. Ich sagte: „Mahāpurushā, wir möchten die Nacht auf diesem heiligen Gelände der Einsiedelei verbringen, dieses göttliche Stotra rezitieren und die Geschichten der göttlichen Streiche und Zeitvertreibe von Srīpāda erzählen. Ich wende mich an Ihr edles Selbst, uns dies zu gestatten.“ Sushīla und die Brahmanenbrüder, die bei mir waren, stimmten meinem Vorschlag zu. Auch der großherzige Srī Nāmānanda hatte nichts dagegen einzuwenden. Die ganze Nacht verbrachten wir mit dem Singen des Namens von Srīpāda, mit dem Erzählen Seiner Geschichten über scherzhafte Spiele und mit der Rezitation des Siddha Mangala Stotra. Zur Morgendämmerung wurde Srīpāda das göttliche, herrliche Srī Mangala Hārati dargebracht.

Nach dem Mahā Mangala Hārati kam ein Wagenlenker zu unserer Einsiedelei. Er führte einen doppelten Ochsenkarren, der mit Lebensmitteln beladen war. Dieser Wagenlenker sagte Sushīla, ihre Schwiegereltern und ihr Ehemann würden in Kürze mit einem anderen Karren die Einsiedelei erreichen. Er lud die Lebensmittel ab und fuhr fort.

Nachdem Srī Nāmānanda aus der Meditation zum normalen Bewusstsein zurückgekehrt war, fragte er aufgeregt: „Wer ist dieser Wagenlenker?“ Als er hörte, dass der Wagenlenker bereits wieder aufgebrochen war, bemerkte er: „Oh, was für glückliche Leute ihr doch seid! Ich bin der einzige Unglückliche.“ Wir alle waren über diese Klagen verwundert. Srī Nāmānanda sagte: „Srīpāda ist sehr mitfühlend. Er allein kam in Gestalt eines Wagenlenkers und gab euch Darshan. Mutter Sushīlā! Sie sind äußerst glücklich. Die Impotenz Ihres Ehemanns ist beseitigt. Nicht nur das, Ihr Ehemann und Ihre Schwiegereltern werden sehr bald in einem Ochsenkarren hier ankommen.“

Alles geschah genau so, wie es Srī Nāmānanda, der Vergangenheit, Gegenwart und Zukunft kennt, vorausgesagt hatte. Sushīlā brach mit ihrem Ehemann und ihren Schwiegereltern zu ihrem Haus auf. Ich bat Srī Nāmānanda um Erlaubnis, mit den beiden Brahmanenbrüdern nach Kurungadda zu reisen. Mit seinem Segen brach ich nach Kurungadda auf.

Ehre sei Srī Srīpāda Srīvallabha!

Srīpāda Rājam Saranam Prapadye

Kapitel 18

Der glückbringende göttliche Darshan von Srīpāda

Die Geschichte von Ravi Das

Ich erreichte Kuruvapuram (Kurungadda) mit diesem Brahmanenpaar. *Srīpāda Srīvallabha Swamī, Held der zahllosen Millionen von Universen, der Allerälteste, der Eine ohne Anfang und Ende, der Herrscher von vierzehn Welten, der Eine, der eine verspielte Inkarnation angenommen hat,* beendete Sein Bad im Krishna-Fluss und ging zum Flussufer. Göttliche Strahlen voller Glanz umgaben leuchtend Seine glückbringende göttliche Form. Unendliche Liebe und Mitgefühl strahlten aus seinen Augen. Er kam auf mich zu und bat mich, Seinen Füßen Ehrerbietung zu erweisen. Als ich Seine gunstbringenden Füße berührte, sprenkelte Er das heilige Wasser aus Seinem Kamandalu[1] auf mein Haupt. Ohne dass ich etwas sagte, sprach dieser göttliche Srī Charana mit höchst lieblicher Stimme: „Mein lieber Shankar Bhatt, Ich habe dich aus tiefer Liebe zu dir hierher angezogen.“ Die Sprache reicht nicht aus, um angemessen die Anmut Seiner Worte und Seine grenzenlos ambrosiahaften mitfühlenden Blicke zu beschreiben. Er legte Seine göttliche Hand, die die Kraft hat, allen Welten Sicherheit zu geben und unbegrenzte Fähigkeiten besitzt, auf meinen Kopf. Sofort stieg die Kundalinī-Kraft in mir empor und machte mich hilflos. Es fühlte sich an, als würde das gesamte Universum vor meinen Augen verschwinden. Ein elektrisches Feuer von unendlicher Stärke brannte durch jeden Nerv und machte mich benommen. Es war, als ob Tausende von Ozeanen auf schreckliche Weise versuchten, mich zu verschlingen. Meine Augen schlossen sich. Mein Herzschlag und Puls standen still. Mein Denken war von allen Eigenartigkeiten befreit; es wurde still und es herrschte eine große Leere. Das Bewusstsein in meinem Herzen verschmolz mit dem unendlichen universalen Bewusstsein. Zeitweilig bekam

1 Wassergefäß aus Holz, Ton, Metall oder getrocknetem Kürbis, verwendet von Yogis oder Asketen

ich ein Gewahrsein, ich wäre in einem extrem subtilen Zustand von Seligkeit. Ein anderes Mal ließ selbst die Vorstellung von ‚Ich' nach und ich befand mich in einem unbeschreiblichen Zustand göttlicher Seligkeit. Als ich in diesem Zustand das Wissen erhielt, dass Abermillionen Universen durch mich geschaffen, erhalten und aufgelöst werden, bekam ich das Empfinden, dass ‚Ich' nicht von diesem universalen Bewusstsein getrennt war. Als dieses ‚Ich' still war, befand ich mich in himmlischem Glück. All dies war für mich sehr fremd.

Dann sprenkelte Srīpāda mit großer Liebe Wasser aus seinem Kamandalu auf mich, und ich kehrte zum normalen Zustand zurück. Srīvallabha Swamī, der der Ādiguru[1] dieses Universums ist, schaute mich mit einem ambrosiagleichen mitfühlenden Blick an, der die Liebe von Tausenden von Müttern vergessen ließ. Er lächelte mich voller Liebreiz an.

Fremde besuchen Srīpāda

Die beiden Brahmanen, die mit mir gekommen waren, hatten nicht den Mut, Srīpāda anzusprechen oder Seine göttlichen glückbringenden Füße zu berühren. Srīpāda schaute mich an und fragte nach den beiden Leuten. Ich sagte: „Herr, diese beiden Leute, die gekommen sind, um den Darshan des göttlichen Srī Charan zu erhalten, sind auch Brahmanen." Daraufhin sagte der ruhige, gut aussehende Eine: „Mein Lieber, diese Leute sehen nicht wie Brahmanen aus. Sie scheinen Fremde zu sein, die Kuhfleisch essen. Die Wahrheit wird sich zeigen, wenn man sie fragt." Da gestanden die beiden Brahmanen, dass sie keine Brahmanen, sondern Mlechhas[2] wären. Sie rezitierten Kalmān[3], das normalerweise von Moslems gelesen wird. Srīpāda schwelgt in jedem Augenblick in heiteren Spielen. Ich war erstaunt. Da sagte der große Lehrer: *„Nur aufgrund des Glücks, das aus den Früchten tugendhafter Handlungen in vielen Geburten erwächst, ist es möglich, den universalen Lord Srī Dattātreya zu erkennen, der sich unter dem Namen Srīpāda Srīvallabha verhüllt umherbewegt. Ein größeres Glück ist es, ein unerschütterliches Gewahrsein und eine vollkommene Hingabe an Ihn zu*

1 Erster Guru
2 Nicht-vedische, fremde Leute
3 Worte islamischen Glaubens, von Moslems rezitiert; auch Kalima genannt

empfinden. Alle Gottheiten wohnen in einer Kuh. Ein Haus, das ohne eine solche Kuh ist, gleicht einer Begräbnisstätte. Wer Kühen mit Sorgfalt dient, ist Mir noch viel lieber. Die Milch der Kühe gibt Stärke und Zufriedenheit. Brahmanen, die das Fleisch einer Kuh essen, verdienen Bestrafung. In Yagna- und Yāga-Ritualen wird eine Ziege geopfert. Aber nicht nur diese Ziege, die geopfert wird, sondern viele andere Ziegen, die eine Blutsverwandtschaft mit der geopferten Ziege haben, werden von ihren niederen Geburten erlöst und erhalten edle Geburten. Sie erlangen sehr bald eine brahmanische Geburt. Wer dieses Yagna-Opfer durchführt, muss über genügend yogische Stärke und Tapobala[1] verfügen, um auf diese Weise der geopferten Ziege edle Geburten zu vermitteln. Wenn ein Yagna durchgeführt und eine Ziege geopfert wird, ohne dass man Yoga und Tapobala besitzt, dann wird einen die Sünde, eine Ziege getötet zu haben, heimsuchen.

Dharmische Handlungen variieren je nach Ort und Zeit. Wenn ein großer Asket das Fleisch einer Kuh isst, selbst wenn er vielleicht ein Mlechha ist, wird es sich so fügen, dass es mit der Absicht getan wird, Parameswara[2] ein Opfer zu bringen. Dadurch wird es der Kuh und ihren Blutsverwandten möglich, edle Geburten zu erlangen. Wenn es nicht so ist, macht man sich einer großen Sünde schuldig. Als allgemeine Regel gilt daher das Töten einer Kuh als abscheuliche Sünde.

Vor Beginn der Kurukshetra-Schlacht[3] suchte Krishna nach einem Dharma-Kshetra[4], das für die Schlacht zwischen den Kauravas und den Pāndavas geeignet wäre. Arjuna war bei Krishna. An einem Ort bewässerte ein Bauer sein Feld. Dieser Bauer suchte nach einem Stein, um das Wasser am Auslaufen zu hindern. In der Zwischenzeit brachte sein Sohn Essen vom Haus. Nachdem der Bauer seine Mahlzeit beendet hatte, trennte der Bauer den Kopf seines Sohnes mit einer Klinge ab und platzierte ihn als Absperrung für den Wasserfluss. Sowohl der Vater, der mit dem Schwert zuschlug, als auch sein Sohn, der mit der Klinge niedergestreckt wurde, waren emotionslos und blieben gelassen, als der Todesstoß ausgeführt wurde. Nahrung ist für das Wohlergehen der Gesellschaft er-

1 Durch Bußübungen erlangte Stärke
2 Der höchste Herr; ein Name Shivas
3 Im indischen Epos Mahābhārata beschriebener Krieg auf dem Schlachtfeld Kurukshetra
4 Eine Stätte des Dharmas

forderlich. Das einzige Anliegen des Bauern ist es, den Acker zu kultivieren und Pflanzen wachsen zu lassen. Dieser Bauer erfüllte sein Dharma ohne einen Wunsch nach Belohnung. Srī Krishna entschied daher, dass dieses Gebiet der geeignete Kriegsschauplatz oder Dharma Kshetra sei[1].

Ihr, die ihr vorgebt, Brahmanen zu sein, für euch ist das Essen von Kuhfleisch keineswegs gerechtfertigt. Ihr habt jedoch aufgrund früherer Verdienste, der Stärke der Gebete eurer Vorfahren und vor allem aufgrund Meines freien Mitgefühls das Glück, Meinen Darshan zu empfangen. Erachtet dies als ein großes Glück und als eine kostbare Frucht der Gunst. Ich werde eure Ehrerbietungen nicht akzeptieren. Berührt nicht Meine Füße! Es ist nicht möglich, das heilige Wasser aus Meinem Kamandalu[2] über euch zu sprenkeln. Verlasst augenblicklich diesen Ort und geht, wo immer ihr hinwollt. Ich werde sehen, dass es für euch keinen Mangel an Nahrung und Kleidern gibt. Ihr werdet moslemische Frauen heiraten und der Mlechha-Religion folgen. Mögen die von euch getöteten Kühe in diesem und in anderen folgenden Leben zu euren Kindern werden. Mögen sie glücklich leben und euch auf verschiedene Weise Probleme bereiten, indem sie euer hart verdientes Geld genießen! Möget ihr beide, die ihr das Glück hattet, Mich zu sehen, unter den Namen Bade Baba und Abdul Baba berühmt werden und durch die vollkommene Sadguru-Inkarnation emporgehoben werden. Es gibt ein Dorf namens Sīladhi in Maharashtra. Im Laufe der Zeit wird es ein Siddha Kshetra. Ihr holt Sai Baba dorthin. Mein Befehl ist unantastbar. Er kann nicht geändert werden, wie Buchstaben auf einem Fels. Verlasst diesen Ort sofort!“ So befahl ihnen Srīpāda.

Nur Srīpāda und ich blieben zurück. Dann kam ein Wäscher namens Ravi Das an. Wiederholt grüßte er Srīpāda. Eine Zeitlang kümmerte sich Srīpāda nicht um ihn. Dann wandte Srīpāda sich ihm lächelnd zu. Ich überlegte, was wohl der Grund dafür sein mochte. Mit einem bezaubernden Lächeln schaute Er mich mitfühlend an und berührte intensiv das

---

1 *Anmerkung des Herausgebers:* In alten Zivilisationen wurde es als wichtiger angesehen, das eigene Leben oder das eines geliebten Menschen für eine Sache des Gemeinwohls zu opfern und Leben zu erhalten war sekundär. Ein Soldat bringt ein großes Opfer, indem er gewillt ist, sein Leben für die Nation zu opfern. Solche Opfer wurden als edle Taten von unsterblichem Wert betrachtet, um das Gesetz aufrechtzuerhalten.

2 Wassergefäß aus Holz, Ton, Metall oder getrocknetem Kürbis, verwendet von Yogis oder Asketen

Zentrum meiner Augenbrauen. Welch ein Wunder! Wunderschöne Szenen erschienen vor meinem geistigen Auge:

Die Handlungen der Gnade von Srīpāda gegenüber Devotees

Ravi Das ruderte ein Boot nach Kurungadda. In dem Boot reiste ein gebildeter vedischer Gelehrter. Dieser Pāndit sagte, er wolle allein in dem Boot mitgenommen werden, weil er ein Brahmane sei und wenn andere in das Boot kommen würden, würde er unter der Sünde des Kontakts mit Unberührbaren leiden. Ravi Das verlangte einen höheren Fahrpreis. Der Pāndit sagte, er sei ein großer Gelehrter und wolle Srīpāda besuchen. Er fügte hinzu, der Swamī werde ihm freigebig Geldspenden geben, wenn Er einmal seine Gelehrsamkeit erkannt habe, vorausgesetzt, der Swamī sei auch ein Gelehrter. Er versprach, aus der Summe den Fahrpreis für das Boot zu bezahlen. Ravi Das stimmte zu. Die Bootsreise ging voran. Im Laufe der Unterhaltung bemerkte der Pāndit, dass Ravi Das keinerlei Wissen von den Purānen und anderen alten Legenden hatte. Er bemerkte: ‚Sehen Sie, mein Leben ist erfüllt. Da Sie kein Wissen der Purānen und der Legenden haben, sind drei Viertel Ihres Lebens eine Verschwendung.‘ Ravi Das blieb still. Die Strömung des Flusses war heftig. Außerdem schien das Boot leck zu sein und Wasser drang ein. Ravi Das fragte: ‚Mein Herr, können Sie schwimmen?‘ Der Pāndit verneinte. Da sagte Ravi Das: ‚Ich kann schwimmen, während Sie nicht schwimmen können. Daher ist Ihr Leben hundert Prozent verschwendet.‘ Ravi Das äußerte den Namen von Srīpāda Srīvallabha und versuchte, in den Fluss zu springen. Ein strahlendes göttliches Licht, das die Augen blendete, erschien in der Mitte des Flusses. Ravi Das dachte, alles sei die Größe von Srīpāda. Wasser drang in das Boot ein, aber eine unsichtbare Hand warf das ganze Wasser heraus.

Beide näherten sich Srīpāda, um Darshan zu erhalten. Als Ravi Das Ihm zuvor seine Begrüßung entgegengebracht hatte, wies Srīpāda sie mit äußerster Geringschätzung zurück. Doch an dem Tag empfing er den Gruß von Ravi Das mit einem liebevollen Lächeln auf einem Gesicht, das große Gelassenheit ausstrahlte. Den Gelehrten, der Ravi Das begleitete, schaute Er jedoch mit völliger Gleichgültigkeit an. Der Gelehrte, der sich eine wissenschaftliche Debatte wünschte, stand fassungslos da. Srīpāda sagte: ‚Du

Pāndit, du hast unter dem Einfluss kleinlicher Arroganz die Unterscheidung zwischen richtig und falsch verloren. Du bist ein großer Gelehrter, der aus einer edlen Familie abstammt, aber du hast Sünden statt Verdienste angesammelt. Du hast deine gehorsame Frau großer Angst ausgesetzt. Gewaltsam hast du die Frau eines Wäschers von ihrem Ehemann getrennt, während sie ein glückliches Eheleben führten. Du hast sie zu deiner Konkubine gemacht. Diese Frau des Wäschers, die unter unvermeidlichen Umständen zu deiner Konkubine wurde, verflucht dich geistig ständig, auch wenn sie dir ihren Körper unterwirft. Deine Frau, die eine gute Brahmanenfrau ist, macht unsägliche geistige Qualen durch, da ihr Eheleben in die Brüche gegangen ist. Ich beobachte all diese Dinge und so habe ich dich an diesem Tag hierhergeführt. Laut deinem Horoskop ist heute dein Todestag. Ich gewähre dir jetzt eine Lebensspanne von drei weiteren Jahren. Gehe zurück zu deinem Haus und ändere dein früheres bösartiges Verhalten. Wenn nicht, werde Ich dich deinem Schicksal überlassen. Du bist ein Gelehrter. Daran besteht kein Zweifel. Du willst, dass Ich dich mit Geld für deine Gelehrsamkeit belohne? Oder möchtest du eine Lebensverlängerung von drei weiteren Jahren? Antworte umgehend!‘ Der Pāndit, der die Worte des allwissenden Srīpāda hörte, blieb wortlos und stumm. In seinem Herzen wünschte er sich eine Verlängerung seiner Lebensspanne, doch es kamen keine Worte über seine Lippen. Srīpāda erklärte selbst: ‚Ich verlängere die Dauer deines Lebens entsprechend dem Wunsch deines Herzens. Die Wäscherfrau, die deine Konkubine ist, sollte in der nächsten Geburt deine Frau werden, doch du nahmst sie in dieser Geburt als deine eigene. Die Dharmas bezüglich einer bestimmten Geburt sind nur auf diese Geburt begrenzt. Du hast diese Bestimmung überschritten. In der folgenden Geburt wird dieses Wäscherpaar königliche Annehmlichkeiten genießen. Du wirst impotent geboren werden und für diese Wäscherfrau als Diener arbeiten und die Folgen deiner vergangenen Taten erleiden. Wenn du während dieser drei Jahre einige gute Taten vollbringst, wirst du dieser Wäscherfrau dienen, ohne dass es dir an Nahrung und Kleidung mangelt. Wenn du dich in bösen Taten ergehst, wirst du diesem Wäscher und seiner Frau dienen und alle Arten von Problemen durchleiden, ohne für deine schwere Arbeit angemessene Entschädigung zu erlangen. Ravi Das, der dich zu Mir gebracht hat, wird all deine Verdienste angerechnet bekommen, weil er dich hierher brachte, obwohl du hättest sterben sollen. Als Folge dieses Verdienstes kann er Mir dienen – einer echten Inkarnation von Datta. Du musst sofort dieses heilige Land verlassen', befahl Srīpāda dem Pāndit.

Der Pāndit ging fort. Ravi Das wusch die Kleider von Srīpāda, reinigte das Ashram-Gelände und erwies andere Dienste.

Wann immer Srīpāda zum Fluss ging, um zu baden, warf sich Ravi Das vor Ihm nieder. Srīpāda pflegte seine Grüße mit einem freundlichen Gesichtsausdruck anzunehmen. Ravi Das erinnerte sich an die Worte seines Vaters. Sein Vater sagte, da Srīpāda allgegenwärtig sei, werde jede Ihm dargebrachte Verehrung großes Glück verleihen, so als würde man Grüße von Hunderten von Leuten empfangen. Ravi Das freute sich sehr, da Srīpāda seine Begrüßungen annahm.

Eines Tages dachte Ravi Das, als er einen König sah, der mit jungen Damen beim Wassersport feierte, es wäre besser, wenn auch er als ein König geboren werden würde. Als Srīpāda zum Baden zum Fluss ging, kam dieses Thema bei einer Unterhaltung mit Ihm zur Sprache. Srīpāda gewährte Ravi Das die Gunst, in der Familie eines moslemischen Herrschers in Vaidhuryanagar geboren zu werden. Er versicherte, dass Er während dieser Inkarnation als Narasimha Saraswati wieder Seinen Darshan geben würde. Mit einem merkwürdigen Lächeln schaute Er Ravi Das an. Ravi Das starb auf der Stelle. Ich war erstaunt und verwundert, als ich diese erstaunlichen Szenen vor meinem geistigen Auge sah.

Als ich den normalen Bewusstseinszustand wiedererlangt hatte, blickte Srīpāda mich an und lächelte freundlich. Wie sehr können wir Srī Gurudev preisen, der jeden Augenblick scherzhafte Zeitvertreibe spielt?

In der Zwischenzeit kamen ein paar Frauen mit ihren kranken Männern an. Einige Eltern kamen und baten um würdige Ehemänner für ihre Töchter. Srī Gurudev verteilte Kurkuma-Stücke. Hocherfreut verließen alle Leute den Ort.

Srīpāda gewährt Vallabhesa eine Schale zum Empfangen von Almosen

Unterdessen kam ein junger Brahmane an. Sein Körper war mit Staub bedeckt. Er gehörte zur Kasyapasa-Linie und zum Āpastamba Sūtra. Sein

Name war Vallabheswara Sarma. Er kam vom Agrahāram[1] von Pīthikapuram. Srīpāda befragte ihn sehr eingehend nach dem Wohlergehen Seiner Verwandten in Pīthikapuram. Dies war für den Allwissenden nur ein Zeitvertreib, um Freude zu bereiten. Viele Leute brachten Essenszubereitungen für das Mittags-Bhiksha[2]. In der Zwischenzeit hielt Er Seine göttlichen Hände empor, als würde Er etwas empfangen, und Er empfing ein großes Silbergefäß, das mit Khīr, einer Süßspeise, gefüllt war. Srīpāda wies mich an, diese an die dort versammelten Jünger zu verteilen. Das Gefäß wurde nie leer, obwohl Khīr an viele Leute verteilt wurde. Srīpāda gab die Anweisung, die von Seinen Jüngern gebrachten Essenszubereitungen sollten in den Krishna-Fluss geworfen werden. Diese Arbeit wurde Ravi Das anvertraut. Das Prasād[3] von Swamī wurde selbst den Lebewesen in den Gewässern des Flusses gegeben.

Srīpāda bat Vallabhesa, neben Ihm zu sitzen. Ich saß neben Vallabhesa, und ein Kannada-Brahmane namens Subbanna Sastry saß neben mir. Ein armer Brahmane bat Swamī, eine gute Partie für die Heirat seiner Tochter zu arrangieren. Da sagte Srīpāda: „Warum sollte man sich fürchten, wenn Ich hier bin? Furcht existiert, wenn es Sünde gibt. Dieser Vallabhesa ist dein Schwiegersohn. Subbanna Sastry wird bei dieser Heirat als Purohit[4] wirken. Die Vorväter von Vallabhesa sind sehr verärgert. Der Fluch von Vorfahren ist nicht gut für das Leben. Nur Trauerfeiern und hingebungsvoll dargebotene Opfergaben werden die Vorväter erreichen. Auf keine andere Weise sind sie erreichbar. Daher sollten Beschwörungsformeln aus dem Garuda Purāna vor dem Lesen der Hochzeitsmantren gelesen werden. Empfangt etwas Kurkuma für ein glückliches Eheleben.

Das Prasād, das ihr heute empfangen habt, ist etwas sehr Seltenes. Die Malladi-Familie, die Vatsavāyi-Familie und Srī Pynda Venkatappayya Sreshti aus Pīthikapuram haben süßen Pudding als eine Gabe an Mich zubereitet. Ich habe sie an euch verteilt. Jene, die von bösen Geistern, wie von Ghulen[5] und Teufeln belästigt werden, erlangen durch dieses Prasād sofortige Erleichterung. Wer sich im Elend der Armut befindet, wird seine

1 Dorf, das hauptsächlich von Brahmanen bewohnt ist
2 Nahrungs- oder Geldspende
3 Speise als Opfergabe
4 Priester
5 Leichenfressende Monster

finanzielle Situation verbessern, nachdem er dieses Prasād zu sich genommen hat."

Als Srīpāda diese göttliche Unterhaltung führte, rollten Tränen über Seine Wangen. Srīpāda sagte mit heiserer Stimme: *„Mein Band der Verbundenheit mit den Familien Malladi, Pynda Venkatappayya Sreshti und Vatsavāyi geht über die Zeit hinaus. Ich schmelze bei ihrer liebevollen Hingabe. In subtiler Form gehe Ich frei in ihre Küchen und suche etwas zu essen. Aber nicht nur bei diesen Leuten, ich bewege mich als kleiner Junge in den Häusern jener, die Mich mit zärtlicher Hingabe verehren. Der Klang Meiner Schritte hallt immer in ihren Herzen wider.*

Niemand sollte ohne Meine Erlaubnis während der Nacht in Kurungadda bleiben. Monster und wilde Geister rufen in höchster Qual nach Erlösung. Ich verschlinge sie und gewähre ihnen neue und befreite Körper. Gottheiten, himmlische Wesen, Yakshas[1]*, verborgene Kräfte und viele erhobene Seelen, die zur Mahā Padārdha*[2] *gehören, kommen hierher für die Gelegenheit Meines Darshans. Mahā Siddhas, Mahā Yogis und Mahā Purushas, die seit vielen Jahrhunderten in Buße vertieft sind, kommen überglücklich zu Meinem Darshan, Sparsan*[3] *und Meiner Unterhaltung.* Überquert glücklich den Fluss. Mein Befehl muss zwingend befolgt werden." Dies war die Anweisung von Srīpāda.

Wir überquerten den Fluss und erreichten das Dorf am Flussufer. Subbanna Sastry ließ die Braut und den Bräutigam im Haus des Vaters der Braut Platz nehmen. Er las Mantren. Sastry kannte nur Hochzeitsmantren, hatte aber keine Kenntnis von den Mantren der Bestattungsriten und deren Vorgehensweisen. Er hatte noch nie gehört, dass solche Bestattungsmantren je gelesen wurden, nachdem die Braut und der Bräutigam Platz genommen hatten. Noch nie hatte er solche Mantren gehört oder gefunden. Subbanna saß in der Position des vorsitzenden Priesters. Nachdem er über Srīpāda meditiert hatte, kamen Beschwörungen mühelos aus seinem Mund. Dies versetzte Subbanna in Erstaunen. Nach dieser Handlung wurde die Hochzeit mit Hochzeitsmantren durchgeführt. Eine Kurkumawurzel wurde anstelle des Mangalasūtra[4] am Hals der Braut angelegt. Der Vater der Braut sowie

---

1 Himmlische Personen
2 ‚Große Materie'
3 Berührung
4 Das am Hals der Braut angelegte Glücksband als Zeichen der Heirat

der Bräutigam waren mittellos. Brahmanen, die zur Hochzeit kamen, schimpften und verließen die Hochzeitszeremonie, da die Hochzeit nicht streng der Tradition gemäß durchgeführt wurde. Vallabhesa hatte keine Eltern. Die Eltern der Braut, der Bräutigam, der Priester und ich selbst, insgesamt nur fünf Personen waren anwesend, neben der Braut. Dann gingen wir zusammen mit dem frisch getrauten Paar zum Darshan von Srīpāda.

Srī Swamī segnete uns und machte uns glücklich. Er wies uns an, für einige Zeit in Seiner Gegenwart in Meditation zu verweilen. Ich visualisierte die Zukunft von Vallabhesa, sobald ich in die Meditation ging. Vallabhesa handelte mit Kurkuma. Er entschied, die Verehrung von tausend Brahmanen in Kuruvapuram auszurichten, sobald er in seinem Geschäft gut verdienen würde. Durch die Gnade von Srīpāda verdiente er viel Geld, doch er verschob die Erfüllung des Versprechens. Unterdessen verschwand Srīpāda in Kurungadda und blieb unerkannt. Nur die Pādukas[1] von Srīpāda waren in Kurungadda. Als Vallabhesa Geld nach Kurungadda trug, schlossen sich ihm vier als Reisende verkleidete Diebe an und töteten ihn. Als er enthauptet wurde, dachte er an Srīpāda. Srīpāda kam in der Form eines Asketen mit einem Dreizack in der Hand und brachte die drei Diebe um. Der vierte schwor, dass er noch nie einen Diebstahl begangen habe; die drei Diebe hätten ihn auf halbem Weg getroffen und er habe unter dem Einfluss ihrer verführerischen Worte mit ihnen zusammengewirkt. Er bat um Schutz.

Der mitfühlende Srī Gurudev gewährte ihm Sicherheit. Er gab ihm etwas heilige Asche, die er auf den Körper von Vallabhesa streuen und seinen Kopf und Rumpf zusammenfügen solle. Durch die ambrosiagleichen Blicke von Srīpāda kam Vallabhesa wieder ins Leben zurück. Von dem Dieb erfuhr Vallabhesa alles, was geschehen war. Sein Erstaunen und seine Freude waren grenzenlos. Er war traurig, dass er nicht das Glück hatte, Srīpāda zu sehen. Doch der Dieb war glücklich, dass er wegen Vallabhesa den Darshan von Srīpāda erhalten konnte. Vallabhesa erkannte seinen Fehler. Lange zuvor hatte er bereits genügend Vermögen besessen, um für tausend Brahmanen ein Fest auszurichten. Er hätte zu jener Zeit leicht ein großes Festmahl selbst für viertausend Personen veranstalten können. Um die Verzögerung, die zu vielen Schwierigkeiten geführt hatte, wieder gutzumachen, arrangierte Vallabhesa in Kurungadda ein großes Festmahl für viertausend Brahmanen.

1 Als heilig verehrte Sandalen

Die physische kosmische Form von Srīpāda

Nach einiger Zeit wies Srīpāda uns an, die Augen zu öffnen. Danach bemerkte Srīpāda: „*In Meiner Gegenwart findet keine Handlung ohne eine Ursache statt.* Der Weg der Schöpfung ist in der Tat sehr außergewöhnlich. *Es ist seltsam, dass Ich, der Ich keine Form habe, vor euch in menschlicher Form erschienen bin. Es ist ein Wunder, dass Ich, der Ich eigenschaftslos bin, von euch als jemand mit Eigenschaften begriffen werde. Es ist merkwürdig, dass Ich, der Ich ohne Begrenzungen bin, als mit Begrenzungen gesehen werde. Alle Kräfte sind in Meiner Hand. Ich bin derjenige, der in jedem einzelnen Atom dieses weiten Universums wohnt. Ich bin die Entschlossenheit, die ein Atom mit dem anderen verbindet. Ich bin der Rudra*[1] *der letztendlichen Zerstörung, der jegliches Atom vernichtet und den Boden für den neuen Schöpfungsvorgang bereitet. Ich bin das uralte Phänomen, das euch lehrt, was Wissen und was Unwissenheit*[2] *ist. Ich erfreue mich daran, alle Lebewesen in eine Vielfalt von Illusionen zu werfen. Ich bin derjenige, der jenen mit tausend Händen zu Hilfe eilt, die Mich in der Not rufen. Ich bin der Alte, der sie beschützt. Ich bin das wahre ‚Ich', das in allen Geschöpfen als ‚Ich' und ‚Ich' tickt. Ihr müsstet überrascht sein, wenn Allgegenwart, Allmacht und Allwissenheit nicht in Mir wären. Warum solltet ihr überrascht sein, wenn diese Aspekte klar ersichtlich sind und von euch erfahren werden?*"

Als Srī Gurudev, der eine Verkörperung von Parabrahman ist, so sprach, konnte man von irgendwoher den Klang einer Glocke vernehmen. Zur Verwunderung aller kam diese Glocke in der Nähe der glückbringenden Füße von Srīpāda herab. Nach ein paar Sekunden verschwand sie vor den Augen aller.

Srīpādas Respekt vor allen Frauen als Mütter

Srīpāda sagte: „*Diese Inkarnation von Srīpāda Srīvallabha ist eine große Inkarnation, die unmittelbare Ergebnisse schenkt. Kein Avadhūta kann vollkommene Vollendung erlangen, ohne Meines Namens zu gedenken. Er*

1 Der Herr des kosmischen Willens und der Schwingung
2 Hier: Jnāna und Ajnāna

kann die Hindernisse des Yoga nicht überwinden. Oh, Vallabhesa, höre zu. Ich weiß, als dein Vater in deiner Kindheit starb, wie deine vier väterlichen Onkel dich vielen Schwierigkeiten aussetzten und dich zu einem Bettler machten, indem sie dich deines Eigentums beraubten. Ich erkenne auch, dass ihre Kinder ebenfalls Feindschaft gegen dich hegen. Nach dem Tod werden deine väterlichen Onkel wiedergeboren und zu Dieben werden. Sie werden planen, auf deinem Weg nach Kurungadda dein Geld zu rauben. Wenn du an Meinen Namen denkst, werde Ich sofort erscheinen und diese drei Räuber mit Meinem Dreizack töten. Den vierten werde Ich laufen lassen, denn er hat keine große Schuld auf sich geladen."

Als die Frau von Vallabhesā die Worte Srīpādas hörte, begann sie Tränen zu vergießen. Da sagte Srīpāda: „*Mutter, Ich, Srīpāda Srīvallabha, sehe in jeder Frau Akhanda Sowbhāgyavati Sumatī Maharani, die Mir die Geburt schenkte.* Ich bin immer ein kleines Kind auf dem Schoße dieser großen Mutter. Sei nicht traurig. Bewahre die Kurkumawurzel, die Ich dir gebe, auf. Dies wird dir alles Glück verleihen. Du wirst wie eine Sumangalī[1] leben. Mein Gesetz ist unabänderlich und ein felsenfester Erlass. Keine Macht in dieser Schöpfung kann es ändern.

Ich möchte den Namen Meines Vaters verewigen; er ist mein erster Guru, der Mich in das Gāyatrī-Mantra eingeführt hat. Daher wird in Meiner nächsten Inkarnation das Wort ‚Narasimha' vom Namen Meines Vaters herrühren und die Bezeichnung ‚Saraswatī' hinzugefügt werden. Mein Name wird dann zu ‚Narasimha Saraswati'. Ich möchte der Form Meines Großvaters Bāpanārya eine lange Zeitdauer geben. Dazu wird die Gestalt von Narasimha Saraswati in allen Aspekten genau Meinem Großvater gleichen. Mein Großvater ist Mein zweiter Guru. Ich habe die vedische Erziehung von ihm erhalten. Die Glocke, die ihr gesehen habt, war einst im Haus Meines Großvaters. Sie wird in vielen Ländern erscheinen, um entsprechend Meinem Willen viele spirituelle Aspiranten zu segnen. Sie bewegt sich unter den Schichten der Erde wie auch auf den äußeren Schichten der Erde. Shankar Bhatt, die Glocke wird nach Pīthikapuram zurückkehren, wenn das achtzehnte Kapitel – welches die Zahl des Sieges darstellt – im Srīpāda Srīvallabha Charitāmrutam, das von dir geschrieben wird, Pīthikapuram erreicht. Die Gestalt und die Maße dieser Glocke wer-

1 Eine fromme, verheiratete Frau

den sich oft verändern, denn sie bewegt sich nach Meinem Willen. Ein großes Samsthan wird im Hause Meines Großvaters errichtet. Ich werde die Glocke nach Pīthikapuram senden, damit sie den Sieg als ein Merkmal Meiner Liebe einläuten wird.“

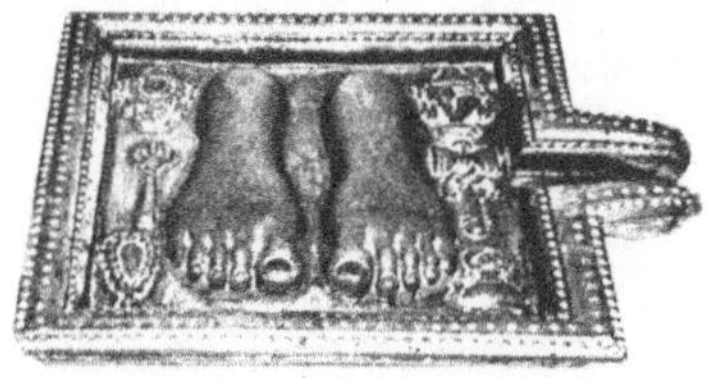

Ehre sei Srī Srīpāda Srīvallabha!

Srīpāda Rājam Saranam Prapadye

Kapitel 19

Das Treffen mit Gurucharan

Das Paar Vallabheswara Sharma, Subbanna Sastry und ich erinnerten uns an die verspielten Zeitvertreibe von Srīpāda. Unterdessen kam ein entfernter Verwandter von ihnen namens Linganna Sastry an. Er war ein großer Gelehrter der Veden und Vedāngas. Linganna Sastry sagte: „Ich kam nach Pīthikapuram, um meinen Vorfahren in Pādagaya Kshetra[1] Opfergaben darzubringen. Obwohl mein Großvater ein religiöser und reicher Brahmane war, war er ein großer Geizhals. Mit seiner verderbten Argumentation wendete er alle auftretenden und subtilen Ausnahmen des Dharmas, die in den Shastras aufgeschrieben sind, zu seinem Vorteil an. Auf perverse Weise interpretierte er das Prinzip von Yadhā-Shakti[2]. Er bot die zehn Arten traditioneller Gaben, die für die Befriedigung der verstorbenen Vorfahren gedacht sind, mit äußerst geringem finanziellem Aufwand an. Irgendwie brachte er es fertig, das Ritual zu beenden. Es bereitete ihm innerlich Unbehagen, dass während der jährlichen Srāddha-Zeremonien[3] unnötig Geld ausgegeben wurde und dass die Gäste wie Schlemmer aßen, so als wäre es eine gute Gelegenheit. Er war unglücklich darüber, dass sein Haus zu einer von allem Reichtum beraubten Schale wurde. Nach einiger Zeit starb mein Großvater. Mein Vater trat ebenfalls in die Fußstapfen meines Großvaters. Die Zeit, die die Welt verschlingt, verschlang auch meinen Vater. Ich führte jedoch alle zeremoniellen Rituale für meine Vorfahren durch, jeweils streng gemäß den Schriften, in einem Maße, welches nach meinem Urteilsvermögen weder zu hoch noch zu niedrig war.

In der Zwischenzeit entbrannten grundlos Streitigkeiten in unserem Haus, und es gab keinen Seelenfrieden. Ohne irgendeinen Grund kamen plötzlich Streitereien auf. Kaum kamen sehr ruhige Verwandte in unser Haus, wurden selbst sie wütend und begannen zu kämpfen. Unser Haus

1 Pithapuram
2 Nach der eigenen Macht
3 Zeremonie im Gedenken an die Vorfahren

wurde zu einem Zentrum für Streitereien. Meine Frau war ärgerlich auf mich und ging zum Haus ihrer Eltern. Während ich schlief, setzte sich mein Sohn auf meine Brust und versuchte, mich mit beiden Händen zu erwürgen. Meine Schwiegertochter beschimpfte mich und sagte: ‚Viele Leute in deinem Alter liegen auf dem Friedhof. Wann bist du an der Reihe?‘ Meine Tochter sagte barsch, sie müsse in irgendeiner Geburt viele Sünden begangen haben, um als Tochter eines Mittellosen wie mir geboren worden zu sein. Mein Schwiegersohn verhöhnte mich mit sarkastischen Bemerkungen wie: ‚Es gibt keine Bediensteten in unserem Haus. Du bist robust wie ein Fels. Du kannst in unser Haus kommen und Arbeiten durchführen wie das Haus putzen, sich um das Vieh im Kuhstall kümmern, und, wenn nötig, zu den Mahlzeiten gehen, die bei religiösen Riten für Brahmanen angeboten werden und Sesamsamen-Spenden annehmen! Auch wenn wir hungern, können wir für dich Schlemmeressen bereithalten. Du kannst das Essen kochen und uns davon etwas abgeben, wenn etwas übrig bleibt, nachdem du gegessen hast.‘

Das Leben wurde dornig für mich. Jedes Lebewesen entwickelt Interesse am Leben und spürt, dass das Leben etwas Süßes enthält. Doch in meinem Fall war klar, dass es nichts Süßes im Leben gab. Ich fürchtete jedoch, wenn ich Selbstmord begehen und sterben würde, als Teufel wiedergeboren zu werden. Mir war klar, dass nach meinem Tod keine Begräbnisriten entsprechend den in den Schriften festgelegten Vorgehensweisen durchgeführt würden. Eines Tages beendete ich in unserem Stall alle mir aufgetragenen Arbeiten und wollte gerade essen, als ich feststellte, dass meine Schwiegertochter mir verdorbenes Essen gab. Es stank. Ich fand in dem Essen einige Würmer. Durch die körperliche Arbeit völlig erschöpft, war ich selbst zu schwach, um Tränen zu vergießen. Stinkende Nahrung konnte ich nicht essen. Doch den Hungerqualen konnte ich ebenso wenig widerstehen.

In diesem höchst erbärmlichen Zustand kamen Zweifel in meinem Denken auf, ob diese Welt, diese Leute und all diese Verwandten Wirklichkeit wären. Oder ob all dies eine Gaukelei oder ein Trick einer großen Magie wäre. Mein Denkvermögen wurde trüb und ich war nicht mehr in der Lage, überhaupt an etwas zu denken.

In dieser kritischen Lage gab mir ein Avadhūta[1] in dem Viehstall Darshan. Wie ein großer Strom ergoss sich Mitgefühl aus seinen Augen. In dem Moment, als ich diese göttliche mitfühlende Gestalt sah, schluchzte ich sofort wie ein kleiner Junge. Ich war mir bewusst, dass ich ihn seit Tausenden von Jahren kannte. Ich fiel auf die göttlichen Füße dieses Avadhūtas nieder und drückte sie an mein Herz. Der Avadhūta berührte das Essen mit seinen heiligen Händen. Das Essen auf dem Teller verschwand und es erschien dort eine Süßspeise namens Halwa. Der Avadhūta nahm eine kleine Portion davon und wies mich an, den Rest zu essen. Vollkommen befriedigt aß ich alles auf und erlangte Kraft und Energie.

Der Avadhūta bat mich, die nordöstliche Seite des Hauses mit einer Hebestange aufzugraben. Beim tiefen Graben kamen die Skelette von zwei Hunden zum Vorschein. Ich warf sie heraus. Der Avadhūta wollte, dass ich den Haferbrei, den ich hatte, hineinwerfe und ihn mit der Erde bedecke. Dann sagte der Avadhūta, er habe die bösen Wirkungen der Geister beseitigt und mein Haus wäre gereinigt. Er fügte hinzu, dass sich die Zustände langsam verbessern würden und dass ich einen Ruf vom Pādagaya Kshetra Pīthikapuram erhalten würde und sofort aufbrechen solle. Er versicherte, es würden für mich entsprechende Vorkehrungen getroffen und wir würden uns in Pīthikapuram wiedertreffen.

Mit dem einen Gewand, das ich zu der Zeit trug, brach ich nach Pīthikapuram auf. Ich informierte niemanden im Haus und ging sofort los. Nachdem ich eine gewisse Strecke gewandert war, trat rasch die Abenddämmerung ein. Ich ging durch einen Mangohain. Der Besitzer dieses Gartens, Narasimhappa, behandelte mich gut. Er bot mir zum Essen süße Früchte an. Mein Hunger war gestillt. Er bat mich, in seinem Haus für diese Nacht seine Gastfreundschaft anzunehmen. Ich stimmte zu. Am nächsten Morgen, nach den Waschungen und Morgengebeten, gab er mir Kleider und bot mir etwas Geld als Dakshina[2] an. Überrascht stellte ich fest, dass angemessene Vorkehrungen getroffen wurden, wie sie der Avadhūta vorhergesagt hatte. Da sagte der Bauer: ‚Mein Herr, gestern erschien am Nachmittag ein Avadhūta in meinem Traum und informierte mich, ein frommer Brahmane werde zu Fuß durch den Garten kommen. Er wies mich an, ihm Gastfreundschaft zu gewähren, ihm am nächsten Tag Kleider und Geld zu geben

1 Ein von allen weltlichen Bindungen befreiter Mensch
2 Geldspende

und ihm Mangos anzubieten. Ich hatte das Glück, Sie zu sehen. Ich bin glücklich, Ihnen zu dienen.' Der Bauer war hocherfreut.

Durch diese Episode wurde klar, dass der Avadhūta übernatürliche Kräfte besaß und nicht nur ein normaler Avadhūta war. Ich wanderte weiter und rezitierte dabei die vedischen Hymnen. Ich beobachtete, wie ein elektrischer Strom durch meine Nerven floss, während ich in frischen Kleidern meine Wanderung fortsetzte und vedische Verse sang. Der elektrische Kraftstrom in meinem Körper bereitete mir unaussprechliche Freude. Plötzlich bemerkte ich, dass ein vedischer Pāndit rasch von hinten herankam und das Sāvitripanna aus den Veden rezitierte. Ich tat es ihm gleich. Da sagte der vedische Gelehrte: ‚Das Sāvitripanna ist sehr wichtig. Im Tretā Yuga[1] führte Maharshi Bharadwaja das Sāvitra Kāthaka-Opfer[2] durch. Dies wurde auch in Pīthikapuram durchgeführt.

Entsprechend dem vor einiger Zeit gegebenen Versprechen von Lord Datta hat Er sich in Pīthikapuram als Srīpāda Srīvallabha inkarniert. Die Veden werden durch den Herrn gutgeheißen. *Obwohl die Befugnis zum Rezitieren der Veden nur den Brahmanen gegeben wurde, ist es allen Kasten erlaubt, sie zu studieren.* Brahmanen verehrten Srī Krishna. Wie ist es nun mit Srī Krishna? Er wusch die Füße von Brahmanen und sprenkelte dann das Wasser auf Sein Haupt. Sie haben sehr viel Glück, weil Sie den Ruf aus Pīthikapuram erhielten.'

Da fragte ich ihn, wer Srīpāda Srīvallabha sei und dass ich von Seiner Größe hören möchte. Der vedische Gelehrte sagte: ‚Mein Lieber, der Darshan von Srīpāda Srīvallabha tilgt alle Sünden. Er ist wahrlich Srī Dattātreya. Pīthikapuram ist der Geburtsort Seiner heiteren Spiele. In früheren Yugas inkarnierten sich bedeutsame Menschen, wenn erforderlich, zusammen mit der Hauptinkarnation. In früheren Zeiten gab es ein frommes Paar namens Susīla und Vishnu Datta. Diese großartige, hingebungsvolle Frau Susīla erfuhr in ihrer spirituellen Praxis die Identität mit Mutter Anasūyā. Am Tag von Datta Jayanti[3] setzten die Wehen bei ihr ein. Während seines spirituellen Strebens erlebte Vishnu Datta eine identische Einheit mit dem Weisen Atri. Dieser Zustand der Verschmelzung verschiedener

1 Das zweite der vier Zeitalter
2 Ein Ritual zur Sonne
3 Geburtstag von Lord Dattātreya, gefeiert am Vollmond des Monats Margasira (Dezember/Januar)

individueller Identitäten zu einer Wesenheit ist nicht physisch und ist ungewöhnlich; er geht über die Wahrnehmung von Denken und Intellekt hinaus. Es ist ein göttliches Mysterium, zu dem man nicht durch Sprache Zugang bekommen kann und das unerklärlich ist.

Sie sind jetzt als Sumatī Maharani und Appalaraja Sarma inkarniert. Srīpāda wurde als ihr Kind geboren, als Frucht ihrer intensiven Buße. Sie gehören zur Krishna Yajurveda-Sekte, dem Āpasthamba Sūtra und der Linie von Bharadwaja. Lābhāda Maharshi, ein Weiser von der Vaishya-Kaste eines früheren Yugas, wurde zur Zeit der Inkarnation von Vasavī Kanyaka als Bhaskarācharya[1] geboren und zur Zeit der Inkarnation von Srīpāda Srīvallabha als Bāpanārya, dem Vater von Sumatī Maharani. Sie werden diese großartigen, frommen Menschen in Pīthikapuram sehen. Der Bauer, der Ihnen Kleidung und Geld gab, arbeitete in einer früheren Geburt in Pīthikapuram als Arbeiter unter Subbarāmayya Sreshti, dem Vater von Pynda Venkatappayya Sreshti. Da er Mahlzeiten im Haus des überaus frommen Subbarāmayya Sreshti einnahm, wurde er für diese großen Verdienste Grundbesitzer und genießt alle Annehmlichkeiten. Pynda Venkatappayya Sreshti und Narasimha Varma von Pīthikapuram sind Srīpāda sehr lieb. Diese Menschen haben ein reiches Maß an hingebungsvoller elterlicher Liebe zu Srīpāda.‘

Ich fragte: ‚Mein Herr, ich habe beobachtet, dass die Bande des Handelns sehr komplizierte Fesseln sind. Es heißt, wenn während des Yagna die Pavamāna Ghatas[2] zerbrochen werden, dass auch der Kopf des vorsitzenden Priesters zerbricht und er stirbt. Heutzutage werden Yagnas durchgeführt. Wenn zufällig eines der drei Pavamāna Ghatas zerbricht, zerspringt der Kopf des vorsitzenden Priesters nicht. Was ist der Grund dafür? Wenn nun die in den Veden und den Schriften erwähnten Dinge nicht geschehen, seien sie günstig oder ungünstig, machen sich die Atheisten über die Veda Sāstras lustig.‘

Diese große Person entgegnete: ‚Mein Lieber, in den Yagnas, die in der heutigen Zeit durchgeführt werden, gibt es in den Pavamāna Ghatas keine lebensgefährlichen Materialien wie elektrischer Strom etc. Der vorsitzende Priester, der das Yagna durchführt, sollte ein Spiritualist von hohem Rang sein. Das Yoga-Feuer muss deutlich in ihm brennen. Allein dieses yogische

1 Der spirituelle Guru der Ārya Vaishya-Gemeinschaft im Brihat Sila-Königreich
2 Bei Opfern verwendete Gefäße

Feuer wird in den Pavamāna Ghatas Elektrizität erzeugen. Wenn ein großer Yogi den Vorsitz führt und das Yagna leitet, werden unmittelbar Ergebnisse folgen, die zum Wohlergehen der Welt führen. Wenn stattdessen nur dem Namen nach Übungen gemacht werden, können wir nicht die Ergebnisse erzielen, die von den Veda Sāstras angesprochen werden. Es gibt auch eine geheime Bedeutung bei Geldspenden mit Zahlen wie 16, 116 oder 1116.

Die Abstammungslinie bezieht sich auf den Vater. Dieses Dharma wird sich nicht ändern, solange die Schöpfung fortbesteht. Sāpindya[1] bezieht sich auf die Mutter. Dieses Dharma wird nach sieben Generationen aufgehoben. Sohn und Geld sind die beiden Früchte der Heirat. Um sie zu erhalten, ist eine Frau namens Feuer erforderlich. *Wie wird Srīpāda Kastenunterschiede haben, wenn Er nicht zwischen Eigenschaften unterscheidet? Er lehrt non-dualistische Wahrnehmung, aber nicht non-dualistisches Handeln. So wie Ādi Shankara ist Srīpāda unparteiisch. Ādi Shankara lehrte den Menschen der Gauda[2]-Kaste Hema Vidya[3]; sie verdienen ihren Lebensunterhalt durch Abzapfen von Toddy; sie helfen anderen und sind von leidenschaftlicher Natur. Ādi Shankara lehrte dieses Hema Vidya nicht den Brahmanen, die ihrer Natur nach sattvisch sind. Auf die gleiche Weise weitet Srīpāda Seine Gnade auf alle entsprechend ihrer Eignung aus, ungeachtet ihrer Rasse, Religion, Farbe oder ihres Alters.* Würde Ādi Shankara den Brahmanen Hema Vidya lehren, würden sie zu Geizhälsen werden; sie würden ihre rechtmäßigen Pflichten vergessen und sich in Geld und andere Verlockungen verstricken. Das Denkvermögen, der Intellekt, Ahamkāra[4], die 5 Grundelemente einschließlich dem Erdelement – diese 8 werden inaktive Naturen genannt. Werden sie mit der Natur der belebten Welt verbunden, werden sie zu 9. Nummer 1 stellt die Natur der belebten Welt dar. Die Zahlen 2 bis 9 sind Symbole der 8 inaktiven Naturen. 0 ist das Symbol von Brahmā Tattwa[5]. Die Mathematik entspringt aus den Zahlen 0 bis 9, welche die Aktivitäten der Urnaturen oder der Schöpfung darstellen. Aus Spaß bat Srīpāda um Almosen von zwei Chapatis, Do Chowpati dev Lakshmī. Dies stellt die Zahlen 2498 dar. In all Seinen Be-

1 Regeln über die Heirat zwischen Verwandten
2 Palmwein-Hersteller
3 Die Wissenschaft des Goldmachens; Alchemie
4 Das Ego
5 Höchste göttliche Essenz

wegungen und Worten kann man viele Bedeutungen finden. 2 stellt alle Gegensatzpaare in der Schöpfung dar; 4 steht für die Körper Sthūla, Sūkshma, Kārana und Mahā Kārana-Körper[1]. 9 ist das Symbol für das unveränderliche Brahmā Tattwa; und 8 stellt Mahā Māya dar. Srīpāda ist Ardhanārīswara[2].

Die kosmische Form von Srīpāda

Ich gehöre zum Dorf Penugonda, das Brihat Sila Nagaram genannt wird. Man nennt mich Ganapati Sastry. Ich kam nach Vāyasapura Agraharam[3], um vedische Studien fortzusetzen. Dort lernte ich die Veden, indem ich einem Guru diente. Mein Guru hatte in der Nähe seines Hauses einige Felder und einen großen Viehbestand. Ich ging zum Feld, um das Vieh grasen zu lassen. Eines Tage kam ein zehnjähriger Junge mit strahlendem Glanz in der Gestalt eines Schäfers zu unserem Land. Er trug einen heiligen Faden an seinem Hals. So nahm ich an, er sei ein Brahmanenjunge und bat ihn um Bestätigung.

Da sagte der Junge: ‚Ich bin das Ich. Alle Naturen sind in Mir. Ich bin die Grundlage für alles. Es ist nicht falsch, wenn du annimmst, dass Ich ein Brahmane bin, wenn du meine brahmanischen Merkmale siehst. Doch das ist nicht die ganze Wahrheit. Es ist nicht falsch, wenn du denkst, dass Ich ein Kshatriya bin, wenn du meine Kshatriya-Eigenschaften siehst, doch das ist nicht die ganze Wahrheit. Wenn du in Mir die Eigenschaften eines Vaishya bemerkt hast, so ist dies nicht falsch, Mich als einen Vaishya zu betrachten, doch das ist nicht die ganze Wahrheit. Es ist kein Fehler, Mich für einen Shūdra zu halten, wenn du die Eigenschaften eines Shūdra in Mir gesehen hast, doch das ist nicht die ganze Wahrheit. Selbst wenn du denkst, dass Ich ein Chandāla bin, wäre dies kein Fehler, doch es ist auch nicht wahr. Ich bin jenseits aller Begrenzungen. Ich bin über allem, was als viele Wahrheiten und Unwahrheiten erscheint. Ich bin die Grundlage für all diese Dinge. Ich bin die höchste Wahrheit. Das Wesen der Wahrheit ist jenseits

1 Sthūla: grobstofflicher Körper; Sūkshma: feinstofflicher Körper; Kārana: Kausalkörper; Mahā Kārana: Körper des Selbst
2 Der männlich-weibliche Gott
3 Kakinada

aller Begrenzungen. Mein Dharma ist das oberste Dharma. Es ist jenseits aller Dharmas und ist auch ihre Grundlage. Mein Wesen ist höchste Liebe. Es steht in großer Distanz zu allen Charakterzügen der Liebe in allen Lebewesen der Schöpfung – aber nicht nur das, es ist die Grundlage all dieser Dinge. Wenn du Mich für männlich hältst, verhalte Ich Mich wie eine Frau. Wenn du findest, Ich sei eine Frau, werde Ich Mich wie ein Mann verhalten. Wenn du annimmst, dass Ich Gott Shiva bin, halb männlich und halb weiblich, werde Ich beweisen, dass Ich die göttliche Seligkeit bin, die vom Denken oder Sprechen nicht wahrgenommen werden kann und die vor dem Erscheinen dieser beiden Formen existierte. Wie kannst du etwas von Mir wissen, der so merkwürdige Eigenschaften hat?‘

Ich empfand die ganze Konversation wie das wirre Gerede eines Fieberkranken. Ich dachte, wenn jemand zu viel Galle habe, ergehe er sich in zusammenhanglosem, wirrem Gerede. Der Junge beobachtete meinen geistigen Zustand und sagte: ‚Ich spreche jetzt zu Sanīswara[1]. Dieser Sanīswara sagt mir: ‚Oh mein Herr, betrachte dieses Vergnügen, wie ich diesen Ganapati Sastry schikanieren und ihn geschickt in sehr merkwürdige Verstrickungen und Bindungen führen werde.‘ Ich sagte Sanīswara jedoch, Ich werde die Konsequenzen des Schicksals von Ganapati Sastry empfangen und dass er (Sanīswara) ihn nicht in Fesseln verfangen könne.‘

Als ich diese Worte hörte, stieg Angst in mir auf. In der Tat begann gerade laut meinem Horoskop eine sehr schlechte Zeit. Als ich wie betäubt war, ging dieser Kuhhirte zu einer Kuh und fragte: ‚Gayatri, ich bin hungrig. Kannst du mir Milch geben?‘ Die Mutterkuh wandte ihren Kopf um und drückte ihre Zustimmung aus. Aus ihrem Euter begannen Milchströme zu Boden zu fließen. Der Kuhhirte trank diese Milch zu seiner vollen Zufriedenheit. In Wirklichkeit war es eine unfruchtbare, unproduktive Kuh, doch sie gab dem Kuhhirten Milch. All das war sehr verwirrend für mich. Der Kuhhirte saß zufrieden unter einem Mangobaum.

Als ich Ihn wieder beiläufig betrachtete, bemerkte ich an Seiner Seite ein zehnjähriges Mädchen, das wie eine Dorfschönheit gekleidet war. Es war eine Freude, die beiden zu betrachten. Ihre fröhliche Unterhaltung und lustigen Scherze ließen sie wie ein glückliches Paar erscheinen. In der Zwischenzeit stieg Srī Pynda Venkatappayya Sreshti vom Pferdewagen he-

1 Saturn

runter. Ein zehnjähriger strahlend leuchtender Knabe war bei ihm. Später erfuhr ich, dass Er Srīpāda Srīvallabha Swamī war. Srī Pynda Venkatappayya Sreshti gab meinem Gurudev Land in Gedenken an seinen Vater. Srī Sreshti besaß große Ländereien, die an dieses Feld angrenzten.

Srī Sreshti besucht manchmal von Pīthikapuram aus Vāyasapura Agraharam, um seine Ländereien zu beaufsichtigen. Srī Sreshti war erstaunt, den Kuhhirten und das Mädchen bei ihm zu sehen, weil sie mehr oder weniger Srīpāda genau glichen. Zudem war er sehr strahlend.

Srīpāda sagte: ‚Großvater, warum bist du so sehr erstaunt?‘ Srī Sreshti bat daraufhin Srīpāda, die beiden Personen anzusehen und bemerkte, diese Szene sei eine Augenweide. Da fragte Srīpāda, ob nicht derjenige, der sieht, und die Szene, die gesehen wird, ein und dasselbe seien. Srī Sreshti antwortete glückselig, er wisse nicht viel über solch philosophische Sachen.

Srīpāda sagte: ‚Großvater, was ist daran philosophisch? Es heißt, dass auch Srī Hari erstaunt war, als Er die Bewegung Seiner grenzenlosen Māya sah. Diese Schöpfung ist erfüllt mit allen neun Arten von Temperamenten. Eine der Eigenheiten der Schöpfung ist es, wunderbare Szenen hervorzubringen. Dort sind zwei; hier ist einer. Ist Dualität wahr? Oder ist Non-Dualität wahr? Bin Ich einer? Oder zwei? Oder viele? Bitte denke nach und sag‘ es.‘

Mit diesen Worten Srīpādas stieg in Srī Sreshti ein Zweifel auf, ob der Kuhhirte und das Bauernmädchen auch die Schöpfung Srīpādas waren. Srīpāda streichelte das Kinn von Srī Sresthi und sagte: ‚Mein lieber Großpapa, warum zweifelst du? Solange Mich deine Familie nicht vergisst, werden Ich und Meine Shakti auf deinen Feldern in unsichtbarer Form umherstreifen. Spirituelle Aspiranten werden gewiss den Klang Meiner Schritte in deinem Haus hören und erleben. Seine Ardhanārīswara[1]-Form verbergend befindet sich Srī Anaghā Dattātreya zusammen mit seiner Gefährtin Anaghādevi in deiner Gegenwart, in der Form eines Avadhūtas als Srīpāda Srīvallabha. Zweifle nicht daran. Als Ich anfangs vor Mutter Sumatī erschien, als Ich als ihr Sohn geboren wurde, sagte Ich ihr fest entschlossen, dass man nicht versuchen solle, Mich zu verheiraten. Bei einem solchen Versuch würde Ich gewiss das Haus verlassen. Da du ein Rajarshi[2] bist, der

1 Der männlich-weibliche Gott
2 Ein königlicher Weiser

Mich mit deinem Band reiner Hingabe gefangengenommen hat, habe Ich dir die Form von Anagha zusammen mit Anaghādevi[1] gezeigt. *In der Gegenwart von Srīpāda findet keine Handlung ohne Ursache statt. Der Vorgang der Schöpfung ist sehr, sehr merkwürdig. Ich entscheide über die Handlungen, ihre Konsequenzen und Zeit und Ort ihres Auftretens. Den Unwissenden durch Meine Handlungen, scherzhaften Spiele und Wunder Wissen zu vermitteln, ist Teil Meines avatārischen* Programms.' Als Srīpāda dies gesagte hatte, nahm Er die Form einer strahlenden Lichtgestalt an und ging in Anwesenheit von uns allen zu dem Mangobaum. Wir alle waren Zeuge, wie das Bauernmädchen und der Kuhhirte die Gestalt von strahlendem Licht annahmen und mit Srīpāda verschmolzen.

Es ist unmöglich, dass Mangos außerhalb der Saison wachsen, doch an diesem Mangobaum wuchs eine unreife Mango. Srīpāda pflückte sie. Die Berührung Seiner Hand war so wirkungsvoll, dass sie, während wir alle zuschauten, zu einer reifen Frucht wurde. Wie eine Mutter ihr kleines Kind mit Essen oder Süßigkeiten füttert, so fütterte Srīpāda Srī Sreshti mit dieser Mangofrucht. Srī Sreshti weinte wie ein kleiner Junge, während er die Mangofrucht aß. *Srīpādas mütterliche Liebe war größer als die Liebe von tausend Müttern. Wenn sich Mitgefühl und Liebe aus Seinen göttlichen Augen ergießen, sieht Er ganz wie Mutter Anaghā aus – eine Verkörperung von drei Shaktis.* Der Stein der Mangofrucht stand in der Gegenwart von Srīpāda aufrecht da und war wie ein Diener, der auf die Befehle des Meisters wartete. Mit einem Handzeichen von Srīpāda flog er empor. Obwohl er die Form des Steins einer Mangofrucht hatte, veränderte er sich in ein strahlendes Wesen. Srīpāda erklärte: ‚*Manche Leute diskutieren dogmatisch, ob zuerst der Same oder der Baum dagewesen sei. Es gibt jemanden, der vor diesen beiden existierte. Es ist Gott. Entsprechend Seinem Willen kann Er einen Baum aus einem Keim hervorbringen oder umgekehrt.*

Selbst die sieben Rishis[2] können sich nicht Seinen unerbittlichen Beschluss vorstellen. Der verunreinigte Paramātma wird Jīva[3] genannt. Der

1 Die Dreiheit von Lakshmī, Pārvatī und Saraswatī
2 Sieben Weise, die im Universum als die sieben Sterne des Großen Bären manifestiert sind
3 Das individuelle Selbst oder die Seele

unbefleckte Jīva wird zu Paramātma[1]. Wenn der *Jīvātma mit dem Paramātma verschmilzt, existieren all seine Einwirkungen oder Neigungen als geröstete Samen.* Wenn Paramātma gleichwohl wünscht, Jīvātma wieder in den Kreislauf der Schöpfung zu bringen, kann keine Kraft Ihn stoppen. Wenn die in Ihn verschmolzenen Jīvas jedoch in die Schöpfung zurückgebracht werden, kommen sie als Personen, die zu einem Zweck geboren werden, um die Mission Gottes zu erfüllen. Am Ende ihres Lebens verschmelzen sie wieder in Paramātma. Einige Jīvas möchten nicht in Paramātma verschmelzen, sondern in großer Nähe zu Ihm im Zustand der Seligkeit bleiben. Paramātma wird solche Personen auch für einen Zweck zur Geburt bringen, um eine Mission Gottes zu erfüllen. Am Ende ihres Lebens verschmelzen sie nicht in Paramātma, sondern bleiben in großer Nähe zu Ihm und erleben göttliche Seligkeit. Wer in einem Zustand der Unterscheidung zwischen Jīvātma und Paramātma bleiben möchte, nimmt eine Geburt zu einem bestimmten Zweck an und kehrt in der nächsten Geburt zu seiner früheren Stellung zurück, nachdem er die göttlichen Arbeiten vollendet hat. Je nach den Wünschen der Jīvas wird der Zustand der Dualität, der höheren Dualität oder der Non-Dualität gewährt. Es ist daher nicht richtig, wenn die Leute diskutieren, was höher sei: Non-Dualität, Über-Dualität oder Dualität. Schöpfung, Erhalt und Auflösung finden in jedem Augenblick statt. Am Ende des Kalpas ruhen Brahmā, Vishnu und Rudra im Zustand unmanifestierter Freude von Paramātma. Entsprechend dem Mahā-Samkalpa[2] kehren sie wieder zu einem manifestierten Zustand zurück und führen Schöpfung, Erhalt und Auflösung in den neu geschaffenen Universen, die für Sie vorgesehen sind, weiter fort.

Im folgenden Kalpa[3] wird Hanuman, der ein Gelehrter in neun verschiedenen Sprachlehren ist, zu Brahmā[4] werden. Den Jīvas werden im Programm der universalen Organisation Aufgaben zugewiesen, die ihren Fähigkeiten und Kompetenzen entsprechen. Es gibt daher viele Millionen Universen in der Schöpfung, und die für ihre Organisation verwendeten göttlichen Kräfte sind unendlich. Ebenfalls unendlich sind die teuflischen Kräfte, die als Hindernisse für diese göttlichen Kräfte wirken.

---

1 Überselbst, Überseele
2 Der große göttliche Entschluss
3 Zeitalter
4 Der Schöpfer

Mohammedaner benennen den formlosen Einen mit Attributen wie Allah. Christen benennen den formlosen Einen mit Attributen wie Jehova. Sie nennen das innewohnende Bewusstsein, das sich in der Schöpfung spiegelt, Jesus, Sohn Gottes. Sie nennen das himmlische Bewusstsein, das Frieden, Aufmerksamkeit, Liebe und Mitgefühl unterstützt, die heilige Seele.

Ich bin der Eine, der in allen Dharmas, Religionen und Theorien mit eigenem Glanz strahlt! Ich bin der Eine, der von verschiedenen Philosophien gemäß ihren Vorlieben, ihrem Geschmack und dem Pfad, dem sie folgen, verstanden wird. Da Ich in jeder Hinsicht unabhängig bin und da Ich keinen Möglichkeiten oder Unmöglichkeiten unterworfen bin, habe Ich keinerlei festgelegte Strategie. Da Ich in allen Formen von Göttern und Göttinnen innewohnend mit blendendem Glanz leuchte, bin Ich derjenige, der alle Verehrungen und Lobreden durch die jeweiligen Formen empfängt. Ich bin derjenige, der allen Gnade gewährt. Wenn die Täuschung des Kali Purusha aufhört, erwacht das Wissen, dass Ich die Verkörperung des Sanātana Dharma[1] bin, das die Quintessenz aller Religionen ist. Ein Aspirant kann Mich entweder durch äußere oder durch innere Praxis erreichen. Ich werde Mich immer um den spirituellen Aspiranten kümmern, gleich ob er innerlich oder äußerlich strebt. Ich bin der Eine, der mit Liebe ruft.

In den Veden wurde auch verkündet, dass Wahrheit, Wissen und Ewigkeit Brahman ist. Ich bin der Eine, der die Form von Satya, Jnāna und Ananta Brahman[2] ist. Ich bin der Eine, der den Atheisten predigt, dass es keinen Gott gibt. Ich bin der Eine, der dem Theisten die Existenz Gottes rühmt. Ich bin die Verkörperung aller Gurus. Ich bin der Eine, der in allen Stadien spirituellen Strebens wie Satya Loka[3], Satya Nama, Go-Loka[4] und Mahā Sūnya[5] mit dem Glanz des Selbst leuchtet. *Ich werde Mich stets um das Wohlergehen jener kümmern, die Mich mit reiner Hingabe verehren, die all ihre Bürden Mir übergeben und von Mir vollkommene Hingabe begehren. Ich bin Srīpāda. Ich bin Srīvallabha. Großvater, der heutige Srīpāda Srīvallabha ist niemand anderes als der Sohn von Anasūyā und Atri des ur-*

1 Das ewige Gesetz
2 Wahrheit, Wissen und ewiges Brahman
3 Der kosmische Aspekt des Sahasrāra (1000-blättrigen Lotus) an der Spitze des Kopfes
4 Die achte Ebene jenseits der sieben Ebenen der Schöpfung; die heiligste Ebene
5 Die große Leere jenseits der Manifestation; DAS

alten Yugas. Ich musste mich gemäß dem Versprechen, das dem Weisen Bharadwaja gegeben wurde, in Pīthikapuram inkarnieren.‘

Freudentränen liefen in Strömen aus den Augen von Srī Pynda Venkatappayya Sresthi. Er umarmte Srīpāda fest. Die Ekstase, die er erlebte, ist unbeschreiblich. Sie kann nicht mit Worten ausgedrückt werden. Nach einiger Zeit sagte Srī Sreshti: ‚Mein Lieber, mein goldenes Juwel, erweise bitte unserer Ārya Vaishya-Kaste deine Gnade!‘ Auf diese Bitte hin sagte Srīpāda: ‚Großvater, so möge es sein! Ein Brahmane hat die Befugnis, um eine Gunst zu bitten. Kshatriyas, Vaishyas und Shūdras haben die Befugnis, zwei, drei oder auch vier Mal um eine Gunst zu bitten. Ich gewähre dir die drei Wohltaten, die du dir erbeten hast. *Ich mache ein feierliches Versprechen mit allen 330 Millionen Gottheiten als Zeugen. In Meinem Namen wird das Srīpāda Srīvallabha Mahā Samsthan im Haus Meines mütterlichen Großvaters Srī Bāpanārya genau am Ort Meiner Geburt errichtet werden. In der Zeit der 33. Generation, von dir an gerechnet, während der 33. Generation von Srī Bāpanārya und während der 33. Generation von Srī Narasimha Varma an werde Ich selbst Mein Samsthan errichten und für diesen Zweck eine Person zu einem Instrument machen, die zu deiner 33. Generation gehört.* Ich beauftrage den Weisen Mārkandeya, der der Gründungsvater deiner Familie ist, einen Teil der Opfer zu empfangen, die jeden Donnerstagnachmittag in der einen oder anderen Form für Mich gemacht werden. Mögen dadurch die in der Mārkandeya-Linie geborenen Personen Nutzen daraus erlangen. Wie von dir gewünscht, ist Meine Gnade auf den *Ārya Vaishyas. Ich segne die Ārya Vaishyas mit der Kraft zu herrschen. Zu dem Zweck wird ein Ārya Vaishya der Herrscher des Landes Bharatha*[1] *werden. Er wird Pīthikapuram besuchen. Gemäß einer Vorhersage einer speziellen Nādi-Astrologie wird er die Fülle Meiner Gnade empfangen. Danach werden viele Devotees aus Nepal nach Pīthikapuram kommen, um Meinen Darshan zu erlangen. Meine Anordnung ist wie ein Felsedikt. Kein Wesen in der Schöpfung kann Mein Gesetz brechen.*

Großvater, Meine Siegesglocke macht verschiedene Veränderungen durch und wird an dem Ort in der Erde platziert werden, wo Mein Symbolbild errichtet wird. Als Zeichen der Ankunft der Siegesglocke werden dort bei Ausgrabungen einige irdene Töpfe gefunden. *Es sind sehr viele Ver-*

1 Indien

dienste erforderlich, um dem Mahā Samsthan finanzielle Unterstützung geben zu können, damit es in Pīthikapuram erbaut werden kann. Die finanzielle Unterstützung wird nur von einer Person kommen, die in einer Geburt in der Ārya Vaishya-Kaste geboren wurde und Verbindung zu Pīthikapuram hatte. Ungläubige, Narren, pedantische arrogante Personen beanspruchen Autorität oder für alles einen Beweis. *Wünsche werden durch das Pārāyana*[1] *Meiner Hagiographie erfüllt. Alle Hindernisse werden beseitigt, wenn man an einer edlen Tätigkeit in Verbindung mit Meinem Samsthan in Pīthikapuram teilnimmt. Wenn Ich mit Hingabe an Meinem Geburtsstern Chitra verehrt werde, werden Schulden beglichen werden. Hochzeiten von jungen Mädchen mit einem passenden Bräutigam werden stattfinden, und Heimsuchungen von Teufeln, Ungeheuern, Gespenstern und anderen unsichtbaren Geistern werden beseitigt. Der Vollmond von Srāvana*[2] *Suddha ist der heilige Tag, an dem Srī Vasavī Kanyaka Mir das Rākhī*[3] *umband. Chitragupta*[4] *schreibt große Verdienste jenen auf, die an dem Tag in Pīthikapuram in Meiner Gegenwart bleiben.* Ich bin eine Autorität für Mich selbst. Meine Biografie ist ein Standard für sich. Meine heiteren Spiele sind Beweise ihres eigenen Standards. Warum braucht es einen anderen Beweis um zu sagen, dass die Sonne die Sonne ist?'

Die heiteren Zeitvertreibe von Srīpāda sind für andere nicht möglich. Am nächsten Tag brachen das Paar Vallabheswara Sarma, Subbanna Sastry, Linganna Sastry und ich nach Kurungadda zum Darshan von Srīpāda auf. Srīpāda segnete uns in reichem Maße. Er sagte lächelnd: ‚Oh, was für Diskussionen, was für Diskussionen! Viel Zeit muss noch verstreichen, bevor das Srīpāda Srīvallabha Mahā Samsthan gebildet wird. Wann wird die Schuld gegenüber den Familien Malladi, Venkatappayya Sresthi und Vatsavāyi vollständig getilgt sein?' Nachdem Er dies gesagt hatte, wurde Er still."

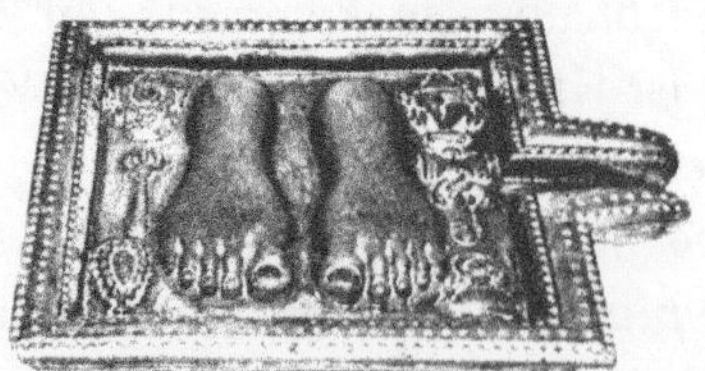

Ehre sei Srī Srīpāda Srīvallabha!

1 Hingebungsvolles Lesen des Buches in einer gewissen Anzahl von Tagen
2 Ein Monat des Hindu-Kalenders; entspricht dem Monat Löwe
3 Freundschaftsband
4 Assistent vom Herrn des Todes, der Aufzeichnungen über die Taten führt

Kapitel 20

Der Bericht von Vissavadhāni

Beschreibung der glückbringenden göttlichen Form von Srīpāda

In den frühen Morgenstunden erreichte ich Kurungadda, um den Darshan von Srīpāda zu erhalten. Göttliche Strahlen der Erleuchtung strömten aus. Friede, Mitgefühl, Liebe und Wissen traten wie ein strahlendes Licht aus den göttlichen Augen Srīpādas hervor. Wer in Seiner Gegenwart war, erhielt, ohne zu fragen, Frieden, Mitgefühl, Liebe und Weisheit. Als diese Form des einzigen Herrn aller Universen, als diese formlose Erscheinung Form annahm und vor aller Augen in menschlicher Form erschien, überströmten unbeschreibliche Freude und Erstaunen mein ganzes Wesen.

Srīpāda winkte mir freundlich zu, mich Ihm zu nähern und zur Begrüßung zu kommen. Als Er mir zuwinkte, stiegen unerklärliche Wellen von Frieden und Liebe aus Seinen göttlichen Händen und ich empfand, als würden sie mein Denken, mein Herz und meinen Körper zu unbekannten Welten entrücken. Ich berührte hingebungsvoll die glückbringenden Füße. Mein Körper fühlte sich sehr leicht an. Ich bemerkte, dass aus meinen Augen eine dunkle Aura hervortrat. Der ganze Schimmer nahm eine hässliche menschliche Form an. Diese Form glich mir exakt. Srīpāda fragte mich lächelnd: „Hast du bemerkt, wer diese schwarze Form ist, die ganz so aussieht wie du?“ Ich antwortete: „Swamī, ich habe diese schwarze Form bemerkt, aber ich weiß nicht, warum sie aus meinem Körper herauskam. Ich weiß auch nicht, wer diese Form ist.“

Da sagte Srīpāda: „Mein Lieber, diese Form ist dein sündenbeladener Körper. Es ist deine sündenbeladene Persönlichkeit. Was immer nun in deinem Körper zurückgeblieben ist, ist die fromme Persönlichkeit. *In jedem menschlichen Körper existieren die sündenbeladene Persönlichkeit und die fromme Persönlichkeit. Nur die Befreiung von Sünde wie auch vom Verdienst ist Freiheit.* Wer als Brahmane geboren wird, muss rechtschaffen sein und seinen sündenbeladenen Körper niederbrennen. Nicht nur das. Mit der Stärke seiner Verdienste muss er andere emporheben. Ein Brahmane sollte hauptsächlich Eigenschaften von Sattwa[1] besitzen. Er sollte Rituale entsprechend den Veden und den Schriften für andere durchführen, und von ihnen nur so viel Geld annehmen, wie für seinen Lebensunterhalt notwendig ist. Indem er dieses Geld empfängt, übernimmt er auch automatisch ihre Sünden. Er sollte diese Sünden im Feuer seiner intensiven Buße verbrennen. Nur ein solcher Brahmane, der so lebt, ist würdig, ein Brahmane genannt zu werden. Ist dies nicht der Fall, so ist er ein Brahmane nur aufgrund seiner Kaste. Nur wer über Brahmajnāna[2] verfügt, kann zu einem Brahmanen werden. Mein mütterlicher Großvater Srī Bāpanārya und Mein Vater Appalaraja Sarma können edle Brahmanen genannt werden. *Meine mütterliche Großmutter Rajamāmba und Meine Mutter Sumatī Maharani sind sehr fromm. Indem man nur an solche Leute denkt, verschwinden unmittelbar Tausende von Sünden aus den Körpern der Lebewesen.*"

Nachdem Srīpāda diese Worte gesprochen hatte, wurde Er für eine Weile still. Er berührte das Zentrum Seiner Augenbrauen und streckte Seine rechte Hand aus. Ein strahlendes Leuchten stieg aus Seiner Handfläche auf. Heilige Materialien, die für ein Homam[3] benötigt werden, materialisierten sich augenblicklich. Als Nächstes kamen Gold und Silber hervor, einige süße Früchte und Blumen. Dann stieg das heilige Feuer auf. Die sündenbeladene Person, die aus meinem Körper hervorgekommen war, schrie entsetzlich. Mit einer Bewegung Seiner Augen befahl Srīpāda der sündenbeladenen Person, in das göttliche Feuer zu fallen und zu Asche zu werden. Eher unwillig fiel die Person in das Feuer. Flammen breiteten sich über meinen ganzen Körper aus. Ich rief: „Swamī, ich verbrenne! Rette mich! Rette mich!" Eine Lichtwoge aus den göttlichen Augen von Srīpāda berührte mich. Mein Körper wurde kühl. Das Feuer des Homam verbrannte den Sünder. Verschiedene elektrische Ströme stiegen in meinem Körper auf. Es wurde mir bewusst, wie meine Kundalinī erwachte. Mein Puls kam zum Erliegen. Mein Herzschlag hörte auf. Ich glitt in einen Trance-Zustand.

Es war Donnerstag. Am Nachmittag nahm Srīpāda ein Bad und war von Devotees umgeben. Mit Seiner Hand berührte Srīpāda das von Devotees als

1 Reinheit
2 Wissen von Paramātma, dem höchsten Selbst
3 Feuerritual

Bhiksha[1] angebotene Essen. Er sprenkelte das Wasser aus dem Kamandalu[2] auf die Devotees. Als Opfergabe wurde etwas Essen in acht Himmelsrichtungen gelegt. Mit einer musikalischen Stimme von Millionen von Kuckucks rief Er meinen Namen. Alle Leute wies Er an zu essen, während Er mich bat, näher zu Ihm zu kommen. Für eine Sekunde schloss Er Seine Augen, öffnete sie wieder und warf einen verspielten Blick auf mich. In Seiner Hand erschien ein silbernes Kästchen, gefüllt mit einem nordindischen Gericht namens Halwa. Srīpāda liebt dieses Essen. Er sagte: „Shankar Bhatt, Meine Devotees binden Mich mit ihren Banden der Hingabe. Ich werde nur durch reine Zuwendung und Hingabe gebunden. Im Haus von Srī Sreshti bereitete seine Frau Venkata Subbamāmba diese Süßigkeit für Mich zu und nahm mir das Versprechen ab, dass sie nur essen würde, nachdem Ich diese Süßigkeit zu Mir genommen habe. Ihre Enkelin Lakshmi Vasavī band das Rākhi an Meine Hand. Sie sagte, die Astrologen hätten prophezeit, im Horoskop ihres Mannes sei der Tod angezeigt. Sie befolgte ein Dīksha[3], dass ihr Mann lange leben solle. Sie beharrte darauf, wenn es wahr wäre, dass sie mir das Rakshā-Bandha umgebunden habe, Ich das Prasād[4] nehmen und sie als eine Sumangali[5] segnen solle. Was blieb Mir anderes übrig? Ich segnete Chiranjīvi Lakshmi Vasavī als Lakshmi Sowbhagyavati[6] und gewährte ihr Blumen, Armreifen und Kumkum[7]. Ich brachte das Halwa, mit Liebe zubereitet von Venkata Subbamāmba, die Ich als meine mütterliche Großmutter betrachte. Dieses Prasād tilgt große Sünden, die in vielen Geburten angesammelt wurden. Ich werde durch subtile Strahlen persönlich das Prasād empfangen, das in den Häusern Meiner Devotees dargebracht wird. Doch da die im Haus von Srī Sreshti gekochte Speise ein Mahā-Prasād war, habe Ich es persönlich in physischer Gestalt empfangen. Nimm auch du dieses Prasād." Wer kann die Süße dieses Prasāds beschreiben? Einen Teil des Prasāds warf Er nach oben. Es verschwand irgendwo im Himmel. Etwas Prasād ließ Er aus seiner Hand

1 Nahrungs- oder Geldspende
2 Wassergefäß aus Holz, Ton, Metall oder getrocknetem Kürbis, verwendet von Yogis oder Asketen
3 Eine spirituelle Disziplin zur Veränderung der eigenen Gewohnheiten
4 Speise als Opfergabe
5 Eine fromme, verheiratete Frau
6 Der einer Frau von Älteren gegebene Segen, glücklich verheiratet zu sein, mit allseitigem Wohlstand
7 Ein duftendes rotes Kosmetikum

auf den Boden gleiten. Daraufhin brach die Erde an dieser Stelle auf und öffnete sich für das Prasād. Nachdem die Erde das Prasād aufgenommen hatte, kehrte sie in ihren ursprünglichen Zustand zurück.

Die anwesenden Devotees wünschten sich auch, dieses Prasād zu bekommen. Die Inkarnation von Srīpāda wird nie jemanden enttäuschen. Obwohl das Prasād an viele verteilt wurde, war es unerschöpflich. Unterdessen traf ein Devotee namens Gurucharan ein, der in der Padmasali-Kaste[1] geboren war. Srīpāda gab auch ihm Prasād. Dann warf Er den Silberbehälter in den Krishna-Fluss.

Srīpāda bemerkte: „Die Padmasalis gehören zur Linie von Mārkandeya. Aus gewissen Gründen wurden sie Nicht-Vegetarier. In Meiner Gegenwart findet keine Handlung ohne einen Grund statt. Gurucharanā, seit vielen Tagen bietest du Mir Naivedya[2] an. Du führst ein frommes Leben und sagst immer, die Lotusfüße von Srīguru seien deine Zuflucht. Heute konntest du Mahā-Prasād aus den Händen von Srīguru empfangen. Erkläre Shankar Bhatt das Guru Tattwa[3], soweit du darüber Bescheid weißt. Am Nachmittag werde Ich in yogischem Schlaf sein und mit dem Denken eine innere Reise machen. Niemand sollte Mich besuchen. Meine Ruhe sollte nicht gestört werden."

Es war in der Tat der Wille von Srīguru, dass ich einen großen Devotee namens Srī Gurucharan treffen sollte. Srī Gurucharan machte gute Fortschritte auf dem Yogapfad. Ich bat ihn, das Wesen von Srīpāda zu erklären und mich zufriedenzustellen. Da begann Gurucharan ausführlich zu erklären: „Die formlose, eigenschaftslose Erscheinung, deren großer Entschluss zu Schöpfung, Erhalt und Auflösung zahlloser Millionen Universen führte, inkarnierte sich in alten Yugas als Srī Dattātreya und nahm eine Form sowie Eigenschaften an. Im gegenwärtigen Yuga hat sich diese Erscheinung in der Form von Srīpāda Srīvallabha inkarniert. Diese Inkarnation ist formlos, erscheint aber als eine menschliche Form; sie ist eigenschaftslos, erscheint aber mit Eigenschaften; sie ist eine alle Gottheiten umfassende Form, doch sie sieht aus wie eine einzige Gottheit. Sie ist das höchste Ziel aller Yogapfade. Alle Formen von Gottheiten, die seit Anbeginn der Schöpfung den Weisen bei ihren individuellen Bußübungen in der Vision erschienen, sind in Wirklichkeit die göttlichen Manifestationen von Srīpāda.

1 Südindische Kaste von Handwerkern, traditionell im Web- und Textilgeschäft tätig
2 Nahrung, die Gott vor dem Essen angeboten wird, ohne sie abzuschmecken
3 Prinzip des Gurus

In alten Zeiten hatten Weise viele göttliche Kräfte. Vasishta führte regelmäßig Opfer mit Havya[1] durch. Viswamitra und Jamadagni folgten dem Verfahren, Opfer ohne Havya durchzuführen. *Nur wer das Geheimnis des Mantras und das Geheimnis dieses Rituals kennt, kann es durchführen oder auch nicht, oder es auf eine andere Weise machen. Srīpāda ist allmächtig. Da Er jedoch das Geheimnis des Karmas kennt, sieht man, wie Er verschiedene Menschen unterschiedlich behandelt. Die Macht der Liebe ist höher als alle anderen Kräfte.* Ihre Stärke ist unendlich. Bāpanārya oder Narasimha Varma oder Pynda Venkatappayya Sreshti verfügen über einen einzigartigen yogischen Reichtum. Alle Drei hatten eine unermessliche, liebevolle Hingabe an Srīpāda. Mit der Kraft ihrer Liebe können sie Srīpāda zwingen, irgendeine spezielle Arbeit gedeihen zu lassen. Srīpāda muss auch nachgeben. *Srīpāda hat einen natürlichen Wesenszug, in jeder Frau Seine Mutter zu sehen. Wenn jemand mit natürlicher Zuneigung Srīpāda als göttliches Kind behandelt und Ihn verehrt, so verhält Srīpāda sich in ihrem Haus wie ein kleines Kind.* Dies ist die Mahā Māya. Es ist eine Sache, die der Logik trotzt, dass das eigenschaftslose und formlose Parabrahman, das wiederholt von Yogis und Weisen besungen wird, Seine göttlichen Spiele als göttliches Kind in Pīthikapuram zeigt. Gott kann nur durch das Studium der Veden und Schriften, durch Yogapfade und Jnāna erreicht werden. Göttliche Erfahrung kann durch Schriften systematisiert werden. Manchmal kann man durch einen Weg, der über die trockenen Schriften hinausführt, göttliche Erfahrungen erlangen. In all diesen Beziehungen ist Gott völlig unabhängig. Die scherzhaften Spiele Srīpādas sind für Logik nicht zugänglich. Noch nie zuvor hatte man von ihnen gehört."

Da fragte ich Srī Gurucharan: „Mein Herr, wie erhielten Sie das erste Mal den Darshan von Srīpāda? Bitte berichten Sie mir davon und retten Sie mich."

Gurucharan antwortete: „Oh frommer Brahmane, Sie sind sehr glücklich. Aufgrund der in meinen früheren Geburten erlangten Verdienste habe ich das Glück, Ihnen direkt in der Gegenwart von Srīpāda von Seinen göttlichen Zeitvertreiben zu erzählen. Sie haben die volle Gnade und das Mitgefühl von Srīguru." Daraufhin erklärte er kurz, wie er den Darshan von Srīpāda bekam.

1 Gaben in ein Opferfeuer

„Ich wurde in einer Familie von *Devotees* geboren. Von Kindheit an verehrte ich Lord Datta, der unsere Familiengottheit ist. In der Familie gab es viele finanzielle Sorgen. Wie sehr ich auch zu Lord Datta betete, meine Probleme nahmen nicht ab. Im Gegenteil, sie nahmen zu. Einige Ältere rieten mir, ich hätte nicht die Gnade von Lord Datta und ich solle eine andere Gottheit als Familiengottheit wählen und sie verehren, dann würden sich meine Schwierigkeiten auflösen. Ich dachte also darüber nach, welchen Gott ich als Familiengottheit wählen sollte, um meine Probleme zu beenden. Mit diesem Gedanken glitt ich in den Schlaf. In meinem Traum sah ich einen grässlichen Schlachter. Mit viel Liebe hütete er eine Schafherde. Jeden Tag schlachtete er mit seinem Schlachtmesser einige Schafe. Das Messer in seiner Hand rief eine große Furcht in mir hervor. Mit dem tiefen Klang donnergrollender Wolken wetterte er: ‚*Ich bin Datta! Egal welche Götter oder Göttinnen du verehrst, sie gehören alle nur zu Mir! Auch wenn du bloß die Namen und Formen der Gottheit, die du verehrst, änderst, werde Ich Mich nicht verändern. Mehr noch, Ich werde dich nicht verlassen. Du bist Mein Schatten. Wie kann Mich Mein Schatten verlassen und existieren? Ich bin der große Entschluss, der den Willen aller Gottheiten und Menschen gewährt. Ich bin das Brahman, aus dem alle Inkarnationen Gottes hervorkommen. Ein Tier, das im Maul eines Tigers gefangen ist, kann wohl entkommen, doch du, der in Meiner Hand gefangen warst, kannst nicht entkommen. Devotees von Datta sollten wie junge Löwen sein und nicht wie Feiglinge. Ich bin wie ein Löwe. Die Löwenjungen kennen keine Furcht vor dem Löwen. Sie belustigen mit ihren Spielen und Kapriolen ihre Mutter.* Es ist sicher, dass Ich dich mit diesem Messer töten werde. Es gibt niemanden in allen drei Welten, der dich retten kann.‘

Von Furcht erfüllt schrie ich wie ein Verrückter. Dabei brach der Traum ab. Die Bewohner meines Hauses fragten mich, was los sei. Ich erzählte ihnen von dem Traum. Ich klagte, dass ich aufgrund vergangener Taten in einigen Geburten große Armut durchleben würde. Unsere finanziellen Probleme nahmen zu. Ich empfand, dass es besser wäre zu sterben. Am nächsten Morgen erschien ein Haridās[1] vor meinem Haus. Er hatte hölzerne Zimbeln in den Händen. Er sang den Namen Gottes. Auf seinem Kopf trug er ein Gefäß zum Aufbewahren von Reis. Er war ein merkwürdiger Haridās.

1 Ein Sänger, der die Ehre Gottes besingt

In dem Gefäß hatte er ein kleines Stück von einem Audumbara-Baum[1]. Es wird als schlechtes Omen betrachtet, wenn einem Haridās, der vor dem Haus steht, kein Reis angeboten wird. Ich suchte daher im Haus nach Reis und bot dem Haridās eine Handvoll Bruchreis an, den ich beim Suchen gefunden hatte. Der Haridās nahm die Handvoll Bruchreis an und sagte: ‚Herr, gestern Nacht ermordete ein Schlachter einen Gurucharan, einen Devotee von Datta. Das Überraschende dabei ist jedoch, dass die Lebenskraft dieses Mannes seinen Körper verließ und sich in dieser Audumbara-Pflanze niedergelassen hat. Allgemein wird gesagt, dass Srī Dattātreya am Fuße des Audumbara-Baums wohnt. Diese Pflanze ist keine gewöhnliche Pflanze. In der Godāvarī-Region gibt es einen großen Ort namens Srī Pīthikapuram. Es heißt, dass der selbstexistierende Datta in dieser Stadt umhergehe, verkleidet als Srīpāda Srīvallabha. Diese Pflanze gehört zum Spross des Audumbara-Baums im Haus des mütterlichen Großvaters von Srīpāda Srīvallabha. Pflanze sie in deinem Haus und erlange alle glückbringenden Dinge.‘ Als ich dies vernahm, drehte sich alles in meinem Kopf. Ich sagte dem Haridās: ‚Herr, ich bin dieser Gurucharan. Ich wurde nicht umgebracht. Ich bin ein Datta-Devotee! In meinem Traum sah ich einen Schlachter. Er warnte mich, er würde mich mit seinem Messer töten. Ich hörte, dass, wenn eine Person stirbt und ihr Körper nicht verfügbar ist, Stäbe von einem Audumbara-Baum wie ein Leichnam angeordnet und Begräbnisriten durchgeführt werden. Die Stäbe werden dann als der Leichnam dieser toten Person betrachtet. Man hat jedoch an keinem Ort davon gehört oder gesehen, dass die Lebenskräfte einer Person in einen Audumbara-Baum hineingezogen werden und dass zugleich die Lebenskräfte in der Person erhalten bleiben.‘

Die Größe des Audumbara-Baumes

Da lachte der Haridās laut und sagte: ‚Es stimmt, was du sagst, ich leugne es nicht! Das ganze Mysterium der Schöpfung ist nur dem Ādiguru Lord Dattātreya bekannt. Selbst die sieben Rishis können nicht verstehen, was

1 Sehr heiliger indischer Feigenbaum; vom Audumbara-Baum heißt es, dass er die Energie von Jupiter, die Guru-Schwingung enthält und eine Ausweitung des Bewusstseins bewirkt.

Er im nächsten Augenblick zu tun beabsichtigt. Da dies so ist, was bist du? Was bin ich? Du denkst, der körperliche Tod eines Menschen sei der einzige Tod. *Wenn der Zeitpunkt des Todes naht, kann ein Sadguru Seinen Jünger schrecklichen mentalen Qualen, grausamer Schmach, unerträglichen Problemen und Verlusten aussetzen, ein angesammeltes Karma auslöschen und ihm Wiedergeburt gewähren. Eine göttliche Inkarnation mag Seinen Anhänger leichten Schwierigkeiten unterwerfen und ihm Wiedergeburt gewähren. Srī Dattātreya jedoch zieht die Lebenskraft der mit Ihm Verbundenen in den Audumbara-Baum, wo Er immer lebt, und durch die vom Audumbara-Baum freigesetzte Lebenskraft rettet Er den Körper des Devotees. Der unwissende Devotee denkt, er lebe von der Lebenskraft in seinem Körper, doch in Wahrheit lenkt die aus dem Audumbara-Baum ausströmende Lebenskraft ununterbrochen die Körperfunktionen des Devotees. In dem Augenblick, wo der Todespunkt eintritt, lässt sich die aus dem Audumbara-Baum hervortretende Lebenskraft fest im Devotee nieder und der Devotee lebt noch eine gewisse Zeit weiter. Der Audumbara-Baum bleibt unversehrt, egal wieviel Lebenskraft von ihm freigesetzt wird. Der Grund dafür ist, dass Srī Dattātreya in subtiler Form fest an der Basis eines jeden Audumbara-Baums wirkt.*‘

Alles, was der Haridās erzählte, war mir fremd. Der Haridās mit Namen Krishna Das ging seiner Wege. Ich begann, mich mit großer Liebe und Hingabe um das Wachstum der Audumbara-Pflanze im Hinterhof unseres Hauses zu kümmern. Ein entfernter Verwandter von mir handelte mit Seidenkleidern. Da er alt wurde und keine Kinder hatte und mir gegenüber Liebe ohne irgendwelche Hintergedanken empfand, blieb er in unserem Haus. Er gab mir etwas Geld und riet mir, das Geschäft mit Seidenkleidern weiterzuführen. Er umrundete auch den Audumbara-Baum in unserem Haus und verehrte Lord Datta mit großer Hingabe. *Wann immer sich Schwierigkeiten in unserem Haus einstellten, gingen wir gewöhnlich um den Audumbara-Baum herum und unterbreiteten diesem großen Baum unsere Sorgen. Unser Leiden erreichte Lord Datta, und unsere Schwierigkeiten wurden auf unerwartete Weise gelöst. Der Audumbara-Baum wirkte wie eine Brücke der Freundschaft zwischen uns und Srī Dattātreya.*

Mein Herr, die Verehrung des Audumbara-Baums ist eine sehr wichtige Pflicht für Datta-Devotees. Wenn es im Haus einen Audumbara-Baum gibt, ist es, als wäre Srī Dattātreya selbst in unserem Haus. Wie sehr auch die Wirksamkeit des Audumbara-Baums beschrieben wird, es ist nur eine Untertreibung.

Geburt als dorniger Baum aufgrund sündhaften Tuns

Während ich aus geschäftlichen Gründen nach Orissa reiste, erreichte ich glücklich Pīthikapuram und fand das Haus von Srī Bāpanārya. Zu der Zeit war Srīpāda gerade mit Bāpanārya im Hinterhof. In ihrem Hinterhof befand sich ein dorniger Baum. Sorgfältig bewässerte Srīpāda den Baum. Bāpanārya sagte zu Srīpāda: ‚Goldener Krishnā, ist es recht, sich so sehr um diesen Dornenbaum zu kümmern, der Dir so viel bedeutet, als wäre es die Somalata oder Sanjīvini-Pflanze? Er wird wachsen, ob Du Dich darum kümmerst oder nicht.'

Da bemerkte Srīpāda: ‚Großvater, dieser dornige Baum ist Vissavadhāni, der in seiner früheren Geburt in unserer Straße lebte und sich lustig machte: ‚Oh, der selbstmanifestierte Datta wurde als der Enkel von Bāpannavadhani geboren! Was für eine Missgeburt! Was für ein Vergehen gegen Gott!' Als Ich, Mutter, Brüder und Schwestern in den Häusern von Pynda Venkatappayya Sreshti und Narasimha Varma aßen, brach dieser Vissavadhāni im Rat der Brahmanen einen Streit vom Zaun, indem er sagte, dass die Familien Malladi und Ghandikota verdorben wären, weil sie gegen das Dharma verstoßen hätten und somit aus der Brahmanen-Gemeinschaft ausgestoßen werden sollten. Dieser dornige Baum ist jener Vissavadhāni. Ist Srīpāda Dattātreya? Was ist der Beweis dafür? Steht es in den Schriften? Steht es in den Veden? Vissavadhāni, der so gemeine Behauptungen vorgebracht hatte, ist dieser Dornenbaum. Pynda Venkatappayya Sresthi und Narasimha Varma betrachteten Meine göttliche Mutter Sarvamangala Swarūpini Sumatī Maharani als die Tochter ihres Hauses. Sie boten ihr Mahlzeiten an und erwiesen ihre Achtung ihr gegenüber, indem sie ihr neue Kleider gaben. Durch eine solch ehrerbietende Behandlung Meiner Mutter empfanden sie stets, dass ihr Leben gesegnet war. Jeden Tag beleidigte Vissavadhāni die beiden Leute. Dieser dornige Baum ist jener Vissavadhāni. Da nach dem Tod die Totenfeier unterlassen wurde und aufgrund der schweren Sündenlast wurde Vissavadhāni seinem Wesen entsprechend als ein dorniger Baum geboren. Als Ich den alten Vissavadhāni als Dornenbaum sah, erbarmte Ich Mich seiner und goss etwas Wasser auf den Baum.‘

Nach einer kurzen Weile kamen sie vom Hinterhof auf die Straße. Als ich die bezaubernde, entzückende Gestalt Srīpādas sah, bekam ich vor überwältigender Freude Schluckauf und Freudentränen liefen in Strömen aus meinen Augen. Ich fiel nieder zu den göttlichen Lotusfüßen von Srīpāda. Voller Liebe berührte mich Srīpāda auf dem Rücken und sagte: ‚Mein Lieber, stehe auf, stehe auf! Was sollen diese verrückten Taten? Du bist gestorben, erhieltest das Leben zurück und bist zu Mir gekommen.‘ Srī Bāpanārya wusste, dass ich mit Seidenkleidern handle und fragte mich: ‚Gibt es Seidenkleider, die für unseren goldenen Jungen passend sind?‘ Ich gab ein für Srīpāda passendes Seidengewand. Srīpāda führte mich nach innen und sagte mir: ‚Gurucharanā, ich werde ein Wunder zeigen.‘ Auch Srī Bāpanārya folgte Srīpāda. Srīpāda führte uns zu dem Dornenbaum und sagte: ‚Großer alter Vissannā, du hast diese Form einer jämmerlichen Geburt erhalten, da deine Kinder die Totenfeier ohne Sorgfalt gemacht haben und du grundlos großartige Menschen wie Bāpanārya beleidigt hast! Dieser Gurucharan war in deiner früheren Geburt dein Sohn. Ich werde ihn deine Totenzeremonie durchführen lassen. Bist du einverstanden?‘ Wir waren verblüfft. Dieser Vissavadhāni, der als Geist in den Dornenbaum eingetreten war, antwortete deutlich, dass es kein größeres Glück für ihn gäbe. Srīpāda ließ mich diesen Dornenbaum vollständig entwurzeln. Er wies mich an, mit zwei Audumbara-Zweigen in Seiner Hand Feuer zu machen. Ich nahm sie und erzeugte durch Reibung Feuer mit diesen beiden kleinen Stäbchen. Ich verbrannte den Dornenbaum. Srīpāda wies mich an, ein Bad zu nehmen. Nach dem Bad gab mir Srīpāda Vibhūthi[1]; Er bat mich, es auf meinen Körper aufzutragen und sagte: ‚Die Leute denken, Shiva reibe die Asche von der Beisetzungsstätte auf Seinen Körper. Shiva benutzte für Seinen Körper die Asche, die von der Bestattung großer Menschen, Siddhas, Mahā-Yogis und großer Devotees gewonnen wurde, nachdem sie gestorben waren. Sie bleiben in der Seinen Körper umgebenden Aura vereint. Wenn Tiere wie Affen, Schlangen und Kühe aufgrund unserer Unachtsamkeit sterben, müssen wir Bestattungsriten durchführen. Es genügt, wenn wir sie bestatten und den Hungrigen Nahrung

1 Heilige Asche

geben. Es ist nicht notwendig, ein Ritual mit Mantren durchzuführen. Diese Geschöpfe, die in einer Geburt durch eine Dankesschuld an uns gebunden waren, sterben auf diese Weise unbeabsichtigt in unseren Händen. Wenn wir sie sorgfältig verbrennen, wird unser noch vorhandenes Karma aufgelöst. Sie erlangen eine edle Stellung. In einem frühen Zeitalter litt die Welt an Hunger und Mangel. Solange die Anzahl Kühe nicht zunimmt, können heilige Materialien wie Kuh-Ghī nicht hergestellt werden. Ohne Yagnas und andere Opfer wird die vom Meister des Universums eingerichtete gegenseitige Zusammenarbeit zwischen Menschen und Himmlischen zunichte. Das Dharma wird geschwächt. Wenn es nicht genügend Nahrung gibt, können die Menschen nicht leben. Daher baute der Weise Gautama durch die Kraft seiner Buße Feldfrüchte in seiner Einsiedelei an. Er brachte Godavari dazu, seine Sünden zu tilgen, die durch das Töten einer Phantomkuh entstanden waren. So ist die Welt dem Weisen Gautama sehr zu Dank verpflichtet. Ahalya, die Frau des Weisen Gautama, war eine große hingebungsvolle Frau.

Dieser Vissavadhāni wurde in der Gautama-Linie geboren. Die einzige Verbindung zwischen dem Weisen Gautama und Vissavadhāni ist die Geburt des letzteren in dieser Linie. Obwohl dies ein recht kleines Band der Verpflichtung ist, geschah dieses Ereignis aus folgenden Gründen: Im Tretā Yuga[1] nahm der Weise auch in diesem Pīthikapuram an dem Sāvitra Kāthaka-Opfer[2] teil; Vissavadhāni hatte das Glück, in Pīthikapuram geboren zu werden, und nicht nur das, er hatte Meinen Darshan, was sehr schwierig zu erlangen ist. Die Zeit ist gekommen, in der die Welt erfahren sollte, dass dieser Datta mit grundlosem Mitgefühl selbst einer unwürdigen Person erhabenere Zustände gewähren kann. *Solange es kein Band einer Verpflichtung gibt, wird noch nicht einmal ein Hund sich euch nähern. Wendet sich also jemand hilfesuchend an euch, helft ihm, wenn ihr könnt. Ist dies nicht möglich, so erklärt ihm freundlich euer Unvermögen, seid aber nicht lieblos. Behandelt ihr jemanden unbarmherzig, werde Ich, der allen Dingen innewohnt, ebenfalls euch gegenüber unbarmherzig sein. Es ist eine Tatsache, dass Ich allein die Grundursache für all dies bin. Diese Tatsache ist so wahr, wie diese Welt und die gesamte Schöpfung wahr sind. Ich bin die höchste Wahrheit, die Wahrheit aller Wahrheiten. Im Veda heißt es auch, dass Wahrheit, Wissen und Unendlichkeit*

1 Das zweite der vier Zeitalter
2 Ein Ritual zur Sonne

das höchste Brahman sind.‘ Srīpāda erläuterte diese Einzelheiten in der oben beschriebenen Weise.

Ich war erstaunt. Freudentränen liefen über Bāpanāryas Wangen. Mit Seinen kleinen Händen wischte Srīpāda die Tränen von den Wangen Seines Großvaters und sagte: ‚Großvater, in der letzten Zeit hast du immer über Mich kontempliert. Deine Geburt ist erfüllt! Ich werde Mich in genau deiner Form als Narasimha Saraswati inkarnieren. Dies ist wahr.‘ Als er dies gesagt hatte, legte Er Seine Hand in die Hand von Bāpanārya. Da drückte Bāpanārya einen Zweifel aus: ‚Srīpāda, seit Tagen bedrückt mich ein Zweifel in meinem Denken. Darf ich fragen?‘ Sofort sagte Srīpāda lächelnd: ‚Großvater, kann es bei einem Mann wie dir einen Zweifel geben und ein zehnjähriger Junge wie Ich ihn klären? Welch ein Wunder. Ich will es aber dennoch versuchen. Frage.‘

Bāpanārya fragte: ‚Werden Schöpfung, Verwaltung und Auflösung jeweils von Brahmā, Vishnu und Maheswara gemacht?‘

Srīpāda antwortete: ‚Ja.‘

Srī Bāpanārya fragte: ‚Saraswatī, Lakshmī und Pārvatī sind die entsprechenden Formen ihrer Kräfte, nicht wahr?‘

Srīpāda antwortete: ‚Ja.‘

Srī Bāpanārya fragte: ‚Ādi Parāshakti[1] hat die Dreiheit und ihre Shakti-Formen geschaffen, nicht wahr?‘

Srīpāda antwortete: ‚Ja.‘

Srī Bāpanārya fragte Srīpāda: ‚Wer bist Du dann?‘

Srīpāda ist eine Verkörperung aller Gottheiten. Er ist der Ursprung von allem.

Als diese Fragen aus dem Mund Seines Großvaters kamen, lächelte Srīpāda liebevoll und sagte: ‚Großvater, Ich gewährte soeben vor deinen Augen einem Dornenbaum eine edle Position. Es ist nicht nötig zu diskutieren, ob es für Meine Handlungen eine Zustimmung der Schriften oder Standards gibt. Ich existiere in allen yogischen Zuständen. Eine Person, die ein Yogi in den entsprechenden Zuständen ist, wird gewiss Mich treffen. Die Schöpfung ist

1 Die höchste Gottheit zu Beginn der Schöpfung

keine Māya. Zu denken, dies sei die ganze Schöpfung, ist in der Tat Māya. Die gesamte Schöpfung ist von einem einfachen göttlichen Bewusstsein durchdrungen. Sie ist jedoch in einer Vielzahl von Situationen und Zuständen der Evolution unterworfen. Dies ist die Grundlage für diesen Vorgang der Evolution. Wo Wissen über die Zeit empfangen wird, ruht der Vorgang der Evolution in der Erfahrung. Dieses Konzept der Zeit wird aufgrund von Sonne, Mond und Erde empfangen. Der Weise Atri hatte gleichzeitig die Erfahrung der drei Zeiten (Vergangenheit, Gegenwart und Zukunft) und von drei Zuständen[1]. Mutter Anasūyā war eine große hingebungsvolle Ehefrau, die die Erfahrung vom Wesen der Nicht-Eifersucht[2] in der Schöpfung hatte. Ich habe gleichzeitig die Erfahrung aller Aspekte der Schöpfung: Erhalt und Auflösung; grobstoffliche, feinstoffliche und sterbliche Körper; Vergangenheit, Gegenwart und Zukunft. Daher ist eine ewige Gegenwart Mein. Alles wird zur gleichen Zeit erfahren, was geschehen ist, was geschieht und was geschehen wird. In solch einem Zustand ist es kein Wunder, dass die Trinität und die drei Shaktis in Mir sind. Es ist eine Tatsache, dass die Trinität und die drei Göttinnen der Kraft vor der Schöpfung in Ādi Parāshakti waren. Es gibt keinen Unterschied zwischen Mir und der Ādi Parāshakti, doch hier gibt es einen subtileren Punkt. Da es ein großer Entschluss war, dass die Schöpfung aus dem Schoß der Mutter hervorkommen sollte, kam die Form von Ādi Parāshakti hervor. Dies war die Form von Brahmā Yoni[3]. Erst daraus kam die Triade von Brahmā, Vishnu und Shiva, von Saraswatī, Lakshmī und Pārvatī hervor. Wie jedoch fand der Wille zu erschaffen oder wie fand der Wille, den Vorgang der Schöpfung in einer speziellen Weise zu planen statt? Ich bin diese treibende Kraft oder die Verkörperung dieses Großen Beschlusses. Die Ankunft von Ādi Parāshakti, der Trinität, der Shakti-Triade geschah nur aufgrund dieses Großen Beschlusses. Die Form dieses Großen Beschlusses[4] ist die Verkörperung des höchsten Lehrers. Dies ist eine sehr geheime Sache. Wann immer der Höchste Beschluss es will, geschieht es sofort. Wollen und Erfüllen findet zur gleichen Zeit statt. Ich bin die Urkraft selbst, die alle Kräfte blockieren kann. Beziehungen zwischen Mutter

1 Hier: Jāgrit, Nidra und Swapna – Die Bewusstseinszustände von Wach-, Schlaf- und Traumzustand; der 4. Zustand ist Samādhi
2 Hier: Anasūyā Tattwa
3 Das Geschlechtsorgan oder die Quelle für die Schöpfung allen Lebens.
4 Hier: Mahā Samkalpa

und Kind, Vater und Sohn, Mann und Frau, Bruder und Schwester sind unvermeidlich. Die Formen der Götter und Göttinnen tauchten auf, um die obigen heiligen Beziehungen als Idealformen zu demonstrieren. Jīva[1] ist Shakti in der Māya. Ich bin die höchste Shakti, die die Māya transzendiert. Nur durch die yogische Shakti können sich Māya Shakti und Mahā Shakti treffen. Die Trinität und die drei Shaktis bleiben in der Verehrung von Ādi Parāshakti oder vom ursprünglichen Datta enthalten. Nur wer ernsthaft spirituell strebt, kann diese göttlichen Beziehungen, ihre Naturen und die Erfahrungen der wichtigen Stadien des spirituellen Fortschritts verstehen.

Alle Sünden derjenigen, die Srīpāda verehren, werden beseitigt

Es ist nutzlos, einem Tier Sanskrit-Grammatik zu lehren. Wenn ein Tier Sanskrit-Grammatik lernen möchte, sollte es von dieser niedrigen Geburt befreit werden. Es sollte als ein Mensch geboren und von einer kompetenten Person unterrichtet werden. *Da Ich eine innere Verbindung mit jedem Wesen habe, empfange Ich von ihnen die Absichten, Neigungen und Unreinheiten. Ich verbrenne täglich diese Unreinheiten etc. durch ein heiliges Bad und Japa*[2] *und helfe den Lebewesen, sich weiter zu entwickeln. Für Mich ist es wahrlich nicht erforderlich, Verehrungen durchzuführen. Ich ziehe viele schlechte Einflüsse jener in Mich hinein, die Mich lieben und eine kurze Verehrung unserer Familiengottheit Kālāgni Shamana*[3] *ausführen. Es ist nicht möglich, irgendein Ergebnis hervorzubringen, ohne Karma zu erzeugen. Mit diesem Körper führe Ich daher Buße und andere große, fromme Riten durch. Da Ich unendliches Bewusstsein bin, erhalte Ich von den durchgeführten Riten unmittelbare Ergebnisse, die Ich an Meine Devotees entsprechend ihrer Eignung übermittle. Deshalb habe Ich die Form des Ādigurus. So wie ein Kind ein Recht auf das Eigentum seiner Eltern hat, werden die Jünger eines Lehrers die Kraft der Buße ihres Gurus erben. In der Bhagavad Gita wurde auch erwähnt, dass Handlungen unvermeidlich sind.*

1 Das individuelle Selbst oder die Seele
2 Wiederholung des Namens Gottes
3 Einer der 16 Avatare (Inkarnationen) von Dattātreya als Feuer der Zeit

Es gibt kein Ende Meiner Inkarnation

Ich, Srī Datta, bin leicht zugänglich. Andere Gottheiten gewähren Segen, nachdem sie durch die von den *Devotees* durchgeführte Buße zufriedengestellt sind. *Datta ist jedoch eine Verkörperung der Guru-Form-Erscheinung und ist mitfühlend; Seine Stärke der Buße beseitigt alle bösen Kräfte und Kräfte des Unglücks, die Seinen Devotees im Weg stehen, um Segen zu erlangen. Großvater, dies ist der Grund, weshalb ich Smruti Mātra Prasanna*[1] *genannt werde.* Ich bin der Eine, der die Form aller *Gurus* hat. Da diese Inkarnation aus großem Mitgefühl als Paramaguru[2] stattfindet, gibt es kein Ende dieser Inkarnation. *Sobald Ich den Ruf des Devotees empfange, werde Ich sofort antworten. Ich warte auf den Ruf von Meinem Devotee. Wenn ein Devotee sich einen Schritt auf Mich zubewegt, werde Ich hundert Schritte auf ihn zukommen. Mein natürliches Merkmal ist, Meine Devotees zu beschützen, so wie ein Augenlid die Augen beschützt, um sie vor allen Unfällen und Problemen zu bewahren.*‘ Srīpāda gab Srī Bāpanārya diese göttlichen Unterweisungen.

Dann fragte ich den großen Lehrer: ‚Großer Herr, ich hörte etwas über Somalata und Soma Yāga. Bitte geben Sie mir Einzelheiten darüber.‘ Da sagte Srīpāda, Somalata werde auch das Kraut Sanjīvini genannt, und er fragte mich, ob ich es sehen wolle. Als ich ‚ja‘ sagte, erschien das Sanjīvini-Kraut in Seiner Hand. Er zeigte es mir. Heute noch befindet sich dieses Kraut sicher in meinem Pūja Mandir[3] als Sein göttliches Prasād.

Srīpāda fuhr fort: ‚Diese Sanjīvini-Kräuter kommen in den Bergketten des Himalaya vor, beim Mānasa Sarovar, in Kashmir, beim Ursprung des Sindh-Flusses, beim Srīshaila-Berg[4] – dem ewigen Wohnsitz von Lord Mallikhārjuna, Sahyadri[5], Mahendradevagiri, in der Vindhya-Gebirgskette und den Gegenden des Badari[6]-Waldes. Nur durch die Wirksamkeit dieses Krautes kehrte Lakshmana aus dem Koma zurück. Reibt man es auf seinen Körper, kann man die Fähigkeit erlangen, durch die Luft zu fliegen. Es hilft sehr, die Muskeln zu kräftigen, den Glanz der Augen zu erhöhen und

1 Jemand, der durch bloßes Erinnern zufrieden ist
2 Höchster Lehrer
3 Raum für Verehrung und Meditation
4 Sri Sailam, Andhra Pradesh
5 Eine Gebirgskette in den Westghats, wo sich viele Pilgerzentren befinden
6 Badrinath; heilige Stadt in Uttarkand mit einem berühmten Tempel

die Hörfähigkeit zu stärken. Wer es benutzt, wird von vielen Krankheiten befreit. Durch seine Wirksamkeit ist man geschützt vor jeder Art von Furcht oder Leiden, das durch Feuer, Wasser oder Gift verursacht wird. Das Kraut verleiht auch acht Siddhis wie Animā[1] usw. Diese Sanjīvini-Pflanze beginnt ab dem ersten Tag von Sukla Paksha[2] mit einem Blatt pro Tag zu keimen. Am Vollmondtag hat sie 15 Blätter. Ab Beginn der folgenden zwei Wochen von Krishna Paksha[3] fällt wiederum jeden Tag ein Blatt ab, und am Neumondtag vertrocknet die Pflanze mit allen abgefallenen Blättern. Wenn dieser kleine trockene Stab mit Wasser benetzt und während der Nacht in einem Zimmer aufbewahrt wird, strahlt er Licht aus. In der Sahyadri-Bergkette[4] und in den Bhima Shankara-Bergen[5] stehen wilde Tiere bei diesem Sanjīvini-Kraut Wache. Zur Mitternacht des Neumond-Tages kann es erkannt werden, wenn es in himmlischem Licht leuchtet. Mein lieber Gurucharanā, so gibt es 24 Arten von himmlischen Pflanzen. Sie alle sind sehr heilig. Göttliche Kräfte wohnen in diesen Pflanzen. Daher sollten diese Pflanzen mit äußerster Demut und dem Singen vedischer Mantren gesammelt werden.' Die Namen dieser Kräuterpflanzen sind:

1.	Soma	9.	Swetan	17.	Gayatri
2.	Mahā-Soma	10.	Kanaka Prabha	18.	Yestham
3.	Chandrama	11.	Pratanavan	19.	Pāvata
4.	Ansuman	12.	Lal Vrutta	20.	Jagat
5.	Manjuvan	13.	Karadīra	21.	Sākar
6.	Rajata Prabhu	14.	Ansavan	22.	Anistham
7.	Dūrvā	15.	Swayam Prabha	23.	Reyktha
8.	Kaniyan	16.	Rudraksha	24.	Tripada Gayatri

Ich verabschiedete mich von Srīpāda und verließ Pīthikapuram."

1 Fähigkeit, die Größe des Körpers zu verringern, manchmal bis zur Größe des Atoms; eine von 8 Hauptkräften, die, wie in den indischen Schriften aufgeführt, von einer spirituellen Person erlangt werden
2 Die erste Hälfte des Mond-Monats
3 Die zweite Häfte des Mond-Monats
4 Eine Gebirgskette in den Westghats, wo sich viele Pilgerzentren befinden
5 In der Ghat-Region der Sahyadri-Berge, wo der Bhimashankar-Tempel mit einem Jyotirlinga-Schrein liegt

Nachdem Gurucharan mir den obigen Bericht gegeben hatte, erhielten wir die Erlaubnis für den Darshan des Srī Mahā Guru und wir wurden informiert, dass die yogische geistige Reise des Srī Mahā Guru beendet sei. Wir erhielten Seinen Darshan und empfingen aus den göttlichen Händen von Srīpāda Früchte und Prasād. Dann sagte Srīpāda: „Überquert beide den Krishna-Fluss und geht zur anderen Seite. Geht zum Dorf Mānchala. Die Dorfgottheit von Mānchala wird euch segnen. Nachdem ihr den Segen dieser Mutter erhalten habt, kehrt nach Kurungadda zurück. Beachtet, dass Ich euch immer beobachten werde, egal wo und in welcher Entfernung ihr seid.

In der Zukunft wird das Dorf Mānchala[1] *weltweit berühmt werden. Es wird berühmt aufgrund des lebendigen Samādhis einer großen Person*[2]. *Die scherzhaften Spiele dieser großen Person werden wunderbar sein. Es gibt hier ein Pīthikapuram auf der subtilen Ebene, so wie es ein Pīthikapuram auf der grobstofflichen Ebene gibt. Es ist das goldene Pīthikapuram. Es ist fest in Meiner Aura verankert, die Meinen physischen Körper umgibt. Alle, die Meine Gnade erlangen, egal zu welcher Epoche, welchem Land oder welcher Zeit sie gehören, werden ihr Bewusstsein in diesem goldenen Pīthikapuram fest verankert haben. Wer eine yogische Schau hat, kann dies verstehen. Jene, die einen Platz für ihr lebendiges Bewusstsein im goldenen Pīthikapuram erlangen, haben wahrlich Glück. Ich werde ihnen in jeder Geburt folgen und sie retten.*

Mein lieber Shankar Bhatt, nach vielen hundert Jahren wird ein großes Samsthan in Meinem Namen errichtet werden. Meine Pādukas[3] werden im Schatten des Audumbara-Baums an Meinem Geburtsort im Haus Meines mütterlichen Großvaters aufgestellt werden. Die Bildnisse von Mir, der vorhergehenden Inkarnation und der nachfolgenden Inkarnation werden auch gezeigt. Ich vermittle es euch in einer übernatürlichen Schau. Seht!" Während Er dies sagte, berührte Er Gurucharan und mich am Zentrum unserer Augenbrauen. Wir sahen diese wunderschöne Szene mit Freude und Dankbarkeit. Sein Wille ist grandios, Sein scherzhafter Zeitvertreib merk-

1 Auch Manchale genannt; heute Manträlayam, Andhra Pradesh; die Dorfgöttin wird Manchallama genannt

2 Srī Raghavendra Swami (1595-1671); erklärte 1671 vor dem Erreichen des Samādhi, er werde 700 Jahre lang bei seinen Jüngern sein.

3 Als heilig verehrte Sandalen

würdig und seltsam. Als wir aufbrachen, sagte Er: „Eine Person mit den wesentlichen Eigenschaften von Vasishta wird als Priester für Mein Samsthan kommen."

Ehre sei Srī Srīpāda Srīvallabha!

Kapitel 21

Dhandiswāmi besucht den Kukkuteswara-Tempel

Notwendigkeit der Reinheit des Ortes und des Gefühls von spirituellen Aspiranten

Gemäß den Anweisungen von Srī Mahā Guru brach ich zusammen mit Gurucharan zu einem Besuch des Dorfes Mānchala auf. Unterwegs sprachen wir über die scherzhaften Spiele von Srīpāda. Ich erfuhr von Gurucharan viele Dinge über spirituelle Erziehung. Ich fragte Gurucharan: „Mein Herr, Srīpāda sagt, eine Person, die die Eigenschaften des Weisen Vasishta habe, würde als Priester zu Seinem Samsthan kommen. Wer ist dieser äußerst Glückliche? Zu welcher Zeit wird er kommen?“ Gurucharan antwortete: „Shankar Bhatt, Er erklärte, dass nach vielen Jahrhunderten an Seinem Geburtsort ein großes Samsthan in Seinem Namen errichtet würde. Es ist der Wille von Srīpāda, dass ein großer Eremit als Priester zu Seinem Mahā Samsthan kommen wird. Ohne den göttlichen Willen werden keine großen Weisen kommen. Meditation über lange Zeiten, Verehrung, Singen heiliger geweihter Mantren, Methoden der Verehrung mit Hingabe und Achtsamkeit reinigen den Luftbereich dort. *Ideenwellen werden aus allen zehn Richtungen im inneren Universum gesendet. Menschen mit heiligen Gefühlen nehmen heilige Schwingungen auf. Menschen mit unreinen Gefühlen empfangen unreine Schwingungen. Ein besonderer Ort zieht auf viele wunderbare Weisen mühelos große Personen an, indem er ihr geistiges Bewusstsein berührt, wenn die Ideenwellen dieses Ortes sehr machtvoll werden.* Wenn andererseits schlechte Ideenwellen an einem Ort vorherrschen, wird er schlechte Leute zu sich ziehen, indem ihr mentales Bewusstsein auf merkwürdige Art und Weise berührt wird. *Ein spirituell Suchender sollte daher in Gegenden wohnen, die über eine Reinheit des Ortes verfügen. Er sollte ein reines Denken haben und nur mit solchen Leuten befreundet sein. Er sollte Geld oder Nahrung nur von jenen empfangen, die im Umgang mit Geld rein sind. Jene, die sich anmaßen, große Gelehrte in den Veden und*

Vedanta zu sein, können die Gnade von Srīpāda nicht erlangen. Gelehrte mit moderaten Leistungen, aber makellosem Denken haben von Ihm außerordentliche Gunsterweise erhalten. Um Geschäfte zu tätigen, ging ich zu einem sehr heiligen Ort, Jagannadhapūri in Orissa. Dort fand ich Srīpāda anstelle von Jagannadh. Drei oder vier Devotees von Srīpāda gab es in dem Ort. Srīpāda gab ihnen Darshan in der Form der von ihnen gewählten Gottheiten. Einmal erschien Er ihnen als Srīpāda. Durch Stille lehrte Er ihnen, dass Er die Verkörperung aller Formen von Gottheiten ist.

Zerstörung des Stolzes eines Dhandiswāmi

An dem Tag, als wir gingen, kam ein Dhandiswāmi begleitet von seinen 108 Jüngern dort an. Es ist unsere Gewohnheit, die Füße von großen Personen, wenn wir sie treffen, als Gruß zu berühren. Kaum hatten wir ihn gegrüßt, als der Dhandiswāmi seine Sprache verlor. Wir beteten zu Srīpāda Srīvallabha, dem Dhandiswāmi seine Sprache zurückzugeben, und sofort erlangte der Dhandiswāmi seine Sprache wieder zurück. Als sie erfuhren, dass wir Jünger von Srīpāda waren, begannen diese Leute mit verzerrter Logik zu argumentieren: ‚Die als Srīpāda bekannte Person ist ein Magier niedriger Klasse. Seine Jünger sind ebenfalls minderwertige Magier. Mit ihrer schlechten Magie haben sie unserem Dhandiswāmi die Sprache genommen. Da unser Swamijī jedoch sehr machtvoll ist, hat er seine Gesundheit wiedererlangt. Unser großer Swamijī wird die wahre Natur eures Srīpāda offenlegen. Er wird Pīthikapuram besuchen und Siegesbezeugungen erhalten, nachdem er Srīpāda hat Staub essen lassen. Die Leute vom Dorf Pīthikapuram werden für uns einen großen Siegeszug auf einem Triumphwagen arrangieren.‘ Wir konnten nicht antworten. *Als Teil des göttlichen Spiels von Srīpāda wird der zu Ihm Gehörende in sehr kritische Umstände geworfen, und wenn er um Hilfe ruft, wird er auf sehr merkwürdige Weise gerettet. Das ist Seine Gewohnheit, Devotees zu retten. Er erschafft das Problem. Er zeigt eine Lösung und gibt Hilfe. Diese Art von göttlichem Spiel erleben alle Datta-Devotees.*

Nach einigen Tagen kam der Dhandiswāmi nach Pīthikapuram. Glücklicherweise kam ich auch nach Pīthikapuram, das auf meinem Reiseweg lag. In Pīthikapuram fehlte es nicht an Leuten, die voller Hass und Gift auf Srī

Bāpanārya, Srī Appalaraja Sarma und Srīpāda zu sprechen waren. Der Dhandiswāmi besuchte die Gottheiten im Kukkuteswara-Tempel[1]. Sie sahen auch den selbstexistierenden Datta. Der Dhandiswāmi sagte: ‚Die Größe des selbstexistierenden Datta hier ist grenzenlos. Der selbstmanifestierte Datta machte mich zu einem Instrument, um der Arroganz von Srīpāda einen Schlag zu versetzen; Er ist von Stolz aufgeblasen und behauptet, eine Inkarnation dieses Datta zu sein. Von heute an beginnen gute Tage in Pīthikapuram. Ihr bleibt frei von Sorgen.' Als er dies gesagt hatte, manifestierte er durch seine Willenskraft Vibhūti[2], Kumkum und andere Materialien und gab sie seinen Anhängern. Die Brahmanen von Pīthikapuram führten den Dhandiswāmi mit vedischen Gesängen zum Kukkuteswara-Tempel.

Mit Trommelwirbel wurde in der Stadt eine öffentliche Ankündigung gemacht: ‚Srīpāda, der sich selbst als eine Inkarnation von Datta bezeichnet, sollte Seinen Fehler eingestehen und sich vor Dhandiswāmi niederwerfen und um Verzeihung bitten. Srī Bāpanārya sollte persönlich zu Dhandiswāmi gehen und um Verzeihung bitten. Srī Appalaraja Sarma sollte anwesend sein und Dhandiswāmi die Statue von Kālāgni Shamana Datta[3] aushändigen, die seit Generationen in ihrer Familie verehrt wird. Er sollte sich der von Swamijī zu verhängenden Strafe unterwerfen.'

Der Rat der Ārya Vaishyas traf sich unter dem Vorsitz von Srī Pynda Venkatappayya Sreshti. Sie beschlossen, dass Srīpāda, Srī Appalaraja Sarma oder Bāpanārya sich nicht vor dem Dhandiswāmi verbeugen und dass solche Untaten nicht unterstützt werden sollten. Die Versammlung der Kshatriyas, die sich unter dem Vorsitz von Srī Narasimha Varma traf, fasste einen ähnlichen Beschluss.

Srīpāda ruhte im Schatten des Audumbara-Baums im Haus Seines mütterlichen Großvaters. Srī Sreshti, der das Strahlen des göttlichen Glanzes in Seinem Gesicht betrachtete, vergoss Tränen aus tiefer Trauer. Schweigend saßen Srī Narasimha Varma, Srī Sreshti und Bāpanārya neben Srīpāda. Wie ein Geisteskranker saß Appalaraja Sarma reglos da. Srīpāda, der Srī Krishna gleich ist, wachte aus dem Schlaf auf und sagte, Er sei hungrig und wolle Reis mit Joghurt essen. Seine mütterliche Großmutter brachte mit Joghurt gemischten Reis in einer Silberschale. Srīpāda aß mit großer Hast. Dann bat

1 Tempel in Pithapuram
2 Heilige Asche
3 Einer der 16 Avatare (Inkarnationen) von Dattātreya als Feuer der Zeit

Er Seinen Großvater, Veden zu rezitieren. Appalaraja Sarma nahm auch an dem Rezitieren der Veden teil. Auch Srīpāda schloss sich ihnen an und sang vedische Hymnen. Diesen melodiösen heiligen vedischen Hymnen hörten Narasimha Varma und Srī Sreshti mit tiefer Freude zu.

Im Kukkuteswara-Tempel erschienen Klumpen von Joghurtreis auf dem Gesicht des selbstmanifestierten Datta. Als die Priester diese wegwischten, erschienen sie wieder. Es war merkwürdig, dass die Statue des selbstmanifestierten Datta solch ein Wunder aufwies. Der Dhandiswāmi mit seinen Jüngern und den neuen Jüngern in Pīthikapuram brachen von dort mit lautem Singen der Veden auf. Sie setzten einen Fuß vor den anderen, doch es schien, als würde die Erde sich ausdehnen. Für die Zuschauer sah es aus, als ob sie ihre Beine bewegten, aber auf der Stelle blieben, unfähig, vorwärtszugehen. Mit diesem eigenartigen Kunststück verstrich viel Zeit. Alle Leute, die dieses Wunder sahen, waren verblüfft. Unterdessen brach der Brahmadanda[1] entzwei. Der Dhandiswāmi fühlte, als würde sein Rückgrat zerbrechen. Er fiel flach auf den Boden. Dieses Ereignis erfüllte die Brahmanen von Pīthikapuram mit Furcht. Sie erkannten, dass Srīpāda machtvoller als Dhandiswāmi war und ihre Feindschaft gegenüber Srīpāda ihnen zahlreiche Schwierigkeiten bereiten würde. Sie wussten jedoch nicht, wie sie den Platz verlassen und in ihre Häuser kommen sollten.

Moksha kommt durch Vernichtung von Moha

In Pīthikapuram gab es jemanden, der Abanna genannt wurde. Er verdiente seinen Lebensunterhalt, indem er Schlangen fing und sie dem Publikum präsentierte. Er kam zum Haus von Bāpanārya und machte Schlangenbeschwörungen. Srīpāda bat, mit dem Singen der Veden aufzuhören. Abanna wurde zu seiner vollen Zufriedenheit verpflegt. Dann rief Srīpāda Abbanna zu sich und wies ihn an: ‚Nimm deinen Topf, fülle ihn bis an den Rand mit Wasser von hier und gehe zum Kukkuteswara-Tempel. Während die Inkarnation von Lord Datta in Menschengestalt in Pīthikapuram umhergeht, beleidigten Ihn einige große Sünder grundlos. Sie sind im Kukkuteswara-Tempel. Chitragupta entschied, sie sollten nach dem Tod als Geister geboren wer-

1 Von Asketen getragener Stab

den. Ich sprach mit Chitragupta und fand eine Methode, um diese Sünde aufzuheben. Mutter Erde ist auch erzürnt. Gehe dorthin und bitte Sie in Meinem Namen, ruhig zu werden. Wenn jene, die den Darshan von Srīpāda haben möchten, ihr Einverständnis erklären, sprenkle dieses Wasser auf sie. Gehe zum Haus des Mādiga[1] Subbayya. Nimm den Joghurtreis aus diesem Topf und verteile ihn an alle als Mahā Prasād.'

Abbanna und Subbayya gingen dorthin und brachten alle zum Haus von Bāpanārya. Zornig donnerte Srīpāda: ‚Du da, wie stolz bist du darauf, ein Dhandiswāmi zu sein? Du bist ein unverbesserlicher Idiot, der Datta, den du verehrst, nicht erkennen kann; Er befindet sich in der Form von Srīpāda Srīvallabha. Du hast eine Gruppe Jünger um dich geschart, die wie ein Flickenteppich sind, der zur Flickenjacke passt. Sie gleichen dir an Dummheit. Zudem hast du eine neue Jüngergruppe in Pīthikapuram versammelt. Was könnt ihr Mir antun? Was ist eure Existenz vor der einzigen Kraft, welche die gesamte Schöpfung regiert? Was ist deine Fähigkeit? Eine große Sünde hat dich und alle, die von dir abhängig sind, durch die Schmähung des Göttlichen gefangen. Chitragupta hat beschlossen, dass ihr viele Jahrhunderte lang wie Geister leben solltet. Durch Mein grenzenloses Mitgefühl habe Ich es aufgehoben. Es wurde beschlossen, dass ihr selbst nach Erlangen einer menschlichen Geburt Schwierigkeiten in sehr niedrigen Geburten haben solltet. Ich nahm auch dies bis auf ein sehr kleines Strafmaß zurück. Die Form von Srīpāda Srīvallabha ist wie ein loderndes Feuer. Mit Feuer zu spielen führt zu Unfällen. Überlege, was Rettung bedeutet, wenn Ich und Meine Māya untrennbar sind. Moksha[2] ist die Zerstörung von Moha[3]. Wenn irgendein lebender Mensch die Form reiner Seligkeit erfahren möchte, werde Ich es ihm gewähren, wenn er es verdient. Es wird auch gewährt, wenn er über Māya hinaus in einem erhabenen Zustand himmlischer Seligkeit als eine Verkörperung des Glücks bleiben möchte. Meiner Ansicht nach gibt es keinen Unterschied zwischen dem attributlosen Einen ohne Form und dem Einen mit Attributen in einer Form; zwischen Befreiung und Bindung. In jedem Augenblick werden zahllose neue Welten erschaffen, erhalten und zerstört. Es gibt keine Grenzen oder Begrenzungen für die höchsten Zustände oder die fantastischen seligen Zustände der Existenz,

1 Schusterkaste
2 Befreiung
3 Unwissenheit, Illusion

die von lebenden Personen erlangt werden können. Wer nach dem Tod zu Mir kommen will, wird gewiss kommen. Mein Wille entscheidet, wie viele Hunderte von göttlichen Jahren sie in diesen Zuständen verbleiben und wann sie zurückgesandt werden sollen. Ich bin der oberste Regisseur dieses undurchsichtigen Dramas und gegenwärtig vor dir in der Gestalt eines Menschen. Du siehst Mich. Ich kam aus diesem höchsten Zustand in diese menschliche Form herab, um dir zu sagen, dass Ich Mich selbst in dem formlosen Zustand auch immer um dich kümmere. Die yogischen Kräfte großer Yogis müssen zum Wohl der Welt verwendet werden. Welt bedeutet nicht nur diese Erde. *Es ist deine Pflicht, den hilflosen Menschen zu helfen, die sich in einer niedrigeren Stellung als du befinden.*

Ich bin inkarniert, um die Pfade von Dharma, Karma, Yoga, Bhakti und Jnāna zu predigen. Ich bin die einzige Wahrheit, der Ursprung aller Wahrheiten. Ich bin der Ursprung aller Dharmas. Ich bin die einzige Ursache, die alle Ursachen erschafft. Nichts geschieht in dieser Schöpfung, was nicht in Meinem Willen ist. Ohne Mich gibt es keine Schöpfung. Da Ich hier bin, bist du hier; so auch die Schöpfung. Wie kann man die Wahrheit besser ausdrücken? Gehe zum Himalaya und tue Buße, ohne jegliche Anhaftung. Sammle keine Jünger um dich. Selbst wenn du nicht Befreiung oder Emporhebung erlangst, gibt es für Mich oder für die Schöpfung keinen Verlust. Die Aktivitäten in der Schöpfung werden wie erforderlich durchgeführt. So ist es. Die Prozession der Brahmanen in Pīthikapuram, die dir folgt, ist wie eine Eselsoper bei der Heirat von Kamelen. Während die Esel die Schönheit der Kamele preisen, preisen die Kamele die melodiöse Musik der Esel. Obwohl sie in gegenseitiger Bewunderung schwelgen, sieht die Wirklichkeit anders aus.‘ So hielt Srīpāda diese wertvolle Predigt.

Beziehung zwischen Arundhati und Vasishta

Ich fragte Gurucharan: „Ich hörte, Mutter Arundhati wurde in der Paria-Kaste geboren. Wie heiratete sie den Weisen Vasishta?“ Da erzählte Gurucharan die Begebenheit: „In früheren Zeiten machte Vasishta tausend Jahre lang Buße. Zu der Zeit diente ein Paria-Mädchen namens Akshamala dem Weisen Vasishta in der Art, wie es sich für sie geziemte. Der Weise fand Gefallen daran und wollte ihr eine Gunst erweisen. So bat Akshamala

Vasishta, ihr Ehemann zu werden. Vasishta fragte: ‚Ich bin ein Brahmane und du bist eine Paria-Frau. Wie kann eine Ehebeziehung zwischen uns stimmig sein?' Sie antwortete daraufhin: ‚Ich sollte um eine Gunst bitten. So habe ich diese Bitte ausgesprochen. Wenn Sie möchten, gewähren Sie die Gunst. Wenn nicht, gestatten Sie mir fortzugehen.' Der Weise fürchtete sich, ein Versprechen zu brechen und fragte sie daher, ob sie mit allem einverstanden wäre, was er mit ihrem Körper machen würde. Sie stimmte zu. Der Weise verwandelte sie in Asche und brachte sie wieder zum Leben zurück. Sieben Mal tat er dies. Alle Unreinheiten der Geburt in einer niederen Kaste waren bei der siebten Geburt ausgelöscht, und sie erstrahlte in äußerster Reinheit. Daraufhin heiratete sie Vasishta. Da sie den von Vasishta durchgeführten Ritualen nicht den geringsten Widerstand entgegensetzte, wurde sie unter dem Namen Arundhati bekannt.

Srīpāda erzählte dies Narasimha Varma, der aus der Linie von Vasishta abstammte. Ein Mensch, der von einer Shūdra-Frau durch einen Brahmanen geboren wurde, kann in seiner siebten Geburt durch Anlegen des heiligen Fadens zu einem Brahmanen werden. Es ist besser, wenn alle vier Kasten ihren entsprechenden Pflichten nachkommen gemäß den festgelegten Bestimmungen. *Aufgrund von schlechten Taten kann ein Brahmane allmählich fallen und zu einem Shūdra werden. Vollbringt ein Shūdra dagegen gute Taten, kann er allmählich emporsteigen und zu einem Brahmanen werden. Wer jedoch unerschütterlichen Glauben an Lord Datta hat, erlangt entsprechend seiner Eignung rasch hohe Positionen. Lord Datta kann Seinem Devotee Langlebigkeit, Gesundheit und Wohlstand gewähren, wie dies für ein angenehmes Leben erforderlich sein mag, ungeachtet der Kaste, in die hinein der Devotee geboren wurde, oder der Umstände, unter denen er lebt. Für Srīpāda ist es ein natürliches Spiel, die karmischen Bande vieler Geburten zu durchschneiden und Seinem Devotee eine hohe Position zu gewähren.“*

Das Versprechen von Srīpāda für Datta-Devotees

Während wir uns über die Herrlichkeit von Srīpāda unterhielten, erreichten wir das Dorf Mānchāla. Die Dorfgöttin von Mānchāla gewährte uns ihren göttlichen Darshan und segnete uns. Mit ihren heiligen Händen gab sie uns Prasād und bemerkte: „Srī Dattātreya, der in alten Zeiten der Lehrer von Prahlāda war, lebt heute auf der Erde in der Form von Srīpāda Srīvallabha. Es ist nicht möglich, den Willen von Srīpāda zu erkennen. Srīpāda sagte mir persönlich, dass sich Prahlāda in den kommenden Jahrhunderten als Guru Sārvabhūma[1] inkarnieren und dieser Ort als Mantrālaya berühmt werden würde. Täglich nimmt Er Wasser aus dem Tungabhadra-Fluss. Möget ihr euch glücklich entwickeln." Als sie dies gesagt hatte, nahm sie ihre vorherige Form wieder an. Als wir gehen wollten, kam ein Māla-Dāsari[2] namens Krishna Das dort an. Die Dorfgöttin Mānchāla gab Krishna Das eine Blumengirlande und Prasād als Zeichen ihrer Gnade und wies ihn an, nach Kurungadda zu gehen.

Wir Drei brachen zu unserer Reise nach Kurungadda auf. Alle Datta-Devotees gehören zu einer Kaste. Das Prasād von Lord Datta ist für sie annehmbar, ungeachtet der Kaste, zu der die Person gehört, die das Prasād anbietet. Die Begleitung von Krishna Das rief neue Begeisterung in uns wach. Im Verlauf des Gesprächs sagte er: „Wenn die Bedeutung der verschiedenen Zahlen 16, 116 und 1116, die als Dakshinas[3] angeboten werden, bekannt ist, wird die Bedeutung von 2498, der Zahl von Srīpāda verstanden. So wie die Welt aus dem Ātma hervorkommt, werden Kinder vom Vater geboren. Zur Zeit der Hochzeit betete der Bräutigam zum Feuergott: ‚Oh Agnihotrā, gewähre mir durch diese Braut die Geburt von zehn Kindern.' Er selbst wird das 11. Kind. Es ist also dem Dharma gemäß erlaubt, zehn Kinder zu bekommen. Danach sollte er seine Frau als eine Mutter betrachten. Ein Sohn wird als ein Zehntel-Teil des Vaters betrachtet. Werden zehn Personen, die je einen Dezimalwert haben, vereint, so wird die volle Zahl des Vaters gebildet. Da Shiva die Personifizierung von Ātma ist, wird Er als vollständig verehrt. Werden die 16 Dezimalen durch 10 geteilt, ergibt sich die volle Zahl 1, die Shiva darstellt. 6 bleibt als Rest. Vishnu ist die Personifizierung der Urnatur mit der Form von Māya. Die Natur ist die Hälfte von Purusha. So ist die Hälfte von zehn fünf, und wenn der obige Rest sechs durch fünf geteilt wird, ergibt sich die volle Zahl 1 als Darstellung von Vishnu, doch ein Dezimal bleibt übrig als Rest. Brahmā ist ein Zehntel des Bruchteils von Shiva und Vishnu (Purusha und Prakriti) als

1 Der Herrscher
2 Ein Paria-Bettler, der ein Verehrer von Vishnu ist
3 Geldspenden

ihr Ergebnis. Wenn also der obige Rest 1 durch 1 geteilt wird, ergibt sich die volle Zahl 1, die Brahmā darstellt, als Ergebnis. Es bleibt kein Rest übrig.

Purnam bedeutet Null. Es ist attributlos und so ist es die Form von Rudra[1]. Wenn alles aufgelöst wird, kann man nur den großen Raum sehen. Nur in den großen Raum hinein kann alles aufgelöst werden, doch die Form von Vishnu hat die Eigenschaft der Unendlichkeit. In der Natur der Existenz der Schöpfung ist Unendlichkeit unvermeidbar.

Srīpāda besitzt sechzehn strahlende Potenzen

Mein lieber Shankar Bhatt, wenn ein Ding in zahllos viele Stücke zerbrochen wird, so wird jedes Stück zu einem Leerraum. Nur wenn solche Leerräume unaufhörlich zusammengefügt werden, bildet sich eine begrenzte Gestalt. Wisse daher, dass Shiva und Kesava[2] sich nicht unterscheiden. In der obigen Dezimalteilung wurde von den verbleibenden sechs Dezimalstellen, die nach der Teilung durch 10 als Rest übrig blieben, die Gesamtsumme von fünf Dezimalzahlen als die Form Vishnus genommen. Die gesamte aus fünf Elementen bestehende Schöpfung wird als die Form von Vishnu betrachtet. Vishnu sagte zu Vīrabhadra[3], der das Daksha Yagna zerstörte: ‚Zur Freude von Īswara[4] nahm die Urnatur die Form von Pārvatī[5] an, zur Zeit der Schlacht mit den Dämonen die Form von Durga, jene von Kālika Devi[6] in ihrer zornigen Stimmung und die Gestalt eines Mannes als Meine Form von Vīrabhadra. Damit soll grundlegend bestätigt werden, dass Srīpāda Shodasa Kala Paripūrna[7] ist.‘ Erst im Alter von sechzehn Jahren verließ Er Pīthikapuram. Da Er eine Verkörperung von Brahmā, Vishnu und Rudra ist, ist es wichtig zu wissen, dass er ein Shodasa Kala Paripūrna ist.

1 Der Herr des kosmischen Willens und der Schwingung
2 Name für Vishnu
3 Ein von Shiva geschaffenes Wesen, das gemäß der Hindu-Mythologie das Opfer von Daksha, einem Sohn Brahmās, zerstörte
4 Die Universalseele
5 Die Frau (Kraft) von Shiva
6 Mutter Kālī
7 Eine vollkommene Verkörperung von sechzehn strahlenden Potenzen

Verschiedene Formen von Gottheiten

Da Vishnu die Verkörperung der Natur ist, stellen die fünf Dezimalpunkte Vishnu dar. Da Brahmā der Sohn der yogischen Vereinigung von Pārvatī und Parameswara[1] ist, ist Er ein Zehntel der Form von Shiva. Der Grund ist eindeutig. Shiva ist wichtig, er ist die Form des Bewusstseins. Da die Form von Vishnu das illusionäre Universum repräsentiert, ist sie unwichtig. Brahmā ist daher ein Zehntel von Shiva. Die Zahl Eins ist das Symbol von Brahmā. Diese einzelne Zahl teilt sich in den Ashta Mūrthis[2] in die Zahlen zwei bis neun auf. Brahmā bekam daher die Gestalt des neunten Prajapathi[3]. Bei den drei Zahlen 16, 100 und 1000 ergaben sich die letzten beiden Zahlen durch spezielle Berechnungen, und wenn sie mit 16 verbunden wurden, wurde daraus 116 und 1116. Werden sie durch 10 geteilt, so werden sie zu Symbolen aller Dinge in der Schöpfung. Die Zahl 1 stellt Rudra dar, die beiden vollen Zahlen 11 stehen für Vishnu, die drei vollen Zahlen 111 stellen Brahmā dar. 16, 116 und 1116 werden als Shodasādi Tridakshina[4] bezeichnet. Es wurde gesagt, wer Tridakshina gibt, erhält das Wissen von Brahmā[5]. Werden die drei Arten von Dakshinas[6] gemacht, entspricht dies dem Hingeben von Körper, Geld und Geist. Wenn Geld gespendet wird, das den obigen Zahlen entspricht, wird der Spender das Ergebnis erlangen, als hätte er die gesamte Welt beschenkt. Pindānda Dāna[7] stellt die Welt dar. Unser Körper hat die Form von drei Opfern. Das Opfer am frühen Morgen, das Mittagsopfer und das dritte Opfer von Gāyatrī, Tristhup und Jagati Chandas[8] haben eine spezielle Anzahl von Buchstaben wie bei den entsprechenden Metren erforderlich. Dies bedeutet, dass Gāyatrī 24 Buchstaben hat, Tristhub 44 Buchstaben und Jagati 48 Buchstaben; die Gesamtsumme von ihnen ergibt 116 Buchstaben. Durch

1 Der höchste Herr; ein Name Shivas
2 Acht Attribute Shivas
3 Hier: Nava Prajapathi; die Prajapathis sind eine Gruppe von Gottheiten der Zeugung und der Erhaltung des Lebens
4 Drei Arten von Geldspenden, die 16 als ganze Zahl haben
5 Hier: Brahmajnāna
6 Gaben
7 Den Körper geben
8 Drei Formen von vedischen Metren

Pindāna Dāna[1] wird dasselbe Ergebnis erlangt wie bei der oben angeführten Geldspende.

Die Inkarnation von Srīpāda ist das Ergebnis des Savitri Kathaka-Opfers

Das in der Mitte der Sonne wohnende strahlende Licht[2] regt alle intellektuellen Züge an. Das ist Mutter Gāyatrī. Sie stellt die Zahl 24 dar. Die Zahl 9 ist die Form von Brahmā und die Zahl 8 ist die Form von Māya. Der Weise Bharadwaja führte im Tretā Yuga[3] das Sāvitra Kāthaka Chayanam in Pīthikapuram durch. Entsprechend dem an diesem Tag gegebenen Versprechen hat sich die Form von Srīpāda Srīvallabha jetzt in Pīthikapuram manifestiert. Er bat um Almosen und nannte es ‚Do Chowpati dev Lakshmī'; damit deutete Er an, dass Er die Form von Shakti und von Shāktha ist, die Ardhanārīswara[4]-Persönlichkeit, und dass Er die große Inkarnation ist, welche den Intellekt und die Natur der Lebewesen herausfordert, um sie auf einen rechtschaffenen Weg zu führen. Niemand kennt Seine spielerischen Zeitvertreibe und die Regeln Seiner Lehrmethoden. Da Er der Urheber dieses neuen Regelwerks ist, kennt nur Er sie."

Ich erfuhr so viele neue Dinge von Krishna Das. Wer aufgrund seiner Gelehrsamkeit arrogant ist, kann niemals die Gnade Srīpādas erlangen.

Krishna Das begann wieder zu sprechen: „Srīpāda durchdringt alles, von der Ameise bis zu Brahmā. Einst ruhte sich Srī Varma zusammen mit Srīpāda auf seinen Feldern aus. Viele Kobras kamen dorthin. Auf merkwürdige Weise beseitigte Srīpāda die Haube jeder Kobra von ihrem Körper und warf sie alle auf einen Haufen in der Nähe. Viele große Ameisen, die niemand zuvor gesehen hatte, versammelten sich dort. Während Srī Varma schlief, tötete Srīpāda die ganzen Ameisen, damit sein Schlaf nicht gestört wurde. Nach einiger Zeit wachte Srī Varma auf. Er hatte Mitleid mit den toten Ameisen. Srīpāda sagte mit einem Lächeln: ‚Ein König sollte seine Diener schützen. Dies ist eine Regel der Natur. Diese seltsamen Ameisen

1 Die Gabe des Körpers
2 Hier: Savitru Mandala Madhyavarthi
3 Das zweite der vier Zeitalter
4 Der männlich-weibliche Gott

haben einen eigenartigen König. Er kommt bald. Schau!‘ Währenddessen kam eine große weiße Ameise mit einer merkwürdigen Farbe. Sie ging um all die toten Ameisen herum, die plötzlich wieder lebendig wurden. Mit einem Lächeln sagte Srīpāda: ‚Dieser Ameisenkönig hat die Kraft von Sanjīvini. Mit dieser Kraft rettet er alle seine Ameisen. Es gibt so viele Wunder in der Schöpfung. Großvater, wenn du magst, kann ich jeden Augenblick solche Wunder zeigen.‘

Narasimha Varma war erstaunt, als er die toten Schlangen sah. Er bemerkte, dass dies ebenfalls das Werk von Srīpāda war. Da fügte Srīpāda die Haube einer Kobra an den Körper einer anderen Kobra und streichelte sie mit Seiner göttlichen Hand. So gewährte Er allen Kobras das Leben. Sie wurden wieder lebendig und gingen fort, nachdem sie Srīpāda umkreist hatten.

Wer weiß, warum diese Kobras kamen und warum Srīpāda sie so behandelt hatte? Als ich Srīpāda danach fragte, bemerkte Er: ‚Wenn die Kraft des Planeten Rāhu[1] nicht ausreicht, werden die Leute in ihrer ganzen Arbeit auf Hindernisse stoßen. Sie haben das Gefühl, als wären sie fest im Griff einer Python. Dies wird von einigen Kāla Sarpa Yoga genannt. Rāhu ist die herrschende Gottheit der Schlangen. Diese Schlangen, die so viele Hindernisse verursachen, sind für unsere Augen unsichtbar. Auf diese Weise habe Ich diese Hindernisse beseitigt und Meinen Devotees Trost und Glück gebracht'.“

Wir erreichten wohlbehalten Kurungadda. Srīpāda segnete uns mit einem bezaubernden Lächeln.

Ehre sei Srī Srīpāda Srīvallabha!

1 Der nördliche Mondknoten

Kapitel 22

Die Geschichte von Gurudatta Bhatt

Allein Srīpāda kann Seinen Devotees die Resultate des Horoskops geben

Gurucharan, Krishna Das und ich blieben in der Gegenwart von Srīpāda in einem unerklärlichen beschwingten Hochgefühl. Ein astrologischer Pāndit namens Gurudatta Bhatt kam zum Darshan von Srī Gurudev. Srīpāda behandelte ihn mit äußerster Herzlichkeit. Wir wurden gebeten, an einem friedvollen Ort einen Satsang[1] durchzuführen. Unser Gespräch wandte sich der astrologischen Wissenschaft zu. Ich fragte Srī Bhatt: „Mein Herr, treffen die in der astrologischen Wissenschaft angezeigten Resultate auf jeden Fall ein? Oder ist es möglich, dass es bei den Resultaten Änderungen und Ergänzungen gibt? Ist das menschliche Leben von vergangenem Karma bedingt? Oder wird es vom menschlichen Bemühen gelenkt?" Da erklärte Srī Bhatt: „Das Rad Bha bedeutet ‚der Pfad der Sterne'. Der Ausgangspunkt dafür ist der Stern Aswini[2]. Es gibt zwei Methoden, um die Position dieses Sterns festzulegen: Chaitra Paksha[4] und Revathi[5] Paksha. Der Stern Revathi liegt acht Potenzpunkte tiefer als erforderlich. So ist er nicht akzeptierbar. Es ist schwierig, die Sphäre des Sterns Aswini zu erkennen. Der Chitra-Stern, der sich 180 Grad davon entfernt befindet, ist auffallend als eine einzelne Kugel mit einer klaren Strahlung. Wenn sechs Rasis[6] zu ihm hinzugefügt werden, wird es der Aswini-Stern sein. Daher wird Chaitra Paksha akzeptiert. Der Stern Aswini besteht erwiesenermaßen aus drei Kugeln als Turaga-Mukha Aswini Sreni[7]. Es gibt einen speziellen Grund, dass Srīpāda im

1 Ein Gruppentreffen mit einem spirituellen Lehrer oder einer weisen Person
2 Nakshatra-Konstellation im Monat Widder
3 Nakshatra-Konstellation im Monat Jungfrau-Waage
4 Die Hälfte eines Mond-Monats
5 Nakshatra-Konstellation im Monat Fische
6 Unterteilungen des Tierkreises
7 Die Reihe der Aswini-Sterne mit den Gesichtern von Pferden

Stern Chitra geboren wurde. Der Aswini-Stern, dessen Form aus drei Kugeln besteht, sieht aus wie ein Stern. Es ist der Beginn der Bha Chakra-Konstellation. Dies ist Seine Dattātreya-Form. Seine allererste Inkarnation war jene von Srīpāda Srīvallabha. Sein Geburtsstern Chitra liegt genau in einer Entfernung von 180 Grad in einer geraden Linie zu diesem Aswini-Stern. Die Stärke eines Planeten oder Sterns wird an einem Punkt mit 180 Grad Distanz konzentriert.

Menschen werden in Übereinstimmung mit ihrem vergangenen Karma mit einer mathematisch angemessenen Planetenkonstellation geboren. Planeten haben keine Liebe oder Hass gegenüber Menschen. Verschiedene Strahlen, verschiedene Schwingungen, die von ihnen ausstrahlen, haben die Kraft, relevante Ereignisse zu bestimmten Zeiten und an bestimmten Orten hervorzurufen. Um unerwünschten Ergebnissen zu entgehen, müssen wir Schwingungen und Strahlen besitzen, die in der Lage sind, diese negativen Schwingungen und Strahlen aufzuhalten und zu vernichten. Dies kann durch Mantras, Tantras, Meditation, Gebet und ähnliche Methoden erreicht werden oder durch unsere persönliche yogische Kraft. Wenn das Karma früherer Geburten jedoch außergewöhnlich stark ist, werden die oben erwähnten Methoden nicht helfen. Unter solchen Umständen kann allein Srīpāda die Schrift auf unserer Stirn umschreiben. Nur indem wir der Welt einen besonderen Dienst erweisen, kann Er unsere Schrift abändern. Unter normalen Umständen kann dies nicht geschehen. Srīpāda wird sich nie unnötig in die Programme der Schöpfung und in die Aktivitäten der Gottheiten des Schicksals einmischen. *Dennoch wird das Leiden eines Devotees Srīpāda bewegen. Aufgrund der Macht der großen Einflüsse von Liebe und Mitgefühl, die aus dem Herzen des Herrn hervorströmen, nimmt die Stärke der Gottheiten des Schicksals ab. Das Schicksal wird inaktiv. Srīpāda ist das personifizierte Bewusstsein. Wenn Er es für notwendig hält, verwandelt Er Staub zu Himmel und Himmel zu Staub und zeigt Seine Fähigkeit, das Unvereinbare zu vereinbaren. Dies ist für Ihn eine sehr natürliche Sache.*

In gewisser Weise lebte ich in der Illusion, ein großer Gelehrter der Astrologie zu sein. Ich komme aus Karnataka. Ich kann nicht fließend Telugu sprechen, aber frei auf Sanskrit kommunizieren. Glücklicherweise ging ich nach Pīthikapuram. Von einigen Leuten hörte ich von Srīpāda Srīvallabha. Da unsere Familiengottheit Srī Dattātreya ist, besuchte ich den selbstexistierenden Datta im Kukkuteswara-Tempel[1], der Pādagaya Kshetra[2] ist. Ich verehrte Datta mit Hingabe und Eifer. Als ich in der Meditation war, hörte ich deutlich eine innere Stimme: ‚Du Narr, wie lange ist es her, dass du gestorben bist? Du gibst damit an, Mein Devotee zu sein! Du schwenkst Kampfer-Harathi[3] vor Meinem Gesicht und schlägst Nägel in Meine Füße. Bist du hier nach Pādagaya gekommen, um Nägel in Meine Füße zu schlagen und Mein Blut zu sehen?' Diese Worte hörte ich wiederholt. Da ich ein astrologischer Pāndit war, stellte ich Berechnungen in meinem Horoskop an. Genau zu dem Datum und der Zeit, wo ich den Körper verlassen sollte, befand ich mich im Pādagaya Kshetra in der Gegenwart des selbstmanifestierten Datta. Ich spürte meinen Pulsschlag. Der Pulsschlag hörte auf. Ich fühlte meinen Herzschlag, der ebenfalls nicht arbeitete. Ich sah mein Gesicht im Spiegel. Anstelle von Lebenszeichen traten auf meiner Stirn Todessymptome hervor. Ich lachte und schaute mein Gesicht im Spiegel an. Was gab es in meinem Gesicht, um stolz darauf zu sein? Es sah aus wie der Leichnam eines toten Mannes mit einer hässlichen Aura, der sich zu einem Geist verwandelt hat und lacht.

Der Priester im Tempel des selbstmanifestierten Datta war sehr habgierig. Ich konnte seinen subtilen Körper sehen. Er wies hässlichere Züge auf als mein Körper. Das in einem Winkel meiner Persönlichkeit verborgene Unterscheidungsvermögen erwachte. Ich erkannte, dass meine traurige Situation sich nur beseitigen ließ, wenn ich den Darshan von Srīpāda bekäme. Gottheiten sind Personen von vollkommener Seligkeit. Selbst ohne Herz- und Pulsschlag leben sie im erhabenen Zustand der Seligkeit. Meine Seele verspürte kein Glück, sondern nur tiefe Trauer. Wenn die Seele den Körper verlässt, enden die Probleme des Körpers; meine Seele hatte meinen Körper jedoch nicht verlassen. Ich lebte unter zwanghaften Umständen, während mein Herz aufgehört hatte zu schlagen. Srī Gurudev erschuf eine spezielle Situation, in der ich die Worte der widerlichsten Leute und Sünder hörte. Ich wurde getäuscht, und dadurch verlor ich den wertvollsten Diamanten – Srīpāda. Die irreführenden boshaften Aussagen wie ‚Oh, Swayambhū Datta[4], der ein Stein ist, hat sich im Haus der Ghandikota-

1 Tempel in Pithapuram
2 Pithapuram
3 Lichtzeremonie zur Anbetung Gottes mit Feuer
4 Selbstmanifestierte Gestalt von Lord Dattātreya

Familie inkarniert; aber hat ein Stein die Pulsierung der Nerven und ein pulsierendes Herz? Hat dann Srīpāda die Pulsierung der Nerven und des Herzens? Es heißt, dass an Mahālaya Amāvāsya[1] – einem sehr heiligen Tag für die Manen der Vorfahren – ein Avadhūta kam und Bhiksha[2] nahm. Es heißt, dass Er Dattātreya war und dass der höchste Herr als der mütterliche Enkel in der Malladi-Familie geboren wurde. Welch ein Wunder! Welch eine Täuschung! Welch ein Betrug!' Solche Aussagen führten zum Verlust des wertvollen Diamanten Srīpāda.

Ich lief rasch zum Haus von Srīpāda. Der zehnjährige Srīpāda kam auf die Straße und rügte mich: ‚Komm, komm, du Narr, komm! Damit Ich solch nutzlosen Kerlen, wie du einer bist, die tot umgefallen sind, und Teufeln in menschlicher Form edlere Zustände verleihe, und um deiner Vorfahren willen, die aufgrund deiner Missetaten schreckliche Drangsale in Raurava[3] und anderen Höllen erleben, kam jemand in Gestalt eines Avadhūtas an einem Mahālaya Amāvāsya-Tag und erbat Bhiksha von diesem heiligen Haus. Weißt du, wer es war? Es war Dattātreya. Weißt du, wer Dattātreya ist? Ich bin dieser Datta. Bei der Erwähnung dieses Namens erzittern Horden von Rākshasas und Teufeln vor Furcht. Ich habe dich in einen Fels verwandelt, doch hielt den Hunger und Durst intakt. Ich beseitigte dein Prāna[4], aber behielt die Erscheinung eines lebendigen Menschen. Entscheiden wir später, ob Ich Datta bin oder nicht. Sag' Mir zunächst, ob du wirklich tot bist und so tun kannst, als seist du lebendig.' Als Er mich mit dieser donnernden Stimme fragte, zitterte ich heftig. Unterdessen kam Sumatī Maharani heraus. Sie erschauderte, als sie mich sah, und rief: ‚Krishna Kannayyā, wer ist dieser Aghori[5], der ganz mit den Anzeichen eines Leichnams bedeckt ist? Komm herein! Ich werde das böse Auge beseitigen.' Da bat Srīpāda Seine Mutter: ‚Mutter, diese Person ist noch nicht zu einem Aghori geworden. Er wird als Aghori geboren, wenn er Leichname beim Verbrennen isst. Er kam heute zu Mir, vor seiner nachfol-

1 Der letzte Tag der 14 abnehmenden Mondphasen im Monat Aswayuja (September-Oktober) wird als Tag der Verehrung der Vorfahren gefeiert
2 Nahrungs- oder Geldspende
3 Die Hölle für Menschen, die anderen Schaden zufügen; diese quälen sie in der Hölle als schlangenähnliche Wesen.
4 Subtile Lebenskraft der Luft
5 Mitglied einer extremistischen Sekte von Shiva-Devotees, die Rituale usw. auf Beisetzungsstätten durchführen

genden Geburt. Mutter, gib ihm etwas Chaddi Anna[1], das übriggeblieben ist.'

Akhanda Lakshmi Sowbhāgyavati Sumatī Maharani hatte etwas Chaddi Anna oder Taravāni-Anna[2] für Srīpāda aufbewahrt. Srīpāda gab mir das Taravāni-Anna und bat mich, den Ort zu verlassen. Ich verzehrte das Taravāni-Anna auf dem offenen Platz gegenüber dem Kukkuteswara-Tempel. Sobald ich anfing, es zu essen, verschwand mein ganzer erbärmlicher Zustand. Ich wollte erneut den Darshan von Srīpāda empfangen, doch Srī Sreshti nahm Ihn in ihr Haus. Srīpāda befand sich im Laden von Srī Sreshti, nahm persönlich Varahās[3] entgegen und legte sie in die Kasse. Srī Sreshti wog selbst Mais und Reis ab und gab sie den Kunden. Srīpāda fragte: ‚Tātā, heute ist Zahltag. Wie viel Dakshina ist für Vater? Wie viel Dakshina ist für Mich?' Da antwortete Srī Sreshti: ‚Kleiner Junge, das, was Vater erhält, ist eine Geldspende an einen Gelehrten, und das Geld, das Du erhältst, wurde Lord Venkateswara durch ein Gelöbnis versprochen. Es gibt zwischen uns keine Geschäfte. Du kannst nehmen, was immer du willst. Du musst mir geben, was ich will.' Welch ein bezaubernder Anblick war das! Srīpāda nahm ein kleines Stück Palmzucker und legte es in Seinen Mund. Er gab mir ein anderes Stück Palmzucker als Prasād. Srīpāda sagte: ‚Großvater, die von mir durchgeführte Ganesh-Pūja ist beendet. Ganesha hat das Palmzucker-Stück als Naivedya[4] in Seinen Mund gesteckt. Wenn du den Beweis dafür sehen möchtest, schau' in Meinen Mund.' Indem Er so sprach, öffnete Er Seinen Mund. Welch großartige Vision Srī Sreshti dort hatte, wissen wir nicht, doch nach einiger Zeit sagte Srī Sreshti: ‚Mein goldener Junge, sage Ganesha, wann immer Er hungrig ist, könne Er so viel Palmzucker als Naivedya nehmen, wie er wünscht, ohne mich zu fragen.' Unterdessen kam Akhanda Lakshmi Sowbhāgyavati Venkata Subbamamba und nahm Srīpāda für ein Salbölbad mit."

Gurudatta Bhatt fuhr fort: „Mein lieber Shankar Bhatt, Srīpāda rettete mich auf diese Weise vor dem Unglück, als ein Aghori geboren zu werden, da ich durch die Worte betrügerischer Leute verdorben war. Wäre ich nur meinem Schicksal überlassen worden, wäre ich völlig abgestürzt.

1 In Buttermilch gekochter Reis
2 Reis getränkt in saurem oder fermentiertem Reiswasser
3 Eine Geldmünze, die 4 Rupien entspricht
4 Nahrung, die Gott vor dem Essen angeboten wird, ohne sie abzuschmecken

Aufgrund ihrer reinen Liebe für die Menschheit befreien uns Sadgurus geschickt von den Folgen des Schicksals aus vergangenen Geburten. Darauf verwenden sie ihre wertvolle Kraft und Zeit.

Das Horoskop von Srīpāda muss nach dem Sāndra Sindhu Veda[1] berechnet werden. Eine Herangehensweise über die normale Mathematik wäre falsch. Tithi[2], Tag und Sterne müssen im Einklang mit dem Sāndra Sindhu Veda sein. Srīpāda, Srī Appalaraja Sarma und Srī Bāpanārya pflegten in ihrem Haus eine Mischung aus Sanskrit und Telugu zu sprechen. Sie sprachen in der Sandhya[3]-Sprache, die im Himalaya im heiligen Land der Saptarishis[4] gebräuchlich war. Diese in Shambala gesprochene Sprache unterscheidet sich von Sanskrit. Nur Srīpāda, Srī Bāpanārya und Srī Appalaraja Sarma konnten in Pīthikapuram diese Sprache sprechen.

Srīpāda sagte zu Srī Bāpanārya, der als Satya Rushīswara bekannt war: ‚Großvater, Srī Krishna sprach weder Wahrheit noch Unwahrheit. Er war nur ein Verkünder der Pflicht.' Srī Bāpanārya entgegnete: ‚Mein Junge, wir sollten nur die Wahrheit sprechen. Unwahrheit sollte auch nicht unabsichtigt gesprochen werden.' Srīpāda lächelte. Am Nachmittag desselben Tages kam Srī Pynda Venkatappayya Sreshti zum Haus von Bāpanārya. Srī Sreshti hatte den innigen Wunsch, dass Srī Bāpanārya in ihrem Haus essen und verbindlich Dakshina nach den Mahlzeiten akzeptieren sollte, und dies auch während der Zeit von Mahālaya Pakshas[5]. Er dachte, dass dadurch die Vorfahren sehr erfreut sein würden. Srī Sreshti bezweifelte jedoch, ob Srī Bāpanārya seiner Bitte nachkommen würde. Er hatte auch Srīpāda im Sinn und äußerte seine Meinung gegenüber Srī Bāpanārya. Srī Bāpanārya sagte, er würde gewiss Mahlzeiten im Hause von Srī Sresthi einnehmen und auch Dakshina akzeptieren. Die Worte kamen mühelos aus Srī Bāpanāryas Mund. Srī Sreshtis Glück kannte keine Grenzen.

Srīpāda war sehr geschickt. Während der Mahālaya Pakshas vergaßen Srī Sreshti und Srī Bāpanārya das Versprechen. Am Nachmittag von Mahā-

1 Ein mystisches Sanskrit-Werk, geschrieben auf Palmblättern, über die Zeit und die Ereignisse der Zukunft
2 Lunare Tage, Winkelabstände zwischen Mond und Sonne
3 Eine esoterische Sprache der Yogis
4 Die sieben Weisen oder Seher
5 Ritual; vom Vollmond bis zum Neumond im Monat Bhādrapada werden den Manen der verstorbenen Vorfahren Opfer dargebracht

laya Amāvāsya[1] kam Srī Sreshti zum Haus von Srī Bāpanārya. Srīpāda sagte lächelnd: ‚Man sollte keine Versprechen geben. Wenn man ein Versprechen gibt, sollte man es halten. Wenn jemand sein Versprechen vergisst, sollten zumindest jene, die das Versprechen erhalten haben, daran erinnern. Ich verlange von euch beiden eine Erklärung.‘ Trotz ihres begangenen Fehlers erkannten sie, dass Srīpāda in der Lage ist, den Menschen Ereignisse gewahr werden oder auch sie vergessen zu lassen. Sie bereuten ihren Fehler. Er tröstete sie und sagte: ‚Meine Rolle hier ist, in euch beiden Vergessen hervorzubringen. In jedem Menschen gibt es das ‚Ich‘, und das ‚Ich‘ hat die Form von Bewusstsein. Ein Lebewesen erhält von den Eltern nicht nur den Körper, sondern auch das Bewusstsein. Im universalen Plan gibt es für dieses Ego-Bewusstsein eine verantwortliche Aufgabe zu erfüllen. Dies ist das Band des Karmas, das in der geburtsmäßigen Reihenfolge vom Vater auf den Sohn übertragen wird und vom Sohn auf den Enkel und so weiter. Nur wenn der Asketenorden gewählt wird, nachdem man seine Pflichten als Haushaltsvorstand erfüllt hat, findet eine Befreiung von diesem Karma-Band statt. Dieses Versprechen muss nicht mit diesem begrenzten Namen und in dieser begrenzten Form erfüllt werden. Es wird an das ‚Ich‘ genannte Bewusstsein übertragen, die größere Form des Egos. Daher kann an irgendeinem Ort und zu irgendeiner Zeit eine Person aus der Linie von Bāpanārya während Mahālaya Paksha im Haus eines Angehörigen der Linie von Srī Sreshti essen und Dakshina empfangen. Ihr solltet Mich nicht fragen, wie und auf welche Weise dies geschieht. Die Form des Karmas ist sehr schwer zu verstehen und ist sehr subtil. Bei gewissen Handlungen ist die physische Zeit und die Zeit der Erfüllung nicht identisch. Entsprechend der physischen Zeit sollte dieses Ritual nur zu diesen Mahālaya Pakshas durchgeführt werden. Da die Zeit der Erfüllung jedoch nicht eintraf, wurde sie auf die ferne Zukunft verschoben.‘ Srīpāda sprach wohlwollend zu beiden.“

Ich fragte dann Srī Bhatt, er möge mir ausführlich die physische Zeit und die Yoga-Zeit erklären, über die Srīpāda ihnen erzählt hatte. Da sagte Srī Bhatt: „Neben Bhūtika Kāla[2] und Bhūtika Desa[3] gibt es auch Mānasika

1 Der letzte Tag der 14 abnehmenden Mondphasen im Monat Aswayuja (September-Oktober) wird als Tag der Verehrung der Vorfahren gefeiert
2 Physische Zeit
3 Physischer Ort

Kāla[1] und Mānasika Desa[2]. Zusammen mit ihnen gibt es Yoga Kāla und Yoga Desa. Angenommen eine Person ist 60 Jahre alt, strebt aber beständig nach Ausbildung wie eine 20-jährige Person, dann weist ihre physische Zeit 60 Jahre auf. Dies bezieht sich allein auf ihren Körper. Ihr mentales Alter entspricht jedoch einem 20-Jährigen.

Genauso verhält es sich, wenn ein 20-Jähriger die Last der Verantwortung eines 60 Jahre alten Mannes auf sich nimmt, dann weist sein physisches Alter 20 Jahre auf. Dies bezieht sich auf seinen Körper, während sein geistiges Alter 60 Jahre beträgt. Auf diese Weise gibt es keine Regel, dass die physische Zeit und die mentale Zeit übereinstimmen. Sie können unterschiedlich sein.

Wer mental ständig bestrebt ist, in Kashi[3] oder Pīthikapuram zu leben, für den ist es so, als würde er in Kashi oder Pīthikapuram wohnen. Selbst wenn der Körper an einem Ort ist und der Geist sich an einem anderen Ort aufhält, so wird er nicht die Früchte erlangen, sich an jenem Ort aufzuhalten.

Wenn eine Person geistig einen starken Wunsch verspürt und denkt, ‚Ich gehe auf eine Pilgerreise nach Kashi. Ich wohne immer in Kashi', so wird sie die Frucht erlangen, in Kashi zu wohnen. Der Grund ist, dass sie mental nur in Kashi wohnt. In welchem Land sie daher physisch auch lebt, ihr mentales Land wird nur Kashi sein. Gleicherweise wird eine Person, die in Kashi lebt und eine Kuh tötet, nicht in den Genuss kommen, in Kashi zu wohnen. Ebenso wenig wie Kraniche, die im Gangeswasser stehen und auf Fische warten, nicht den Verdienst erhalten, im Ganges zu baden.

Ebenso kann jemand, der in Pīthikapuram lebt und Srīpāda physisch besucht, auch nicht zu den Bewohnern von Pīthikapuram oder den Anhängern von Srīpāda gerechnet werden, solange seine mentale Zeit und sein mentaler Ort nicht entsprechend ausgerichtet sind. Yoga Kāla und Yoga Desa sind Dinge, die nur von Personen mit großer spiritueller Stärke verstanden werden. Wie sich die göttliche Gnade von Srīpāda entfaltet, wenn jemandem das Yoga Kāla oder Yoga Desa gewährt wird, ist ein unbekanntes göttliches, esoterisches Mysterium. Der Mensch ist Herr über seine Handlungen.

1 Mentale Zeit
2 Mentaler Raum
3 Heute: Varanasi oder Benares; heilige indische Stadt

Annehmlichkeiten durch gute Handlungen sowie Leid bedingt durch schlechte Handlungen werden unweigerlich als Resultate folgen. Obwohl karmische Bande aus vergangenen Leben uns verfolgen und plagen, resultiert Yoga Kāla durch das Mitgefühlt des Sadguru. Wenn die Zeit kommt, wird dieses Karma in solch einem Yoga Desa aufgehoben, wo dieses Karma erlöst werden muss. Das ist eine merkwürdige Sache. In Pīthikapuram gab es bei Srī Narasimha Varma einen Diener namens Sivayya. Srīpāda schaute ihn eines Tages durchdringend an. Dadurch vollzogen sich in seiner geistigen Verfassung unmittelbar zahlreiche Veränderungen. Er gab Essen und Schlafen auf. Er sprach unzusammenhängend, ‚Ich bin die Ursache für die Schöpfung, Verwaltung und Auflösung. Ich bin der Uralte des ersten Ursprungs. Diese ganze Schöpfung entspringt aus mir, entwickelt sich durch mich und verschmilzt wieder in mir.‘ Narasimha Varma hatte viel Mitleid mit ihm. Er bat Srīpāda, Sivayya zu retten. Da führte Srīpāda Sivayya zur Beisetzungsstätte. Srī Narasimha Varma folgte auch. Auf dem Beisetzungsplatz wurde ein Arrangement mit den trockenen Hölzern des Audumbara-Baumes gemacht und Sivayya wurde gebeten, sie zu verbrennen. Da wurde Sivayya von der merkwürdigen geistigen Verfassung befreit.

All dies erschien Narasimha Varma sehr merkwürdig. Da sagte Srīpāda: ‚Großvater, es gibt keinen Grund, sich zu wundern. Ein Pāndit in Vāyasapura Agraharam[1] kritisierte Mich ständig: ‚Was für ein großes Vergehen! Wo ist das Paramātma[2], die Verkörperung der Veden? Wo ist der junge Bengel Srīpāda? Es heißt, dieser Junge sei die Ursache für Schöpfung, Erhalt und Zerstörung und Er sei der Ursprung der Urzeiten. All das ist ein Betrug, eine blanke Lüge.‘ So dachte er ständig. Vor kurzem starb dieser Pāndit. Er wurde zu einem Monster. In einem seiner Leben war Sivayya diesem Pāndit gegenüber leicht verschuldet. Ich schuf Yoga Kāla und bestimmte die Begräbnisstätte als Yoga Desa. Ich arrangierte die Bestattung mit Audumbara-Hölzern als Yoga Karma und befreite die Pāndit-Form vom Leben als ein Ghul[3]. Ich rettete unseren Sivayya vor diesem Ghul.‘

Mein lieber Shankar Bhatt, dieser große Glanz von Dharma Jyoti[4], der sich in Pīthikapuram inkarniert hat, heiligt heute Kurungadda. *Planeten*

1 Heute: Kakinada
2 Überselbst, Überseele
3 Leichenfressendes Monster
4 Das Licht des Gesetzes

geben ihre Wirkungen entsprechend dem Willen von Srīpāda. Jede Art von astrologischen Resultaten muss nicht zu einer speziellen physischen Zeit und an einem physischen Ort eintreten. Dies wird nach Yoga Kāla und Yoga Desa entschieden.

Srīpāda kann Gnade erweisen und angesammeltes Schicksal und selbst Tod abwenden

Wenn Srīpāda will, kann Er Ereignisse jetzt geschehen lassen, die gemäß der astrologischen Wissenschaft in tausend Jahren geschehen sollen. Ein Ereignis, das in einer großen Entfernung geschehen soll, wird hier stattfinden, wenn Er es will. Dies bedeutet, Er kann das Yoga Desa bestimmen. Alle Ereignisse geschehen nur an Desa (Ort) und Kāla (Zeit). Srīpāda kann diese Orte und Zeiten nach Seinem Belieben ändern. Als einmal eine Kokosnuss im Haus von Sreshti vor Gott zerbrochen werden sollte, zerbrach Srīpāda sie persönlich. Die Kokosnuss wurde in Stücke gebrochen. Sie war voller Blut. *Da sagte Srīpāda zu Srī Sreshti: ‚Großvater, heute solltest du sterben. Dein Kopf sollte in Stücke zerspringen und Blut sollte daraus fließen. Ich übertrug diese Desa und Kāla auf die Kokosnuss und rettete dich.‘* Srī Sreshti war über diese Worte höchst erstaunt.“

Inzwischen war die Abenddämmerung hereingebrochen. Wir Drei verabschiedeten uns von Srīpāda, verließen Kurungadda und erreichten das gegenüberliegende Ufer des Krishna-Flusses.

Ehre sei Srī Srīpāda Srīvallabha!

Kapitel 23

Erklärung der esoterischen Bedeutung der Shiva-Verehrung

Die Größe der Hingabe eines Shiva Yogis. Srīpādas Lehren für ihn

Als ich gerade vom gegenüberliegenden Ufer des Krishna-Flusses nach Kurungadda übersetzen wollte, traf ich einen edlen Vaishya namens Dharma Gupta. Er ging auch zum Darshan von Srīpāda nach Kurungadda. Während der Unterhaltung erfuhr ich, dass er mit Srī Pynda Venkatappayya Sreshti von Pīthikapuram verwandt war. Mein Erstaunen fand kein Ende. Alle Devotees von Srīpāda Srīvallabha, die ich traf, erzählten Seine göttliche Geschichte, Seine scherzhaften Spiele, Wunder und eindrucksvollen Ereignisse. Bei den wundersamen Ereignissen, die sie erzählten, gab es eine Besonderheit. Sie erzählten nur ein paar Ereignisse, die sich in einem Jahr aus Srīpādas Leben zutrugen. Es waren Wunder über Wunder, und sie schienen in keinem Zusammenhang untereinander zu stehen. Es waren sehr merkwürdige Themen, von denen ich bis dahin noch nichts gehört hatte. Von Seinen Devotees hatte ich nur über Seine göttlichen Spiele der Reihe nach innerhalb eines Zeitraums von zehn Jahren im Leben von Srīpāda erfahren. Ich dachte, Srī Dharma Gupta würde einige Ereignisse erzählen, die sich in Srīpādas 11. Jahr ereignet haben. In jedem Augenblick macht Srīpāda Seine scherzhaften Spiele.

Dann begann Dharma Gupta zu erzählen: „Mein Herr, Shankar Bhatt, ich bin ein Shiva-Devotee. Als Srīpāda 11 Jahre alt war, kam ein Shiva-Yogi nach Pīthikapuram. Er war ein würdiger Mensch. Er sammelte Almosen in seiner Hand, hatte weder eine Tasche noch einen Teller oder ein Gefäß bei sich. Auf die Betrachter wirkte er wie ein Verrückter. Er kam zunächst zum Tempel von Srī Kukkuteswara. Als der Tempelpriester seine verrückte Erscheinung und seine staubbedeckte Gestalt sah, erlaubte er ihm nicht, den Tempel zu betreten. Er war ein Avadhūta ohne Körperbewusstsein.

Immer wieder sang er das Shiva Panchākshari-Mantra[1]. Auf einem Pferd ritt er zum Haus von Srī Pynda Venkatappayya Sreshti, der sein Schwager war. Gewöhnlich besuchte ich auf meinem Weg den Srī Kukkuteswara-Tempel. Da ich ein prominenter Vaishya war, führten die Priester eine große Pūjā in meinem Namen durch. Freigebig gab ich ihnen Sambhāvanas[2]. Den Priestern wollte ich fünf Varahās geben, die sie unter sich verteilen sollten. Dann unterbreiteten sie mir ihre finanziellen Schwierigkeiten, Sorgen und Probleme. Sie wiesen darauf hin, wie wichtig die Unterstützung von edlen Vaishyas für den Schutz des Sanātana Dharma[3] sei. Plötzlich kam der Shiva-Yogi wie ein Wirbelwind in Begleitung von zwei Kobras herein. Die Priester fingen heftig an zu schwitzen.

Der Shiva-Yogi sagte: ‚Ihr Priester, fürchtet euch nicht. Dies ist Schmuck für Kukkuteswara, den wir verehren. Diese Kobras brennen darauf, unseren Vater Kukkuteswara zu umarmen, so wie Kinder ihren Vater zu umarmen wünschen. Sie sind wie unsere Brüder. Es ist eine große Sünde, unsere Brüder zu fürchten, vor ihnen wegzulaufen oder sie zu töten, wenn man sie sieht. Sie sind durch die spezielle Pūjā, die von den Priestern durchgeführt wurde, angezogen worden. Lasst uns Kukkuteswara, der Schlangenschmuck trägt, mit höherer Sorgfalt und größerem Eifer verehren! Singt Namaka und Chamaka[4] mit guter, melodischer Stimme.‘

Die Priester wussten nicht, was sie tun sollten. Unter ihnen befanden sich einige Schmeichler. Sie machten viele Worte, um sich bei den reichen Personen unter den Devotees einzuschmeicheln, vorausgesetzt, sie bedachten sie mit großzügigen Spenden. Unter diesen Priestern in Pīthikapuram gab es einen Surya Chandra Sastry; er war nicht nur ein guter Gelehrter, sondern auch ein aufrichtiger und strenger Befolger religiöser Zeremonien. Srīpāda gegenüber war er voller Hingabe. Er dachte an Srīpāda und begann, Namaka und Chamaka schön und melodisch zu singen. Die Kobras, die im Tempel waren, schwenkten ihre Hauben in harmonischem Einklang mit dem melodiösen Rhythmus und zeigten sich zufrieden.

1 Ein als 5-strahliger Stern beschriebenes Shiva-Mantram, dessen 5 Buchstaben für die 5 Urelemente stehen
2 An Brahmanen verteilte Almosen
3 Das ewige Gesetz
4 Besonders bei der Shiva-Verehrung verwendete Mantren

Surya Chandra Sastry brachte den Shiva-Yogi zum Haus von Bāpanārya, dem ein üppiges Mahl zu seiner Zufriedenheit gereicht wurde. Anschließend bekam der Shiva-Yogi den Darshan von Srīpāda. Srīpāda gewährte ihm eine Vision als Shiva-Shakti Swarūpa[1]. Danach war der Shiva-Yogi drei Tage lang in einem Zustand von Samādhi. Nach drei Tagen speiste ihn Srīpāda mit Seiner göttlichen Hand.

Dann erklärte Er kurz und bündig: ‚Mein Lieber, führe die im Sanātana Dharma[2] erwähnten religiösen Rituale durch und werde befreit. Die Inhalte in den Purānen sind keineswegs Fiktion oder Lügen. Die allgemeine Bedeutung in ihnen unterscheidet sich von ihrer geheimen, verborgenen Bedeutung. Nur bei jenen spirituellen Aspiranten, die strenge spirituelle Disziplin befolgen, leuchten die inneren Bedeutungen und die tief esoterischen Geheimnisse der Purānen an ihrem mentalen Horizont auf. Bei Sonne und Mond, die die Jahreszeiten bewirken, stellt die Sonne das höchste Selbst dar und der Mond das Denkvermögen. Nur wenn der Glanz der Sonne, der das höchste Selbst darstellt, und der Mond, der für das Denkvermögen steht, sich verbinden, vollzieht sich die Aktivität der Schöpfung. Amāvāsya[3] steht für Illusion. Nur diese Māya erschafft zunächst Potenzen, die Vasuvus[4] genannt werden. Beim Mond findet eine Zunahme der Lichtgrade statt und sie verschmelzen wieder in sich (Māya). So wie Māya den Glanz des Paramātma[5] in die Form des mentalen Mondes überträgt, werden die Sonnenstrahlen in den Mond übertragen. Obwohl Māya und Amāvāsya inaktive Formen sind, ist die durch sie hervorgebrachte Welt sowohl aus intellektuellen als auch aus inaktiven Merkmalen zusammengesetzt aufgrund ihrer Nähe zu dem intellektuellen Einfluss.

So wie der Drang zur Entstehung der Jahreszeiten wie der Frühling in der Natur für die Schöpfung verantwortlich ist, verursacht der Zyklus, der in den Frauen die sinnliche Lust hervorbringt, die Geburt der Kinder. Der Wunsch nach Brahmajnāna[6] wird nur aus der Nachkommenschaft entstehen, die aus dem weiblichen Samen hervorgeht. Es heißt, dass der

1 Eine Form von Shiva und Pārvatī oder Shakti
2 Das ewige Gesetz
3 Der letzte Tag der zweiwöchigen abnehmenden Mondphasen; Neumond
4 Devas der Materialisierung; die 8 Vasus/Vasuvus bringen die Schöpfung auf allen 7 Ebenen hervor.
5 Überselbst, Überseele
6 Wissen von Paramātma, dem höchsten Selbst

Zyklus in den Frauen gegen Brahmā, den Schöpfer, ist. So sagen die Pāndits, dass er durch das Brahma Hatya[1] erzeugt wurde.

Da die Geheimnisse der Veden im Chandassu[2] verschleiert sind, werden sie Chāndasa genannt. Da der Zyklus eine bogenförmige (gekrümmte) Eigenschaft hat, wird eine Frau, die ihre Menstruation hat, drei Tage lang auf Distanz gehalten. Der Himmel ist eine glanzvolle Sphäre und hat eine natürliche Leuchtkraft. Die Erde der Sterblichen ist der Ort für Tode und Geburten. Die ganzen Unterwelten werden vom Sonnenlicht erleuchtet. Sie werden daher Prusnulu genannt. Alle sieben Unterwelten[3] haben göttliche Herrscher wie Jātaveda[4] und andere. Die Erde, auf der wir leben, befindet sich vor den sieben Unterwelten. Es heißt, das Feuer sei ihre herrschende Gottheit. All diese acht göttlichen Herrscher haben Namen, die Ashta Vasuvus[5]. Sie werden Vasuvus genannt, weil sie von der Sonne Licht empfangen. Die Luft-Räume zwischen diesen acht Sphären werden als die sieben Meere bezeichnet. Der Weise Yāchya bemerkte, dass Luft auch als Meer symbolisiert ist. Normale Menschen betrachten die sieben Meere als Wasserformen, doch das ist nicht richtig.

Die Größe Shivas. Die Shiva-Formen in den elf Shiva-Kshetras in Andhra Pradesh

Shiva ist *die Verkörperung von elf Rudras*[6]. *Es gibt elf Shiva Kshetras in Andhra Pradesh*[7]. *Sie zu besuchen, bringt großen Segen*. Sie sind:

1. Nagareswara in Brihat Sila Nagaram[8];
2. Mallikarjuna in Srī-Shaila;
3. Bhīmeswara in Drāksharāma;
4. Rama Lingeswara in Kshīrārama;

1 Töten eines Brahmanen
2 Versmaß
3 Hier: Pātālās
4 Ein Beiname für Agni, den Gott des Feuers
5 Die 8 Vasus/Vasuvus
6 Die Herren des kosmischen Willens und der Schwingung
7 Die Orte liegen teils im heutigen indischen Bundesstaat Telangana
8 Penugonda

5. Amaralingeswara in Amaravati;
6. Kotiphalīswara in Kotiphali Kshetra;
7. Kukkuteswara in Pithikapura;
8. Mahānandīswara in Mahānandi;
9. Kāleswar in Kāleswaram;
10. Kālahastiswar in Srī Kālahasthi;
11. Tripuranthakeswar in Tripuranthakam.

In Wirklichkeit gibt es kein Bildnis für Shiva. Das Shiva-Lingam ist nichts anderes als die Form von Jyoti[1], das in allen Seelen leuchtet. Das Kristall-Linga[2] ist die in der Form des reinen Denkens verankerte Reinheit, die nach der Vollendung[3] erlangt wird. Rudra als Kapāli ermöglicht es uns, in unserem Gehirn Wissen aufzubauen und zu speichern. Die Nerven, die sich vom Gehirn nach unten bis zum Nacken hin verteilen, werden Rudra Jatas genannt. Shiva wird in der Form eines Hatha-Yogis Lakulīsa[4] genannt. Almosen sammelnd geht Shiva umher und nimmt die Sünden der Seelen fort. Shiva tanzt ekstatisch im Einklang mit den großen Schwingungen der musikalisch-rhythmischen Prozesse von Schöpfung, Erhalt und Auflösung. Aus diesem Grund wird Shiva Natarāja genannt. Ebenso kann Shiva Erlösung gewähren, was größte Seligkeit bringt. Chit bedeutet Denkvermögen, Ambara bedeutet Himmel oder Tuch. Chidambara ist jemand, der in der Form des Himmels weilt. Der Himmel, den ihr in diesem weiten Universum seht, ist die Form von Rudra. Die zwölf Jyotir Lingas[5] stellen die zwölf Häuser im Tierkreis dar. So ist Shiva die personifizierte Zeit. Acht Himmelsrichtungen sind die Form von Chidākasa[6] dieser acht Verkörperungen[7]. Die fünf Elemente sind Seine fünf Gesichter. Fünf Sinnesorgane, fünf Handlungsorgane und das Denkvermögen ergeben zusam-

---

1 Licht
2 Hier: Spatika Linga
3 Hier: Siddhi
4 Bedeutet der Herr mit einem Stab oder einer Keule; er wird als der 28. und letzte Avatar von Shiva betrachtet, als Begründer des Yoga-Systems.
5 Ein Symbol Shivas; Jyoti bedeutet strahlend und Linga bedeutet Bild oder Zeichen; es bedeutet: ‚das strahlende Zeichen des Allmächtigen'. Es gibt 12 Jyotir Lingas in Indien.
6 Das im Raum anwesende Denkvermögen
7 Hier: Ashta Mūrthi

men die Potenzen der elf Rudras. Diese werden Ekadasa Rudras[1] genannt. Das Bild von Uma Maheshwara[2] ist eine immerwährende, segenspendende und wunderschöne Form. Die Form von Tripurantaka[3] ist jene, welche die drei Qualitäten zerstört. Das Auge der Weisheit ist das dritte Auge. Wenn man während einer tiefen, friedlichen Meditation im Zustand von *Samādhi* ist, fließt ein beständiger Strom von Heiligkeit. Dieser heilige Strom ist die sehr heilige Mutter Ganges in den Haarwindungen auf dem Haupt von Lord Shiva.

Die Form des Ur-Paares Shiva-Pārvatī ist das Tierkreis-Haus Mithuna[4]. Wenn der Stern Arudra[5] am Himmel strahlt, gewährt Shiva Darshan. Man muss das Tierkreishaus Vrushabha[6] durchqueren, bevor man das Haus Mithuna erreicht. Dieses Vrushabha ist Nandīswara[7]. Es ist die Verkörperung von Dharma. Dieses Licht, das zwischen den Augenbrauen strahlt, ist die Mondsichel, welche die Stirn schmückt[8]. Durch den yogischen Zustand wird die Begierde überwunden. Der Unterschied zwischen dem männlichen und weiblichen Geschlecht wird ausgelöscht und ein vereinigter Zustand erlangt. Dieses ist die Form von Ardhanārīswara[9].

Während der Zeit von Lingodbhava[10] leuchtet eine Kampferflamme als göttliches Licht im tausendblättrigen Sahasrāra-Chakra[11]. Linga bedeutet der subtile Körper, der im grobstofflichen Körper verborgen ist. Die Veden bestätigen, dass er wie ein Licht strahlt.

Die Geheimnisse der Shiva-Verehrung können nur durch regelmäßige, disziplinierte Praxis und die Gnade eines Gurus erfahren werden. *So wie es ein Pīthikapuram in der Objektivität gibt, gibt es ein anderes, goldenes Pīthikapuram, das aus himmlischen Strahlen besteht. Es wird aus*

---

1 Die 11 Rudras
2 Der männlich-weibliche Gott
3 Eine Form von Shiva als Zerstörer der drei bösen Städte Tripura
4 Zwillinge
5 Die Nakshatra-Konstellation Ārdrā in den Zwillingen
6 Stier
7 Nandi, der Bulle; Reittier von Shiva, sein Hüter und Diener; Nandīswara: Nandi und Ishvara als Einheit zusammen
8 Shiva trägt die Mondsichel an seiner Stirn.
9 Der männlich-weibliche Gott
10 Hervortreten des Shiva-Lingas
11 Ein Zentrum an der höchsten Stelle des Kopfes, das als Sitz von Mahā-Shakti betrachtet wird.

Meinem Bewusstsein erbaut. Die Devotees und Weisen, welche ständig an Mich denken, wissen darum aus ihrer Erfahrung. Unabhängig von der Entfernung werden sie zu Bewohnern des goldenen Pīthikapurams. Ich bin für sie immer leicht verfügbar.

Die Priester, die du im Kukkuteswara-Tempel im physischen Pīthikapuram gesehen hast, sind aus dem Ursprung von Pramada Ganās[1] geboren. Es gibt zahlreiche Horden von Teufeln, Gespenstern und Geistern. *Jemand, der Yoga praktiziert oder Srīpāda Srīvallabha verehrt, kann von diesen Teufeln und Geistern gestört werden. Wer diese Hindernisse überwindet, ist in der Tat glücklich. Ich habe viele Male gesagt, dass im Haus Meines mütterlichen Großvaters ein Mahā Samsthan errichtet wird. Mein Wille ist sehr wirkungsvoll. Wie Bahnen von Ameisen werden Millionen von Devotees und Yogis Meinen Samsthan besuchen. Ich allein werde entscheiden, wer, wann, wie viele und auf welche Weise sie kommen. Man sollte nicht denken, dass nur jene, da sie Bewohner von Pīthikapuram sind, zum Srīpāda Srīvallabha Samsthan kommen können. Meine Gnade ergießt Ambrosia auf jene, die es wert sind. Den Unwürdigen wird sie wie eine Illusion erscheinen'.*"

Ehre sei Srī Srīpāda Srīvallabha!

1 Diener von Lord Shiva

Srīpāda Rājam Saranam Prapadye

Kapitel 24

Erklärung des Ardhanārīswara-Tattwa

Anschließend bat ich Srī Dharma Gupta, die innere Bedeutung der verschiedenen Schmuckstücke und Waffen von Shiva zu erklären. Srī Dharma Gupta erzählte: „Shankar Bhatt, die Hauptwaffen von Ganapati sind ein Seil[1] und ein Haken[2]. In gleicher Weise ist eine Scheibe[3] die Hauptwaffe von Vishnu. Ebenso ist der Dreizack[4] die wichtigste Waffe von Srī Shankara. Der Dreizack hat drei scharfe Spitzen. Sie haben die Form von Feuerflammen. Alle drei laufen nach unten zusammen und bilden einen Dreizack. Die drei Spitzen weisen auf die drei Gunas[5] Sattwa, Rajas und Tamas hin. Ihre Einheit befindet sich in Wahrheit jenseits der drei Eigenschaften. Der Dreizack weist auf diese innere Bedeutung hin. Zudem strömt der Atem durch die Idā- und Pingalā-Nerven und erreicht im Kopf den Punkt zwischen den Augenbrauen. Das Zentrum, wo die drei Nerven Idā, Pingalā und Sushumnā[6] zusammenkommen, wird Triveni Sangam[7] genannt. Dies ist das Zentrum von Brahmajnāna[8] und die innere Bedeutung des Dreizacks.

Es gibt das Schmuckstück Nāgābharana[9]. Wenn die Kundalinī-Kraft aufsteigt, bekommt man die acht Siddhis. Srī Shankar Bhagavan wird Nāgābharana genannt, um anzudeuten, dass die Kundalinī die Gestalt einer Schlange hat. Shiva wird auch Īswara[10] genannt. All diese großen Siddhis

1 Hier: Pasām; zum Zügeln
2 Hier: Ankusam; ein zum Lenken von Elefanten verwendetes Instrument mit einem scharfen Haken
3 Hier: Sudarsan Chakra
4 Hier: Trishul
5 Qualitäten
6 Drei feinstoffliche Nervenkanäle; Idā ist die abwärts in die Materie strömende Energie, Pingalā die zum Geist aufsteigende Energie und Sushumnā die ausgleichende Energie.
7 Zusammenfluss von drei Flüssen
8 Wissen von Brahman
9 Schlangengleiches Schmuckstück
10 Der höchste Herr

sind gefährlich wie Schlangen. Da Er sie unter Seiner Kontrolle hält und sie zum Wohl der Welt verwendet, bekam Shiva auch den Namen Īswara.

Das Damaru[1] ist an den Dreizack Shivas gebunden. Es heißt, dass der Raum die Qualität von Klang hat. Klangschwingungen bewegen sich durch den Raum. Wenn wir das Mantra Japa[2] singen oder hören, entstehen Schwingungen. Diese Schwingungen verursachen Klänge; in unseren Ohren ähneln sie den Klängen des Damaru von Lord Shiva. Wiederholtes Rezitieren von Mantren verleiht einem Yogi Glück. In dieser unaussprechlichen Freude tanzt Er. Um auf diesen Aspekt hinzuweisen, hält Parameswara[3] ein Damaru.

Das in der Mitte der Augenbrauen liegende Ājnā-Chakra ist das Zentrum allen Wissens. Dieses Chakra muss sich bei einem Weisen ausdehnen, um eine übernatürliche Schau zu erlangen. Allein durch dieses Chakra ist ein Yogi in der Lage, Vergangenheit, Gegenwart und Zukunft zu verstehen. Dieses Ājnā-Chakra ist das dritte Auge von Parameswara. Wenn dieses Auge des Wissens sich entfaltet, wird es möglich, Cupido, die Gottheit der sinnlichen Lust zu verbrennen.

Es heißt, dass der Wohnsitz von Shiva auf der Bestattungsstätte ist. Wenn alle Wünsche durch das yogische Feuer zu Asche verbrannt wurden, erfährt ein Yogi einen Zustand von Nirvāna[4], der tiefen Frieden hervorruft. Wissen oder Weisheit wird mit weißer Farbe verglichen. Dies ist Vibhūti[5]. Eine Person erlangt reine Weisheit, wenn ihre Gedanken und Wünsche erloschen sind. Als Folge davon entsteht Glück. Die Reinigung der Weisheit findet in vier Stufen statt, auf der natürlichen, übernatürlichen, spirituellen und mentalen Ebene. Um dies anzudeuten, tragen Devotees von Shiva vier Linien heiliger Asche auf ihrer Stirn.

Es gibt eine erhabene Medizin namens Shilajit[6], die wie Gelee aussieht. Wer sie isst, bleibt ewig jung. In alten Zeiten lebte ein Weiser namens

1 Eine kleine Trommel
2 Wiederholung des Namens Gottes
3 Der höchste Gott; ein Name Shivas
4 Befreiung
5 Heilige Asche
6 Pulverförmiges bis zähviskoses, asphaltartiges Naturprodukt, als Stärkungsmittel verwendet

Shilada, der sich von Steinen ernährte. Er inkarnierte sich als Nandīswara[1]. Srī Krishna wurde im Rohini-Stern im Vrushabha[2] Rāsi[3] geboren. Der Stern Arudra[4] ist der Ort von Rudra. Das Mithuna[5] Rasi kennzeichnet das Phänomen von Ardhanārīswara[6]. Das Vrushabha Rāsi erscheint vor ihm am Himmel. Vrushabha ist Nandīswara. Nandi zeigt die Form von Dharma. Shiva verbrannte Manmadha[7], der zur niederen Natur gehörte und eine Personifizierung der Lust ist. Da wurde Manmadha formlos und mit dem heiligen Dharma der Ehe der höheren Natur verbunden. Daher wurde Krishna ein Jünger des Weisen Upamanyu. Er verehrte sehr aufrichtig Shiva und bekam durch die Gnade Shivas einen Sohn namens Pradyumna durch Rukmini Devi. Dieser Pradyumna wurde in seiner früheren Geburt Manmadha der niederen Natur genannt. Vrushabha ist das Haus von Manmadha und Kāma[8]. Alle gerechten Wünsche gehören zur höheren Natur. Um kundzutun, dass die Befriedigung dieser Wünsche zum Dharma gehört, wird ein als Vrushotsarjana bekanntes Ritual durchgeführt.

Furchterregende tantrische Siddhis und Kräfte sind gefährlich wie Tiger. Shiva hielt sie unter Seiner Kontrolle. Der Tiger ist ein Reittier für Shakti. Als Zeichen dafür, dass Er Shakti als Seine Gefährtin unter Kontrolle hielt, trug Parameswara das Fell eines Tigers.

Der heilige Fluss Ganges, der Reiniger der Welt, der in den Windungen von Shivas Haarpracht weilt, steht für reines Wissen von Brahman[9]*, ewiger Strom der Intelligenz und das Erlangen der Unsterblichkeit. Die Mondsichel zeigt die große Seligkeit freudiger tiefer Ruhe an, die durch die ewige Güte bewirkt wird.* Daher ist die Natur von Chandrakalādhara[10] die Quelle des Erlangens der Unsterblichkeit und des Zustands unbeschreiblichen Glücks.

---

1 Nandi, der Bulle; Reittier von Shiva, sein Hüter und Diener; Nandīswara: Nandi und Īswara als Einheit zusammen
2 Stier
3 Unterteilungen des Tierkreises
4 Die Nakshatra-Konstellation Ārdrā in den Zwillingen
5 Zwillinge
6 Der männlich-weibliche Gott
7 Auch Kamadeva genannt, der Gott der Liebe und der Begierde
8 Cupido und Lust
9 Hier: Brahmajnāna
10 Jemand, der die Mond-Krone trägt

Die innere Bedeutung der Realität von Ardhanārīswara[1] *ist, dass die Lebenskraft, die dem Menschen das Leben schenkt, sich zweiteilt und als Ei im Uterus der Frau und als Sperma im Mann verweilt, so dass durch die Vereinigung der beiden ein neues Lebewesen entsteht.* In der Schöpfung enthält ein Erdenwurm die Anteile von Mutter und Vater. In den Menschen existieren die weiblichen und männlichen Eigenschaften zusammen. Zu beachten ist, dass auf der rechten Körperseite die männliche Kraft und auf der linken die weibliche Kraft existiert. Es sollte auch erkannt werden, dass die Kraft, die auf der rechten Seite in der Form von Atem zirkuliert, Pingala Nādi, und die auf der linken Seite zirkulierende Kraft Ida Nādi ist. Bei Übungen zur Atemkontrolle, durch Einatmung von Luft, wird auf der rechten Seite Wärme erzeugt. Daher wird dies Surya Nādi[2] genannt. Wenn die Luft auf der linken Seite eingeatmet wird, kühlt sich der Körper ab. Daher wird es Chandra Nādi[3] genannt.

Im Körper von Kāla Purusha[4] geben die sechs Monate des Tierkreises von Mesha[5] Rasi bis Tula[6] Rasi Hitze und sollten als Surya Nādi betrachtet werden. Die anderen sechs Monate von Aswayuja[7] bis Phalguna[8] sollten als Chandra Nādi betrachtet werden. Man sollte verstehen, dass aus der Bewegung von Sonne und Mond Vollmond- und Neumond[9]-Phasen gebildet werden.

Durch die Übung der Atemkontrolle erlangt ein Yogi in seinem Körper all diese Phasen im Zyklus der Zeit. Er erlangt das Wissen der Zeit, das ihn befähigt, sich allem in Vergangenheit, Gegenwart und Zukunft bewusst zu sein. Dieses Rad der Zeit sollte als die Realität von Ardhanārīshwara[10], als ein untrennbares Paar erkannt werden. Nacht und Tag, Vollmond und Neumond und all diese Dinge erscheinen nacheinander, eines folgt auf das andere. Das eine ist die Grundlage des anderen. Es kann keinen Tag ohne Nacht geben und umgekehrt. Eltern, die Ardhanārīshwaras

1 Hier: Ardhanārīswara Tattwa
2 Sonnen-Nādi
3 Mond-Nādi
4 Der Jahresgott
5 Das Tierkreiszeichen Widder
6 Das Tierkreiszeichen Waage
7 Nakshatra-Konstellation im Monat Widder (alter Name für Aswini)
8 Nakshatra-Konstellation im Monat Löwe
9 Hier: Pūrnami und Amāvāsya
10 Hier: Ardhanārīswara Tattwa

genannt werden, sind die Ursache für die Entstehung dieser unendlichen Schöpfung. Die innere Bedeutung, warum Shiva der Zerstörer genannt wird, ist, dass die alte Schöpfung endet und die neue Schöpfung eingeleitet wird. Veränderungen geschehen ganz natürlich in der Schöpfung. Der Beginn einer neuen Schöpfung, ihre Fortdauer über eine gewisse Zeitperiode und ihre Vernichtung sind unausweichlich. Um alle im Ardhavana Veda[1] erwähnten Astras, Sastras[2] und Mantras zu erlangen, sollte man die Gnade von Īsāna Rudra erlangen."

Ich bat Srī Dharma Gupta, die enge Verbindung zwischen dem Stern Ārudra und Shiva Pārvatī zu erklären. Er begann dann zu erzählen: „Rudra erscheint als ein Jäger, der einen Bogen hält und auf einem Jagdausflug einen davonspringenden Hirsch jagt. Diese Gestalt ist am Himmel im Ārudra-Stern sichtbar. Er wirkt wie ein Jäger.

Die Wirkung der Bewegung der Planeten

Das Bild dieses Jägers Rudra sieht man in einer Ecke in der Konstellation zwischen den Tierkreishäusern Zwillinge und Krebs. Wenn sich unheilvolle Planeten wie Saturn, Mars und Rāhu[3] in der Nähe dieser Konstellation bewegen, finden Kriege und Verwüstungen im Universum statt. Schlachten zwischen Devas und Dämonen und der Mahābhārata-Krieg[4] ereigneten sich während solcher Planetenbewegungen.

Kāla Samhāra Mūrti, der schreckliche Rudra, der einen Bogen hält, wurde in den Veden als eine Form des Gottes Manyu[5] beschrieben. Die Waffe dieser Form von Rudra ist nicht der Dreizack; nur der Bogen ist Seine Waffe.

1 Vedische Schrift mit magischen Formeln, auch Atharva Veda genannt
2 Feurige Geschosse und Waffen, die in urzeitlicher Kriegsführung verwendet wurden
3 Der als Planet betrachtete nördliche Mondknoten
4 Im indischen Epos Mahābhārata beschriebener Krieg auf dem Schlachtfeld Kurukshetra
5 Vedischer Kriegsgott

Das Chaturdasi[1], das im Monat Māgha[2] vor dem Neumond kommt, wird ‚Mahā Shivarātri'[3] genannt. Das Chaturdasi, das jeden Monat dem Neumond vorausgeht, wird ‚Māsa Shivarātri' genannt.

Verehrung von Lord Shiva während der Zeit von Sani-Pradosha beseitigt den üblen Einfluss von Saturn

Es ist von größter Bedeutung, wenn Mahā Shivarātri auf einen Dienstag fällt. Wenn Trayodasi[4] auf einen Samstag fällt, wird es Sani Trayodasi genannt. Um die verschiedenen Arten der von Saturn verursachten Probleme, die schicksalshafte Folgen nach sich ziehen, zu beseitigen, sollte an Sani Trayodasi Shiva verehrt und Sesamsamen geopfert werden. Shiva ist der Herr von Saturn. Wenn also Parameswara[5] mit Sesamöl verehrt wird, werden die Bedrängnisse von Saturn beseitigt. Wird Shiva am Samstag in der Abenddämmerung verehrt, werden alle karmischen Übel aufgehoben und Frieden und Zufriedenheit erlangt, da Shiva der Herr von Saturn ist. Alle Menschen sollten Shiva während der Zeit von Sani-Pradosha[6] verehren. Diese Verehrung verwandelt alle schrecklichen, aus unheilvollen Handlungen entstandenen Sünden zu Asche und reinigt Körper, Denken, Intellekt, Ego, Herz und Seele durch den frischen göttlichen Glanz glückbringender Schwingungen. Es verleiht ein glückliches, neues Lebens. Um all diese höchsten Ergebnisse zu erlangen, sollte man Shiva während der Zeit von Sani-Pradosha verehren.

Durch das oben erwähnte Vorgehen lässt die Heftigkeit von Saturn nach. Samstagnacht weilen die negativen Kräfte, die über alle Arten von Sünden des Menschen herrschen, die Kräfte des Unglücks, welche in einer dichten schwarzen Farbe unsichtbar bleiben, die großen zerstörerischen Kräfte in

1 Mondphase vor Vollmond oder Neumond
2 Im hinduistischen Kalender der 11. Monat, vom 21. Januar bis zum 19. Februar (Wassermann)
3 Fest zu Ehren von Lord Shiva
4 Die 13. zunehmende oder abnehmende Mondphase
5 Der höchste Gott; ein Name Shivas
6 Verehrung von Sani (Verkörperung von Saturn) bzw. Lord Shiva am Samstagabend

Mahā Kālī, der Shakti-Form von Mahā Kāla[1]. Am folgenden Tag, am Sonntag, beginnt zur Zeit des Sonnenaufgangs für den spirituellen Aspiranten ein neues Leben durch die Gnade dieser Mahā Shakti, die im Zentrum der Gegend der Sonne wohnt. Berge von unheilvollen Sünden werden im Yoga-Feuer von Srī Parameswara verbrannt.

Shiva in der Form der fünf Elemente

Die fünf Elemente konstituieren die Form von Shiva. In unserem Körper befindet sich das Erdelement im Mūlādhāra[2]. Als Zeichen dessen verehren die spirituellen Aspiranten das Pārdhiva Linga[3]. Im Swādhisthāna[4] befindet sich das Element Wasser, welches das Jala Linga darstellt. Das Manipūraka[5] bezieht sich auf das Feuerelement; das Jwāla Linga verkörpert dies. Es wird auch Hiranya Stambha[6] genannt. Das Anāhata Chakra[7] im Herzen ist der Sitz des Luftelements. Das Vāyu Linga ist das Symbol dieses Luftelements. Das Visuddhi Chakra[8] in der Kehle ist der Sitz des Raumes und wird Chidambara Linga genannt. Dieses Chidambara Linga wird Akāsha Linga genannt und hat keinerlei Gestalt. Die Verehrung, Anbetung und Darshan dieser Shiva Lingas der fünf Elementarkräfte ist höchst fruchtbar.

In der Gegend von Chidambara[9] wird das, was hinter einem Vorhang verborgen ist, Chamdambara Rahasya[10] genannt. Man sieht nichts, wenn der Vorhang gehoben wird. Der reine Raum ist das Ātma Linga von Shiva. Das Herz ist der Sitz des Geistes und daher ist es der Raum, in dem die Seele weilt. Der Raum hat in der Tat keine Form. Wenn Yogis ihr Denken mit festem Blick auf ihr wahres Selbst ausrichten, wird sich das Firmament des Herzens öffnen. Die gesamte Schöpfung, das ganze Universum, Sterne, Planeten und anderes

1 Der Große Tod; die Zeit der großen Auflösung
2 Das Basiszentrum
3 Ein Idol aus Sand/Erde, Darstellung von Shiva, verwendet für ein Ritual, um die negativen Wirkungen der neun Planeten zu beseitigen
4 Milzzentrum
5 Solarplexus-Zentrum
6 Goldene Säule
7 Herzzentrum
8 Kehlzentrum
9 Eine Stadt in Tamil Nadu mit einem Tempel, der Lord Shiva geweiht ist
10 Geheimnis von Chidambara

erscheinen in ihrem Herzen. Runa bedeutet Sünde. Aruna bedeutet ohne Sünde. Parameswara wohnt im Raum des Herzens. *Parameswara existiert in Arunachala*[1] *in der Form von Arunachaleswara, in der Form des Berges Arunachala und in der Gestalt eines Mahā Siddhas. Sein Darshan verringert alle Sünden. Der gleiche Arunachaleswara hat sich in menschlicher Form in Pīthikapuram inkarniert als Srīpāda Srīvallabha. Jetzt leuchtet Er von göttlicher Glorie strahlend in Kurungadda mit der Absicht, uns zu befreien.*

Kurungadda gleicht dem Berg Arunachala. Arunachaleswara in der Form von Ardhanārīswara ist Srīpāda Srīvallabha. Der große Siddha in Arunachala ist auch nur die Erscheinung dieses Weisen. So wie der Berg in Arunachala das Abbild Shivas ist, ist dieses Kurungadda auch wahrlich die Form von Srīvallabha. So wie die Kräfte von Shiva sich im Arunachala Shiva Linga befinden, sind die Kräfte Shivas in der Person von Srīpāda Srīvallabha. Parameswara in Arunachala in der Gestalt des Mahā Siddhas zu sehen ist sehr schwer, doch diese Mahā Siddha-Form in der Person von Srīpāda Srīvallabha ist verständlicher.“

Ich fragte Srī Dharma Gupta: „Mein Herr, ich hörte, Srīpāda sei die vereinte Form von Srī Venkateswara Swamī[2] und Srī Padmavati Devi[3], doch Sie beteuern, Er sei Shiva-Shakti Swarūpa. Sie sagen, es sei höchst verdienstvoll, Shiva während der Zeit von Sani Pradosha zu verehren. All dies ist sehr verwirrend für mich. Bitte erklären Sie es.“

Daraufhin antwortete Srī Dharma Gupta lächelnd: „Mein Herr, die göttliche Natur von Srīpāda Srīvallabha kann selbst von den Sapta Rishis[4] nicht verstanden werden. Auch dann würde ich es Ihnen im Rahmen meiner Fähigkeit erklären. Lord Srī Venkateswara ist seit dem Krita Yuga[5] gegenwärtig. Er gewährte Dasaratha[6] Wohltaten. Da Er sagte, Er würde als Srī Rama Chandra geboren werden, kann er auch als Srī Rama verehrt werden, der Sohn von Kausalya[7]. Srī Venkateswara Swamī wurde für einige

1 Ein heiliger Berg bei Thiruvannamalai in Tamil Nadu
2 Der in Tirupati verehrte Herr der Sieben Hügel
3 Eine Form von Lakshmī, der Göttin des Reichtums und Glücks
4 Sieben Weise, die im Universum als die sieben Sterne des Großen Bären manifestiert sind
5 Das erste der vier Zeitalter, das goldene Zeitalter
6 König von Ayodhya, Vater von Rama
7 Eine von drei Frauen Dasarathas, Mutter von Rama

Zeit als Bāla Tripura Sundari[1] verehrt, eine Form von Shakti. Nach einiger Zeit wurde Er für ein paar Tage in der Form von Shiva verehrt. Einige Leute verehrten Ihn als Subramanya Swamī. Danach wurde Er auf Geheiß Seiner Heiligkeit Srī Ramanuja[2] von Srī Vishnu-Verehrern als Lord Mahā Vishnu verehrt. Buddhisten betrachten Ihn als das große Sūnya[3]. Er ist wahrlich Lord Datta! Dieser Swamī ist ein höchst listiger Regisseur des illusionären Schauspiels. Er zeigt Seine scherzhaften Spiele jenen spirituellen Anhängern, egal auf welche Weise sie Ihn benennen, indem Er auf ihr Rufen reagiert und sie rettet und somit beweist, dass Er der einzige Gott ist. Er ist der Gleiche, der in der Welt als Srīpāda Srīvallabha bekannt ist.

Auf der linken Seite von Srīpādas Körper bewegt sich Shakti und auf der rechten Seite Shiva. Daher ist Er die Verkörperung von Shiva-Shakti. Mutter Padmavati ziert Sein Herz. Das Herz ist das Symbol der Gnade. Es ist der Ort für das Anāhata Chakra. Shakti erstreckt sich von dort zu den oberen Chakren und den niederen Chakren. In einem anderen Körper göttlichen Bewusstseins ist Er daher Srī Padmavati und Srī Venkateswara. Er ist auch die Form von Vāni[4] und Hiranya Garbha[5]. Vāni Devi, d.h. Saraswatī, drückt sich als die Formen von Parā, Pasyanti, Madhyama und Vaikhari[6] aus und wohnt auf Seiner Zunge. Das göttliche Bewusstsein von Mutter Vāni und Hiranya Garbha bleibt in einem nicht-dualistischen Zustand.

Das wahre Geheimnis von Chidambara ist, dass Er gleichzeitig drei verschiedene Formen des Bewusstseins annimmt. Zwischen Seinem Körper und irgendeinem anderen Körper gibt es nicht einmal einen Hauch von Ähnlichkeit. Er nimmt zur gleichen Zeit die Bewusstseinskörper von Vāni-Hiranya Garbha, Shiva-Pārvatī und Padmāvatī-Srī Venkateswara an. Gleichzeitig nahm Er einen Srīpāda Srīvallabha genannten Bewusstseinskörper an, der über die obigen Bewusstseinsformen hinausging. Dies ist Seine Yoga Māya, Seine Vaishnava-Māya[7]. Dies ist Sein Chidambara-Geheimnis. Er kann als

1 Die Schöne hinter allen drei Welten; die göttliche Mutter
2 Begründer der Vishishtadvaita-Lehre (1017-1137 AD)
3 Die große Leere
4 Saraswatī
5 Brahmā
6 Stufen des Wortes als gesprochenes Wort, als Gedanke, als Idee und als jenseits von Manifestation
7 Durch yogische Kräfte erzeugte Illusion; die illusionären Kräfte von Lord Vishnu

zur Dwaita[1], Adwaita[2] oder Visisthādwaita[3]-Sekte gehörig betrachtet werden, oder als der Eine, der jenseits von ihnen allen ist. Der Grund ist, dass es keine Grenzen für Seine Yoga-Māya und Seine Vaishnava-Māya gibt. Was ist unmöglich für Jenen, der die anmutige Gestalt von Jagan Mohini[4] anlegte und nur den Gottheiten Nektar verteilte; der in Seiner Mohini-Gestalt Parama Shiva anlockte, damit Parama Shiva sich in Ihn verliebte, ohne Manmadha[5] herbeizuziehen, und der Dharmashāsta[6] gebar. Was ist unmöglich für Lord Datta, der das Wissen vermittelt und sagt: ‚Ich bin diese Mohini-Form. Ich bin auch Dharmashāsta.' Ātma[7] sagte, es werde sich durch Māya erschaffen, nicht wahr? Er, der in der Form von Mohini war, erschuf Sich selbst als Dharmashāsta. Oh, wie clever!" Durch seine Worte machte er mich sprachlos vor Staunen.

Ehre sei Srī Srīpāda Srīvallabha!

1 Dualismus
2 Nondualismus
3 Qualifizierter Nondualismus
4 Der einzige weibliche Avatar von Vishnu
5 Cupido
6 Der Sohn von Shiva und Mohini
7 Das Selbst, die Seele

Kapitel 25

Die Wirksamkeit der Rudrākshas

Die Methoden der Shiva-Verehrung und ihre Ergebnisse

Ich bat Srī Dharma Gupta, mir zu erzählen, wie Lord Shiva verehrt werden solle. Srī Dharma Gupta erklärte: „Lieber Shankar Bhatt, die erste Methode der Verehrung von Lord Shiva ist, das fünfsilbige Shiva-Mantra[1] als Japa[2] zu singen. Die zweite Methode ist, Shiva in der Vorgehensweise von Mahānyāsa[3] zu verehren. Die dritte Methode ist, das Rudra Abhisheka[4] durchzuführen.

Die fünf Buchstaben im fünfsilbigen Mantra stehen für die fünf Urelemente. Ein Mensch wird ein Tier genannt, weil er in tierischen Fesseln wie Vorlieben, Verblendung usw. verstrickt ist. Pasupati ist jemand, der die Menschen aus den tierischen Banden befreit.

Das fünfsilbige Shiva-Mantra wird als ein fünfzackiger Stern beschrieben. Bei den fünfstrahligen Mantren gewährt die eine Art Befreiung und die andere Art verleiht Luxus und Reichtum. Bei den fünf verschiedenen Diensten während der Verehrung wird Sandelholzpulver für das Erdelement verwendet, Kokosnusswasser für das Wasserelement, das Anbieten von Licht für das Feuerelement, der Duft der Sambrani-Räucherstäbchen und ähnliches für das Luftelement und der Klang einer Glocke für das Raumelement. Auf diese Weise stellen die fünf Arten traditioneller Dienste in der Shiva-Verehrung die fünf Urelemente dar.

Bei Devotees, die den fünf Buchstaben im fünfsilbigen Mantram und ihren entsprechenden Elementen folgen, werden sich die fünf Elemente in den fünf Farben zeigen.

1 OM Namah Shivaya
2 Stille Wiederholung des Namens Gottes
3 Ein detailliertes Verfahren, um den eigenen Körper mit Mantren vor Beginn des Wasserrituals zu reinigen
4 Ein spezielles Waschungsritual (Wasserritual) für Rudra

Diese fünf Farben sind:

1. Glänzendes Quecksilber wie eine weiße Perle oder wie Silber
2. Korallenrot
3. Goldgelb
4. Strahlend blaues Licht, das sich über das ganze Universum wie ein blauer Himmel erstreckt
5. Reines weißes Licht

Das fünffarbige Licht, das in der Mitte der Augenbrauen leuchtet, wird Sandhyopāsana[1] von den Weisen genannt. Es sollte verstanden werden, dass Yantra, Mantra, das Streben nach den Pancha Tattwas, yogische Übungen und Selbsthingabe die Hauptelemente des spirituellen Strebens sind. *Dadurch wird der Gedanke des Dehātma, d. h. die Seele des Körpers, zerstört; der Körper des Jīva*[2] *wird als Tempel betrachtet, dieser leuchtende Jīva darin wird zu Shivātma umgewandelt und erlangt Befreiung. Um diesen Zustand der Befreiung zu erlangen, sind die Wiederholung des fünfsilbigen Mantrams, die Mahānyāsa-Pūrvaka-Verehrung von Shiva und das Rudra Ābhisheka von großer Hilfe.*

Vishnu liebt das Sahasranāma Stotra[3]*, Ganesha mag Modakas*[4]*. Die Sonne freut sich über einen Gruß. Der Mond liebt Wasseropfer. Der Feuer-Gott mag Opfergaben*[5]*. Shiva findet an Abhisheka Gefallen. In einem Kalpa*[6] *der Vergangenheit während einer großen Flut füllte Brahmā für die zukünftige Schöpfung Saaten von jeder Art – Lebewesen, Bäume und Kräuter – in ein Gefäß, in das Wasser aller Meere, aller Flüsse und der Nektar gegossen wurde. Mit dem Gāyatrī-Mantra gab Er Seine Kraft hinein, so dass es aufgeladen wurde. Dieses Gefäß wird Pūrnakumbha genannt. Ambrosia, welches sich in dem Pūrnakumbha befand, wurde ständig auf die Erde ergossen. Da die Weisen dieses Kalasa Ābhisheka am*

1 Ritualistische Begrüßung der beiden Dämmerungen und des Mittags
2 Das individuelle Selbst oder die Seele
3 Verehrung der tausend Namen Vishnus
4 Indische Süßigkeit
5 Hier: Havis; Opfergaben, die ins Feuer gegeben werden, vor allem Ghī oder Butter
6 Zeitalter

Kailasha-Berg[1] *durchführten, wurde er zum Ort des Amrita*[2]. *In der Amaranath-Höhle*[3] *bildet sich zum Vollmond von Srāvana*[4] *ein natürliches Shiva-Linga aus Eis. Allein durch das Erblicken von Srī Amaranath verringern sich alle Sünden.*

Die Geburt der Weisen Vasishta und Agastya

Als das Pūrnakumbha nach unten gehalten wurde, kamen zwei große Weise daraus hervor. Der erste erschien umgeben von strahlend weißem Licht; es war Vasishta. Der zweite, Agastya, war umhüllt von strahlend blauem Licht. Beide wurden mit den inneren Qualitäten der Gottheiten Mitra und Varuna geboren.

Mit dem im Pūrnakumbha geheiligten Wasser sollte das Ekadasa[5] *Rudrābhisheka 11 Mal durchgeführt werden. Dann gewährt Parameswara*[6], *der die Verkörperung von Ekadasa Rudra ist, den Verdienst des Ekadasa Tithi*[7]. Da eine enge Verbindung zwischen den Ekadasa Rudras und dem Ekadasa Tithi der Vishnuverehrer existiert, sollte beachtet werden, dass Shiva und Kesava[8] untrennbar sind. *Wird das Ekadasa Rudrābhisheka mit Namaka*[9]*-Mantren durchgeführt, wird die Gefahr eines vorzeitigen Todes abgewendet*. Der Mond ist die vorherrschende Gottheit von *Somalata*[10]. Er schenkt Stärke, das grundlegende Mittel für Verjüngung. Dieser Funke des Mondes leuchtet über dem Mittelpunkt der Augenbrauen und vor der tausendblättrigen Blüte im Kopf eines *Yogis*.

1 Mount Kailash in Tibet
2 Ambrosia
3 Eine Shiva geweihte Höhle im nordindischen Bundesstaat Jammu und Kashmir im Himalaya
4 Ein Monat des Hindu-Kalenders; entspricht dem Monat Löwe
5 Elfte zunehmende und abnehmende Mondphase
6 Der höchste Gott; ein Name Shivas
7 Lunare Tage, Winkelabstände zwischen Mond und Sonne
8 Name für Vishnu
9 Eine Rudra geweihte Hymne
10 Die Soma-Pflanze

Beschreibung der verschiedenen Formen von Lord Shiva

Aus genau diesem Grund heißt es, die Mondsichel schmücke das Haupt von Lord Shiva. Im Gebiet von Somanath[1] in Gujarat wird ein aus Chandrakant Sila[2] gefertigtes kristallenes Shiva-Linga mit einer leuchtend weißen Mondsichel auf seinem Haupt verehrt.

Solange man nicht den Zustand von Rudra erreicht hat, sollte man nach den Schriften das Rudrābhisheka nicht durchführen. Da die Zeit alles verschlingt, sollte die Person, die das Abhisheka durchführt, eins mit der Zeit werden und mit Mahānyāsa[3] die Form des Yagna geistig in ihren Körper hereinrufen und erst dann das Rudrābhisheka durchführen.

Beim Ausführen des Mahānyāsa Rudrābhisheka, wie es vom Weisen Bodhayāna[4] beschrieben wird, gibt es fünf Formen von Shiva. Es sind Tatpurusha, Aghora, Sadyojāta, Vāmadeva und Īsāna[5]. Die Gestalt von Tatpurusha hat die Farbe elektrischer Kraft, ähnlich dem Feuer des Pralaya[6]. Die Form von Aghora hat die blaue Farbe einer Wolke, d. h. die Farbe einer dunkelblauen Biene. Die Form von Sadyojāta ist in der jasminweißen Farbe des Mondes. Die Form von Vāmadeva ist von schneeweißer Farbe. Die Form von Īsāna ist von strahlendem Glanz, und daher hat Er die Farbe des Himmels.

Es heißt, dass es Abertausende von Rudras gibt. Das bedeutet, es gibt die Rudraganas[7] genannten Gottheiten, drei für jede Gruppe[8]. So gibt es für 11 Rudras 330 Millionen Rudraganas. Die Veden versichern, dass sie die Erde, den Himmel, den Kosmos, das Wasser, die Luft, den Körper, die Lebenskraft und das Denkvermögen durchdringen.

1 Somnath, an der Westküste von Gujarat; gilt als der heiligste der zwölf Jyotirlinga-Schreine Shivas; bedeutet ‚Schützer des Mondgottes'

2 Eine ‚Mondstein' genannte Mineraliengruppe; bekannt für Shiva-Ketten oder -Idole; Mondstein beeinflusst das Magnetfeld des Körpers und hat therapeutische Bedeutung.

3 Ein detailliertes Verfahren, um den eigenen Körper mit Mantren vor Beginn des Wasserrituals zu reinigen.

4 Indischer Priester und Mathematiker, lebte wahrscheinlich um 800 v.Chr.

5 Die fünf Aspekte Shivas: Aghora – der Aspekt des Südens, mit Rudra verbunden, Feuer; Sadyojāta – der Aspekt des Westens, mit Brahmā verbunden, Erde; Vāmadeva – der Aspekt des Nordens, mit Vishnu verbunden, Wasser; Īsāna – der innere, verbergende Aspekt, verbunden mit allem, was ist, der Äther/Raum.

6 Auflösung der Welten

7 Kräfte von Rudra

8 Hier: Gana

Der Herr dieser 330 Millionen Rudraganas ist Ganapati[1]. Um das Ganapati-Element in sich auf yogische Weise zu offenbaren, inkarnierte sich Srīpāda Srīvallabha an Ganesh Chaturdhi[2] auf der Erde. Wer Srīpāda verehrt und sich Seiner erinnert, erlangt die Gnade der 330 Millionen Rudraganas.

Beschreibung der Rudrākshas

Shiva-Devotees sollten unbedingt Rudrākshas[3] tragen. *Es gibt Rudrākshas für die Kasten der Brahmanen, Kshatriyas, Vaishyas und Shūdras. Die weißen Rudrākshas gehören zur Brahmanenkaste.* Sie sind selten. Rote, honigfarbene Rudrākshas gehören zur Kshatriyakaste. Rudrākshas in der Farbe von Tamarindensamen stehen mit der Vaishyakaste in Verbindung und die Schwarzen gehören zur Shūdrakaste.

Meistens sind Rudrākshas mit 5 bis 16 Facetten erhältlich. Rudrākshas sinken ab, wenn man sie in Milch oder Wasser legt. Leichte oder weiche Rudrākshas sollten nicht getragen werden. Legt man eine Rudrāksha unter einen Kupferlöffel oder stellt man eine Kupferplatte darunter, zeigt sich eine gute Qualität darin, dass sie beginnt, wie ein Sāligrama[4] zu rotieren. Manche Rudrākshas rotieren gegen den Uhrzeigersinn. Sie bringen Armut. Daher sollten Familienangehörige sie nicht verwenden, denn dies könnte negative Folgen haben, wie der Tod der Ehefrau, die Auflösung der Familie oder Verzicht auf eine Familie. Asketen könnten sie jedoch tragen.

Kalāgni Rudra sagte, Brahmanen sollten weiße Rudrākshas verwenden, Kshatriyas rote Rudrākshas, Vaishyas hellgelbe Rudrākshas und Shūdras schwarze Rudrākshas. Dann erlangen sie günstige Ergebnisse, ihre Sünden werden gelöscht und all ihre Wünsche kommen zur Erfüllung. Die besonderen Merkmale von Rudrākshas mit einer unterschiedlichen Anzahl von Facetten sind wie folgt:

- Einfacettige Rudrākshas sind die Form von Shiva.
- Zweifacettige Rudrākshas sind die Form von Ardhanārīswara.

1 Ganesha
2 Ein Fest zu Ehren von Lord Ganesha, gefeiert zwischen August und September
3 Die Samen eines Baumes namens Elaeocarpus ganitrus
4 Eine Ammonitenart, die als Vishnu verehrt wird

- Dreifacettige Rudrākshas sind die Form von Agni.
- Vierfacettige Rudrākshas sind die Form von Brahmā.
- Fünffacettige Rudrākshas sind die Kālāgni-Form von Rudra.
- Sechsfacettige Rudrākshas sind die Form von Kārtikeya.
- Siebenfacettige Rudrākshas sind die Form von Manmadha.
- Achtfacettige Rudrākshas sind die Form von Rudra Bhairava.
- Neunfacettige Rudrākshas sind die Form des Weisen Kapila.
  Es ist schwierig, sie zu bekommen. Bei den neunfacettigen Rudrākshas sind neun Kräfte eingelassen; sie heißen Vidya Shakti, Jnāna Shakti, Kriya Shakti, Sānta Shakti, Vāma Shakti, Jyestha Shakti, Rūdra Shakti, Anga Shakti und Pasyanti. Die neunfacettigen Rudrākshas sind daher die Form der Gottheit Dharma.
- Zehnfacettige Rudrākshas sind die Form von Vishnu.
- Elffacettigen Rudrākshas sind wahrlich die Form von Rudra.
- Zwölffacettigen Rudrākshas sind die Form der zwölf Ādityas[1].

So besteht eine enge Beziehung zwischen den Rudrākshas und verschiedenen Formen von Gottheiten.

Srīpāda Srīvallabha trägt in Seiner Bewusstseinsform das Wesen von Ganesha, dem Herrn der Heerscharen von Anhaftung und Loslösung. Daher ist Er die göttliche Verkörperung der 330 Millionen Gottheiten. Nicht nur dies. Ohne Seinen Willen kann sich kein Atom oder Molekül in der Schöpfung regen oder bewegen. Er ist die Ursache hinter allen Bewegungen. Er ist die Ursache aller Ursachen. Jenen, die Ihn als Shiva betrachten, erscheint Er als Vishnu. Von jenen, die Ihn als Vishnu ansehen, wird Er als Shiva empfunden. Er erscheint in der wahren Form, wenn wir die argumentierende Natur in unserem Denken auflösen und uns Ihm hingeben."

So erklärte Dharma Gupta anschaulich die Methoden der Verehrung Shivas und viele andere Dingen bezüglich der Rudrākshas. Dann drückte er seinen Wunsch aus, zusammen mit mir nach Kurungadda zu gehen und den Darshan von Srīpāda zu erlangen, um den Zweck seiner Geburt zu erfüllen.

Wir beide kamen nach Kurungadda und erhielten den Darshan von Srīpāda Srīvallabha Guru Sārvabhūma[2]. Er öffnete Seine Augen aus yogi-

1 Die 12 Söhne von Āditi, dem höchsten Licht; Sonnengötter
2 Der Herrscher

schem Schlaf und bemerkte: „Oh, welche Diskussionen, welche Diskussionen! Es gibt Einen Srīpāda. Er ist Shiva Swarūpa. Bin ich Srīpāda? Oder ist Srīpāda in Meiner Gestalt gekommen? Wer bin Ich überhaupt? Mein Herr, Dharma Gupta, bitte erklären Sie es."

Da sagte Dharma Gupta zu Srīpāda: „Swamī, als ich von Pīthikapuram zum Darshan von Srī Mahā Guru aufbrach, warnte mich mein Schwager Pynda Venkatappayya Sreshti, nicht durch Argumente und Gegenargumente mit Srīpāda in Illusion zu verfallen, sondern nur Seine Zuflucht zu suchen und Seine Gnade zu erlangen. So werde ich bei allen Fragen, die Sie stellen, still bleiben. Wenn selbst die Veden Ihr Wesen nicht erklären konnten und stumm blieben, was bin ich, ein Laie vor Ihnen? Was weiß ich schon?"

Srīpāda wurde liebenswürdig. Er gewährte mir und Dharma Gupta, Seine Füße verehren zu dürfen. Als wir Seine Füße berührten, verloren wir das Bewusstsein und blieben sehr lange Zeit in einem Zustand der Meditation. Die Abenddämmerung brach herein. Srīpāda wies uns an, Kurungadda zu verlassen und das gegenüberliegende Ufer des Krishna-Flusses aufzusuchen. Wir folgten den Anweisungen. Srī Dharma Gupta und ich verbrachten den ganzen Abend mit Gesprächen über die göttlichen Spiele von Srīpāda. Es ist nicht möglich zu sagen, dass Seine Spiele in einer bestimmten Weise geschehen. Dann fielen wir in den Schlaf. Von irgendwoher hörten wir eine unsichtbare melodiöse Stimme. Einige Yogis sangen den Namen von Srīpāda Srīvallabha Digambara[1].

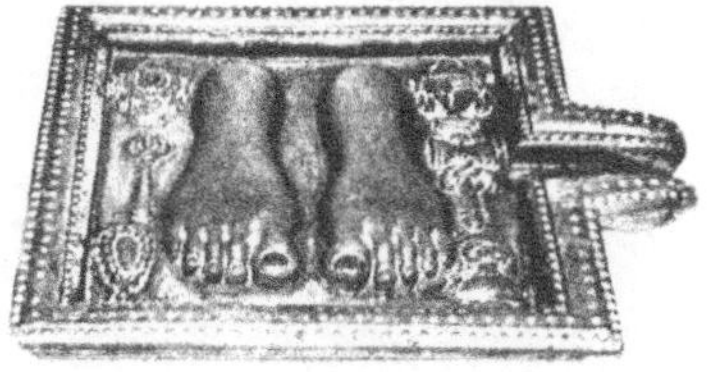

Ehre sei Srī Srīpāda Srīvallabha!

1 Keine Kleidung tragend

Srīpāda Rājam Saranam Prapadye

Kapitel 26

Die Geschichte der Geburt von Srī Kanyaka Parameswari

Am Morgen erreichten wir Kurungadda, um den Darshan von Srīpāda Srīvallabha zu erlangen. Srī Dharma Gupta hatte den Wunsch, von Srīpāda Einzelheiten über den Beginn des Kali Yugas[1] zu erfahren. An dem Tag sah Srīpāda sehr sanft aus, wie eine wunderschöne Blüte. Mit ambrosiagleichen, Nektar des Mitgefühls verströmenden Blicken gewährte Er uns das große Glück, Seine göttlichen Lotusfüße zu berühren.

Srī Dharma Gupta bat Srīpāda, uns von der Entstehung des Kali Yugas zu erzählen.

Daraufhin sagte Srī Charan: „Meine Kinder, Zeit ist die kosmische Form des höchsten Selbst. Die Sonne wird auch die Seele der Zeit genannt. Die Zeit, welche die Sonne benötigt, um vom Stern Dhanishta[2] ausgehend einmal um den Stern Sravana[3] zu laufen und wieder zu Dhanishta zurückzukehren, wird Brahmā Kalpa[4] genannt. Ein Teil des Brahmā Kalpa ist Srushti Kalpa und der andere Teil wird als Pralaya Kalpa gerechnet. Tag und Nacht gelten als eine Erfahrung für normale Menschen.

Die Hälfte der auf die Manen bezogenen Zeit ist Sukla Paksha[5] und die andere Hälfte ist Krishna Paksha[6]. Für den Jahresgott sind sechs Monate Uttarāyana[7] und sechs Monate sind Dakshināyana[8]. Ein Yogi visualisiert das Rad der Zeit in seinem eigenen Körper. Dieses esoterische Wissen

1 Das dunkle Zeitalter
2 Die 23. Nakshatra-Konstellation der Hindu-Astronomie
3 Die 22. Nakshatra-Konstellation der Hindu-Astronomie
4 Ein Äon Brahmās (Zeitzyklus)
5 Die erste Hälfte des Mond-Monats
6 Die zweite Häfte des Mond-Monats
7 Der aufsteigende Pfad der Sonne, von der Wintersonnenwende bis zur Sommersonnenwende
8 Der absteigende Pfad der Sonne, von der Sommersonnenwende bis zur Wintersonnenwende

wird Tāraka Raja Yoga Vidya[1] genannt. Das Wissen der Zeit kann nicht von jenen erkannt werden, die sich dessen nicht bewusst sind.

Im Tāraka Raja Yoga wird der Körper als Brahmānda[2] verstanden. Er enthält alle Welten. Der Punkt des Denkens in unserem Kopf wird Brahmā Loka genannt. Die Welt Vishnus ist im Nabel. Die Welt Rudras ist in unserem Herzen. Als die Gottheiten der Reproduktion liegen die Manen in unserem Sperma. Diese Janyu-Gottheiten[3] vermitteln die Konsequenzen der Handlungen vergangener Generationen der Menschheit an nachfolgende Generationen und lassen sie diese Ergebnisse erfahren. Daher ist die Zeit sehr wichtig, um schrittweise die Ergebnisse der Handlungen aus früheren Geburten zu übergeben.

Anzeichen für das Ende von Kali Yuga

Die Manen der Verstorbenen sind nicht die toten Vorfahren. Sie sind Janyu-Gottheiten, welche die Früchte der im Namen der Vorfahren durchgeführten Bestattungsriten empfangen und ihnen einen edlen Status gewähren. Sie haben keine Geburt.

Ein Yogi visualisiert die sechs yogischen Zentren in seinem Körper als Jahreszeiten des äußeren Jahres. In einem Jahr gibt es zwölf Vollmonde und zwölf Neumonde. Diese 24 heiligen Tage werden als die 24 Schritte des Versmaßes der Gāyatrī verstanden. Einige Menschen verehren Nārāyana, der die Verkörperung der Zeit ist, als ein Purusha[4] des Jahres. Dieses Wissen wird Dwādasākasharī Vidya[5] genannt. Mit einem Buchstaben pro Monat entwickelt es sich im Laufe von zwölf Monaten zu einem Mantra mit zwölf Buchstaben.

Bedenkt, dass folgende Entwicklungen das Ende des Kali-Zeitalters anzeigen. Überschwemmungen durch Flüsse und Ströme bringen gewaltige Verluste; die Erde bebt unter ständigen Erschütterungen, als würde sie

1 Ein Yoga-Pfad, wo der Übende gebeten wird, sich auszurichten, zu beobachten und zu unterscheiden, um durch Wissen die Realität zu erkennen und Vollkommenheit zu erlangen
2 Universum
3 Intelligenzen der Fortpflanzung, die den Fortpflanzungsprozess lenken
4 Ein Mensch, das ewige Selbst, das absolute reine Bewusstsein
5 Bedeutet 12silbiges Wissen

endgültig zugrunde gehen; Sonne und Mond weichen von ihren Bahnen ab; dichte Finsternis umhüllt die Sonne, so dass man sie während des Tages nicht sehen kann; schreckliche Kometen erscheinen am Himmel und deuten das Ende des Kali Yugas an.

In der letzten Phase des Dwāpara Yugas[1] unterwarf sich der Regent des Kali Yugas, Kali Purusha, der feurigen Buße auf einer Insel im westlichen Meer. All diese Themen wurden vom Weisen Vedavyāsa in seinem Bhavishya Purāna[2] erzählt.

Ankunft der Mlechha-Rasse

Als Kali Purusha das starke Vorherrschen vedischer Mantren, Opfer und des feurigen Strebens sah, fühlte er sich sehr elend. Er betete zu Gott: ‚Wie loderndes Feuer leuchtet Dharma überall. Wie kann ich dann den Einfluss von Kali verbreiten? Gemäß Deinem Versprechen muss ich mein Yuga Dharma verbreiten. Dies ist für mich jedoch eine absolute Unmöglichkeit.' Der Herr des Universums zeigte daraufhin Kali eine Insel im westlichen Meer. Er zeigte Adama, der der Ursprung der Männer ist, und Havyavati, eine Frau. Für ihren Genuss schuf er einen wunderschönen Garten. In Wahrheit waren sie Bruder und Schwester. Kali, der dort als eine Schlange eintrat, entfachte in ihnen unmoralische Lust und ermutigte sie, gesetzeswidrige und unethische Kinder zu empfangen. Sobald sie gefallen waren, zogen sich die göttlichen Kräfte in ihnen zurück. Mit diesem Paar begann die Mlechha-Rasse[3], die der Ursprung des Kali Dharmas ist.

In der letzten Phase des Dwāpara Yugas, dies war 2800 Jahre vor dem Ende des Dwāpara Yugas, nahm die Nachkommenschaft dieser Rasse im Mlechha-Gebiet zu. Dies wurde im Pratisarga Parvan[4] des Bhavishya Purāna erwähnt. Die in Nīlachala erschaffenen Adama und Havyavati kosteten die Früchte der Sünde und vermehrten ihre Nachkommenschaft. Diese missbrauchten das Ārya Dharma, aßen alle Arten von Dingen und waren

1 Das dritte der vier Zeitalter
2 Das Purāna der Zukunft
3 Nicht-vedische, barbarische Rasse
4 Der Pratisarga genannte Teil des Bhavishya Purāna, über die Genealogie der Könige und Weisen

sündhaft. Ich muss Mich als Kalki inkarnieren und Abermillionen unethischer Menschen vernichten, um das *Satya Yuga* wiederherzustellen. Dies ist Mein Programm in der fernen Zukunft."

Da sagte Dharma Gupta: „Swamī, ich habe seit vielen Tagen den Wunsch, von Ihnen die Geschichte von Srī Vasavī Parameswari zu erfahren. Bitte erzählen Sie sie mir."

Srī Charana lächelte strahlend und sagte:

Kanyaka Purāna

„Die Srī Kanyaka Purāna ist in dem Sanat Sujata Samhita des Skanda Purāna enthalten. Brihat Sila Nagaram ist auch als Jyestha Sailam bekannt. Es gab 18 Städte namens:

1.	*Brihat Sila Nagaram*	10.	*Kalingapuram*
2.	*Niravadyapuram*	11.	*Panchalapuram*
3.	*Vīranarayanam*	12.	*Palakolanu*
4.	*Vishalapuram*	13.	*Pedatrigunapuram*
5.	*Asantamu*	14.	*Bhimapuram*
6.	*Narasapuram*	15.	*Ghantasalam*
7.	*Dhanadapuram*	16.	*Pīthikapuram*
8.	*Dharmapuram*	17.	*Chinna Jaganadham*
9.	*Pedajagannadham*	18.	*Chinna Trigunapuram*

Kusuma Shresti herrschte über diese Städte mit Brihat Sila Nagaram als Hauptstadt. 18 ist die Zahl des Sieges. In diesen achtzehn Städten gab es Vaishya Nagara Swamīs, die zu 714 Gotras[1] *gehörten. Nur 102 waren natürlich gebildete Gotras, denen strenge Regeln auferlegt waren. Die Personen anderer Gotras sagten, dass sie auch diese strengen Regeln befolgen würden. Daraufhin wurden sie bei den Vaishya Nagara Swamīs zugelassen, was zu der Gotra-Zahl 714 führte. Personen, die strengen Bußübungen folgten und zu den 102 Gotras gehörten, lebten in Brihat Sila Nagaram; sie verehrten Ārya Mahā Devi, d.h. Pārvatī Devi. Aus dem Grund wurden sie als Ārya Vaishyas bezeichnet und verehrt, da sie von Ārya Varatham über-*

1 Geschlechter

gesiedelt waren, Ārya Mahā Devi verehrten und sich an strenge Bußübungen hielten, die sich von anderen Vaishyas unterschieden. Der Rest der Leute, die zu anderen Gotras gehörten, bat auch darum, bei den Ārya Vaishyas zugelassen zu werden. Bhaskaracharya[1] wurde als der Guru von Srī Kusuma Shresti betrachtet. Mein Großvater Bapannāvadhanulu war wirklich in seiner früheren Geburt Bhaskaracharyalu. Als Bhaskaracharya die Bitte von den Leuten der anderen Gotras hörte, sagte er: ‚Meine lieben Leute, es ist nicht möglich, sie zu bewerten und zu einer Entscheidung zu kommen, ohne ihre Eignung zu testen. Um eine Entscheidung fällen zu können und die Eignung zu bestätigen, werden wir eine Feuerprobe[2] durchführen müssen. Die Personen, die diese Feuerprobe bestehen, werden den Titel ‚Ārya Vaishya' erhalten. Und nur diese werden ihn bekommen. Ist das für alle annehmbar?' Alle stimmten zu.

In jenen Tagen galt die Verehrung der Vaishyas gewöhnlich Parameswari. In glühender Hingabe boten einige Leute sogar ihre Kinder Parameswari dar.

Auf solche Weise dargebotene Mädchen wurden Gaura Balikas genannt. Die Jungen nannte man Bala Nagaras. Es bestand eine strenge Regel, dass Gaura Balikas nur mit Bala Nagaras verheiratet werden sollten. Im Allgemeinen gab Bhaskaracharya den Gaura Balikas und Bala Nagaras ein spezielles Dīksha[3], das Chaitanya Kriya Yogam genannt wurde. Von Kindheit an wurden sie zu Yoginis und Yogis erzogen. Bhaskaracharya glaubte, dass die Kinder, die jenen Leuten geboren wurden, sich in einem höheren Zustand befänden und ihre Familien glücklich in Wohlstand und mit doppelter Verehrung wie Gauri und Shankar[4] leben würden. Diese 18 Städte waren besonders gesegnet. Nagareswara Mahādeva war das Oberhaupt dieser himmlischen Städte und Kusuma Shresti war der König, der über diese Städte herrschte. So war es Bhaskaracharyas Wunsch, in der Natur eine neue Art von Schöpfung zu bewirken.

Da das Paar Kusuma Shresti keine Kinder bekam, führte Bhaskaracharya das Putra Kāmyeshti Yāgam durch. Ārya Mahādevi manifestierte sich in

1 Der spirituelle Guru der Ārya Vaishya-Gemeinschaft im Brihat Sila-Königreich
2 Hier: Agni Parīksha
3 Übernehmen einer ernsthaften spirituellen Disziplin, Einweihung, Vorbereitung für eine Einweihung
4 Pārvatī und Shiva

dem Feuerloch und schenkte ihnen zwei Früchte. In der Folge wurde Vasavī Kanyaka in der ersten Hälfte des Monats Vaisākha[1] an einem Dasamī[2]-Freitag geboren, als der Punarvasu-Stern[3] vorherrschte. Als Zwillingsbruder von Vasavī Kanyaka wurde auch ein männliches Kind geboren. Sie nannten es Virūpaksha.

In Wirklichkeit ist Vasavī Kanyaka Meine göttliche Schwester. Virūpaksha wurde als ihr Zwillingsbruder mit dem Amsa[4] von Nandīswara[5] geboren. In der Vergangenheit ging Shilada Maharshi, der Steine aß, in den Himalaya. Er hatte den Darshan von Himavathi Mahā Devi[6] bekommen und bat: ‚Oh Mutter, du bist die Tochter des Berges. Da ich Steine esse, bin ich auch auf eine Weise der Sohn eines Berges. Bitte gewähre mir das Glück, als Dein Bruder geboren zu werden.' Srī Himavathi Devi sagte: ‚Maharshi, in dieser Geburt werde Ich Parameswara heiraten. Du wirst als Nandīswara unser Reittier sein. Im Kali Yuga, wenn Ich als Kanyaka Parameswari geboren werde, wirst du auch als Mein Zwillingsbruder geboren werden. Ich schenke dir den Stein, auf dem Ich Buße tat. Nimm diesen Stein nach Jyesta Sailam. Zu der Zeit der Errichtung sollte dieser Stein in die Grube gelegt und eine Festung darauf gebaut werden. Im Kali Yuga wird ein Sadhvaishya namens Kusuma Shresti diese Festung bauen. Später werde Ich zusammen mit den zu 102 Gotras gehörenden Paaren in den Feuerplatz[7] gehen und wieder Kailasa[8] erreichen. Wenn das Ende des Kali Yugas kommt, wird mein Bruder Srīpāda Srīvallabha sich als Kalki inkarnieren und Millionen von Menschen von schlechtem Charakter töten und das Dharma wiederherstellen. *Srīpāda Srīvallabha wird seine Yati[9]-Form verlassen und sich als Padmāvatī Venka-*

1 Nakshatra-Konstellation im Monat Waage-Skorpion
2 Zehnte zunehmende oder abnehmende Mondphase
3 Nakshatra-Konstellation im Monat Zwillinge-Krebs
4 Teil; ein Teil von Gott, der herabgestiegen ist und Form angenommen hat. Ein Avatar ist ein vollständiger Herabstieg
5 Nandi, der Bulle; Reittier von Shiva, sein Hüter und Diener; Nandīswara: Nandi und Īswara als Einheit zusammen
6 Die Tochter des Berges, Saila Putri; ein Aspekt von Durgā
7 Hier: Agni Kundam
8 Der Berg Kailash
9 Mönch der Jain-Religion; seine Lehre und Praxis betont die Notwendigkeit, die Seele zum göttlichen Bewusstsein, zur Befreiung zu lenken; die beiden Haupt-Traditionen der Jains sind Svetambara (weißrobige Mönche) und Digambara (nackte Mönche).

teswara manifestieren. Srī Padmāvatī[1] *wird an einem Ort namens Simhala, und Srī Prabhu wird im Dorf Shambala geboren werden. Gegen Ende des Kali Yugas wird ihre Hochzeit stattfinden. Lord Srī Kalki wird nach Brihat Sila Nagaram kommen. Ich in der Form von Vasavī Kanyaka und Mein Herr in der Form von Nagareswar werden Srīpāda Srīvallabha, der sich in der Kalki-Form befindet, große Ehren erweisen. Als Zeichen der Liebe werde Ich Meinem Bruder das Raksha Bandhan*[2] *anlegen. Aus Zuneigung und Liebe zu Mir wird Mein Bruder göttliche Schmuckstücke, Diamanten und Perlen und königliche Kleider darbieten und sehr glanzvoll unsere Hochzeit durchführen.* Die Paare der 102 Gotras, die mit Mir in den Feuerplatz eintreten, werden Zeugen Unserer göttlichen Hochzeit sein. Daraufhin werden Wir als frisch verheiratetes Paar nach Pīthikapuram gehen. Der große Herr in der Kalki-Form wird inmitten Tausender von Devotees Darshan in der Gestalt Seiner früheren Inkarnation als Srīpāda Srīvallabha geben. Mein lieber Sīlada, wenn Unsere Hochzeit stattfindet, wirst du auch als Mein Bruder an den Hochzeitsfeierlichkeiten teilnehmen und gesegnet sein.'

Meine Lieben, der Gosthani-Fluss[3] bildet die Grenze im Westen dieses tributpflichtigen Königreiches mit der Hauptstadt Brihat Sila Nagaram. Antarvedi[4] liegt nach Süden. Der Godāvarī-Fluss fließt im Osten und Norden.

Im Hause von Kusuma Shresti gibt es eine metallene Hand und eine Handglocke, um Mangala Harathi[5] darzubringen. Beide zusammen wiegen ein halbes Visala mehr als 16 Visala. Im Haus von Bhaskaracharya befinden sich auch eine metallene Hand und eine Handglocke, die verwendet werden, um Mangala Harathi zu geben. Diese beide wiegen auch ein halbes Visala mehr als 16 Visala. Nachdem Mein Mahā Samsthan errichtet ist, werden diese metallene Hand und Handglocke, die gegenwärtig im Haus von Bhaskaracharya sind, Pīthikapuram erreichen und in der Nähe unserer Idole viele Fuß unterhalb des Audumbara-Baums aufbewahrt werden. Nach ihrer Ankunft wird Mein Charitāmrutam ans Licht kommen.

---

1 Eine Form von Lakshmī, der Göttin des Reichtums und Glücks

2 Ein Freundschaftsband, das zu Raksha Bandhan dem Bruder oder der Schwester um das Handgelenk gebunden wird; Raksha Bandhan ist ein indisches Fest, an dem die Liebe und die Pflichten zwischen Brüdern und Schwestern oder ähnlichen, biologisch nicht verwandten Beziehungen gefeiert werden.

3 Ein Fluss in Andhra Pradesh

4 Ein Dorf im Ost-Godāvarī-Bezirk von Andhra Pradesh

5 Lichtzeremonie mit Kampfer zur Anbetung Gottes mit Feuer

Meine Lieben, morgen ist der Geburtstag von Srī Vasavī Kanyaka. Zudem ist Freitag. Nach den Berechnungen im Sāndra Sindhu Veda[1] ist es eine äußerst heilige Zeit. Erbaut ein kleines Haus aus trockenem Gras an diesem Ort, der Panchadeva Parvatham[2] genannt wird. Ihr solltet sofort aufbrechen. Alles, was ihr braucht, wird bereitgestellt. Morgen werde Ich dort Hof halten. Frauen, die das Glück von Mangalyam[3] suchen, sollten auf jeden Fall die dort verteilten Kurkuma-Knollen nehmen. Das Glück des Mangalyam wird jenen gewährt, die diese Kurkuma-Knollen erhalten und sie auf den Pūjā-Altar legen.

Morgen werde ich die umfangreiche Geschichte von Srī Kanyaka Parameswari beschreiben. Alle meine Devotees, die morgen nach Panchadeva Pahād kommen, werden gesegnet. Von Mir die Ereignisse der höchst heiligen Inkarnation von Vasavī Kanyaka zu hören, ist das Resultat ihrer in vielen Geburten erworbenen Verdienste.

Von jetzt an werde Ich an jedem Freitag Hof halten. Nach Meinem Belieben kann es in Kurungadda oder in Panchadeva Pahād sein oder auch an einem anderen Ort. Jeden Donnerstag wird Dharma gelehrt. Es kann in Kurungadda oder in Panchadeva Pahād stattfinden. In der Zukunft wird es viele Veränderungen geben. Indien wird in den kommenden Jahrhunderten unter die Herrschaft der Mlechhas[4] und der Weißen kommen. Die Wege des Schicksals sind seltsam. Nur durch den Strom der spirituellen Kraft wird für dieses Karma-Land und Veda-Land Befreiung erlangt. Wenn Datta nicht in Vergessenheit gerät, wird auch Datta nicht vergessen. Vergessen kommt dem Tod gleich. Erinnerung verleiht eine neue Geburt."

Ehre sei Srī Srīpāda Srīvallabha!

1 Ein mystisches Sanskrit-Werk, geschrieben auf Palmblättern, über die Zeit und die Ereignisse der Zukunft
2 Ein kleines Dorf am Krishna-Fluss
3 In der indischen Hochzeitszeremonie ein Faden oder eine Kette, die der Bräutigam der Braut um den Hals legt. Nachdem er drei Knoten gemacht hat, sind sie offiziell verheiratet.
4 Nicht-vedische, fremde Leute

Kapitel 27

Der Besuch bei Virupāksha im Gebiet von Panchadeva Pahād

Srī Dharma Gupta und ich erreichten das gegenüberliegende Ufer vom Krishna-Fluss. Es war Nachmittag. Der Tag war ein Donnerstag und sehr heilig, weil Srīguru Sārvabhūma[1] an verschiedenen Orten zur gleichen Zeit Bhiksha[2] empfing. Srīpāda bat uns, ein Haus aus Strohgras zu bauen und dieses an einem einzigen Tag fertigzustellen. Mit der Gegend waren wir nicht vertraut. Für den Hausbau benötigten wir ein Grundstück und Werkzeuge, außerdem Strohgras, um das Dach zu decken. Darüber hinaus brauchten wir geeignete Arbeiter, um all diese Dinge zu erstellen.

Die Bedeutung von Panchadeva Pahād

Wie ziellos Reisende wanderten wir umher. Wir betraten ein Feld. Der Bauer baute gerade einen Kuhstall für sein Vieh. An einer passenden, erhöhten Stelle errichtete er ein hohes Podest, auf dem der Gutsherr sitzen sollte. Der Besitzer des Ortes lud uns herzlich ein und gab uns zu essen. Obwohl wir hungrig waren, hatten wir Zweifel, ob wir Mahlzeiten essen dürften, die von einem Shūdra serviert wurden. Der Besitzer sagte schroff: „Oh, ihr habt unser Vieh gestohlen und es an anderen Orten verkauft. Jetzt kommt ihr zurück, um zu sehen, ob noch Vieh da ist, damit ihr es heimlich forttreiben könnt. Ihr, die mit einer solch schlechten Absicht hierher gekommen seid, zweifelt, ob man Essen von einem Shūdra nehmen dürfe?“ Wir verstanden die Angelegenheit. Der Gutsherr dachte, wir seien Diebe. Mit Widerwillen nahmen wir die Mahlzeit ein. Im Laufe der Unterhaltung kam heraus, dass sein Name Virupāksha war. Als wir die Mahlzeit beendet hatten, wurden wir an zwei Bäume gebunden. Ich war

1 Der Herrscher
2 Nahrungs- oder Geldspende

ein armer Brahmane und verdiente meinen Lebensunterhalt durch Betteln. Ich hatte kein Geld, doch Srī Dharma Gupta hatte welches. Der Gutsherr wies seine Diener an, uns das gesamte Geld, das wir hatten, abzunehmen.

Die unglaublichen göttlichen Spiele von Srīpāda

Wir empfanden, dass es nutzlos sei, die Wahrheit über uns zu erzählen. Durch die Anweisungen des Gutsherrn wurden wir zu Gefangenen und wussten nicht, was wir tun sollten.

Unterdessen kamen einige Mylars[1] dort an. Bei diesen Mylars gab es eine Sekte, die als Ganga Kāvillu[2] bekannt war. Diese Leute tragen Pīthas von Srī Vāsavī Kanyaka Parameswari. Sie verwenden Tripundras[3]. In ihren Händen halten sie kleine Siegesglocken und singen Lieder und Verse zu Ehren von Srī Vasavī Kanyaka Parameswari Devi. Diese Ganga Kāvillus tragen große Metallvasen mit engen Hälsen in Tragbügeln und kommen immer, wenn Hochzeiten und andere glückbringenden Feierlichkeiten stattfinden sowie anlässlich des Geburtstags von Srī Vasavī Māta. Zudem besucht eine andere Gruppe von Leuten, die Vīra Mushtulu[4] genannt werden, diese Plätze. Sie binden Prabhas[5] um ihre Hüften und rufen Jaya; mit den Glocken in ihren Händen verbreiten sie diese Siegesklänge. Auf diesen Prabhas sind Schwerter, Rüstungen und viele andere Kriegssymbole eingraviert.

Zusammen mit den Mylars kamen auch die Vīra Mushtulus zu dem Platz. Einige Soldaten des Maharajas Vishnu Vardhana wurden zu Devotees von Mutter Srī Vasavī; sie schlossen sich den Bala Nagaras an und kämpften mit den Soldaten, die Vishnu Vardhana gegenüber loyal waren. Die Personen in den Familien jener Soldaten, die Devotees von Mutter Srī Vasavī

1 Eine Gruppe von Menschen in Andhra Pradesh, die durch die Dörfer gehen und Gottheiten mit Gesang und Tanz verehren

2 Eine Sekte von Mylars, die eine hölzerne Plattform auf ihren Schultern trugen und darauf die Form der Göttin Vasavī

3 Die von Shivaiten verwendete dreifache Stirnmarkierung

4 Eine Gruppe Soldaten, die unter dem eindringenden König Vishnu Vardhana arbeiteten und Vasavī verehrten und sich daher gegen ihren eigenen König wandten und dessen Soldaten bekämpften

5 Brennende Stäbe

sind, werden Vīra Mushtulus genannt. Da sie an jenem Tag ihren Reichtum, ihre Ehre und ihr Leben im heiligen Kampf opferten, ehren die Vaishya-Könige sie bei glückverheißenden Gelegenheiten. Dieser Bauer bot den Mylars und den Vīra Mushtus Essen an und ehrte sie. Dann ließ er uns frei und bat uns, an dem Bau des Kuhstalls mitzuwirken. Wir stimmten zu. Als die ganze Arbeit beendet war, fragte mich Virupāksha: „Wissen Sie, was Mushtilo Mushti Vīra Mushti[1] ist?" Ich sagte, dass ich es nicht wisse. An jenem Abend wurden uns auch Mahlzeiten gereicht. Er befahl, dass wir in dieser Nacht den Viehreichtum bewachen und dort schlafen sollten. Danach brach er mit seiner Gruppe von Dienern auf.

In dieser Nacht riefen wir beide uns den Namen Srīpādas und Seine scherzhaften Spiele in Erinnerung. Als wir am Morgen aufwachten, fanden wir in dem Stall keine Spur der Kühe oder Ochsen. Die Bauern in der Nähe fragten uns, zu welchem Preis wir das Land gekauft hätten. Wir erzählten ihnen die Dinge, die am Abend des vorherigen Tages geschehen waren. Sie glaubten unseren Aussagen nicht und hielten uns für verrückt. Es ließ sich nicht feststellen, was wahr und was falsch war. Da kam ein Fremder. Er fragte uns: „Wurde Srī Vasavī an Vaisakha Suddha[2] Dasamī[3] geboren? Oder an Sapthami[4]?" Srī Dharma Gupta antwortete, Mutter Srī Vasavī wäre an Dasamī geboren und an jenem Tag wäre das volle Dasamī Tithi[5] und es wäre Freitag gewesen. Als er die Antwort hörte, fragte er: „Geht ihr beiden Verrückten zu dem Verrückten in Kurungadda, der da ohne jede Arbeit sitzt?" Das Verhalten dieses Fremden war für uns beleidigend.

Srī Dharma Gupta sagte: „Selbst wenn der Fremde beleidigend sprach, lehrte er uns unsere Pflicht. Wir müssen sofort nach Kurungadda gehen." Wir fuhren in einem Boot nach Kurungadda. Weder ich noch Srī Dharma Gupta hatten Geld bei uns, um den Fährmann zu bezahlen. Der Fährmann wies uns zurecht und sagte: „Für heute verzeihe ich euch und lasse euch laufen. Es ist aber eure Pflicht zu sagen, ob ihr Geld habt oder nicht, bevor ihr ins Boot kommt." Die Blicke des Fährmanns fielen auf Srī Dharma Gupta. Er nahm den Ring von Srī Guptas Hand, behielt ihn aber nicht bei sich, son-

1 Almosen innerhalb von Almosen ist fanatisches, heldenhaftes Betteln um Almosen.
2 Zunehmende Mondphase
3 Zehnter Tag der ersten zwei Wochen des Monats Vaisakh
4 Am siebten Tag
5 Lunare Tage, Winkelabstände zwischen Mond und Sonne

dern warf ihn in den Krishna-Fluss. Wir erreichten Kurungadda. Nachdem Srīpāda im Krishna-Fluss gebadet hatte, fiel Er in tiefe Meditation.

Nach einer kleinen Weile öffnete Er die Augen. Er schaute uns an und lächelte. Er fragte uns, ob wir eine Hütte gebaut hätten, um in Panchadeva Pahād Hof halten zu können. Wir erzählten alles, was sich am Tag zuvor zugetragen hatte.

Er sagte: „Meine Lieben, ohne Meinen Willen kann niemand zu Mir kommen. Ohne Meinen Willen wird niemand Hingabe an Mich empfinden. In einer Sekunde kann Ich einen Reichen, egal wie reich er ist, zu einem Armen machen. Oder egal wie arm ein Armer ist, in einem Augenblick kann Ich ihn reich machen. Ich kann einen Verrückten gesund machen und Ich kann auch eine vollkommen gesunde Person in einen Verrückten verwandeln. Alle Kräfte und Siddhis sind in Meiner Hand.

Der Gutsherr, den ihr gestern gesehen habt, war Virupāksha, der Bruder von Srī Vasavī Kanyaka. Der Reichtum an Kühen, den ihr gesehen habt, war der gleiche, den Srī Kusuma Sreshti zu der Zeit hatte. Die Mylars und Vīra Mushtis, die ihr gesehen habt, waren allein aus jenen Tagen. Der Fremde, der euch in einer beleidigenden Weise fragte, ob ihr nach Kurungadda gehen würdet, war Ich selbst. Derjenige, der den Ring von Dharma Gupta nahm und ihn in den Krishna-Fluss warf, war Ich selbst. Mein Hof wurde von Mylars, Vīra Mushis, Vīrabhadra und seinen Helfern erbaut. Ihr hattet wirklich Glück, dass ihr Teil dieses großen Werkes sein durftet. Für Mich sind alle Zeiten, Vergangenheit, Gegenwart und Zukunft identisch. Alle Orte sind gleich. Ich kann die Ereignisse eines Ort oder einer Zeit wieder erschaffen; Ich kann neue Ereignisse mit einigen Abwandlungen erschaffen. Diese Meine illusionäre menschliche Form als Srīpāda Srīvallabha wird sich am Ende des Kali Yugas zu Srī Padmāvatī Venkateswara verwandeln. Die Menschen, die wissen, dass alles in Meinen Händen liegt, sind gesegnet."

Ehre sei Srī Srīpāda Srīvallabha!

Kapitel 28

Die Geschichte von Srī Vasavī und Sri Nagareswara

Die Beschreibung der Formen von Vishnu – Mahā Vishnu, Saraswatī – Mahā Saraswatī, Kālī – Mahākālī

Es war Freitag. Es war die glückverheißende Zeit der Geburtstagsfeier von Srī Vasavī Kanyaka Parameswari Devi. Srīpāda ging zum Krishna-Fluss. Er lief auf dem Wasser und erreichte das andere Ufer. Wir dagegen erreichten das Ufer in einem Boot. Es war 7 Ghadiyas[1] am Morgen. Es war die glückbringende Zeit, in der Srī Venkateswara Swamī[2] mit seiner Gemahlin Srī Alivelu Manga Verehrungen und andere Dienste entgegen nahmen.

Srīpāda betrat den Kuhstall, der am Tag zuvor erbaut worden war, und ging in tiefe Meditation. Zur gleichen Zeit traten auch wir in den Kuhstall ein. Dies war eine einmalige Gelegenheit, als der Hof[3] von Srīpāda begann.

Wunder über Wunder! Der Körper von Srī Charan wurde auf einmal sehr strahlend. Dieser große Glanz breitete sich in alle vier Richtungen aus. Sein Körper schien nicht ein physischer Körper zu sein, sondern ein Bildnis voller Glanz. Er trat aus dem Kuhstall heraus. Normalerweise fiel Sein Schatten auf den Boden, doch an diesem Tag geschah dies nicht. Ebenso entstanden Fußspuren, wenn er ging, doch an diesem Tag geschah auch dies nicht. Er schaute sehr intensiv zum Sonnengott. Sein Körper war mit göttlicher Leuchtkraft erfüllt, und die Form von großem Glanz breitete sich immer weiter aus. Nach einiger Zeit verschmolz Seine leuchtende Form mit der Sonne. Mit unseren eigenen Augen konnten wir das Verschwinden von Srīpāda beobachten.

Im Sonnenball sahen wir ein Kind von göttlichem Glanz. Dieses Kind kam aus der Sonne hervor und kam rasch zur Erde. Als das Kind auf die Erde

---

1 Eine indische Zeiteinheit, die 24 Minuten entspricht
2 Der in Tirupati verehrte Herr der Sieben Hügel
3 Hier: Darbar

trat, verschwand diese aus unserem Blick. Das Kind trug ein strahlendes Lächeln. Erneut blickte Es höchst intensiv zur Sonne, und die Erde erschien wieder für uns. Das Kind bat uns beide, wieder zum Sonnenball zu schauen. Dort sahen wir die göttliche Form eines Kindes von vollkommener Schönheit und Anmut. Dieses göttliche Kind hatte eine weibliche Form. Es kam mit einem bezaubernden Lächeln zur Erde. Als die Füße dieses göttlichen Kindes den Boden berührten, verschwand die Erde erneut aus unserer Sicht. Wir blickten voller Staunen und Wunder. Das göttliche Kind lächelte, als es uns sah. Gleich darauf wurde die Erde wieder für uns sichtbar.

Srīpāda hielt diese weibliche Gestalt zärtlich in Seinen Armen. Srīpāda war 16 Jahre alt und dieses göttliche Kind war 3 Jahre alt. Es hatte große Ähnlichkeit mit Srīpāda. Diese kindliche weibliche Gestalt trug seidene Kleider und wertvollen göttlichen Schmuck. Srīpāda und das göttliche Kind betraten wieder den Kuhstall.

Voller Staunen, Ergriffenheit und Furcht waren Srī Dharma Gupta und ich Zeugen diese großartigen Schauspiels. Ein Zweifel schlich sich in mein Denken ein. War das nicht Gaukelei und ein magischer Trick eines Zauberers?

Srīpāda nahm meine Gefühle auf und bekräftigte mit einer tiefen donnernden Stimme: „Oh Shankar Bhatt, dies ist keine Magie oder Gaukelei. Dies ist Meine Natur. Dies ist Mein göttliches Naturell. In dem Augenblick, wo Ich es will, verwandelt sich der Himmel sofort zur Erde. Was immer Ich will, erschafft Brahmā in Übereinstimmung mit Meinen Ideen. Dann geschehen mannigfaltige Offenbarungen in der Schöpfung. Unsichtbare Naturkräfte werden durch Formen und Qualitäten der Schöpfung ans Licht gebracht. *Wenn es heißt, dass Ich die Form Brahmās bin, bedeutet es, dass Ich Brahmā zum Erschaffen antreibe.* Alle erschaffenen Lebewesen und erschaffenen Dinge werden für einige Zeit erhalten. Dies ist die Funktion der Form Vishnus. *Ich bin der Mahā Vishnu, der Vishnu anspornt, dies zu tun.* Saraswatī ist verschieden und dasselbe gilt für Mahā Saraswatī. *Mahā Saraswatī ist Anaghā Devi*[1]*, die Saraswatī Ansporn und Stärke gibt.* Lakshmī ist die Form, die für die materielle Fülle verantwortlich ist und der Schöpfung Nahrung gibt. *Mahā Lakshmī ist Anaghā Devi, die Lakshmī anspornt und befähigt.* Die Kraft der Schöpfung ist die Form von Kāli. *Mahā Kāli ist Anaghā Devi, die Kāli stimuliert und ihr Stärke verleiht.*

1 Die Dreiheit von Lakshmī, Pārvatī und Saraswatī

Die Form von Anaghā Lakshmī

Anaghā mit Anaghā Lakshmī verbunden ist Meine Datta-Form. Anaghā Lakshmī inkarniert sich als eine göttliche Form der Mutter, die sich von der Kombination von Mahā Saraswatī, Mahā Lakshmī und Mahā Kāli unterscheidet. *Beachtet daher, dass Anaghā Lakshmī die göttliche Shakti ist, welche die drei Formen von Mahā Saraswatī, Mahā Lakshmī und Mahā Kāli in ihrem ganzheitlichen Zustand unterstützt und ihnen übergeordnet ist. Beachtet, dass Meine Anaghā-Form Brahmā, Vishnu und Rudra in einem ganzheitlichen Zustand hält. Sie ist die Grundlage für diese drei und geht über sie hinaus und hält auf der linken Seite Anaghā Devi, die Personifikation der drei Shaktis. Anaghā ist eine Shākta Rūpa*[1].

Als Ergebnis des Sāvitra Kāthaka Chayanam[2]*, das im Tretā Yuga*[3] *durchgeführt wurde, inkarnierte sich Meine strahlende göttliche Form, die auf dem Ardhanārīswara-Tattwa*[4] *beruht, zusammen mit der Vaishnava-Maya als ein Asket in der Form von Srīpāda Srīvallabha in Pīthikapuram. Seid euch bewusst, dass diese Gestalt, die ihr seht, in ihrem wahren Zustand die Form von Mahā Lakshmī und Mahā Vishnu ist.*

Wisset, dass die Form von Padmāvatī[5] in ihrem Bewusstsein Mahā Saraswatī, Mahā Lakshmī und Mahā Kāli hat. Ihre Form ist jedoch jene von Mahā Lakshmī. Sie ist Parāshakti, die die drei Shaktis besitzt, ihre Stütze ist und dennoch über sie hinausgeht. Die Form von Srī Venkateswara verkörpert in sich das Bewusstsein der gewaltigen Form von Brahmā, die kosmische Form von Mahā Vishnu und Pralaya Kāla Rudra[6]. Er ist die Form von Parabrahman, der ihre Stütze ist und weit über sie hinausgeht. Wisset, dass Srī Padmāvatī und Srī Venkateswara in der Gestalt von Mahā Vaishnava Maya als Srīpāda Srīvallabha in der Form von Ardhanārīswara Rūpa ist."

Da sagte ich: „Guru Sārvabhūma[7], Ehre, Ehre sei Dir! Du sagtest, Du seist Padmāvatī Venkateswara. Du sagtest wiederum, du seist Anaghā

1 Männliche Form der Stärke
2 Ein Ritual zur Sonne
3 Das zweite der vier Yugas
4 Prinzip der männlich-weiblichen Form Gottes
5 Eine Form von Lakshmī, der Göttin des Reichtums und Glücks
6 Die Form von Rudra zur Zeit der Auflösung der Schöpfung
7 Der Herrscher

Lakshmi Sameta Anaghā. Für eine einfache Person wie mich ist Dein Wesen nicht einmal geringfügig verständlich. Bitte habe Mitleid mit mir und hilf."

Srīpāda ist Srī Venkateswara

Da sagte Srīpāda: „Meine Kinder, Meine Kräfte sind unendlich. Meine göttliche Natur hat die Neigung, sich auf viele Weisen zu manifestieren. Obwohl Mahā Lakshmī und Padmāvatī grundlegend zur gleichen Natur gehören, kommt aus Mir die Natur eines Herrn als ihr Gemahl Srī Mahā Vishnu hervor, wenn sie das Wesen von Mahā Lakshmī annimmt. Wenn sie die charakteristischen Züge von Padmāvatī annimmt, werde Ich der essentiellen Natur von Venkateswara erlauben, aus Mir hervorzukommen. Wenn die Urnatur mit Form und Attributen geboren wird, dann sollten die angemessenen Verbindlichkeiten, weltlichen Bräuche und Einschränkungen konsequent befolgt werden. Diese höchste Macht, die Meine göttliche Schwester ist, inkarnierte sich vor Meiner Inkarnation als Krishna als Yoga Māya und stieg in den Himmel auf. Weise, die intensiv Buße taten, Yogis und Vaishya-Einsiedler brachten sie durch die Tiefe ihrer Buße dazu, als Vasavī Kanyaka hervorzutreten. *Ich musste Mich aus bestimmten Gründen in Srī Pīthikapuram inkarnieren. Seid Zeugen des zukünftigen Programms, zur vollen Zufriedenheit eurer Augen. Ihr werdet die bedeutsamen Merkmale Meiner Inkarnation und das außerordentlich heitere Spiel verstehen, das mit göttlicher Freude und Heiterkeit erfüllt ist. Mein liebes Kind Shankar Bhatt, schreibe über all die heiteren Spiele, die heute in diesem Panchadeva Pahād stattfinden. Schreibe im ‚Charitāmrutam' genauso, wie sie sind und genauso, wie du sie siehst. Dies wird eine Quelle der Inspiration für zukünftige Generationen sein. Viele ernsthafte Zweifel werden beseitigt werden. Es verleiht jenen, die an Gott glauben, neue Stärke, Hingabe und Begeisterung."*

Während wir beide überwältigt schauten, nahm die Gestalt von Srīpāda Srīvallabha ein göttliches Strahlen an, aus dem Srī Padmāvatī Devi und Srī Venkateswara in höchstem Glanz hervortraten.

Vor unseren Augen nahm das weibliche göttliche Baby an Größe zu und transformierte sich mit göttlichem Glanz in die neue 18 Jahre junge Srī

Kanyaka Parameswari. Der Kuhstall verschwand und an seiner Stelle erschien ein prachtvoller Palast mit leuchtenden Kugeln, die überall göttliches Licht verbreiteten.

Während wir dorthin schauten, trat ein königliches Paar mit all seinen Dienern in Erscheinung. Wir erkannten das königliche Paar als das Paar Kusuma Sresthi. Der Bauer namens Virūpaksha, den wir am Tag zuvor gesehen hatten, erschien in der Kleidung eines Prinzen. Er fragte mich: „Mein Herr, was bedeutet Mushti in Mushti Vīra Mushti?" Ich sagte, ich wisse es nicht.

Der große Herr in der Form von Srī Venkateswara sagte: „Mein lieber Shankar Bhatt, hast du die Ehrerbietungen und Traditionen gesehen, während man in der Form und den Qualitäten ist? Sie sollten sorgfältig befolgt werden. Langsam wirst du alles verstehen."

Geräusche gingen von der Form Srī Vasavī Kanyakas aus, die klangen, als würde sie zerbrechen. Ich war so erschrocken, dass ich an ein Unglück dachte. Indes beruhigte sich die Natur, und Srī Vasavī Devi und Srī Nagareswara tauchten aus der Form von Vasavī auf. Später folgten Vaishya-Weise. Paarweise näherten sich Vaishya-Paare. Ich erkannte, dass es der große Königspalast war, in dem Srī Vasavī Kanyaka in Brihat Sila Nagaram lebte.

Lord Venkateswara sagte: „Mein lieber Shankar Bhatt, die Vaishya-Paare, die du siehst, waren jene Paare, die zusammen mit Vasavī Kanyaka Agni Pravesham[1] vollzogen. Dort kannst du beobachten, dass diese Vaishya-Rishis zu den 101 Gotras[2] gehörten."

Unterdessen sagte Kusuma Sresthi: „Der große Guru Bhaskaracharya ist nicht gekommen. Lābhāda Maharshi, der zu dem 102. Gotra gehörte, ist auch nicht aufgetaucht. Mein Herr, hat Garudālwar[3] sie beide nicht einbezogen?"

Da sagte Lord Srīnivasa[4]: „Oh Vaishya Munis, der Bhaskaracharya, den ihr kennt, war in seiner früheren Geburt Lābhāda Maharshi. Jetzt, während Meiner Inkarnation als Srīpāda Srīvallabha, ist er in Pīthikapuram mein müt-

1 Selbstaufopferung durch Verbrennung, um ein Ideal oder Dharma, das göttliche Gesetz aufrechtzuerhalten

2 Geschlechter

3 Garuda: der göttliche Adler, das Reittier von Lord Vishnu; Alwar: In Gott versunken

4 Ein Name für Lord Venkateswara

terlicher Großvater. Bapanarya und die verdienstvolle Form von Rajamamba sind nur von dort mit yogischer Schau Zeugen der hier geschehenden Līlas[1]."

Mittlerweise stiegen Akhanda Lakshmi Sowbhagyavati Sumatī Maharani, Brahmasri Appala Raja Sarma, Akhanda Lakshmi Sowbhagyavati Venkata Subbamamba und Maharishi Venkatappa Sresthi mit ihren subtilen Körpern aus einem strahlenden göttlichen Fluggefährt aus. Sie wurden prachtvoll willkommen geheißen.

Da es der Geburtstag von Srī Vasavī Kanyaka war, bereiteten Akhanda Lakshmi Sowbhagyavati Kusumamba, Akhanda Lakshmi Sowbhagyavati Venkata Subbamamba und andere heilige Frauen ein Mangala Snanam[2] für Srī Vasavī Devi und legten ihr Schmuck an. Der große Lord Nagareswara leuchtete von außergewöhnlich strahlendem Glanz. Für Ihn wurde auch ein Mangala Snanam bereitet.

Lord Srīnivasa sagte: „Vaishya Munis, achtzehn Nagara Swamīs, Agni Kunda-Paare! Heute ist ein glückverheißender Tag. Es ist eine göttliche, günstige Zeit. Ich habe beschlossen, dass heute die Verlobungszeremonie für Srī Vasavī Devi und Srī Nagareswar durchgeführt wird. Dazu bitte Ich euch um eure Vorschläge und Zustimmung und möchte die Einzelheiten der traditionellen Zeremonie besprechen.

Als Srī Vasavī Kanyaka in der Form von Pārvatī war, kam der Asura Ravana zum Kailash. Er drängte Parameswara[3], ihm das Atma Lingam[4] zu geben. Bhola Shankar[5] gewährte es ihm. Danach äußerte er einen Wunsch, der nicht hätte geäußert werden sollen. Ambika nahm die Form von Kāli an. Später wurde das Atma Lingam auch auf der Erde in Gokarnam[6] errichtet.

Im Kali Yuga bat jedoch ein Gandharva, der ein Amsa[7] von Ravana besaß, um Vasavī. Wie ihr wisst, war es Vishnu Vardhana Maharaj. Ihr wisst auch, dass Vasavī das Feuer betrat, zusammen mit Paaren, die zu 102 Gotras gehörten. Srī Bhaskaracharya pflegte Gaura Balikas und Bala Nagaras aufzuziehen. Srī Vasavī Kanyaka ist auch eine Gaura Balika. Es ist

1 Wunder
2 Glückbringendes Bad
3 Ein Name Shivas
4 Die ewige Form des höheren Selbstes; ein von Lord Shiva aufbewahrtes Lingam.
5 Ein Name Shivas
6 Eine Tempelstadt an der Westküste Indiens im Staat Karnataka
7 Teil; ein Teil von Gott, der herabgestiegen ist und Form angenommen hat. Ein Avatar ist ein vollständiger Herabstieg.

weise, Nagareswara als Bala Nagara zu behandeln und diese Hochzeit durchzuführen. Dennoch besteht ein Hindernis. Ihr allein müsst es lösen. Unter Einbeziehung eurer Meinungen werden wir über Srī Vasavī Kanyakas Verlobung entscheiden.

Srī Nagareswar hat weder Mutter, noch Vater, noch Gotra. Er ist selbstmanifestiert. Doch in Gedanken, Worten und Taten wünscht unsere Kanyaka, ihn zum Ehemann zu bekommen. Srī Nagareswar ist auch willig, unsere Kanyaka zu heiraten. Während der Durchführung von Kanya Dana sollten wir sorgfältig über Kaste, Gotra und andere wichtige Dinge nachdenken. Gemäß unseren Traditionen ist eine Heirat unter Verwandten gestattet. Ich werde eure Entscheidung befolgen."

Als sie die Worte Srīnivas' hörten, der Schlüsselfigur dieses Weltdramas, waren alle verblüfft. Eine Gaura Balika sollte nur einem Bala Nagara zur Ehe gegeben werden. Sie fragten sich, ob sie Kanyaka Shankar Bhagavan zur Ehe geben sollten oder nicht, da er weder Kaste noch Gotra hatte. Doch auch Kanyaka wollte Srī Nagareswar heiraten. Um diese schwierige Situation zu lösen, dachten sie, sie sollten den höchst gelehrten Srī Ganapati[1] um Hilfe ersuchen. Sie erkannten, dass der Segen und die Gnade von Ganapati für alles Tun wichtig seien. Jeder verneigte sich vor ihm. Ganapati sagte: „Srīnivasa, diese Vasavī ist niemand anderes als meine Mutter Pārvatī Devi. So ist es keineswegs falsch, sie Nagareswar zur Ehe zu geben."

Daraufhin antwortete Srīnivasa: „Mein lieber Ganesha, du bist ein Junge. Du solltest in der Lage sein, Dharma und das subtile Dharma klar zu verstehen. Du bist Ganādhyaksha. Du bist der Erste unter den 30 Millionen Göttern und auch das Oberhaupt der Pravrithi[2] und Nivrithi[3] Ganas[4], so wird entsprechend dem Dharma ohne deinen Auftrag keine Hochzeit akzeptiert. Zum Zeitpunkt der Hochzeit von Pārvatī warst du noch nicht geboren. In dem Fall wird die Hochzeit von Pārvatī vom Dharma nicht akzeptiert."

Alle Ältesten der Vaishyas waren verblüfft. Dass für Lord Srīnivasa abgesehen von Srī Vasavīs Hochzeit auch die Hochzeit von Pārvatī nicht akzeptierbar sei, war äußerst schockierend, und sie konnten kein Wort hervorbringen.

1 Name des elefantenköpfigen Gottes Ganesha
2 Inmitten der weltlichen Pflichten leben
3 Sich nach innen wenden und Gott ins Zentrum stellen
4 Pravrithi und Nivrithi Ganas: der materielle und der spirituelle Pfad; Ganesha ist der Herr dieser Kräfte (Ganas)

Da sagte Ganapati: „Mein lieber cleverer Onkel, Ich kann dein falsches Spiel erkennen. Dein Wunsch ist, die Hochzeit von meiner Mutter und meinem Vater nicht stattfinden zu lassen. Während der Hochzeit sollte der Bräutigam eine Menge Geld für das Verteilen von Dakshinas[1] und Nahrung ausgeben. Du machst dich darüber lustig, weil Mein Vater kein Geld hat. Ich kann deine Sichtweise nicht teilen. Jeder Mensch hat Kundalinī-Kraft. Ich bin derjenige, der im Mūlādhāra-Chakra anwesend ist. So luden sie mich zur Zeit der Hochzeit von Pārvatī und Parameswara ein, weil Ich im Mūlādhāra-Chakra von Shankar Bhagavan gegenwärtig war. Nur mit meiner Zustimmung fand die Hochzeit statt. Aus diesem Grund war die Hochzeit von Pārvatī und Parameswara zulässig. Zu der Zeit fand meine Manifestation in der physischen Welt nicht statt. Doch ich bin derjenige, der im Mūlādhāra aller Menschen und Götter gegenwärtig ist. Lābhāda wurde als mein Sohn geboren. Im Krita Yuga war er Lābhāda Maharshi. Das Gotra von Lābhāda gehört zu den 102 Gotras. Die Juwelen der Paare Ganapakulam, Dhana Gupta und Dhana Lakshmi kamen ins Feuer, was zum Ende ihrer Nachkommenschaft führte. So bekam ich auf geschickte Weise Lābhāda Maharshi als meinen Sohn, und unser Gotra wurde zum Lābhādi Gotra. Da mein Gotra das Lābhādi Gotra ist, so ist das Gotra meines Vaters Paramashiva auch das Lābhādi Gotra. Dieses Lābhādi-Gotra gehört zu den 102 Gotras. So wird selbst Nagareswara[2] ein Ārya Vaishya. Du sagst, du bist der Bruder von Mutter Vasavī. Zurzeit ist Lābhādi Maharshi als Bapanārya gekommen. Du holst besser die Genehmigung deines Großvaters ein und findest heraus, ob Nagareswara als im Lābhādi Gotra geboren betrachtet werden kann. Dann kann es auch als eine Verwandtenheirat gelten. Das ist so, weil Kusuma Sresthi, der im Prabhata Gotra geboren wurde, verwandtschaftliche Beziehungen mit den Leuten hat, die im Lābhādi Gotra geboren wurden. Sie sind als mütterliche Onkel verwandt. Da ich wusste, dass du solch ein Hindernis schaffen würdest, hatte ich dem Paar Dhana Lakshmi und Dhana Gupta gestattet, das Agni Kundam zu betreten und ihr Gotra zu beenden. Dieses Gotra kann Srī Nagareswara gegeben werden. Von heute an gewähre ich eine weitere Gunst. Da du der Ehemann von Lakshmī bist, verehren dich die Leute um der Gnade Lakshmīs willen. Von nun an werden die Leute, die Shiva verehren und das Abhishekam[3] für Shiva durchführen, die

1 Gaben
2 Name Shivas
3 Wasserritual

Gnade Lakshmīs erhalten. Der Spruch ‚Īswaryam Eswaradhicchet' wird sich über alle Teile der Welt verbreiten. Wenn Lord Shiva zur Sani-Pradosha[1]-Zeit verehrt wird, werden sie Glück in allen Welten erlangen."

Srīnivasa bat die Vaishya-Ältesten um ihre Vorschläge. Sie unterstützten alle einstimmig, was Ganapati gesagt hatte. Mit großer Freude wurde die Verlobung zwischen Vasavī Devi, geboren im Prabhata Gotra, und Nagareswara, geboren im Lābhāda Gotra, durchgeführt. In der Nacht wurden Vorkehrungen für ein großes Fest getroffen, das mit Tänzen und Musik von Apsara-Mädchen[2] gefeiert werden sollte.

Mutter Srī Vasavī sagte: „Die Anzahl von 102 Gotras ist exakt 102 Gotras. Es ist ein Fehler anzunehmen, es gäbe kein Lābhādi Maharshi-Gotra. Der Hauptgrund dafür, mit dem 102. Gotra zu enden, ist, dass es zum großen Lord Srī Nagareswara gehören sollte. Das Gotra, in dem Ich geboren wurde, wird als Prabhata Gotra angesehen und das Gotra von Srī Nagareswar Mahādeva sollte als das Lābhādi Gotra betrachtet werden. Alle Vaishyas sollten sich an das Lābhādi Gotra erinnern. Gleichermaßen sollten alle den großen Lord Srī Nagareswara verehren. Obwohl Ich Mich in der Form von Kanyaka befinde, solltet ihr erkennen, dass mein Swamī in jedem Atom von mir anwesend ist. Zudem bin Ich in jedem Atom von Srī Nagareswar. Wenn Ich verehrt werde und Er nicht verehrt wird, oder wenn Er verehrt wird und Ich nicht verehrt werde, gibt es keinen Erfolg. Meine Kanyaka-Form besteht nur für 18 Jahre. Zuvor war Ich nur Parameswari. Danach werde Ich auch Parameswari sein. Wenn ihr an Mich als Kanyaka denkt, werde Ich euch die Erfahrung von Kanyaka vermitteln. Wenn ihr an Mich als Parameswari denkt, werde Ich euch den Darshan als Sowbhagya Mangala Rūpini geben.

Das Idol in Tirupati wurde als Bala Tripura Sundari und Eswar verehrt

Das Idol in Tirumala wurde als Bala Tripura Sundari[3] verehrt. Später wurde es als Eswar verehrt. Noch später wird es als die Gestalt Mahā Vishnu verehrt.

1 Verehrung von Sani (Verkörperung von Saturn) bzw. Lord Shiva am Samstagabend
2 Himmlische Wesen, göttliche Tänzerinnen
3 Die Schöne hinter allen drei Welten; die göttliche Mutter

Die Bala Tripura Sundari-Gestalt in dem Idol von Tirumala bin Ich selbst. Diejenige in der Eswar-Form ist allein Srī Nagareswar und in der Form von Mahā Vishnu ist Mein Bruder Lord Datta.

Diese Einheit sollte in Bezug auf das Bewusstsein und nicht auf die physische Welt verstanden werden."

Lord Srīnivasa sagte: „Schwester, Ich bin gegenwärtig als Srīpāda Srīvallabha in Pīthikapuram. In Meinem Samsthan solltest Du als Meine Schwester anwesend sein." Ambika sagte: „Bruder, dies stimmt so für Mich. Zuvor solltest Du in der Form von Srī Venkateswara zum Kanyaka Parameswari Mahā Samasthan in Brihat Sila Nagaram kommen." Der Spieler dieses Welt-Dramas lächelte.

So wurde der Geburtstag von Srī Vasavī Devi in großem Stil gefeiert. Am nächsten Tag war nur ein normaler Kuhstall zu sehen. Nachdem wir die frühmorgendlichen Besorgungen erledigt hatten, brachen wir nach Kurungadda auf.

Ehre sei Srī Srīpāda Srīvallabha!

Kapitel 29

Erläuterung der Paare, die Agni Pravesham ausführten

Nachdem wir Kurungadda erreicht hatten, erhielten wir den *Darshan* von Srīpāda. Seiner Anweisung gemäß nahmen wir in Seiner Gegenwart Platz. Liebenswürdigerweise gab Srīpāda uns die folgende Botschaft.

Srīpāda rettet jene, die Ihm mit Hingabe ergeben sind

„Meine Lieben, ihr hattet das Glück, gestern die Geburtstagsfeier von Srī Vasavī zu erleben. *Zeit und Ort sind in Meiner Hand. Ich kann Ereignisse ändern, die in vergangenen, gegenwärtigen oder zukünftigen Zeiten irgendwo geschehen sollten, geschehen oder geschehen werden. Ich kann Ort und Zeit so anordnen, dass sie wie endlose Reisen erscheinen, egal wie sehr ihr euch anstrengt. Ihr könnt Mich nur entsprechend der Ebene eures Bewusstseins verstehen. Wenn ihr auf alle Dharmas verzichtet und Zuflucht in Mir sucht, der als euer inneres Selbst existiert, und wenn ihr Handlungen in Übereinstimmung mit Meinen Anweisungen durchführt, werde Ich all eure Lasten tragen und euch zum Ufer bringen. Da Ich mit nur einem Wort die Natur befehligen kann, werde Ich unter dem Namen* Saraswatī bekannt werden. Die Leute dieses Kali Yugas[1] sind wie Hiranyakashipus[2]. Ihre Probleme, Ideen, Gedanken und Handlungen sind sehr kompliziert. Sie entwickeln materiell recht viel Wissen über die Natur und erhalten Geschenke von Mutter Natur wie Hiranyakashipu. *Folglich muss Ich in diesem Kali Yuga eine Inkarnation wie Narasimha*[3] *annehmen, um unschuldige Devotees wie Prahlāda zu schützen. Ich werde daher eine andere große Inkarnation annehmen mit dem Namen Narasimha Saraswatī und in Gandharvapura berühmt werden.*"

1 Das dunkle Zeitalter
2 Ein Dämon in den puranischen Schriften
3 Ein Avatar Vishnus als Mann-Löwe

Die Geschichte von Kanyaka Paramswari

Später sprach Er über Mutter Srī Vasavī. „Ein Heiliger namens Samadhi war ein Devotee von Jaganmatha. Er wurde als Kusuma Sresthi geboren. Die Adhya Shakti wurde unter dem Namen Vasavī als seine Tochter geboren. Vishnu Vardhana verlangte etwas, wonach er nicht hätte verlangen sollen. Die Ārya Vysayas zogen es vor, in die Feuergrube zu springen und ihre Ehre zu wahren. Srī Vasavī gewährte ihren Eltern und Verwandten in anderen Gotras glanzvoll Darshan als Ārya Mahā Devi. Da viele nicht in der Lage waren, diesem großen Glanz standzuhalten, fielen sie in Ohnmacht. Daraufhin zog Ambika ihre strahlende Form zurück und verwandelte sich in eine normal aussehende Vasavī Kanyaka. Zu ihren Vaishya-Leuten sprach sie: ‚Mütter und Väter, sobald wir in das Feuerritual eingetaucht sind, wird Vimaladityas Haupt in tausend Stücke zerspringen. Behaltet immer im Gedächtnis, dass der die Vaishyas unterstützende Gott Srī Nagareswara Swamī ist. Diejenige, die als Vindhyavasini bekannt ist, ist niemand anderes als Ich selbst. Dienst an Kühen und Brahmanen, Verehrung der Familiengötter und Gotra-Verehrung sollten gewissenhaft durchgeführt werden. Ich gebe euch allen wohlwollend die Zusicherung: Wenn ihr all diese Regeln und Anweisungen befolgt, werdet ihr gewiss in euren Häusern und in eurem Herzen die Musik Meiner Fußringe hören. Lakshmī Kala wird in euren Häusern strahlen. Ihr werdet Erfolg haben und werdet alle Annehmlichkeiten und alles Glück in dieser Welt erlangen und Kailash erreichen und auch dort glücklich sein‘."

Ich fragte: „Oh großer Herr, wer sind die Paare, die die Feuergrube betraten? Was sind ihre Gotras? Bitte, lass‘ es mich wissen." Der Herr war sehr glücklich und sagte: „Diese Paare, die allein zu 102 Gotras gehören, werden Ārya Vaishyas genannt. Wer der Namen der Paare gedenkt, die die Feuergrube zusammen mit Srī Vasavī Kanyaka, die Ārya Mahā Devi war, betraten, werden von ihren Sünden erlöst.

Beschreibung der Gotras

Dhanada und Dhanalakshmi, die mit dem Gotra von Lābhāda Maharshi verbunden sind, sollten als Erstes erinnert werden. Vernehmt die Gotras der Ārya Vaishyas:

1. Das Prabhatasa Gotra gehört zu Mandavya Rishi.
2. Das Manavasa Gotra gehört zu Mandavya Rishi.
3. Das Gargyasa Gotra gehört zu Angirasa.
4. Das Gopakasa Gotra gehört zu Rishi Gopaka.
5. Das Puthimashasa Gotra gehört zu Puthimasha Muni.
6. Das Sri Vatsasa Gotra gehört zu Srī Vatsa Muni.
7. Das Kanwasa Gotra gehört zu Maharshi Kanwa.
8. Das Kandarpasa Gotra gehört zu Rishi Kandarpa.
9. Das Galubhyasa Gotra gehört zu Rishi Galubhyasa.
10. Das Deva Valkyasa Gotra gehört zu Deva Valkya.
11. Das Maitreyasa Gotra gehört zu Maitreya.
12. Das Sanakasa Gotra gehört zu Maharshi Sanaka.
13. Das Uttamojasa Gotra gehört zu Angīrasa Muni.
    Bei diesem Uttamojasa Gotra gibt es eine Besonderheit. Angīrasa, der das Feuer verehrte, erhielt später den Namen Uttarotarā Narada.
14. Das Vamadevasa Gotra gehört zu Rishi Vamadeva.
15. Das Kasyapasa Gotra gehört zu Kasyapa Muni.
16. Das Jaratkarasa Gotra gehört zu Jaratkara Muni.
17. Das Durvasana Gotra gehört zu Surīkshana Muni.
18. Das Mūdgalyasa Gotra gehört zu Mūdgalya.
19. Das Attreyasa Gotra gehört zu Jātukarna Muni.
20. Das Jatukarnasa Gotra gehört zu Jātukarna Muni.
21. Das Pūndrakasa Gotra gehört zu Pūndrika Muni.
22. Das Subrahmanyasa Gotra gehört zu Rishi Dhūmya.
23. Das Vayavyasa Gotra gehört zu Rishi Vayavya.
24. Das Pārāsharya Gotra gehört zu Rishi Parāsara.
25. Das Pūlatsyasa Gotra gehört zu Rishi Pūlatsya.
26. Das Agatsyasa Gotra gehört zu Rishi Agatsya.
27. Das Gauthamasa Gotra gehört zu Gauthama Muni.
28. Das Bodhayanasa Gotra gehört zu Rishi Bharghava.
29. Das Maskasa Gotra gehört zu Jai Muni.
30. Das Harivalkasa Gotra gehört zu Mathanga Muni.
31. Das Vyapasa Gotra gehört zu Samvartha Muni.
32. Das Vishwaksenasa Gotra gehört zu Viswaksena.
33. Das Sandilyasa Gotra gehört zu Rishi Tumbura.
34. Das Vishnu Vruddha Gotra gehört zu Rishi Pushala.

35. Das Vairohityasa Gotra gehört zu Rishi Varuna.
36. Das Sukanchanasa Gotra gehört zu Rishi Sukanchana.
37. Das Parathanthusa Gotra gehört zu Parathanthu Muni.
38. Das Pavitra Patanisa Gotra gehört zu Rishi Devala.
39. Das Pingalasa Gotra gehört zu Rishi Pingala.
40. Das Kapilasa Gotra gehört zu Kapila Muni.
41. Das Bharadwajasa Gotra gehört zu Bharadwaja.
42. Das Muni Rajasa Gotra gehört zu Rishi Muni Raja.
43. Das Rushya Srungasa Gotra gehört zu Rushya Srunga.
44. Das Mandapalasa Gotra gehört zu Mandapala.
45. Das Ugrasenasa Gotra gehört zu Rishi Ugrasena.
46. Das Markhandeyasa Gotra gehört zu Rishi Markhandeya.
47. Das Mūnjayanasa Gotra gehört zu Manjadratula.
48. Das Yajnavalkasa Gotra gehört zu Rishi Yajnavalkya.
49. Das Babhreyasa Gotra gehört zu Rishi Babhi.
50. Das Prachinasa Gotra gehört zu Prachīna.
51. Das Srīdharasa Gotra gehört zu Sridhara.
52. Das Jadabharatasa Gotra gehört zu Jadabharata.
53. Das Thithirasa Gotra gehört zu Gargya.
54. Das Kūndinyasa Gotra gehört zu Kūndinya.
55. Das Kapītharasa Gotra gehört zu Vedanidhi.
56. Das Bhargavasa Gotra gehört zu Maharshi Brughu.
57. Das Samvarthasa Gotra gehört zu Samvartha.
58. Das Trijatasa Gotra gehört zu Hayagrīva.
59. Das Valmīkasa Gotra gehört zu Valmika.
60. Das Tyteyasa Gotra gehört zu Pavithrapani.
61. Das Marīchasa Gotra gehört zu Marīcha.
62. Das Sowvarnasa Gotra gehört zu Bhodhayana.
63. Das Ūchitsasa Gotra gehört zu Sarabh Muni.
64. Das Kantheyasa Gotra gehört zu Rishi Kamyaka.
65. Das Sātyasa Gotra gehört zu Rishi Kamyaka.
66. Das Sanatyumarasa Gotra gehört zu Mahasena.
67. Das Kūtsasa Gotra gehört zu Kūtsa.
68. Das Vatukasa Gotra gehört zu Sthula Sirassu.
69. Das Sūcheyasa Gotra gehört zu Krishna Dwaipayana.
70. Das Jambasudhanasa Gotra gehört zu Madhava.

71. Das Devarathasa Gotra gehört zu Devaratha.
72. Das Sharabhangasa Gotra gehört zu Sharabhanga.
73. Das Netrapadasa Gotra gehört zu Netrapada.
    In diesem Gotra wird Dhūmya im Netrapada Vamsam[1] Netrapada Dhūmya genannt.
74. Das Grutsnamadasa Gotra gehört zu Vishnu Vruddha Muni.
75. Das Chakrapanisa Gotra gehört zu Chakrapani Muni.
76. Das Jīvanthisa Gotra gehört zu Bruhaspathi.
77. Das Vasishtasa Gotra gehört zu Vasishta.
78. Das Sūnakasa Gotra gehört zu Thuryavratha.
79. Das Suvarnasa Gotra gehört zu Rishi Mūsala.
80. Das Sūvarnasa Gotra gehört zu Rishi Angīrasa.
81. Das Sanandanasa Gotra gehört zu Sanandana.
82. Das Utkrushtasa Gotra gehört zu Pundarīka.
83. Das Sukhlasa Gotra gehört zu Angīrasa.
84. Das Pundarīkasa Gotra gehört zu Pundarīka.
85. Das Krishnasa Gotra gehört zu Krishna.
86. Das Tharanisa Gotra gehört zu Trijatu.
87. Das Pallavasa Gotra gehört zu Pallava Muni.
88. Das Mūsalasa Gotra gehört zu Chathushkarnu.
89. Das Acchayanasa Gotra gehört zu Aswalayana.
90. Das Sundarasa Gotra gehört zu Sūndarya Muni.
91. Das Varunasa Gotra gehört zu Varuna.
92. Das Vasudevasa Gotra gehört zu Jabali.
93. Das Sharangavasa Gotra gehört zu Sharangarava.
94. Das Suthīkshanasa Gotra gehört zu Suthīkshana.
95. Das Sūmyasa Gotra gehört zu Sūmya.
96. Das Parasparayanasa Gotra gehört zu Pūlasthyu.
97. Das Kūsikasa Gotra gehört zu Kūsika.
98. Das Chāmaranasa Gotra gehört zu Prethmanaska.
99. Das Jabalasa Gotra gehört zu Rishi Sanat Kumara.
100. Das Naradasa Gotra gehört zu Rishi Pāvana.
101. Das Bruhavasrusa Gotra gehört zu Rishi Bruhadīsha.
102. Das Viswamitrasa Gotra gehört zu Rishi Viswamitra.

---

1 Familienlinie

Mein Lieber, dies sind 102 Gotras." Srī Dharma Gupta sagte zu Srīpāda: „Sieg über Sieg dem großen Guru. Das Lābhādi Gotra ist in den 102 Gotras, die du angibst, nicht enthalten. Wenn man das Lābhādi Gotra hinzufügt, werden es 103 sein. Mein Herr, bitte kläre meinen Zweifel."

Da sagte Srīpāda: „Das Lābhāda Maharshi Gotra hat einen anderen Namen als Dhanadakula Gotra. Das Kasyapasa Gotra, das mit Lābhāda Maharshi verbunden ist, ist darin enthalten. Im Prabhata Gotra gab es neben dem Paar Abhiramamba und Ramachandraya das Paar Kusumamba und Kusuma Sresthi, die Agni Pravesham[1] ausführten. Das Dhanadakula Gotra, das mit Lābhāda Maharshi verbunden ist, ist vorhanden. Das Kasyapasa Gotra endete. Da das Kasyapasa Gotra endete und das Dhanadakula Gotra vorhanden ist, waren 102 Gotras dort. Wenn am Ende des Kali Yugas die Hochzeit von Srī Vasavī Kanyaka mit Srī Nagareswara stattfindet, sollte das Gotra von Srī Vasavī Kanyakamba als das Prabhata Gotra gelesen werden und dasjenige von Srī Nagareswara als das Kasyapasa Gotra. Dies ist das darin enthaltene subtile Dharma. Solange Srī Vasavī als Kanyaka angesehen wird, sollte das Dhanadakukla Gotra als in den 102 Gotras enthalten betrachtet werden. Am Ende des Kali Yugas sollte das Lābhāda Maharshi Gotra als das Kasyapasa Gotra bekannt sein und das Dhanadakula Gotra zu einem Ende kommen."

Die Namen der Paare, die Agni Pravesham ausführten

Srīpāda gab wie folgt die Einzelheiten der Paare, die Agni Pravesham ausführten:

1. Abhirmamba - Ramachandradu
2. Brahmaramba - Balarka Sreshti
3. Rajamukhi - Rajendra Gupta
4. Rajyalakshmi - Dravinaraja Sresthi
5. Samadarsini - Somadudu
6. Kīrthikanta - Utpalakshudu
7. Bhimamba - Prithvisa Gupta
8. Pushpamba - Bhuvanadhapa Sresthi

1 Selbstaufopferung durch Verbrennung, um ein Ideal oder Dharma, das göttliche Gesetz aufrechtzuerhalten

9. Chitrabhashini - Chitrashubhagaryulu
10. Balamai - Baladeva Sresthi
11. Ragamajam - Raghakhya Sresthi
12. Pallavamba - Pālāhvaya Sresthi
13. Narīmani - Nagakhya Sresthi
14. Dhanalakshmi - Dhana Gupta
15. Rukhmavathi - Pavana Sresthi
16. Chandramukhi - Puthathmacharyulu
17. Dharmamba - Uttamahvaya Sresthi
18. Amruthabhashini - Gauthama Sresthi
19. Pallavamba - Mallakhya Sresthi
20. Vichakshnāngi - Rakshahvaya Sresthi
21. Chandrarekha - Shringadhama Sresthi
22. Jahnavi - Jamadagni Gupta
23. Kalavathi - Chandrakhya Sresthi
24. Nīlamba - Nandakhya Sresthi
25. Pallavapani - Vallabha Sresthi
26. Anumitha - Anantha Sresthi
27. Pothamamba - Bhogakhya Sresthi
28. Vimala - Kapilacharyulu
29. Abhinavamba - Amala Sresthi
30. Taravali - Vamanacharyulu
31. Kanakangi - Kumudakhya Sresthi
32. Indumukhi - Vidakhya Sresthi
33. Kamalavathi - Ganasatva Sresthi
34. Chanchalakshmi - Pavanakhya Sresthi
35. Bramaramani - Dhanthunamaryudu
36. Manjuvani - Sundarkhya Sresthi
37. Āryamamba - Mallakhya Sresthi
38. Kundaradana - Govinda Gupta
39. Abjamukhi - Jamadagni Sresthi
40. Kamalakshi - Samadakhya Sresthi
41. Dharanidevi - Kumara Sresthi
42. Hallakamba - Pardhivacharyulu
43. Dhanalaxmi - Dhanada Gupta
44. Lolamba - Lokahvyayva Sresthi

45. Kamalavathi - Gaurakhya Sresthi
46. Soudamini - Bambharacharyulu
47. Chandrakala - Chandramouli Sresthi
48. Thanumadhya - Dhrutasatya Sresthi
49. Sudharsini - Saudhakya Sresthi
50. Subhodhini - Simhasenacharyulu
51. Mohini - Pavithrapani Sresthi
52. Kusumamba - Kusuma Sresthi
53. Balamani - Janardhana Sresthi
54. Dhanthavathi - Amruthakhya Sresthi
55. Samasīla - Samalakhya Sresthi
56. Chitrarekha - Kusalahvaya Sresthi
57. Bhamamani - Bhaskaracharyulu
58. Mani Manjari - Aditya Gupta
59. Dhanavathi - Dharmakhya Sresthi
60. Shyamalamba - Krishna Sresthi
61. Saraswatī - Parasiva Sresthi
62. Kalivathamsa - Balaka Sresthi
63. Hema Rekha - Swarnaradha Sresthi
64. Manishalaka - Kandarpa Sresthi
65. Medhamba - Markandeya Sresthi
66. Prithvi Devi - Prudhunama Sresthi
67. Dhanadamba - Mūlaryulu
68. Prollasini - Punyarasi Gupta
69. Bimbadhari - Pīnapaksharyulu
70. Pallavamba - Bhogakhya Sresthi
71. Hemangi - Mruthsyadwajaryulu
72. Devamba - Bhogakhya Sresthi
73. Ibhayana - Nagahvyaya Sresthi
74. Bhumamba - Brahmaryulu
75. Vidhuramba - Madhavaryulu
76. Somaprabha - Simhadwaja Sresthi
77. Kambukanthi - Kapilaryulu
78. Vasanthika - Ardhanarīsa Sresthi
79. Pipulamba - Nagadwaja Sresthi
80. Manjuvani - Gunapunja Gupta

81. Nīlaveni - Bhanu Gupta
82. Krishnamba - Nagahvyaya Sresthi
83. Pushpadhama - Vidakhya Gupta
84. Prabhavathi - Padmanabha Sresthi
85. Navanīthangi - Vinnakhya Sresthi
86. Vinnamamba - Vishwanatha Sresthi
87. Medhamba - Vīrabhadraryulu
88. Gangabhavani - Vidhyadhara Sresthi
89. Chitrangi - Vinnavarenya Sresthi
90. Sundari - Jīmutha Sresthi
91. Rajamukhi - Rajeswara Sresthi
92. Uthrulakshi - Punditharyulu
93. Padmagandhi - Balabhanu Sresthi
94. Satyavathi - Satyasandha Sresthi
95. Chandramba - Jaladakya Sresthi
96. Pavanidevi - Chandrabana Sresthi
97. Padmakshi - Meghasena Gupta
98. Chapalakshi - Simhamukha Sresthi
99. Manimala - Ghanamukharyulu
100. Davani - Nirjalasena Gupta
101. Līlavathi - Janardhana Gupta
102. Kumudavalli - Sudharshana Sresthi

Nachdem Srīpāda diese Details erzählt hatte, ging Er in Meditation. Er bat uns, auch in Meditation zu gehen.

Ehre sei Srī Srīpāda Srīvallabha!

Srīpāda Rājam Saranam Prapadye

Kapitel 30

Srīpāda kündet persönlich die Errichtung des Srīpāda Srīvallabha Mahā Samsthanam an

Der Grund für Vasavīs Agni Pravesham

Srīpāda Srīvallabha kam aus der Meditation. Srī Dharma Gupta fragte: „Oh großer Herr, Sieg sei dir! Ārya Mahā Devi in der Form von Vasavī musste die Feuergrube zusammen mit Paaren von 102 Gotras betreten. Mit ihrem Willen hätte sie den Kopf von Vishnu Vardhana, der Vimaladitya war, in 1000 Stücke zerspringen lassen können." Mit einem Lächeln auf seinem Lotusgesicht sagte Srīpāda: „Mein Lieber, als Mahālakshmī in der Form von Godadevi erschien, diente sie Srī Ranganadha mit liebevoller Zuneigung und verschmolz in ihren Herrn.

Die Besonderheit von Agni Vidya

Kusuma Sresthi war früher ein Vaishya-Rishi namens Samadhi. Gemäß einer ihr in einer früheren Geburt erwiesenen Gunst manifestierte sich Ārya Mahā Devi als Srī Vasavī Kanyaka. Agni Vidya[1] ist die anspruchsvollste Lehre. Ein Mensch muss sein göttliches Licht[2] entfachen, seine 72.000 Nadis[3] und viele Upanadis heiligen, Transformationen durchlaufen, langsam die Kraft in sich zum Ausdruck bringen und mit Adya Shakti verschmelzen. Dann sollte er den Zustand von Sayujya Sthithi[4] mit Adya Shakti erlangen, die immer eins mit dem großen Herrn bleibt. Agni Vidya ist eine sehr strenge Lehre.

Die Menschen haben 64 Bewusstseinsstufen. Die Anhänger des Sābara-Kults benutzen 64 Sābara-Mantren, um sich mit diesen 64 Bewusstseins-

1 Wissen von Agni
2 Hier: Ātmajyotis
3 Subtile Nervenbahnen
4 Der Zustand der Vereinigung mit Gott

stufen zu vereinen und Menschen emporzuheben. Dattātreya selbst ist der Ādiguru[1] des Nathā-Kults. Diese Gestalt von Srīpāda Srīvallabha, die vor euch steht, ist in der Tat der Datta von einst.

Bei einem Schachspiel gibt es 64 Felder. Wenn wir sagen, dass Srī Mahā Vishnu mit Srī Mahā Lakshmī zur Unterhaltung Schach spielt, hat dies eine innere Bedeutung. Srī Mahā Vishnu betrachtet als Zeuge den Vorgang der Ausdehnung und Entfaltung des Lebens der verschiedenen Lebewesen, die sich in diesen 64 Bewusstseinsstadien befinden. Er gewährt ihnen Gnade entsprechend ihren Entwicklungsstufen und erfreut sich so der göttlichen Unterhaltung.

Bedingungen für einen Menschen, um eine göttliche Seele zu werden

Je nach der Bewusstseinsebene im Menschen variiert die Geschwindigkeit der Transformation. Es ist ein unumstößliches Gesetz des universalen Denkens, dass der Mensch sich in eine göttliche Seele verwandelt. Die Erleuchtung mit dem Licht des Ātma[2] hängt ab von den yogischen Methoden, von Mantra, Yagna und anderen Opferriten sowie von wohltätigen Handlungen, die die Menschen gemäß ihrer Ebene der Vollkommenheit vollbringen. Die Reinigung der Nadis geht entsprechend dieser Erleuchtung weiter. Je nach der Ebene ihrer Reinheit erlangen die Menschen physische, mentale und spirituelle Kräfte. Die göttliche Gnade hängt ab von den tugendhaften Taten der Menschen, wenn sich jene Fähigkeiten oder Kräfte entwickeln.

Die günstigen Kräfte von Saraswatī, Lakshmī und Durgā verbleiben in Saatform im Menschen, und wenn sich Situationen ergeben, dass sie wachsen können, strömt Ambikas natürliche Gnade über und drückt sich aus.

Als Ārya Mahā Devi in der Gestalt von Srī Vasavī geboren wurde, entstanden solche Situationen für jene Paare, die zu den 102 Gotras gehörten. So trat Ambika zusammen mit ihnen ins Feuer ein, und diese Paare verwandelten sich zu Lichtformen. Durch die Kraft der Gebete der Menschen, die zu diesen Gotras gehören, werden sie zu ihnen hingezogen und ihre Gebete werden sie erreichen.

1 Erster Guru
2 Hier: Ātmajyotis

Auch wenn sich die Paare zu Lichtformen verwandeln, werden sie durch die Kraft der Gebete angezogen. Diese Anziehungskraft wirkt sich auf die Menschen, die zu diesen Gotras gehören, segensreich aus. Mit diesem Segen erfahren die Menschen großes Glück, nicht nur hier, sondern auch in anderen Welten. Daher sollten Ārya Vaishyas der Besonderheit des Agni Yoga sehr sorgfältig ihre Aufmerksamkeit schenken und sich des Impulses vom Feuer[1] in der Form von Dharma und Karma in ihrem Inneren bewusst sein und diese zum Lodern bringen. So sollten sie die Früchte dieses Yogas an kommende Generationen übertragen. Das in einer Familie erweckte Feuer von Dharma-Karma strahlt über sieben Generationen aus. Wenn schließlich die Menschen der siebten Generation den Impuls des Feuers in der Form von Dharma und Karma erneut entflammen, wird das Feuer regeneriert. Solange das Feuer glüht, erfreuen sich diese Familien an acht Arten von Annehmlichkeiten und Wohlstand in ihren Häusern.

Die Dinge, die noch nicht zum Ausdruck gebracht wurden, werden durch Feuer zum Ausdruck veranlasst. Aufgrund der in früheren Geburten begangenen großen Sünden kommen auf die Menschen viele Arten von Schwierigkeiten, Verlusten und weltlichen Problemen zurück. Durch Mantra, Tantra, Yoga sowie durch Spenden und rechtschaffene Taten können diese gelöscht und Glück kann erlangt werden. Feuer verwandelt auch zum Ausdruck gebrachte Dinge zurück in nicht geäußerte Formen. Die von Menschen in der Gegenwart begangenen großen Sünden gehen in die nicht ausgedrückte Form zurück, kommen aber in der nächsten Geburt wieder zum Ausdruck. Wenn jemand eine große Sünde begeht oder einen großen Verdienst erlangt, erfährt er den größten Teil des Ergebnisses nur in dieser Geburt.

Wenn Menschen daher in dieser Geburt glückbringende Taten vollbringen, werden die mit diesen Taten verbundenen verdienstvollen Schwingungen in eine nicht ausgedrückte Form von Agni Deva gegeben, so dass sie dann in der nächsten Geburt zum Ausdruck gebracht werden können. Gemäß Ārya Mahā Devi hat Agni Yoga die Menschen der 102 Gotras gestärkt, und die Janyu Devatas[2], die die Saaten hüten, welche zur Linie jener Rishis gehören, schützen und bewahren diese anmutigen höchst po-

1 Hier: Agni

2 Die Devas des Keimens und der Fortpflanzung; in diesem Buch wird ihnen auch die Übertragung des Karmas vergangener Generationen an die gegenwätige Generation zugewiesen.

sitiven Schwingungen. Um sie im geäußerten Zustand dieser Gotras zu erlangen, sollte man verdienstvolle Taten vollbringen.

Indem man sich um verdienstvolle Taten bemüht, erlangt man zusammen mit dem Ergebnis seiner bereits verdienten Handlungen auch viel mehr positive Schwingungen, die in der Saatform vorhanden sind und sich ausdrücken werden. Infolgedessen wird selbst ein kleiner Verdienst große Ergebnisse bringen. Dies alles geschieht aufgrund des von Srī Vasavī ausgegossenen Segens und als Ergebnis des Opfers jener Paare, die das Agni Pravesham durchführten.

Mein Lieber, wie Ich sagte, ist die Annahme durchaus richtig, dass es eine große Gelegenheit ist, in einer Ārya Vaishya-Familie geboren zu werden. Aber dies ist an eine besondere Bedingung geknüpft. Wenn man als ein Ārya Vaishya geboren wurde, jedoch sündhaft lebt und keine verdienstvollen Taten vollbringt, wird auch das Ergebnis entsprechend negativ ausfallen. Hinzu kommen noch der Fluch der Paare, die das Feuer betraten, und der Fluch von Srī Kanyaka Parameswari. Das Resultat einer Sünde, die von einem Ārya Vaishya begangen wurde, wird tausend Mal größer sein als das Resultat einer Sünde, die von einem normalen Menschen begangen wurde. Verstehe daher, dass es in der Tat zugleich sehr glückbringend, aber auch höchst gefährlich ist, in einem der 102 Gotras geboren zu werden. Sei wachsam. Wisse, dass Srī Vasavī Devi Meine göttliche Schwester ist. Erkenne auch die Tatsache, dass wir aufgrund des Agni Yoga von Mutter Anasūyā als Zwillinge geboren wurden. Wenn Wir zornig werden, ereignen sich sämtliche Katastrophen. Wenn Wir zufrieden sind, geschehen alle glücklichen Dinge."

Ich fragte Srī Mahā Guru: „Großer Herr, Sieg sei Dir. Srī Vasavī Kanyaka bat Dich, in der Form von Venkateswara zu ihrem Samsthan zu kommen. Bitte erkläre dessen Bedeutung."

„Shankar Bhatt, wisse, dass Mein Mahā Samsthan an Meinem Geburtsort in Pīthikapuram errichtet werden wird.

Du schreibst dieses Charitāmrutam. Die Echtheit der darin beschriebenen Dinge wird von einigen dummen, unwissenden Leuten in Frage gestellt werden. Sie werden fragen, wie man glauben könne, dass Srīpāda Srīvallabha wirklich Srī Padmāvatī Venkateswara ist. Um die Echtheit dieser Tatsache zu beweisen, dass Ārya Mahādevi die Gestalt von Srī Vasavī Kanyaka annahm, wird eine Statue von Mir in Brihat Sila Nagaram in der Form von Lord

Venkateswara errichtet werden. Dies wird stattfinden, bevor das Srīpāda Srīvallabha Charitāmrutam ans Licht kommt. Dies ist Mein Beschluss. Wenn es so viele andere Formen gibt, warum sollte dort nur Meine Venkateswara-Form errichtet werden? Wissen die Leute, die Lord Venkateswara dort errichten, irgendetwas? Dies ist Mein Līla[1]. Ich werde dort als Venkateswara eingesetzt. Leute, die das Samsthan errichten, wissen nicht, wie das Srīpāda Srīvallabha Mahā Samsthan erbaut und wie das Charitāmrutam ans Licht gebracht werden wird. Mit der Unterstützung von höchst unschuldigen und dummen Leuten sorge Ich dafür, dass Mein Werk erstellt wird; dies ist ein Teil Meines göttlichen Vergnügens. Mein Samsthan wird von Ārya Vaishyas errichtet. Ich werde den Tempel von Srī Vasavī Kanyaka in Pīthikapuram von Nachkommen der Familie von Srī Bapanārya errichten lassen. Obwohl dies offensichtlich merkwürdig erscheint, werden Meine Devotees die Wahrheit erkennen, dass Ich und Srī Vasavī Kanyaka Bruder und Schwester sind.

Mein Lieber, am Ende des Kali Yugas, d. h. im Kali Mahā Yuga, wenn Kalis Antardasa[2] vollendet ist und nach der Yuga Sandhi-Übergangsperiode, werde Ich in Meiner eigenen Form nach Tirumala[3] kommen. Später werde Ich einige andere göttliche Plätze besuchen. Ich werde zu Meinem Mahā Samsthan in Pīthikapuram kommen. Ich werde im Ela-Fluss baden und Kukkuteswara besuchen. Die Mahā Siddhas und Mahā Yogis, die mit Mir zum Mahā Samstham kommen, sind gesegnet.

Srī Pīthikapuram, Syāmalāmbapuram[4] und Vāyasapura Agraharam[5] verschmelzen zu einer großen Stadt. Unzählige Menschenmassen werden für Meinen Darshan zu Meinem Mahā Samsthan strömen. Virupāksha, der mit Vasavī während ihrer Inkarnation zusammen war, wies Ich an, sich wieder zu inkarnieren. Ich werde ihn zum Herrscher über Indien machen. Er wird Meinen Darshan in Pīthikapuram erhalten und später das Wissen seiner früheren Geburt erlangen.

Mein Lieber, viele merkwürdige Dinge werden im Kali Yuga geschehen. Ein großer Sādhaka[6], der aus der Vasishta-Linie abstammt, wird zu einem

1 Spiel
2 Zwischenperiode
3 Eine Stadt auf Hügeln im Süden von Andhra Pradesh mit dem berühmten Lord Venkateswara-Tempel
4 Die heutige Stadt Samalkota/Samarlakota, bei Kakinada in Andhra Pradesh
5 Heute: Kakinada
6 Spiritueller Sucher

Priester im Srīpāda Srīvallabha Mahā Samsthan ernannt. Die göttlichen Līlas, die Ich durch ihn ausführe, werden kein Ende nehmen. Jeder Augenblick wird mit göttlichen Spielen und göttlichem Segen erfüllt sein. Ich werde das Darlehen an Kubera abzahlen müssen. Ārya Mahādevi wurde als Vasavī Kanyaka in der Familie von Kubera geboren. Sie sollte mit Srī Nagareswara Mahā Prabhu vermählt werden. Ich mag nicht das für die Heirat erforderliche Geld wieder von Kubera nehmen. Ich habe daher entschieden, den Mitgliedern der Familie von Kubera und den Söhnen von Lakshmī Līlas zu zeigen, um ihre Probleme zu beseitigen und dann Geld als Meine Gebühr zu nehmen. Ich war es, der Kubera Reichtum schenkte. So war Ich es auch, der Kubera Mushti[1] gab. Da Ich nun in einer gewaltigen Schuld stehe, nehme ich Mushti von Kubera. Das Mushti in Mushti wird Vīra Mushti genannt." Selbst tausend Geburten reichen nicht aus, um das göttliche Lächeln Srīpādas zu sehen.

Ehre sei Srī Srīpāda Srīvallabha!

1 Almosen

Kapitel 31

Beschreibung der Dasa Mahā Vidyas

Wir kamen jeden Abend zur anderen Seite des Krishna-Flusses, nachdem wir die Erlaubnis von Srīpāda erhalten hatten. Am Morgen kamen wir wieder auf dieser Seite an. In der Form eines Prasāds von Srī Mahā Guru lernten wir neue yogische Dinge und viele göttliche Geheimnisse. Ich erfuhr, dass die Erscheinung von Srī Devi in den Praktiken der Dasa Mahā Vidyas[1] verehrt wird. Ich bat Srī Charan, uns die Natur dieser Dasa Mahā Vidyas zu erklären. Srī Guru Sārvabhūma führte es folgendermaßen aus:

„Liebe Kinder, die Verehrung von Srī Vidya ist höchst erhaben. In alten Zeiten erlangte Agastya Srī Vidya durch die Gnade von Hayagrīva[2]. Er lehrte sie Seiner Frau Lopa Mudra Devi. Srī Lopa Mudra Devi erklärte Agastya die esoterischen Bedeutungen von Srī Vidya. Auf eine Weise wurde Lopa Mudra Devi die Lehrerin von Agastya. Auf eine andere Weise wurde Agastya der Lehrer für Lopa Mudra. Dies war sehr seltsam.

Die Geschichte von Lopa Mudra und Agastya

Durch die Kraft der Buße von Agastya bekam der König von Vidarbha eine Tochter. Sie wurde Lopa Mudra genannt. Agastya wollte sie heiraten. Doch der König von Vidarbha sah sich vor eine heikle Situation gestellt. Er befürchtete, dass der alte Einsiedler ihn verfluchen würde, wenn er sich weigerte, ihm seine Tochter anzubieten. Er befand sich in einem Dilemma, ob er diese Heirat von zwei Menschen ungleichen Alters durchführen solle oder nicht. Als der König seine Tochter fragte, sagte sie, sie wäre nur für Agastya geboren worden und sie werde nur ihn heiraten. Nach der Hochzeit trug seine königliche Tochter Saris aus Baumrinden und ging zu-

1 Zehn verschiedene Formen der göttlichen Weiblichkeit; zehn Göttinnen der Weisheit

2 Eine pferdeköpfige Gottheit; Gott des Wissens und der Weisheit

sammen mit ihrem Mann in die Länder der Buße. Agastya lehrte Lopa Mudra Srī Vidya.

Nach einigen Tagen wollte er sich mit ihr physisch vereinen. Da sagte sie zu Agastya: „Nach der Verehrung von Lalitha Devi wurde ich zu einer Form von Lalitha. Solange du nicht zu einer Form von Shiva wirst, ist es nicht möglich, mich physisch mit dir zu vereinigen." Agastya unternahm intensiv Buße und erlangte die Form von Shiva und bat erneut um physische Vereinigung mit ihr. Sie sagte: „Ich wurde in einer königlichen Familie geboren. Es ist nicht möglich, mit dir eine Ehebeziehung einzugehen, solange ich nicht seidene Kleider, Schmuck und alle Arten von Reichtum habe, wie es sich für eine Kshatriya-Frau geziemt. Solange du mir all diese materiellen Dinge nicht gewährst, ist es nicht richtig, die Ehefreuden mit mir zu genießen. Nicht nur das, du solltest auch Seidenkleider und kostbaren Schmuck tragen und aromatische Parfums verwenden. Nur dann ist es angemessen, mit mir sexuelle Freuden zu haben."

Um viel Geld zu verdienen, ging Agastya zu einem Teufel, Ilvala, und verdaute dessen Bruder Vātāpi mit einem Trick. Von diesem Dämon erhielt er dann großen Reichtum, und nachdem er die Wünsche seiner Frau erfüllt hatte, zeugte er gute Kinder.

Ilvala und Vātāpi sind zwei Brüder. Vātāpi nimmt jeweils die Gestalt einer Ziege an. Ilvala tötet dann diese Ziege und serviert sie dem Gast zu den Mahlzeiten. Nach den Mahlzeiten ruft Ilvala, Vātāpi möge herauskommen. Vātāpi kommt heraus und zerreißt den Magen des Gastes. Die beiden Teufel bereiten dann eine Mahlzeit aus dem toten Gast. Nachdem Agastya jedoch das Fleisch der Ziege gegessen hatte und Ilvala rief, Vātāpi solle herauskommen, sagte Agastya: „Möge Vātāpi verdaut werden." Vātāpi wurde nach dem Wunsch von Agastya verdaut. Wie von ihm versprochen, gab Ilvala Agastya große Mengen an Geld. Die Leute waren die Bedrohung durch Vātāpi und Ilvala los.

Einmal zog Agastya das Wasser aus den sieben Meeren in sein Kamandalu[1] und trank es. Der gleiche Weise Agastya unterwarf den Stolz des Vindhya-Gebirges. Selbst heute noch lebt er in Südindien in der Form eines großen Siddhas. Er ist derjenige, der die tamilische Sprache eingeführt hat. An vielen Stellen hat er Tempel erbaut. Wenn Ich als Lord Kalki

1 Wassergefäß aus Holz, Ton, Metall oder getrocknetem Kürbis, verwendet von Yogis oder Asketen

in die Inkarnation komme, wird Agastya auch ein Guru sein wie Parashurama[1].

Die Dasa Mahā Vidyas von Devi

Kāli ist die erste Form bei den Dasa Mahā Vidyas. Mahā Kāli ist der Anfang aller Künste und Wissenschaften. Die Herrlichkeiten ihrer Vidyas werden Mahā Vidyas genannt. Einmal beteten alle Himmlischen in der Einsiedelei des Weisen Mātanga zu Mahā Māya. Ambika erschien in der Form einer Mātanga-Frau. Da sie tiefschwarz von pechfarbenem Ton war, erhielt sie den Namen Kāli. Sie tötete die Shumba und Nishumba genannten Teufel. Da Kāli von dunkelblauer Farbe war, ist sie auch unter dem Namen Tāra bekannt. Die Menschen verehren Kāli, um die Frucht von Yoga Sādhana in wenigen Tagen oder Monaten zu erlangen, was ansonsten viele Jahre dauern würde. Doch wenn die Kraft von Kāli während der Zeit der spirituellen Übung in den Körper hineingezogen wird, muss der Yogi unerträgliches Brennen wie wütende Flammen und Schmerz ertragen.

Tāra ist die zweite Form bei den Dasa Mahā Vidyas. Sie gewährt stets Erlösung und Befreiung. Daher wurde sie unter dem Namen Tāra berühmt. Auch wird sie mit dem Namen Nīla Saraswatī bezeichnet. Sie rettet Devotees vor schlimmen Unfällen. Yogis verehren Sie daher auch in der Form von Ugra Tāra. Der Weise Vasishta ist ein großer Devotee von Tāra. Die Nacht von Chaitra[2] Suddha[3] Navami[4] wird Tāra Rātri genannt.

Chinna Masta ist die dritte Form bei den Dasa Mahā Vidyas. Dies ist eine sehr esoterische Form. Einst ging Devi mit ihren Freunden Jaya und Vijaya zum Baden im Mandakani-Fluss. Nach dem Baden litt sie unter quälendem Hunger und wurde schwarz. Ihre Freunde baten sie um Essen. Als die mitfühlende Devi ihr Haupt mit einem Schwert abtrennte, fiel der abgeschnittene Kopf in ihre linke Hand. Drei Blutströme flossen aus ihrem Rumpf. Ihre Gefährten tranken zwei Blutströme, während Devi den dritten Blutstrom selbst trank. Sie wurde unter dem Namen Chinna Masta be-

1 Der 6. Avatar von Vishnu
2 Nakshatra-Konstellation im Monat Widder
3 Zunehmende Mondphase
4 Neunter Tag der ersten zwei Wochen des Monats

kannt. Hiranyakasipa[1] und andere waren Devotees dieser Göttin Chinna Masta.

Shodasi Maheswari ist die vierte Form bei den Dasa Mahā Vidyas. Ihr Herz ist von Mitgefühl erfüllt. Für Menschen, die Zuflucht bei ihr suchen, wird Wissen leicht zugänglich. Alle Mantras und Tantras im Universum verehren diese Mahāvidya Shakti. Selbst die Veden können sie nicht beschreiben. Wenn diese Mahā Shakti erfreut ist, erfüllt sie alle Wünsche der Devotees. Durch die Verehrung dieser Göttin werden sowohl Wohlstand als auch Befreiung erlangt.

Bhuvaneswari Devi ist die fünfte Form bei den Dasa Mahā Vidyas. Alle 70 Millionen Mantren verehren sie stets. Es gibt zehn Stadien, die aus dem Kāli Tattwa[2] bis zum Kamala Tattwa[3] hervortreten. Aus ihnen offenbart sich Bhuvaneswari und nimmt die Gestalt von Brahmanda[4] an.

Zur Zeit der letzten Zerstörung[5] verschmilzt sie allmählich aus Kamala – das ist das manifestierte Universum – zur Form von Kāli und wandelt sich in die Saatform um. Sie wird daher auch Janmadhātri[6] von Kāla[7] genannt.

Tripura Bhairavi ist die sechste Form bei den Dasa Mahā Vidyas. Die Kraft, die Situationen beruhigt, welche aus dem besonderen Zustand von Kāla hervorgehen, wird Tripura Bhairavi genannt. Es heißt, dass diese Tripura Bhairavi die von Narasimha Bhagavan[8] untrennbare Kraft ist. In der Schöpfung finden ständig Umwandlungen statt. Anziehung und Abstoßung sind dazu die grundlegenden Ursachen. Dies ist ein unaufhörlicher Prozess. Tripura Bhairavi wird während der Nacht Kāla Rātri genannt. Der Name von Bhairava ist Kāla Bhairava. Meine nachfolgende Inkarnation als die Inkarnation von Srī Narasimha Saraswatī ist eine Kombination der beiden obigen Wesenheiten. Für große Yogis ist es die Inkarnation von Tripura Bhairavi und Kāla Bhairava.

Dhūmrāvati ist die siebte Form bei den Dasa Mahā Vidyas. Diese Dhūmrāvati ist niemand anderes als Ugra Tāra. Wenn man Zuflucht bei ihr nimmt,

1 Ein Asura (Dämon)
2 Essenz von Kāli
3 Essenz von Kamala, der 10. der Dasa Mahā Vidyas
4 Das kosmische Ei
5 Hier: Prālaya
6 Jene, die Geburt gibt
7 Zeit
8 Der vierte Avatar von Lord Vishnu in der Gestalt des Mann-Löwen

werden alle Schicksalsschläge aufgehoben und Reichtümer erlangt. In religiösen Abhandlungen wird sie als jene beschrieben, die alle komplizierten Probleme abwendet. Jedoch ist sie auch verantwortlich für erbärmliche Zustände der Lebewesen, wie Hunger und Durst, Streitigkeiten und Armut. Mit ihrer Gnade werden alle Probleme weitläufig beseitigt.

Bagalā Mukhi ist die achte Form bei den Dasa Mahā Vidyas. Diese Mutter wird verehrt, um das Unglück abzuwenden, welches Kummer im Land und in der Gemeinschaft verursacht, ebenso die irdischen und überirdischen Katastrophen, und um Feinde zu unterwerfen. Der höchste und erste Verehrer von Bagalā Mahā Vidya war Gott Brahmā. Lord Vishnu und Parashurama[1] waren auch Devotees von Bagalā Mukhi Devi. Über lange Zeit wurde die Statue von Venkateswara in Tirumala[2] als Bagalā Mukhi verehrt.

Mātangi ist die neunte Form bei den Dasa Mahā Vidyas. Mātangi hat die Fähigkeit, einem Hausvater ein angenehmes Leben zu verleihen und die vier Purushārdās[3] zu gewähren. Sie gilt auch als die Tochter des Weisen Mātanga.

Kamalāya ist die zehnte Form bei den Dasa Mahā Vidyas. Sie ist ein Symbol der Fülle. Da sie von Bhārgava verehrt wurde, erhielt sie den Namen Bhāragavi. Durch ihre Gnade kann man ein Herrscher oder eine höchst erhabene Seele werden. Sie ist das Symbol von großem materiellem Reichtum. Sie wird auch Padmāvatī Devi genannt und ist die Gemahlin von Lord Venkateswara, der in Tirumala eingesetzt ist.

Meine lieben Kinder, ich werde euch die Natur von Dasa Mahā Vidya lehren, nachdem Ich entschieden habe, wieviel und durch wen an jedem Tag gelehrt werden soll. Jenen, die Anaghādevi, die Verkörperung der Dasa Mahā Vidyas, verehren, und ihren Herrn Anagha[4], wird die Gnade ihrer Kinder Ashta Siddhis gewährt. Haltet jeden Monat Anaghāsthami[5] an Bahula Ash-

1 Der 6. Avatar von Vishnu

2 Eine Stadt auf Hügeln im Süden von Andhra Pradesh mit dem berühmten Lord Venkateswara-Tempel

3 Wörtlich: Ziel des menschlichen Strebens; bezieht sich auf vier Ziele: Dharma (Rechtschaffenheit, Leben nach dem Gesetzt) Ardha (Wohlstand), Kāma (Vergnügen, Liebe) und Moksha (Befreiung)

4 Die Dreiheit von Lakshmī, Pārvatī und Saraswatī

5 Ein Gebetsritual an Anagha Devi, der weiblichen Form von Srīpada, zur Erfüllung der eigenen Wünsche

tami[1] ein. *Alle eure Wünsche werden erfüllt. Shankar Bhatt, jene, die ein Pārāyana*[2] *des von dir verfassten Srīpāda Srīvallabha Charitāmrutam machen und Anaghasthami Vrata an Sukla*[3] *oder Bahula Ashtami unmittelbar nach dem Anaghasthami durchführen, indem sie 11 Personen verköstigen oder das entsprechende Geld in einem Datta-Tempel verwenden, werden sofort Ergebnisse erzielen.*

Die Wirksamkeit hingebungsvollen Lesens des Charitāmrutam

Denkt nicht, das Srī Charitāmrutam-Buch sei einfach nur ein Buch. Es ist ein lebendiger Strom eines herrlichen Bewusstseins. Wenn ihr mit Hingabe lest, strömt die Stärke dieser Buchstaben in Mein mentales Bewusstsein. Da ihr eine Verbindung mit Mir habt, ohne euch dessen bewusst zu sein, werden durch Meine Gnade all eure rechtmäßigen Wünsche erfüllt. Selbst wenn dieses großartige Buch in eurem Andachtsraum aufbewahrt wird, verursacht es glückbringende Schwingungen. Kräfte des Unglücks und Geister der Dunkelheit werden vertrieben.

Jene, die das Srīpāda Srīvallabha Charitāmrutam wissentlich oder unwissentlich schmähen oder kritisieren, werden alle Verdienste ihrer tugendhaften Taten in vielen Geburten verlieren. Die Engel des Dharma nehmen nach und nach die Früchte tugendhafter Taten fort und verteilen sie an würdige arme Leute. Auf diese Weise wird man arm und die Armen werden reich. Mit feierlichem Eid wird erklärt, dass jeder Buchstabe dieses Buches wahr ist. Es ist ein Maßstab für sich. Die Leute, die dies missbrauchen oder kritisieren, verlieren in der Folge ihre angesammelten Verdienste und werden schließlich arm. Um den Schmerz der Armut zu beseitigen, lest dieses Buch mit Sorgfalt und Hingabe.“

Ehre sei Srī Srīpāda Srīvallabha!

1 Ein Tag für Rituale am Tag der achten abnehmenden Mondphase eines jeden Monats
2 Hingebungsvolles Lesen des Buches in einer gewissen Anzahl von Tagen
3 Die erste Hälfte des Mond-Monats

Kapitel 32

Beschreibung der Nava Nādhas

Nachdem ich die Lotusfüße von Srīpāda Srīvallabha berührt hatte, fragte ich: „Mein Herr, ich habe gehört, dass es große Siddha Yogis gibt, die Nava Nādhas genannt werden, und dass sie Teilmanifestationen von Lord Datta sind. Srī Charan, bitte erzähle mir gütigerweise von ihnen."

Als Er den Namen Nava Nādhas hörte, bemerkte ich, dass ambrosiagleiche Blicke aus den Augen von Srīvallabha in die äußere Schöpfung hinausströmten. In Seinen Blicken sah ich das Bewusstsein der Liebe, das eine Mutterkuh ihrem jungen Kalb entgegenbringt. Er war erfreut und sagte: „Meine Lieben, *Matschyendra, Gorakshaka, Jālandhara, Gahani, Adbhanga, Chauranga, Bhartarī, Charpata und Nāganādha sind Nava Nādhas. Allein an sie zu denken verleiht glückbringende Resultate. Die Gnade von Lord Datta wird gewiss bei jenen sein, die an die Namen der Nava Nādhas denken.*

Einige Jahre vor Beginn des Kali Yugas[1] dachte Srī Krishna, der von großen Devotees wie Uddhava und allen Yadavas umgeben war, an die Nava Nārāyanas, die jetzt Nava Nādhas genannt werden. Der Herrscher Rushabha hatte hundert Söhne. Davon wurden neun, die das Nārāyana Amsa[2] hatten, Nava Nārāyanas genannt. Ihre Namen sind:

1. Kavi
2. Hari
3. Antarikshudu
4. Prabuddhudu
5. Pippalayanudu
6. Āvirhotrudu
7. Drumīludu
8. Chamasudu
9. Karabhajanudu

1 Dunkles Zeitalter
2 Teilaspekte von Nārāyana

Sie alle waren Siddha Purushas[1], die im Avadhūta[2]-Zustand waren. Meiner Weisung gemäß, um das in der Krishna-Inkarnation gegebene Versprechen zu erfüllen und um die Mission, das Dharma einzusetzen, durchzuführen, wurden sie auf dieser Erde als Nava Nādhas geboren. Kavi wurde als Matschyendrānath geboren. Hari wurde als ein Jünger von Matschyendrānath unter dem Namen Gorakshaka geboren. Antariksha wurde als Jālandhara geboren und Prabuddha als sein Jünger unter dem Namen Kānifa. Pippalayana wurde als Charbhata geboren. Āvirhotra wurde als Nageswanādha geboren. Drumīla wurde unter dem Namen Bhartarinādha und Chamasa unter dem Namen Revana Nādha geboren. Karabhajan wurde unter dem Namen Gahaninādha geboren.

Zu Beginn der Schöpfung entwich aus einem bestimmten Grund der Samen von Brahmā. Vyāsa Maharshi schrieb im Bhavishya Purāna, dass aus diesem Samen an vielen Orten viele Weise geboren werden würden.

Es gab einen Mann namens Uparichara Vasuvu. Er war in Urvasi verliebt. Sein Sperma entwich und fiel in den Yamuna-Fluss. Ein Fisch nahm ihn auf. Aus diesem Fisch wurde Matschyendranath geboren. Mit dem Feuer aus seiner Stirn verbrannte Shiva Cupido zu Asche. In dieser Asche lag in subtiler Form die Seele von Cupido. Als ein König namens Bruhadrada ein Yagna durchführte, tauchte Jālandharanath aus dem Feueraltar dieses Opfers auf. Aus dem Samen Brahmās, der in den Reva- oder Narmada-Fluss fiel, wurde Revana Siddha geboren. Etwas von Brahmās Sperma fiel auf die Haube einer Schlange. Diese Schlange, die das Sperma für etwas Essbares hielt, verzehrte es. So wurde sie schwanger. Janameyjaya führte das Sarpa Yaga[3] durch. Ein Weiser namens Asthika rettete diese große Schlange vor der Zerstörung. Er verbarg diese Schlangennymphe Padmini, die Tochter von Takshaka, im Loch eines großen Audumbara-Baumes[4]. Āvirhotra sollte aus diesem im Mutterschoß liegenden Embryo geboren werden. Die Tochter von Takshaka beließ den Embryo in der Höhlung des Audumbara-Baumes und brach zu ihrem Geburtsort auf. Aus dem Embryo wurde Āvirhotra mit dem Titel Vata Siddha Nāganādha geboren. Als Matschyendra in der Gegend wanderte, gab er etwas heilige Asche, die mit Mantren aufgeladen war, an

1 Große Heilige
2 Ein von allen weltlichen Bindungen befreiter Mensch
3 Schlangenopfer; im Mahābhārata ein großes Ritual, um alle Schlangen zu töten
4 Sehr heiliger indischer Feigenbaum (Ficus racemosa)

eine kinderlose Frau. Da sie keinen Glauben hatte, warf sie die Asche auf einen Abfallhaufen. Aus der heiligen Asche, die große Kraft besaß, kam Gorakshanadh hervor.

Während der Hochzeit von Pārvatī wurde Brahmā, der als Priester bei der Zeremonie amtierte, beim Anblick von Pārvatīs Schönheit abgelenkt. Dadurch entwich sein Samen. Er schämte sich und rieb diesen Samen mit der Ferse seines Fußes, um ihn vor allen zu verbergen. Aus diesem eingeriebenen Samen wurden 60.000 Teile, woraus die 60.000 Weisen unter dem Namen Vālakhilyas geboren wurden. Ein Teil davon, der noch übrig geblieben war, verwandelte sich in Abfall und fiel in den Fluss Bhagiradhi. Dieser trieb langsam auf die Grasbüschel am Flussufer zu und wurde dort aufgefangen. Die Seele von Pillalayana trat darin ein und es wurde ein Nava Nādha namens Charpatanath geboren.

Als der Weise Kaulika aus seiner Hütte ging, um Almosen zu sammeln, stellte er die Bettelschale außerhalb seiner Hütte auf. Genau zu diesem Zeitpunkt fiel das Sperma der Sonne hinein. Der Maharshi bemerkte es und bewahrte es auf. Bharthari bedeutet Bettelschale. So wurde Bhartharinath mit diesem Namen benannt, weil er aus der Bettelschale geboren wurde.

In einem dichten Wald im Himalaya-Gebirge schlief ein großer Elefant. Als Brahmā Saraswatī sah, wurde er von Verliebtheit ergriffen und sein Sperma entwich. Die Vorsehung wollte es, dass der Same in das Ohr dieses Elefanten fiel. Prabuddha, aus dem Ohr des Elefanten geboren, wurde als einer der Nava Nādhas unter dem Namen Karna Kānifa bekannt.

Goraksha formte ein menschliches Bildnis aus Lehm und sang dabei das Sanjīvini-Mantra. Durch die Wirksamkeit des Sanjīvini-Mantras kam aus diesem Bildnis Karabhajana zum Leben und wurde mit dem Namen Gahaninādha geboren. Diese Nava Krishnas (Nava Nārāyanas) bewahrten ihre grobstofflichen Körper (in Samādhi) im Mandhara-Berg auf und inkarnierten sich mit ihren Potenzen als Nava Nādhas und nahmen am Programm der Errichtung des Dharmas teil."

Da fragte ich: „Sieg, Sieg sei dem Guru Sārvabhūma[1]. Du sagtest, die Nava Nādha-Inkarnationen seien die Quasi-Inkarnationen[2] der Nava Krishnas. Oh Herr, gibt es einen Unterschied zwischen den Nava Krishnas und den Nava Nādhas?"

1 Kaiser der Gurus
2 Hier: Amsa-Avatare

Lächelnd wandte Srīpāda uns Seine mit göttlicher Liebe erfüllten Blicke zu. Er erklärte: „Meine Lieben, Ich bin der Große Entschluss. Die Entschlüsse aller Götter und Göttinnen sind nur Teile Meines Großen Entschlusses. Diese Teilabsichten werden in begrenztem Maße unabhängig sein. Ein Bauer bindet eine Kuh mit einem langen Strick an einen Baum. Nur so weit, wie der Strick reicht, kann die Kuh grasen. Das bedeutet, dass die Kuh einen vorherbestimmten begrenzten Bereich hat, in dem sie grasen kann. Ihr wurde also eine begrenzte Freiheit zugeteilt, und in dem ihr zugeteilten Bereich kann sie frei grasen. Um über diese Grenzen des Grasens zu gelangen, muss sie notwendigerweise die Erlaubnis des Bauern haben. Wenn das Futter an dem speziellen Platz aufgebraucht ist, wird der Bauer sie an einen anderen Baum anbinden oder den Strick verlängern.

Auf die gleiche Weise wird den Quasi-Inkarnationen Unabhängigkeit gewährt, die gewissen Regeln von Dharma und Karma untersteht. Daher kommt der Entschluss aus der Urnatur hervor. Die Verantwortung für dessen Umsetzung wird den Teil-Inkarnationen anvertraut. Wenn irgendwelche Probleme auftauchen, unterbreiten die Teil-Inkarnationen diese Schwierigkeiten dem Urphänomen. Sie bringen die Gnade von dem Ursprung, d. h. dem Urphänomen hervor und bewirken das Wohlergehen der Lebewesen. Da die Teil-Inkarnationen der Hauptnatur keine schlechten Eigenschaften wie Lust, Hass, Arroganz usw. haben, sind sie in der Lage, alle Aktivitäten durchzuführen, zu denen die Urnatur fähig ist. Soweit es die Lebewesen betrifft, gibt es daher keinen Unterschied zwischen den Inkarnationen, sei es eine vollständige Inkarnation oder eine Quasi-Inkarnation.

Erklärung über Sai Baba

Ich sagte euch zuvor, dass in der Zukunft meine Samartha Sadguru-Form namens Sai Baba bevorstehen werde. Er wird Shiladī Nagaram[1] als Seinen Ort des Wirkens wählen und Seine Devotees beschützen. Dieser Avatar wird nicht von Meiner Natur verschieden sein. Ich werde einen Beschluss fassen, wieviel Gnade gegeben werden sollte und wieviel nicht. Wenn Sai Baba von den Gebeten Seiner Devotees gestört wird und er Mich um mehr

1 Shirdi

Gnade bittet, werde Ich sie gewiss geben. Wenn schon die Natur des Herrn Gnade gewährt und die Gebete und das Leid des normalen Menschen hört, warum sollte sie nicht gewährt werden, wenn Sai Baba fragt? So werden alle Devotees, die Sai Baba folgen, gewiss daraus Nutzen ziehen. Es heißt: ‚Sethe Visramyathi Ithi Sai.' Die Natur von Sai besteht darin, die Funktionen von Organen in Einklang zu bringen. Erkennt, dass die Natur von Sai Baba in einem Zustand der Verschmelzung in Mir sein wird."

Da sagte ich: „Gegrüßt sei Srī Mahā Guru. Ist Srī Vasavī Kanyaka eine vollständige Inkarnation oder eine Quasi-Inkarnation?"

Srīpāda sagte: „In Übereinstimmung mit dem von Ārya Mahādevi gegebenen Versprechen wurde sie als die Tochter von Kusuma Sresthi geboren. Hätte sich Kanyaka nicht inkarniert, so wären der Vaishya-Kaste viele Missgeschicke wiederfahren. Ein Vaishya namens Samadhi bemerkte diese Gefahr in einem nicht zum Ausdruck gebrachten Zustand in der Form eines Samens. Er erkannte, dass aus dem unausgedrückten Zustand er sich zu dem ausgedrückten Zustand wandeln, keimen und dann zu einem großen Baum wachsen würde und dass sich dann die Vaishya-Kaste in Gefahr befinden würde. Wäre Ambika nicht als Vasavī hervorgetreten, dann würden grausame Könige wie Vishnu Vardana wunderschöne Mädchen von normalen Königen, wie Kusuma Sresthi oder seinen Verwandten, heiraten und sich mit ihnen als ihren Maitressen vergnügen. Dies würde einen Niedergang des Dharmas von allen herbeiführen. Um solchen Vorfällen für jedes Mädchen der normalen Könige zuvorzukommen und um sie in ihrer Reinheit, ihrem Selbstrespekt, ihrer Liebe zu ihrer Kaste zu schützen, betrat Vasavī zusammen mit Paaren der verschiedenen Gotras das Feuer. In dem Feuer sollte die Liebe zur Kaste und zum Selbstrespekt erzeugt werden. Andernfalls sollten die Vaishyas, die Würde und Stolz hatten, verbrannt werden.

In dieser kritischen Feuerprobe wurden die Vaishyas durch die Gnade von Srī Vasavī siegreich. Für dieses Opfer wurde den Leuten, die in ihren Gotras waren, Wohlstand und Gesundheit gewährt, und sie hatten keinen Mangel an Nahrung und Kleidung. Srī Vasavī Kanyaka ist nur ein leuchtender Strahl von Ārya Mahādevi. Die Erde kann diesem Strahl endloser Macht nicht widerstehen. Srī Vasavī kam zu einem speziellen Zweck als Quasi-Avatar. Im Verlauf ihres 18 Jahre währenden Lebens verbrannte sie das böse Schicksal ihrer Kastenleute im Yogāgni[1]. Das unerträgliche üble Schicksal ist der Verlust der Reinheit. Erkennt, dass der Verlust der Reinheit für eine Frau das schlimmste Schicksal ist, mehr als der Verlust von Reichtum oder Wohlstand. Als sie sich solch einer Bedrohung gegenüber sah, zog sie das Schicksal all der Leute ihrer Gotras auf sich. Sie errichtete eine göttliche Wahrheit in der Natur, indem sie sich selbst in dem Feuer verbrannte, zusammen mit den Paaren der 102 Gotras. Als sie ihre wahre Form von Ārya Mahā Devi gewährte, waren alle, einschließlich Kusuma Sresthi erschrocken. Meine Lieben, nur Drei können die wahre Form reiner Frauen erkennen. Sie geben Darshan mit all ihrem Schmuck und Mangalasutram[2]:

- Während sie Mahātmas, die sich in einem höheren Zustand als sie befinden, Darshan geben;
- Während sie ihren Ehemännern, die sie in Gegenwart des Feuers als Zeugen geheiratet haben, Darshan geben;
- Während sie ihren wahren Devotees, die sich in einem niederen Zustand als sie befinden, Gnade gewähren.

Vishnu Vardana verliebte sich in seine Göttin des Todes, aber nicht in Vasavī. Die Göttin des Todes bat Vasavī: ‚Oh Mutter, bitte lass‘ mich deine Form annehmen.‘ Ambika stimmte zu. Dann trat eine andere Form von Vasavī hervor, die der Form von Vasavī glich. Diese Form verschmolz mit der Göttin des Todes. Die Göttin des Todes verschmolz mit Vishnu Vardhana, zerstörte sein Haupt in tausend Stücke und trat hervor. Dies war das wahre Ereignis, das an diesem Tag stattfand.“

Ehre sei Srī Srīpāda Srīvallabha!

1 Yogisches Feuer
2 Die am Nacken der Braut befestigte Schnur als Zeichen der Heirat

Kapitel 33

Srīpāda führt persönlich die Hochzeit von Ramani und Narasimha Rayudu durch

Wir baten Srīpāda um Erlaubnis. Srīpāda wies uns an: „Meine lieben Kinder, geht von hier nach Srī Pīthikapuram. Mein glückbringender Segen wird euch zu eurem Schutz begleiten." Entsprechend der Anweisung von Srī Mahā Guru erreichten Srī Dharma Gupta und ich die andere Seite des Ufers vom Krishna-Fluss. Auf einem Fels sahen wir die Fußabdrücke von Srī Charan. Srīpāda stand gewöhnlich auf diesem Fels und bot Surya Namaskar[1] an. Wir waren überrascht und fühlten uns beglückt beim Anblick von Srī Charans Fußabdrücken auf diesem Fels.

Wir erreichten das Dorf Panchadeva Pahād und gingen entlang eines Fußpfades durch ein Sorghumhirsefeld[2]. Der Besitzer dieses Feldes lud uns herzlich ein. Er bot uns süße Früchte zu essen an und gab uns süße Buttermilch zu trinken. Der Name dieses Bauern war Narasimha Rayudu. Auf seinem Feld baute er ein Haus, und er bat uns, in seinem Haus zu ruhen und seine Gastfreundschaft anzunehmen. Wir stimmten zu.

Er beschrieb die Herrlichkeit der heiteren Spiele von Srī Charan. Er erzählte: „Mein Herr, mein Name ist Narasimha Rayudu. In meiner Kindheit war ich sehr schwach und schüchtern. Meine Eltern verlor ich in meiner Kindheit. Im Haus meines mütterlichen Onkels wurde ich großgezogen. Meine Tante war sehr zanksüchtig. Ich musste sehr viel körperliche Arbeit verrichten, denn auf dem Bauernhof gab es viel Arbeit. Mein Onkel hatte eine Tochter namens Ramani. Sie war schöner als alle Mädchen in den Häusern unserer Verwandten in dieser Stadt. Zudem besaß sie alle guten Eigenschaften. Sie hatte Hingabe an Gott, verehrte aber gewöhnlich Srī Krishna als die Gottheit ihrer Wahl. Sie konnte es nicht ertragen, wenn mir meine Tante schlechte Nahrung gab. Für mich gab es zu wenig Nahrung und keinerlei freundliche Behandlung, dagegen aber viel Arbeit und Stress.

1 Ehrerbietung an den Herrn der Sonne

2 Sorghum bicolor; eine Grasart, die wegen ihrer Körner angebaut wird

Wenn ihre Mutter es nicht sah, bot mir unsere Ramani gewöhnlich süße Früchte und warmes Essen an. Hätte meine Tante dies bemerkt, hätten Ramani und ich Schläge und Zurechtweisungen von ihr bekommen. Obwohl mein Onkel gut war, konnte er seiner Frau nie widersprechen. Manchmal ließ mich meine mütterliche Tante von starken jungen Männern, die zur Kāpu-Kaste gehörten, schlagen. Obwohl ich schon sehr schwach war, wurde ich durch diese Schläge noch viel schwächer. Ich war auch sehr schüchtern. Daher betrachteten mich die Nachbarn auch als unfähig, und ich wurde selbst denen untergeordnet, die jünger waren als ich.

Da unsere Ramani sehr schön war, hegten die Kāpu-Jugendlichen in unserer Stadt den starken Wunsch, sie zu heiraten. Ich hatte weder Eigentum noch Geld. Mein Körper war sehr schwach. Vor allem war ich schüchtern. Mein Onkel war wohlhabend und hatte Grundbesitz. Trotz seiner Gutmütigkeit war er habgierig. Auch wenn meine mütterliche Tante ein Hausdrache war, hatte sie eine Art, sich leicht von Schmeichlern täuschen zu lassen.

Unsere Ramani betete zu Lord Srī Krishna, ich möge unter allen Umständen ihr Ehemann werden. Unterdessen kam ein betrügerischer Sanyasi[1] in unsere Stadt. Es wurde sehr viel Aufhebens gemacht, er würde Mutter Kāli verehren und könne die Vergangenheit, Gegenwart und Zukunft sehen. In der Tat besaß er einige Kräfte. Seine Vorhersagen für die Bürger erwiesen sich zu hundert Prozent als wahr. Durch seine betrügerischen Worte brachte er meine Tante unter seinen ungebührenden Einfluss. Vorkehrungen wurden für ihn getroffen, in unserem Haus eine Kāli-Verehrung durchzuführen. Er sagte, die Statue von Krishna aus Ton, die täglich von unserer Ramani verehrt wurde, müsse aus dem Haus geworfen werden. Meine mütterliche Tante stimmte zu. Unsere Ramani weinte bitterlich, doch vergeblich. Der falsche Sanyasi begann mit der Verehrung. Es wurde viel Geflügel geopfert. Das Verehrungszimmer war ganz von Blut getränkt und bot einen schrecklichen Anblick. Einige menschliche Schädel und seltsame Gegenstände für die Verehrung an einer Beisetzungsstätte wurden im Haus aufbewahrt. Er ließ alle Bewohner glauben, nach Abschluss der Verehrung würden reiche verborgene Schätze entdeckt und damit würde die ganze Familie reich werden. Der betrügerische Sanyasi kannte auch die Kunst,

1 Religiöser Bettelmönch

mit Zaubereien zu verführen. Er dachte sich einen Plan aus, wie er mit dieser Kunst die Keuschheit von Ramani rauben könne.

Durch die von ihm durchgeführten unheimlichen Verehrungsmethoden verschlechterte sich die Gesundheit unserer Ramani. Sie verhielt sich ganz seltsam und war nicht wie ihr früheres Selbst. Mitten in der Nacht pflegte sie Blut zu trinken. Statt Nahrung zu essen, trank sie nur Blut. Der falsche Sanyasi erzählte überzeugend, dass Mutter Kāli in sie eingetreten sei und sie daher Blut trinke und dass sie beim Austreten von Mutter Kāli wieder zu einer normalen Person werden würde. Würden jedoch keine Blutopfer dargebracht, könnte Kāli nicht beschwichtigt und die verborgenen Schätze nicht sichtbar werden. Alles war sehr grauenvoll. Plötzlich fielen die Nahrungsgefäße in den Brunnen. Hier und da sah man menschliche Skelette. Um Mitternacht erschienen mysteriöse Gestalten und machten schreckliche Geräusche. Unser ganzes Haus sah aus wie ein Bestattungsplatz. Mein mütterlicher Onkel war nicht mutig genug, den betrügerischen Asketen aufzufordern, das Haus zu verlassen. Meine mütterliche Tante hoffte, verborgene Schätze zu erlangen, wenn man die Unannehmlichkeiten noch ein paar Tage ertragen würde. Die ganze Situation war sehr verwirrend und irritierend.

Eines Nachts griff dieser falsche Sanyasi nach unserer Ramani. Er empfand, sein Verlangen würde befriedigt werden, weil sie dem Einfluss seines magischen Zaubers nachgab. Als er sich ihr näherte, schrie unsere Ramani laut und schlug auf furchtbare Weise mit einem eisernen Gegenstand auf seinen Kopf. Sie wusste nicht, warum sie so handelte. Der betrügerische Asket verstand auch nicht, warum die Person unter seiner Kontrolle sich plötzlich derartig verhielt.

Srīpādas Reaktion auf ihren Hilferuf

Nach Tagesanbruch kam ein armer brahmanischer Bettler zu unserem Haus. Unsere Ramani kam aus dem Haus und sagte ihm, es wäre eine große Anzahl an Gespenstern, Geistern und Teufeln da und er möge sie als Almosen annehmen, wenn er es wolle. Der Brahmane stimmte dem zu.

Sein blühendes Gesicht war sanft und strahlend. Unterdessen kam mein mütterlicher Onkel heraus. ‚Mein Herr, in unserem Haus sind die

Zustände völlig durcheinander. Wenn Sie wollen, können Sie diese bösen Kräfte, die diese Umstände erzeugen, als Geschenk bekommen.‘ Meine mütterliche Tante schloss sich dem auch an. Sie sagte: ‚Es gibt nichts in unserem Haus. Wenn Sie wollen, können Sie die Armut in unserem Haus akzeptieren.‘ Ich war ebenfalls im Haus anwesend. Ich sagte: ‚Swamī, ich habe einen silbernen Talisman bei mir, der aus der Zeit meiner Vorväter stammt. Wenn Sie möchten, können Sie ihn annehmen.‘ Er stimmte zu, und ich gab den silbernen Talisman als Bhiksha[1]. In der Zwischenzeit brachte der betrügerische Asket einige menschliche Schädel von der Begräbnisstätte. Er sagte höhnisch: ‚Sie, armer Brahmane! Wenn Sie wollen, können Sie diese menschlichen Schädel als Bhiksha nehmen.‘ Er akzeptierte es.

Plötzlich erschien ein göttliches Strahlen in unserem Haus. Der brahmanische Besucher verschwand. Durch das göttliche Strahlen empfand der betrügerische Asket ein Brennen am ganzen Körper. Ein Strahl dieses Glanzes trat in unsere Ramani ein. Sie wurde gesund. Meine mütterliche Tante erlitt einen Schlaganfall, sie war gelähmt und verlor ihre Sprache. Mein mütterlicher Onkel entwickelte ein heftiges Zittern. Ich erhielt außergewöhnlichen Mut. Ich empfand, als trete eine neue Stärke in meinen Körper ein und ich verspürte eine große Kraft. Blut strömte aus dem Mund des Magiers und all seine Fähigkeiten gingen verloren. Das göttliche Strahlen nahm menschliche Form an. Diese herrliche göttliche Form gehörte zur Zuflucht aller Leidenden, es war die Verkörperung aller Götter und Göttinnen, der Eine ohne Anfang, Mitte oder Ende – Srīpāda Srīvallabha.

Srī Charan sagte: ‚In Wahrheit zerstört Mutter Kāli die dämonischen Kräfte wie Lust, Zorn usw., die im Suchenden verborgen sind, doch sie will kein Geflügel, Ziegen oder anderes. Dämonische Kräfte aus der Welt der Lebenskraft nehmen die Form von Kālika[2] an und verlangen verschiedene Arten von Opfern. Die echte Mutter Kālika besitzt glückbringende Qualitäten wie Liebe, Frieden und Mitgefühl. Teuflische Kräfte, Gespenster, Geister usw., sowie dämonische Kräfte in der Welt der Lebenskraft geben sich selbst als bestimmte Gottheiten aus und stellen böse Künste zur Schau. Böse Magier verehren sie und fügen der Welt unsägliches Leid zu. Beachtet, dass die Manen der Geister in der Welt der Lebenskraft ebenfalls die

1 Nahrungs- oder Geldspende
2 Die Göttin Kāli

Fähigkeit haben, die Formen von Gottheiten anzunehmen, doch die göttlichen Kräfte werden sich nicht in solchen göttlichen Formen aufhalten.

Es wurde eine Zusicherung gegeben, dass Ich Mich inkarnieren werde, wann immer das Dharma den tiefsten Punkt erreicht; diese Inkarnation von Srīpāda Srīvallabha kam im Einklang mit dieser Zusicherung. Diese Inkarnation verfügt über unendliche Eigenschaften wie Liebe, Frieden, Gnade und Mitgefühl.'

Unser Haus war vollständig gereinigt. Der betrügerische Sanyasi wurde vertrieben. Durch die Gnade von Srī Charan ließ die Lähmung bei meiner mütterlichen Tante nach. Srīpāda persönlich segnete mit Seinen eigenen Händen und führte meine Hochzeit mit Ramani durch. Damals betrug Sein Alter in Wirklichkeit nur 12 Jahre. Er war zu der Zeit in Pīthikapuram. In diesem Panchadeva Pahād war Er mit Seinem subtilen verspielten Körper. Dies waren die gesegneten Kurkuma-Reiskörner[1], die Er uns an jenem Tag gewährte. Er informierte uns, dass Dharma Gupta und Shankar Bhatt in Zukunft diesen Ort besuchen würden und etwas von diesem gesegneten Kurkuma-Reis solle ihnen gegeben werden. Oh, welch eine großartige, verspielte Inkarnation!"

Ehre sei Srī Srīpāda Srīvallabha!

1 Hier: Akshimatalu

Srīpāda Rājam Saranam Prapadye

Kapitel 34

Die Geschichte von Sarabheswara

Srī Dharma Gupta und ich reisten ein paar Tage und erreichten ein weiteres Dorf. Wir rezitierten den Namen von Srīpāda und erinnerten uns an Seine grenzenlose Gnade und Sein Mitgefühl, während wir unsere Reise fortsetzten. Auf dem Weg gewährte uns immer jemand Gastfreundschaft. Von einigen Orten aus setzten wir die Reise auf einem von zwei Ochsen gezogenen Karren fort. Von anderen Orten aus reisten wir in einer Pferdekutsche. Wiederum andere Orte verließen wir einfach zu Fuß. Für uns war es eine heitere Gnade von Srīpāda Srīvallabha, der indirekt nach uns schaute, auf welche Weise wir reisten oder in welcher Art wir von dem einen oder anderen Gastfreundschaft erhielten.

Als wir in dem Dorf ankamen, gab es eine besondere Begebenheit. Alle Gegenstände im Haus eines Brahmanen wurden auf die Straße hinausgeworfen. Seine Frau und seine Kinder befanden sich auch außerhalb des Hauses. Der Brahmane hatte einen Kredit bei einem Geldverleiher aufgenommen und konnte ihn nicht zurückzahlen. Eines Tages sprach der Kreditgeber den Brahmanen an und forderte ihn auf stehenzubleiben. Der Brahmane blieb stehen. Mit Kohle wurde ein Kreis um den Brahmanen gezogen, der sich nicht aus dem Kreis heraus bewegen sollte. Der Kreditgeber forderte den Brahmanen auf, er solle erklären, in wieviel Tagen er den Kredit zurückzahlen würde. Der Brahmane antwortete, er würde ihn in vier Wochen zurückzahlen. Doch er konnte sein Wort nicht halten, weil er kein Geld auftreiben konnte. Vom Kreditgeber wurde er jedoch verwarnt, er würde das Haus in Besitz nehmen, wenn die Zeit überschritten wäre. Auf diese Weise quälte er ihn. Der Brahmane, seine Frau und seine Kinder waren völlig hilflos. Die ganzen Dorfbewohner betrachteten diesen Vorfall als Spaß, aber keiner von ihnen wagte es, den Kreditgeber zu überzeugen, etwas mehr Zeit für die Zurückzahlung zu gewähren.

Srīpāda bringt Devotees in kritische Situationen, testet ihre Hingabe und rettet sie

Srī Dharma Gupta war tief bewegt, als er den kläglichen Zustand des Brahmanen sah. Er wollte helfen, doch er hatte gerade kein Geld. Ich war von Anfang an ohne Geld unterwegs gewesen. Ich erdreistete mich jedoch und sagte: „Mein Herr, erbarmen Sie sich dieses hilflosen Brahmanen und gewähren Sie ihm vier weitere Wochen Zeit. In der Zwischenzeit wird er durch die Gnade von Srīpāda Srīvallabha aus seinen Schwierigkeiten herauskommen. Denken Sie ganz ruhig nach. Ich garantiere, dass er sein Darlehen zurückbezahlt." Gedankenlos hatte ich diese Worte gesprochen. Der Kreditgeber sagte: „Okay, ich glaube Ihnen. Ich gewähre vier weitere Wochen Zeit, doch Ihr zwei Reisenden solltet Euch nicht von hier fortbewegen, solange der Kredit nicht vollständig zurückgezahlt ist. Im Falle dass die Schuld nicht getilgt ist, werde ich nicht nur das Haus dieses Brahmanen in Besitz nehmen, sondern auch Euch beide vor die Richterbank des Dorfes bringen, dass Ihr mich eine unnötige Zeitverlängerung habt gewähren lassen. Dann werdet Ihr die Strafe verbüßen, die von der Justiz auferlegt wird."

Weder für mich noch für Srī Dharma Gupta war es wahrscheinlich, das Darlehen des Brahmanen vor dem Termin zurückzuzahlen. Wie ein Narr gab ich dieses Versprechen, ohne über die Möglichkeit oder Angemessenheit dessen nachzudenken. Für dieses gedankenlose Versprechen machte ich mir selbst große Vorwürfe. Es war nicht richtig, Srī Srīvallabha dafür verantwortlich zu machen. Damit brachte ich Srī Dharma Gupta und mich in eine schwierige Situation. Dies würde eine weitere sündige Tat bedeuten, die zeigt, wie viele Probleme entstehen, wenn man seine Sprache nicht kontrolliert. Wo ist das Ende für die heiteren Spiele des Herrn? Nur in derartigen Situationen entsteht entweder starke Hingabe oder die Hingabe verschwindet. Srī Dharma Gupta machte sich keine Sorgen. Er sagte: „Shankar Bhatt, sei nicht bekümmert über das, was geschehen ist. Was geschehen ist, was geschieht und was geschehen wird, alles ist Seine heitere Kurzweil. Die Schrift Brahmās muss geschehen."

Im Haus des Brahmanen gab es keine Lebensmittel. Er hatte kein Geld. Ohnehin musste die Familie auf Mahlzeiten verzichten. Nun kamen wir beide als Gäste hinzu. Durch die Gnade von Srīpāda bekamen wir Obdach. Wir dachten, das wäre genug. *Ich empfand, dass in Zeiten von Hunger und völliger Erschöpfung, in Zeiten von Problemen mit Geldgebern, wenn man zwischen den Hörnern des Dilemmas gefangen ist und nicht mehr weiß, was man tun soll und was nicht, in kritischen Situationen Srīpāda Vallabha die einzige Zuflucht ist.* Wir beendeten das Bad und die Waschungen und begannen, den Namen von Srīpāda Srīvallabha zu rezitieren. Es gab keinen anderen Weg, außer Seinen Namen ins Gedächtnis zu rufen. Im Haus des armen Brahmanen gab es kein Öl, keine Dochte oder andere Materialien, die für eine Verehrung mit Licht benötigt werden. Als wir die Anrufung ‚*Srīpāda Rājam Saranam Prapadye*'[1] sangen, wiederholten sie alle Bewohner des Hauses. Auch Kinder und alte Frauen versammelten sich auf der Straße. Alle sangen hingebungsvoll den Namen von Srīpāda.

Zwischenzeitlich kamen auch einige Bauern zum Haus des Brahmanen. Im Dorf sprach sich herum, dass ich als Garant für die Rückzahlung des Darlehens stand, dass ich der Jünger einer großen Person wäre und ich daher darauf vorbereitet wäre, durch meine göttliche Kraft die Schuld des Brahmanen zu tilgen. Es wurde auch erzählt, dass ich solch eine starke Bürgschaft nicht gegeben hätte, ohne wirklich über göttliche Kräfte zu verfügen, und dass ich ein großer Astrologe wäre. Die Bauern des Dorfes liebten es, Wetten abzuschließen. Einige von ihnen wetteten, der Brahmane würde den Kredit zurückzahlen, während andere wetteten, dass er dazu nicht in der Lage wäre. Oh, was für ein schlechtes Schicksal! Aus einer angenehmen Situation hatte ich mich unnötig in Schwierigkeiten gebracht. Da ich willkürlich ein Versprechen gegeben hatte, welches unmöglich zu erfüllen war, steckte ich in dieser Krise. Ich rechnete damit, vor das Dorfgericht geschleppt zu werden, falls ich das Darlehen des Brahmanen nicht zurückzahlen würde. Zusammen mit mir würde auch Srī Dharma Gupta in Schwierigkeiten landen. Mein leeres, unwirksames Versprechen wurde zur Ursache für das Wetten der Spieler. Ich glaubte daran, dass die einzige Zuflucht die glückbringenden, göttlichen Füße von Srīpāda sind, dem göttlichen Spieler, der sich jeden Augenblick an Seinen Spielen erfreut. Mir kamen die Worte ‚Satyam Vidhatum Nija Bhrutya Bhashitam' in den Sinn, die der Weise Narada zu Mahā Vishnu sprach. Ich fand, Lord Nārāyana solle die Worte Seiner Diener beobachten und Verantwortung übernehmen, dass sie wahrhaftige Worte sprechen.

---

1 Möge Lord Srīpāda uns beschützen.

In dem Dorf lebte Sarabheswara Sastry, ein Gelehrter. Er war ein Experte in Mantra Sāstra[1]. Mit Hilfe einiger Geister sprach er sehr genau über die Vergangenheit, Gegenwart und Zukunft. Einige Wettende gingen zu Sarabheswara und unterbreiteten ihm die Angelegenheit. Er ersuchte die Hilfe von den Geistern und es hieß, der Brahmane könne die Schuld nicht zurückzahlen. Dadurch stieg die Zahl der Wetten sprunghaft an. Die Bauern des Dorfes, die Spieler waren, begannen, Hunderte von Varahās zu wetten. Sie waren sehr eifrig am Wetten, da in dieser Episode bekannt werden würde, wer groß sei – Sarabheswara Sastry oder Shankar Shastri.

„Lord Srīpāda, letztendlich hast Du mich mitten unter die Spieler platziert. Du bereitest mich darauf vor, vor das Dorfgericht geschleppt zu werden. Du wolltest, dass dieser arme Brahmane Schwierigkeiten ausgesetzt werden sollte, nachdem alle möglichen Hoffnungen aufgetaucht waren. Du bringst auch Srī Dharma Gupta in Probleme, der aufrichtig ist. Ich bin unfähig, die innere Bedeutung dieses göttlichen Spiels zu verstehen. Ich habe nur eine geringe Bildung und besitze keine spirituelle Kraft. Große Künste wie Astrologie kenne ich nicht. Ich befolge kein Japa[2] und Tapa[3], keine yogischen Übungen, strenge Prinzipien und Hingabe. Aus Neugier beabsichtigte ich die göttliche Hagiographie von Srīpāda zu schreiben, aber ich habe keine dafür notwendige Qualifikation." Ich betete, dass es Sein Wille sei, wie Er mich retten und erheben möge. Es gibt ein Sprichwort, dass ein dickköpfiger Mensch stärker ist als ein König. Stärke, die bislang nicht in mir war, begann zu keimen. Ich glaubte fest daran, dass das, was auch immer geschehen soll, geschehen werde und dass mich Srīpāda irgendwie retten würde.

Sarabheswara Sastry hatte eine Schwester. Sie lebte im gleichen Dorf. In den frühen Morgenstunden des Tages hatte sie einen Traum. Die Quintessenz des Traumes war, dass sie hohes Fieber hatte, ihr Ehemann verstorben und sie verwitwet sei. Sie erkundigte sich bei ihrem Bruder Sarabheswara Sastry, was dieser Traum zu bedeuten hätte. Sarabheswara befragte dazu den von ihm verehrten Geist. Dieser sagte, ihr Ehemann wäre in einem anderen Land und unterwegs griffen ihn Räuber an und töteten ihn, nachdem sie das Geld geraubt hätten.

1 Die Wissenschaft der Mantren
2 Wiederholung des Namens Gottes
3 Spirituelle Praktiken

Sie weinte bitterlich. Unterdessen kamen die Wett-Leute zu ihrem Haus. Sie teilten mit, dass sich in ihrem Dorf eine große Person namens Shankar Bhatt aufhalte und er in der Lage wäre, Dinge geschehen zu lassen und wieder rückgängig zu machen, dass er eine große Gottheit namens Srīpāda Srīvallabha verehre und man von ihm eine echte Erklärung erhalten könne. Bislang hatte sie noch nicht von irgendeinem anderen Pāndit gehört, der größer wäre als ihr Bruder. Sie wollte ihr Problem dieser großen Person unterbreiten und ihren Segen erhalten.

Sie wurde zu dem Haus gebracht, in dem wir untergebracht waren. Sie bat mich auf pathetische Weise: „Bruder, rette mein Māngalya[1].“ Einige der von Srīpāda aufgeladenen Kurkuma-Reiskörner, die Er dem Bauern bei seiner Hochzeit in Panchadeva Pahād gegeben hatte, waren noch bei mir. Ich hatte eine göttliche Inspiration. Es fiel mir ein, da die aufgeladenen Reiskörper von Srīpāda direkt waren, dass das Māngalya der Frau geschützt sein würde. Ich sagte zu ihr: „Mutter, nehmen Sie diese Manträkshatas[2]. Es sind goldene Reiskörner mit Kurkuma. Bewahren Sie sie in Ihrem Pūjā-Raum auf. Ihr Ehemann wird sich in ein paar Tagen zu Ihnen gesellen. Dies ist wahr.“

Diese Nachricht wurde Sarabheswara Sastry von den Bauern, die wetteten, zugetragen. Er wurde wütend. Seine Schwester verkündete, wenn ihr Ehemann lebend nach Hause käme, würde sie nicht nur den Darlehensbetrag des armen Brahmanen zurückzahlen, sondern auch Shankar Bhatt als ihren Lehrer annehmen und Srīpāda Srīvallabha verehren.

Drei Tage vergingen. In diesen drei Tagen brachten Bauern Nahrungsmittel zum Haus des armen Brahmanen, wo ich wohnte. Sie schlossen ihre Wetten auf mich ab. Würde ich Erfolg haben, würden auch sie gewinnen. Sie würden eine Menge Geld durch diese Wette bekommen.

Am vierten Tag kehrte der Schwager von Sarabheswara Sastry sicher aus fernen Landen zurück. Die Freude der Brahmanen-Frau kannte keine Grenzen. Sie meinte, ihr glückliches Eheleben[3] wäre durch die Manträkshatas, die ich gegeben hatte, bewahrt worden. Als einige Diebe ihren Ehemann auf der Reise töten wollten, wurden diese von einem jungen moslemischen Ringer getötet und somit wurde der Brahmane gerettet.

1 Das Leben des Ehemanns
2 Mit Kurkuma gemischer Reis, aufgeladen mit Beschwörungen
3 Hier: Sowbhāgya

Oh, die Größe von Srīpāda ist grenzenlos! Die Arroganz von Sarabheswara Sastry wurde zerstört. Da meine Prophezeiung wahr wurde, bezahlte Sarabheswara Sastry das Darlehen unseres Hausbesitzers. Sarabheswara bat mich und Srī Dharma Gupta, die Gastfreundschaft in seinem Haus anzunehmen. Wir stimmten zu.

Sarabheswara bemerkte: „Mein Herr, ich verehre Dhūmravati Devi, eine der Dasa Mahā Vidyas[1]. Laut den Tantra-Büchern ist sie wahrhaftig Ugra Tāra. Wenn sie zufrieden ist, zerstört sie alle Krankheiten und Sorgen. Im Zorn vernichtet sie alle Annehmlichkeiten und Freuden. Wenn man sich ihr hingibt, werden alle Schicksalsschläge gelöscht und Reichtümer erlangt. Ist sie erzürnt, so stellen sich Hunger und Durst, Streitigkeiten und jegliche Art von Armut ein. Ich erlangte die Gnade dieser großen Mutter. Die große Mutter wehrt alle üblen Wirkungen von Exorzismus und tödlichen Anschlägen ab. Ihre hingebungsvolle Verehrung ist unumgänglich, um für alle Leute, die unter Hexerei usw. leiden, Schutz zu erlangen. Ich verhielt mich einige Tage lang gut ohne ein Verlangen nach Geld und arbeitete zum Wohl der Menschen. Danach wurde ich geldgierig und verlangte viel Geld von jenen, die unter den Heimsuchungen von Uchhatana-[2] und Mārana[3]-Übungen litten. Dies war für die große Mutter nicht akzeptierbar.

Unterdessen bekam ich Verbindung zu einem sehr starken Geist einer verstorbenen Person in der Welt der Lebenskraft[4]. Mit der Unterstützung dieser Seele des Toten erlangte ich eine ungewöhnliche Kraft, Informationen über Vergangenheit, Gegenwart und Zukunft zu geben. Diese Manen werden jene, die sie verehren, letztendlich ins Elend stürzen. Man sollte sie nicht verehren. Falls sie verehrt werden, sollte das durch diese Kräfte erlangte Geld für das Gemeinwohl verwendet und Menschen in Not gegeben werden. Wenn man dies tut, wird die Seele des Verstorbenen ständig unter unserer Kontrolle sein. Wenn man es nicht tut und selbstsüchtig Geld verdient, werden diese Geister eine Vorhersage geben und den Verehrenden in Schande bringen und ihn arm machen. Nicht nur das. Manchmal kann sogar der Tod eintreten. Das Ausmaß des Verdienstes in uns wird durch die

1 Zehn verschiedene Formen der göttlichen Weiblichkeit; zehn Göttinnen der Weisheit
2 Ausmerzung, Vertreibung
3 Tötung
4 Hier: Prānamaya Jagat

Selbstsucht verringert. Dann wird die Seele dieser verstorbenen Person uns acht Arten von Schwierigkeiten[1] aussetzen.

Ich war selbstsüchtig und verhielt mich unvernünftig und unbesonnen angesichts des Geldes, das ich verdiente. Daher entzog sich die Seele des Toten meiner Kontrolle. Sie machte eine falsche Vorhersage und brachte mich in Schwierigkeiten. Mich traf Schande. Von heute an sind Sie mein Gurudeva. Bitte, nehmen Sie mich als Ihren Schüler an." Ich sagte: „Mein Herr, es gibt keinen anderen Guru für diese Welt oder Schöpfung außer Srīpāda Srīvallabha. Würde ich beanspruchen, ein Guru zu sein, so würde ich noch mehr Kränkungen erleiden als Sie. Als wir von Kurungadda kamen, sprach Srīpāda kurz über die Dasa Mahā Vidyas. Er fügte hinzu, dass zur rechten Zeit die übrigen Details in rechtem Maße gelehrt würden. Ich erfuhr von Ihnen über Kāli und Dhūmravati von den Dasa Mahā Vidyas. Mein Herr, bitte machen Sie mich nicht zu einem Guru. Ich wurde hier unter merkwürdigen Umständen festgehalten. Nun kam ich da heraus. *Srīpāda ist ein Meister im Erschaffen schwieriger Probleme. Er ist ebenso geschickt, Seine Devotees wieder da herauszuziehen. Die ständige Erinnerung an den Namen Srīpāda ist das einzige Mittel, um in dieser und der anderen Welt etwas zu vollbringen.“*

Ehre sei Srī Srīpāda Srīvallabha!

1 Hier: Ashta Kashtās

Srīpāda Rājam Saranam Prapadye

Kapitel 35

Erklärung zu Ugra Tāradevi

Srīpāda bestraft und rettet einen Anhänger von Tāra Devi

Wir verabschiedeten uns von Sarabheswara Sastry und setzten unsere Reise fort. Nach unserer Meinung war das Erinnern an den Namen von Srīpāda Srīvallabha das einzige Mittel, um in dieser Welt sowie in anderen Welten etwas zu erreichen. Nachdem wir eine Zeitlang gegangen waren, kam eine Einsiedelei in Sicht. In dieser Einsiedelei lebte ein Weiser namens Siddha. Er war vollständig losgelöst. Er trug nur ein Lendentuch. Zwei seiner Jünger, die am Eingang des Ashrams standen, fragten, ob wir Shankar Bhatt und Dharma Gupta seien. Als wir es bejahten, wurden wir nach innen geführt. Im Inneren befand sich ein Bild von Tāradevi. Wir verstanden, dass der Siddha ein Verehrer von Tāradevi war.

Der Siddha sagte: „Meine Kinder, Srīpāda informierte uns über eure Ankunft. Gemäß den Anweisungen des großen Gurus biete ich euch meine Gastfreundschaft an. Ich bin ein Devotee von Tāradevi. Da sie immer Moksha[1] gewährt, wird diese große Mutter Tāra genannt. Sie gewährt mühelos die Kraft des Sprechens und rettet ihre Devotees vor schrecklichen Unfällen. Daher wird sie auch Nīla Saraswatī genannt. Es gibt drei Hayagrīvas[2]. Einer ist eine Inkarnation von Lord Vishnu. Ein anderer ist ein Weiser und der Dritte ein Dämon. Um diesen Dämonen Hayagrīva zu töten, nahm sie eine blaue Form an. Wenn man sie verehrt, wird selbst ein normaler Mensch zu einem Gelehrten und wird Brihaspati[3] gleich. Der Weise Vasishta war derjenige, der Tāra zum ersten Mal in Bharat Varsha[4] verehrte. Sie wird ‚Vasishta Ārādhita Tāradevi'[5] genannt. Obwohl ich

1 Befreiung
2 In einer Form ein pferdeköpfiger Avatar von Lord Vishnu
3 Der Herr des Gebets und der Hingabe; der Lehrer der Götter
4 Name für Indien
5 Von Vasishta verehrte Tāradevi

Tāradevi verehre, hatte ich an keinem Tag ihren Darshan. Ich besuchte Ugra Tāra Siddha Pītha in einem Dorf namens Mahishi[1] im Gebiet von Mithila[2]. Dort befindet sich auf dem gleichen Podest die Dreiheit von Tāra, Ekajata[3] und Nīla Saraswatī. Ein großes Bild war in der Mitte, flankiert auf beiden Seiten von zwei kleinen Idolen. Von den Ältesten wird gesagt, der Weise Vasishta habe hier Verehrungen durchgeführt und durch die Verehrung von Tāradevi Erfolg bekommen.

Nachdem ich den Darshan von Mutter Ugra Tāra hatte und wieder heraustrat, sah ich die Gestalt eines Mädchens, das so lieblich und entzückend war. Es war sehr anziehend, den Klang ihrer Fußringe zu hören. Während das Mädchen ging, hallte der Klang ihrer Fußringe in meinem Herzen wider. Das Mädchen fragte: ‚Mein Lieber, du wanderst hierhin und dorthin. Vielleicht suchst du in der ganzen Welt nach mir. Stimmt das?' Ich war erstaunt. War sie Ugra Tāradevi oder ein verrücktes Mädchen, das so sprach? Die Göttin Tāra sitzt in gespreizter Stellung auf der Leichenform von Shiva. In blauer Farbe mit drei Augen hält sie Schere, Schädel, Lotus und Schwert in ihren Händen. Sie trägt ein Tigerfell und ist geschmückt mit einer Girlande aus menschlichen Schädeln. Dies ist die wahre Form dieser Göttin, die Seligkeit und Erlösung verleiht. Ich sah jedoch ein bezauberndes Mädchen, das nicht älter war als 12 oder 13 Jahre. Ich war schockiert und konnte nicht antworten. Plötzlich verstärkte das Mädchen ihren Glanz. Alle Zellen ihres Körpers wurden strahlend. Ihr Körper nahm die Gestalt eines Jungen an, und die Farbe veränderte sich zu goldenem Glanz. Die Augen des Jungen waren wie die Augen eines Yogis mit göttlichen Qualitäten, die Seelenruhe, Mitgefühl und Gnade ausströmten. An seinen Beinen trug der Junge Fußringe. Er bat mich: ‚Mein Herr, die Fußringe an meinen Beinen sind sehr eng. Können Sie sie abnehmen?' Ich war einverstanden. Er sagte: ‚Bewahren Sie diese beiden Fußringe bei sich auf. Sie besitzen Lebenskraft. Sie werden alles für Sie entscheiden – wohin Sie gehen, was Sie essen und mit wem Sie sprechen sollten.'

Als er dies gesagt hatte, verschwand der Junge. Ich ging nach Kālighat[4]. Nachdem ich Mutter Kāli besucht hatte, reiste ich nach Süden. Ich be-

1 Ein Dorf im Saharsa-Bezirk von Nord-Bihar
2 Eine Gegend in Nord Bihar an der Grenze zu Nepal
3 Die Blaue Tāra, Schützerin von geheimen Mantren
4 Ort in Kolkata mit einem berühmten Kāli-Tempel

suchte Puri[1], das große Pilgerzentrum. Ich ging weiter nach Süden und erreichte die Gegend von Simhachala[2]. Erfreulicherweise kam ich nach Srī Pīthikapuram, was Pādagaya Kshetra[3] ist. Ich sah Srī Kukkuteswara[4]. Ich besuchte den selbstmanifestierten Datta. In der Nähe des Ortes war eine Schlangengrube, in der sich das Idol des selbstmanifestierten Datta befand. Eine göttliche Schlange lebte in dieser Schlangengrube. Nachdem ich Datta sah, erschien diese göttliche Schlange. Beim bloßen Anblick der Schlange begann die Kundalinī in mir rasch aufzusteigen. Mein Körper entzog sich meiner Kontrolle. Wie ein Verrückter lief ich hierhin und dorthin. Ich rezitierte den Namen der Mutter Tāra und schrie laut. Die Vorsehung wollte es, dass ich in die Nähe eines Kshatriya-Zamindars[5] namens Narasimha Varma kam. Die Form des Mädchens, das mir im Mahishi-Dorf Darshan gegeben hatte, erschien vor meinem geistigen Auge. Die Form des Mädchens veränderte sich plötzlich zu der eines Jungen. Der göttliche Junge, der mir an jenem Tag Darshan gegeben hatte, stand tatsächlich vor meinen Augen. Im Haus von Srī Varma gab es einen Karren, der einem Pferdewagen glich. Er konnte auch von einem Menschen gezogen werden. Der göttliche Junge wollte in diesem Wagen zum Haus Seines mütterlichen Großvaters fahren. Srī Varma rief den Diener, der den Wagen ziehen sollte. Der Diener kam und stand da. Der göttliche Junge bat den Diener, ebenfalls in den Wagen zu steigen. Der Junge sagte zu mir: ‚Wenn du nicht diesen Wagen ziehst, werde Ich dich lebendig häuten und aus deiner Haut Sandalen nähen lassen. In Wirklichkeit bin Ich ein Schuster. Die Haut abzuziehen und Schuhe zu nähen ist Mein Familienberuf. Die Haut von Tieren wie dir ist sogar besser als die Haut von Büffeln und Kühen.‘

Unter den zwingenden Umständen stimmte ich zu, den Karren zu ziehen. Der Junge hielt einen Stab, der aussah wie ein Stab, den man zum Viehtreiben verwendet. Ich erlebte beim Ziehen des Wagens alle Arten von Problemen. Der göttliche Junge schlug mich hart mit dem Stab in Seiner Hand. Das Gewicht der zwei Personen war so schwer wie das Gewicht

1 Stadt im ostindischen Staat Odisha
2 Stadt mit einem berühmten Lord Narasimha geweihten Tempel in der Nähe von Visakhapatnam, Andhra Pradesh
3 Ort, wo die Füße des Asuras (Dämon) Gaya herabfielen
4 Tempel in Pithapuram
5 Ein indischer Aristokrat, oft ein Prinz, mit dem Recht, Steuern einzutreiben

von zwanzig Leuten. Während ich beim Ziehen des Wagens mit verschiedensten Problemen kämpfte, verstärkte der Junge meinen Schmerz, indem Er mich mit dem schweren Stab schlug. Schwer leidend und blutüberströmt brachte ich irgendwie den Wagen zum Haus des mütterlichen Großvaters des Jungen. Der Diener, der mit dem Jungen kam, war beim Anblick meines Zustands tief bewegt. Der Junge verhielt sich jedoch weiter wie ein Unmensch, der seinen sadistischen Spaß hatte. Er warnte den Diener, auch ihn zu bestrafen, würde er dem Übeltäter gegenüber Liebe zeigen. Ich war halb nackt. Der Junge ging ins Haus und brachte zwei Hände voll Chilipulver. Er rieb das Chilipulver auf die Stellen meines Körpers, aus denen Blut floss. Nur zwei Fußringe, die mir im Mahishi-Dorf gegeben wurden, waren an meiner Hüfte.

Unterdessen kam Rajamāmba, die mütterliche Großmutter des göttlichen Jungen, eine fromme Frau, heraus. Mit einem anderen Namen hieß sie auch Punya Rūpini. Als ich sie sah, kühlte sich das Brennen in meinem Körper ab. Ihr Ehemann war der berühmte Bāpanārya, ein Satya Rushīswara[1]. Er sprach zu mir auf Hindi: ‚Kind, was ist dein Dorf? Woher bist du gekommen? Du kannst dich etwas ausruhen und nach dem Essen aufbrechen.' Der Diener unterbreitete die grausamen Taten Srīpādas Seiner mütterlichen Großmutter und Seinem Großvater.

Da sagte Srīpāda: ‚Großmutter, dieser Diener erzählt Lügen. Kein Blut floss aus dieser Person. Es war nur Schweiß. Ich habe überhaupt kein Chilipulver eingerieben. Es war Sandelholzpulver.'

Der Diener wurde gebeten, hinzugehen und es zu überprüfen. Als er es sah, stellte er fest, dass das, was Srīpāda gesagt hatte, der Wahrheit entsprach. Srī Bāpanārya sagte: ‚Srīpāda, du bist der Wahrheit ergeben. Wenn du sagst, es gibt Zeichen, dass Blut geflossen ist, werden dort Spuren von Blut sein. Wenn du sagst, es ist Sandelholzpulver, so wird es Sandelholzpulver sein. Was immer du sagst, es wird nach Deinem Wort sein. Es scheint, dass du wahrlich die Personifikation von Ugra Tāra bist. Ich hörte, dass Ugra Tāradevi eine wirkungsvolle Sprache verleiht. In der Tat, Du bist eine Personifikation von Ugra Tāra und Du kannst durch bloßen Willen die Natur und die Qualitäten von jeglichen Gegenständen ändern. Bitte höre mit Deinem spielerischen Zeitvertreib auf und erweise Gnade diesem Un-

1 Rishi der Wahrheit, Erhalter der Wahrheit

glücklichen.‘ Da bemerkte Srīpāda: ‚Großvater, du sagst es richtig, dass das Hervortreten des Willens in Mir und dessen Erfüllung fast gleichzeitig stattfinden. Um zu entscheiden, ob es eine Tatsache ist oder nicht, ist die Hilfe der Schriften erforderlich. Dieser Fremde ist ein guter Brahmane. Er verehrt Ugra Tāra. Gut! Doch er wandte sich auf eigene Weise der Disziplin der Askese zu, ohne die Erlaubnis eines Gurus einzuholen. Sein Vater zog ihn auf und machte alle möglichen Schwierigkeiten durch. Seine Mutter litt große Schmerzen, als er in ihrem Mutterschoß war. Bei seiner Geburt verlor die Mutter eine Menge Blut. Sie erlebte unsägliches Leid, vergleichbar mit dem brennenden Empfinden, das entsteht, wenn man Chilipulver in blutende Wunden reibt.

Der Diener im Haus von Narasimha Varma war in seiner früheren Geburt der Vater dieses Fremden. Die Frau des Dieners war die Mutter dieses Fremden. Wenn man nicht die rechten Beisetzungsriten im Namen der verstorbenen Ältesten durchführt, so verursacht dies schlimme Wirkungen. Dieser Fremde führte nicht die Beisetzungsriten für seine Eltern durch, weil er zu einem Sanyasi wurde. Sein sündiges sowie sein verdienstvolles Karma zogen ihn zum Pādagaya Kshetra[1], Srī Pīthikapuram. Ich habe diese üblen Wirkungen aufgehoben, indem Ich ihn das sündige Karma durch kleine Probleme erfahren ließ. *Ein Kind liegt 9 Monate lang im Schoß seiner Mutter. Wenn man 9 Monate, 9 Tage oder 9 Ghadiyas*[2] *lang in Kashi Kshetra*[3] *bleibt, werden die Verwünschungen der Vorfahren aufgehoben. Srī Pithikapur Kshetra ist gleichgestellt mit Kashi.* Wenn dieser Mann 9 Tage lang seinen Eltern der früheren Geburt dient, wird der Fluch der Manen aufgelöst.‘ Ich tat, wie Er verlangte. Ich empfing Seine Gnade und Seinen Segen. Ich bewahrte die mir von Ihm an jenem Tag gegebenen Fußringe in meinem Andachtszimmer auf. Ich erlangte Vollkommenheit im Ugra-Tāra-Mantra. Ich behandle chronische Krankheiten mit meiner Tantra-Kraft.

Srīpāda erschien vor meinem geistigen Auge und informierte mich vor eurer Ankunft, dass Shankar Bhatt und Dharma Gupta diesen Weg entlangkommen würden und dass ich ihnen gutes Essen geben und Unterkunft besorgen sollte und dass ich ihnen meine Fußringe schenken sollte.“ So erzählte es Siddha.

1 Ort, wo die Füße des Asuras (Dämon) Gaya herabfielen
2 Eine indische Zeiteinheit, die 24 Minuten gleicht
3 Heute: Varanasi oder Benares; heilige indische Stadt

Ehre sei Srī Srīpāda Srīvallabha!

Kapitel 36

Der Bericht von Vedanta Sarma

Die Verehrung von Mātangi

Srī Dharma Gupta und ich nahmen die Fußringe von Srīpāda, die uns als ein Mahā Prasād[1] geschenkt wurden, und setzten unsere Reise fort. Während der ganzen vergangenen Nacht hallte die melodiöse Musik Seiner Fußringe in unserem Herzen wider. Wir hatten gelernt, dass man ohne eigenes Bemühen das OM im Anāhata-Zentrum, das sich im Herzen befindet, hört. Doch in der vergangenen Nacht hörten wir den Klang von Srīpādas Fußringen als eine rhythmische Musik in unserem Herzen. Aus dem Anāhata floss Kraft zu den anderen Chakren. Dabei spürten wir, wie eine neue Kraft in sämtlichen Nerven des Körpers erzeugt wurde.

Wenn wir gingen, konnte man den Klang der Fußringe hören. Wenn wir anhielten, hörte er auch auf. Unterdessen bemerkten wir einen Ashram in den Feldern. Daneben sah man ein Dorf, an dessen Rand Ausgestoßene lebten. Wir diskutierten miteinander, wieso sich ein Ashram dort in der Nähe befand.

Als wir uns dem Ashram näherten, hörte der Klang der Fußringe auf. Wir konnten annehmen, dass wir eine tiefe spirituelle Erfahrung bekommen würden. In dem Moment kam ein 60jähriger Weiser mit einem göttlichen Strahlen aus dem Ashram. Nach ihm kam eine 30jährige Yogini-Mutter heraus. Beide führten uns herzlich nach innen. Der Weise begann zu erzählen: „Mein Name ist Vedanta Sarma. Eigentlich bin ich ein Einwohner von Pīthikapuram. Jetzt werde ich Bangarayya genannt. Von Geburt an bin ich Brahmane. Der Name dieser Frau ist Bangaramma. Sie gehört von Geburt an zur Schuster-Kaste. In unserem Haus haben wir einen Altar von Mātangi. Wir verehren Mātangi hier, sie ist eine der Dasa Mahā Vidyas[2].“

1 Als ein Opfer gegebenes großes Geschenk

2 Zehn verschiedene Formen der göttlichen Weiblichkeit; zehn Göttinnen der Weisheit

Ich erschauderte. Dieser Mann sagte, er sei ein Brahmane und jene Frau gehöre zur Schusterkaste. Wie wurde ihre Hochzeit von den Schriften zugelassen?

Man reichte uns Früchte und Wurzelgemüse. Bangarayya sagte: „Mein Herr, als Arundhati Vasishta bat, sie zu heiraten, stellte er eine Bedingung, sie solle nichts ablehnen, was auch immer er mit ihrem Körper machen würde. Sie stimmte zu. ‚Rundham' bedeutet Einwand. Der Weise verbrannte sie sieben Mal und brachte sie zum Leben zurück. Trotzdem erhob sie nie einen Einwand. Deshalb wurde sie zu Arundhati. Danach nahm er sie zur Frau.

Als ich in Pīthikapuram war, heiratete ich drei Mal. Alle drei Frauen starben. Ich weinte über mein Schicksal. Srīpāda pflegt humorvoll zu sagen: ‚Tātā, Ich sah eine Großmutter für dich. Wenn du sie zu deiner Frau nimmst, ohne sie zu heiraten, werde Ich dir eine edle Geburt gewähren.'

Srī Bāpanārya war in Pīthikapuram der Vorsitzende vom Rat der Brahmanen. Die Brahmanen baten darum, unter diesem Vorsitz solle eine Konferenz vedischer Gelehrter abgehalten werden. Es wurde entschieden, Gelehrte von fernen Orten und Pāndits in das Agrahāram[1] einzuladen. Ich wurde mit der Aufgabe betraut, darüber zu entscheiden, wer eingeladen werden sollte.

Srīpāda hatte nach der heiligen Fadenzeremonie[2] niemals die Veden rezitiert. In der Tat saß Er nicht zu Füßen Seines Großvaters oder Vaters, um die Rezitation der Lektionen aus den Veden zu lernen. Wurde Er jedoch gebeten, einen speziellen Vers aus einem Kapitel der Veden zu rezitieren, so sprach Er ihn unmittelbar. Srīpāda kannte alle Veden, die Bāpanārya kannte. Er kannte nicht nur die Veden, sondern auch Vedanta und ebenso die Geheimnisse der Veden. Daher wurde entschieden, auch Srīpāda zu der Konferenz einzuladen.

Die wahre Absicht der Brahmanen war eine andere. Für die Konferenz wurden in großem Stil Vorbereitungen getroffen. Dharma Sāstra[3] sollte ausführlich diskutiert werden. Die innere Absicht der Brahmanen war es, Srīpādas Verstöße gegen das Dharma stark zu kritisieren und aus diesem Grund Srī Appalaraja Sarma und Srī Bāpanārya aus der Kaste zu versto-

1 Dorf, das hauptsächlich von Brahmanen bewohnt ist
2 Anlegen des Fadens der Brahmanen bei der Einweihung in das Gāyatrī-Mantram
3 Schrift über ethische Prinzipien und Regeln

ßen. Eine Kopie dieses Beschlusses sollte an Srī Shankaracharya gesendet und mit seiner Zustimmung sollten die beiden Familien aus Pīthikapuram vertrieben werden. Ich schloss mich ihnen an, als sie mich über ihre Absicht informierten. In mir stieg ein starker und seltsamer Wunsch auf, der Präsident der Brahmanenkonferenz zu werden.

Srīpāda pflegte frei in das Haus einer jeden Person zu gehen, gleich zu welcher Kaste sie gehörte. Er verhielt sich gewöhnlich sehr unabhängig. Im gleichen Ort Pīthikapuram lebte das Paar Bangarayya und Bangaramma. Sie hatten tiefstes Verlangen, Srīpāda zu sehen und mit ihm zu sprechen.

Plötzlich bat Srīpāda um Ledersandalen. Sein Alter betrug zu der Zeit 14 Jahre. Die Bewohner Seines Hauses lehnten Seine Bitte damit ab, dass Brahmanen hölzernes Schuhwerk und nicht Ledersandalen tragen sollten. Diese Sache kam dem Schusterpaar zu Ohren. Sie dachten, es wäre für sie ein Segen, Srīpāda Ledersandalen anzubieten. Auf einmal erschien Srīpāda in ihrem Haus. Die Maße Seiner heiligen Füße wurden genommen. Bangaramma flehte Srīpāda an: ‚Großer Herr, ich möchte meine Haut abziehen und damit Sandalen fertigen und sie Ihnen anbieten.‘ Srīpāda lächelte und verschwand.

In unserem Haus gab es eine gute Kuh. Ganz plötzlich wurde sie krank und starb. Das Paar Bangarayya und Bangaramma gerbten das Fell und machten Ledersandalen für Srīpāda daraus. Inzwischen begann das Treffen der vedischen Gelehrten. Es begann mit einer Diskussion über Srī Adi Shankara. Srī Adi Shankara debattierte mit Mandana Mishra in Kashi. Ubhaya Bharatidevi sagte, die Auseinandersetzung wäre nicht vollständig, solange sie in der Debatte nicht auch besiegt wäre. Ubhaya Bharatidevi fragte etwas zu einem sexualwissenschaftlichen Thema. Ādi Shankaras Wissen in dieser Wissenschaft war gleich Null. So bat er um sechs Monate Bedenkzeit. Shankara dachte daran, Kenntnisse von dieser Wissenschaft zu erlangen, ohne gegen das Dharma zu verstoßen. Zwischenzeitlich verstarb ein König. Shankara trat in den toten Körper des Königs ein, da er die Fähigkeit beherrschte, in den Körper einer anderen Person einzutreten[1].

Er wies seine Jünger an, sorgfältig seinen physischen Körper aufzubewahren und im Notfall zum Palast des Königs zu kommen und die Angelegenheit in einer verschlüsselten Sprache anzusprechen. Die Königin bemerkte die Veränderung im König. Sie erkannte, dass die Seele einer

1 Parakāya Pravesa Vidya

großen Person in den Körper ihres Ehemanns eingetreten war und dass sie das Prānamaya Jagat[1] ihres Ehemanns zurück in den toten Körper gezogen hatte. Sie fand auch heraus, dass nur so lange wie diese göttliche Seele im Körper ihres Mannes blieb, das Prānamaya-Bewusstsein ihres Mannes in dem Körper bleiben würde. So befahl sie herauszufinden, ob sich irgendwelche toten Körper in der Stadt befänden, die noch nicht verbrannt worden sind. Diese sollten sofort verbrannt werden. Während der Körper von Srī Shankara verbrannt wurde, übermittelten seine Jünger die Angelegenheit in verschlüsselter Sprache an Srī Shankara, der in der Gestalt des Königs lebte. Durch die Gnade von Srī Lakshmī Narasimha erlangte Srī Ādi Shankara seine verbrannten Füße und Hände zurück.

Srīpādas wunderschöne Rede auf der Brahmanen-Konferenz

Da fragte Srīpāda die Konferenz: ‚Ihr sagt, die Seele bleibe zu einer Zeit in einem Körper und trete in einen anderen Körper ein, nachdem sie diesen Körper verlassen hat. Ich stelle euch dann eine Frage: Kann die Seele gleichzeitig in drei oder vier Körpern leben und die karmischen Wirkungen von diesen drei oder vier Geburten löschen?‘ Darauf antwortete der Rat, es wäre eine komplizierte Frage und es gäbe keine entsprechenden Beweise, dass so etwas zu irgendeiner Zeit in der Vergangenheit geschehen sei.

‚Warum gab es keine solchen Fälle in der Vergangenheit? Ihr wisst nicht, dass es solche Dinge gab. Es wurde erwähnt, dass Devendra[2] aufgrund eines Fluches als die fünf Pāndavas geboren wurde. Sachidevi[3] wurde als Draupadi geboren und wurde die Ehefrau der fünf Pāndavas[4]. Selbst während Sachi und Purandara[5] auf Erden Geburt annahmen, blieb ihr ursprüngliches Wesen im Himmel. Nur Arjuna hatte die Freuden des Bettes. Mit Dharmaraja[6] diskutierte sie gewöhnliche politische Themen. Wie eine Mutter bereitete sie köstliche Speisen zu und servierte sie Bhīma. Arjuna gewährte sie sexuelle Freuden. Nakula erschien sie in der Form von Lakshmī. Da Sahadeva die

1 Bewusstsein in der Welt der Lebenskraft
2 Ein Name Indras
3 Gefährtin Indras, auch Indrana genannt
4 Yudhishthira, Bhīma, Arjuna, Nakula und Sahadeva
5 Ein Name Indras
6 Der König der Rechtschaffenheit; ein Name für Yudhishthira

Vergangenheit, Gegenwart und Zukunft kannte, wollte er, dass die Ereignisse rasch stattfinden und die Kurukshetra-Schlacht bald enden würde. So ging sie mit ihm geduldiger um als Mutter Erde. Die Dharmas der Götter und die Dharmas der Menschen sind verschieden. Die Dharmas der Tiere sind anders. Sie sollten nicht vermischt werden.'

Ich sagte: ,In den puranischen Zeiten mögen viele merkwürdige Dinge geschehen sein. In den gegenwärtigen Zeiten geschehen solche Dinge nicht.' Da fiel Srīpādas scharfer Blick auf mich und Er sprach mich an: ,Du hast drei Frauen geheiratet, und die drei sind gestorben. Hatten sie drei Seelen? Oder war es eine Seele? Wenn die Heirat von drei Frauen durch einen Mann von den Schriften gebilligt wird, wird nicht auch die Heirat von drei Männern durch eine einzelne Frau vom Dharma gebilligt? Was ist eigentlich Ātma[1]? Was ist Ehe-Dharma?' Auf diese Frage bemerkte ich emphatisch, dass ein Mann jede Menge Frauen heiraten könne, aber dass eine Frau solch ein Recht nicht habe.

Srīpāda kommentierte: ,Oh, bist du größer als der Meister des Universums? Mandodari[2] war eine große Pativrata[3]. Als sie die Frau von Vāli[4] war, waren die Atome ihres Körpers verschieden. Als sie die Frau von Ravana[5] war, waren die Atome ihres Körpers anders. Selbst als Frau von Vibhishana[6] waren die Atome ihres Körpers unterschiedlich. Ātma ist ohne Leidenschaft. Es besteht zu nichts eine Bindung, es ist ewig, rein und sehr heilig. Als sie die Frau von Vāli war, der vor allem die Eigenschaft von Tamas[7] besaß, erfüllte sie ihre entsprechende Verantwortung. Als sie die Frau von Rāvana war, der im Wesentlichen eine von Rajas geprägte Person war, verhielt sie sich im Einklang mit ihm. Als sie die Frau von Vibhishana war, dessen Hauptqualität Sattwa[8] war, tat sie ihre diesbezüglichen Pflichten.'

Ich konnte nicht antworten. Nach einigem Nachdenken sagte ich: ,Srīpāda, wenn wir dem zustimmen, was Du sagst, müssten wir auch Polyga-

1 Hier: Ātmajyotis
2 Frau des Dämonenkönigs Ravana; trotz des Fehlverhaltens ihres Mannes liebt sie ihn und versucht ihn auf den Pfad der Tugend zu führen
3 Keusche, tugendhafte und fromme Ehefrau
4 Name eines Affenkönigs im Epos Ramayana
5 Name eines Dämonenkönigs im Epos Ramayana
6 Bruder des Dämonen Ravana; wurde zum Verehrer Ramas
7 Trägheit
8 Gleichgewicht

mie akzeptieren.' Da bemerkte Srīpāda: ‚Dies ist Kāli-Yuga[1]. Viele zweitrangige Rassen entstehen. Tiere, Vögel, Bäume und Ungeziefer werden auch als Menschen geboren. Sie haben verschiedenartige Beziehungen entsprechend ihrem jeweiligen Wesen. Wenn Beziehungen gebildet werden, die dem Dharma entgegengesetzt sind, entstehen gemischte Kasten. Diese werden am Ende des Kali-Yugas unweigerlich zerstört. Teuflische Kräfte sind verantwortlich für die Entstehung unerwarteter Arten oder Kasten. Daher müssen die teuflischen Kräfte zerstört werden. Wenn der Dämon einmal vernichtet ist, wird er nicht wiedergeboren, sondern anstelle eines Dämons werden zehn Dämonen geboren. Nur dharmische Beziehungen haben Bestand. Alle Menschen sollten daher zwingenderweise die Pflichten der Familie, der Abstammungslinie und der Kaste beachten sowie die Pflichten der verschiedenen Kasten[2].

Einige göttliche Seelen werden auch hervorkommen. Sie haben nur eine Seele. Wenn diese Seele als männlich auftritt, kommt die Kraft dieser Seele als eine weibliche Form hervor. Ihre Beziehung wird göttliche Hochzeit genannt. Solch göttliche Seelen gab es selbst von Anbeginn der Schöpfung an. Sie werden auch am Ende der Schöpfung zugegen sein. Sie bleiben in einer engen Vereinigung in Gestalt einer ungeteilten Einheit von Para-Shakti und Para-Brahma.

Du wurdest zur gleichen Zeit als Vedanta Sarma, ein Brahmane, geboren und als Bangarayya, ein Schuster. Deine Shakti wurde als deine drei Frauen geboren, als die Kuh, die kürzlich in deinem Haus starb, und als Bangaramma, die Frau des Schusters Bangarayya. Das Bewusstsein deiner verstorbenen Frauen und das Bewusstsein der Mutterkuh gingen in dem Bewusstsein der jetzigen Paria-Frau Bangaramma auf. Das Bewusstsein sollte zurückkehren und mit dem Ursprung des Bewusstseins verschmelzen, aus dem es hervorgekommen ist. Das Mysterium der Schöpfung ist sehr unergründlich. Selbst die Kraft der sieben Rishis reicht nicht aus, um es zu verstehen. Da Bangarammas Körper Bangarayya hingegeben wurde, kannst du mit ihr das Eheleben fortsetzen, ohne gegen das Dharma zu verstoßen. Du solltest keinerlei Art körperlicher Annehmlichkeit von ihr erlangen. Ich stehe an der Stelle von Dharma und habe diesen Entscheid getroffen. Wenn

---

1 Dunkles Zeitalter
2 Hier: Varnāshrama Dharmas

wir in die Natur eintreten, sollten wir die Prinzipien und Traditionen der Natur gewissenhaft befolgen. Bangaramma sagte, sie würde mir aus ihrer Haut genähte Sandalen schenken. Ich akzeptierte es. Als sie als Bangaramma existierte, wurde sie ohne ihr Wissen auch als eine Mutterkuh geboren. Ohne sich dessen bewusst zu sein, wurde sie auch als deine drei Frauen geboren. Wenn das Bewusstsein in drei oder vier Körpern verteilt ist, denkt jeder Teil, dass er der einzige in einem speziellen Körper ist. Er kann die Einheit all dieser Teile nicht erkennen.[1]

'*Kāle pancha sahasrāni jayate varna sankare*' bedeutet nur dies. Eine Verfälschung der Kasten wurde nicht erwähnt. Nur die Rassenvermischung wurde erwähnt. Wenn Kasten verfälscht werden, führen sie zu niedrigen Geburten. Mit der Mischung der Rassen wird eine neue Rasse mit neuen Stärken geboren. Im Evolutionsprozess der Menschheit erlangt diese neue Rasse Göttlichkeit. Eine göttliche Rasse muss auf Erden geboren werden.

Ich bin Mir der wahren Motive dieses Brahmanen-Rats bewusst. Die böse Absicht, Meinen Vater und Großvater aus der Kaste zu verbannen, liegt tief in euch verborgen. Ich verbanne dich daher, Vedanta Sarma, aus der Kaste. Von heute an wirst du Bangarayya genannt!' befahl Srīpāda.

Die ganze Ratsversammlung war verblüfft. Während alle zuschauten, kam ein Licht und verschmolz mit mir. Dann sprach Srīpāda wieder streng: ‚Direkt vor euren Augen verschmolz das Bewusstsein von Bangarayya mit Vedanta Sarma. Entscheidet ihr, ob er ein Brahmane ist oder ein Paria. Ihr wolltet uns aus der Kaste vertreiben und die Zustimmung von Sankaracharya erhalten. Was kann Sankaracharya Mir antun? Ich wurde vor euren Augen geboren und bin herangewachsen. Ohne überhaupt die Veden vom Großvater oder vom Vater zu studieren, rezitiere Ich vedische Verse. Ich gebe an vielen Orten Darshan zur gleichen Zeit. Warum sollte Ich Mich fürchten, selbst wenn Ich Srī Sankaracharya gegenüberstehe? Ich gebe ihm Darshan als

1 *Anmerkung des Herausgebers:* In den Schriften gibt es das Verständnis, dass es einen veränderlichen und einen unveränderlichen Teil der Seele gibt sowie den göttlichen Ursprung. Der veränderliche Teil kann verschiedene Inkarnationen annehmen, wie dem Brahmanen, dem Schuster, den Frauen. Die Kuh ist der tierische Teil der Persönlichkeit. Es ist eine allgemeine Erfahrung, dass wir Menschen treffen und uns sehr vertraut mit ihnen fühlen. Ohne einen bekannten Grund gibt es eine starke Anziehung oder Abstoßung; sie beziehen sich auf den veränderlichen Teil der Seele und können nur verstanden werden, indem man starke vergangene Verbindungen in Betracht zieht.

Srī Sarada Chandra Moulīswara[1], das täglich von ihm verehrt wird, und gewähre ihm Meine Gnade. Er muss dann zwangsläufig zustimmen, dass Ich Gott bin. Dann wird seine Entscheidung für euch noch viel peinlicher sein. Die Räte der Kshatriyas und Vaishyas werden sich euren Entscheidungen nicht beugen. Wenn sie mit priesterlichen Aktivitäten, Ritualen und Geldspenden aufhören, werdet ihr mit euren Kindern hungern müssen. Wenn ihr euch mit Mir zu streiten wünscht, werdet ihr in jeder Hinsicht ruiniert werden. Ich sage euch, dass die Pflichten der vier Lebensstadien[2] zu befolgen sind. Die Leute aller achtzehn Arten sollten angenehm und glücklich leben. Erfüllt wirksam die gerechten Pflichten und nehmt am Errichten des Dharmas teil. Wenn nicht, so werdet ihr viele Probleme und Verluste erleiden. Ich bleibe völlig ruhig, aber ihr werdet in chaotische Situationen geraten. Bei der Entwicklung der Natur gibt es nur zwei Wege. Einer ist die Methode des Korrigierens und der andere ist die Methode, korrigiert zu werden. Es wird viel Zeit gewährt, um Dinge zu korrigieren. Wenn ihr nicht bereit seid, korrigiert zu werden, werdet ihr nur Zerstörung einladen. Ich werde nötigenfalls das Dharma selbst durch Zerstörung wiederherstellen.‘

Da ich keine andere Wahl hatte, nahm ich Bangaramma mit mir, und als ich mit ihr durch all die anderen Dörfer reiste, kam ich zu diesem Ort. Ich errichtete Mātanga Devi in dieser Einsiedelei und lebe hier.

Als Srīpāda auf Seinem Weg nach Kurungadda reiste, kam Er zu unserem Ashram und segnete uns. Er sagte: ‚Aufgrund von Schuldenbanden wirst du nach dem Tod als ein Brahmane wiedergeboren, während Bangaramma aufgrund ihrer Schuldenbande als Shūdra wiedergeboren wird. Dann werdet ihr beide heiraten. Ihr werdet Kinder haben. Eure Nachkommen werden das Glück haben, Mich zu verehren. Möget ihr mit Annehmlichkeit gesegnet sein!‘

Mein Herr, dies ist unsere Geschichte.“ Er erklärte ihre Verbindung zu Srīpāda und sagte: „Srīpāda informierte uns, dass ihr in diese Gegend reisen würdet, dass Seine Fußringe bei euch sind und dass wir Shankar Bhatt und Dharma Gupta Ledersandalen im Austausch mit den Fußringen geben sollten.

Wir verehren Mātanga Devi, die Tochter des Weisen Mātanga. Wer sie verehrt, erlangt reichen Ehesegen. Man nennt sie Rāja Mātangi, Karna

1 Ein Lingam, das Srī Sankaracharya von Lord Shiva erhielt

2 Vier Ashramas; Schüler, Berufs- und Familienleben, Rückzug, Entsagung

Mātangi oder belegt sie mit anderen Namensformen. Einmal erschien Srīpāda physisch in unserem Ashram. Zu der Zeit machte Bangaramma Milch heiß. Wir hatten den Darshan, dass die Mutterkuh, die der Ursprung der Ledersandalen war, kam, vor uns herging und ihren Kopf bewegte. Srīpāda erhielt von uns Milch. *Er erklärte gütigerweise, das Idol von Mātanga Devi, das wir verehren, würde tief unter dem Audumbara-Baum zu dem Samsthan kommen, das in Seinem Namen errichtet werden würde. Er fügte hinzu, es werde von vielen Siddha Purushas verehrt.* Er rief Bangaramma und sagte: ‚Mutter, dein Ehemann ist ein sehr würdiger Mensch. Genieße in der nächsten Geburt alle Annehmlichkeiten von ihm. Ich bewahre ein goldenes Tilak[1] für dich auf und habe für dich ein höchst glückbringendes Mangala Sūtra[2] vorbereiten lassen. In der folgenden Geburt werde Ich euch persönlich segnen und mit Meinen Händen eure Hochzeit durchführen.'

Mein Herr, Sie haben unsere Geschichte gehört. *Rezitieren Sie stets das Siddha Mangala Sūtra. Gewiss wird die Gnade großer Menschen erlangt. Siddhas, Mahā-Siddhas und Mahā-Yogis sind alle wie die Hände, Füße und andere Gliedmaßen von Srī Srīpāda Srīvallabha. Srīpāda führt Seinen Beschluss durch sie aus.* Einmal segnete Er uns durch Seinen *Darshan* als Raja Mātangi Devi. *Die gesamte Schöpfung und all ihre Geheimnisse liegen in Seinen Händen. Denkt ständig an Ihn; meditiert über Ihn und verehrt Ihn. Er ist alle Siddhis. Er beschützt euch wie eure eigene Mutter. Die Liebe von Srīpāda zu Seinen Devotees ist höher als die Liebe von 10 Millionen Müttern."*

Ehre sei Srī Srīpāda Srīvallabha!

1 Eine auf der Stirn getragene Markierung
2 Faden, den der Bräutigam der Braut bei der Hochzeit um den Hals legt.

Srīpāda Rājam Saranam Prapadye

Kapitel 37

Die Beschreibung von Chinna Mastha Devi

Wir verabschiedeten uns von Bangarayya und Bangaramma, nahmen die Ledersandalen mit, die uns das Paar gegeben hatte, und setzten unsere Reise fort. Wir kamen durch ein Waldgebiet und ruhten uns unter einem Banyan-Baum aus. Einige Gruppen von Yoginis näherten sich uns. Als sie uns sahen, sagten sie: „Dies ist eine Zeit großer Bedrängnis. Ihr seid es nicht wert, in dieses Gebiet zu kommen. Hier verehren wir Chinna Mastha Devi[1]. Sie ist sehr verborgen und geheim. Der Eintritt ist Männern verboten. Zudem ist dies ein göttliches Land. Wer hierher kommt, wird nicht lebendig fortgehen." Als wir diese Worte vernahmen, schwanden unsere Lebenskräfte. Dann erschien eine sehr strahlende Yogini-Mutter. Ihre Augen waren wie brennende Kohlen. Gruppen von Yoginis, die sie begleiteten, brachten Chinna Mastha Devi in einem kleinen Korb herbei. Dann sagte die Yogini-Mutter: „Nun gut, diese Leute sind hierher gekommen. Gebt ihnen Sarīs und Leibchen." Die Yoginis folgten ihrer Anweisung und gaben uns Sarīs und Leibchen. Unsere Kleider warfen sie in das dort entzündete Feuer.

Sobald wir Sarīs und Leibchen trugen, fanden in unserem Körper Veränderungen statt. Unsere männlichen Merkmale verschwanden, und es formten sich große Brüste. Selbst die Geschlechtsorgane unserer Körper veränderten sich. Es bildeten sich weibliche Körper, und unser Wesen verwandelte sich in ein weibliches Wesen. Sogar unsere Stimmen veränderten sich zu weiblichen Stimmen. Die Yogini-Gruppen gaben uns neue Namen. Mich nannten sie Shankaramma, und Dharma Gupta erhielt den Namen Dharmamma. Man gab uns Fleisch zu essen und Alkohol zu trinken.

1 Wörtlich: „die Geköpfte"; eine der zehn Mahā Vidyas, Göttinnen der Weisheit

Disziplinierte Verehrung von Chinna Mastha

Wir hörten von Marla Puli, der am Tag als Mann und in der Nacht als Tiger umhergeht, aber wir ahnten selbst im Traum nicht, dass es derartige Verehrungen von Gottheiten gibt oder dass Yoginis allein durch ihren Willen Männer in Frauen verwandeln können. Fackeln wurden angezündet und unheimliche Tänze aufgeführt, die Ehrfurcht und Schrecken einflößten. Dann sagte die Yogini-Mutter: „Kabandha[1] ist der Herr dieser veränderlichen Welt. Diese Energie wird Chinna Mastha Devi genannt. Wachstum und Verfall geschehen ständig in dieser Welt. Nimmt der Verfall ab, so nimmt der Grad des Wachstums zu. Nur dann manifestiert sich Bhuvaneswari Devi[2]. Wenn dagegen der Verfall zunimmt und das Maß des Wachstums abnimmt, gewinnt Chinna Mastha Devi an Bedeutung. Die Form dieser großen Mutter ist ein tiefes Geheimnis. Einmal ging die Göttin Pārvatī mit ihren Gefährtinnen zum Mandakini-Fluss[3], um ein Bad zu nehmen. Nach dem Bad wurde sie von Hunger gequält. Sie wurde daher dunkelblau. Zu der Zeit baten ihre Gefährtinnen sie, etwas zu essen zu bekommen. Pārvatī entgegnete, sie sollten eine Weile warten. Nach einiger Zeit fragten sie wieder nach Essen. Sie bat sie, noch etwas länger zu warten. Das ging so drei Mal weiter. Dann trennte Mahā Devi ihr Haupt mit ihrem Schwert ab. Drei Blutstrahlen spritzten aus ihr heraus. Die Begleiterinnen tranken zwei Strahlen, während Devi den dritten Strahl trank.

Hingebungsvolle und disziplinierte Verehrung von Chinna Mastha mitten in der Nacht führt zu sehr guten Ergebnissen. Sie sollte verehrt werden, um Feinde zu besiegen, feindliche Horden aufzuhalten, um Königreiche zu erobern und Befreiung zu erringen. Die Himmelsrichtungen sind ihre Kleidung. Der ‚Kreis des Yoni'[4] befindet sich in ihrem Nabel.Zwei Begleiterinnen werden immer bei ihr sein, die die Qualitäten von Krishna[5]

1 Wörtlich: „kopfloser Torso", ein Rakshasa (Dämon); seine Geschichte erscheint im Ramayana und Mahābhārata
2 Wörtlich: „Göttin der ganzen Welt"; ein Name von Durga; die vierte der zehn Mahā Vidyas
3 Entspringt dem Chorabari-Gletscher in der Nähe von Kedarnath in Uttarakhand; mündet in den Alaknanda-Fluss in Rudraprayag
4 Mutterschoß, weibliches Geschlechtsorgan
5 Tamas, Trägheit

und Rakta[1] haben. Dass sie lebt, selbst nachdem sie ihr Haupt abgeschnitten hat, ist in der Sprache des Yoga ein Symbol für vollständiges Insichsein. Man meditiert über Chinna Mastha im Manipūraka-Zentrum[2], dem Sitz des Feuers. Sie ist die Göttin der Verehrung von Hiranyakasipa[3]."

All dies war merkwürdig und löste in uns Furcht aus. Inzwischen wurde es Mitternacht. Lebhaft erfüllten fantastische Musikinstrumente, Tänze, Gesänge und Orchester die Nacht. Die Yoginis wollten zwei gute Frauen opfern. So dachten sie, dass es besser wäre, uns zu töten, weil wir verfügbar waren. Sie banden Niem[4]-Blätter um unseren Hals und trugen große zinnoberfarbene Markierungen auf unsere Stirn auf. Mit sehr scharfen Messern enthaupteten sie uns. Als die Blutströme heftig flossen, tranken die Yoginis das Blut in rasender Trunkenheit. Unsere Köpfe und Rümpfe wurden auf beide Seiten geworfen. Selbst dann hatten wir immer noch das Empfinden, nicht tot zu sein. Im ganzen Körper verspürten wir entsetzliches Brennen. Wir dachten, Opfer der verruchtesten und gemeinsten grausamen Kraft dieser Yogini-Gruppe geworden zu sein.

Dann überwältigte uns der Schlaf. In diesem Schlafzustand sahen wir verschwommen ein helles Strahlen. Als dieses Licht sich uns näherte, erlebten wir, dass die Gruppe der Yoginis verblasste und sich in Luft auflöste. Unsere Köpfe und Körper wurden wieder zusammengefügt.

Es war zwei oder drei Ghadiyas[5] vor Tagesanbruch. Wir wachten wie gewöhnlich aus dem Schlaf auf und hatten Sarīs und Leibchen an. Die weiblichen Merkmale ließen allmählich nach und unsere männlichen Merkmale begannen in uns wieder Form anzunehmen. Anstelle unserer in der letzten Nacht verbrannten Kleidung lag dort neue Männerkleidung. Nachdem wir das Bad usw. beendet hatten, zogen wir die neue Kleidung an.

Ein anderer Reisender schloss sich uns an. Er sagte: „Meine Herren, alles, was Sie in der letzten Nacht gesehen haben, war eine Art von yogischer Aktivität. Es handelt sich dabei um eine sehr geheime yogische Methode. Die weibliche Natur in Ihrem Körper wurde gereinigt. In jedem Körper gibt es eine weibliche und eine männliche Natur. Solange diese

1 Rajas, Dynamik
2 Das Sakralzentrum
3 Wörtlich: "In Gold gekleidet"; jemand, der Reichtum und Sex liebt; ein Asura (Dämon)
4 Azadirachta indica; ein schnellwachsender Baum
5 Eine indische Zeiteinheit, die 24 Minuten gleicht

beiden Naturen nicht gereinigt sind, wird die yogische Kraft aus dem universalen Bewusstsein nicht fließen. Aus dem universalen Bewusstsein wird so viel Kraft in Ihre Körper fließen, wie benötigt wird. Die Seele kennt keinen Unterschied zwischen männlich und weiblich. Das ist die Grundlage für diese beiden Naturen und darüber hinaus.

Aufgrund des Mitgefühls von Srīpāda Srīvallabha empfingen Sie unvergleichliche Gnade durch die außergewöhnliche yogische Praxis der Yogini-Gruppe. Der Pfad der Sushumna, der nur mit großer Mühe geöffnet werden kann, öffnete sich. Was benötigen Sie mehr? Der Grund für Ihr immenses Glück liegt darin, dass Sie die Ledersandalen von Srīpāda bei sich tragen. Sie wurden vom Bewusstsein des physischen Körpers befreit und mit dem Bewusstseinsstrom der Göttlichkeit verbunden. Die scherzhaften Spiele von Srīpāda sind nur Ihm bekannt."

Ehre sei Srī Srīpāda Srīvallabha!

Kapitel 38

Erklärung der Bagalāmukhi-Verehrung

Unterwegs auf unserer Reise nach Pīthikapuram trafen wir einen Sanyasi. Er saß am Fuß eines Audumbara-Baumes. Seine Augen strahlten. Als wir uns ihm näherten, fragte er, ob wir Shankar Bhatt und Dharma Gupta seien. Wir bejahten es. Er bat uns, eine Weile am Fuß des Audumbara-Baums auszuruhen. Dann wollte er wissen, ob wir die Ledersandalen von Srīpāda bei uns hätten. Dies bejahten wir. Daraufhin sagte er, wir sollten ihm diese Ledersandalen geben im Tausch gegen die Perle einer schwarzen Kobra[1], die er bei sich hatte. Wir stimmten zu.

Ich fragte ihn: *„Mein Herr, als ich die Absicht hatte, die göttliche Biografie von Srīvaru zu schreiben, traf ich auf Devotees von Srīpāda, die ein spezielles Ereignis zu erzählen wussten, das in einem bestimmten Jahr geschah. Was war wohl der Grund dafür?“* Der Sanyasi sagte: *„Srīpāda ist eine vereinte Verkörperung von Ādi Bhairavi*[2] *und Ādi Brahma. Er ist ein Kāla Bhairava, der die Zeit befehligt. Er ist eine Verkörperung der Zeit. Kāla Purusha*[3] *ist von Ihm nicht verschieden. Er ist die Form von Mahā Kāla*[4]*. Nur Er weiß, welches Ereignis wann stattfinden soll. Für jene, die Gefangene von Ort und Zeit sind, ist es unmöglich, die Art des Entschlusses von Srīpāda zu erahnen. Sein Spiel mit Raum und Zeit ist wie ein Ballspiel. Alle Lebewesen, ihr Evolutionsprozess, ihre Natur, ihre Pflichten, ihre Eigenschaften, ihre Erfolge und ihre Einflüsse sind unter Seiner Kontrolle. Innerhalb von einer Sekunde kann Er eine Person, die stolz darauf ist, ein großer Gelehrter zu sein, in einen Unwissenden verwandeln. Ebenso kann Er eine völlig unwissende Person in einen in den Veden und Vedangas bewanderten großen Gelehrten verwandeln. Er ist eine reiche* yogische *Inkarnation. Um Ihn*

1 Hier: Kālā Nāgu
2 Die Furchterregende; der weibliche Aspekt von Kāla Bhairava (eine Form Shivas); eine der 10 Mahā Vidyas
3 Der Jahresgott
4 Die große Zeit

als einen inkarnierten Avatar und wahrlich als Lord Datta zu erkennen, müssen große Mengen Sünden verbrannt werden. Ebenso müssen große Mengen an Verdiensten herabströmen. Dies ist die allgemeine Bedingung. Wenn jedoch Seine Gnade und gütigen Blicke sich ergießen, wird Er diese allgemeinen Bedingungen ignorieren und Seine Devotees schützen. Er offenbart sich in jedem Augenblick mit Seinen scherzhaften Spielen.

Jene, die das Charitāmrutam von Srīpāda studieren, werden ihre Entwicklung in einer geordneten Weise erfahren. Daher wurden Sie auch nur über ein oder zwei Ereignisse aus einem Jahr Seines Lebens informiert, die Ihnen in einer geordneten Weise bekanntgegeben wurden. All dies ist ein wesentlicher Bestandteil Seines göttlichen Spiels. Es ist ein Fehler zu denken, Er habe sich nur für die Entwicklung der Erde inkarniert. In jedem Augenblick werden viele Millionen Universen geschaffen, erhalten und aufgelöst, deren ganzer Evolutionsprozess immer in Seinen Händen liegt. In den Tiefen Seiner göttlichen Augen entwickeln sich Abermillionen von Universen und werden wieder aufgelöst. Dies ist Seine wahre Natur. Die höchste Natur, die formlos ist und von der nicht erkannt werden kann, in welch einem Zustand sie sich befindet, wenn sie nicht in Erscheinung tritt, hat sich in menschlicher Form in Pīthikapuram manifestiert. Dies ist ein großes Wunder. Wo ist das Ende Seines göttlichen Zeitvertreibs, nachdem Er sich manifestiert hat? Selbst die Veden schweigen, unfähig, Ihn zu beschreiben. Sein Wissen ist endlos. Das Wissen der Veden ist begrenzt. Seine Stärke und Seine Gnade sind unendlich. Er ist in allen Ländern und zu allen Zeiten gegenwärtig. Er ist die Wahrheit für die Wahrheit, Weisheit für die Weisheit und Unendlichkeit für die Unendlichkeit, die unerreichbar ist.

Verehrung von Bagalāmukhi

Eigentlich bin ich ein Einwohner Bengalens und ein Devotee von Bagalāmukhi[1]. Sie gehört zu den Dasa Mahā Vidyas[2]. Wer die Zerstörung von Feinden auf der individuellen Ebene sucht, verehrt diese Devi. Die Kraft

1 Eine der 10 Göttinnen der Weisheit im Hinduismus; sie zerstört im Devotee falsche Vorstellungen und Illusionen.

2 Zehn verschiedene Formen der göttlichen Weiblichkeit; zehn Göttinnen der Weisheit

der Zerstörung von Parameswara[1] in ihrer umfassenden Form ist auch Bagalādevi. Durch die Verehrung dieser Devi wird die Vervollkommnung der Sprache erlangt. Dies bedeutet, wer auch immer ein rechtschaffenes Leben führt und auf Einheit von Denken, Sprechen und Handeln achtet, dessen Worte werden wahr. Es gibt drei Arten von Sprache: Para, Pasyanti und Madhyama.

Im Satya Yuga brach ein furchtbarer Sturm aus, der die ganze Welt verwüstete. Lord Vishnu sah die Not der Lebewesen und wurde traurig. Als er Buße tat, tauchte die Göttin Srī Vidya Mahā Devi in der Form von Bagalāmukhi auf. Sie erschien vor Srīman Nārāyana[2] und beruhigte den Sturm, der Verwüstungen hinterließ. Einige Leute betrachten sie als Vaishnavi Devi[3]. An einem Dienstag zu Chaturdasi[4] mitten in der Nacht wurde sie geboren. Sie verkörpert die Kraft, Dingen Einhalt zu gebieten und sie zu fixieren. Ihr ist es zu verdanken, dass das Sonnensystem stabil ist und der Himmel an seinem Ort gehalten wird. Sie kann Annehmlichkeiten dieser wie auch der anderen Welt gewähren und die bösen Kräfte blockieren, die versuchen, im Leben des spirituellen Suchers Chaos zu stiften. Ebenso stellt sie die blinden und dunklen Kräfte ruhig und beschützt den Fortschritt des Aspiranten. Sie wird auch Badaba Mukhi, Jātaveda Mukhi, Ulka Mukhi, Jwāla Mukhi und Bruhad Bhanu Mukhi genannt. Tatsächlich ist Lord Brahmā der Erste, der Bagalā Mahā Vidya praktizierte. Lord Brahmā sah diese große Göttin in Tirumala[5] in der Form von Bāla[6] und betete sie an. Mit seiner Gemahlin Srī Padmāvatī verehrte er diese Göttin als Srī Venkateswara und führte die Brahmotsava-Feiern[7] ein. Lord Brahmā führte Sanaka und andere Weise in dieses Mahā Vidya ein. Neben Brahmā ist Vishnu der wichtigste von jenen, die Bagalāmukhi verehren. Danach verehrte Parashurama[8] auch diese Göttin.

---

1 Ein Name Shivas
2 Lord Vishnu
3 Die personifizierte Energie (Shakti) Vishnus
4 Mondphase vor Vollmond oder Neumond
5 Eine Stadt auf Hügeln im Süden von Andhra Pradesh mit dem berühmten Lord Venkateswara-Tempel
6 Lord Venkateswara, eine Form von Vishnu
7 Neuntägige Feiern in Tirupati; heilige Reinigungszeremonie zu Ehren von Lord Brahmā
8 Der 6. Avatar von Vishnu

Auf meinen Pilgerreisen kam ich nach Pīthikapuram. Ich besuchte den Srī Kukkuteswara-Tempel[1]. Dort sah ich einen charmanten kleinen Jungen. Der Junge sagte zu mir: ‚Ich weiß, dass du aus Bengalen gekommen bist. Bis vor kurzem war Ich lange Zeit in diesem Tempel unter dem Namen Swayambhū Datta eingesperrt. Ich war dem Ersticken nahe und es war mir schrecklich heiß. So bat Ich die Priester, Mir Dienste erweisen, um Mich abzukühlen. Doch sie weigerten sich. Ich sagte, dass Ich hinausgehen würde, weil es nicht anders ging. Doch statt dass Ich hinausginge, würden sie Mich hinaustreiben, war ihre Antwort. So kam ich vor kurzem heraus.‘

Ich verstand die innere Bedeutung Seiner Worte. Ich erkannte, dass Er wahrlich Lord Datta selbst war und Ihm Verehrungen und Andachtsdienste nicht mit der gebührenden Anteilnahme und Sorgfalt dargeboten wurden. Es war auch klar, dass Er nie Unberührbarkeit befolgte und dass orthodoxe Brahmanen keine Unberührbaren in den Tempel ließen; daher inkarnierte Er sich, um die Notleidenden, Unterdrückten und Verzweifelten persönlich zu retten.

Ich bat Ihn, mir den Darshan in der Form der Gottheit meiner Verehrung zu geben und mich zufriedenzustellen. Der höchste Herr lächelte. Ich sah die große Göttin Srī Bagalā. Diese physischen Augen können den großen Glanz nicht sehen. Ich wurde ohnmächtig. Einige freundliche Menschen, die dort waren, breiteten einen Teppich unter einem Baum aus und legten mich darauf. In Wirklichkeit wurde ich nicht ohnmächtig. Der höchste Herr gab mir eine Erfahrung erhabener Seligkeit. So genoss ich acht Tage lang dieses göttliche Glück. Herzschlag und Puls setzten aus. Die Einwohner verstanden meine Situation nicht.

Der Bericht des Sanyasi

Meine Geschichte rief große Aufregung in Pīthikapuram hervor. Das Gerücht verbreitete sich, ein brahmanischer Sanyasi habe den Srī Kukkuteswara-Tempel betreten und den selbstmanifestierten Datta besucht; er wäre ein böser Magier, der versucht hätte, die Zauberkunst auf Kukkuteswara und den selbstmanifestierten Datta anzuwenden. Aufgrund des stren-

1 Tempel in Pithapuram

gen, disziplinierten Verhaltens und der Regeln der Priester hätten jedoch die Kraft von Kukkuteswara und des selbstmanifestierten Datta nicht nachgelassen, und von den negativen Resultaten, die sich daraus ergaben, wäre der Sanyasi ohnmächtig geworden und läge mit angehaltenem Puls und Herzschlag da. Im Allgemeinen verbreiten sich Gerüchte im Nu. Die Leute hier sind wahre Experten darin, Wahrheit als Unwahrheit und Unwahrheit als Wahrheit auszugeben und es andere glauben zu lassen. Srī-pāda Srīvallabha, der sich mitten unter ihnen inkarniert hatte, war viel geschickter als sie alle. Die ganzen Ereignisse hier boten Ihm große Unterhaltung und ewige Freude. Er ist ein göttlicher Genießer.

In Pīthikapuram nahm die Bedeutung der Priester zu. Die Nachricht verbreitete sich, durch ihre Disziplin und Askese sei ein böser Magier ohnmächtig geworden und wie ein Leichnam liegen geblieben. Ersuchte man ihre Hilfe, würden alle Bedrängnisse beseitigt werden. Würde man sie weiterhin bitten, spezielle Pūjās durchzuführen, käme einem großes Wohlergehen zugute. Die Priester begannen mit Pūjās. Den Brahmanen wurden großzügige Geldspenden gegeben. Plötzlich machten sich die Priester Sorgen. Da sie mit großer körperlicher Anstrengung den selbstmanifestierten Datta und Kukkuteswara verehrten, erhielten sie großzügig Spenden an Geld und Nahrungsmitteln[1]. Das Geld, das sie in ihren Häusern in Kisten aufbewahrten, verschwand am Morgen. Da sie sich bereit erklärt hatten, die Verehrungen durchzuführen, mussten sie diese zwangsläufig machen; doch das eingenommene Geld war verschwunden. Nicht nur das. Obwohl viel Nahrung gespendet wurde und sie große Mengen aßen, fühlten sie sich schwach und erschöpft. Es war sehr merkwürdig, dass einerseits ihr Geld verschwand und andererseits sie sehr schwach wurden. Würden sie jedoch die Wahrheit über diese Ereignisse enthüllen, befänden sie sich in einer peinlichen Situation. Weithin war verkündet worden, die großen Priester wären Experten in Mantra und Tantra Shāstras[2]. Würde die Tatsache sich verbreiten, dass sie dem Einfluss einer Yakshini[3] erliegen, könnte dies ihrer Ehre schaden. So behielten die Brahmanen diese Dinge für sich und enthüllten sie niemandem.

1 Swayampākam; Reis, Gemüse etc, das einem Brahmanen zum Kochen und Essen gegeben wird
2 Praktiken zum Erfahren der konkreten Manifestation der göttlichen Energie durch Rituale und Mantren
3 Weiblicher Teufel

Sie beschlossen in Erfahrung zu bringen, ob der ohnmächtige Sanyasi lebe oder tot sei, und falls er tot sei, ihn zu kremieren. Diese Angelegenheit unterbreiteten sie Bāpanārya. Er untersuchte den Körper des Sanyasis und verkündete, der Sanyasi sei weder gestorben noch ohnmächtig, sondern befände sich in einem Zustand von Samādhi. Einige Leute dachten, wenn der Körper des Sanyasis kremiert würde, ohne sich um das, was Bapanārya gesagt hatte, zu kümmern, so würde damit die böse Wirkung der Yakshini beseitigt werden. Andere waren der Meinung, dass durch eine Feuerbestattung die Kräfte des Sanyasis heftig aufblühen und noch viel mehr unheilvolle Ereignisse verursachen würden. Nur durch den seltsamen Beschluss von Srīpāda wurde mein Körper nicht dem Feuer hingegeben.

Nach acht Tagen wurde ich wieder normal. Mit Seinen glückbringenden göttlichen Händen berührte Srīpāda meinen Kopf. Niemand von den Brahmanen gab mir Almosen. In Srī Pīthikapuram erhielt ich im Haus einiger Hirten Unterkunft und Verpflegung. Da ich keine Kastenbeschränkungen befolgte, wurden alle Hirten mit mir vertraut. Unter diesen Hirten war eine Frau namens Lakshmi. Ihr Mann behandelte sie mit großer Liebe. Er war nicht nur das Oberhaupt all dieser Hirten, sondern er wirkte auch als Richter, um in dieser Kaste Streitigkeiten zu schlichten. Trotz seiner Jugend war er gebildet; er las die Grundbesitzdokumente, verteilte die Grundstücke wie darin beschrieben und kümmerte sich um das Ausarbeiten der Angelegenheiten bezüglich der Ländereien. Obwohl er jung war, wählten ihn daher seine Kastenleute als ihr Oberhaupt. Seine Frau Lakshmi war eine hingebungsvolle Ehefrau. Vor vier oder fünf Jahren war sie Witwe geworden. Da ich die Größe von Srīpāda kannte, sagte ich Lakshmi, sie würde gut daran tun, eine Beziehung mit Srīpāda zu pflegen.

Plötzlich hörte die Kuh im Haus von Srī Pynda Venkatappayya Sreshti auf, Milch zu geben. Gewöhnlich brachte Lakshmi Milch in das Haus von Srī Sreshti. Srīpāda kam häufig zum Haus von Srī Sresthi. Noch bevor Er fragte, ‚Großmutter, Ich bin hungrig', pflegte Venkata Subbamāmba die Milch zu erhitzen und sie Srīpāda zu geben. Darüber hinaus gab sie Sahne und Butter. Als Lakshmi Milch zu dem Haus brachte, sagte Srīpāda, Er sei sehr hungrig. So bat Venkata Subbamāmba Lakshmi, noch etwas mehr Milch zu bringen. Aber dadurch hatte sie selbst keine Milch mehr in ihrem Haus. Sie musste wässrige Milch trinken. Da Lakshmi von großer Opferbereitschaft war, verkaufte sie die Milch, die sie selbst zum Trinken und für anderen Gebrauch aufbewahrt hatte, an Srī Sreshti.

Die Geschichte eines Purānen-Pāndits

Dann kam ein Pāndit in die Stadt, der Vorträge über die Purānen[1] hielt. Die Brahmanen meinten, die Purānen seien für Shūdras gedacht und nicht für höhere Brahmanen wie sie und es gäbe keine ihnen unbekannten Purānen. Srī Bāpanārya, Srī Sreshti und Srī Varma boten an, dem Pāndit ihrerseits etwas Geld zu geben. Es wurde vereinbart, alle Shūdras sollten sich die Purānen[2] anhören. Nicht nur das. Durch Trommelschlag wurde angekündigt, dass die Shūdras dem Pāndit Geldspenden geben könnten. Einige der Brahmanen schlugen vor, die Hälfte des Betrags, den der Pāndit von den Sudrās erhalten würde, solle dem Rat der Brahmanen zugute kommen und die andere Hälfte könne der Pāndit nehmen. Dagegen wehrte sich Srī Bāpanārya und sagte: ‚Dies wird Mushtilo Mushti Vīra Mushti[3] genannt. Ihr sagtet, Ihr würdet den Purānen nicht einmal zuhören. Andererseits versucht ihr, den Pāndit, der sich die Mühe macht, den Vortrag zu halten, um sein hart verdientes Geld zu bringen. Wenn ihr euer Verhalten und eure Denkweisen nicht ändert, werdet ihr in Zukunft vom Kāla Purusha[4] strenge Strafen erleben.‘

Im Haus von Srī Bāpanārya wurden für den Pāndit Mahlzeiten zubereitet. Bevor er mit den Vorträgen über die Purānen begann, reichte Lakshmi ihm gekochte Milch.

Da Srīpāda Srīvallabha in den Herzen aller wohnt, gab es nichts, das Ihm unbekannt wäre. Der Pāndit war ein großer Jnāni[5] und ein großer Yogi. Mit seiner yogischen Kraft fand er die anderen von seiner Seele angenommenen Formen. Er zog das Bewusstsein dieser Formen in sich hinein.

---

1 Literaturgattung, deren Texte zu den klassischen, heiligen Schriften der Smriti zählen

2 Purāna Sravana

3 Almosen innerhalb von Almosen ist fanatisches, heldenhaftes Betteln um Almosen.

4 Der Jahresgott

5 Weiser

Er fand dann seine Seele in einem vier Monate alten Säugling im Haus eines brahmanischen Zamindars[1]. Als Lakshmi ihm Milch gab, erfuhr er aufgrund seiner yogischer Schau, dass seine Seele in Lakshmis nächster Geburt ihr Ehemann sein würde. Dies bedeutete, dass dieser Säugling der Ehemann von Lakshmi in ihrer nächsten Geburt sein würde.

Alle männlichen Formen des Ātma[2] waren bereits mit dem Pāndit verschmolzen, der ihre wesenhafte Urnatur war. Als er mit seiner yogischen Innenschau nach seinen Shakti-Formen suchte, erkannte er, dass Lakshmi die wesenhafte Urnatur aller weiblichen Formen war. Er bemerkte zudem, dass all seine weiblichen Anteile in Lakshmi verschmolzen waren. Er spürte, dass, wenn seine vier Monate alte Säuglingsform nach ein paar weiteren Monaten vergeht, auch die karmische Wirkung zu Ende gehen würde. Um die noch bestehenden karmischen Bande mit Pīthikapuram zu vollenden und zu erfüllen, war er als Purānen-Pāndit gekommen.

Lakshmi liebte ihren Ehemann sehr. Sie verstand, dass das Bewusstsein ihres Ehemanns seinen alten Körper nicht verlassen konnte. Sie bemerkte wiederholt, dass die Form ihres Mannes neben ihr stand. Um den Viraja-Fluss[3] zu überqueren, spenden die Leute Kühe. Sie wusste, dass die Mutterkuh, nachdem sie ihren Ehemann sicher über den Viraja-Fluss gebracht hatte, wieder als Kuh auf der Erde geboren wurde. Der Grund war, weil sie die Mutterkuh auch sah. Der allwissende Srīpāda wusste sehr wohl, dass das Bewusstsein von Lakshmis Ehemann, der den Viraja-Fluss überquert hatte, mit dem Purānen-Pāndit verschmolzen blieb, welcher die wesenhafte Urnatur des ersteren war. Dieser Pāndit kam jedoch nach Pīthikapuram mit dem Entschluss, seine karmischen Schuldenbande zu beenden und das Karma seiner anderen Seelenformen durch seine yogische Kraft zu tilgen und mit dem Allmächtigen zu verschmelzen. Würde der Pāndit auf diese Weise mit dem Allmächtigen verschmelzen, würde auch der wenige Monate alte Säugling des brahmanischen Zamindars sterben. Wenn dies geschähe, müsste Lakshmi in ihrer nächsten Geburt als Jungfrau leben und sterben, da der Brahmanenjunge, der ihr Ehemann in jener Geburt sein sollte, schon während ihrer vorherigen Geburt gestorben war.

1 Ein indischer Aristokrat, oft ein Prinz, mit dem Recht, Steuern einzutreiben
2 Hier: Ātmajyotis
3 Der Name eines Flusses in Brahmaloka, dem höchsten Himmel, in dem der Schöpfer Brahmā lebt. Viraja bedeutet „frei von Gier".

Lakshmi hatte jedoch einen starken Wunsch nach einer weiteren Geburt. Daher sollte sie nach dem Ablegen des sterblichen Körpers und beim Wiedererlangen des Bewusstseins in einer tugendhaften Brahmanenfamilie geboren werden. Ihr Ehemann, der ein Säugling des Zamindars von wenigen Monaten war, müsste zu einem Erwachsenen heranreifen. Ach, Lakshmi war unschuldig. Ohne ihr Wissen folgte sie dem Pfad von Ardhanārīswara[1]. All dies war das scherzhafte Spiel von Srīpāda!

Das Schauspiel des Purānen-Vortrags ging zu Ende. Der Pāndit nahm von den Shūdras Geldspenden an. Lakshmi wurde in der Shūdra-Kaste geboren. Da der Pāndit die Verbindung mit Shūdras akzeptierte, dachte er, seine karmischen Bande mit den Shūdras wären getilgt. Falls noch Karmabande verblieben, so wollte er diese im Yogafeuer verbrennen.

Er glaubte, weil er Mahlzeiten im Haus von Srī Bāpanārya eingenommen hatte, dass seine Schuldenbande im Hinblick auf seine brahmanische Geburt aufgelöst wären. Srī Bāpanārya ging ins Haus, um dem großen Yogi sein Geldhonorar zu geben. Unterdessen kam Lakshmi zum Haus von Srī Bāpanārya. Da in ihrem Haus eine Kuh ein Kalb geboren hatte, brachte sie Milch zur Zubereitung von Käse. Lakshmi empfand große Hingabe und Liebe für Srīpāda.

Bāpanārya gab dem Pāndit das Honorar. Der Pāndit bat um die Erlaubnis aufzubrechen. Srīpāda sagte: ‚Alle Leute gestatteten dir aufzubrechen. Nur zwei Personen weigern sich, dir die Erlaubnis zum Aufbruch zu geben. Ich kenne Mich gut in der Abrechnung von Händlern aus. Solange nicht endgültig geklärt ist, wie viele Schulden existieren, wieviel zurückbezahlt wurde und dergleichen mehr, kannst du Pīthikapuram nicht verlassen.‘

Der Brahmane war erregt. Er hatte zuvor bereits gehört, Srīpāda Srīvallabha sei eine Inkarnation von Datta. Srīpāda sagte: ‚Mein Lieber, diese Lakshmi ist unschuldig. Sie lebt nur noch wenige Jahre. Was soll aus ihr nach dem Tod werden? Du wurdest mit deiner Weisheitsform als ein Brahmane geboren und mit deiner Unwissenheitsform als ein Schäfer, der Lakshmis Mann war. Lakshmi hatte Glück und Elend mit dir in dieser Schäferform geteilt. Das in dieser Schäferform in dir befindliche Bewusstsein, das den Fluss Viraja zusammen mit der Mutterkuh überquert hatte, kehrte wieder frei zur Erde zurück. Durch das intensive Feuer ihrer Liebe

1 Der männlich-weibliche Gott

hielt diese Frau das Bewusstsein ihres Mannes bei sich. Dieses Bewusstsein, das sich in der Form einer Schäferin befindet, kann sich mit dem Ablegen ihres Körpers in ein paar Jahren in das brahmanische Bewusstsein umwandeln. Sie ist eine Brahmanin in der Form einer Schäferin. Du bist ein Schäfer in der Form eines Brahmanen. Ich kenne deine karmischen Beziehungen sehr gut. Ich bin eine Verkörperung von Padmāvatī Devi[1] und Ich habe diese Frau, die in Zukunft als eine Brahmanin geboren wird, gesegnet, indem Ich eine goldene Markierung auf ihrer Stirn anbrachte. Ich schuf für sie auch ein Māngalya[2] und bewahrte es in Hiranya Loka[3] auf. Wenn die Verbindung mit dem Gold aufgelöst ist, ist die Verbindung einer Frau mit dem Ehemann auch aufgelöst. Wir bewahrten daher ihren glückbringenden, goldenen Hochzeitsschmuck in Hiranya Loka auf. Wenn dein Bewusstsein, das gegenwärtig in einem wenige Monate alten Säugling eingeschlossen ist, zurückgezogen wird, kann jeder Dämon Besitz von dem Körper nehmen und schlechte Taten begehen. Ziehe daher nicht die Schuld und Karma-Beziehung von ihr zurück, indem du von dieser Frau Gold als Spende annimmst, und erhalte das karmische Band. In der nächsten Geburt werdet ihr als ein ideales Paar und als Meine Devotees leben und Befreiung erlangen.‘ Als Srīpāda dies gesagt hatte, segnete Er sie: ‚Meine lieben Kinder, auf diese Weise wird der wenige Monate alte brahmanische Säugling aufwachsen. Lakshmi wird in einer Brahmanenfamilie geboren und seine Frau werden.‘ Diese heiteren Spiele von Srīpāda sind wahrlich wunderbar.“

Ehre sei Srī Srīpāda Srīvallabha!

1 Gemahlin von Lord Venkateswara
2 Faden, den der Bräutigam der Braut bei der Hochzeit um den Hals legt
3 Wörtlich: Erleuchteter Astralplanet; kann mit Astralebene übersetzt werden

Kapitel 39

Treffen mit Nagendra Sastry

Wir erhielten das Kāla Nāgu[1]-Juwel und setzten unsere Reise fort. Unser Verlangen, Srī Pīthikapuram zu besuchen, wurde immer größer.

Die Gestalt von Kāla Nagu

Wir erhielten Gastfreundschaft im Haus eines Brahmanen. Sein Name war Nagendra Sastry. Er kannte Mantra Sāstra[2]. Viele Kobras bewegten sich in seinem Haus umher, doch sie taten niemandem etwas zuleide. Er schaute nach den Kobras wie nach seinen eigenen Kindern. Sie bewegten sich frei auf seinem Körper. Göttliche Kobras haben ein Haubenjuwel. Seit vielen Jahren verehrte er Schlangen. Er betete zur Schlangengottheit[3] um ein Kāla Nagū-Juwel zum Zwecke der Verehrung.

Die Wirkung von Nāgamani

Nagendra Sastry sagte: „Meine Lieben, heute ist ein sehr guter Tag. Ich ging nach Pīthikapuram, als Srīpāda ein 15jähriger Junge war. Ich besuchte Pādagaya Kshetra[4]. Um den Hals des selbstgeborenen Datta sah ich eine Kāla Nagū. Die Schlangen, die die Zeit kontrollieren, werden Kāla Nagūs genannt. Diese Schlangen haben ein Juwel. Während der Nacht strahlt dieses Juwel göttliches Licht aus. Die Kāla Nagūs haben Kundalinī-Kraft. Wie große Weise bleiben sie stets in yogischer Meditation. Nicht nur für Menschen gibt es verschiedene Stufen, sondern auch für Schlangen. Im Allge-

1 Perle einer schwarzen Kobra
2 Die Wissenschaft der Mantren
3 Hier: Nāga Devata
4 Pithapuram; Ort, wo die Füße des Asuras (Dämon) Gaya herabfielen

meinen werden Kāla Nāgus von Menschen nicht gesehen. Das Nāgamani[1] auf der Haube der Kāla Nagū besitzt die Kraft, die ungünstigen Schwingungen des Planeten Mars abzuwenden. Diese ungünstigen Schwingungen gehen in das Nāgamani ein und günstige Schwingungen strahlen von ihm aus. Diese günstigen Schwingungen gewähren jenen, die vom Planeten Mars beeinträchtigt sind, glückbringende Wirkungen. Wenn der Planet Mars im Horoskop nicht gut gestellt ist, sind die Lebensumstände von Kampf geprägt. Das heißt, der Mensch leidet unter ungünstigen Umständen, Feindschaft mit den Hausbewohnern, Feindschaft mit Verwandten und Freunden oder Schwierigkeiten durch Schulden. Mädchen werden nicht im rechten Alter verheiratet und fristen ihr Leben als alte Jungfern, oder sie bekommen selbst nach der Heirat keine Kinder. Es kommt zu Fehlschlägen bei allen Unternehmungen, ungeachtet dessen, wie groß Fähigkeiten und Leistungen sind. Der Wunsch, das Juwel der Kāla Nagū zu erlangen, wurde stärker, nachdem ich den selbstmanifestierten Datta besucht hatte. Meine große Hoffnung war, dass ich nach dem Erhalt des Juwels außergewöhnlichen Fortschritt in allen Bereichen meines Lebens machen würde.

Die Wirksamkeit von Srīpādas Pādukas; Regeln, um Nāga Doshas zu beheben

Ich ging in der Nähe des Hauses von Srī Narasimha Varma vorbei. Srīpāda Guru Sārvabhūma[2] bewässerte spielerisch die Bäume auf dem Gelände. Srī Narasimha Varma machte kleine Kanäle, um die Bäume zu bewässern. Auf dem Grundstück ihres Hauses gab es einen Audumbara-Baum[3]. Srī Narasimha Varma grub einen Kanal, damit das Wasser leicht zu den Wurzeln des Baumes gelangen konnte. Als Srī Varma tiefer um den Audumbara-Baum grub, fand er Kupfersandalen mit den Fußabdrücken von Srīpāda. Diese Sandalen hatten die Maße eines sechzehnjährigen Jungen. Ich hörte eine Stimme: ‚Nagendra Sastry, komm‘ hierher.‘ Verwundert ging ich zu Srīpāda. Srī Varma wusch diese Sandalen mit Kokosnusswasser. Sie wurden dann vor die Lotusfüße von Srīpāda gestellt. Srī Varma dachte,

1 Schlangenjuwel
2 Kaiser der Gurus
3 Sehr heiliger indischer Feigenbaum (Ficus racemosa)

sie würden ihm zur Verehrung gegeben, aber die Absicht von Srīpāda war eine andere. Liebenswürdigerweise gab Srīpāda mir diese Sandalen. Er sagte, ‚Nagendra Sastry, du errichtest ein Nagendra[1] Pītha[2] und verehrst diese Pādukas[3]. Seit langer Zeit wünschst du dir, das Juwel der Kāla Nagū zu bekommen. Ich habe Gefallen an dir. Ich bin der gleiche Mahā Swamī, der stets von den Kāla Nagūs mit ihren göttlichen Juwelen verehrt wird und dessen göttliche Lotusfüße sie anbeten. Diese göttlichen Pādukas gehören allein Mir. Du verehrst sie. Menschen, die an chronischen Krankheiten leiden, werden sich an dich wenden. Wenn du diese Pādukas verehrst und ihnen Thīrtha[4] gibst, werden ihre Krankheiten geheilt. Alle Arten von Nāga Dosha[5] werden beseitigt.[6] Wenn Dakshinas[7] zur Zeit des lindernden Nāga Doshas angeboten werden, sollte man darauf achten, dass man die Bestimmungen genau befolgt, dass ein Betrag, der der Frau, dem Mann oder ihren Eltern gehört, dabei ist. Gibt ein Mann eine Spende, um sein Nāga Dosha zu lindern, sollte er etwas Geld von seinen Schwagern oder seinem Schwiegervater empfangen, d. h. vom Geburtshaus seiner Frau, und es seiner Spende hinzufügen. Wenn eine Frau eine Geldspende zum Lindern ihres Nāga Doshas gibt, sollte sie etwas Geld von den engen Verwandten ihres Mannes sammeln und es dem von ihr dargebotenen Geld hinzufügen. Wenn Mann und Frau Geld geben, um ihre Nāga Doshas

1 Nagendra: Herr der Schlangen; Name für Indras Elefant Airavata
2 Sitz
3 Als heilig verehrte Sandalen
4 Heiliges Wasser von der Verehrung
5 Ein Leiden, verursacht durch das einer Schlange zugefügte Unrecht
6 *Anmerkung des Herausgebers:* Einer inkarnierenden Seele dient das Sperma des Mannes als Träger und die Eizelle der Frau als Wohnort. Die inkarnierende Seele tritt als feuriges Element in das Gehirn und später in das Sperma des Mannes ein, reist während des Geschlechtsverkehrs nach unten und tritt in die Eizelle ein. Daraufhin kommt es zu einer Schwangerschaft. Die Spermatozoen haben die Form winziger Schlangen. Wer sich in unerlaubter Weise dem wollüstigen Geschlechtsverkehr hingibt, tötet jedes Mal Schlangen. So heißt es in der vedischen Weisheit. Immer, wenn Geschlechtsverkehr voll sinnlicher Begierde und in unrechtmäßiger Weise stattfindet, tötet man Schlangen. Als Konsequenz dieses ständigen Verbrennens der Schlangen zieht man sich den Fluch der Unfruchtbarkeit zu. Der Mann verliert die Fähigkeit, Kinder zu zeugen, und die Frau verliert die Fähigkeit, mit einer Seele befruchtet zu werden. Dies wird als negative Auswirkung von Nāga Dosha betrachtet.
7 Geldspenden

zu lindern, sollten sie von ihren beiden Geburtshäusern gesammeltes Geld zu ihrem eigenen Geld hinzufügen und es als eine Spende darbieten. Der Mann sollte es von seinem selbstverdienten Geld geben und die Frau sollte es von ihrem Strī-Dhan[1] geben. Diese Beträge sollten gemischt und dargeboten werden. Falls ein unverheiratetes Mädchen Geld zur Beseitigung von Nāga Dosha gibt, sollte sie etwas Geld von ihrem Vater zu dem Geld von einem Verwandten, z. B. von einem mütterlichen Onkel, hinzufügen und es geben. Auf diese Weise wird ein Nāga Dosha vollständig beseitigt.

Vor langer Zeit wurden die Götter von den Dämonen Shumbha und Nishumbha[2] belagert. Sie erreichten den Himalaya und priesen die Göttin Hymavathi[3]. Dann kam aus dem Körper von Gauri Devi[4] eine Göttin namens Kaushiki hervor. Als Kaushiki ihren Körper verließ, wurde Pārvatī schwarz, und sie wurde unter dem Namen Kāli bekannt. Diese Kāli-Form wünschte wiederum, sich zur Form von Gauri zu verändern. Als dieser Gedanke aufkam, verschwand sie sofort. Parameswara[5] fragte Maharshi Narada nach ihrem Verbleib.

Da sagte Narada, sie befinde sich auf der Nordseite von Sumeruvu[6]. Auf Geheiß von Shiva erreichte Maharshi Narada sie und bat: ‚Mutter, mögest du Shiva heiraten und glücklich sein.' Als sie diesen Heiratsvorschlag hörte, wurde sie zornig. Da trat ein anderes Shodasi[7]-Idol aus ihrem Körper hervor. Aus dieser Form eines Chayavigraham[8] wurde die Form von Tripura Bhairavi[9] sichtbar. Wenn Devi sich in der Form des Zerstörers befindet, ist das Dharma der physischen Vereinigung mit Parameswara nicht möglich. Sie wird von Zorn und feindlicher Haltung erfüllt. Die Kāla Nagus, die über die Zeit herrschen, sind allein dafür verantwortlich, diesen Zorn und die feindliche Haltung hervorzurufen. Da Ich die Form von Mahā Vishnu bin,

1 Geld, das einer Frau von ihren Eltern zur Hochzeit gegeben wurde
2 Zwei Asuras (Dämonen)
3 Name von Pārvatī; wörtlich: vom Himavat (Himalaya) kommend
4 Ein Name von Pārvatī
5 Ein Name von Shiva
6 Der Berg Meru; die Vorsilbe Su bedeutet vorzüglich
7 Die vierte Form der Dasa Mahā Vidyas
8 Verkörperung eines Schattenbilds oder einer Reflektion
9 Die sechste Form der Dasa Mahā Vidyas

habe Ich durch Shivas Dreizack[1] Nāgamanis geschaffen. Zudem habe Ich den Segen gegeben, dass Kāla Nagus als Schmuck auf den Körpern von Shiva und Pārvatī sind. Da Hymavathi Meine Schwester ist, habe Ich eine Bedingung gestellt, dass bei niemandem Nāga Doshas vollständig behoben werden, wenn nicht Geld von ihrem Geburtshaus hinzugefügt wird. Mein lieber Nagendra Sastry, befolge diese Meine Worte genau. Benutze deine Fähigkeit im Nāga Sāstra zum Wohl der Welt.

Spirituelle Ergebnisse für Devotees von Datta

In der Zukunft werden zwei Personen, Shankar Bhatt und Dharma Gupta, zu dir kommen. Gib ihnen Meine göttlichen Pādukas und empfange von ihnen ein göttliches Kāla Nagus-Juwel. Es gibt eine zeitliche Begrenzung für die Funktionen des Körpers. Es gibt eine Zeit für das Denkvermögen und eine Zeit für Prāna[2]. Die Seele ist jenseits von Zeit. Solange die betreffenden Planeten existieren, existieren die jeweiligen Zeiten. Entsprechend der Zeit finden Wachstum und Verfall statt. Viele Universen entstehen, entwickeln sich, bleiben für einige Zeit und lösen sich dann auf. *All dies ist die Größe der Zeit. Diese Zeitform ist unter Meiner Kontrolle. Kāla Purusha*[3] *begünstigt stets Meine Devotees. Teufel, Gespenster, Geister und solcherlei schreckliche Kräfte können jenen, die Srī Datta verehren, nichts anhaben. Ich bin der Stärkste von allen Lebewesen in dieser Schöpfung. Die Lebewesen erhalten Stärke von Mir und entwickeln sich. Ich ziehe Meine Stärke von jenen zurück, die stolz sind und von Arroganz berauscht werden. Stolz und Arroganz sind die Wurzeln allen Übels. Wer stets Mich verehrt und an Mich denkt, lebt mit ewiger Erfüllung und Glück.‘* So erklärte es Srīpāda.

Diese großen Menschen bereiteten Mahlzeiten für mich im Haus von Srī Narasimha Varma zu. Srī Varma war ein Herr, der große Mengen an Nahrung zu verteilen pflegte. Lord Datta liebt das Verteilen von Nahrung und empfindet Mangel, wenn ein Lebewesen an Hunger leidet. Er ist ein Unterstützer aller Geschöpfe.

1 Trishul; Waffe von Shiva
2 Lebenskraft
3 Die göttliche Person der Zeit

Mit der Erlaubnis des Mahā Swamīs verließ ich den Ort. Ich erbaute einen Ashram an dem Ort, den Sie gesehen haben. Ich predige allen, die zu mir kommen, über Varnāshrama Dharmas[1].

Unterdessen starb meine Frau. Ich wurde sehr depressiv. Die Frau eines Friseurs starb an einem Schlangenbiss. Durch das mir bekannte Nāga Vidya[2] brachte ich die Schlange herbei und konnte das Gift entfernen, doch die Frau des Friseurs wollte nicht wieder in diesen Körper eintreten. Sie wollte frei in der Welt der Vitalkraft[3] umherziehen und Menschen besetzen. Sie wollte sich daran erfreuen, wenn die Leute Not leiden. Der Friseur bat darum, seine Frau zum Leben zurückzubringen. Da sagte ich ihm, ich würde die Seele meiner Frau in diesen Körper bringen und er solle sie wie seine eigene Mutter behandeln. Er stimmte zu.

Die Seele meiner verstorbenen Frau trat in den Körper der Frau des Friseurs ein. Dies bedeutete, dass meine Frau wieder lebendig wurde. Die Frau des Friseurs war sehr böse, ein richtiger Drache, und alle Nerven in ihrem Körper waren beschädigt. Es war schrecklich für meine Frau, sich in diesem fehlerhaften Körper aufzuhalten. An ihrem ganzen Körper hatte sie starke, brennende Schmerzen. Ständig bat sie darum, man möge ihr erlauben, den Körper zu verlassen.

In dem Dorf, wo ich lebte, verbreitete sich die Nachricht, ein Brahmane namens Nagendra Sastry habe die Frau eines Friseurs zum Leben zurückgebracht und er habe unerlaubten Kontakt mit ihr. Dem Friseur würde sehr viel Unrecht zugefügt. Daher beschlossen die Kastenführer des Friseurs, die obigen Missetaten müssten den in der Nachbarschaft lebenden Brahmanen bekanntgemacht und ich sollte aus meiner Kaste verbannt werden. Von den durch Mantras und Tantras verdienten Geldern sollten drei Viertel des Betrags dem Friseur als Entschädigung gezahlt werden und ich (Nagendra Sastry) sollte nur ein Viertel erhalten.

Meine Situation war sehr problematisch. Es gab niemanden, der mir zuhörte, selbst wenn ich die Sache erklären wollte. Die tote Frau des Friseurs fuhr fort, einige Frauen zu besetzen und zu erklären, dass sie die tote Frau von Sastry und der Geist wäre, der den Körper verlassen habe,

1 Die hinduistische Einteilung der Gesellschaft nach Kastenzugehörigkeit (Varna) und Lebensalter (Ashrama)

2 Wissen über Schlangen

3 Hier: Prānamaya Jagat

und es wäre die Pflicht des Obersten der Friseurkaste, den Missetaten ihres Ehemanns Einhalt zu gebieten. Alle tobten vor Wut und drohten, mich und die Frau des Friseurs umzubringen.

Ich suchte Zuflucht bei Srīpāda, der betonte: ‚Einfach nur, weil du der Ehemann bist, ist es dennoch nicht in Ordnung, deiner Frau zu befehlen, in den Körper der Friseursfrau einzutreten. Darüber hinaus solltest du mit deinem Wissen von Mantra Sāstra den Leidenden dienen, ohne eine Belohnung zu erwarten. Du solltest kein Geld verlangen, sondern akzeptieren, was die Leute dir freudig geben.‘ Ich gehorchte den Anweisungen Srīpādas. Danach verließ die Seele meiner Frau diesen Körper. Der Körper wurde kremiert."

Ehre sei Srī Srīpāda Srīvallabha!

Srīpāda Rājam Saranam Prapadye

Kapitel 40

Treffen mit Bhaskara Sastry

Merkwürdige Erfahrungen von Shankar Bhatt und Dharma Gupta

Wir reisten und nahmen dabei verschiedenste Transportmittel. Manchmal gingen wir zu Fuß, manchmal reisten wir auf einem doppelten Ochsenkarren oder bei einer anderen Gelegenheit auf einem Pferdewagen. Nach einigen Tagesreisen erreichten wir einen großen Ort namens Tripurantakam[1]. Wir sahen Srī Tripurantakeswara. Ich hatte viele Erfahrungen, und die göttlichen Pādukas[2] von Srī Charan waren bei uns. Wenn wir reisten, fühlte es sich an, als wäre Srī Charan auch bei uns. Bei jedem Schritt hatten wir das Gefühl, Srī Charan halte sich in unserem Körper auf und mache die Schritte. Wenn wir sprachen, waren wir uns nicht bewusst, was wir sprachen, sondern wir empfanden, dass Er durch uns sprach. Wenn wir Mahlzeiten zu uns nahmen, fühlte es sich an, als würde Er in uns sein und die Mahlzeiten zu sich nehmen. Wir hatten das Empfinden, Srīpāda erfülle ganz unseren Körper, unser Fleisch, unser Blut und unsere Nerven. Wir hatten die Theorie gehört, dass Jīvatma[3] Paramātma[4] ist, doch wir hatten nie von dieser Art von Wunder gehört, bei dem der ganze Körper vom Bewusstsein von Srīpāda erfüllt ist. Uns allein wurde die Erfahrung gewährt, ohne eine Berührung mit Ihm zu haben.

Der Priester von Srī Tripurantakeswara war Bhaskara Sastry. Er war sehr liebevoll zu uns. Er war ein Einwohner von Srī Pīthikapuram, aber an diesem Ort für die tägliche Verehrung angestellt. Er war ein Devotee von Shodasi Raja Rajeswari[5]. Die Göttin Srī Raja Rajeswari selbst – die Bewohnerin von Srī Pīthikapuram, die Gemahlin von Lord Srī Kukkuteswara –

1 Ein Dorf im Prakasam-Distrikt in Andhra Pradesh; Heim des Srī Tripurantakeswara Swamī-Tempels
2 Als heilig verehrte Sandalen
3 Das individuelle Selbst oder die Seele
4 Überselbst, Überseele
5 Die vierte Form der Dasa Mahā Vidyas

gewährte ihm in einem Traum die Mantra-Einweihung. Er bat uns beide, seine Gäste zu sein. Er bemerkte, dass wir die Pādukas von Srīpāda bei uns hatten, die wir dann in seinem Andachtsraum aufstellten. Von diesen Pādukas war eine göttliche Stimme zu hören:

„Meine Kinder, ihr seid sehr glücklich. *Diese Pādukas sollten von Bhaskara Sastry verehrt werden. Sie sind jetzt in Kupferform. Nach einigen Jahren werden sie sich durch die Stärke der Mantrengesänge von Baskhara Sastry in goldene Pādukas verwandeln. Einige große Personen aus Hiranya Loka*[1] *nehmen diese goldenen Pādukas nach Hiranya Loka zurück und verehren sie dort. Dann werden sie diese nach Karana Loka*[2] *nehmen. Später werden sie zu Mir nach Mahā Kārana Loka*[3] *gebracht, wo Ich wohne. Ich werde Meine Pādukas persönlich tragen. Ich werde sie tragen und damit nach Kārana Loka kommen und die göttlichen Seelen dort segnen. Dann werde ich Hiranya Loka besuchen und die großen Personen dort segnen. Sodann erlangen Meine Pādukas Glanz. 18.000 große Siddha Purushas werden daraufhin diese Pādukas in einem goldenen Fluggerät zu Meinem Geburtsort tragen. Unter Gesängen und göttlichem Kampfer-Hārati*[4] *werden sie an Meinem Geburtsort 360 Faden tief unter der Erde aufgestellt werden. Himmlische Schlangen von goldenem Glanz werden dort stets diese goldenen Pādukas verehren. 64.000 Yogini-Gruppen verehren Mich. Sie stellen diese Pādukas auf einen goldenen Thron. Umgeben von Gruppen von Yoginis und Weisen halte Ich dort jeden Tag Darbar ab. Ein mit der Erde verbundenes goldenes Pīthikapuram von größeren Ausmaßen existiert auf einer unsichtbaren Ebene. Für normale Menschen wird nur das normale Pīthikapuram auf der Erde sichtbar sein. Das goldene Pīthikapuram kann nur von Menschen mit yogischer Schau gesehen werden. Oberhalb von dem Ort, wo Meine goldenen Pādukas in der Region der äußeren Erdkruste aufgestellt sind, werden Meine Pādukas in Pīthikapuram zu sehen sein. So werdet ihr alle glücklich sein. In der Zukunft geschehen viele Wunder. Um Meine Pādukas in Meinem Mahā Samsthan zu besuchen, werden Meine Devotees dorthin in Massen strömen.*“

---

1 Wörtlich: Erleuchteter Astralplanet; kann mit Astralebene übersetzt werden
2 Welt der Ursachen
3 Der große kausale Ozean
4 Schwenken von brennendem Kampfer-Licht

Wir waren vor Freude tief erstaunt. Srī Bhaskara Sastry war ein großer Devotee, der Shodasi Raja Rajeswari verehrte. Ich bat ihn, uns die Herrlichkeit von Srī Raja Rajeswari Devi zu erzählen.

Srī Raja Rajeswari Devi ist ein Symbol des Unterscheidungsvermögens

Da begann er zu erzählen: „Meine Lieben, das Bewusstsein von Raja Rajeswari befindet sich in einer ausgedehnten Region jenseits unseres Denkvermögens und Willens. Im Allgemeinen wandelt sich unser Denkvermögen in die Kraft des Intellekts um. Ihr Reinigungsprogramm ist es, diese Umwandlung zu unterbinden und sie zum Unterscheidungsvermögen umzuwandeln. Diese große Mutter hilft uns bei diesem Vorgang. Sie ergießt ihre Gnade, um unseren Willen auszuweiten, indem sie die engen Begrenzungen abwirft. Gewöhnlich existieren Stärke und Unterscheidungsvermögen nicht zusammen. Wenn wir jedoch die Gnade der Göttin Raja Rajeswari empfangen, bestehen gleichzeitig Stärke und Unterscheidungsvermögen in uns. Im göttlichen Bewusstsein gibt es viele Unendlichkeiten. Die Göttin Raja Rajeswari ermöglicht unserem Denkvermögen, sich diesen zu öffnen. Sie arbeitet mit uns zusammen, um freiheitliche Ideen in uns und im Universum zu entwickeln. Ihre Gnade ist sehr wesentlich, um außergewöhnliches göttliches Wissen zu erlangen, um ewige göttliche mütterliche Kräfte in uns zu entwickeln und um große Leistungen zu vollbringen. Raja Rajeswari Devi ist ein Symbol für unendliches Unterscheidungsvermögen. Wenn sie etwas wissen will, so gibt es nichts, was ihr verborgen bleibt.

Sie kann alle Dinge über alle Lebewesen und ihre Naturen, die dahinter liegenden Antriebskräfte, das Dharma dieser Welt und die dafür angemessene Zeit erfassen. Sie hat keinerlei Voreingenommenheit und niemandem gegenüber Vorlieben oder Abneigungen. Sie akzeptiert jene Menschen als ihre engen Vertrauten, die kraft ihrer spirituellen Bemühung die Vision der Zukunft erlangt haben.

Menschen, die die Kraft von Raja Rajeswari entwickeln, werden in der Lage sein, feindliche Kräfte mit der Macht ihres Unterscheidungsvermögens zu zerstören. Ihnen gewährt die Göttin das entsprechende Resultat. Dabei bleibt sie losgelöst, denn sie ist mit nichts in der Schöpfung verbunden. Um jeden Einzelnen bemüht sie sich entsprechend seiner Natur, Notwendigkeit und Fähigkeit. Raja Rajeswari Devi wird ihren Willen niemandem gewaltsam auferlegen. Sie führt jene, die der Entwicklung zustimmen, in einer für sie angemessenen Weise. Sie erlaubt Unwissenden, ihre unwissenden Wege zu gehen. Sie respektiert die Individualität dieser Menschen. Es stört sie nicht, ob die Leute sich gut oder schlecht entwickeln. Ihr Mitgefühl ist grenzenlos und unerschöpflich. Alle betrachtet sie als ihre Kinder. Selbst Riesen, Geister und Teufel sieht sie als ihre Kinder an. Ihre Gnade ist nicht blind wie die der Menschen. Sie setzt ihr Unterscheidungsvermögen ein, auch wenn sie über sehr viel Gnade verfügt. Von dem von Paramātma bestimmten Pfad wird sie nicht abweichen. Weisheit ist das Zentrum der von ihr ausgeübten Kraft. Wenn wir daher ihre Gnade erlangen, tritt die Wahrheit hervor, und wir empfangen Lehren der Wahrheit und Weisheit. Um ihre Macht zu erlangen, müssen wir uns unaufhörlich der Pflicht und Wahrheit widmen. Nur dann werden wir gesegnet.

Da ich ein Einwohner von Pīthikapuram war und die Gnade von Srīpāda besaß, war ich erfolgreich im Raja Rajeswari Dīksha[1]. Dieser Tag ist eine Zeit für dieses Dīksha. Daher muss ich einen größeren Teil der Zeit in Meditation verbringen. Morgen werde ich euch erzählen, unter welchen Umständen Srīpāda auf einer Reise Pīthikapuram verlassen hatte. Vor eurer Ankunft hier akzeptierte Srīpāda etwas von mir angebotenen Pulihora[2]. Er verleiht Darshan in der Form von Raja Rajeswari. Nehmt dieses Mahā Prasāda[3] und meditiert auch.“ Dies sagte Srī Bhaskara Sastry.

Ehre sei Srī Srīpāda Srīvallabha!

1 Übernehmen einer ernsthaften spirituellen Disziplin, Einweihung, Vorbereitung für eine Einweihung
2 Mit Tamarindenessigsauce zubereiteter Reis
3 Als Opfer gegebene Nahrung

Kapitel 41

Die Geschichte eines falschen Bettelmönchs

Srī Bhaskara Sastry erzählte uns, dass Srīpāda Srīvallabha eine Verkörperung von Mahā Saraswatī, Mahā Lakshmī, Mahā Kālī und Raja Rajeswari ist. Die Devi-Natur in Srīpāda kann nur von Sādhakas[1] verstanden werden, die eine regelmäßige und disziplinierte Verehrung durchführen.

Ich vernahm, dass es vier Arten von Sprache gibt, nämlich Parā, Pasyanti, Madhyama und Vaikhari. Ich bat Bhaskara Sastry, einige Erklärungen über sie zu geben. Bhaskara Sastry sagte: „Ambikā wird durch jede Sprache ausgedrückt. Sie spricht durch jede Person und spricht in jedem Menschen. Die Sprache, die laut geäußert wird, wird Sthūla Vāk[2] genannt. Die Sprache, die nicht im Äußeren gehört wird, sondern die innen ist und nur an der Lippenbewegung erkannt wird, wird Madhyama Vāk genannt. Die Sprache, die subtiler als Madhyama Vāk ist, wird Vaikhari Vāk genannt. Die Sprache, die in der Kehle ihren Sitz hat und zum Mund aufsteigt, jedoch auf halbem Wege bleibt und sich nur im Denken bewegt, wird Pasyanti Vāk genannt. Die Sprache, die noch subtiler ist und nur als eine Absicht im Nabel weilt, wird Pāra Vāk genannt.

Ambika wird auch als Tripura Bhairavi[3] verehrt. Sie ist die Mutter, die über die drei Attribute[4], drei Welten, die Trinität und die drei Stadien der Existenz herrscht. Sie macht Triputi[5] zu ihren Tripura[6] und herrscht über die drei Welten. Wenn wir Hingabe besitzen, unser Selbst ganz übergeben und vollständig Zuflucht nehmen, wird uns kein Schaden zugefügt, selbst wenn uns Anfeindungen aus dieser Welt oder aus unsichtbaren Welten entgegentreten. Feindliche Kräfte sind nicht nur auf die physische Welt begrenzt. Wir haben Zustände der Existenz wie zum Beispiel die Zustände

1 Spirituell Suchende
2 Grobstoffliche Sprache
3 Die sechste Form der Dasa Mahā Vidyas
4 Die drei Gunas Sattwa, Rajas und Tamas
5 Die dreifältige Manifestation
6 Drei Städte

der Lebenskraft, der physischen Ebene und der spirituellen Ebene, die mit den mentalen Ebenen des inneren Selbst verbunden sind. Entsprechend gibt es auch verschiedene Welten. Wenn wir uns genügend entwickeln, können wir in jenen Welten genauso leben wie in der physischen Welt. *Um gute Fortschritte zu machen, sollte der Mensch vor allem Hingabe in Verbindung mit vollkommenem Vertrauen besitzen. Vertrauen muss durch Erfahrung erlangt werden. Wir müssen rein auf der Grundlage von Vertrauen leben. Wir sollten immer das Vertrauen haben, dass in Notzeiten bestimmt Hilfe kommt. Wenn wir ein Gefühl der Sicherheit zusammen mit Vertrauen haben, so wird es zu Selbstvertrauen.*

Wissen ohne Stärke führt zu Tatenlosigkeit. Stärke ohne Wissen wird blind und führt zu Zerstörung. Wir müssen also durch Wissen von den Banden der Natur befreit werden. Dann müssen wir durch die Gnade von Shakti[1] *Vollkommenheit erlangen. Shakti muss die Erlaubnis vom Wissen bekommen.*

Auf dem Pfad von Sānkhya[2] wird Bewusstsein männlich genannt und die Natur[3] weiblich. Auf der niederen Ebene gibt es Konflikte zwischen diesen beiden. Das Bewusstsein wird keine Handlung durchführen, während die Natur kein Wissen hat. Die Schöpfung geschieht nur, wenn sich diese beiden verbinden. Beide haben ein Handicap. *Wenn man das Bewusstsein betrachtet, so ist es träge, lahm. Wenn man die Natur anschaut, so ist sie blind. Um zu zeigen, dass in dieser Welt Blindheit und Trägheit in dieser Form existieren, wurden in der Familie, in der Srīpāda geboren wurde, ein blinder Bruder und ein lahmer Bruder geboren. Diese Geburten verkörpern die Tatsache, dass Bewusstsein blind und die Natur lahm ist.*

Auf der höheren Ebene werden das Bewusstsein und die Natur Eswara und Eswari genannt. Zwischen den beiden existiert kein Konflikt. *Als Srīpāda die rechte Yoga-Zeit für gekommen hielt, beseitigte Er die Lahmheit und die Blindheit Seiner Brüder vollständig. Er hatte dies nur als Hinweis auf das gigantische Programm gemacht, das unternommen werden muss, um diese Art von Lahmheit und Blindheit auszumerzen.*

In einem transzendentalen Zustand werden das Bewusstsein und die Natur Brahman und Māya genannt. *Die innere Bedeutung, dass Er das*

1 Stärke
2 Unterscheidung zwischen der Welt des Werdens und der Welt des Seins
3 Das, was die Handlung durchführt

Haus in Seinem 16. Lebensjahr verließ, von der Familie fortging und als ein Asket umherwanderte, lag darin, dass Er sich selbst als Brahman erklärte und gleichermaßen auch als Māya. Diese Shakti, die dem Brahman, das unbegrenzt ist und unendliche Eigenschaften besitzt, Begrenzungen bringt, ist Māya. Seine Geburt in Pīthikapuram deutet an, dass, obwohl Er die grenzenlose wesenhafte Natur von Brahman ist, Er in den Begrenzungen wirkte, die der Kontrolle der Macht von Māya unterliegen. Es war klar, dass Er nach 16 Jahren nicht länger ein Gefangener von Māya sein würde, sondern die grenzenlose Wesensnatur von Brahman. Er ist die höchste Essenz, inkarniert, um die Devotees emporzuheben.

Auf der niederen Ebene erscheint die Natur[1] sehr stark. Um dies zu veranschaulichen, finden sich in der Biografie von Srīpāda viele Auseinandersetzungen, Diskussionen und Schwierigkeiten, die von der Natur in Pīthikapuram bewirkt wurden. Später, auf der mittleren Ebene, sind Purusha (das Männliche) und Prakriti (Natur) gleich. In diesem Stadium gab es einige Ungläubige und Leute, die Probleme bereiteten. Ebenso gab es Leute, die Ihn als eine Inkarnation erkannten, nachdem sie verschiedene Erfahrungen gemacht und Vertrauen erlangt hatten.

In dem Stadium, als Er Pīthikapuram verließ, blieb Māya mit Ihm verschmolzen. Er erklärte sehr deutlich, dass Er die Verkörperung des höchsten Brahman[2] war und zeigte dann ausgiebig Seine heiteren Spiele der göttlichen Inkarnation. Da die Atmosphäre in Pīthikapuram dafür nicht geeignet war, verließ Er Pīthikapuram.

Wenn Sein Ruhm sich zu einer bestimmten Zeit in den kommenden Jahrhunderten über den ganzen Globus verbreitet, wird Seinem Willen gemäß die Weisheit auch den Bewohnern von Pīthikapuram dämmern. In seinem vollständig offenbarten Zustand wird Seine göttliche Kraft des Bewusstseins die Lähmung des menschlichen Bewusstseins und die Blindheit der Natur beseitigen."

Als ich Srī Bhaskara Sastry fragte, unter welchen Umständen Srīpāda Pīthikapuram verließ, sagte er:

„Die göttlichen Līlas von Srīpāda sind jenseits der Vorstellung der normalen Leute. Einst kam ein Asket zum Kukkuteswara-Tempel[3]. Er war ein

1 Hier: Prakriti
2 Hier: Para Brahma Swarupa
3 Tempel in Pithapuram

Datta-Devotee. Er bot Einweihung in die Datta-Verehrung an und verkündete, wenn man 40 Tage lang Datta Dīksha[1] befolge, würden sich alle Wünsche erfüllen. Die Brahmanen-Gemeinde in Pithapuram akzeptierte auch Dīkshas. Er erhielt große Beträge als Dakshina[2]. Einen Teil des so gesammelten Betrags gab er den Brahmanen, die von ihm Dīksha empfingen. Die Brahmanen erzählten den Leuten aus anderen Kasten, sie sollten auch Dīksha empfangen und dem Sanyasi, der ihnen Dīksha gegeben hatte, großzügig Spenden als Dakshina geben, um so ihrem Leben Erfüllung zu bringen. Da sie die Worte der Brahmanen nicht missachten konnten, empfingen viele Leute Dīksha und gaben große Beträge als Dakshina. Unterdessen begannen Diskussionen, ob man Datta Dīkshas empfangen sollte oder nicht. So wurde ein gemeinsames Treffen der Brahmanen-Versammlung[3], der Kshatriya-Versammlung und der Vaishya-Versammlung abgehalten. Srī Bāpanārya hatte den Vorsitz. Er bemerkte: ‚Srī Datta gehört allen. Alle können Dīksha nehmen. So können auch alle Kasten von dem Sanyasi Dīksha empfangen. Allen Leuten sollte die Gelegenheit gegeben werden, Dīksha zu empfangen.‘

Die Mehrheit der Mitglieder der Brahmanen-Versammlung sagte: ‚Herr, Kshatriyas und Vaishyas befolgen religiöse Regeln. Sie können daher Dīkshas empfangen. Shūdras sind nicht religiös und sollten keine Dīkshas empfangen. Wir können nur Dakshinas von ihnen akzeptieren und sie mit der Kraft unserer Buße emporheben.‘

Daraufhin sagte Srī Bāpanārya seine Meinung: ‚In allen Kasten gibt es religiöse und nicht religiöse Menschen. Es ist schwierig zu entscheiden, wer strenge religiöse Regeln befolgt und wer den strengen religiösen Regeln nicht folgt. Mit Blick auf den Wohlstand und das Wohlergehen der ganzen Gesellschaft können wir daher Datta Homa[4] oder andere Opfer, Rituale und Programme abhalten und das Wohl der ganzen Gesellschaft erlangen. Ich empfinde es als ungerecht, einfach Dakshinas zu empfangen und Shūdras Dīksha zu verweigern. Wenn wir Dakshinas empfangen und mit der Kraft unserer Buße Shūdras emporheben, können wir ebenso die übrigen Brahma-

1 Übernehmen einer ernsthaften spirituellen Disziplin, Einweihung, Vorbereitung für eine Einweihung

2 Geldspende

3 Hier: Parishad

4 Ein Datta geweihtes Feuerritual

nen-, Kshatriya- und Vysya-Kasten emporheben. Wenn es so wäre, bräuchte man Leuten anderer Kasten keine speziellen Dīkshas zu geben. Nicht nur das. Als Dakshina wird ein großer Betrag festgesetzt. Arme Leute gibt es in allen Kasten. Sie können nicht so große Beträge für Dakshina geben. Diese armen Leute, die hart arbeiten müssen, um ihr Essen zu verdienen, müssen viele Tage hungern, nachdem sie uns größere Dakshina-Beträge gegeben haben. *Dakshina sollte freiwillig gegeben werden. Nur das, was gemäß dem eigenen Vermögen und mit Freude gegeben wird, sollte als Dakshina akzeptiert werden. Nur dann fühlt sich Datta glücklich.*‘

Die Brahmanen erhoben einen Einwand: ‚Zwar sind wir Brahmanen, doch als der Paramahamsa[1] Parivrajaka[2] in unser Dorf kam, hießen wir ihn nicht mit Pūrna Kumbha[3] und vedischen Mantren willkommen. Während er darüber hinaus zum Wohl aller Leute Datta Mandala Dīksha angeboten hatte, zeigte die Brahmanen-Versammlung eine gleichgültige Haltung. Das war wirklich beschämend.‘

Da sagte Bāpanārya: ‚Wenn er wirklich ein Paramahamsa Parivrajaka ist, so gibt es gewisse Formalitäten, um ihn willkommen zu heißen. Ein paar Tage vor seiner Ankunft sollte er die Information über seinen Besuch der Brahmanen-Versammlung durch seine Hauptjünger mitteilen. Die Versammlung wird dann die ganzen Einzelheiten in Betracht ziehen und mit den Hauptjüngern Diskussionen über die Sāstras führen. Dadurch wird erkannt, wie bewandert die Hauptjünger in den Sāstras sind. Anschließend kommt die Versammlung zu einem Entschluss und entscheidet, ob die Jünger zu einem würdigen Parivrajaka gehören. Wenn danach der Paramahamsa Parivrajaka ankommt, wird er mit dem Gesang vedischer Mantren und mit Pūrna Kumbha willkommen geheißen. Danach wird mit ihm ein Gespräch über die Schriften geführt. Erst anschließend wird entsprechend seinem Vorschlag ein Yagna[4], Yāga[5], Dīksha oder ein Vortrag organisiert. Ohne diese Einzelheiten vorher beachtet zu haben, kam der Parivrajaka zum Kukkuteswara-Tempel. Sofort begann er, mit euch über Datta Dīksha zu diskutieren. Verstieß dies nicht gegen unsere Regeln?‘

1 Wörtl. „Höchster Schwan“; verwirklichter Meister
2 Wandermönch
3 Eine mit Ornamenten geschmückte und mit Wasser gefüllte Vase, die mit Mangoblättern und Blumen bedeckt ist
4 Opfer, ritualistische Verehrung
5 Opfer

Die Brahmanen antworteten: ‚Dies ist nicht die Zeit zum Diskutieren, ob Regeln verletzt wurden oder nicht. Willst du und dein Schwiegersohn Appalaraja Sarma die Dīkshas empfangen und Dakshina geben oder nicht?' Srī Bāpanārya entgegnete: ‚Wir beide nehmen Dīkshas für das Allgemeinwohl und nicht für unser individuelles Wohlergehen. Da wir keine Dīkshas annehmen, können wir auch keine Dakshinas geben. Wenn jemand von den Brahmanen bereit ist, Dīkshas zu beziehen und Dakshinas zu geben, so hat er die Freiheit, dies zu tun. Die Brahmanen-Versammlung wird nur über Angelegenheiten bezüglich allgemeiner Probleme und Vorteile nachdenken und nicht über eure persönlichen Dīkshas, Probleme und Lösungen,' erklärte Srī Bāpanārya entschlossen. Srī Sreshti und Srī Varma weigerten sich auch, Mandala Dīksha zu befolgen. Dennoch wurde den Brahmanen, Kshatriyas und Vaishyas die Freiheit gegeben, Datta Mangala Dīksha[1] zu nehmen oder auch nicht.

Srīpāda gibt Datta Dīksha

Es gab einige Bauern, die Srīpāda gegenüber Hingabe und Zuneigung empfanden. Unter ihnen fiel besonders Venkayya auf. Srīpāda ging zum Haus von Venkayya. Er verkündete, er werde Datta Dīkshas geben und niemand solle enttäuscht sein, keine Dīkshas zu empfangen. Zudem erklärte er, dass Dakshinas nach dem eigenen Vermögen angeboten werden können. Er fügte auch hinzu, in Seinem Fall sei Mandala Dīksha nicht erforderlich und es reiche aus, das Dīksha für eine Nacht zu befolgen. Einen ganzen Tag und eine Nacht war Srīpāda im Haus von Venkayya. Srīpāda gab allen 18 unterschiedlichen Kastenmitgliedern Dīkshas. Unter jenen, die Dīkshas nahmen, waren auch einige Brahmanen, Kshatriyas und Vaishyas.

Srīpāda erklärt, dass Er Datta ist

Nur an diesem Tag erklärte Er öffentlich, dass Er Srī Datta sei. Dieser Tag war ein Donnerstag, der Lord Datta sehr lieb war. Er gab allen, die Dīksha

1 Eine 40-tägige spirituelle Disziplin zur Veränderung der eigenen Gewohnheiten

empfingen, Seinen glückbringenden Segen und ließ sie Bhajans[1] *singen. Er erklärte, dass Er Datta sei und dass Sein tiefreiches Programm auf Ihn warte. Sobald Devotees Seiner gedenken, sei Er erfreut und werde ihre Wünsche erfüllen.*

Am frühen Morgen des nächsten Tages, am Freitag, ging Srīpāda zum Haus von Srī Narasimha Varma. Dort erhielt er eine zeremonielle Salbung. Er akzeptierte nur eine Kochbananenfrucht und gab sie der Mutterkuh im Haus von Narasimha Varma. Danach kam Er zum Haus von Srī Pynda Venkatappayya Sreshti. Dort wurde ebenfalls die zeremonielle Salbung für Ihn durchgeführt. Er empfing Butter, Milch, Buttermilch und Sahne. Er sagte, Seine Devotees würden Ihn rufen und die Zeit sei gekommen, Pīthikapuram zu verlassen. Dann erreichte Er das Haus Seines mütterlichen Großvaters Srī Bāpanārya. Auch dort bekam Er die zeremonielle Salbung. *Er erklärte, Er sei wahrlich Datta selbst und die Form von Srīpāda Srīvallabha sei nur eine trügerische Form. Leidende Menschen mit großen Problemen und von Krankheiten gequälte Patienten würden Ihn verzweifelt rufen, und es sei Zeit, eindeutig zu erklären, dass Er Datta sei und das Programm beginnen werde, die Welt durch Seine göttlichen Līlas emporzuheben.*

Danach erreichte Er sein Heim. Als die Eltern das Thema Seiner Heirat ansprachen, sagte Srīpāda demütig: ‚Mutter, viele Male habe Ich zusammen mit Anaghā Lakshmi Großvater, Srī Sreshti und Srī Varma bereits Darshan gegeben. Viele Menschen waren Zeugen, wie das göttliche Paar mit seinen verliebten Spielen durch die Felder von Srī Sreshti, durch die Höfe von Srī Varma und durch die Mangohaine streifte.

Schaut her, seht Meine mit Anaghā Lakshmi vereinte Form. Schaut diese Meine herrliche göttliche und glückbringende Form an. Ich habe euch bereits zur Zeit Meiner Ankunft in Gestalt eines Avadhūtas gesagt, dass Ich das Haus verlassen werden, wenn Heiratsvorschläge vorgebracht werden.‘

Nachdem Er die Vision dieser glückbringenden Form gegeben hatte, berührte Er Seine Brüder. Durch die ambrosiagleichen Blicke von Srīpāda wurden die physischen Behinderungen Seiner Brüder beseitigt. Sumatī Maharani und Appalaraja Sarma blieben reglos. Sie waren unfähig, etwas zu sagen. Unterdessen kamen Seine mütterliche Großmutter Rajamāmba, Sein mütterlicher Großvater Bāpanārya, Pynda Venkatappayya Sreshti und seine

1 Loblieder Gottes

Frau Venkata Subbamāmba, Narasimha Varma und seine Frau Ammajamma an. Er sprach mit ihnen allen sehr herzlich und lächelte voller Seligkeit. Da bemerkte Sumatī Maharani: ‚Mein Lieber, Du sagtest, du würdest gehen, nachdem alle Schulden zurückgezahlt sind, doch die Schulden für die Milch der Familien Srī Pynda Venkatappayya Sreshti, Vatsavāyi Raja und Malladi können von Dir nicht abgelöst werden.‘

Das Verschwinden von Srīpāda

Srīpāda sagte zu Seiner Mutter: ‚Mutter, Ich leugne nicht, was du sagst. Solange diese drei Familien Mich nicht vergessen, werde Ich sie nicht vergessen. Selbst wenn sie es vergessen, werde Ich sie daran erinnern. Sogar durch Nötigen werde Ich ihre Dienste annehmen und ihnen gute Ergebnisse gewähren. In jeder Generation werde Ich im Haus von jemandem aus der Familie deiner Eltern Mahlzeiten einnehmen. Ich werde jedoch kein Dakshina nehmen. Ich weiß, dass deine Geburtsfamilie Mich voller Zuneigung als ihren Neffen betrachtet. Ich werde auch diese menschliche Beziehung achten und Mich wie ein pflichtbewusster Neffe verhalten. Was will die Familie deiner Eltern noch mehr?‘ Dann wandte Er sich zu Seinem Vater und sagte: ‚In unserer Ghandikota-Familie werden die Veden für sehr lange Zeit bleiben. Meine beiden Brüder werden gute vedische Gelehrte werden. Solange die Ghandikota-Familie Mich nicht vergisst, werde auch Ich sie nicht vergessen.

Srīdhara Sarma wird in einer seiner Geburten als eine große Person namens Samartha Ramadas geboren. Narasimha Varma wird zu der Zeit als Chatrapati Shivaji geboren. Samartha Ramadas wird als der Lehrer von Shivaji wirken und auf diese Weise wird durch Priesterschaft die Verbindung zwischen den beiden Familien stark gefestigt. Ramaraja Sarma wird unter dem Namen Srīdhara geboren und zu einem großen Yogi werden. Von der Linie der Jünger von Srīdhara wird in Pīthikapuram in Meinem Namen ein großes Samsthan errichtet[1]. Unser Band der Verpflichtung mit Srī Pynda Venkatappayya Sreshti wird gestärkt. Nicht nur das, die Leute der Vatschavayi-Familie werden danach kommen.‘ Dies versicherte Srīpāda.

1 Sri Sajjanagada Ramaswamy (1925 -) Jünger von Srīdharaswamī; entwickelte das Samsthan am Geburtsort von Srīpāda

Es wurde Savitri Panna rezitiert. Srīpāda betrachtete den Veda als Sein Leben. Während die Rezitation der Veden vor sich ging und alle zuhörten, verschwand Er."

Ehre sei Srī Srīpāda Srīvallabha!

Srīpāda Rājam Saranam Prapadye

Kapitel 42

Das Singen des Gebets „*Datta Digambarā! Datta Digambarā! Srīpāda Vallabha Datta Digambarā*“, erstmalig begonnen von Einwohnern Pīthikapurams, verbreitet sich über die Welt

Srīpāda gibt Seinen Eltern, Bāpanārya, Narasimha Varma und Pynda Venkatappayya Sreshti stets Seinen göttlichen Darshan

Nach dem Mittagessen begann Srī Bhaskara Sastry zu erzählen: „Srīpāda gab nur für eine Nacht Datta Dīksha im Haus eines Shūdras. Dies geschah ohne die Verehrung, wie sie normalerweise in den Dīksha-Regeln vorgeschrieben ist. Er befestigte nur ein Band um das Handgelenk der Devotees und ließ sie Bhajans singen. Die Brahmanen in Pīthikapuram dachten, dies alles sei gegen das, was in den Sāstras geschrieben stehe. Sie nahmen auch Anstoß daran, dass Srīpāda sich selbst als Datta erklärte und den Devotees versprach, ihre Probleme zu lösen, wenn sie an Ihn denken. Sie empfanden, dass sich Srīpāda über die Sāstras lustig machte. Alle Brahmanen beschlossen einstimmig, die Sache Sankaracharya zu unterbreiten und Srī Bāpanārya und Appalaraja Sarma aus der Brahmanen-Kaste zu vertreiben. In der Zwischenzeit wurde jedoch das plötzliche Verschwinden von Srīpāda zum Gesprächsthema. In spirituellen Angelegenheiten würde kein Titel ohne die Erlaubnis von Srī Sankaracharya verkündet. So hielten sie es für einen Verrat gegen die Göttlichkeit, einen Jungen, der noch nicht einmal 16 Jahre alt war, zu einer Inkarnation von Lord Datta selbst zu erklären.

Daher kamen einige Brahmanen, die Heuchler waren, zum Haus von Srī Bāpanārya, angeblich um ihre Anteilnahme auszudrücken. Doch niemand im Haus war wegen des Verschwindens von Srīpāda Srīvallabha traurig. Obendrein sagte Srī Bāpanārya: ‚Jetzt erblüht Datta sehr spürbar. Der große Herr ging in unserem Haus in der Form von Srīpāda Srīvallabha umher. Er gab uns göttliche Seligkeit. Er beseitigte den Schleier der Māya, der unsere Augen bedeckte. Heute bewegt Er sich in unserem Augenaufschlag. Viel öfter als zuvor gibt Er unserer inneren Schau Seinen Darshan. Wir sind sehr glücklich.‘ Die Brahmanen, die zu Besuch kamen, waren sprachlos. Mit schlechten Gedanken im Inneren, jedoch Worte der Sympathie äußernd, gingen sie zum Haus von Srīpāda Srīvallabha. Dort waren Sumatī Maharani, Appalaraja Sarma sowie die Brüder und Schwestern von Srīpāda alle sehr glücklich.

Srī Sarma bekräftigte: ‚Zuvor hatten wir viele Ängste um Srīpāda. Jetzt sind wir erleichtert. Er erscheint vor unserem geistigen Auge, sobald wir an Ihn denken. Er spricht mit uns in seiner dichtphysischen Gestalt, sobald wir es wünschen. Unsere Geburt wurde erfüllt, da wir die Eltern von Lord Datta selbst waren. Wir haben ein Glück ohnegleichen.‘ Die Umstände waren völlig entgegengesetzt zu den Erwartungen der Brahmanen.

Venkatappayya Sreshti sagte: ‚Oh edle Brahmanen, zuvor verbrachten wir nur ein paar Stunden mit Srīpāda, jetzt bewegt Er sich jedoch nicht nur vor unserem geistigen Auge, sondern erscheint auch in Seinem physischen Körper und streift in unserem Haus umher.‘

Narasimha Varma sagte zu den Brahmanen: ‚Die Schleier der Māya, die unsere Augen verhüllten, sind beseitigt. Der große Herr, der sich ewig vergnügt und sich erfreut, zieht in unserem Haus umher. Er scherzt mit uns und ist bei uns, hinter uns und ständig vor unseren Augen. Öfter als zuvor gibt Er uns Darshan in Seinem physischen Körper.‘

Diese Dinge wurden dem Sanyasi im Kukkuteswara-Tempel mitgeteilt. In der Brust des Sanyasis brodelte es. Er dachte: ‚Srīpāda hat deutlich erklärt, dass Er wahrlich Lord Datta selbst sei, und nun ist Er verschwunden. Ohne den Namen der Gottheit oder einer anderen Gottheit zu erwähnen, nannte Er sich Srī Dattātreya, der die von Ihm verehrte Gottheit[1] ist. Wahrscheinlich inkarnierte sich Srī Dattātreya in der Form von Srīpāda Srīvallabha. Wenn Seine Inkarnation wahr ist, dann wird es ebenfalls wahr sein, dass er, der Sanyasi, in Zukunft Schwierigkeiten begegnen werde. Lord Datta hat eine wunderliche Natur. Er würde ihm Schwierigkeiten bringen, Spaß darin sehen und ihn nur retten, nachdem er sich Ihm vollkommen hingegeben habe. Das ist Sein Wesen. Ich dachte, es sei die Gnade von Lord Datta, dass so viele Brahmanen mich in großem Stil ehr-

1 Upāsya-Gottheit

ten und auch große Mengen Geld angesammelt wurden. Sind vielleicht in Form von Srī Dattas Gnade für mich nur spezielle Strafen vorgesehen?

Lord Datta kennt mein Verlangen nach Name, Ruhm und Geld. Die Brahmanen, die mir folgten, waren auch hinter dem Geld her. Für mich oder diese Brahmanen gab es keine spirituelle Kraft. Datta Dīkshas wurden nur geplant, um Geld zu gewinnen. Jene, deren Wünsche keine Erfüllung brachten, obwohl sie Dīkshas empfingen, dachten vielleicht, es läge daran, dass ihnen die rechte Befolgung des Dīksha nicht gelungen sei. Wurden ihre Wünsche jedoch erfüllt, so glaubten sie, es sei das Ergebnis des Dīksha gewesen. Wird Srīpāda mich nicht durch ein komisches und seltsames Vorgehen in Schwierigkeiten bringen?‘ So zitterte der Sanyasi vor Furcht.

Inzwischen kam ein alter Brahmane zum Kukkuteswara-Tempel. Er sagte, sein Name sei Narasimha Khan, er gehöre zum Geschlecht des Weisen Kāsyapa und er käme aus der Gegend von Maharastra allein für den Darshan des großen Lord Kukuteswara. Er habe gehört, dass ein Paramahamsa Parivrajaka dort Datta Dīkshas gäbe und er sei gekommen, um seinen Darshan zu empfangen. Er trug viele Varahās versteckt an seinem Bauch. Die ganzen Münzen bot er als Dakshina[1] an. Beim Empfang des Geldes war der Sanyasi von großem Glück erfüllt. Zur Zeit der Einweihung bat der Sanyasi den alten Brahmanen, seine Hand auszustrecken. Zusammen mit dem Wasser fiel ein Skorpion in seine Hand. Da veränderte sich der Ton des Brahmanen und er sprach erbittert: ‚Sie haben Wasser in meine Hand gegossen und mich gebeten, es zu trinken. Welch ein Wunder! Die Früchte Ihres Tapas, die Sie in so vielen Jahren erworben haben, wurden mir feierlich geschenkt. Ich gewähre sie wiederum Pīthikapuram.‘ Der Sanyasi war höchst erstaunt. Der alte Brahmane verschwand sogleich. Plötzlich schrie ein Brahmane, er wäre von einem Skorpion gestochen worden. Dieser Brahmane gehörte zu jenen, die Dīksha genommen hatten. Als Gegenmittel für den Skorpionstich wurde eine Beschwörungsformel für ihn gesprochen. Der Schmerz ließ nicht nach. Obwohl verschiedene Mantren gesungen wurden, trat keine Besserung ein. Für Kukkuteswara wurde ein Wasserritual[2] durchgeführt und eine große Menge Kampfer verbrannt. Der Brahmane wurde ohnmächtig. Aus seinem Mund trat Schaum hervor. Dann stellte man fest, dass er von einer Schlange gebissen und nicht von einem Skorpion gestochen worden war.

1 Geldspende
2 Hier: Abhisheka

Einige Leute bemerkten, ein Skorpion sei zusammen mit dem Wasser aus dem Kamandalu[1] in die Hände des alten Brahmanen aus Maharastra gefallen. Aus diesem Grund sagten einige Leute, dieser Skorpion habe vielleicht den Brahmanen gestochen.

Gott allein weiß, welche Art Gerüchte zu irgendeinem Zeitpunkt in Pīthikapuram entstehen, sich verbreiten und Leute in irgendein Problem stürzen. Manche Leute vermuteten, der Sanyasi, der diese Datta Dīkshas gab, wäre hauptsächlich verantwortlich, dass trotz des Wasserrituals für Kukkuteswara und ein Kampfer-Hārati[2] für den selbstmanifestierten Datta der Schmerz des Brahmanen durch den Skorpionstich nicht nachließ.

Anstelle der von dem alten Brahmanen aus Maharastra dargebotenen Münzen lagen Kohlen da. Das Herz des Sanyasis fing an zu pochen vor Furcht, Srīpāda Srīvallabha sei auf diese Weise gekommen, um ihn zu bestrafen.

Da eine große Menge Schaum aus dem Mund des Brahmanen trat, wurde beschlossen, dass es ein Schlangenbiss gewesen sei. Rasch verbreitete sich das Gerücht, dass es eine Kunst gäbe, die nur den Koyas und Chenchus[3] bekannt sei. Diese ziehen in den Hügeln und Tälern umher und sind in Mantras und Tantras bewandert. Der Sanyasi habe diese Kunst auf den Brahmanen angewendet, damit nach dieser Kunst ein Geist in Gestalt eines Skorpions aus dem Wasser hervorkommen werde. Nachdem der Skorpion jemanden gestochen habe, verwandle sich dieser in eine Schlange; sobald er sich zu einer Schlange verwandelt habe, komme Schaum aus dem Mund der von dem Skorpion gestochenen Person hervor; diese Schlange verwandle sich wiederum nach einiger Zeit in einen Geist; die von dem Skorpion gestochene Person beginne wie wahnsinnig herumzuspringen, nachdem die Schlange sich in einen Geist verwandelt habe; der Geist würde dann nach einiger Zeit in die Häuser der anderen eindringen gemäß dem Wunsch der Person, die ihn freigelassen habe; er würde Geld aus den Häusern stehlen und es in die Hände seines Meisters gießen. Der arme Sanyasi wusste nicht, dass dieses Pīthikapuram die Heimat aller Gerüchte war.

Der Brahmane, der Schaum erbrach, stand nach einiger Zeit auf. Wegen seiner Magenschmerzen sprang er herum. Das Gerücht verbreitete sich, weil

1 Wassergefäß
2 Schwenken von brennendem Kampfer-Licht
3 Südindische Stämme

er so herumsprang, würde er sich nach einiger Zeit zu einem Teufel verwandeln. Daher wurde vorgeschlagen, dass alle vor ihren Häusern schreiben sollten: ‚Oh Teufel, komme morgen‘, und beim Anblick dieser Schrift würde der Teufel fortgehen; das würde sich aufgrund dieser Schrift täglich wiederholen. Die Leute wurden gewarnt, wenn der Teufel in die Häuser eindringe, würde er stehlen und Geld aus dem Haus fortnehmen.

Alle Brahmanen, die den Sanyasi bisher unterstützt hatten, verließen ihn und gingen zu ihren Häusern. Vor allen Häusern der Brahmanen, Kshatriyas und Vaishyas stand ausnahmslos draußen in Kohle geschrieben: ‚Oh Teufel, komme morgen!‘

Ein Bauer namens Venkayya arrangierte eine Ankündigung mittels Trommelschlag, in den Häusern aller Shūdras solle sorgfältig ein mit Kohlen gefüllter Topf aufgestellt werden und dadurch würde der von dem Sanyasi geschickte Teufel kein Geld aus den Shūdra-Häusern stehlen.

Nach einiger Zeit erholte sich der Brahmane, der wie verrückt vor Schmerzen umhersprang. Unterdessen kam ein Bauer zu dem Brahmanen im Kukkuteswara-Tempel und sagte: ‚Mein Herr, unser Kastenoberhaupt Venkayya möchte Ihnen die von Srīpāda gegebenen Mantra Akshatas[1] geben. Sie werden von der Wirkung dieser Mantra Akshatas gesund.‘ Da dachte der Brahmane: ‚Jetzt hat die Krankheit nachgelassen, aber vielleicht werde ich in einem Moment wirklich zu einem Teufel, wie die Gerüchte im Umlauf es sagen. Er sagt mir, die Mantra Akshatas sollten vom Haus eines Shūdras geholt werden. Brahmanen geben Mantra Akshatas an Shūdras, aber Shūdras würden nicht Shūdras in ihre Häuser rufen und Mantra Akshatas geben. Venkayya ist eine gutmütige Person und mag mich rufen und dabei nur mein Wohlergehen im Sinn haben.‘ Mit solchen Gefühlen empfing er die Mantra Akshatas von Venkayya und ging nach Hause.

Als Ergebnis der Gerüchte, die sich in Pīthikapuram verbreitet hatten, ging der Glaube aller Kasten an den Sanyasi verloren. Sie beschlossen alle, es sei nicht richtig, Dakshinas einem Sanyasi zu geben, der in Zauberei bewandert sei. Sie holten das Geld vom Sanyasi zurück. Ohne ihn zu schlagen, wurde er aus dem Dorf gewiesen. Sie fragten Srī Bāpanārya, was mit dem ganzen Geld gemacht werden solle.

1 Mit Kurkuma gemischter Reis und aufgeladen mit Inkantationen.

Srī Bāpanārya sagte: ‚Kauft mit dem Geld Lebensmittel. Richtet für alle Kasten ein großes Fest aus. Lord Dattātreya wird über eine Lebensmittelgabe erfreut sein. Es sind keine individuellen Dīkshas erforderlich.‘

Gegenüber vom Kukkuteswara-Tempel wurden in großem Stil Schuppen aufgestellt. Für alle achtzehn Arten von Kasten wurde ein prächtiges Fest organisiert. *Alle Leute sangen zum ersten Mal den göttlichen Namen ‚Datta Digambarā! Datta Digambarā! Srīpāda Srīvallabha Datta Digambarā!‘ Srīpāda hatte bereits lange zuvor versichert, dass sich dieser Name über die ganze Welt verbreiten würde.“*

Ehre sei Srī Srīpāda Srīvallabha!

Kapitel 43

Beschreibung von Anaghā Lakshmi

Srīpādas Vaishnava Maya

In der Nacht, nach Beendigung des Gebets, sagte Srī Bhaskara Pāndit: „Meine Herren, die hingebungsvolle Verehrung von Srī Vidya ist das Höchste. In der Tat ist Srīpāda Srīvallabha die Verkörperung von Mahā Saraswatī, Mahā Lakshmī und Mahā Kālī.“ Ich erwiderte: „Mein Herr, Srīpāda wird eine Inkarnation von Srī Padmavati Venkateswara[1] genannt. Jetzt sagen Sie, Er sei auch eine Verkörperung der drei Mütter. Von Ihm wird auch gesagt, Er werde von Anaghā Lakshmi begleitet. Ich verstehe nichts. Bitte erklären Sie es ausführlich.“

Die körperliche Form von Srīpāda

Da sagte der große Pāndit: „Meine Herren, es wird gesagt, dass Gott in allen Lebewesen ist. Es heißt, dass Er von der Ameise bis zum höchsten Brahman alles durchdringt. So wohnt Er der ganzen Schöpfung inne und ist mit dem Bewusstsein aller lebenden Organismen verbunden. Dies ist die Besonderheit dieser Inkarnation. Obwohl Er als alle Lebewesen in dieser Schöpfung existiert, wird Seine Berührung von ihnen auf keiner Ebene verspürt. Das ist allein Seine Vaishnava-Māya[2]. Er würde sagen, man solle die Beziehungen, Grenzen und die damit verbundenen Regeln respektieren. Wenn wir sagen, dass Er in den Formen von Mahā Saraswatī, Mahā Lakshmī und Mahā Kālī ist, bedeutet dies, dass Er dasjenige Bewusstsein ist, das sich in diesen Formen zum Ausdruck bringt. Durch Seine Yoga Māya wird Er stets mit diesen Daseinsformen identifiziert. Wenn Er mit dem Bewusstsein von Mahā Saraswatī identifiziert wird, wird Er auch in einem Zustand der

1 Gemahlin von Lord Venkateswara
2 Die Illusion Vishnus

Einheit mit dem damit verbundenen viergesichtigen Brahma sein. Dennoch wird Er kein Band der Berührung haben, weder mit den Formen von Mahā Saraswatī noch von Hiranya Garbha[1]. Es wird auch erwähnt, dass ein einziges Ātma[2] in vier oder fünf männlichen Formen hervortritt. Das Shakti-Prinzip dieses Ātmas mag in vier oder fünf weiblichen Formen geboren werden. Die Beziehung zwischen einer männlichen und einer weiblichen Form wird vom Schicksal entschieden, und seine Begrenzungen sollten genauestens befolgt werden.

Gleicherweise ist Er Anāgha in Begleitung Seiner Gemahlin Anaghā Lakshmi. Dies ist Seine Ardhanārīswara[3]-Form, doch in der Gestalt von Srīpāda Srīvallabha ist Er in der Form eines Einsiedlers. Er erklärt ausdrücklich, dass die Beziehungen und Begrenzungen der Formen mit ihren Eigenschaften genau befolgt werden sollten. Dies ist eine Feinheit des Dharmas. Das Dharma und die Feinheiten des Dharmas unterscheiden sich. Um Seine göttliche Gnade in aller Fülle zu ergießen, existiert Er in der Form der Schöpfung. Da Er in einem Zustand der Einheit mit der Schöpfung ist, bedeutet dies, dass der Fortschritt der Menschen beschleunigt wird. *Srīpāda ist absorbiert in Japa[4], Meditation und Buße. Das Ergebnis der Buße wird Er nicht für sich behalten, sondern es an die gesamte Schöpfung verteilen. Die Früchte Seiner Buße verwendet Er, um Seine Devotees vor Kummer und Krankheit zu bewahren und sie von den Fesseln des Karmas zu befreien.*

Die vier Formen Jaganmātas – Mahā Saraswatī, Mahā Lakshmī, Mahā Kālī und Raja Rajeswari – haben sich manifestiert, um das Göttliche zu offenbaren und um das Universum zu verwalten.

Ambika besitzt drei Ebenen:

1. die transzendentale Ebene;
2. die universale Ebene,
3. die individuelle Ebene.

Vor der eigentlichen Schöpfung bleibt Pāra Shakti auf der transzendentalen Ebene. Nachdem sie unendliche Realitäten in das Paramātma[5] gezo-

1 Das goldene Ei der Schöpfung; Brahma
2 Das Selbst, die Seele
3 Der männlich-weibliche Gott
4 Wiederholung des Namens Gottes
5 Überselbst, Überseele

gen hat und diese in ihr Bewusstsein Eingang gefunden haben, wird sie als Schöpfung der Welt geboren.

Ihr Werk ist mit der Schöpfung nicht vollendet. Sie erschafft alle Lebewesen, erhält sie in sich, tritt in sie ein und stärkt sie. Dies ist ihre universale Ebene.

Das wahre Bild von Anaghā Lakshmi

Auf der individuellen Ebene existiert sie als Mittler zwischen der menschlichen Persönlichkeit und der göttlichen Natur. Dies ist das Geheimnis der Ankunft der Form von Anaghā Lakshmi. Sie lässt einige Kräfte aus ihrer Urnatur inkarnieren. Wenn das von diesen Kräften auszuführende Werk vollendet ist, zieht sie sie wieder in ihre Urnatur zurück. Ohne den Willen von Anaghā wird Anaghā Devi nicht einmal ein kleines Werk vollbringen. Sie erfüllt den Willen ihres Herrn. Da sie sowohl Vater als auch Mutter ist, steht ihr in der Form von Srīpāda Srīvallabha Gnade in reichem Maße zur Verfügung.

Anaghā Lakshmi besitzt im Wesentlichen drei Ebenen. Die gute, weise und unbeschwerte Ebene[1] gehört zum Pāra-Zustand. Hier gibt es Welten, die mit unendlicher Existenz und Macht und unendlichem himmlischen Glück erfüllt sind. In diesem Zustand leben die Seelen in unbeschreiblicher Vollkommenheit und beständiger Einheit.

Unterhalb dieser Ebene von Satchitānanda existieren Welten, die zur Schöpfung von umfassendem himmlischem Bewusstsein gehören. Anaghā Lakshmi wohnt in ihnen als Mahā Shakti oder als göttliches Bewusstsein. In den Veden wurde diese Welt als Mahā Loka beschrieben. In diesen Welten haben Handlungen keinen Misserfolg. Bei jeder Bemühung erlangen die Kräfte des Willens und der Weisheit[2] mühelos Vollkommenheit. Dort sind alle Erfahrungen reine Ozeane der Seligkeit. Ebbe und Flut, Unwahrheit, Schmerz und Elend können dort nicht eindringen. Jede Form, jede Bewegung und jede Erfahrung wird von Freude erfüllt sein.

Darunter gibt es die Ebene der Unwissenheit. In unseren Welten existiert Unwissenheit. Die Welten hier sind mit Denken, Leben und Körpern

1 Satchitānanda
2 Itchha und Jnāna Shakti

erfüllt. Alle Erfahrungen hier sind der Unvollkommenheit, der Begrenzung und dem Scheitern unterworfen.

Die Herrlichkeit von Raja Rajeswari

Das Bewusstsein von Mutter Raja Rajeswari ist grenzenlose Gnade. Sie betrachtet alle als ihre Kinder. Jene, die zu den Prānamaya[1]- und Manomaya[2]-Ebenen gehören, eine dunkle Gruppe, werden Asuras[3] genannt. Sie haben Selbstkontrolle, Buße, Intelligenz und sind arrogant. Die dunkle Gruppe, die zu der niederen Prānamaya-Ebene gehört, wird Rākshasas genannt. Sie besitzen schrecklich extreme Ideen und Einfluss. Auf der noch niederen Prānamaya-Ebene leben andere Arten von Geschöpfen. Sie werden Pisāchas[4] und Pramadhas[5] genannt. Die Māya der Asuras kann jegliche Gestalt annehmen. *In der Tat sind Pisāchas keine Individuen. Sie sind Formbildungen aufgrund eines Wunsches oder gierigen Verlangens ohne Denkvermögen. Rākshasas haben einen sehr starken Prānamaya-Zustand. Sie verfügen über kein Denkvermögen. Sie versuchen, alles zu verschlingen, was ihnen vor die Augen kommt.*

Formen von Āsuri, Kāli, Shyama und Mahā Kālī

Kāli, Shyama[6] und andere Formen werden für uns durch Prānamaya Shakti sichtbar. Kāli ist eine zerstörerische Kraft. Sie ist die Kraft der Natur in Unwissenheit, die in dunklem und blindem Kampf alles in Stücke schlägt, wenn uns Probleme überwältigen. Mahā Kālī gehört jedoch zu einer höheren Ebene. Sie erscheint gewöhnlich in einer goldenen Farbe. Für Asuras ist sie schrecklich. Während Raja Rajeswari Unterscheidungsvermögen darstellt, verkörpert Mahā Kālī Stärke und Kraft. In dieser großen Mutter leuchtet die überwältigende Wildheit mit einer starken Gedankenintensi-

1 Die Vitalebene
2 Die Mentalebene
3 Dämonen
4 Teufel
5 Diener von Shiva
6 Formen von Durga

tät auf; sie ist notwendig, um die göttliche Grausamkeit zu erlangen, die jedes Hindernis zerstört, das sich ihr in den Weg stellt. Die in Kāli innewohnende Kraft schreitet mit fürchterlicher Geschwindigkeit voran und wird nicht ruhen, bis wir unseren Fuß auf Gott setzen. Wenn wir auf Hindernisse treffen, die unsere Fähigkeiten übersteigen, und wenn die unseren Fortschritt hemmenden Kräfte vorherrschen, dann sollte der Devotee die Mahā Kālī Shakti in sich hinein anrufen.

Die Formen von Mahā Kālī, Mahā Lakshmī und Mahā Saraswatī auf der Ebene des spirituellen Aspiranten

Mahā Lakshmī ist vom Strahlen der Schönheit erfüllt. Um die Kraft der Unterscheidung und Stärke zu erlangen, ist Schönheit erforderlich. Dies bedeutet, dass es ohne Schönheit keine Vollkommenheit geben kann, auch wenn wir glauben, sie erlangt zu haben. Auf einer Ebene bildet sich eine Art Gleichgewicht und wir empfinden, dass es ein Zustand der Vollkommenheit ist. Gelangen wir jedoch auf eine höhere Ebene, begegnen uns neue Kräfte und neue Bedingungen. Ein frischer Gleichgewichtszustand entsteht mit den uns eigenen Entsprechungen. In dem Zustand bildet sich Vollkommenheit oder Vollendung. Mahā Lakshmī ist daher das Symbol der vollständigen Vollendung. Wenn Vollkommenheit im Unterscheidungsvermögen erlangt wird, aber nicht in der Kraft, so kann man nicht von vollständiger Erfüllung sprechen. Daher sind in unserer vollständigen Vollendung vier Merkmale in ihren entsprechenden Anteilen vorherrschend:

- Unterscheidungsvermögen,
- Kraft,
- Schönheit und
- Vollkommenheit.

Die freundschaftliche Beziehung zwischen dem Göttlichen und der Schönheit ist ein Mysterium, das vom Menschen nicht verstanden werden kann. Diese Schönheit erstreckt sich über das ganze Universum. Allein durch die Gnade von Mahā Lakshmī kommen so viele Dinge, Kräfte und Lebewesen in unendlicher Vielfalt zusammen. Alles wird vereint. Dieser Zustand der Einheit verleiht Glückseligkeit. Mahā Lakshmī macht die verschiedenen Dinge,

Kräfte und Lebewesen zu ihren Formen und Arten. Mahā Lakshmī ist die Göttin, die über große Liebe und Seligkeit herrscht. Lakshmī stellt jedoch nur die Ansammlung der materiellen Dinge dar. Mahā Lakshmī ist die große Kraft, die materielle Dinge, physische Kräfte und irdische Wesen auf geeignete Weise zu einer harmonischen göttlichen Seligkeit gestaltet und so göttliches Leben verleiht.

Doch damit die Kraft von Anaghā Lakshmi vollständig wirken kann, sollte man neben Unterscheidungsvermögen, Stärke und Schönheit auch über Fertigkeiten bei der Arbeit verfügen. In den Veden wurde Mutter Saraswati erwähnt. In den Upanishaden wird sie Udgīta genannt. Bei den Dasa Mahā Vidyas[1] wird sie Mātangi genannt. Sie ist mit Vaikhari Vāk[2] verbunden.

Mahā Saraswatī unterscheidet sich jedoch davon. Sie stellt die göttliche Geschicklichkeit dar und die Handlungen des Seelenbewusstseins. Durch die Gnade dieser großen Mutter erlangen wir Effizienz im Durchführen von Tätigkeiten und kennen die Anwendung göttlichen Wissens. Wir lernen, wie man das Seelenbewusstsein auf das Leben anwendet. Wir wissen auch, wie durch die Verbindung vieler Kräfte Glück erlangt werden kann. Höchste Sorgfalt in allen Dingen, die von Umwandlung und Vollkommenheit weit entfernt sind, und selbst, wenn es sich um kleine Angelegenheiten handelt – all dies gehört zu Mahā Saraswatī.

Meine Lieben! Seligkeit ist etwas, das mit dem Höchsten Herrn, Parameswara, verbunden ist, doch ein Yogi erlebt Ekstase. Wer keine Wünsche besitzt, erlangt Freude. Trost ist verfügbar für alle, doch auch Leid ist ein unvermeidlicher Begleiter.

Formen von Anaghā Devi und Anaghā

Lakshmi Devi ist die Form von Srī Anaghā Devi[3]. Sie besitzt alle Qualitäten von Raja Rajeswari, Mahā Lakshmī, Mahā Kālī und Mahā Saraswatī. Srī

1 Zehn verschiedene Formen der göttlichen Weiblichkeit; zehn Göttinnen der Weisheit

2 Das Wort in der geäußerten Form, die 4. Stufe des Wortes; die manifestierte Schöpfung

3 Die Dreiheit von Lakshmī, Pārvatī und Saraswatī

Anaghās Form ist die von Vishnu. Er hat die Eigenschaften von Parameswara und der Dreiheit. *Daher verleiht die Verehrung von Anaghā zusammen mit Srī Anaghā Devi umfassendes Wohlergehen. Alle Datta Devotees sollten daher Anaghā Asthami Vrata*[1] *durchführen. Indem ihr Anaghā Asthami Vrata durchführt, werdet ihr alle glückbringenden Dinge erlangen.*

Die Größe von Srīpāda und die Größe der Hingabe an Datta

Meine Lieben, Anaghā inkarnierte sich gemeinsam mit Srī Anaghā Devi auf der Erde als Srīpāda Srīvallabha. Physisch, mental und spirituell ist Er dem Bewusstsein aller Lebewesen sehr nahe. Er ist Smarthrugāmi; dies bedeutet, Seinem Wesen nach reagiert Er sofort, wenn Er gerufen wird. Aufgrund Seiner Allmacht kann Er die Probleme und Verluste Seiner Devotees und derjenigen, die auf Ihn vertrauen, beseitigen, und Er gewährt ihnen Annehmlichkeiten in dieser Welt und in anderen Welten. Wer Datta als denjenigen, der sich in der Form von Srīpāda Srīvallabha inkarniert hat, verehrt, wird unmittelbar das Ergebnis bekommen, das durch die Verehrung der Dasa Mahā Vidyas erlangt wird. Wenn man verschiedene Gottheiten verehrt, erlangt man gewiss glückbringende Ergebnisse. Doch wer Datta verehrt, erlangt unmittelbar solche Ergebnisse. Dies ist möglich, weil Datta die vereinte Form aller Gottheiten ist; Er ist die Inkarnation aller vier Yugas, und Er ist die herrliche Inkarnation ohne Ende.

Die Herrlichkeit des Srīpāda Charitāmrutam

Mein lieber Shankar Bhatt, *dieses große, heilige Buch Srīpāda Srīvallabha Charitāmrutam, das von Ihnen geschrieben wird, wird auch von großen Yogis und bedeutenden Personen studiert. Sie werden versuchen, es mit Hilfe der Grammatik der Sandhya*[2]*-Sprache zu verstehen. Die von Ihnen gewonnenen yogischen Erfahrungen werden sehr merkwürdig und wunder-*

1 Ein Gebetsritual an Anagha Devi, der weiblichen Form von Srīpāda, zur Erfüllung der eigenen Wünsche
2 Eine esoterische Sprache der Yogis

sam sein. Wenn die Menschen auf der physischen Ebene es hingebungsvoll lesen, erlangen sie Annehmlichkeiten und glückbringende Entwicklungen in dieser und auch in den anderen Welten. Jeder Buchstabe dieses Buches ist wahr. Jeder Buchstabe darin ist von yogischer Kraft erfüllt. Jeder Buchstabe besitzt die Kraft von Saatbuchstaben[1]*. Gleich in welcher Sprache dieses Buch hingebungsvoll gelesen wird, es wird dasselbe Ergebnis gewährt. Es ist die Buchstaben-Form des großen Herrn."*

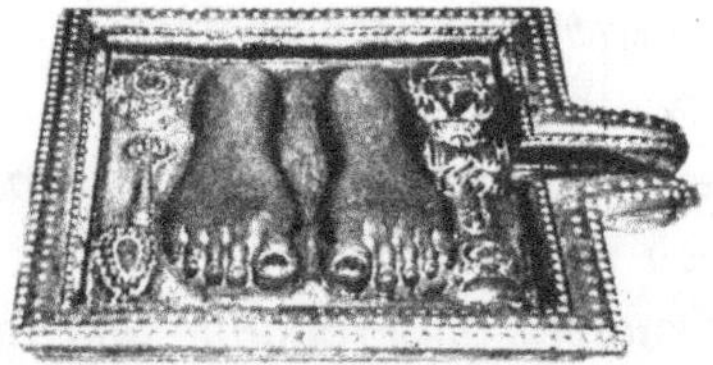

Ehre sei Srī Srīpāda Srīvallabha!

1 Hier: Bijaksharam

Kapitel 44

Beschreibung des goldenen Pīthikapuram

Srī Bhaskara Pāndit bat uns, die Nacht über auch in seinem Haus zu bleiben und die göttliche Geschichte von Srīpāda zu hören. Am nächsten Tag, nachdem wir unsere Waschungen und andere tägliche Riten beendet hatten, gingen wir zum Tempel von Srī Tripurāntakeswar. In diesem Tempel begann Srī Bhaskara Pāndit seine Erzählung über Srīpāda.

Der Geburtsort von Srīpāda

„Meine Lieben, Srīpāda ist wahrlich die Verkörperung von Shiva. Nachdem Er aus Pīthikapuram verschwunden war, erreichte Er die Stadt Kashi[1]. Er badete im Ganges. *Mit Seiner Ankunft in Srī Pīthikapuram gab Er der irdischen Natur einen Antrieb, vorwärts zu gehen. Daher erhielt die Erde an Seinem Geburtsort in Pīthikapuram lebendiges Bewusstsein. Seine göttlichen Pādukas*[2] *werden im Mahā Samsthan, das nach einigen Jahrhunderten in der Zukunft errichtet wird, aufgestellt. Dort wird die Erde belebt, und allmählich erfährt die gesamte Erde Belebung. Die Menschen an den Orten, die das Erwachen empfangen, werden durch die göttliche Kraft der Anziehung nach Pīthikapuram hingezogen. Wir sollten also verstehen, dass das von Ihm durchgeführte Yagna des Prithivi Tattwa*[3] *von Pīthikapuram ausging. Alle Orte, an denen Er umherging oder wo Er umhergehen wird, werden ohne unser Wissen erweckt. Wer zu solchen Orten geht, wird gewiss von dieser göttlichen Kraft angezogen.*

Nicht nur das, jeder Mensch hat das Erdelement in sich. Es besitzt die Eigenschaften von Klang, Berührung, Form, Geschmack und Geruch[4].

---

1 Heute: Varanasi oder Benares; heilige indische Stadt
2 Als heilig verehrte Sandalen
3 Das Erdelement
4 Hier: Sabda, Sparsa, Rūpa, Rasa und Gandha

Wenn wir also in Begriffen des Yogas denken, werden bestimmt jene Menschen, in deren Körpern das Erdelement durch Sein göttliches Mitgefühl erweckt wird, nach Pīthikapuram gezogen.“

Ich fragte: „Mein Herr, bedeutet dies, dass die Menschen in dieser Welt, in deren Körpern das Erdelement erweckt ist, in der Lage sein werden, physisch nach Pīthikapuram zu kommen?“

Die Größe des goldenen Pīthikapurams

Er lächelte und sagte: „Ihre Frage ist berechtigt. So wie ein physisches Pīthikapuram existiert, gibt es ein goldenes Pīthikapuram. Das goldene Pīthikapuram hat die gleiche Ausdehnung wie das physische Pīthikapuram und ist rein aus Bewusstsein erbaut. Wenn die mit diesem Bewusstsein verbundene Materie im Suchenden wächst, wird er zu einem Bewohner des goldenen Pīthikapuram. Im goldenen Pīthikapuram gibt es mehrere tausend großer Häuser, die aus Bewusstsein erbaut sind. *Yogis* und große Personen leben in diesem goldenen Pīthikapuram und erfreuen sich unbeschreiblicher Seligkeit. Für die physischen Augen ist es jedoch nicht sichtbar, sondern nur für yogische Augen und für die Augen der Weisheit.“

Die charakteristischen Wahrzeichen von Kashi – Die Pilgerreise von Pancha Kosha

Genauso gibt es ein goldenes Kashi. Das aus Bewusstseinsmaterie erbaute goldene Kashi dehnt sich zu der Größe aus, wie sich das physische Kashi ausweitet. *Es heißt: ‚Wer stets sagt, dass er nach Kashi geht und dort lebt, der erlangt die Früchte, in Kashi*[1] *zu wohnen.‘ Wer sich ständig an Kashi Visweswara*[2] *erinnert, dessen Bewusstsein weilt im goldenen Kashi und er erlangt Seine Gnade.* Was wird daran nicht verstanden? Es gibt das aus den Elementen zusammengesetzte Pīthikapuram, das mit Ihrem Annamaya

1 Kashi yātram gamishyama tatryva nivasa mayaham. Eti bruvana satatam kashivasa phalam labhet.

2 Der Herr des Universums

Kosha[1] verbunden ist. Auf die gleiche Weise existiert das aus fünf Elementen zusammengesetzte Kashi. Es gibt Prānamaya-Pīthikapuram, das mit dem Prānamaya Kosha[2] verbunden ist. Genauso gibt es Prānamaya-Kashi. Es gibt Manomaya-Pīthikapuram, das mit dem Manomaya Kosha[3] verbunden ist. Das Gleiche gilt für Manomaya-Kashi. Es gibt Vignānamaya-Pīthikapuram, das mit dem Vignānamaya Kosha[4] verbunden ist. Es gibt Vignānamaya-Kashi. Es gibt Ānandamaya-Pīthikapuram, das mit dem Ānandamaya Kosha verbunden ist. Gleicherweise existiert Ānandamaya-Kashi als das goldene Kashi."

Ich sagte: „Mein Herr, ich bin ein Unwissender. Bitte erklären Sie mir diese Sache. Manche sagen, wenn man Pancha Kosha Yatra in Kashi mache, so gäbe es große Ergebnisse. Was bedeutet das?"

Bhaskara Pāndit erklärte: „Mein Lieber, Pancha Kosha Yatra ist nur eine physische Pilgerreise. In Wirklichkeit sollte unser Bewusstsein durch die fünf Koshas reisen, und zwar durch Annamaya, Prānamaya, Manomaya, Vignānamaya und Ānandamaya. Dies ist das darin enthaltene tiefe esoterische Geheimnis. Durch die Gnade von Srīpāda erlangen die spirituell Suchenden die Stärke, das Pancha Kosha Yatra auszuführen. Daher führt Er mit Seiner yogischen Kraft die fünf großen Yagnas[5] durch, die mit den fünf Elementen in Verbindung stehen. Als Symbol dieser fünf großen Yagnas gibt Er in Pānchadeva Pahād bei Kurungadda Seine Gegenwart[6]. Göttliche Geheimnisse können nur von strengen spirituellen Suchenden und Menschen mit yogischer Schau verstanden werden. Von normalen Menschen werden sie überhaupt nicht verstanden.

Srīpāda badete im Ganges. Da erschien Mutter Ganga vor Ihm und bat Ihn, jeden Tag im Ganges zu baden. Srīpāda gewährte Mutter Ganga den Segen, dass Er täglich im Ganges baden würde. Das Bewusstsein von Mutter Ganga wird in den fünf Koshas sein, nämlich Annamaya, Prānamaya, Manomaya, Vignānamaya und Ānandamaya Kosha."

Ich sagte: „Oh Edler, Mutter Ganga ist in wässriger Form. Wie kann sie fünf Hüllen haben? Ich verstehe es nicht."

---

1 Die materielle Hülle, der physische und ätherische Körper
2 Körperhülle der Lebenskraft; Vitalkörper einschließlich des Astral-, Wunsch- und niederen Mentalkörpers
3 Höherer Mentalkörper
4 Höherer Mentalkörper und untere Buddhi-Ebene
5 Opfer
6 Hier: Darbar

Bhaskara Pāndit sagte lächelnd: „Mein Lieber, Götter sind Personifizierungen von Mantren. Sie haben keine physische Gestalt.

Mantren sind die Kraftformen von Sabda Brahman[1]. Mutter Ganga hat die Bedeutung einer Gottheit in Form von Kraft und Bewusstsein. Sie ist die Schutzgottheit der physischen Form des Ganges-Flusses in einem Zustand enger Identität. Dies bedeutet, sie ist eine Göttin in der Form von Bewusstsein. Auf gleiche Weise, wenn von Surya Bhagavan die Rede ist, bezeichnet dies die göttliche Form im Bewusstseinszustand in enger Identität mit einem Gestirn am Firmament namens Surya[2]. Sie müssen auf diese Feinheit des Dharmas und das tiefe göttliche Geheimnis achten.

Menschen besitzen eine wässrige Natur. Um diese wässrige Natur zu reinigen, schlug Er vor, das Jala Yagna durchzuführen. Daher wollte Er täglich in Kashi im Ganges baden. Durch diese yogische Übung werden alle Flüsse im physischen Zustand geheiligt. Alle heiligen Flüsse werden von ihren Unreinheiten befreit und geheiligt. Wie der Ganges werden diese verunreinigt, weil sündenbeladene Menschen in ihnen baden. Wenn große, erhabene Menschen, heilige Personen und Verkörperungen des Bewusstseins in diesen Flüssen baden, werden sie wieder geheiligt. Die innere Bedeutung des von Ihm durchgeführten Jala Yagna ist, die wässrige Natur, die in den Körpern von lebenden Organismen in Form von Flüssigkeit fließt, zu reinigen. *Durch bloße Handbewegung erschafft, schützt und zerstört der göttliche Herrscher Srīpāda Srīvallabha Abermillionen von Universen. Er ist der wahre Lord Datta – eine Verkörperung der Trinität. In Übereinstimmung mit dem Versprechen, das Er dem Weisen Bharadwaja im Tretā Yuga[3] gegeben hatte, inkarnierte Er sich im Geschlecht von Bharadwaja in der verspielten Gestalt eines Menschen im heiligen Ort Pīthikapuram, wo das Sāvitra Kāthaka Chayanam[4] durchgeführt wurde. Das Ziel Seiner Inkarnation ist, Mahā Siddhas und Mahā Yogis zu segnen und durch sie das Dharma zu erheben. Sein Versprechen, im Namen von Narasimha Saraswati geboren zu werden, stimmt buchstabengetreu.*

Menschen, die an Seinem göttlichen Versprechen zweifeln und sich über die Inkarnation von Srīpāda lustig machen, werden als Gespenster geboren.

1 Der transzendentale Klang; die Klangschwingung der Veden
2 Die physische Sonne
3 Das zweite der vier Yugas
4 Ein Ritual zur Sonne

Er sagte oftmals, dass diese Geister schwache und bedauernswerte Menschen heimsuchen und dass Er in Seiner Form als Narasimha Saraswati diesen Geistern in Gandharvanagar[1] Befreiung gewähren werde. Wer an Seinen göttlichen Worten zweifle, werde zu den Höllen wie Raurava[2] kommen.

Das von Ihnen geschriebene Buch Srīpāda Srīvallabha Charitāmrutam ist ein Buch, in dem jeder Buchstabe wahr ist. Es wird in viele Sprachen übersetzt werden. Diese große heilige Hagiographie verleiht in reichem Maße glückbringende Ergebnisse, gleich in welcher Sprache sie hingebungsvoll gelesen wird. Der große Herr versicherte, Er werde würdige Menschen auswählen, und Sein besonders mitfühlender Blick werde während der Zeit der Übersetzung auf dem Übersetzer ruhen. Der Herr fügte hinzu, selbst wenn dieses Buch in dem Andachtsraum aufbewahrt und dort verehrt wird, werde Seine Gnade erlangt. Und Er bestätigte auch, dass es im Kali Yuga[3] möglich ist, durch das Pārāyana[4] dieses Buches alle glückbringenden Entwicklungen zu erlangen. Es ist daher nur eine faule Ausrede, dass Sie dieses Buch schreiben werden. Seine glückverheißenden Lotusfüße lassen Sie dieses Buch schreiben.“

Ich sagte: „Oh Großherziger, was Sie gesagt haben, ist ganz angemessen. Ich bin kein Gelehrter. Ich habe zudem kein Wissen von den Veden und vedischen Themen. Es ist für mich sehr überraschend und erfreulich, dass diese große, gewaltige Aufgabe von diesem Unwissenden hier vorgenommen wird.“

Daraufhin bemerkte Bhaskar Pāndit: „*So ist Lord Dattas Vorgehensweise. Es ist ein gängiger heiterer Zeitvertreib von Ihm, unheilbare Krankheiten mit verbotenen Substanzen zu heilen und außergewöhnliche Werke durch völlig unwissende Personen durchzuführen. Es ist ein göttliches Spiel. Das ist Sein Wesen. Es ist ein Beweis Seiner göttlichen Kraft.*

Einst kam ein Weiser zum Kukkuteswara-Tempel[5]. Srīpāda war zu der Zeit ein kleines Kind. Srī Narasimha Varma und Srī Pynda Venkatappayya Sreshti führten Srīpāda in einer Pferdekutsche zum Kukkuteswara-Tempel. Im Kukkuteswara-Tempel befand sich ein Sanyasi im Zustand der Medita-

1 Ganagapur; Dorf im Kalaburagi-Distrikt von Karnataka
2 Die Hölle für Menschen, die anderen Schaden zufügen; diese quälen sie in der Hölle als schlangenähnliche Wesen.
3 Dunkles Zeitalter
4 Hingebungsvolles Lesen des Buches in einer gewissen Anzahl von Tagen
5 Tempel in Pithapuram

tion. Srīpāda fragte plötzlich Srī Sreshti: ‚Großvater, warum wurde diesem Fischer gestattet, hierher zu kommen?‘ Srī Narasimha Varma sagte mit leiser Stimme: ‚Kannayyā, das sollte so nicht gesagt werden. Er ist ein Sanyasi und wenn er erzürnt wird, kann er verfluchen.‘ Srīpāda erwiderte: ‚Wird ein Fischer auch zornig? Sollte ein Mensch, der Fischgestank verströmt und der Fisch isst, ein Sanyasi statt ein Fischer genannt werden?‘ Srīpāda hatte eine Neigung dazu, Leute zu reizen. Unterdessen öffnete der Sanyasi seine Augen. Er stellte fest, dass ein fauler Fischgeruch von seinem Körper ausströmte. Er war ein echter Sanyasi. Er dachte an die Inkarnation des Herrn als Fisch. Er überlegte, ob es dafür eine yogische Bedeutung gebe. Da bemerkte Srīpāda: ‚Swamī, es befinden sich kleine Fische in Ihrem Kamandalu[1]. Schaut, wie glücklich sie sich im Inneren in verschiedene Richtungen bewegen.‘

Eine besondere Gnade für den Sanyasi

All dies war für den Sanyasi sehr verwirrend. Srīpāda schaute dem Sanyasi sehr konzentriert in die Augen. Da begann der Sanyasi, nach innen zu schauen. Er erlangte yogische Schau und entdeckte, dass sich in den Blutgefäßen und in den verschiedenen Körperflüssigkeiten sehr kleine Zellen befanden und sie genau wie Fische aussahen. Er begriff, dass diese winzigen Zellen im Körper verschiedene Arten von Erfahrungen hervorrufen und erkannte, dass nur diese winzigen Zellen in Fischgestalt den Geruch für die Nase verursachen. Genauso haben die winzigen Zellen, die den Geschmack empfinden, die Gestalt von Fischen. Er wunderte sich: ‚Oh, ist dies die Fisch-Inkarnation des Herrn[2]?‘ Er erfuhr, wenn man das Wissen über die winzigen Zellen erlangt, die beim Mūlādhāra[3] den Duft der Gerüche erzeugen, dass man auch die Kraft erlangt, alle Gerüche in der Welt zu kontrollieren. Er erlangte seine äußere Schau wieder und lächelte. Srīpāda lächelte auch. Der Sanyasi fiel zu den glückbringenden Füßen von Srīpāda. Srīpāda segnete ihn. Da verbreitete sich ein wohlriechender Duft aus dem Körper des Sanyasis. Der Sanyasi erkannte, dass dies

1 Wassergefäß
2 Matsya-Avatar Vishnus
3 Basiszentrum

das yogische Vorgehen war, das der Weise Parāsara verwendete, um Matsya Gandhi zu Yojana Gandhi zu verwandeln. Wohlgerüche strömen aus den Körpern von Pativratas[1] aus. Deshalb werden sie Suvāsinis[2] genannt. Srīpāda lehrte still dem Sanyasi, wenn sich alle Erfahrungen im Körper ändern und mit Wohlgeruch erfüllt sind, dann werden auch physische Veränderungen auftreten, die duftende Gerüche verbreiten. Er ist ein göttlicher Spieler!

Srīpāda sagte: ‚Sie wissen von der Fisch-Inkarnation. Die Inkarnation als Schildkröte[3] ist die Grundlage für die göttliche und die dämonische Natur. Die Devas und die Dānavās[4] stellten den Mandhara-Berg auf den Rücken der Schildkröte und quirlten den Ozean. Sie werden zu einem großen Yogi, wenn Sie nach innen schauen. Andernfalls, wenn Sie sich nach außen wenden, werden Sie alle schlechten Qualitäten ansammeln und zu einem Dämon werden. Wenn Sie Ihren Kopf herausstrecken, wird jemand Ihren Kopf abschneiden. Sie werden sterben. Wenn Sie nicht sterben wollen, müssen Sie nach innen schauen. Praktizieren Sie Yoga. Sie müssen von den Banden des Karmas befreit werden'."

Ehre sei Srī Srīpāda Srīvallabha!

1 Keusche, tugendhafte und fromme Ehefrauen
2 Die süß Duftende; verheiratete Frauen
3 Kurma-Avatar Vishnus
4 Eine Rasse von Dämonen

Srīpāda Rājam Saranam Prapadye

Kapitel 45

Anweisung an Srī Hanumān, sich auf Erden zu inkarnieren

Srīpādas Aufenthalt in Kashi

Nachdem wir das Mittagessen im Hause von Srī Bhaskara Pāndit beendet hatten, begann er zu erzählen: „Meine Lieben, die heiteren Spiele von Srīpāda widersetzen sich der Logik. In Kashi segnete Er viele große Menschen. Er gewährte ihnen die benötigten yogischen Kräfte und Siddhis.

Zu der Gruppe von Weisen sagte Er: ‚Ich werde eine weitere Inkarnation unter dem Namen Narasimha Saraswati annehmen. Es gibt einen wichtigen Grund, dass Ich nach dem Verschwinden in Pīthikapuram direkt nach Kashi gekommen bin. Dies ist ein großer heiliger Ort und der Sitz vieler Siddhas. Auf yogischem Weg komme Ich täglich, um im Ganges zu baden. Hier allein werde Ich in Meiner Inkarnation als Narasimha Saraswati die Einweihung in den Sanyasi-Orden empfangen. Shyama Charan[1] gebe Ich die Anweisung, hier in den nächsten Jahrhunderten geboren zu werden, um den Familienvätern Kriya Yoga zu lehren. Hanumān ist der Brahmā des zukünftigen Yugas. Ich werde Hanumān zu Shyama Charan senden, um Kriya Yoga Dīksha zu empfangen. Dies ist wahr.‘

Darshan für Hanumān als Sītā, Rāma, Lakshmana, Bharata und Satrughna

Zusammen mit den Gruppen von Rishis, die Ihm folgten, erreichte Er auf yogischem Weg Badarika Vanam[2]. In der Nara-Narayana-Höhle weihte Er

1 Lahiri Mahasaya (Shyama Charan Lahiri, 1828-1895); ein Jünger von Mahāvatar Babaji und Guru von Sri Yukteswar, dem Guru von Yogananda

2 Badrinath: Ein heilige Ort im Staat Uttarakhand in Indien und ein wichtiges Pilgerzentrum

viele in Kriya Yoga Dīksha ein. Von dort ging Er nach Urvasi Kunda[1], das 12 Kroshas[2] entfernt ist. Er badete auch im Rishi Ganga[3] und segnete einen großen Yogi namens Sarveswarānanda, der seit 5.000 Jahren Buße tat. Von dort ging Er nach Nepal. Dort gewährte Er Hanumān den Darshan. Hanumān befand sich auf einem Berg in tiefer Meditation über den Namen Rāma, als Sītā, Rāma, Lakshmana, Bharata, Shatrughna[4]. Er sagte zu Hanumān: ‚Mein lieber Hanumān, man kann nicht zählen, wie viele Millionen Male du den Saatklang des Feuers Ram gesungen hast. Du rezitierst den Saatklang Ram selbst in jedem kurzen Augenblick; er kann nicht gezählt werden, so dass es für Chitragupta[5] schwierig ist, deinen Bericht zu schreiben. Selbst während des unendlich großen Mahā Sūnya Kāla hast du Abermillionen Male den Namen Rāma gesungen. Daher hast du die Zeit transzendiert. Du wurdest zum Geist der Zeit[6]. Chitragupta ist ratlos bei der Berechnung deines Alters, da es so viele Hunderttausende von Jahren beträgt. Du musst dich in diesem Kali Yuga[7] einmal inkarnieren. Da du die Neigungen der Sinne beruhigen kannst, wirst du unter dem Namen Sai berühmt werden.‘

Die Wirksamkeit des Saatklangs Ram

Hanumān: ‚Mein Herr, der Saatklang Ram ist zweifellos ein feuriger Klang. Es ist auch eine Tatsache, dass ich die Gunst vom Gott des Feuers erhielt. Es stimmt auch, dass ich durch die Vereinigung mit dem Feuer Vollkommenheit erlangt habe. Aus körperlicher Sicht bin ich Dein Diener. Aus Sicht der Lebenskraft bin ich ein Teil von Dir. Vom Standpunkt des Ātma[8] aus bin ich Du. Bitte sage mir, in welcher Form ich mich inkarnieren soll.‘

Srīpāda: ‚Obwohl aus dem göttlichen Ursprung von Shiva geboren, wurdest du zu einem Devotee Rāmas. In arabischer Sprache bedeutet Āl ‚Shakti‘, Āha bedeutet ‚Shākta‘, d. h. jemand, der Shakti besitzt. Daher

1 Insel im Brahmaputra-Fluss
2 44 Kilometer
3 Fluss in Uttarakhand, Nordindien; Nebenfluss des Ganges
4 Namen von Rāma, seiner Frau und seinen Brüdern
5 Assistent vom Herrn des Todes, der Aufzeichnungen über die Taten führt
6 Hier: Kālātmaka
7 Dunkles Zeitalter
8 Das Selbst, die Seele

bedeutet ‚Allah' die kombinierte Form von Shiva und Shakti. Die ganze Zeit verehrst du Mich in der Form von Janaki[1] Vallabha. Fortan verehrst du Mich als Shiva-Shakti, wenn du den Namen ‚Allah' äußerst, der für Mlecchas[2] akzeptierbar ist.'

Hanumān: ‚Mein Herr, ich weiß, dass der Weise Bharadwaja im Treta Yuga[3] das Sāvitra Kāthaka-Opfer[4] in Pīthikapuram durchführte. Ich weiß auch, dass Du gemäß der an jenem Tag gewährten Gunst im Geschlecht des Weisen Bharadwaja geboren wurdest. Ich möchte unter keinen Umständen von Dir getrennt werden. Deine Abstammung sollte auch meine sein. Ich bin Dein Kind.'

Das Gespräch zwischen Srīpāda und Srī Hanumān

Srīpāda: ‚Mein lieber Hanumān, möge der Körper, den du annehmen wirst, im Geschlecht von Bharadwaja geboren werden.'

Hanumān: ‚Allah Malik! Das bedeutet, Allah ist der Herr!'

Srīpāda umarmte Hanumān und sagte: ‚Hanumān, gib deine Vorstellung von Körper auf. Du bist ein Teil von Mir.'

Hanumān: ‚Mein Herr, ich stimme zu, dass ich ein Teil von Dir bin. Dennoch verschmelzen Amsa-Avatāre[5] mit ihrer ursprünglichen Natur, nachdem sie ihre Mission auf Erden erfüllt haben. Dann verlieren diese Amsa-Avatāre all ihren Wert und ihre Bedeutung. Deshalb sollte die Amsa-Avatārschaft, die ich annehmen werde, ständig mit der Urnatur[6] verbunden sein und sollte die ganze Fülle der Stärke und Macht besitzen, die in Dir als der Ursprung gegenwärtig ist.'

Srīpāda: ‚Mein lieber Hanumān, du bist sehr intelligent. Möge die ganze Stärke und Überlegenheit von Mir auch in dir erblühen. Ich werde 300 Jahre lang in Kadali Vana[7] inkognito im Körper von Narasimha Saraswati

1 Die von Janaka Abstammende; Name für Sītā
2 Menschen mit ausländischem Ursprung
3 Das zweite der vier Yugas
4 Ein Ritual zur Sonne
5 Teilmanifestationen
6 Hier: Mūla Tattwa
7 Wörtlich: Kochbananen-Wald; eine Höhle im Inneren eines dichten Waldes namens Nallamala am Fuße des Berges von Srisailam, Andhra Pradesh

im Yoga Samādhi bleiben. Dann werde Ich als Swamī Samartha in Prajnapura[1] bekannt werden. Wenn die Zeit zum Verlassen Meines physischen Körpers kommt, werde Ich Mich in dir inkarnieren, in der Form von Sai. Ich werde unmissverständlich verkünden, dass Meine Inkarnation in dir ist. Du wirst als Meine Inkarnation als Sarva Samartha Sadguru bekannt werden.'

Hanumān: ‚Mein Herr, vom Standpunkt des physischen Körpers her bin ich Dein Diener. So werde ich umhergehen und die Worte ‚Allah Malik' singen. Vom Gesichtspunkt eines Jīvātma aus verhalte ich mich in der Form eines Gurus mit einem Funken Deiner Göttlichkeit, doch ist nicht Srī Charana Lord Datta selbst? Ist es richtig, dass es einen Unterschied zwischen Dir und mir geben sollte? Die Nondualität wird nur erreicht, wenn ich mich als Du verwandle und Du Dich als ich verwandelst. So gewähre mir bitte das Aufgehen in die essentielle Natur von Lord Datta.'

Srīpāda Srīvallabha befahl Kāla Purusha[2], vor Ihm zu erscheinen. Kāla Purusha kam und stand mit gefalteten Händen da. Da wies der große Herr an: ‚Kāla Purusha, dieser Hanumān übertraf dich und wurde zu einem Kālathīrtha[3]. Ich wünsche, ihm einen Zustand der Einheit mit Mir zu gewähren. Ich verleihe ihm auch den Titel ‚Nādha'. Von nun an möge er ‚Sai Nādha' genannt werden. Ich bestimme diesen Tag als Datta Jayanti[4]. Das Bewusstsein in Hanumān möge angemessen zur Verkörperung von Datta umgewandelt werden.'

Alle Gruppen von Heiligen schauten erstaunt auf den Herrn. Unterdessen explodierten alle Lebenszellen in Hanumāns Körper. Mutter Anasūyā kam aus ihnen hervor. Sie schaute Srīpāda an und sagte: ‚Mein lieber Krishna Kannayyā, was für ein raffiniertes Kind Du bist, oh Datta! Als ich Dich gebar, hätte es natürlicherweise Geburtswehen geben sollen und ich nahm an, in den Wehen läge eine Art von Süße. Doch bei Deiner Geburt hatte ich keinerlei Schmerzen. Jetzt hast Du vielleicht entschieden, mir diese Erfahrung von Geburtswehen zu geben. In meinem Unterleib empfinde ich einen starken Schmerz. Du bist vor mir und doch willst Du wieder aus meinem Schoß geboren werden? Was ist das? Was für eine Vaishnava-Māya[5] ist das?'

1 Die Stadt Akkalkot im Staat Maharashtra
2 Die göttliche Person der Zeit
3 Jemand, der die Zeit überschritten hat
4 Geburtstag von Lord Dattātreya
5 Māya von Vishnu

Srīpāda: ‚Mutter, Söhne sollten die rechtmäßigen Wünsche ihrer Eltern erfüllen. Hanumān ist in deinem Leib. Ich gewähre ihm einen Zustand der Gleichheit mit Mir. Auf eine Weise werde Ich durch Meine eigene Māya aus deinem Mutterleib geboren.‘

Nach einiger Zeit nahmen die Geburtswehen zu. Mutter Anasūyā gebar eine charmante Gestalt von Datta mit drei Köpfen. Danach verschwand diese Gestalt und es befand sich ein kleines Kind in ihrem Schoß. Anasūyā Devi nährte das neugeborene Kind mit der Milch ihrer Brust. Später verblasste diese Szene. Die Form von Hanumān wurde sichtbar. Vor Hanumān befanden sich nur Janaki[1] und Rāma.

Hanumān: ‚Mein Herr, ich werde versuchen, die guten Dinge in der Mlechha-Religion und unserem Sanātana Dharma[2] zu koordinieren. Es sollte auch einen Mlechha-Guru geben.'

Srīpāda: ‚Ein großer weiser Mensch namens Mahabhūb Subhani ist in Mir. Ich werde ihn als Varish Alishah[3] inkarnieren lassen. Er wird dein Guru sein und die Geheimnisse des Yogas lehren. Shyama Charan[4] wird dir Kriya Yoga lehren. Wenn du andere Gaben möchtest, so kannst du sie erbitten.‘

Die Ankunft von Lord Mānikya

Hanumān: ‚Herr, ich habe gehört, dass Du, Padmavati und Venkateswara untrennbar seid. Gewähre mir daher einen Vaishnava-Swamī, der deine Verehrung kennt.'

Srīpāda: ‚Ich gewähre dir den großen Vishnu-Verehrer Gopalarao[5] als deinen Lehrer. Er denkt stets an Mich und ist immer mit Meinem Bewusstsein verschmolzen. Da er ein Devotee von Lord Venkateswara ist, wird er Venkusa genannt. Nach dem Ablegen seines Körpers bewahre seine Asche in einem Tontopf auf und begrabe ihn unter der Erde. Wenn du auf

1 Ein Name von Sīta
2 Das ewige Gesetz
3 Waris Ali Shah (1819 - 7. April 1905) Sufi-Heiliger aus Dewa, Barabanki-Distrikt, Uttar Pradesh; Gründer des Warsi-Ordens des Sufismus
4 Lahiri Mahasaya (Shyama Charan Lahiri, 1828-1895); ein Jünger von Mahāvatar Babaji und Guru von Sri Yukteswar, dem Guru von Yogananda
5 Auch Venkusa oder Swami Venkavadhūta genannt; geboren Anfang des 19. Jahrhunderts in einer Brahmanen-Familie im Dorf Selu, Maharashtra

Meinen Hinweis hin den Tontopf öffnest, wirst du das Bild von Venkateswara finden. Wenn du dieses Bild verehrst, werde Ich Freude haben und Wohltaten gewähren.‘

Hanumān sagte zu Mutter Janaki: ‚Mutter, aus Liebe zu diesem Kind gabst du mir eine diamantene Halskette. Ich brach sie auf, um zu sehen, ob irgendwo in diesen Diamanten der Name von Rāma stand. Als ich den Namen Rāma nicht fand, warf ich diese Kette fort. Bitte vergib mir dieses große Vergehen.‘

Srīpāda: ‚Keine Handlung geschieht in der göttlichen Gegenwart ohne eine Ursache. Ich habe dieses Mānikya Hāra aufbewahrt. Dieses Halsband ist auch eine Form von Datta. Warum sollte es daran Zweifel geben? Ich habe durch das Ātma Jyotis[1] in Mir Lebenskraft in das Mānikya Hāra eingeflößt. Möge dieses Mānikya Hāra in der Gestalt eines Gurus erblühen. Möge diese Guru-Gestalt Lord Mānikya[2] genannt werden.‘

Meine Lieben, Srī Srīvallabha ist die Nārāyana-Form in Badari[3]. Er sagte, der Nara genannte Weise werde sich wieder auf Erden inkarnieren. Srī Charana allein weiß, unter welchem Namen und in welcher Form die Inkarnation stattfinden wird.

Srīpādas Aufenthalt im Dorf Shambala Giri beim Dronagiri-Berg

Einmal unterwies Venkavadhani, ein mütterlicher Onkel Srīpādas, in Pīthikapuram Kinder in den Veden. In der Nähe befand sich ein Kokosnussbaum. Ein Affe näherte sich dem heiligen Ort, wo die Veden gelehrt wurden, und hörte dem vedischen Klang aufmerksam zu. Ohne die Kokosnüsse auf den Bäumen oder andere Dinge anzurühren, hörte der Affe aufmerksam dem vedischen Klängen zu. Srīpāda fragte Seinen Onkel: ‚Onkel, gibt es Inkarnationen für Kokosnussbäume, wie es Inkarnationen für Götter gibt?‘ Darauf antwortete der mütterliche Onkel: ‚Kannāya, was für eine Frage ist das! Es muss einen Sinn für das Fragen geben!‘ Srīpāda bemerkte: ‚Onkel, darum geht es nicht! Auf dem Baum wächst eine unreife Frucht. Diese Frucht oder Nuss wird wieder zu einem Baum. Dieser Baum wird wieder unreife Früchte

1 Licht des Selbst
2 Manik Prabhu, 1817 - 1865
3 Badrinath; heilige Stadt in Uttarkand mit einem berühmten Tempel

tragen. Da der Prozess so weitergeht, wird sich der Baum zur Form des Samens verwandeln und eine Frucht wird sich wiederum zu einem Baum entwickeln.‘ Das Gespräch brach an diesem Punkt ab. Plötzlich fiel eine große Kokosnuss von dem in der Nähe stehenden Kokosbaum. Srīpāda nahm die Kokosnuss in Seine Hände. Er schaute den Affen an und sagte: ‚Ich möchte dich nicht mit leeren Händen fortschicken. Ich gebe dir diese mit Meinen Händen als Prasād. Du solltest nicht nach einer anderen Kokosnuss aus Meinen Händen fragen. Du kannst sie nehmen, wenn du einverstanden bist.‘ Der Affe bewegte seinen Kopf als Zeichen der Zustimmung. Srīpāda gab die Kokosnuss mit Seinen Händen und streichelte liebevoll über den ganzen Körper des Affen. Er ging glücklich fort. Wer weiß, wer dieser Affe wirklich war, warum ihm die Kokosnuss gegeben wurde und warum die Kokosnuss von allein herabfiel? Seine spielerischen Unterhaltungen sind sehr merkwürdig und übertreffen jede Vorstellung.

Der große Herr ging zum Sanjīvini-Berg, der Dronagiri[1] genannt wird. Er verbrachte einige glückliche Tage mit den Gruppen von Weisen. Wer weiß, was Er den großen Yogis dort zuteil werden ließ? Dann ging Er zum Dorf Shambala, wo sich Lord Kalki inkarnieren wird. Dieser Ort liegt in einem Gebiet, das selbst von Mahāyogis nicht besucht werden kann. Große Menschen, die für Tausende von Jahren Tapas im Himalaya machen, wohnen dort. *Srīpāda trank reines Wasser aus dem Kristallberg im Dorf Shambala. Das Alter jener, die dieses Wasser trinken, steht still. Daher blieb Er von jener Zeit an wie ein 16jähriger Junge, ohne Veränderungen im Körper.*

Der Aufstieg Srīpādas von Gokarna Kshetra zu den himmlischen Welten

Danach reiste Er durch viele heilige Orte und segnete Devotees und Maharshis. Er erreichte Gokarna Kshetra[2]. Drei Jahre lang blieb Srīpāda in Gokarna Kshetra. Es ist ein großes Pilgerzentrum. Dort zeigte Er viele göttliche Līlas. Sie waren unermesslich an der Zahl. Jeden Augenblick genoss Er die spielerischen Vergnügungen. Von dort aus erreichte Er Srī-Shaila[3]. In

1 Dunagiri; Gegend im Himalaya im Almora-Distrikt, Uttarakhand
2 Eine Tempelstadt an der Westküste Indiens im Staat Karnataka
3 Srisailam, Andhra Pradesh

Srī-Shaila hatte Srī Bāpanārya in der Vergangenheit ein großes Yagna durchgeführt und aus der Sonnengegend dem Mallikarjuna Linga[1] Kraft zugeführt. Von dort ging Er auf yogischem Weg mit Seinem Körper wie einem lodernden Feuerball zur Sonnenregion. Er ging zu Dhruva[2] und von dort zum Ārdra-Stern[3]. Nach vier Monaten kehrte Er vom Ārdra-Stern nach Srī-Shaila zurück. Auf Bitten der Maharshis im Ārdra-Stern organisierte Er in Srī-Shaila eine Konferenz der Siddha Purushas. Auf der Konferenz wurde von Ihm ein neuer Yoga, ein göttlicher Yoga des Wissens formuliert und verbreitet. Er schickte die Siddha Purushas zum Ārdra-Stern zurück. Sein Programm ist unbegreiflich. Er ist der einzige Herrscher über viele Millionen Universen. Nach einiger Zeit erreichte Er einen göttlichen Ort namens Kurungadda."

Ehre sei Srī Srīpāda Srīvallabha!

1 Bāpanārya hatte mit einem Ritual die Energie der Sonne in ein Shiva-Lingam in Sri Sailam geleitet und es so zu einer machtvollen Gottheit in dem Bereich gemacht.
2 Polarstern
3 Nakshatra-Konstellation in den Zwillingen mit dem Stern Beteigeuze

Kapitel 46

Besuch des Hauses von Srī Dhana Gupta

Erscheinen von Mantrākshatas auf den Srī Bhaskar Pāndit gegebenen Srī Pādukas

Wir wollten Bhaskar Pāndit um Erlaubnis zum Aufbruch bitten und den Ort verlassen. Bhaskar Pāndit befand sich gerade in Meditation. Die Pādukas[1] von Srīpāda hatten wir bereits an Bhaskar Pāndit übergeben. Er hatte sie im Andachtsraum aufgestellt. Zu unserem Erstaunen erschienen auf den Pādukas Mantrākshatas[2]. Srī Bhaskar Pāndit sagte: „Liebe Herren, *die göttlichen Zeitvertreibe von Srīpāda sind unerklärlich. Der Geburtsstern von Mutter Padmavati ist Mrigasira*[3]. *Der Geburtsstern von Srī Venkateswara ist Sravana*[4]. *Uttara Phalguni*[5] *ist für Srīmāta*[6] *ein freundlicher Stern und auch für Srī Venkateswara Swamī. Daher wurde ihre göttliche Hochzeit während des Uttara Phalguni-Sterns angesetzt. Indem die Mantrākshatas am Tag dieses göttlichen Sterns Uttara Phalguni auf Srīpāda Srīvallabhas Padūkas erschienen, tat Srīpāda kund, dass Er wahrhaft die Form von Padmavati-Venkateswara ist. Bewahrt diese göttlichen Mantrākshatas bei euch auf. Ihr werdet Glück erlangen. Möge die Gnade Srī Charans immer bei euch sein.*“

Verschiedene heilige Orte, die Shankar Bhatt und Dharma Gupta auf ihrer Wanderschaft besuchten

Welch ein großes Glück! Wir spürten, dass Er jede unserer Bewegungen, Gedanken und Handlungen beobachtete. Eine Strecke reisten wir auf ei-

1 Als heilig verehrte Sandalen
2 Mit Kurkuma gemischter Reis, aufgeladen mit Beschwörungen
3 Nakshatra-Konstellation im Monat Zwillinge-Krebs
4 Die 22. Nakshatra-Konstellation der Hindu-Astronomie
5 Nakshatra-Konstellation im Monat Löwe-Jungfrau
6 D. h. Padmavati

nem Ochsenkarren, der zu einer Hochzeitsfeier gehörte. Dann fuhren wir weiter auf einem Pferdewagen von einigen bedeutenden Vaishyas. Sie gingen nach Kondavīdu[1]. Dhana Gupta, ein bedeutender Vaishya sagte: „Meine Lieben, heute ist für uns ein großer glücklicher Tag. Ihr hattet der Hochzeitsgesellschaft, die mit einem Ochsenkarren kam, die Manträkshatas von Srīpāda gegeben. Anschließend gabt ihr sie uns. Einst ging ich aus geschäftlichen Gründen nach Pīthikapuram. Dort empfing ich im Hause von Srī Pynda Venkatappayya Sreshti den Darshan von Srīpāda. Srīpāda sagte mir voller Liebe: ‚Ich werde dir Manträkshatas mit Meinem Segen im Zusammenhang mit der Hochzeit deines Sohnes geben. Du gibst 11 Varahās als Dakshina[2] dem armen Brahmanen, durch den diese Manträkshatas dir überreicht werden. Zusammen mit ihm kommt auch ein bedeutender Vaishya. Du versprichst, deine Tochter seinem Sohn zur Ehe zu geben. Du gibst hundert Varahās und feierst das Aufgebot der Hochzeit, indem ihr bei einer Verlobungszeremonie in Kondavīdu Betel austauscht.“

Weder Dharma Gupta noch ich hatten Geld bei uns. Wir erreichten Kondavīdu, wo die Hochzeit des Sohnes von Srī Gupta in großem Stil gefeiert wurde. Dharma Gupta ist ein entfernter Verwandter der Familie der Braut. Die Familie von Dharma Gupta lud zur Hochzeit ein. Niemand in seiner Familie kannte den Aufenthaltsort oder die Zeit der Rückkehr von Dharma Gupta.

Die Familienmitglieder von Dharma Gupta kamen beim Haus der Eltern von Dhana Guptas Tochter an. Dharma Guptas Sohn kam auch zu der Hochzeit. In Kondavīdu fand die Verlobungszeremonie für die Hochzeit zwischen Dharma Guptas Sohn und Dhana Guptas Tochter statt. Ich hatte bis dahin kein Geld und empfing 11 Varahās. Srī Dharma Gupta, der bis zu dem Zeitpunkt mittellos war, erhielt 100 Varahās. Oh, was für eine wundervolle Wendung der Ereignisse!

Dharma Gupta lernte einige wichtige Händler kennen, die im Diamantenhandel tätig waren. Sie wollten für einige Zeit in Kondavīdu bleiben, um dort Ein- und Verkaufsgeschäfte abzuwickeln. Es hieß, Lord Datta wandere heimlich in der Kondavīdu-Gegend umher. Dort lebten auch Ambika-Yogis, Shiva-Yogis und Alchemisten.

1 Kondaveedu; Dorf im Guntur-Distrikt von Andhra Pradesh
2 Geldspende

Es wurde entschieden, mich auf einem Pferdekarren nach Vijayawatika[1] zu schicken, wo ich Unterkunft im Haus von Dhana Guptas Verwandten erhielt. An diesem großen Ort fließt der Krishna-Fluss. Ein Tempel von Srī Kanaka Durga Malleswara Swamī befand sich dort. Ich badete im Krishna-Fluss und besuchte den Tempel. Im Tempel von Mutter Durga traf ich einen alten Asketen. Er war von dem tiefen Wunsch erfüllt, nach Pīthikapuram zu gehen und Srīpāda zu besuchen.

Von Vijayawada aus brachen wir beide auf und erreichten nach einigen Tagesreisen Rajamahendravaram[2]. Wir besuchten Markandeswara und Koti Lingeswara. Unsere Reise verlief sehr angenehm. Ich sagte dem alten Sanyasi, der mich begleitete: „In ein paar Tagen werden wir Pīthikapuram erreichen. Wir werden das Haus besuchen, in dem sich Srīpāda inkarniert hat. Außerdem werden wir Srī Pynda Venkatappayya Sreshti und Srī Narasimha Varma treffen und den Segen von Srī Bāpanārya erhalten. Auch Mutter Sumatī Maharani und Vater Appalaraja Sarma werden wir treffen. Eine großartige glückliche Zeit kommt auf uns zu. Dies ist eine günstige Zeit, in der glückbringende Ereignisse geschehen. Danach werden wir von Pīthikapuram nach Kurungadda gehen und den Darshan von Srīpāda Srīvallabha erhalten."

Der Sanyasi war begeistert. Wir besuchten Tempel, die auf dem Weg lagen. Nach ein paar Tagen erreichten wir Pīthikapuram. Im Haus von Srī Bāpānarya erhielten wir Unterkunft und Verpflegung und hörten von so vielen Kindheits-Līlas Srīpādas. Wir erfuhren, dass auch die Brahmanen von Pīthikapuram nach und nach das Wesen von Srīpāda verstanden. Wie viele Līlas von Srīpāda kann ich beschreiben? Selbst für Ādi Sesha[3], die tausend Zungen hat, ist es unmöglich, alle Lilas zu beschreiben. Nur um das Ausmaß Seiner Lilās zu illustrieren, nehme ich ein paar davon in das Buch auf.

Die Reise von Srīpādas Verwandten nach Kurungadda

Srī Narasimha Varma und seine Frau Ammajamma wollten nach Kurungadda gehen und Srīpāda sehen. Sie unterbreiteten die Angelegenheit Srī Pynda

1 Heute: Vijayawada, Andhra Pradesh
2 Heute: Rajahmundry, Andhra Pradesh
3 Die Schlange der Zeit, die alle Wesen der Schöpfung trägt

Venkatappayya Sreshti. Er stimmte zu. Auch mit Srī Bāpanārya wurde die Sache besprochen. Er hatte ebenso den Wunsch, seinen Enkel einmal physisch zu sehen. In allen Einzelheiten befragte uns Sumatī Maharani über das Wohlergehen ihres Kindes. Auch wenn Srī Appalaraja Sarma streng zu sein schien, wünschte auch er innerlich, sein Kind einmal zu sehen.

Die Reise nach Kurungadda wurde beschlossen. Insgesamt 18 Pferdewagen wurden speziell angefertigt. Zusammen reisten wir alle nach Kurungadda. Wir dachten, die Reise würde viele Tage dauern, doch da die Reise bestätigt war, hatten wir alle das Gefühl, gewiss eines Tages den Darshan von Srīpāda zu erhalten. Sumatī Maharani vergoss Tränen über die Frage, wann sie wohl ihren kleinen Jungen sehen könne. Alle Leute trösteten sie und sprachen ihr mit zuversichtlichen Worten Mut zu.

Srīpāda gibt Seinen Eltern und Großvätern wieder Darshan

Der Allwissende, der Regisseur des Weltdramas, der große Lord Srīpāda Srīvallabha beobachtete die ganze Aktivität, die da vor sich ging. Plötzlich überkam allen Leute, die in den 18 Pferdekarren reisten, Schwindel und Benommenheit. Selbst die Wagenlenker schwankten wie trunken. Die Pferde schienen am Himmel zu laufen statt auf dem Boden.

Zur Zeit des Sonnenaufgangs brachen wir von Pīthikapuram auf. Es wurde Mittag. Die Wagenlenker sagten plötzlich, dass sie die richtige Straße verpasst hätten und in einem unbekannten Gebiet wären. Ich stieg auch aus dem Wagen aus, um zu schauen, wo wir uns befanden. Dann fragten wir die Leute, die unterwegs waren, nach dem Namen des Dorfes. Sie informierten uns, dass es Panchadeva Pahād sei und fügten hinzu: „Heute ist Donnerstag. Deshalb sind wir zum Darbar von Srīpāda gekommen. Er erkundigt sich nach dem Wohlergehen aller, die sich an Ihn wenden, und heilt ihre Sorgen und Krankheiten. Alle Besucher erhalten reichlich Nahrung." War es ein Traum oder Wirklichkeit? Wir waren total verwirrt. Doch gleich wie sehr wir darüber nachdachten, wir konnten nicht verstehen, wie es möglich war, Panchadeva Pahād in so kurzer Zeit erreicht zu haben.

Uns wurde jedoch bestätigt, dass es Wirklichkeit und kein Traum war. Srīpādas Mutter Sumatī Maharani umarmte Srīpāda und weinte. Er sagte:

„Mutter, du hast das große Privileg, ein Kind geboren zu haben, das eigenschaftslos und formlos ist, die höchste Erscheinung. Du bist eine Pativrata Siromani[1], Mutter Anasūyā gleich. Werden Früchte dort wachsen, wo du Tränen vergießt?“ Sie so fragend, wischte Er die Tränen Seiner Mutter mit Seinen göttlichen Händen fort.

Ehre sei Srī Srīpāda Srīvallabha!

1 Kleinod unter den hingebungsvollen Ehefrauen

Srīpāda Rājam Saranam Prapadye

Kapitel 47

Srīpāda bringt Seine Eltern und Anhänger aus Pīthikapuram nach Panchadeva Pahād

Srīpāda gibt nach Abwägen und Bemessen der Dharma Karmas jedem genau das, was ihm zusteht.

Am Darbar[1] von Srīpāda Srīvallabha wurden viele üppige Gerichte serviert. Es war ein Wunder, dass sich die Menge der Essensberge nie erschöpfte, obwohl in großem Stil serviert wurde. Reis, Currys und andere Nahrungsmittel, die übrig blieben, wurden auf Anweisung des großen Herrn in den Krishna-Fluss geworfen. Das Prasād[2] von Srīpāda wurde den Lebewesen im Wasser überreicht.

Srīpāda sagte zu Srī Bāpanārya: „Großvater, aus der Region der Sonne hast du Kraft nach Srī-Shaila übermittelt. Unter der fähigen Leitung von Bharadwaja führten während des Tretā Yugas[3] alle Weisen das Sāvitra Kāthaka Chayanam[4] in Pīthikapuram durch und beteten inbrünstig um Meine Inkarnation. Um das ihnen gegebene Versprechen zu erfüllen, musste Ich kommen. Du erklärst leidenschaftlich, die Form von Brahman könne weder durch Worte noch durch das Denkvermögen verstanden werden und nichts sei für Lord Datta unmöglich. Ich kann Raum und Zeit ausdehnen oder schrumpfen lassen. Mein Wille wird geschehen. Nichts kann ihn aufhalten. Wenn Ich es als notwendig erachte, kann Ich Himmel und Erde zusammenfügen. Die Himmelskörper am Himmel sind wie Bälle in Meiner Hand. Bāpanārya, Ich gewährte dir Gnade, als du als Lābhāda Maharshi[5], als Nanda[6] und als Bhaskarācharya[7] geboren wurdest. Da du nun als Bāpannā-

1 Königshof
2 Als Opfer gegebene Nahrung
3 Das zweite der vier Yugas
4 Ein Ritual zur Sonne
5 Ein Muni (Mönch) der Vaishya-Gemeinschaft eines früheren Yugas
6 Stiefvater von Srī Krishna
7 Der spirituelle Guru der Ārya Vaishya-Gemeinschaft im Brihat Sila-Königreich

vadhani gekommen bist, bin ich als Srīpāda Srīvallabha gekommen. Es gibt da nichts zu bewundern."

Da sagte Pynda Venkatappayya Sreshti: „Goldener Kannayyā, für Dich ist alles sehr gewöhnlich, doch für uns ist alles außergewöhnlich und unvorstellbar."

Srīpāda bemerkte: „Großvater, ich bin ein sehr geschickter Richter. Ich gebe genau das, was jedem zusteht, nachdem Ich sorgfältig ihr Dharma und ihre Karmas abgewägt und bemessen habe. Ein kleiner von Mir ausgehender Strahl wird zu einem großen Yogi oder einem großen Siddha. Diese Erde kann nicht einmal diesen kleinen Strahl ertragen. Auch die kleine euch gegebene Menge Kundalinī könnt ihr nicht ertragen. Daher verschleiere Ich Mich in Māya. Wenn Ich es für notwendig halte, kann Ich jedes außergewöhnliche Wunder demonstrieren. Es gibt keine Last, die Ich nicht heben kann. Es gibt kein Problem, das Ich nicht lösen kann. Es gibt keine Wohltaten, die Ich nicht bieten kann. Es gibt keine Arbeit, die Ich nicht durchführen kann. Der Zweck, euch auf diese Weise von Pīthikapuram hierher zu bringen, besteht darin, euch bewusst zu machen, dass Ich Datta bin."

Narasimha Varma äußerte sich: „Du bist der einzige Kshatriya, der alle Menschen beschützt. Alle anderen sind nur dem Namen nach Kshatriyas." Srīpāda entgegnete: „Das Wesen der Herrscher ist stets in Mir. Ich befehle dir, in Maharashtra unter dem Namen Shivaji Maharaja[1] zu inkarnieren und das Sanātana Dharma[2] zu schützen." Da jubelte Srī Narasimha Varma: „Sieg, Sieg für Srīpāda Sārvabhūma[3]."

Srimati Ammajamma sagte: „Mein lieber, goldener Kannā, wir hoffen sehr, Deine Hochzeit mit unseren eigenen Augen zu sehen. Ich möchte sehen, dass Deine Heirat mit allem Pomp gefeiert wird. Ich möchte Dich mit dem glückverheißenden Heiratszeichen schmücken und Dich als Bräutigam sehen." Da antwortete Srīpāda: „Großmutter, es wird gewiss geschehen! Für das Wohl der Welt werde Ich Mich als Kalki im Dorfe Shambala inkarnieren und Anaghā Lakshmi heiraten, die als Padmavati in Ceylon[4] geboren wird. Bis dahin ist noch einige Zeit. Ich werde gewiss deinen Wunsch

1 Ein großer indischer Kriegerkönig (1627/30 - 1680)
2 Das ewige Gesetz
3 Kaiser der Gurus
4 Srī Lanka

erfüllen. Beachte, dass die Zeit, wenn ein neuer Ayyappa[1] nicht Sabarimala[2] besuchen wird, das Ende des Kali Yugas[3] ist. Ich, der sich als Dharma Shāsta inkarniert hat, sollte nicht Mein Wort brechen, nicht wahr? Ihr müsst notwendigerweise noch einige Zeit warten."

Das heitere Spiel des unsichtbaren Fadenziehers im Weltendrama

Srimati Venkata Subbamamba sagte: „Kannayyā, viele Tage sind vergangen, seit du Milch, Quark, Sahne und Butter gekostet hast. Ich möchte Dich mit meinen Händen füttern." Da sagte Srīpāda: „Ammamammā[4], gewiss fütterst du Mich. Ich bin sehr müde. Ich weiß, dass du Milch, Quark, Sahne und Butter mitbringst. Verderben sie nicht auf einer Reise von so vielen Tagen? Da Ich ein Gefangener der Zuneigung und Liebe von euch allen wurde, brachte Ich euch auf merkwürdige Weise hierher, so dass diese Dinge nicht schlecht werden. Ammammā, schau, wie sehr Ich Mich abmühen musste. Ist es etwas Normales für eine einzelne Person, 18 Pferdekarren über eine Entfernung von vielen Meilen zu ziehen? Mein ganzer Körper schmerzt. Schau, wie Meine Hände voller Blasen sind." Daraufhin schaute sie die Hände von Srīpāda an und war erstaunt. Sie wiesen wirklich Blasen auf. Venkata Subbamamba rieb Seine Hände mit Salbe ein und behandelte sie mit heißem Wasser. Wo ist das Ende für die heiteren Spiele des Regisseurs des Weltendramas?

Rajamamba sagte: „Goldener Kannā, ich brachte dein Lieblings-Halwa[5] in Deinem Silberkästchen. Komm her, mein Lieber, ich werde Dich mit meinen Händen füttern." Alle drei Großmütter fütterten gemeinsam Srīpāda mit dem Halwa. Das Halwa erschöpfte sich jedoch nicht. Srīpāda ließ diesen Zeitvertreib für sehr lange Zeit geschehen.

Srīpāda fragte: „Auch wenn alle drei Großmütter viel Liebe für Mich haben, werde Ich aber nicht krank, wenn Ich so viel Halwa alleine esse? Wird diese Handlung vom Dharma befürwortet?" Nach diesen Fragen speiste Er

1 Ist Dharma Sāsta, geboren aus der Vereinigung von Shiva mit der weiblichen Mohini-Form von Vishnu
2 Der „Berg von Sabari" in den Westghats, Geburtsort von Lord Ayyappa
3 Das dunkle Zeitalter
4 Mutter der Mutter
5 Mit Weizenmehl zubereitete Süßigkeit

mit Seinen eigenen Händen Seine Brüder, Schwestern und ihre Ehepartner. Bei den Besuchern gab es einen Bauern namens Venkayya. Srīpāda gab nur in Seinem Haus Datta Dīkshas. Er gab Venkayya mit Seinen Händen Halwa und wies ihn an, den Wagenlenkern und den Pferden Halwa zu geben. Er überreichte Venkayya das Silberkästchen.

Appalaraja Sarma bat: „Mein lieber Sohn, mein Goldener, wenn wir irgendwelche Vergehen begangen haben, ohne zu wissen, dass Du Lord Datta bist, so vergib uns bitte.“ Srīpāda sagte: „Vater, Ich bin dein Sohn. Kann der Sohn seinem Vater vergeben? Welch ein Wunder! Du solltest Liebe auf Mich ergießen, denn Ich bin dein Sohn. Wünsche immer Mein Wohl.“

Srī Venkavadhani und seine Frau weinten bitterlich. Da sagte Srīpāda: „Onkel, unsere Beziehung ist von Dauer. Ich bin nicht allein für dich ein Neffe. Jeder, der in deinem Familienclan geboren ist, kann Mich als seinen Neffen betrachten. Ich werde euch mit Meinen göttlichen Līlas erfreuen. Ihr könnt all eure Sehnsüchte zur Zeit der Kalki-Inkarnation erfüllen, indem ihr Padmavati Devi als eure Tochter behandelt.“

Trauer überwältigte Sumatī Maharani. Es wurde für sie unerträglich, dass ihr Wunsch, Ihn mit der glückbringenden Kalyanam-Markierung[1] zu schmücken und Ihn als Bräutigam zu sehen, nicht erfüllt wurde. Andererseits wurde Ihr Sohn als ein Weiser betrachtet und war den Sinnesfreuden gegenüber gleichgültig. All dies war für sie unerträglich. Da näherte sich Srīpāda Seiner Mutter und versicherte ihr: „Mutter, du unterscheidest dich für Mich nicht von Mutter Anasūyā. Ich werde gewiss deine Wünsche in der Kalki-Inkarnation erfüllen.

Mutter, Ich wurde nur dadurch so groß, weil Ich aus deinem Schoß geboren wurde. Ich wurde mit dem Nektar deiner Liebe genährt. Mutter, hast du bemerkt, was Vasavī gemacht hat? Als Ich hungrig war, verwandelte Ich Mich in einen Säugling und wandte Mich an Mutter Anasūyā, um ihre Brustmilch zu trinken, aber Vasavī trank die ganze Milch. Dieser Teufel von Schwester sagte: ‚Bruder, gehe zu Mutter Sumatī und trinke Milch. Wenn Du es aufschiebst, werde Ich auch diese Milch trinken.‘ So warnte sie Mich. Sage Mir nun, was Ich tun soll, Mutter.” Während Er dies sagte, wurde Srīpāda zu einem kleinen Baby. Er lag auf dem Boden und schaute mitleiderregend Seine Mutter an. Kummer überwältigte Sumatī Maharani. Sie hielt

1 Hochzeitsmarkierung

das Baby in ihren Händen und gab Ihm Brustmilch. Sie rief „Tochter Vasavī!“ Ein kleines weibliches Baby von ein paar Monaten erschien auf dem Boden. Beide Kinder tranken die Brustmilch von beiden Seiten. Der ganze Kummer von Mutter Sumatī war wie fortgeblasen.

Venkayya sagte: „Hier ist eine Bitte an Srī Mahā Guru. Der Ort dieses Darbars und das angrenzende große Land, wo dieses göttliche Līla stattfand, sollten im ganzen Universum bekannt werden.“ Srīpādā versicherte: „In Zukunft wird Mein Darbar als ein permanentes Gebäude erbaut werden. Auch Kühe werden darin sein. Zahlreiche Wunder werde Ich dort zeigen.“

Dies ist ein Erlebnis, das ich mit eigenen Augen bezeugt habe. Alles, was ich geschrieben habe, stimmt bis auf jeden Buchstaben. Alle dort anwesenden Gäste fielen in eine Art Schlaftrunkenheit. Nach kurzer Zeit war niemand mehr in dem Darbar außer dem Sanyasi, Srīpāda und mir. Ich machte mir Sorgen, was mit all den anderen geschehen sei, ob sie wohl Opfer einer teuflischen Zauberei geworden seien.

Srīpāda sagte: „In Meiner Gegenwart wirkt keine Dämonenbeschwörung. Alle Gäste habe Ich sicher nach Pīthikapuram zurückgebracht. ‚*Yad Bhāvam Tad Bhavate.*‘ Ich werde die Menschen in der gleichen Weise[1] retten, in der sie Mich verehren. Dies ist Mein Versprechen.“

Ehre sei Srī Srīpāda Srīvallabha!

1 Bhāva

Srīpāda Rājam Saranam Prapadye

Kapitel 48

Beschreibung des Darbars in Panchadeva Pahād

Wie Srīpāda Männer und Frauen anspricht

Srīpāda hielt normalerweise jeden Donnerstag den Darbar in Panchadeva Pahād ab. Gewöhnlich schritt Er auf dem Wasser des Krishna-Flusses. Wo immer Er Seinen Fuß auf das Wasser setzte, erschien an dieser Stelle ein Lotus. Es geht über die menschliche Vorstellungskraft hinaus, wie man mit hölzernen Sandalen auf einem Lotus stehen kann. Nicht nur das. Auf dem Wasser zu laufen ist ein Wunder, und so war es auch für die Zuschauer eine Zeitlang ein Wunder. Nach einiger Zeit betrachteten sie es als eine sportliche Betätigung. Wenn Srīpāda am anderen Ufer des Flusses ankam, gingen Seine Devotees voraus und hießen Ihn herzlich willkommen.

Der Darbar dauerte meist bis zum Abend. Wenn Er danach den Krishna-Fluss überquerte, ging Er über die Lotusblüten, die bei jedem Schritt aus dem Wasser emporkamen. Dann verabschiedeten Ihn alle Devotees. Die Nacht über blieb Er gewöhnlich allein in Kurungadda. Jeden Freitag gab er jungen Mädchen, die im heiratsfähigen Alter waren, und Frauen, die ein glückbringendes Eheleben wünschten, Gelbwurz-Stücke.

Gewöhnlich sprach Er ältere Frauen als ‚Mutter Sumatī' an. Manchmal sprach Er sie als ‚Mutter Anasuyamma Tallī' an. Frauen, die jünger waren als Er, nannte Er ‚Ammā Vasavī', ‚Ammā Srī Vidyādharā, ‚Ammā Radhā' oder ‚Ammā Surekhā'. Ältere Personen, die das Alter Seines Vaters hatten, addressierte Er mit ‚Ayyā' oder 'Nāyanā'. Kleine Jungen nannte Er ‚Orey Abbī' oder ‚Bangārū'. Zu Personen im Alter Seines Großvaters sagte Er ‚Tātā'. Liebevoll nannte Er ältere Frauen ‚Ammammā'.

Das tägliche Programm von Srīpāda und dem Darbar

Zuweilen hielt Er den Freitags-Darbar in Kurungadda ab oder auch in Panchadeva Pahād. In gleicher Weise, wie es Ihm gefiel, fand der Donnerstags-Darbar entweder in Kurungadda oder Panchadeva Pahād statt.

Während des Darbars am Sonntag hielt Er einen Vortrag über das esoterische yogische Wissen. Danach erkundigte Er sich nach dem Wohlergehen der Besucher. Geduldig hörte Er sich ihre Schwierigkeiten an und sprach ihnen ermutigende Worte zu. Beim Montags-Darbar erzählte Er Geschichten aus den Purānen. Nach dem Vortrag erkundigte Er sich nach dem Befinden der Devotees. Beim Dienstags-Darbar lehrte Er aus den Upanishaden. Nach dem Unterricht hörte Er sich Probleme einzelner Besucher an, schlug Lösungen vor und ermutigte sie. Beim Mittwochs-Darbar erklärte Er die Veden und die Bedeutung der Veden. Danach hörte Er sich geduldig die Leiden der Devotees an und sprach ihnen Mut zu. Beim Donnerstags-Darbar erläuterte Er Guru Tattwa[1]. Bei diesem Darbar versprach Er den Devotees Hilfe, um ihre Sorgen und chronischen Krankheiten zu lindern und ihnen Schutz zu gewähren. An dem Tag wurden spezielle Mahlzeiten für alle zubereitet und serviert. Wenn manchmal Seine Liebe zu den Devotees besonders spürbar war, servierte Er ihnen persönlich das Essen oder speiste selbst einige glückliche Personen. Manchen Leuten, die sehr schüchtern waren, steckte Er gewaltsam Essen in den Mund, so dass sie essen mussten. Er sagte, dass Seine Schatztruhe immer gefüllt sei und es niemals Mangel an Geld oder Nahrung gebe. Beim Freitags-Darbar lehrte Er Srī Vidya[2]. Immer verteilte Er Kurkuma-Stücke. Über die Größe der Shiva-Verehrung lehrte Er beim Samstags-Darbar.

Alle, die dem Darbar von Srīpāda beiwohnten, waren in der Tat glücklich. Devotees brachten Reis, Gemüse, Jowar[3] und Rāgi-Körner[4]. Jeden Tag gab es Festessen, doch donnerstags wurden spezielle Speisen gekocht. So wurden Süßigkeiten zubereitet und an die Devotees verteilt. Srīpādas Herz war sehr zart. Jemand, der zum Darbar kam und z. B. Probleme mit Schlangen hatte, verließ gewöhnlich wieder glücklich den Ort, nachdem

1 Prinzip des Gurus
2 Das Wissen von Srī, der göttlichen Mutter
3 Sorghum (Sorghumhirse); Pflanzenart aus der Grasfamilie, als Getreide verwendet
4 Fingerhirse (Eleusine coracana); Getreideart

seine Probleme beseitigt waren. Srīpāda pflegte zu sagen, dass Gnade gewiss gewährt werden würde, wenn man das Srī Datta Purāna liest. Die Liebe Srīpādas entspricht der von Millionen Müttern.

Niemandem erlaubte Er, während der Nacht in Kurungadda zu bleiben, doch der alte Sanyasi, der mit mir gekommen war, durfte für einige Zeit bleiben. Manchmal wurde ich gebeten, die Nacht in Kurungadda zu verbringen. Dem alten Sanyasi sagte Er, er solle nach Kashi gehen und dort leben, und nur dort seinen Körper verlassen. Meine Pflicht war es, das Kochgeschirr zu reinigen, Mahlzeiten zuzubereiten und nach dem Wohl der Devotees zu schauen. Den Besuchern des Darbars sollten zu jeder Zeit Mahlzeiten angeboten werden. Wenn jemand sagte, er habe bereits gegessen, bestand Er darauf, dass gegessen wurde, weil es Prāsad war. Bei meinem Einwand, dass das Essen nicht ausreichen würde, da die Anzahl der Gäste größer sei, sprenkelte Er das Wasser aus Seinem Kamandalu[1] über die Speisen. Dadurch erschöpften sie sich niemals. So geschah es viele Male.

Oft kamen während der Nacht himmlische Wesen in Fluggeräten nach Kurungadda, um den großen Guru zu verehren. Sie kehrten zurück, nachdem sie Seinen Segen erhalten hatten. Manchmal kamen Yogis aus dem Himalaya. Auch sie pflegten über das Wasser zu gehen. Ihre Körper waren sehr strahlend. Persönlich servierte Srīpāda ihnen das Essen.

Srīpādas Mahlzeit bestand nur aus einer Handvoll gekochter Reiskörner. Er war aber sehr zufrieden, wenn Seine Devotees sich den Bauch mit Mahlzeiten füllten, gleich ob Essen aus Reis, Jowar, Rāgi-Grütze oder Pudding.

Ein Wäscher namens Ravi Das hatte das große Glück, die Kleider von Srī Charan zu waschen. Wenn jemand seine schlechten Gewohnheiten nicht ablegte, selbst nachdem er Seinen Darshan erhalten hatte, stellten sich merkwürdige Probleme ein. Srīpāda sagte, für die Seelen der verstorbenen Älteren sollten unbedingt huldvolle Zeremonien durchgeführt werden. Er sagte, alle 18 Kasten seien wie Seine Kinder und Er habe keine Vorlieben für irgendjemanden und handele gemäß den Dharma Karmas, denen die Leute folgen. Er bemerkte auch, dass die große Gelegenheit, die an dem Tag zur Verfügung stünde, sich nicht wieder ergeben würde, weil Er in der folgenden Inkarnation strenger sein würde. Sein Darshan stünde auch als Ergebnis des in vielen Geburten angesammelten Verdienstes zur Verfügung,

1 Wassergefäß

die gute Gelegenheit solle genutzt werden, denn man könne den Darshan eines Sadguru erst wieder nach vielen Geburten erlangen. Er bemerkte auch, dass es auf der ganzen Welt in einem Yuga 125.000 Siddha Purushas gäbe und sie alle Seine Teile seien und wenn man Zuflucht zu einem von ihnen nehme, strahle Seine Gnade durch sie aus.

Er fügte hinzu, Er sei die Stütze der ganzen Schöpfung und durch Seinen Willen würde alles geschehen, ihre Erschaffung, ihr Erhalt und ihre Auflösung. Er sagte: „Wenn ihr euren Guru grüßt, so grüßt Er seinen Guru, und wenn wir irgendeinen Guru grüßen, werden alle Grüße nur Mich erreichen, da Ich der erste Guru bin. Wenn die Götter zornig werden, so wird der Guru beschützen, doch wenn der Guru zornig wird, gibt es niemanden, der ihm Schutz gewährt.“ Er bemerkte ferner, wer Ihn verehre, erlange die Unterstützung dieser und der anderen Welten. In der Schöpfung sollte man niemanden hassen, und wenn wir jemanden hassen, erreicht der Hass auch Ihn.

Er betonte auch, wenn Er Gnade gewähren wolle, so werde Er nicht die Stärken und Schwächen betrachten, sondern man sollte in sich sāttwische Qualitäten haben, um Seine Gnade zu erlangen.

Beim Handeln sollte der Name Gottes im Herzen gesungen werden

Es wurde bemerkt, dass Kurungadda ein heiliger Ort sei, dass dort Īswara[1] wachsam lebe und Gottheiten, Weise und große Personen versteckt und ungesehen von den Leuten leben. Für jeden gibt es dort einen passenden Platz. Er versicherte, man solle stets den Namen Gottes im Herzen tragen, während man seine Pflichten tut, und diese Pflichten sollten im Einklang mit dem Dharma sein. Würde man Seinen Darshan erhalten, lösten sich alle großen Sünden auf, und würde man frommen Tätigkeiten folgen, werde es möglich sein, glückbringende Ergebnisse zu erzielen. Mögen wir den göttlichen Aussprüchen Srīpādas in unserem Leben folgen und erlöst werden!

Ehre sei Srī Srīpāda Srīvallabha!

1 Der innewohnende Gott

Kapitel 49

Srīpādas Methoden, das Karma aufzulösen

Die Bedeutung der Zahl 33. Seine Programme in Kurungadda

Srīpāda bemerkte einmal: „Shankar Bhatt, was wir praktizieren ist Agni Vidya[1]. Das Feuer zu verehren ist ein natürliches Merkmal einer orthodoxen Person. Deine Feuerverehrung besteht darin, den Herd anzuzünden und die Mahlzeit zuzubereiten." Ich sagte zu Srīpāda: „Gesegnet sei Srī Mahā Guru! Dieser irdene Küchenofen sollte immer so brennen, sogar nach meinem Abgang." Srīpāda erwiderte: „Das Feuer in deinem Herd hat keine Kraft an sich. Da es mit Meinem yogischen Feuer verschmolzen ist, verwandeln sich die von dir auf diesem Ofen zubereiteten Mahlzeiten in Prasād, welches das Leid und die Demütigungen der Devotees beseitigt. Dieser Herd sollte hier nur für neun weitere Jahre da sein. Dies bedeutet, dass Ich Meinen Körper während Meines 30. Jahres verbergen werde. Danach werde Ich hingebungsvollen Personen weitere drei Jahre lang die Schau in einer strahlenden Form gewähren. Dann werden es für Mich 33 Jahre sein. Im Leben eines Yogis bringt das 33. Jahr viele Veränderungen. Die Wirbelsäule besteht auch nur aus 33 Wirbeln. Die Zahl der Rudra Ganas[2] beträgt 330 Millionen. Das Feueropfer wird selbst danach fortbestehen. Als Symbol des Verbrennens der Karmas, die an die dichte Oberfläche gebracht werden, führe Ich diese Feuerverehrung durch. Die Karmas der Devotees werden jedoch in subtiler Form vorhanden sein, bevor sie dichte Formen annehmen. Zuvor sind sie mit dem Kausalkörper in Kausalform verbunden. Daher ist nach dem 33. Jahr diese Art der Feuerverehrung für Mich nicht mehr notwendig. Ich werde dann die Sünden, die mit den subtilen Körpern derjenigen, die mit Mir verbunden sind, durch Mein yogisches Feuer verbrennen, doch du wirst weiter den Küchenofen am Brennen halten, bis Ich das 30. Jahr erlangt habe. Danach werden Devotees hierher kommen und ihr eige-

1 Die Weisheit des Feuers
2 Rudra-Scharen; Diener Shivas

nes Essen kochen und wieder fortgehen. Das wird drei Jahre so weitergehen. Später ist die Feuerverehrung in physischer Form nicht mehr notwendig. Ich habe das Pruthvi Yagna[1] begonnen. Es geht erfolgreich voran. Ich habe das Jala Yagna[2] begonnen. Es geht auch als ein großer Erfolg voran. Jetzt habe Ich die Feuerverehrung als Feuer-Yagna[3] begonnen. Dies wird auch unaufhaltsam vorangehen. Ich bin derjenige, der die Form des Feuers in allen Lebewesen ist! Ich bin derjenige, der alle Dinge heiligt! Ich bin der Eine, der alle Dinge verbrennt!“

Zu keiner Zeit hatte ich über Opferrituale bezüglich der fünf Grundelemente gehört. Ich kam zu dem Schluss, dass es vergeblich sei, über das heitere Vorgehen von Srīpāda nachzudenken.

Eines Tages kam ein frisch verheiratetes Paar, um Srīpāda zu besuchen. Er wies sie an, in der Darbar-Halle in Panchadeva Pahād zu bleiben. Nach zwei Tagen starb der junge Mann. Sie glaubten, Srī Mahā Guru werde sie retten, da Er ein gütiger Gott sei, der viele Gaben gewährte. Doch die junge Braut wurde Witwe, was für eine Frau unerträglich ist. Die Verwandten des frisch verheirateten Paares kamen nach Panchadeva Pahād. Sie befanden sich in einem Dilemma, ob sie den Leichnam kremieren sollten oder nicht. Es war nicht möglich, ohne die Erlaubnis von Srīpāda den toten Körper aus dem Darbar in Panchadeva Pahād zu entfernen. Wie eine Göttin des Kummers sah die Braut aus. Als Srīpāda zu Seinem Darbar kam, unterbreitete Ihm die junge Braut ihren Schicksalsschlag. Srīpāda bemerkte, die Ergebnisse des Karmas seien unvermeidlich. Da brachte die Braut vor: „Wenn das inaktive Karma bereits die Kraft hat, meinem Ehemann den Tod zu bringen, so ist es besser, dem Karma den Status einer Gottheit zu geben und es durch Errichten von Tempeln zu verehren. Ich habe gehört, dass für Srīpāda, der die Verkörperung des Bewusstseins ist, der Gewänder aus Feuer trägt, der eine Verkörperung des Feuers ist, es nichts gibt, was unmöglich ist. Bitte gewähre dieser Unglücklichen Māngalya Bhiksha[4] und erfreue sie.“ Diese frisch verheiratete Frau hatte einen immensen Glauben an die Gnade und das Mitgefühl Srīpādas.

1 Erdopfer
2 Wasseropfer
3 Feueropfer
4 Geschenk des Verheiratetseins

Einem Toten Leben gewähren

Da sagte Srīpāda: „Viswaso phaladāyakam. Wenn du solch einen starken Glauben an Mich hast, wird dein Ehemann gewiss wieder lebendig. Doch Ich werde dir einen Ausweg nennen, ohne das Karma-Gesetz zu überschreiten. Verkaufe dein Mangala Sūtra[1] und kaufe mit dem Geld Feuerholz, das dem Gewicht deines Mannes gleichkommt. Bringe das Feuerholz hierher. Das Feuerholz wird im Ofen verwendet, um Essen zu kochen. Auf diese Weise wird dein Unheil verbrannt. Das Unheil, dein Māngalya zu verlieren, das Unheil, den Körper deines Ehemanns zu verbrennen, und das Unheil der Nahrung, welches durch das Verbrennen des Feuerholzes geschieht – all das, was die Todesschwingung angezogen hat, wird sich beruhigen." Nachdem alles, was Er gesagt hatte, getan war, kam ihr Ehemann zurück ins Leben.

Srīpāda pflegte verschiedene Arten sündhafter Taten Seiner Devotees in Feuerholzstücke zu bannen. Dadurch wurden diese Hölzer verbrannt und es wurde schmackhaftes Essen zubereitet, das gesegnete glückbringende Ergebnisse brachte.

Große Gnade für einen armen Brahmanen

Bei einer anderen Gelegenheit kam ein armer Brahmane, um den Darshan von Srīpāda zu erlangen. Er klagte, wenn Srīpāda ihm nicht Gnade gewähren würde, hätte er keine andere Wahl, als Selbstmord zu begehen. Da brachte Srīpāda einen brennenden Stab und berührte damit den Brahmanen. Eine Zeitlang litt der Brahmane an dieser Berührung. Srīpāda sagte zu ihm: „Oh Brahmane, du wolltest Selbstmord begehen. Hätte Ich Mich deiner nicht angenommen, so hättest du wirklich Selbstmord begangen. So habe Ich alle Schwingungen der sündvollen Karmas bezüglich des Selbstmordes zerstört, indem Ich dich mit Feuer brandmarkte. Von nun an wirst du nicht mehr unter Armut leiden. Nimm diesen erkalteten Stab, schlage ihn in dein Tuch und trage ihn sorgfältig zu deinem Haus." Er tat es. Als er das Bündel im Haus öffnete, hatte sich der Stab in Gold verwandelt. Dieser Brahmane litt nie mehr unter Armut.

---

1 Faden, den der Bräutigam der Braut bei der Hochzeit um den Hals legt

Durch Sein Feuerritual pflegte Srīpāda die Sünden Seiner Devotees auf seltsame Weise zu löschen. Manchmal bat Er sie, spezielle Gemüse wie Auberginen oder Okras zu bringen. Die Auswirkungen der sündhaften Taten der Devotees zog Er in diese Gemüse. Er zwang die Devotees, den aus diesem Gemüse zubereiteten Curry zu essen. Die karmischen Auswirkungen wurden beseitigt.

Ein Mädchen bekam keinen Ehemann, obwohl sie die Pubertät erlangt hatte. Da sie negativ von Mars beeinflusst war, wurde sie gebeten, rote Linsen zu bringen. Mit diesen Linsen wurden Speisen zubereitet und Srīpāda wies alle, auch das Mädchen, an, die Speisen zu essen. Als die Karma-Bande beseitigt waren, wurde sie mit einem würdigen Ehemann verheiratet.

Manche wurden angewiesen, Kuh-Ghī für die Speisezubereitungen zum Darbar zu bringen. Andere wurden gebeten, Lichter mit Kuh-Ghī anzuzünden. In sehr schwierigen Situationen, wenn z. B. Mädchen nicht verheiratet werden konnten, wies Er sie an, Ambika freitags während der Rāhu[1]-Zeit zu verehren.

Einmal wurde ein Devotee krank und bettlägerig. Srīpāda wies ihn an, eine Lampe mit Rizinus-Öl anzuzünden und in seinem Schlafzimmer aufzustellen. Öl solle in die Lampe gegossen werden, damit sie unter keinen Umständen während der Nacht erlösche. Anschließend wurde der Devotee von der Krankheit befreit.

Ein anderer Devotee hatte sehr viel Pech. Da sagte ihm Srīpāda, wenn eine Woche lang ununterbrochen ein Licht mit Kuh-Ghī am Brennen gehalten würde, dann würde der Einfluss von Lakshmi wieder in das Haus einziehen. So erlöste Er die mit Ihm Verbundenen von sündhaften Handlungen durch viele neuartige Methoden wie die oben erwähnten. Es ist Menschen nicht möglich, all diese Methoden zu kennen.

Ehre sei Srī Srīpāda Srīvallabha!

1 Der als Planet betrachtete nördliche Mondknoten; die Rāhu-Zeit wird in Bezug auf Sonnenaufgang und -untergang berechnet; annäherungsweise ist Freitag die Rāhu-Zeit von 10:30 - 12:00 Uhr bei Sonnenaufgang um 6 Uhr.

Kapitel 50

Befreiung von Armut und anderen Leiden

Die Wirksamkeit vom Singen des Namens

Einmal sagte Srīpāda zu mir: „Shankar Bhatt, nach unserem Agni Yagna ist Vāyu Yagna wichtig. Ich werde auch mit Vāyu Yagna beginnen.“

Ich wusste nicht, was Vāyu Yagna war. Ein alter Brahmane kam mit Magenschmerzen nach Kurungadda. Er litt sehr. Er sagte, es wäre besser, durch Selbstmord zu sterben als diesen Schmerz zu ertragen.

Srīpāda entgegnete daraufhin: „In deiner früheren Geburt hast du viele mit deinen scharfen Worten verletzt. Du hast sie mit deinen aufbrausenden und abscheulichen Worten beleidigt. Dadurch hast du diese bedauernswerte Krankheit. Im Kali Yuga gibt es kein größeres Heilmittel, um die Wirkung von sündhaftem Sprechen zu beseitigen, als den Namen Gottes zu singen. Dadurch wird das ganze Vāyu Mandala[1] gereinigt. Ich führe das große Yagna ‚Nāma Smarana‘[2] in Kurungadda ein. Ich werde die vier Formen der Sprache, Parā, Pasyanti, Madhyama und Vaikhari[3], auf der yogischen Ebene kontrollieren. Wer auch immer Meinen Namen ‚Srīpāda Vallabha Digambarā, Datta Digambarā!‘ mit dem Herzen singt, für den werde Ich leicht zugänglich sein und alle günstigen Entwicklungen bringen.“

Gemäß den Anweisungen von Srīpāda wurde der Name ‚Srīpāda Srīvallabha Digambarā‘ drei Nächte und drei Tage lang ununterbrochen gesungen. Srīpāda gab ihm die Erlaubnis, diese drei Nächte in Kurungadda zu verbleiben. So wurde die Magenkolik des alten Brahmanen geheilt.

Srīpāda sagte: „Der gesamte Bereich des Äthers ist heute mit dem Unrat von missbräuchlichem Geschwätz erfüllt. Äußert eine Person ein Wort, ruft

---

1 Die Luftregion
2 Singen des Namens Gottes mit Hingabe
3 Stufen des Wortes als jenseits der Manifestation, als Idee, als Gedanke und als gesprochenes Wort

sie eine der drei Eigenschaften der Gunas Sattwa, Rajas und Tamas[1] oder zwei oder drei Eigenschaften hervor. Dienen diese hervorgerufenen Eigenschaften nicht dem Guten, haben sie eine üble Auswirkung auf Erde, Luft, Feuer, Wasser und Himmel[2]. Sind diese fünf Elemente verunreinigt, ist alles andere auch verunreinigt, und das Denken, der Körper und das innere Selbst des Menschen werden somit ebenfalls verunreinigt. Dadurch wird der Mensch sündhaft. Infolgedessen vollbringt er schlechte Handlungen[3], die zu Armut führen. Aufgrund der Armut begeht er Sünden. In sündhafte Taten verstrickt, erniedrigt er sein Denken, so dass er nicht tugendhafte und großherzige Taten begehen kann. Dies führt wiederum zur Armut.

Notwendigkeit von Reinheit im Denken, Sprechen und Handeln

Um von den Schmerzen der Armut oder von sündhaften Taten befreit zu werden, sollte der Mensch Reinheit im Denken, Sprechen und Handeln praktizieren. Dies wird ‚Trikarana Suddhi' genannt. Was immer der Mensch denkt, sollte er im Sprechen äußern, und was immer er spricht, sollte sich im Handeln zum Ausdruck bringen. Ein Mensch, der Trikarana Suddhi erlangt, wird zu einer großen Person.

Gibt es eine Abweichung zwischen Denken, Sprechen und Handeln, fehlt Trikarana Suddhi. Dann wird man zu einer schlechten Person. In diesem Kali Yuga gibt es viele Wege, um Erlösung zu erlangen. Der leichteste Weg davon ist, den Namen Gottes zu singen. Wenn der heilige Name auf der Zunge tanzt, entwickelt sich eine Gewohnheit, heilige Worte zu sprechen. Dann ist das Denken auf Gott ausgerichtet und das Denken wird auch geheiligt. Dadurch wird man motiviert, tugendhafte Taten zu vollbringen."

Befreiung vom Karma

Einmal kam ein Tuberkulose-Patient nach Kuruvapura, der neben Diabetes auch an weiteren Krankheiten litt. Als der große Herr ihn sah, wurde Er

1 Die Eigenschaften von Ausgeglichenheit, Dynamik und Trägheit
2 Akasha
3 Karmas

sehr zornig und rief aus: „Diese Person war in ihrer früheren Geburt ein Bandit. Vielen unschuldigen Menschen hat er Geld geraubt und sie in Probleme gestürzt. Von einem Menschen stahl er das Geld, das er für die Heirat seiner Tochter angespart hatte. Da das Geld verloren war, konnte der Vater die Hochzeit seiner Tochter nicht ausrichten. Er wurde von seiner Kaste verstoßen, weil er die Heirat seiner Tochter nicht rechtzeitig durchführen konnte. Da er keine Mitgift anbieten konnte, kam kein passender Heiratsbund zustande. Nur greise Bräutigame standen zur Verfügung. Daraufhin beging dieses Mädchen Selbstmord und verlor ihr Leben. Ein Leben, das volle hundert Jahre hätte dauern sollen, wurde zunichte gemacht."

Mit höchsten Qualen suchte der Tuberkulose-Patient Zuflucht bei Srī Charan. Der gütige Srī Charan wies ihn an, sich im Kuhstall des Darbars in Panchadeva Pahād schlafen zu legen. Dort bestand große Mosquito-Gefahr. Srī Guru gab auch die Anweisung, es solle ihm kein Trinkwasser gegeben werden.

Dieser Mann hatte einen Traum, in dem Geister versuchten, ihn zu erwürgen. In einem anderen Traum wurde ein dicker Felsblock auf seine Brust gelegt. Ein kräftiger Ringer saß auf dem Fels. Mit diesen zwei Träumen reiften die Früchte seiner Handlungen, und er wurde gesund. Srīpāda löste das Karma dieses Tuberkulose-Patienten auf, indem Er ihn die Qualen mental im Traum erfahren ließ, die er ansonsten über viele Jahre hätte physisch erleiden müssen.

Ehre sei Srī Srīpāda Srīvallabha!

Srīpāda Rājam Saranam Prapadye

Kapitel 51

Schutz vor Ertrinken und anderen Gefahren

Die Wirksamkeit eines hingebungsvollen Lesens dieses Buches

Es war der 12. Tag der zweiten Hälfte des Monats Aswayuja[1]. Es war die Zeit vom Stern Hasta[2]. Nachdem Srīpāda Srīvallabha im Krishna-Fluss gebadet hatte, ging Er für einige Zeit in Meditation. An dem Tag brannte nicht das Feuer im Herd. So sehr ich es auch versuchte, immer erlosch das Feuer. Srīpāda bat mich, noch einmal zu baden und zu Ihm zu kommen. Dann begann Er zu erklären: „Mein lieber Shankar Bhatt, die Zeit ist für Mich gekommen, diesen grobstofflichen Körper zu verbergen. Ich werde im Krishna-Fluss verschwinden. Unerkannt werde Ich Mich in diesem Kuruvapuram umherbewegen. Später komme Ich unter dem Namen Narasimha Saraswati, um den Asketen-Orden wiederherzustellen. *Dieses große heilige Buch namens Srīpāda Srīvallabha Charitāmrutam, das du schreibst, wird für die Devotees zu einem Kalpataruvu*[3]*. Es wird ein Buch sein, in dem jeder einzelne Buchstabe wahr ist. Am Himmel gibt es nur Klang. Die Richtungen habe Ich als Meine Gewänder. Daher werde ich Digambara*[4] *genannt.*

Dieses Buch zu lesen wird sehr helfen, die mentale Welt zurechtzurücken. Wer dieses Buch andächtig liest, wird davon in dieser Welt und auch in anderen Welten Nutzen haben. Wisse, dass jeder Buchstabe darin den vedischen Worten gleich ist. Das Sanskrit-Exemplar, das du schreibst, wird in Klangform viele Faden tief unter dem Audumbara-Baum in Meinem Mahā Samsthan bewahrt werden. Die von dort ausgehenden himmlischen Klänge sind für physische Ohren nicht vernehmbar. Wer Meinen Ruf in seinem Herzen empfängt, wird gewiss zu Meinem Darshan kommen. Ich bin

1 September-Oktober; Aswayuja Krishna Dwadāsi: der 12. Tag der abnehmenden Mondphasen
2 Nakshatra-Konstellation im Monat Waage.
3 Himmlischer Baum, der alle Wünsche erfüllt
4 Keine Kleidung tragend

immer wach für den Schutz Meiner Devotees. Eine Telugu-Übersetzung für dein Sanskrit-Werk wird auch kommen. Es wird in der 33. Generation von Srī Bāpanārya ans Licht kommen und in viele Sprachen übersetzt werden. Die göttlichen Erfahrungen und der Schutz werden gleich sein, in welcher Sprache es auch gelesen wird.

Srīpādas Zusicherung für Shankar Bhatt

Du hast Mir so viel gedient. Du bist wie ein Kind, das an seinem Vater hängt. Ich überreiche dir Meine hölzernen Pādukas[1]. Sei nicht traurig und denke nicht, Ich sei hier abwesend. Du bleibst für drei weitere Jahre hier. Während dieser drei Jahre werde Ich dir Darshan in strahlender Form geben. Ich werde dich über viele yogische Geheimnisse unterrichten.

Das Verschwinden von Srīpāda

Nach drei Jahren, am 12. Tag der zweiten Hälfte des Monats Aswayuja, liest du das von dir geschriebene Srīpāda Srīvallabha Charitāmrutam in der Gegenwart Meiner Pādukas. Alle, die an diesem Tag zu Meinem Darshan kommen, haben großes Glück. Stets wird Mein glückbringender Segen auf allen ruhen."

Nachdem Srīpāda Srīvallabha, der höchste Herr, dies versichert hatte, ging Er zum Krishna-Fluss hinunter und verschwand.

Ich drückte die hölzernen Sandalen an mein Herz und weinte wie ein kleines Kind, das seine Mutter verloren hat. Dann wurde ich ohnmächtig. Nach dem Aufwachen badete ich im Krishna-Fluss und meditierte. Srīpāda Srīvallabha gab in strahlender Form meinen geistigen Augen Seinen Darshan.

Ehre sei Srī Srīpāda Srīvallabha!

1 Als heilig verehrte Sandalen

Kapitel 52

Yogische Erfahrungen von Shankar Bhatt

Der göttliche Darshan von Srīpāda

Drei Jahre lang empfing ich jeden Tag um Mitternacht den göttlichen strahlenden Darshan von Srīpāda Srīvallabha. Ich schrieb ein separates Buch über meine yogischen Erfahrungen. Ein Yogi aus dem Himalaya nahm es mit. Dies geschah nur in Übereinstimmung mit der Weisung von Srīpāda Srīvallabha.

Ehre sei Srī Srīpāda Srīvallabha!

Srīpāda Rājam Saranam Prapadye

Kapitel 53

Wie das Srīpāda Srīvallabha Charitāmrutam Pīthikapuram erreichte

Spezielle Details des Srīpāda Charitāmrutam

Das von mir verfasste Srīpāda Srīvallabha Charitāmrutam wird für eine Weile bei der Familie Seines mütterlichen Onkel bleiben. Danach sollte es in Telugu übersetzt werden. Nach Fertigstellung der Telugu-Übersetzung wird mein Sanskrit-Exemplar verschwinden. Gandharvas[1] bringen es zu Srīpādas Geburtsort und bewahren es einige Faden tief auf. Dort wird es von Siddha Yogis gelesen.

Ich las das von mir geschriebene Charitāmrutam vor Srīpādas göttlichen Pādukas. Fünf Leute kamen dorthin. Sie waren äußerst glücklich.

Ich bin kein Gelehrter. Daher kann ich nicht vorhersagen, welches Kapitel welche Resultate nach dem Lesen bringen wird. Das Telugu-Exemplar dieses Buches wird während der 33. Generation von Srī Bāpanārya ans Licht kommen. Danach sollte die für diesen Zweck von Srīpāda bestimmte Person es an dem heiligen Ort Vijayawatika[2] im Krishna-Fluss versenken.

Der glückliche Mensch, der es ans Licht bringen soll, sollte das Pārāyana[3] des Telugu-Exemplars vom Srīpāda Srīvallabha Charitāmrutam an dem heiligen Ort durchführen, wo Sein Mahā Samsthan an Seinem Geburtsort errichtet wurde und es Seinen glückbringenden Füßen weihen. Während der Mitte des Pārāyanas wird dieser glückliche Mensch ungefragt Prasād[4] aus Gangapur[5] erhalten. Dies wird anzeigen, dass er zur 33. Generation der Familie von Srī Bāpanārya gehört. Dies sind die göttlichen Worte von Srīpāda Srīvallabha, als Er Darshan in strahlender Form gab.

1 Himmlische Musiker
2 Heute: Vijayawada, Andhra Pradesh
3 Hingebungsvolles Lesen eines Buches
4 Als Opfer gegebene Nahrung
5 Ganagapura; Dorf im Kalaburagi-Distrikt von Karnataka, wo Srī Narasimha Saraswati die letzten 20 Jahre seines Lebens lebte

Ehre sei Srī Srīpāda Srīvallabha!

Anhang I. Wie das Srīpāda Srīvallabha Charitāmrutam ans Licht kam

Nur wenige Informationen über Srī Srīpāda Srīvallabha stehen in der Schrift Srī Guru Charitra zur Verfügung. Srī Srīpāda Srīvallabha ist die erste Inkarnation von Lord Dattātreya im Kali-Yuga. Über Sein Leben ist nur wenig in der äußeren Welt bekannt.

Srīpāda Srīvallabha wurde 1320 als drittes Kind von Brahmasri Ghandikota Appalaraju Sarma Garu und seiner Frau Akhanda Lakshmi Sowbhagyavati Sumatī Maharani geboren. Die Ghandikota-Familie gehört zum Geschlecht des Weisen Bharadwaja und zur Āpasthamba Sūtra-Tradition. Nach Srī Srīpāda wurden noch drei Schwestern namens Srī Vidyadhari, Radha und Surekha geboren.

Der mütterliche Großvater von Srī Srīpāda war Brahmasri Malladi Bāpannavadhani Garu. Seine Dharma Patni[1] war Akhanda Lakshmi Sowbhagyavati Rajamamba.

Ein Brahmane namens Shankar Bhatt schrieb auf Sanskrit die göttliche Biografie von Srī Srīpāda. Ihre Telugu[2]-Übersetzung ist bei mir; ich gehöre zur 33. Generation von Srī Bāpannavadhani. Im Srīpāda Srīvallabha Charitāmrutam[3] heißt es, dass es in der 33. Generation von Srī Bāpannavadhani ans Licht kommt, doch es wird nicht mitgeteilt, zu welcher Zeit und auf welche Weise dies stattfinden wird.

Ich war im Zweifel, ob dieses Charitāmrutam der äußeren Welt bekanntgemacht werden könne oder nicht. Eines Tages, als ich beim Māvullamma[4]-Tempel in der Gegend von Bhimavaram[5] war, bat mich ein alter Bettler um Geld für Essen. Ich gab ihm 11 Rupien. Nach zwei oder drei Tagen kam mit der Post Prasād vom Ashram von Srī Narasimha Saraswati, Gangapur[6]. Es lag auch ein Beleg bei, und der Tag auf dem Beleg stimmte mit dem Tag überein, an dem ich dem alten Bettler 11 Rupien gegeben

1 Rechtmäßige Ehefrau
2 Südindische Sprache
3 Geschichte des göttlichen Nektars von Srīpāda Srīvallabha
4 Form der göttlichen Mutter
5 Stadt im West-Godāvarī-Distrikt von Andhra Pradesh
6 Ganagapura; Dorf im Kalaburagi-Distrikt von Karnataka, wo Srī Narasimha Saraswati die letzten 20 Jahre seines Lebens lebte

hatte. In Wirklichkeit hatte ich keinerlei Geld nach Gangapur gesandt. Ich erkannte, dass Srīpāda, der in der Form von Srī Narasimha Saraswati existiert, wünschte, dass die Zeit, das Charitāmrutam der Welt zu offenbaren, gekommen ist. Ich schrieb sorgfältig das alte, brüchig gewordene Buch ab, das durch die bloße Berührung hätte zerfallen können. Wie im Charitāmrutam erwähnt, ging ich nach Vijayawada und versenkte die alte Kopie im Krishna-Fluss. Nach der Durchführung vom Pārāyana[1] wurde das neue Buch, das ich abgeschrieben hatte, dem Srīpāda Srīvallabha Mahā Samsthan[2] überreicht, wie im Charitāmrutam angewiesen.

Das Pārāyana wurde dieses Jahr (2001) zum ersten Mal in der Gegenwart von Srīpāda im Srī Srīpāda Samsthan durchgeführt, von Vijaya Dasimi bis Aswayuja Bahula Ekadasi[3], und das Buch wurde dem Samsthanam überreicht.

Wir empfinden eine liebevolle Hingabe an Srī Srīpāda. Da unser Wesen sehr feinfühlig ist, schmerzt es uns, wenn jemand spöttisch über dieses höchst heilige Buch spricht. Unsere Familie hat nie nach einem Namen, nach Ruhm oder nach Geld verlangt.

Wir hielten es jedoch für unsere Pflicht, diese göttliche Biografie, die sehr wertvoll ist, den Verehrern von Dattātreya zur Verfügung zu stellen. So wurde sie ans Licht gebracht.

In diesem Buch ist jeder Buchstabe wahr. Jeder in diesem Buch geschriebene Buchstabe ist voller Kraft und Wahrheit. Es gibt in diesem Buch keine Übertreibungen oder bedeutungslose Beschreibungen. Es wurde von Shankar Bhatt geschrieben, der nicht viel Erfahrung mit Gelehrsamkeit hatte. Seine Muttersprache war Kannada[4]. Srī Srīpāda gewährte ihm die Gnade, weil er es wert war.

Dieses Buch sollte als ein Buch für das tägliche Pārāyana verwendet werden. Wer mit irgendeiner Art von Schwierigkeiten, Verlusten oder schwierigen Situationen konfrontiert ist und dieses Buch hingebungsvoll liest und genügend Geld als Spende für Nahrung für 11 Personen gibt, wird gewiss unmittelbar ein Ergebnis erhalten. Eine derartige Zusicherung wurde in der Tat von Srī Srīpāda Srīvallabha empfangen, und das Buch

1 Hingebungsvolles Lesen eines Buches
2 Srīpāda-Trust in Pithapuram
3 Hinduistische Festtage Anfang-Mitte Oktober
4 Südindische Sprache

wurde zu Seinen Lebzeiten geschrieben. Mögen Verehrer von Dattātreya dieses Buch voller Hingabe lesen und Erfahrung in ihrem Leben erlangen. Sie werden durch Erfahrung verstehen, dass dieses Buch ein Akshara Satya Grandha[1] ist.

Im Dienste von Datta,
Malladi Govinda Deekshitulu,
Bhimavaram.
12. November 2001

1 Das Buch ist nicht nur ein Text, sondern eine lebendige Verkörperung der Wahrheit; wenn es ernsthaft und mit Hingabe gelesen wird, wird es lebendig und die Wahrheit leitet den Devotee.

Anhang II. Die Bedeutung der Datta-Verehrung und des Charitāmrutam

In dieser Welt erlebt ein Mensch viele Probleme und Verluste durch Kummer und Verblendung. Wer schützt davor? Wer wird ihn vor Sorgen und Nöten bewahren? Dann ist Paramātma[1] der einzige Retter. Nur durch die Gnade Gottes werden alle Sorgen überwunden und Glück und Frieden erlangt. Dazu sollte man Stotra[2], Gebete, Japa[3], Meditationen usw. über Gott durchführen, heilige Bücher andächtig lesen und ihre Bedeutung erklären, um die Gnade von Paramātma zu erhalten. Paramātma ist in der Gestalt der Dreifaltigkeit von Brahmā, Vishnu und Parameswara[4]. Die Trinität schützt, straft oder lehrt alle Wesen des Universums. Alle Dinge geschehen aufgrund dieser Dreiheit. Im Krita Yuga[5] war sie erfreut über die Hingabe von Atrī und Anasūyā und inkarnierte sich in ihrem Haus als Srī Dattātreya Swamī – einer Verkörperung der Trinität. Seine Inkarnation ist die eines Gurus, eines Lehrers. Das Ziel dieser Inkarnation ist es, Unwissenheit zu beseitigen und Befreiung durch Weisheit (Jnāna) zu erlangen. Der Pfad der Avadhūtas[6] wird nur durch Ihn begründet. Seit dem Krita Yuga wird Dattātreya von Sethu[7] im Süden bis zum Himalaya im Norden verehrt. Seit jener Zeit bis heute haben zahllose Devotees Dattātreya verehrt und waren erfolgreich beim Erlangen ihrer Wünsche. Wenn Datta verehrt wird, so ist es, als würde man Brahmā, Vishnu und Maheswara[8] gleichzeitig verehren. Datta ist Smarthrugami. Das heißt, wenn man an Ihn hingebungsvoll denkt, ist Er zufrieden und unterstützt und schützt Devotees auf jegliche Weise. Er sorgt für ihr Wohl und schenkt Erlösung.

---

1 Das höchste Selbst
2 Singen oder Lesen heiliger Texte
3 Lautes oder gedankliches Wiederholen eines Mantras oder Gebets
4 Der höchste Gott
5 Das erste der vier Zeitalter, das goldene Zeitalter
6 Ein Mensch befreit von karmischen Bindungen, jenseits von Ego-Bewusstsein und Dualität
7 Rama Setu, eine 50 km lange Brücke aus Sandbänken, Inseln und Riffen zwischen Indien und Sri Lanka
8 Shiva

Im Jahr 1320 A.D. wurde Srī Dattātreya Swamī in Srī Kshetra Pīthikapura[1] im Ost-Godāvarī-Bezirk von Andhra Pradesh unter dem göttlichen Namen Srīpāda Srīvallabha als die erste Datta-Inkarnation geboren. Seine Eltern waren Appalaraju Sarma und Sumatī. Sie waren Datta-Devotees und gehörten zur Āpasthamba-Sekte. Später wurde Er in Seiner zweiten Inkarnation unter dem Namen Srī Narasimha Saraswati in Karanjapura in Maharashtra geboren. Im Buch Guru Charitra wurde die Bedeutung von Srīpāda Srīvallabha in nur fünf Kapiteln erklärt, doch in diesem Buch Srīpāda Srīvallabha Charitāmrutam beschreiben alle 53 Kapitel auf anschauliche Weise Srīpāda Srīvallabha. Dieses großartige Buch ist wahrlich ein göttliches Elixier. In ihm wird alles über Srīpādas Leben, Seine Līlas[2], Seine Größe, Seine höchst erhebenden Lehren und Seine unglaublichen Wunder umfangreich dargestellt. Das Buch lässt den Leser diese Welt vergessen und vermittelt ein Gefühl, direkt in der Gegenwart von Srī Srīpāda zu sein. Die heiteren Spiele von Srīpāda sind wie die verspielten Kindheitsspäße von Srī Krishna. Diese Līlas verleihen unbeschreibliche Freude. Durch diese Freude wird transzendente Körperlichkeit erlangt. Srī Srīpāda ließ diese Biografie zu seinen Lebzeiten von Srī Shankar Bhatt schreiben; er stammte aus der Provinz Karnataka und war Sein geliebter Jünger und ein großer Devotee.

Wenn alle Menschen diese heilige Biografie lesen und sich Seiner erinnern, werden sie von allen Sorgen weltlicher Existenz befreit und mit der Gnade Srī Srīpāda Srīvallabhas belohnt. Dadurch erlangen sie Glück, Frieden und Gleichmut. Mögen sie all ihre Verwandten, Bekannten und Freunde ermutigen, dieses Buch zu lesen, so dass sie Mitgefühl und Erfüllung von Srīpāda Srīvallabha erlangen.

Sripada Srivallabha Mahasamasthanam, Pithapuram
Jaya Jaya Raghuvira Samartha Sadguru
Sri Sajjanagada Ramaswamy[3]
Srī Gurudeva Datta

1 Srī = Göttin, Kshetra = Gegend; Pilgerstätte für Srī; Pithapuram ist eine von 18 Stätten in Indien, wo die weibliche Energie verehrt wird.

2 Verspielte Späße

3 (1925 -) Jünger von Srīdharaswamy; entwickelte das Samsthan am Geburtsort von Srīpāda, wie von Srīpāda angekündigt

Anhang III. Das Sieben-Tage-Pārāyana[1] vom Srīpāda Srīvallabha Charitāmrutam

Im Buch erklärt Srīpāda: „Denkt nicht, das Srī Charitāmrutam-Buch sei einfach nur ein Buch. Es ist ein lebendiger Strom eines herrlichen Bewusstseins. Wenn ihr mit Hingabe lest, strömt die Stärke dieser Buchstaben in Mein mentales Bewusstsein. Da ihr eine Verbindung mit Mir habt, ohne euch dessen bewusst zu sein, werden durch Meine Gnade all eure rechtmäßigen Wünsche erfüllt. Selbst wenn dieses großartige Buch in eurem Andachtsraum aufbewahrt wird, verursacht es glückbringende Schwingungen. Kräfte des Unglücks und Geister der Dunkelheit werden vertrieben.“[2] Und weiter: „Dieses Buch zu lesen wird sehr helfen, die mentale Welt zurechtzurücken. Wer dieses Buch andächtig liest, wird davon Nutzen haben in dieser Welt und auch in anderen Welten. Wisse, dass jeder Buchstabe darin den vedischen Worten gleich ist.“[3]

Es gibt eine spirituelle Praktik, das Buch mit Hingabe und Sorgfalt in einer gewissen Anzahl von Tagen zu lesen, die Pārāyana genannt wird. Für das siebentägige Pārāyana wird vorgeschlagen, es auf die folgende Weise zu lesen:

1. Tag	Kapitel 01 bis 06
2. Tag	Kapitel 07 bis 12
3. Tag	Kapitel 13 bis 18
4. Tag	Kapitel 19 bis 22
5. Tag	Kapitel 23 bis 34
6. Tag	Kapitel 35 bis 42
7. Tag	Kapitel 43 bis 53

Nach einem hingebungsvollen Lesen des Buches sollte man mindestens 11 guten Personen Essen anbieten oder einen Betrag, der einer solchen Nahrungsspende entspricht, einem Ort der Dattātreya-Verehrung oder ähnlichen Orten geben.

1 Wörtlich: dem Wesen ganz hingegeben; hingebungsvolles Lesen; das Lesen einer Schrift in einem bestimmten Rhythmus (z. B. einer Woche), um spirituellen Fortschritt zu erzielen oder um weltliche Probleme gelöst zu bekommen

2 Kap. 31

3 Kap. 51

Anhang IV. Pithapuram und Kuruvapuram

Pithapuram im Ost-Godāvarī-Distrikt von Andhra Pradesh, Indien, ist der Ort, wo Srīpāda Srīvallabha die ersten 16 Jahre Seines Lebens verbrachte. Später hielt Er sich bis zu Seinem Verschwinden im Jahre 1350 vor allem in Kuruvapuram auf, das im Buch auch Kurungadda heißt. Heute wird es Kurugaddi, Kuravapur oder Kurupuram genannt. Es liegt auf einer Insel im Krishna-Fluss im Raichur-Distrikt an der Grenze zwischen den indischen Staaten Telangana und Karnataka. Beide Orte können mit Online-Kartendiensten leicht gefunden werden.

Wie von Srīpāda angekündigt, wurde an Seinem Geburtsort in Pithapuram ein Samsthan gegründet (Tempel und Ort der Verehrung). Seit 1966 wurde er langsam durch die unermüdliche Aktivität von Srī Sajjanagada Ramaswamy entwickelt.

Zum Zentrum des Samsthan gehören Verehrungs- und Dienstaktivitäten wie das Veröffentlichen von Büchern, die Durchführung von Pūjas und Festen, Armenspeisung, Kuh-Verehrung und Unterbringung von Pilgern. Dafür wurden mehrere Häuser errichtet. Die Aktivitäten werden in einem Geist selbstlosen Dienens durchgeführt. Spenden, die an das Sripada Srivallabha Seva Sangh gemacht werden, sind von der indischen Einkommenssteuer unter Gesetz 80G ausgenommen. Wer einen finanziellen Beitrag zur Entwicklung oder zu Diensttätigkeiten leisten möchte, kann Spenden direkt im Büro des Samsthans zahlen. Spenden können auch übermittelt werden durch die Andhra Bank, Pithapuram (sofortige Geldübermittlung) S.B. A/c Nr. 8761 (Filialen-Code Nr. 0432) oder Indian Overseas Bank, Pithapuram, A/c Nr. 2620 oder State Bank of India, Pithapuram, S.B. A/c Nr. 01100005138 unter Angabe des Samsthan:

SRI SRIPADA SRIVALLABHA MAHA SAMSTHANAM
Venue Gopala Swamī Temple Street, Pithapuram 533 450
East Godavari Dist. (A. P.). Tel. +91 (08869) 250300
http://www.sripadasrivallabhamahasamsthanam.com

In Kuruvapur und Panchadev Pahad, auf der gegenüberliegenden Seite des Krishna-Flusses gibt es einige kleine Tempel. Es ist ein spirituell sehr tiefer Ort ohne viele äußere Strukturen.

http://www.kuruvapur.org/

Anhang V. Personenregister[1]

Srīpāda

(Srīpāda Srīvallabha, Srī Charana, Srī Gurucharan, 1302 - 1350) Die erste Inkarnation von > Dattātreya im Kali-Yuga, 1320 in Pīthikapuram geboren als drittes Kind von > Raja Sarma und seiner Frau > Sumatī; verschwindet 1350 in Kuruvapuram; reinkarniert sich als > Narasimha Saraswati und > Swamī Samartha sowie in mehreren Teilmanifestationen; ist auch eine Anzahl anderer göttlicher Manifestationen wie Venkateswara und Kalki

Abdul Baba und Bade Baba

Zwei sich als Brahmanen ausgebende Moslems, die > Susīlā zu vergewaltigen suchen; werden von Srīpāda fortgeschickt; sie werden in der Zukunft als Abdul Baba und Bade Baba geboren und > Sai Baba nach Shirdi bringen (Kap. 17, 18)

Agastya

Rishi; großer Weiser; verheiratet mit > Lopa Mudra; lebt in Südindien in der Form eines großen Siddhas (Kap. 3, 10, 25, 31)

Akhanda Lakshmi Sowbhagyavati Rajamamba

> Rajamamba

Akhanda Lakshmi Sowbhagyavati Sumatī Maharani

> Sumatī

Akshya Kumar

Anhänger der Jain-Religion, in der Provinz Tripura wohnend; wird in einigen Jahrhunderten, nach Erscheinen des Srīpāda Srīvallabha Charitāmrutam, das Horoskop von Srīpāda Srīvallabha nach Pithapuram bringen (Kap. 5, 6)

Amsa-Avatare

Teilmanifestationen; Srīpāda verspricht, dass Seine Teilmanifestationen 12 Mal kommen werden; Seine letzte Manifestation werde > Ramlal Maha Prabhu sein (Kap. 8)

1 Das Register umfasst Personen, auf die im Buch Bezug genommen wird und die sich um die Lebenszeit von Srīpāda in physischer Inkarnation befinden oder dazu eine direkte Beziehung haben. Einige Personen wurden hinzugefügt, für die sich im Text nur Hinweise finden, die jedoch heute bekannt sind. Das Register enthält nur wenige Bezüge auf Gottheiten. Kapitelangaben finden sich bei Personen, die nur in ein paar Kapiteln erwähnt werden.

Ananda Sarma

Brahmane; > Dattātreya besucht ihn in seiner Kindheit; Srīpāda segnet ihn, er werde als Avadhūta > Venkayya seine letzte Inkarnation haben (Kap. 13)

Anasūyā

Mutter von > Dattātreya; verheiratet mit > Atri

Appala Lakshmi Narasimha Raja Sarma

> Raja Sarma

Appalaraja Sarma

> Raja Sarma

Āsutosh

Vedischer Gelehrter aus Bengalen mit Nādi-Büchern; erklärt, das Horoskop von Srīpāda werde lange nach Seiner Inkarnation Pīthikapuram erreichen; in Srīpādas nächster Inkarnation gehörte er zu Seinen Hauptjüngern (Kap. 6)

Atri

Vater von > Dattātreya; verheiratet mit > Anasūyā (Kap. 3, 4, 7, 8, 13, 14, 19, 20)

Babaji

(Mahāvatar Babaji) > Dattātreya lehrte Kriya Yoga in der Form von Babaji, in Gestalt eines 25-jährigen Jugendlichen (Kap. 8)

Bangaramma

30-jährige Frau aus der Schusterkaste; verheiratet mit > Bangarayya; lebt nach dessen Tod zusammen mit > Vedanta Sarma, der nun Bangarayya heißt; Srīpāda erklärt, sie würden im nächsten Leben Priester in Kuruvapuram sein (Kap. 36)

Bangārappa

Goldschmied; will > Bāpanārya und Srīpāda mit schwarzmagischen Mitteln töten, die auf ihn zurückfallen; hängt kopfüber in einem Brunnen; wird erlöst, als er > Shankar Bhatts Durst stillt, indem er selbst Wasser trinkt (Kap. 15)

Bangarayya

Mann aus der Schusterkaste; verheiratet mit > Bangaramma; sie wollen für Srīpāda Ledersandalen fertigen mit einer im Haus von > Vedanta Sarma verstorbenen Kuh; stirbt in der Gegenwart von Srīpāda und dem Rat der Brahmanen; Teilinkarnation von > Vedanta Sarma (Kap. 36)

Bāpanāryulu

(Bapannāvadhanulu, Brahmasri Malladi Bāpannavadhani, Satya Rishīswara) Großer Gelehrter aus der Linie des Weisen Haritasa; mütterlicher Großvater von Srīpāda Srīvallabha, verheiratet mit > Rajamamba; Schwager von Srīdharāvadhanulu; lebte in früheren Geburten als > Bhaskarācharya, als > Lābhāda und als Nanda, Stiefvater von Krishna

Bapannāvadhanulu

> Bāpanāryulu

Bharadwaja

Großer Weiser, führte im Tretā Yuga ein großes Ritual in Pithapuram durch; viele bedeutende Personen wurden in seiner Abstammungslinie geboren

Bhaskara Sastry

Priester des Tempels in Tripurantakam; Devotee von Shodasi Raja Rajeswari; gibt Unterweisungen an > Shankar Bhatt; erklärt, unter welchen Umständen Srīpāda im Alter von 16 Jahren Pīthikapuram verließ und Ereignisse nach Seinem Verschwinden; erhält die Kupfersandalen von Srīpāda zur Verehrung, die sich in Goldsandalen verwandeln und zum Samsthan in Pīthikapuram gelangen und unterirdisch aufgestellt werden (Kap. 40 - 46)

Bhaskarācharya

Spiritueller Guru der Arya Vaishya-Gemeinschaft im Brihat Sila-Königreich zur Zeit der Inkarnation von Vasavī; reinkarniert als > Bāpanāryulu

Bhīma

Buckliger; Srīpāda lässt ihn gegen den Ringer Kula Sekhara siegen und stellt seinen Buckel wieder richtig (Kap. 12)

Brahmasri Malladi Bāpannavadhani

> Bāpanāryulu

Chatrapati Shivaji

> Shivaji

Dattadas

Paria-Bettler; gesegnet von Srīpāda, der 12 Zusicherungen gibt (Kap. 14)

Dattānanda Swamī

> Srī Swamī

Dattātreya

(Lord Datta); Sohn von > Atri und > Anasūyā; inkarniert sich als Srīpāda Srīvallabha, > Narasimha Saraswati, > Swamī Samartha; offenbarte sich in alten Zeiten in 16 Inkarnationen

Dhana Gupta
Vaishya; Srīpāda weist ihn an, seine Tochter mit > Dharma Guptas Sohn zu verheiraten (Kap. 46)

Dhananjaya
Kaufmann; findet ein von Indra geweihtes Shiva-Lingam und informiert den Herrscher> Kula Sekhara Pāndya darüber; wird als > Kusuma Shresti wiedergeboren (Kap. 2)

Dhandiswāmi
Arroganter Swāmi, der Srīpāda und Seine Familie herausfordert; Srīpāda bricht seinen Stolz und schickt ihn in den Himalaya (Kap. 21)

Dharma Gupta
Vaishya und Shiva-Devotee; verwandt mit > Sresthi; ging nach Kurungadda; gab > Shankar Bhatt Unterweisungen und wanderte mit ihm (Kap. 22 - 46)

Dhruva
Ein großer Devotee von Vishnu, der durch die Intensität seines spirituellen Strebens als der Polarstern verkörpert wurde (Kap. 4)

Gadadhar
(Gadadhar Chattopadhyay, 1836 - 1886) Geburtsname von Ramakrishna Paramahamsa; weigert sich, sich wieder zu inkarnieren (Kap. 4)

Gajanana
(Gajanan Maharaj, - 1910); Srīpāda kündet an, mit der Kraft Seiner Ganesha-Inkarnation werde sich Gajanana nach einigen Jahrhunderten inkarnieren (Kap. 7)

Gopalarao
> Venkusa

Gorakshanāth
(Gorakshaka; Lebenszeit unbekannt, 7. oder 11./12. Jahrhundert) Mahāyogi; Inkarnation des > Nava Nādha Hari; Schüler von Matschyendranath; lernt Kriya Yoga von > Dattātreya; vor allem in Nordindien verehrt; die Stadt Gorakhpur, nördlich von Varanasi, ist nach ihm benannt (Kap. 3, 8, 32)

Guru Sārvabhūma
Titel für Srīpāda und für > Raghavendra Swami (Kap. 21)

Gurucharan
Verehrt > Dattātreya in der Kindheit; verarmt und wird durch die Gnade von Dattātreya gerettet; war in der früheren Geburt Sohn von > Vissavadhāni (Kap. 20, 21)

Gurudatta Bhatt

Astrologe; wird von Srīpāda in Pīthikapuram davor bewahrt, zu einem lebendigen Leichnam zu werden; kommt später nach Kurungadda (Kap. 22)

Hanumān

Meditiert seit Äonen über den Saatklang Ram; empfängt Kriya Yoga-Einweihung von > Shyama Charan; Srīpāda besucht ihn in Nepal und fordert ihn auf, sich als Sai Nādha (> Sai Baba) zu inkarnieren und Ihn unter dem Namen 'Allah' zu verehren; Srīpāda werde sich in ihm inkarnieren, > Varish Alishah und > Gopalarao werden seine Lehrer sein (Kap. 1, 9, 19, 45)

Jesus

Geboren durch > Maria, obwohl sie Jungfrau war; > Vasavī gab ihre Kraft an die Seele Marias; das ganze Bewusstsein, das sich im Universum widerspiegelt, ist das Bewusstsein von Jesus Christus (Kap. 4, 19)

John

Ein weißer Mann aus Deutschland, der Srīpāda in Kuruvapuram trifft; Srīpāda versichert ihm, in den kommenden Jahrhunderten werde das Srīpāda Srīvallabha Charitāmrutam auch in deutscher Sprache erscheinen (Kap. 4)

Jyoti Ramalingaswamī

> Ramalingaswamī

Kalki

> Srīpāda

Kanyaka Parameswari

> Vasavī

Krishna Das

Ein Haridās (Sänger, der die Ehre Gottes besingt), der > Gurucharan eine Audumbara-Pflanze gibt, die ein Spross des Audumbara-Baums im Hause des mütterlichen Großvaters von Srīpāda ist (Kap. 20)

Krishna Das

Paria-Bettler; Verehrer von Vishnu; gibt Unterweisungen an > Shankar Bhatt und Gurucharan auf der Wanderung nach Kurungadda (Kap. 21)

Krishna Saraswati

Reinkarnation von > Mādhavācharya; Guru von > Narasimha Saraswati (Kap. 8, 11, 13)

Kula Sekhara

Ringer; Experte in der Geheimkunst Marmakala; Srīpāda bricht seine Arroganz, indem Er ihn durch den Buckligen > Bhīma besiegen lässt (Kap. 12)

Kula Sekhara Pāndya

Herrscher der Pāndya-Dynastie; erbaut die Stadt Madhura und entwickelt das Heiligtum des dortigen Shiva-Lingams; sein Sohn ist > Malaya Dhwaja Pāndya (Kap. 2)

Kusuma Shresti

Inkarnation eines Heiligen, Samadhi und des Kaufmanns > Dhananjaya; Herrscher über die Gegend von Brihat Sila Nagaram (Penugonda, AP); verheiratet mit Kūsumbi; Vater von > Vasavī Kanyaka Parameswari

Lābhāda

(Lābhāda Maharshi) Muni (Mönch) der Vaishya-Gemeinschaft eines früheren Yugas, wurde als Stiefvater von Krishna, Nanda, und als > Bāpanāryulu wiedergeboren

Lakshmi

Hirtin in Pīthikapuram; bringt Srīpādas Familie Milch und Sahne; ihr Mann starb, aber sein Bewusstsein konnte den Körper nicht verlassen; ist die weibliche Form vom > Purānen-Pāndit

Linganna Sastry

Großer vedischer Gelehrter; besucht Srīpāda in Kuruvapuram (Kap. 19)

Lopa Mudra

Frau von > Agastya, geboren dem König von Vidarbha durch die Kraft der Buße von Agastya;

Lord Datta

> Dattātreya

Madhava Nambūdri

Reisebegleiter von > Shankar Bhatt; wurde von Schlangen gebissen und starb; von Palaniswami wieder zum Leben erweckt (Kap. 3, 4)

Mādhavācharya

(Vidyāranya) Siddha; Gelehrter von hohem Rang, Bruder von > Sāyanāchārya; wird zum Weisen Vidyāranya; wird als Asket > Krishna Saraswati wiedergeboren und wird der Guru von > Narasimha Saraswati; wird in einer späteren Inkarnation als Govinda Dikshitulu Ministerpräsident der Herrscher von Tanjore (Kap. 8, 11)

Maha Mathi

(Mohammed, 570-632) Devotee des formlosen Makkeshwar (Herr von Mekka); nennt Gott Allah (Kap. 4)

Maharshi Bharadwaja

> Bharadwaja

Mahāvatar Babaji

> Babaji

Malaya Dhwaja Pāndya

Sohn von > Kula Sekhara Pāndya; führt ein Ritual durch, um Nachkommenschaft zu erlangen; aus dem Opfer tritt die Göttin Mīnakshi als ein dreijähriges Mädchen hervor, das nicht aus einem Mutterschoß geboren wurde (Kap. 2)

Malladi Govinda Deekshitulu

Nachkomme von > Bāpanāryulu in der 33. Generation; bringt das Charitāmrutam 2001 ans Licht

Mānikya

(Manik Prabhu, 1817 - 1865) Von Srīpāda aus einer Halskette (Mānikya Hāra) von Sīta geschaffen und zu einem Guru bestimmt (Kap. 45)

Maria

Gebar > Jesus, obwohl sie Jungfrau war (Kap. 4)

Nagendra Sastry

Brahmane; Schlangenverehrer; sieht in Pīthikapuram eine heilige Schlange mit einer Perle auf der Haube und will solch eine Perle; erhält von Srīpāda Kupfersandalen zur Verehrung und Heilung von Krankheiten; lässt die Seele seiner verstorbenen Frau in den Körper einer anderen Verstorbenen eintreten und erzeugt viele Probleme, aus denen Srīpāda heraushilft; erhält von > Shankar Bhatt die Perle einer schwarzen Kobra und gibt ihm die Kupfersandalen (Kap. 39)

Nāmānanda

(Sāyanāchāryulu) Asket, dem Srīpāda als Paria erscheint, sich in Dattātreya umwandelt und ihm den Namen Nāmānanda gibt (Kap. 17)

Nanda

Stiefvater von Krishna, wiedergeboren als > Bāpanāryulu

Narasāvadhāni

Dogmatischer vedischer Gelehrter, der nicht an Srīpāda glaubte und Seine Familie zu beleidigen suchte; sein gutes Karma verließ ihn; er starb und wurde von Srīpāda wieder zum Leben erweckt; Er werde in Seiner nächsten Inkarnation sein Haus besuchen. (Kap. 6, 7)

Narasimha Khan

Alter Brahmane von der Kāsyapa-Linie aus Maharastra; kommt zum Kukkuteswara-Tempel, um vom betrügerischen > Sanyasi Datta Dīksha zu empfangen; ein Skorpion fällt in seine Hand; er verschwindet und das von ihm gegebene Geld verwandelt sich in Kohlen. (Kap. 42)

Narasimha Rayudu

Bauer, verliert Eltern in der Kindheit; wird von seiner Tante drangsaliert und seine Cousine Ramani von einem Magier-Sanyasi misshandelt; Srīpāda wandelt die Situation um und verheiratet Narasimha mit Ramani (Kap. 33)

Narasimha Saraswati

(1378-1459) Zweite Inkarnation von > Dattātreya im Kali-Yuga während 80 Jahren; vollbringt viele Wunder in Gandharvanagar (Ganagapura); erscheint nach 300 Jahren Buße in Kadali Vana in Prajnapura als > Swamī Samartha

Narasimha Varma

> Varma

Nava Nādhas

9 große Siddha Yogis, Teilmanifestationen von > Dattātreya (Kap. 32)

Palanī

> Palaniswami

Palaniswami

(Palanī) 300 Jahre alter Einsiedler, der in der Nähe von Chidambaram wohnt; tritt in den Körper eines verstorbenen Jugendlichen ein, um sein Leben fortzusetzen (Kap. 3, 4)

Parameswara

Höchster männnlicher Aspekt des Göttlichen; ein Name Shivas; manifestiert sich als Sundareswar

Parameswari

Höchster weiblicher Aspekt des Göttlichen; manifestiert sich als Tochter von Pāndya Bhūpala mit dem Namen Minakshi; manifestiert sich als > Vasavī

Prahlāda

Großer Devotee von Vishnu in alten Zeiten; inkarniert sich als > Raghavendra Swami (Kap. 21, 29)

Purānen-Pāndit

Großer Yogi; sucht mit yogischer Kraft die anderen von seiner Seele angenommenen Formen und zieht deren Bewusstsein in sich hinein, um sein Karma zu beenden und mit Gott zu verschmelzen; sieht, dass seine weiblichen Formen mit > Lakshmi verschmolzen waren und seine Seele auch in einem Säugling ist, der der Ehemann von Lakshmis nächster Geburt sein soll; das Zurückziehen dieser Seele würde den Säugling sterben lassen; Srīpāda weist ihn an, dies zu unterlassen, um in der nächsten Inkarnation mit Lakshmi ein glückliches Ehepaar und gemeinsam Seine Devotees zu sein (Kap. 38)

Pynda Venkatappayya Sreshti

> Sreshti

Radha

Zweite Schwester von Srīpāda; verheiratet mit Viswanadha Muralikrishna Avadhani von Vijayawada (Kap. 11)

Raghavendra Swami

(1595-1671) Inkarnation von > Prahlāda; auch Guru Sārvabhūma genannt; Ankündigung seiner Inkarnation durch Srīpāda; erklärt 1671 vor dem Erreichen des Samādhi, dass er 700 Jahre lang bei seinen Jüngern sein werde (Kap. 21, 21)

Raja Sarma

(Appalaraja Sarma, Appala Lakshmi Narasimha Raja Sarma) Reinkarnation von Vishnu Datta; verheiratet mit > Sumatī; Vater von Srīpāda als drittes Kind; 1. Kind > Srīdhararaja Sarma, Junge, blind geboren; 2. Kind > Ramaraja Sarma, Junge, lahm geboren; 4. Kind > Vidyadhari, Mädchen; 5. Kind > Radha, Mädchen; 6. Kind > Surekha, Mädchen

Rajamamba

(Akhanda Lakshmi Sowbhagyavati Rajamamba) Mütterliche Großmutter von Srīpāda Srīvallabha, verheiratet mit > Bāpanāryulu

Ramalingaswamī

(Jyoti Ramalingaswamī, Vallalar; Arutprakasa Vallalar Chidambaram Ramalingam; 5. Oktober 1823 - verschwand am 30. Januar 1874) Inkarnation einer Kāla Nāga-Schlange; einer der berühmtesten tamilischen Heiligen und auch einer der größten tamilischen Dichter des 19. Jahrhunderts (Kap. 3)

Ramaraja Sarma

Zweitältester Bruder von Srīpāda; lahm geboren, von Srīpāda geheilt;

wird in seiner nächsten Geburt berühmt als Avadhūta Srīdhara, als Teilmanifestation von > Dattātreya (Kap. 9, 11, 41)

Ramlal Maha Prabhu

> Amsa-Avatar von Srīpāda; geboren 1888 in Amritsar, Punjab; existierte 51 Jahre in seiner 1. Körperform (-1939?) und existiert in seiner zweiten Körperform weiter im Himalaya; als Siddha-Yogi verehrt (Kap. 8)

Ravana

Dämonenkönig (Rakshasa), lebte auf der Insel Lanka, inkarniert sich nach seinem Tod mit einem Teilaspekt als > Vishnu Vardhana

Ravi Das

(Ravi Dasu) Wäscher, der in Kuruvapuram Srīpāda dient und stirbt; reinkarniert sich in der Familie eines moslemischen Herrschers und erhält Narasimha Sarawatis Darshan (Kap. 17, 18, 48)

Sada Siva Brahmendra

Inkarnation einer Kāla Nāga-Schlange; großer Heiliger, Komponist von karnatischer Musik und Advaita-Philosoph, der im 17.-18. Jahrhundert in der Nähe von Kumbakonam, Tamil Nadu, lebt (Kap. 3)

Sai Baba

(Shirdi Sai Baba, Samartha Sadguru, Sarva Samartha Sadguru Sainādh; Yavana-Fakir; ? - 1918) Brahmane der Bharadwaja-Linie; verliert seine Eltern in der Kindheit; wird von einem moslemischen Fakir aufgezogen; lernt bei einem hinduistischen Mahātma und Kriya Yoga von > Shyama Charan; in späteren Jahren überträgt Srīpāda Seine Kraft vollständig auf ihn; ist nicht von Srīpādas Natur verschieden (Kap. 4, 18, 32)

Sajjanagada Ramaswamy Varu

(geboren 1925) Jünger von Srīdharaswamy; entwickelt das Samsthan am Geburtsort von Srīpāda, wie von Srīpāda angekündigt (Kap. 41)

Samardha Ramadas

Reinkarnation von > Srīdhararaja Sarma, Srīpādas ältestem Bruder; Lehrer von > Shivaji (Kap. 9, 41)

Sanyasi

Devotee von Bagalāmukhi, aus Bengalen stammend; gibt > Shankar Bhatt die Perle einer schwarzen Kobra im Tausch gegen die Ledersandalen von Srīpāda; ist in Pīthikapuram 8 Tage in tiefem Samādhi, bis Srīpāda ihn erweckt; erzählt die Geschichte der Bäuerin > Lakshmi

Sanyasi
Alter Asket; hat den Wunsch, Srīpāda zu besuchen und schließt sich > Shankar Bhatt an; Srīpāda sagt ihm, er solle nach Kashi gehen, dort leben und seinen Körper verlassen (Kap. 46, 47, 48)

Sanyasi
Betrügerischer Asket, der gegen Geld Datta-Dākshas (Einweihungen) im Kukkuteswara-Tempel gibt; wird in Schwierigkeiten verwickelt, als > Narasimha Khan auftaucht, und aus Pīthikapuram vertrieben (Kap. 41, 42)

Sarabheswara Sastry
Gelehrter; Experte in der Wissenschaft der Mantren; macht Vorhersagen mit der Hilfe von Geistern; verliert durch den Einfluss von Srīpāda (Kap. 24)

Sarma
(Sundara Rama Sarma) Priester des Maharajas von Pīthikapuram; der Maharaja und Sarma erlitten Angriffe von Geistern nach der Weigerung Srīpādas, einem Befehl des Maharajas Folge zu leisten; beide suchen schließlich Zuflucht bei Ihm (Kap. 15)

Satchitananda
Mehrere Jahrhunderte alter Avadhūta, den sein Lehrer Srī Visweswara Prabhu nach Pīthikapuram zu Srīpāda schickt; zeigt mit einem Ritual, dass Srīpāda wahrhaft > Dattātreya ist (Kap. 9)

Satya Rishīswara
> Bāpanāryulu

Sāyanāchārya
Gelehrter von hohem Rang, Bruder von > Mādhavācharya; schreibt Kommentare über die Veden (Kap. 11)

Sāyanāchāryulu
> Nāmānanda

Shankar Bhatt
(Shankarā) Brahmane aus Karnataka, schreibt die Biografie von Srī Srīpāda zu dessen Lebzeiten auf Sanskrit

Shankarā
> Shankar Bhatt

Shilada
Ein Weiser, der in alten Zeiten lebt und sich von Steinen ernährt; inkarniert sich als Nandīswara; wird als Zwillingsbruder von Kanyaka Parameswari geboren (Kap. 24, 26)

Shiva Sarma

Vedischer Gelehrter und frommer Brahmane in Kuruvapuram; opfert sein Leben, wodurch sein Sohn von Srīpāda zu einem großen Gelehrten verwandelt wird; Srīpāda verspricht, sich im kommenden Leben als Narasimha Saraswati bei ihm und seiner Frau zu inkarnieren (Kap. 4)

Shiva Yogi

Avadhūta, dem Srīpāda Darshan in Shiva-Shakti-Form gibt; erklärt > Shankar Bhatt viele Geheimnisse (Kap. 23)

Shivaji

(Chatrapati Shivaji, Shivaji Maharaja, 1627/30-1680) Großer indischer Kriegerkönig; Wiedergeburt von > Narasimha Varma; > Samardha Ramadas ist sein Lehrer (Kap. 41)

Shyama Charan

Lahiri Mahasaya (Shyama Charan Lahiri, 1828-1895); Jünger von Mahāvatar > Babaji; Srīpāda weist ihn an, sich zu inkarnieren, um Familienvätern Kriya Yoga zu lehren; lehrt > Shirdi Sai Baba Kriya Yoga (Kap. 4, 45)

Siddha

Weiser, Verehrer von Tāradevi; begegnet der Göttin als einem entzückenden Mädchen mit Fußringen, das sich in einen Jungen verwandelt, der Siddha die Fußringe gibt und verschwindet; erlebt dasselbe in Pithapuram in einer mysteriösen Begegnung mit Srīpāda; schenkt die Fußringe > Shankar Bhatt (Kap. 35)

Siddhendra Yogi

Großer Yogi im Kadamba-Wald bei Marutva Malai (Kap. 2)

Somidevamma

Im Datta Purāna erwähnt; wieder inkarniert als > Sumatī (Kap. 6, 9)

Sowbhagyavatī

> Sumatī

Sreshti

(Pynda Venkatappayya Sreshti; Venkatappayya Sreshti) Reicher Vaishya in Pīthikapuram; Freund der Familie von Srīpāda; betrachtet Ihn als Enkel

Srī Charana

> Srīpāda

Srī Gurucharan

> Srīpāda

Srī Swamī

(Dattānanda Swamī) Stottert und altert in seiner Kindheit rasch; wird von Srīpāda geheilt; erzählt > Shankar Bhatt Kindheitserlebnisse von Srīpāda (Kap. 14)

Srīdhararaja Sarma

Ältester Bruder von Srīpāda; blind geboren, von Srīpāda geheilt; wird ein großer Gelehrter; ist in der nächsten Inkarnation als Samardha Ramadas Lehrer von > Shivaji; Teilmanifestation von > Dattātreya (Kap. 6, 9, 11, 41)

Srīdharāvadhanulu

(Malladi Srīdharāvadhanulu; Srīdhara; nicht zu verwechseln mit > Srīdhara, der zukünftigen Inkarnation von > Ramaraja) Großer Gelehrter; Bruder von > Rajamamba; Schwager von > Bāpanāryulu; aus der Kaushika-Linie; Ganapati verändert den Namen von Srīdharāvadhanulu zu Srīpāda, der der Familienname seiner Nachkommen wird (nicht zu verwechseln mit > Srīpāda Srīvallabha) (Kap. 5)

Srīmannarayana

Verarmter Bauer mit Familie, den Srīpāda zu einem alten Paar führt, das sie als ihre Erben einsetzt (Kap. 16)

Subbanna Sastry

Brahmane; besucht Srīpāda in Kuruvapuram; wirkt als Priester bei der Heirat von > Vallabhesa (Kap. 18 - 19)

Subbaya

Barbier; war 20 Jahre zuvor von Zuhause fortgelaufen; machte mit > Shankar Bhatt in einem früheren Leben Glücksspiele und verwettete dabei seine Frau; Shankar Bhatt wird deshalb mit ihm verwechselt und mehrere Tage gequält (Kap. 5)

Subbayya Sreshti

Vaishya; verliert seine Eltern in der Kindheit; verschwendet sein Geld mit einer Prostituierten; treibt > Raja Sarma betrügerisch in Verschuldung; Srīpāda löst die Verdienste seiner früheren Leben auf und weist ihn an, Esswaren zu verkaufen; in einem Kupferkessel ist immer genug Essen für sich und andere vorhanden (Kap. 10, 11, 12)

Sumatī

(Sumatī Maharani, Sowbhagyavatī; Akhanda Lakshmi Sowbhagyavati Sumatī Maharani) Reinkarnation von Somidevamma, auch Susīla genannt;

verheiratet mit > Raja Sarma; Mutter von Srīpāda und 5 weiteren Kindern, siehe > Raja Sarma

Sumatī Maharani

> Sumatī

Sundara Rama Sarma

> Sarma

Surekha

Dritte Schwester von Srīpāda; verheiratet mit Tadepalli Dattātreya Avadhani von Mangalagiri (Kap. 11)

Surya Chandra Sastry

Gelehrter, Priester in Pīthikapuram, Verehrer Srīpādas (Kap. 23)

Susīla

Im Datta Purāna erwähnt; wieder inkarniert als > Sumatī (Kap. 6, 9)

Susīlā

Brahmanen-Frau; wird von Pseudo-Brahmanen verfolgt; Srīpāda erscheint ihr als Wagenlenker und beendet die Impotenz ihres Mannes (Kap. 17)

Swamī Samartha

(Akkalkot Swamī Maharaj, - 1878) Die dritte Inkarnation von > Dattātreya im Kali-Yuga

Tirumala Das

Wäscher; in einer früheren Geburt ein großer Gelehrter und ein Geizhals; wäscht Kleider im Haus von > Bāpanārya und > Raja Sarma; erzählt > Shankar Bhatt viele Geschichten über Srīpādas Kindheit; Srīpāda sagt, er werde als Gadge Maharaj von > Narasimha Saraswati und später von Swamī Samartha Seine Gnade empfangen (Kap. 5 - 9)

Vallabha Das

(Vallabhādasu) Schuster, heilt > Shankar Bhatt und gibt ihm Lehren (Kap. 2)

Vallabhesa

(Vallabheswara Sarma) Junger Brahmane; wird von Srīpāda mit der Tochter eines armen Brahmanen verheiratet, mit > Subbanna Sastry als Priester; wurde von Dieben enthauptet und von Srīpāda wieder zum Leben erweckt (Kap. 18 - 19)

Varish Alishah

Waris Ali Shah (1819 - 7. April 1905) Sufi-Heiliger aus Dewa, Barabanki-Distrikt, Uttar Pradesh; Gründer des Warsi-Ordens des Sufismus;

Inkarnation von Mahabhūb Subhani; großer Weiser; Lehrer von > Sai Baba (Kap. 45)

Varma

(Narasimha Varma, Vatsavāyi Narasimha Varma) Kshatriya aus der Linie von Vasishta; eng mit Srīpāda verbunden; betrachtet Srīpāda als seinen Enkel; wird als > Shivaji wiedergeboren

Vasavī

(Vasavī Kanyaka Parameswari, Kanyaka Parameswari; Ambika), Inkarnation der Weltmutter; Schwester von Srīpāda; > Parameswari

Vasudevananda Saraswati

(Tembe Swami, 1854 - 1914) Srīpāda kündet an, er werde später das Haus von Srī Bapanarya in Pīthikapuram identifizieren, wo Srīpāda geboren wurde, und von Srī Ramlal Nirvikalpa Samadhi erhalten (Kap. 8)

Vatsavāyi Narasimha Varma

> Varma

Vedanta Sarma

(genannt Bangarayya) 60jähriger Brahmane; heiratete dreimal; alle drei Frauen sterben; will mit dem Brahmanen-Rat in Pithapuram Srīpāda und seine Familie vertreiben lassen; Srīpāda erklärt, Vedanta Sarma habe sich gleichzeitig als > Bangarayya inkarniert und seine weibliche Form als seine drei Frauen und als > Bangaramma sowie als die Kuh; das Bewusstsein der drei Frauen war bereits mit > Bangaramma verschmolzen; Bangarayya stirbt vor dem Brahmanenrat und sein Bewusstsein tritt in Vedanta Sarma ein; Srīpāda befiehlt ihm, mit Bangaramma ohne körperliche Beziehung zusammenzuleben und sich > Bangarayya zu nennen; sie würden im nächsten Leben Priester in Kuruvapuram sein. (Kap. 36)

Venkatappayya Sreshti

> Sreshti

Venkavadhani

Mütterlicher Onkel von Srīpāda (Kap. 8, 45, 47)

Venkateswara

> Srīpāda

Venkayya

Bauer, empfand Srīpāda gegenüber Hingabe und Fürsorge; Srīpāda geht einen ganzen Tag und eine Nacht in sein Haus, um Datta Dīkshas zu geben (Kap. 41, 42, 47); auch Name > Ananda Sarmas in seiner letzten Geburt als Avadhūta (Kap. 13)

Venkusa

(Gopalarao, Swamī Venkavadhūta) Geboren Anfang des 19. Jahrhunderts in einer Brahmanen-Familie im Dorf Selu, Maharashtra; Vishnu-Verehrer und Devotee von > Venkateswara; Lehrer von > Sai Baba (Kap. 45)

Vidyadhari

Erste Schwester von Srīpāda; verheiratet mit Chandra Sekhar Avadhani (Kap. 11)

Vidyāranya

> Mādhavācharya

Vimaladitya

> Vishnu Vardhana

Virupāksha

Inkarnation eines Teilaspekts von Nandiswar, dem Bullen, Reittier von Shiva; Bruder von > Vasavī; erscheint > Shankar Bhatt als Bauer (Kap. 1, 4, 27)

Vishnu Datta

Im Datta Purāna erwähnt; wieder inkarniert als > Raja Sarma (Kap. 6)

Vishnu Vardhana

(Vimaladitya) Ein Maharaja; Teilinkarnation des Dämonenkönigs > Ravana; begehrt unrechtmäßig > Vasavī (Kap. 27, 28, 29, 30, 32)

Vissavadhāni

Macht sich über Srīpāda und Seine Familie lustig und zettelt Streit an; wird als Dornenbaum wiedergeboren, den > Gurucharan auf Srīpādas Geheiß entwurzelt und verbrennt; Gurucharan war in der früheren Geburt sein Sohn. (Kap. 21)

Visweswara Maha Prabhu

Eine Form von Srīpāda; wird in den Kaivalya Shrunga-Bergen zwischen Nepal und Bhutan in einer alten Form gesehen (Kap. 8)

Vyāghreswara Sarma

Brahmane aus Atreyapuram; erlangte die yogische Fähigkeit, sich in einen Tiger zu verwandeln; schützt Wohnorte von Weisen

Yogini-Mutter

Lebt mit einer Gruppe von Yoginis, Verehrerinnen von Chinna Masta, in einem Wald; sie geben > Shankar Bhatt und > Dharma Gupta Frauenkleider; die beiden verwandeln sich in Frauen und werden in einem nächtlichen

Ritual enthauptet; in der Morgendämmerunng löst sich die Szene auf und die beiden werden wieder Männer; ein Reisender erklärt die Bedeutung dieses yogischen Rituals (Kap. 37)

Anhang VI. Danksagungen und Quellennachweise

Gern möchten wir folgenden Personen und Institutionen unseren Dank ausdrücken:

- Dem verstorbenen Herrn Malladi Govinda Deekshitulu, dass er das Srīpāda Srīvallabha Charitāmrutam ans Licht gebracht hat;
- Frau Lakshmi Nagasethu, die uns mit dem Buch bekannt gemacht hat und den Kontakt mit dem Samsthan herstellte;
- Srī Sajjanagada Ramaswamy und dem Präsidenten des Maha Samsthanam, Pithapuram, für das Gewähren der Übersetzungs- und Publikationsrechte; dem Übersetzer ihrer englischen Erstveröffentlichung, Herrn Perepa Sreeramamurthy, der auch Hilfe gab;
- dem Präsidenten des Srī Datta Vishwarupa Samhiti, Tadepalligudem, und Herrn Valavala Suryanarayana für das Gewähren der Übersetzungs- und Publikationsrechte für ihre englische Edition, die von Dr. J. Satyaprasad erstellt wurde, der uns seine korrigierte Version gab;
- Herrn Keerthi Vallabha, dass er mit uns seine laufende englische Übersetzung teilte und Herrn Srinivas Oruganti, der dabei half.

Die vorliegende deutsche Übersetzung basiert hauptsächlich auf der vom Maha Samsthanam publizierten englischen Erstveröffentlichung, ergänzt von den beiden anderen Übersetzungen. Große Hilfe empfingen wir durch Herrn Raveendra Nath Yasarapu, der uns Erklärungen unbekannter Begriffe und Konzepte gab; dabei waren auch Wikipedia und das deutsche Yoga-Wiki sehr hilfreich. Dr. K. Parvathi Kumar, der Globale Vorsitzende des World Teacher Trust, unterstützte die Übersetzung und Veröffentlichung mit ganzem Herzen.

Die Gegenwart und Führung von Srīpāda Srīvallabha wurde von allen, die an dieser Übersetzung arbeiteten, deutlich verspürt; es ist Sein Werk, das auf diese Weise Ausdruck findet. Ihm gebührt unsere tiefste Dankbarkeit. Möge Er weiterhin das Buch zu den Herzen der Leser führen.

Bilder:

Die im Buch verwendeten Bilder sind entweder gemeinfrei oder eigene Fotos, die von Freunden für die Publikation zur Verfügung gestellt wurden.

Fußnoten:

Die folgenden Fußnoten wurden unter Verwendung der nachfolgenden externen Quellen verfasst; die Schreibweise der Begriffe entspricht dabei nicht unbedingt der dort verwendeten Form.

Wikipedia[1]:

Ādi Sesha; Adwaita; Aghori; Agrahāram; Akkalkot; Akkalkot Swamī; Amaranath; Amāvāsya; Amla; Ankusa; Antarvedi; Apsara; Ardra; Arunachala; Āryavartam; Ashvini; Aswayuja; Audumbara; Avadhūta; Ayyappa Swamī; Badrinath; Bagalāmukhi; Bāla; Bhadrapada; Bhairavi; Bhavishya Purāna; Bhiksha; Bhimavaram; Bhūrja Patra; Brahma Hatya; Brahma Yoni; Brahmakamala; Brahmanas; Chaitra; Chandala; Chinna Mastha Devi; Chitra; Chitragupta; Chittoor; Damaru; Darbār; Dasa Maha Vidyas; Dasami; Dasaswamedha Ghatt; Devanagari; Dhanishta; Dharma; Dharma Sāsta; Dharma Sāstra; Double Mersenne number; Dunagiri, Dronagiri; Dwadasi; Ekadasi; Ekajata; Faden; Fingerhirse (Eleusine coracana); Gajanan Maharaj; Ganagapur, Gandharvanagar; Ganesh Chaturdhi; Ghadiyas; Gokarna; Gorakshanāth, Gorakshaka, Goraknath; Gosthani-Fluss; Govardhana-Hügel; Hayagrīva; Hiranya Kasipa; Hiranyagarbha; Jyeshta; Jyotir Linga; Kabandha; Kālighat; Kalima, Kalmān; Kamandalu; Kamma-Kaste; Kanchīpuram; Kanipakam; Kannada; Karnataka; Kārtika; Kausalya; Kedarnath; Kondaveedu; Krishna Paksha; Krittika ; Kumkum; Lakh; Lakshmi; Lakulīsa; Madiga; Maghā; Māgha; Mahalakshmi; Mahālaya Amāvāsya; Mahishi; Malayalī; Malyadripuram; Mānchala, Mantralayam; Mandakini-Fluss; Mandodari; Mangalapuram; Mangalasutra; Manik Prabhu; Mantra Sāstra; Maratha; Marmakala; Mīna; Mithila; Mlechhas; Modakas; Mrigasira; Nandiswar; Narasimha Saraswati; Nātha; Niem-Baum; Nirvikalpa; Padmasali-Kaste; Pādyami; Pālakādu; Pāndya; Paramahamsa; Paria; Penugonda; Phalguna; Pīpul-Baum; Pramadhas; Pramadi; Prārabdha; Pratisarga Parvan; Prayag; Preta; Pulihora; Purandara; Purānen; Pūrna Kumbha; Purushārdās; Raghavendra Swamī; Rāhu; Rajahmundry; Rama Setu; Ramalingaswamī; Ramanuja; Rāsi; Raurava; Revati; Rēvati; Rishi Ganga; Rohini; Rudrākshas; Sabarimala, Sabaragiri; Sada Siva Brahmendra; Sahyadri;

1 https://en.wikipedia.org

Sāligrama; Salivahana; Sanātana Dharma; Satsang; Savikalpa; Sayujya; Shatabhisha; Shikha; Shilajit; Shyama; Shyama Charan Lahiri; Sorghum; Sravana; Sudarsan; Sukla Paksha; Svāti; Tanjavur; Tantra; Tāradevi; Tatwam; Thīrtha; Tilak; Tirumala; Tirupati; Tithi; Toddy; Trayodasi; Tripura; Tripurantakam; Trishul; Tula; Udipi; Uttara Phalguni; Vaisakha; Vamadeva; Vara Siddhi Vinayaka; Varnāshrama Dharmas; Vasudevananda Saraswati; Venkateswara; Vibhishana; Vidyāranya; Vijayawada; Vīrabhadra; Viraja-Fluss; Visakha; Visishta Advaita; Yadava; Yajnopavītam; Yajurveda; Yati; Yavana; Zamindar.

Yoga-Wiki[1]:

Adwaita; Amāvāsya; Anagha; Ankusa; Apsara; Avadhūta; Badrinath; Bhiksha; Brahmanas; Chandala; Chitra; Chitragupta; Dasa Mahā Vidyas; Dasami; Devanagari; Dharma; Dharma Sāstra; Gokarna; Govardhana-Hügel; Hayagrīva; Hiranya Kasipa; Hiranyagarbha; Jyotir Linga; Kamandalu; Kausalya; Kedarnath; Krishna Paksha; Krittika; Lakh; Lakshmi; Maghā; Māgha; Mahalakshmi; Mandakini-Fluss; Mangalasutra; Mīna; Mithila; Mrigasira; Narasimha Saraswati; Nātha; Nirvikalpa; Paramahamsa; Paria; Parivrajaka; Phalguna; Preta; Purānen; Rāhu; Rāsi; Rēvati; Rohini; Rudrākshas; Sanātana Dharma; Satsang; Savikalpa; Sayujya; Shatabhisha; Shikha; Shilajit; Shyama; Sravana; Sudarsan; Sūnya; Svāti; Tantra; Tāradevi; Tatwam; Tithi; Tripura; Trishul; Tula; Vamadeva; Venkateswara; Vibhishana; Vīrabhadra; Viraja-Fluss; Visakha; Visishta Advaita; Yadava; Yajurveda; Yati; Yavana.

Weitere Quelle:

www.prabhuramlalji.com: Ramlal Maha Prabhu

1 http://wiki.yoga-vidya.de

Anhang VII. Bilder

Lord Dattātreya

Srīpāda Srīvallabha
(1320 – 1350)

Narasimha Saraswati
(1378 – 1459)

Swamī Samartha
(- 1878)

Malladi Govinda Deekshitulu (- 2012)
Brachte das Srīpāda Srīvallabha Charitāmrutam 2001 ans Licht

Srī Sajjanagada Ramaswamy (1925 -)
Geistiger Leiter des Maha Samsthanam, Pithapuram

Pithapuram: Maha Samsthanam, Eingang

Pithapuram: Maha Samsthanam, Tempeldach

Pithapuram: Maha Samsthanam
Statue von Srīpāda Srīvallabha vor dem Tempel

Pithapuram: Maha Samsthanam
Audumbara-Baum vor dem Tempel

Pīthapuram: Maha Samsthanam
Statuen von Srīpāda, Dattātreya und Narasimha Saraswati

Pīthapuram: Kukkuteswara-Tempel
Statuen Dattātreya-Avatare

Panchadev Pahad:
Srī Vittal Baba Tempel mit Srīpāda-Statue

Panchadev Pahad:
Srīpāda-Statue im Rukhmini Panduranga Swamī-Tempel

Panchadev Pahad:
Blick über den Krishna-Fluss nach Kuruvapur

Kuruvapur: Srīpāda-Statue

Kuruvapur: Srīpāda-Tempel außen

Kuruvapur: Srīpāda-Tempel innen

Kuruvapur: Srīpāda-Statue im Tempel

Kuruvapur: Dattātreya-Statue im Tempel

Kuruvapur: Türrelief Shirdi Sai Baba (- 1918)